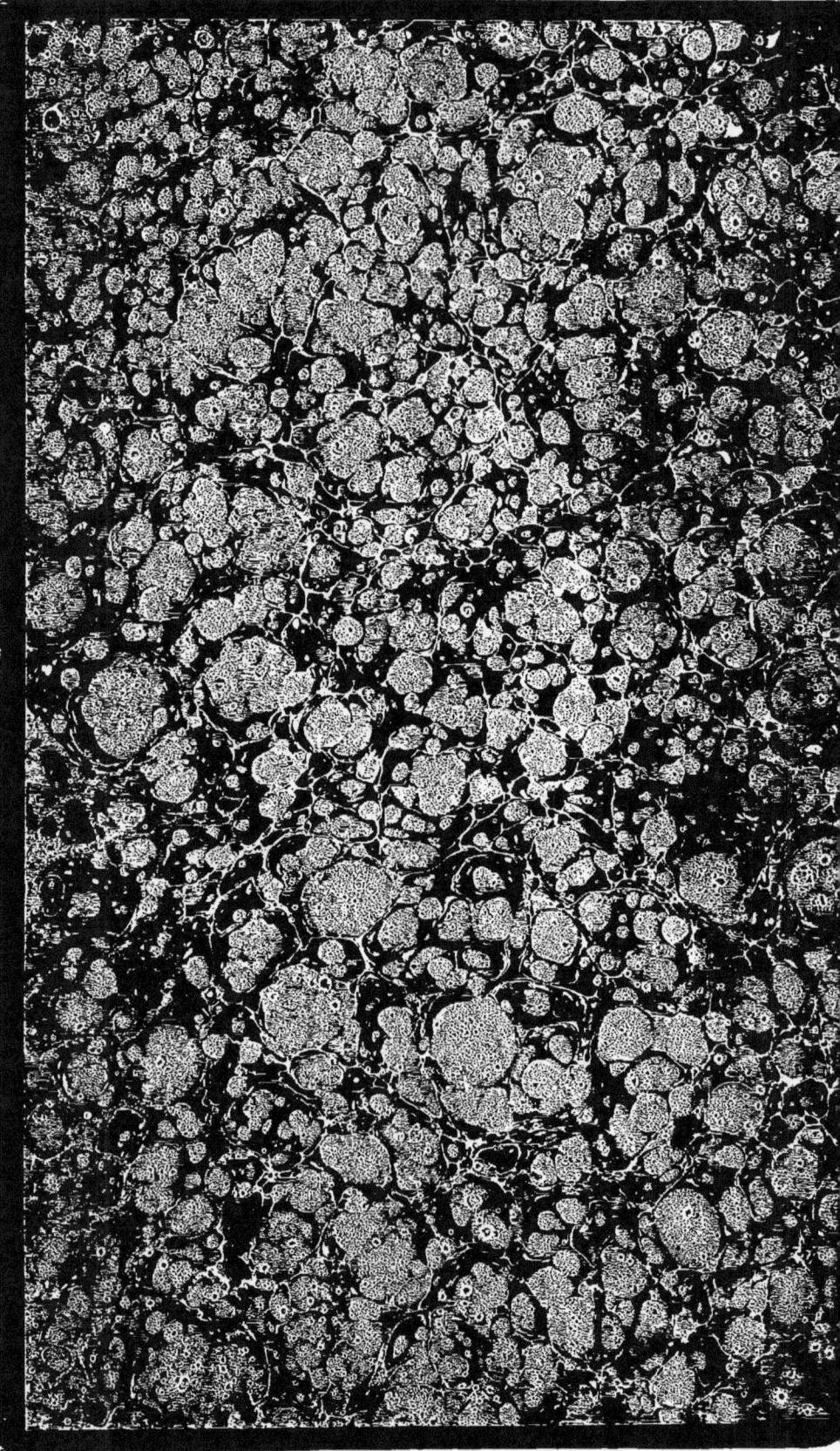

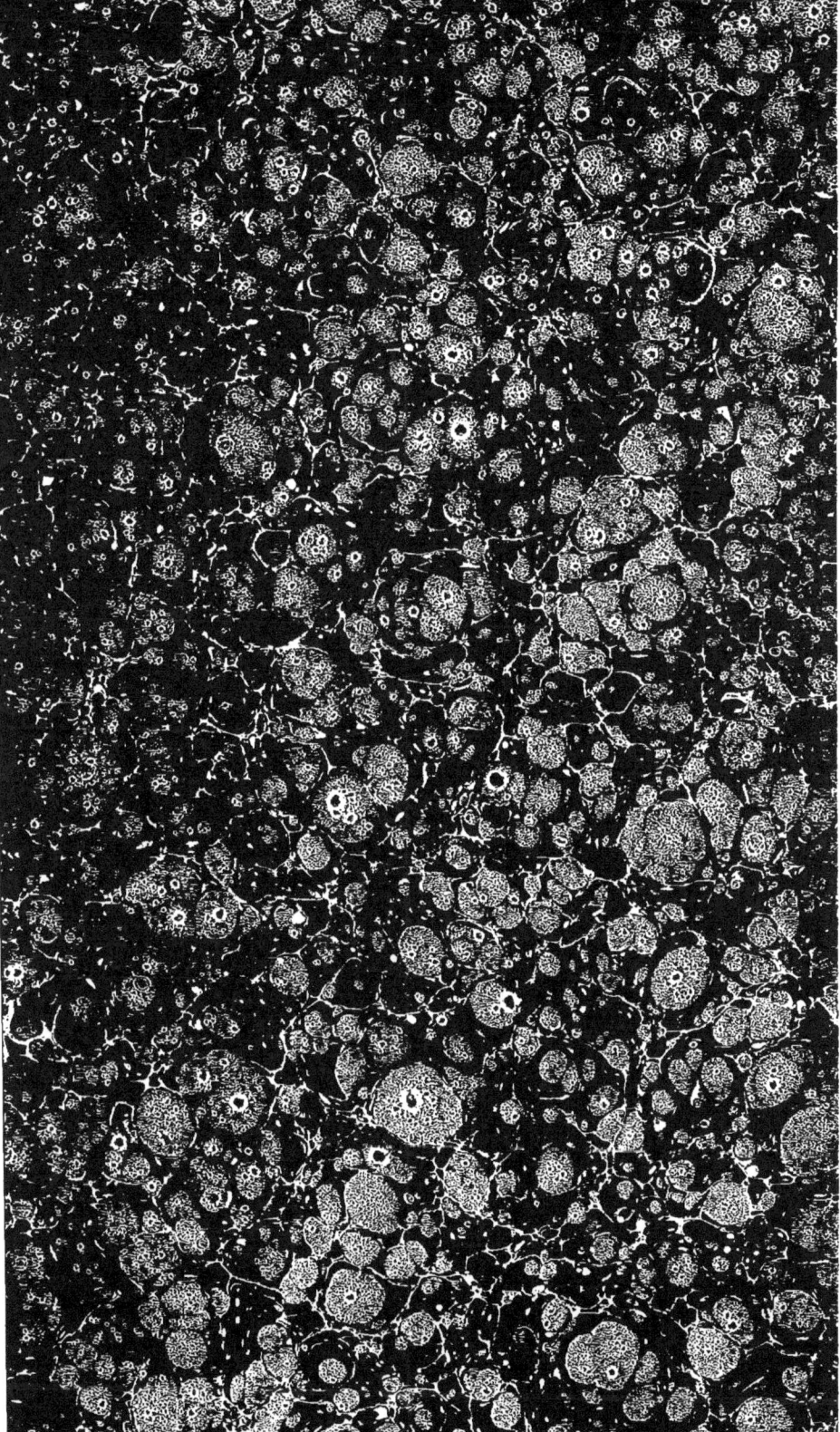

L'EUROPE

PENDANT

LE CONSULAT ET L'EMPIRE

DE NAPOLÉON.

PARIS. — IMPRIMERIE D'AMÉDÉE GRATIOT ET C*,
11, rue de la Monnaie.

L'EUROPE

PENDANT LE CONSULAT ET L'EMPIRE

DE

NAPOLÉON

PAR

M. CAPEFIGUE.

Tome cinquième.

PARIS
PITOIS-LEVRAULT ET Ce, RUE DE LA HARPE, 81.

A l'Étranger

DULAU et Cie, à Londres.	ZEELT, à Amsterdam.
ROHRMANN et SCHWEIGERD, à Vienne.	BELLIZARD et Cie, à Saint-Pétersbourg.
AL. DUNCKER, à Berlin.	JUGEL, à Francfort-sur-le-Mein.
BOCCA, à Turin.	BROCKHAUS, à Leipzig.
DUMOLARD et fils, à Milan.	ARTARIA et FONTAINE, à Mannheim.

1840.

LETTRE

SUR LA

PREMIÈRE ÉPOQUE DE L'EMPIRE

(1804-1807).

La reconstruction politique et sociale accomplie par la pensée du Consulat est bientôt suivie d'une période brillante de conquêtes et de victoires; l'intelligence supérieure du premier Consul a réorganisé avec une force puissante l'administration du pays. L'Empereur va tourner ses idées vers l'Europe; son œuvre est accomplie à l'intérieur : les factions s'apaisent, les institutions conservatrices grandissent, le gouvernement a repris sa place et fait respecter son droit; la dictature morale a été conquise avec une supériorité incontestable. Dans la marche des temps, la société est toujours à celui qui la mène fortement dans la direction indiquée par l'esprit du siècle.

Dictateur d'un grand peuple, Napoléon va faire l'expérience de ses idées sur l'Europe ; il est maître de la France ; la nation lui a donné tous les pouvoirs ; la République éplorée a abdiqué pour lui ses vastes destinées ; elle lui confie les magnifiques débris des armées de Sambre-et-Meuse, d'Italie et d'Allemagne. Que va faire l'Empereur de ces nobles trésors de gloire ? comment va-t-il se poser en face des cabinets ? quel système diplomatique européen fera-t-il prévaloir ?

Cette intelligence est tenace ; depuis longtemps elle a manifesté sa volonté dans un gigantesque système fédératif. Napoléon est surtout un homme profondément historique ; il a beaucoup étudié, il a fouillé incessamment ; il emprunte çà et là les projets, les systèmes que les grands rois et les grands ministres ont essayés pour la France. Si de temps à autre son imagination colorée et poétique se rattache à l'épopée de Charlemagne, ses idées positives et modernes le portent aux études sérieuses de la diplomatie des xvie et xviie siècles ; il emprunte à Henri IV et au cardinal de Richelieu le système d'abaissement de la maison d'Autriche : les deux royautés de Wurtemberg et de Bavière, qu'il institue, ne sont que la conséquence de la royauté de Prusse, proclamée au xviiie siècle. Sa Confédération du Rhin est une conception de Richelieu ;

la *ligue du Rhin*, comme on le disait alors, était dirigée contre le formidable empire de Charles-Quint ; cette ombre immense pesait au cardinal ; il fallait détruire l'œuvre de la monarchie universelle, conçue à l'Escurial sous Philippe II.

Napoléon doit à Mazarin ses plans d'influence en Italie, à Louis XIV la pensée du pacte de famille et de cet héritage de la maison de Bourbon régnant simultanément sur toutes les parties de la Méditerranée. Lui aussi emprunte à l'histoire nationale cette haine instinctive qui sépare depuis des siècles l'Angleterre de la France ; il poursuit la Grande-Bretagne partout ; il bouleverserait le monde, il épuiserait les générations, pour aller jusqu'à la réalisation complète de son irrésistible antipathie pour le pavillon britannique ; et ce n'est pas ici folie, sa haine n'est pas stupide ; il ne court pas en chevalier errant sur toute l'Europe ; ses travaux d'Hercule sont dirigés contre la Grande-Bretagne ; il y sacrifie son repos, ses armées ; il y joue sa fortune : conquête, système continental, administration, intelligence, il arme tout contre l'Angleterre. En un mot, toute sa politique se résume en cette seule phrase, dite du haut de sa fière parole : « Je me crois solidaire de toute la politique française depuis Clovis jusqu'au Comité de salut public. »

Les trois premières années qui suivent l'avénement à l'Empire sont pleines de ces belles batailles et de ces campagnes décisives qui feront l'étonnement des générations; elles embrassent le temps militaire qui commence à la capitulation d'Ulm et finit à la bataille de Friedland; vaste et noble série de faits d'armes qui ne trouvent pas d'exemple dans l'histoire. Je ne crois même pas qu'il existe une lutte de nations et d'armées aussi considérable dans un espace de temps aussi limité. Dix-huit mois s'écoulent à peine depuis Austerlitz jusqu'à Friedland; quatre grandes nationalités sont en présence: les Prussiens, les Autrichiens, les Russes, et les Français. Ce sont des batailles par masses, sur une vaste échelle, avec des conditions stratégiques d'une nature supérieure. Qui pourrait refuser à Napoléon l'admirable génie du champ de bataille, ces improvisations soudaines qui amènent des résultats si magnifiques sous les glorieux drapeaux de la France?

Mais on se tromperait étrangement si on croyait que tout tient du prodige dans la carrière militaire de l'Empereur; il y a des causes secrètes que nul général ne néglige en campagne: la division jetée parmi les ennemis, la corruption des chefs, la finesse, la ruse, tout est permis dans l'art de la guerre; sans cela elle ne serait pas un art. La condition d'un général supérieur est précisément d'employer tous ces éléments de succès pour l'accomplissement de son entreprise ; lorsqu'il s'agit de faire triompher une grande cause, on peut tout employer. Certes le Comité de salut public n'était pas un pouvoir faible, il allait droit et ferme à ses desseins ; l'histoire dira pourtant qu'il fut un habile corrupteur au sein même des cabinets et des armées qui marchaient contre la République.

La diplomatie de Napoléon fut forte et adroite ; elle se ressent de son origine italienne. Avec quelle habileté il agit en face des coalitions ! M. Pitt, la tête active, qui marche sans cesse vers un but de cohésion, parvient avec beaucoup de peine à réunir les cabinets entre eux ; il les groupe, les lie par les subsides ; on voit marcher sous un commun drapeau les grandes puissances qui doivent entraîner avec elles toutes les nations de second ordre ; la coalition se forme presqu'à l'avénement de Napoléon ; c'est pour elle une question d'orgueil et de supériorité territoriale ; elle s'est engagée à jeter 500,000 hommes en ligne de bataille.

En présence de ce vaste ensemble d'armées, de nations, que fait l'Empereur ? Son art consiste à séparer ce que M. Pitt a si difficilement réuni. Il sait profondément les antipathies des peuples, les rivalités des gouvernements et des hommes d'État ; il en profite : quand il commence la campagne d'Austerlitz, de son œil d'aigle il a vu tout d'abord l'importance de séparer la Bavière de l'Autriche. Il remue avec une ardente activité tous les ressorts qui peuvent détacher le Wurtemberg des projets de l'Autriche. Bientôt les troupes électorales sont dans ses rangs, la marche de Bernadotte les lui a acquises; de belles manœuvres, des menaces faites à temps, quelque argent bien jeté dans l'état-major, lui donnent le général Mack et ses 33,000 hommes. Bientôt les Bavarois sont à lui : braves soldats, ils marchent sous ses aigles et aident ses succès.

Que va-t-il faire en face des Autrichiens et des Russes, rangés sous une commune bannière? Avec un art infini il les sépare encore les uns des autres ; il n'ignore aucune des répugnances ; il sait que les Germains et les Slaves se sont voué d'anciennes haines, et cela sert ses admirables stratégies. Il a surtout l'art de paraître en nombre sur les points principaux ; il se compromet, il se hasarde ; qu'importe? ses adversaires sont lents, paresseux dans leurs actions ; il les bat, négocie, et les divise avec une indicible activité.

La conduite de Napoléon avec la Prusse est une preuve remarquable de son immense habileté. Il sait les intentions et la faiblesse de la cour de Berlin, tiraillée entre deux partis ; il a des hommes à lui et un peuple contre lui. Avant Austerlitz, il se tait et supporte tout ; pourquoi se hâterait-il de lancer la foudre ? à quoi bon faire déclarer un cabinet qui possède 180,000 hommes sous les armes ? Il temporise, il amuse par des délais les hommes d'État de Berlin. Mais après sa grande victoire il ne ménage plus rien ; il effraie M. de Haugwitz, il insulte M. de Hardenberg, il place le cabinet de Berlin dans une situation tellement fausse qu'il le compromet tout à la fois envers l'Angleterre et envers la France ; le roi Frédéric-Guillaume est obligé de faire la guerre malgré lui, et la Prusse choisit si bien son temps qu'elle se trouve isolée des Russes, battue avec des armées inférieures en nombre et tellement démoralisées, que, par un phénomène inouï dans l'histoire, une nation militaire tombe tout entière après une bataille perdue. Il y a dans tous ces événements des causes mystérieuses qui tiennent à des situations qu'il faut faire connaître, à des négociations qu'il est indispensable de révéler. Dans les événements humains je crois peu aux miracles ; les nations ne disparaissent pas au souffle de la tempête. L'art de Napoléon fut surtout de bien préparer les événements ; comme un grand artiste, il ne paraissait en scène que lorsque tout était disposé à le seconder. L'Europe était son parterre, il avait besoin de faire jouer les grandes machines pour l'étonner et l'éblouir.

Trois caractères distincts séparaient les armées que Napoléon avait à combattre : les Autrichiens, braves troupes sous des officiers braves aussi, mais sans émulation, étaient déjà connus de Bonaparte ; il les avait trouvés sur les champs de bataille d'Italie, aux époques de Wurmser et de Mélas. Il était sûr qu'en employant avec eux une certaine tactique, il arriverait à des résultats immanquables : pour lui c'était comme un jeu gagné d'avance. Quant aux Prussiens, qu'il n'avait point encore eus en face, il les étudie d'abord : ces troupes sont bonnes, bien disciplinées, mais raides et sous l'influence d'une vieille tactique. L'on ne doit pas se battre en vertu des traditions de l'histoire ; les souvenirs du grand Frédéric ont fait cette armée, et ces mêmes souvenirs doivent la perdre ; chaque temps a sa force, les hommes et les choses passent. Quels généraux oppose la Prusse à Napoléon ? des vieillards, des invalides de Potsdam et de Sans-Souci ! Le duc de Brunswick a soixante-onze ans; Mœllendorff, quatre-vingt-deux ; M. de Kalkreuth lui-même date de la guerre de sept ans ; et c'est cette armée qu'on vient opposer à l'élite de la génération française, qui a quitté le camp de Boulogne et vaincu à Austerlitz ! L'armée prussienne n'était que le passé luttant contre le présent, et voilà pourquoi cet édifice disparaît avec une facilité si étrange. Les Russes seuls se montrent dans cette campagne comme de fermes adversaires ; leurs généraux et leurs soldats n'ont cessé de faire la guerre sur le Danube, en Pologne, dans la Finlande, même en Perse et en Géorgie ; leurs officiers sont instruits, habiles ; il y a en eux de la finesse du Grec et la fierté du Slave ; c'est ce qui explique la résistance si ferme des Russes à Austerlitz, à Eylau et à Friedland ; c'est la force de la civilisation parmi les officiers, et l'énergie des nations primitives dans les soldats. Ensuite il faut faire la part à deux capacités militaires du premier ordre, les généraux Bennigsen et Bagration, qui conduisaient les armées russes : Bennigsen, la tête si active, le général si hardi ; Bagration, l'intrépide chef de colonnes à la face même des grenadiers d'Oudinot.

Ce qui fit le succès surtout de l'armée de France, ce fut la noble émulation qui éclatait dans ses rangs. L'Empereur menait sur le champ de bataille tous les grands débris des armées de la Révolution française ; son génie était vaste sans doute, mais il avait aussi toutes les forces que dix ans de guerre et de victoire avaient placées dans les rangs français. Rien de magnifique comme l'armée qui partit du camp de Boulogne ; et, il faut le dire, un des reproches que la postérité pourra justement adresser à Napoléon, c'est d'avoir usé de si nobles éléments formés pour la patrie; ce fut là son égoïsme, il dévora tout à son profit. Hélas! la France éplorée aurait pu lui dire aussi : « Varus, qu'as-tu fait des légions de Rome? »

Le mouvement de 89 avait imprimé une immense énergie; le corps social avait reçu une vie nouvelle; l'Empereur absorba tout. Que reste-t-il de cette puissante création révolutionnaire? Une société découragée et dont le patriotisme est attiédi. Le héros a ployé les corps et les âmes ; il a usé, géant de vingt coudées, la France jeune et forte qui s'était livrée à lui. On se plaint aujourd'hui de l'apathie qui existe dans les cœurs : la cause n'en est-elle pas dans cette personnalité absorbante de Napoléon? il a pris, dans ses quatorze ans de pouvoir, tout ce que la France avait de vigueur, de gloire et d'avenir; si bien que, comme nous lui avons tout donné, nous n'avons plus pour protection que son image, et pour garantie militaire que ses souvenirs.

La période que parcourent ces volumes est la partie brillante du règne de Napoléon; il trouve une étrange facilité dans ses conceptions, il réussit partout, et pourquoi cela? c'est qu'il n'a en face de lui que des gouvernements vieillis, que des institutions qui ne se sont pas mises en rapport encore avec le mouvement social. Je demande, par exemple, s'il lui fut bien difficile de renverser l'édifice tout vermoulu de la constitution germanique? La bulle d'Or avait fait son temps. Et puis ces formes délibérantes des conseils auliques en Autriche, ces ministres divisés en Prusse, ne devaient-ils pas être brisés par cette dictature d'une seule volonté qui recevait partout une exécution si ponctuelle? Après la gloire, les soldats français avaient un mobile qui résumait tous les autres, l'avancement : un champ de bataille couvert de morts était une chance de fortune; on avait sa proie de grades au milieu de ces débris, l'avancement se trouvait sur ces monceaux de cadavres; c'était comme une armée d'héritiers, et ce mobile des grandes choses n'existait pas dans les rangs des armées ennemies.

Napoléon ne tomba point par les gouvernements, mais par les peuples; ce ne fut que lorsqu'il heurta les nationalités que vint la résistance; il avait étrangement abusé de sa dictature sur l'Europe; il brisait les nations par les traités, il donnait les peuples à des rois; il morcelait les territoires en séparant ce qui était uni et en réunissant ce qui était séparé; d'une république, il faisait un royaume, d'une ville libre un arrondissement de préfecture; il unissait la montagne à la plaine, les populations neuves aux peuples corrompus, ne tenant compte ni des langues, ni des mœurs, ni des antipathies religieuses. En Allemagne surtout, sa politique est tyrannique : il enlève une province à un empire pour la donner à un autre; il se joue des masses; il crée un royaume de Westphalie de pièces et de morceaux; il sépare le Tyrol de l'Autriche, sans égard pour les habitudes, les constitutions et les mœurs; il abuse du droit de puissance; en Hollande, république marchande, il fait un roi; à Naples, il jette encore un de ses frères. C'est un despotisme inouï, qui n'a ni motif, ni excuse. Les peuples ne sont pour lui que des troupeaux, il les parque et les conduit avec sa terrible épée.

Dans sa guerre contre les gouvernements, Napoléon a des succès; quoi d'étonnant? ces pouvoirs sont vieillis! Mais lorsqu'il s'attaque aux peuples, les nationalités se réveillent et lui opposent une barrière énergique; et cette circonstance doit être remarquée, elle est capitale dans l'histoire de l'Empire : la chute de Napoléon est due à une émeute de patriotisme. L'Empereur est tombé par une révolte de l'Europe, lorsqu'il eut touché les nationalités allemande, espagnole et russe; ce fut au nom de la patrie qu'on se leva contre lui; cela explique bien des événements à l'époque de 1815.

Ajoutez à cela cet esprit français, que, dans son noble orgueil de fondateur d'un grand empire, il voulait imposer partout à l'Europe avec son Code et ses lois. Dieu a réparti à chaque nation un caractère qui lui est propre ; bon ou mauvais, il ne faut pas le heurter. L'Allemagne a ses mœurs, l'Espagne ses habitudes ; qu'importe que ces habitudes soient une grande sieste? ceux qui vous réveillent ne sont-ils pas toujours importuns? L'uniformité est une idée qui peut séduire en mathématique ; mais dans l'organisation morale du genre humain, l'harmonie naît des différences.

Dans cette nouvelle période toute militaire, il y a peu d'actes d'administration ; la réorganisation s'est faite par le Consulat ; tout ce qui arrive maintenant n'en est que les conséquences. Les grandes institutions datent du 18 brumaire. Napoléon n'a pas changé une seule fois sa pensée ; il l'exécute avec plus de hardiesse, parce qu'il a plus de force ; il marche droit à son but d'une monarchie ; il brise le Tribunat, seul vestige des institutions républicaines ; tout se revêt de la pourpre. Il jette les bases de son Empire dans les fiefs ; il prépare et organise les majorats : il n'a pas ces petits préjugés qui arrêtent le vaste développement d'un système. Depuis l'origine de son pouvoir, il a déclaré la guerre aux idées de 1789, et il ne s'arrête pas dans cette lutte vigoureuse. Il va même droit à la pensée de fonder une noblesse sur les bases de la féodalité ; dix-neuf ans sont à peine écoulés depuis que, dans une nuit fameuse, les titres

furent jetés au vent, les blasons déchirés; et l'audacieux Empereur, ne tenant compte d'aucun de ces souvenirs, fait des nobles, dessine des armoiries, mêle
l'abeille aux hermines, aux toques de velours, aux couronnes ducales; et, ce qu'il y a de plus extraordinaire
encore, il transforme les conventionnels en gentilshommes. Les fronts ridés par les fortes pensées démocratiques se surchargent de la couronne de comte ou de
baron; les mâles tribuns du Comité de salut public se
laissent dire *Monseigneur,* et changent le tutoiement de
la Montagne contre le langage respectueux des ha-
rangues.

Napoléon est désormais l'homme éminemment monarchique; il n'y a plus dans la société qu'un gouvernement et une administration; tout s'est effacé, opinions,
esprit public; les intérêts même doivent céder devant sa
pensée toute puissante. Qu'est-ce en effet que le système continental proclamé par le décret de Berlin, si
ce n'est une guerre contre les intérêts? Il les com-
prime et les broie sous l'idée dominante de son système.
Aussi la réaction vient-elle de deux idées : liberté du
commerce, indépendance des peuples; et c'est par cette
terrible explosion qu'il fut renversé.

Je commence ainsi dans ces volumes l'époque impériale, en conservant ce caractère d'impartialité qui ne

prend conseil ni des passions passagères, ni des enthousiasmes ou des haines du moment. Au sein de notre génération sérieuse, tout peut être discuté; dans l'histoire des mortels, il n'est ni tabernacle, ni dieux. Certes, je place haut l'image de Napoléon, car ce fut sa main puissante qui reconstruisit l'ordre social; sa gloire est notre patrimoine, et le poëme épique qu'embrassent ses annales fera l'admiration de la postérité. Mais l'histoire a besoin d'être vraie avant tout; elle ne doit rien dissimuler: le bronze et l'airain ont des défauts; les colosses, des parties faibles; la fable disait qu'Achille, invulnérable, pouvait néanmoins être blessé au talon; Napoléon aujourd'hui peut être discuté, ou, si l'on aime mieux, il doit être expliqué.

Cette période de l'Empire est la plus grande époque des temps modernes, je la limite dans l'espace qui part des constitutions de l'an XII jusqu'à l'abdication de Fontainebleau, en 1814; les Cent-Jours forment une époque à part. Sans discuter les questions vagues et un peu vieillies de légitimité, notre siècle positif voit les choses dans leurs résultats. Après l'abdication de Fontainebleau, il y eut encore un Empereur, mais il n'y eut plus d'Empire; l'Empire, c'était cette masse fédérative et brillante de territoires qui embrassait depuis Hambourg jusqu'aux Bouches du Cattaro, cette administration vigoureuse, ces cent vingt départements depuis le Trasimène jusqu'aux Bouches de l'Elbe; cette souveraineté finit par le traité de 1814. Il y eut alors encore une France, un souverain fabuleusement ramené sur les boucliers de ses soldats pendant la courte et curieuse période des Cent-Jours; mais il n'y eut plus d'Empire.

Je traiterai, à la suite de ce livre, cette époque dramatique des Cent-Jours, dans laquelle luttèrent trois idées immenses : la dictature de Napoléon, le patriotisme timide de 1789, sous l'école de M. de Lafayette, et le jacobinisme énergique. Ce temps ne ressemble en rien au gouvernement impérial ; c'est un épisode à part, un poëme assez vaste pour mériter une étude spéciale dans de sévères proportions historiques. Entre l'abdication de Fontainebleau et la mort à Sainte-Hélène, il y a un grand drame. Il appartient à la poésie et à l'histoire.

Paris, 15 juin 1840.

L'EUROPE

PENDANT

LE CONSULAT ET L'EMPIRE

DE NAPOLÉON.

CHAPITRE I.

OPINIONS DES CABINETS DE L'EUROPE

SUR L'AVÉNEMENT DE NAPOLÉON A L'EMPIRE.

Impression produite par la mort du duc d'Enghien. — Violation des territoires. — Question sur le privilége des ambassadeurs. — MM. Drake, Spencer-Smith et sir Georges Rumbold. — Le roi de Suède. — Protestation de la Russie. — L'Autriche. — La Prusse. — Le corps germanique — La Bavière. — Le Wurtemberg. — La Saxe. — Le grand-duc de Bade. — Négociations pour la reconnaissance du titre impérial. — L'Angleterre. — Nouveau ministère de M. Pitt. — Composition du cabinet. — L'Espagne. — Déclaration de guerre de l'Angleterre. — Le Portugal.

Avril à décembre 1804.

La force et la majesté du trône impérial se manifestaient sous l'épée de Napoléon; l'armée, le Sénat, les tribuns et le Corps législatif entouraient le pouvoir nouveau tout rayonnant de gloire ; l'Empereur recevait les hommages des corps politiques restés debout dans le mouvement énergique du Consulat. A l'intérieur la résistance ne pouvait être considérable; le parti jacobin était affaibli, l'opposition militaire n'était ni assez nombreuse, ni assez hardie pour balancer les destinées de l'Empereur; l'administration passive et obéissante n'avait qu'un devoir, qu'un mobile, c'était d'attirer au **nouvel Auguste** le respect et l'affection des peuples. La puissance morale des préfets, considérablement grandie, disposait des départements, et les chefs militaires et civils, réunis spontanément, reconnaissaient la dignité souveraine dans la personne de Napoléon.

Au milieu de ce sentiment presque unanime qui entourait un pouvoir fort, quelle était l'attitude de l'Europe et des cabinets? Salueraient-ils la dignité impériale proclamée par le Sénat et le peuple? Bonaparte serait-il admis dans la famille des monarques? La reconnaissance d'un nouveau souverain est soumise, en diplomatie, à des conditions sévères; des guerres ont souvent éclaté comme des tempêtes, à la suite de cette élévation subite d'un prince sur un trône, au mépris du droit des antiques maisons [1]. Napoléon, il est vrai, n'avait détrôné que l'anarchie, mais les cabinets donneraient-ils le titre d'Empereur au jeune Consul de la République? En consentant à négocier avec lui, ils

---

[1] L'ambassadeur de Suède à Saint-Pétersbourg soutenait seul directement le droit de l'ancienne dynastie dans ses notes :

« Le roi persiste dans l'opinion qu'il a souvent manifestée à S. M. l'empereur, qu'une paix vraiment durable en Europe n'est pas possible tant que le trône de France est privé de ses vrais héritiers légitimes, et tant que la révolution française, qui a causé tant de maux au monde, est pour ainsi dire sanctionnée par le triomphe de la sédition et de l'usurpation. La restauration du roi de France dans son royaume a toujours été envisagée par S. M. comme un objet qui mériterait que tous les monarques s'armassent en sa faveur,

allaient élever son pouvoir au niveau des plus vieilles dynasties. Indépendamment de la question de forme, la reconnaissance du titre impérial et de la majesté d'un trône en France se mêlait à un événement tout récent, à la mesure sinistre qui avait frappé au cœur le dernier rejeton des Condés.

Nul accident n'avait produit en Europe un effet plus lugubre que l'enlèvement du duc d'Enghien, et ce jugement rapide et militaire, qui en avait fini avec la vie d'un Bourbon dans les fossés de Vincennes. La lamentable histoire de la mort du duc d'Enghien avait préoccupé les souverains sous plus d'un point de vue. D'abord il y avait, quant à eux, quelque chose de sauvage et de révolutionnaire dans cette manière de saisir un prince d'une illustre race, et de le faire juger, comme un simple officier de fortune, par un conseil de guerre; Bonaparte semblait rappeler ici les doctrines d'égalité énergique du comité de salut public jetant la tête de Louis XVI comme une fière menace à l'Europe. Désormais aucun roi ne devait se trouver assuré sur le trône; quelques gendarmes d'élite, des dragons d'ordonnance suffiraient pour le saisir en pleine paix et le faire fusiller au pied des murs d'un vieux château. Et ceci amenait l'examen d'une question grave : la franchise des territoires neutres; Napoléon ne les respectait pas; il avait déjà envahi le Hanovre, ses armées l'occupaient au mé-

---

C'est sur cette noble entreprise que le roi fondait le premier espoir d'un heureux succès, garanti par l'annonce solennelle d'une cause si juste et par l'effet qu'une telle démarche devait produire en France. Le roi est convaincu que toute autre vue politique doit céder à ce but principal, et que la France cessant alors d'inquiéter l'Europe, reprendrait la place qui lui appartient parmi les puissances, en rentrant sous un gouvernement qui, fondé sur la justice et la légitimité, observerait les mêmes principes dans ses rapports extérieurs. » (Note de M. de Steding, ambassadeur de Suède à Saint-Pétersbourg, 1804.)

pris des articles de la constitution germanique, déclarant cet état sous la garantie d'une neutralité reconnue. La capture du duc d'Enghien faite la nuit dans le duché de Bade, par une irruption soudaine, paraissait une violation plus complète encore des priviléges de la neutralité; car d'après la doctrine établie par M. de Talleyrand dans sa note au ministre de l'électeur, l'ordre donné au nom d'un gouvernement étranger, autorisait suffisamment l'invasion d'un territoire neutre. Si en diplomatie l'extradition était permise pour certains crimes privés, cette extradition s'opérait par les forces mêmes du gouvernement territorial; en aucun cas on ne pouvait admettre que les troupes étrangères pussent franchir les frontières pour s'emparer d'un proscrit politique; avec cette théorie, il n'y aurait plus de souveraineté libre et préservée. Le territoire neutre devait être comme une oasis au milieu des tempêtes de la guerre.

Sous l'impression de cette sinistre catastrophe, l'avénement de Napoléon produisit une fâcheuse sensation en Europe : à peine le sceptre était-il dans les mains de l'Empereur qu'il établit un droit diplomatique subversif encore à l'égard des ambassadeurs. En plein conseil d'État il avait déclaré ne point reconnaître l'inviolabilité des agents diplomatiques ; si quelqu'un d'entre eux s'agitait contre le gouvernement, il saurait bien l'arrêter dans son propre hôtel sans autre forme. Cette doctrine vigoureuse, extraordinaire, il l'avait appliquée dans ses rapports à l'étranger; sans examiner la vérité plus ou moins authentique des menées de MM. Drake et Spencer Smith, le Consul, l'Empereur avait agi à leur égard avec une violence inflexible; quoique leurs résidences fussent à Munich et à Stuttgard, états indépendants, il avait menacé de les faire enlever comme le duc d'Enghien, et ces deux ministres se virent obligés de fuir des lieux dans lesquels ils étaient accrédités. Sous le même prétexte, et dans le territoire des villes libres et anséatiques, l'armée de Hanovre s'empara plus tard de sir Georges Rumbold, ministre d'Angleterre, et à peine on osa quelques observations dans le conseil de l'Empereur sur une violation aussi étrange des principes sacrés du droit des gens. Un petit article du *Moniteur* suffit pour arrêter sir Georges et s'emparer des papiers de sa légation [1]. Le nouvel Empereur faisait ainsi une question de force de tous les principes de gouvernement; désormais il ne s'arrêterait devant rien pour arriver à la réalisation la plus complète de son système de vaste domination sur l'Europe. Le corps diplomatique fut naturellement porté à réfléchir sur la situation nouvelle que ces maximes allaient lui faire en présence du cabinet des Tuileries. Était-ce une nouvelle terreur qu'on voulait établir? Le fait substitué au droit portait un étrange ravage dans les doctrines du droit des gens.

Le prince qui prit à l'égard de Napoléon l'attitude la

---

[1] Extrait d'une lettre du ministre de la police générale à M. le maréchal Bernadotte.

Paris, 18 vendémiaire an XIII.
Monsieur le maréchal,

« L'agent anglais Rumbold, à Hambourg, suit les mêmes errements d'espionnage et de machination qui ont déjà excité l'indignation de l'Europe contre les Drake et les Spencer-Smith, et il est évident, par la circulaire de lord Hawkesbury, à la suite des complots découverts de ces deux misérables, que le gouvernement britannique a osé avouer et réduire en système cette tactique de complots de la part de ses ministres accrédités auprès des puissances alliées ou neutres. C'est ce que prouvent encore la conduite de M. Taylor et les pièces originales qui existent dans mes mains.

« En conséquence de ces principes nouveaux et subversifs, S. M. l'Empereur a fait déclarer ne plus reconnaître aucun caractère diplomatique dans les agents anglais qui ont été mis, par leur propre gouvernement, hors du droit des gens et de la loi

plus martiale, la plus décidée, fut ce jeune Gustave-Adolphe, que des liens d'affection profonde unissaient au malheureux duc d'Enghien. Gustave-Adolphe avait appris, d'une manière plus ou moins authentique, que Napoléon avait voulu le faire enlever sur les bords du Rhin avec le duc d'Enghien, comme un des acteurs du complot tramé contre sa personne. Gustave-Adolphe avait quelque chose de hardi et de généreux dans le caractère; imitateur de Paul Ier, il avait pris en main la cause de la vieille chevalerie, cherchant à briser une lance pour la restauration de toutes les dynasties tombées. La Suède, pays pauvre, tout matériel, ne pouvait suivre son souverain dans son tournoi du moyen âge; elle avait ses intérêts égoïstes, son commerce de bois de mâture, ses mines de fer; elle demeurait tout impatiente sous le joug d'un roi qui se proclamait le premier gentilhomme de l'Europe quand il fallait s'en proclamer le premier commerçant. On disait que son aveuglement pour la vieille cause allait à ce point que lui et le duc d'Enghien avaient envoyé un cartel d'homme à homme au premier Consul, en lui laissant le choix du lieu et des armes. Bonaparte, tête politique, préoccupé de plus graves intérêts, lui avait répondu par l'enlèvement du duc

---

commune des nations civilisées; il entend donc que M. Rumbold soit considéré comme le serait tout autre individu anglais qui se livrerait à des menées criminelles, et soit saisi s'il est en votre pouvoir de le faire, et que l'on prenne tous les moyens d'avoir ses papiers. Je vous invite, M. le maréchal, à prendre toutes les mesures nécessaires pour arriver à ce but, etc. »

J'ai l'honneur, etc.

Signé : Fouché.

« En conséquence le général Frère, commandant à Harbourg, passa l'Elbe le 24 octobre, à la tête de 250 hommes, débarqua entre Hambourg et Altona, marcha vers Grindel, y cerna la maison de sir Georges, s'empara de sa personne et de ses papiers. Le sénat s'assembla pour réclamer contre un tel acte; tous les ministres étrangers en informèrent leurs cours. Le roi d'Angleterre, par une note du 5 novembre, dénonça à tous les cabinets ce nouvel attentat contre le droit des gens comme une agression atroce; acte d'autant plus insul-

d'Enghien et l'exécution militaire du prince. Depuis ce fatal événement, le roi de Suède affectait de porter un deuil sévère, comme s'il pleurait un proche parent ; il avait demandé avec insistance le petit chien qui suivit son noble maître jusque sur la tombe, et il se promenait aux bords du Rhin avec ce lévrier de chasse portant à son cou un collier noir, témoignage funèbre du ressentiment de son nouveau possesseur. Ce caractère exalté n'était plus de son époque ; on attribuait même à la folie les actions de Gustave-Adolphe ; au milieu d'une société indifférente et égoïste, souvent, parce qu'un caractère chevaleresque proteste contre l'esprit de son temps, on le traite d'insensé, on le proscrit ; il trouble l'harmonie générale et la paix indifférente d'une génération avide de repos.

Le roi de Suède, loin de reconnaître la puissance souveraine de Napoléon en France, redoublait de zèle pour la famille des Bourbons exilée ; Gustave lui avait offert un asile dans ses États. Pauvre de revenus, il avait sollicité l'honneur de pensionner les princes malheureux, comme s'il avait le pressentiment de sa destinée future et de ses exils, à lui aussi, sur la terre étrangère. Traitant avec hauteur le gouvernement français, il rappelait son ambassadeur de Paris, et rendait presque impossible la résidence de l'envoyé de France à Stockholm, M. Bourgoing,

tant, dit-il, qu'il a été publiquement ordonné, qu'il menace toutes les cours, détruit les droits sacrés de tout territoire neutre et anéantit les priviléges des ministres diplomatiques. Quelques jours après cette notification, le messager d'état Wagstaff, chargé de dépêches pour Berlin et Saint-Pétersbourg, fut arrêté entre Lubeck et Mecklembourg-Shewerin par des Français déguisés qui enlevèrent ses papiers et le lièrent à un arbre dont il fut heureusement détaché. Une troisième violation de territoire fut tentée le 17 novembre, par le général Frère, pour enlever près d'Altona MM. Thornton et Parish, négociants anglais ; mais le commandant militaire danois, en ayant été informé, s'y opposa. »

homme modéré et de bonne compagnie[1]. Aussi les journaux rédigés sous l'influence de la police de Paris insultaient, avec ironie et amertume, le roi d'un État de second ordre, assez insensé pour oser lutter contre la souveraine puissance de l'Empereur des Français. On méprisait ses puériles démarches, et comme dernier trait de caractère, on le menaçait, au nom du peuple, d'une révolution prochaine, contre un prince antipathique à la brave et loyale nation suédoise toujours alliée de la France. Gustave-Adolphe s'était rapproché du gouvernement russe, et il aurait fait mille sacrifices, même des intérêts de la Suède, pour appeler aux armes le Czar Alexandre Ier et exciter ses haines contre Napoléon.

Le roi de Suède ne pouvait sans folie lutter contre le nouvel Empereur des Français; mais Gustave-Adolphe n'ignorait pas les griefs vifs et profonds de l'empereur de toutes les Russies contre le cabinet de Paris. Depuis longtemps une froideur marquée se manifestait entre Alexandre et Bonaparte; M. de Marcoff ayant demandé ses passeports depuis six mois, quittait sa résidence; il n'y avait plus à Paris qu'un simple chargé d'affaires, M. d'Oubrill. La Russie prenait pour prétexte l'inexécution des clauses secrètes arrêtées avec Paul Ier: 1° le rétablissement complet de la maison de Carignan dans le Piémont; 2° le maintien du trône de Naples au profit d'un Bourbon et l'évacuation effective du territoire par les troupes françaises; 3° la restauration du prince d'Orange en Hol-

---

[1] « Gustave-Adolphe témoigna son mécontentement en n'admettant point à sa table l'envoyé français Bourgoing avec l'ambassadeur d'Angleterre, lorsqu'il reçut la visite du prince William de Glocester; il répondit aux plaintes du ministre de Napoléon, qui regardait cela comme une injure faite à son gouvernement : « Appre-

lande comme stathouder, ou la stipulation d'une suffisante indemnité. A ces conditions seulement, Alexandre promettait la conservation de la paix et le maintien des relations d'état à état. « Jusqu'alors, disait la Russie, Bonaparte avait méconnu les clauses du traité ou ne les avait exécutées qu'imparfaitement; une rupture plus ou moins immédiate devait s'ensuivre. »

Quand on apprit à Saint-Pétersbourg l'enlèvement et l'exécution du duc d'Enghien, le deuil se manifesta dans toute la cour; l'impératrice-mère avait particulièrement connu le jeune prince; déjà haineuse contre la révolution française, elle portait au duc d'Enghien un attachement vrai, comme à celui des princes le plus propre à soutenir les droits de sa maison. Au-dessus de tous ces sentiments généraux, il en existait un plus politique et plus réfléchi : l'empereur Alexandre prétendait à une sorte de protectorat sur l'Allemagne comme Paul Ier, et il avait agi en conséquence de concert avec la France dans toutes les questions qui se rattachaient au système de la diète germanique; or, l'affaire du duc d'Enghien portait avec elle-même une violation manifeste de tous ces principes : il n'y avait plus en Allemagne aucune garantie; la diète cessait d'être reconnue comme puissance souveraine, puisqu'un ordre de la France suffisait pour envahir les territoires. Que restait-il à la nation allemande et qui pouvait la mettre à l'abri?

Le ministre russe à Ratisbonne, M. de Klupfell, remit le 6 mai au baron d'Albini, président de la diète,

---

nez, Monsieur, que je suis le maître chez moi. » Bonaparte voulut s'en venger, et M. d'Ehrenschwert, ministre de Suède à Paris, s'étant présenté au lever des Tuileries, Bonaparte lui dit : « Comment le roi votre maître, une puissance de troisième ordre, que je puis quand je voudrai précipiter du trône, ose-t-il insulter mon ministère? N'ai-je donc pas donné sans cesse au roi de Suède des preuves de mon amitié? »

une note rédigée avec une grande fermeté [1]. « L'empereur Alexandre manifestait sa douleur de voir ainsi le mépris de tous les principes, et il croyait ne pas trop présumer du corps germanique, en appelant de sa part une démarche commune auprès du gouvernement français, afin d'obtenir l'éclatante réparation de la catastrophe d'Ettenheim. » La situation des princes d'Allemagne ne permettait pas de donner suite à une telle résolution; aucun des électeurs n'était indépendant, et tous étaient en rapport plus ou moins direct avec la France : qui, d'entre les princes allemands rapprochés du Rhin, aurait osé braver le courroux du premier Consul ou de l'Empereur Napoléon? Les instances de la Suède et de la Russie furent donc vaines, et dès lors en son nom personnel, l'empereur Alexandre demanda une explication au cabinet des Tuileries, par l'organe de M. d'Oubrill, sur les événements qui venaient de se passer à Ettenheim. M. d'Oubrill mit beaucoup d'insistance dans cette démarche diploma-

---

[1] Voici le texte diplomatique de cette note.

« L'événement qui a eu lieu sur le territoire de S. A. S. l'électeur de Bade, et qui s'est terminé d'une manière si cruelle, a causé à S. M. l'empereur de toutes les Russies la plus profonde douleur, elle n'a pu voir qu'avec peine le territoire germanique violé et la paix de l'Europe troublée. L'étonnement de Sa Majesté a été d'autant plus grand qu'elle ne pouvait s'attendre à voir une puissance qui, de concert avec Sa Majesté, a employé sa médiation à la tranquillité de l'Allemagne, s'écarter des principes du droit des gens et des obligations qu'elle avait si récemment contractées. La diète sentira facilement les dangers auxquels l'empire serait exposé si de pareils actes de violence étaient tolérés. Ces importantes considérations ont déterminé l'empereur, en qualité de garant de la constitution germanique, à protester contre un acte qui attaque aussi ouvertement la paix et la sûreté de l'empire. S. M. I. n'a pas perdu un moment pour donner l'ordre à son chargé d'affaires à Paris de faire connaître au premier Consul (l'Empereur n'était point reconnu) son opinion à ce sujet. En adoptant une mesure que lui prescrivait le motif important de la tranquillité de l'Allemagne, Sa Majesté est convaincue que la diète et les états de l'empire rendront justice à sa sollicitude désintéressée, et qu'ils réuniront leurs efforts aux siens pour transmettre au gouvernement français leurs justes remontrances à ce sujet, afin d'obtenir les réparations qui sont dues à la dignité de l'empire compromise, et qui sont nécessaires au maintien de la sûreté de l'Allemagne. » (Mai 1804.)

tique, quoique sa note fût modérée. Le ministre du Czar souhaitait que le gouvernement français se hâtât de tranquilliser l'Europe, en donnant des explications sérieuses au corps germanique, sur les événements fâcheux qui venaient de se passer dans le grand-duché de Bade.

M. de Talleyrand répondit avec une extrême netteté : « De quoi se plaignait la Russie, et en vertu de quels principes, lorsque la Prusse et l'Autriche gardaient le silence, la Russie, si éloignée par sa position, élevait-elle la voix pour défendre un Français rebelle placé hors du droit des gens? Qu'avaient de commun le duc d'Enghien et l'empereur Alexandre? » Enfin, et pour terminer d'une manière presque insolente la note du gouvernement français, Bonaparte dictait à M. de Talleyrand ces paroles remarquables : « Qu'évidemment, lorsque les Anglais avaient concerté l'assassinat de l'empereur Paul Ier, si on avait averti Alexandre que les assassins n'étaient qu'à une lieue de sa frontière, il n'aurait pas hésité à les faire saisir. » Affreuse ironie dans ce souvenir jeté au cœur d'un fils à l'occasion de la sanglante catastrophe du palais de Mikaëloff [1]; après de telles paroles il ne

---

[1] Une des notes de la Russie est extrêmement remarquable. (Note de M. d'Oubrill, envoyé russe, à M. de Talleyrand.)

« S. M. I., pénétrée des dangers qui menacent l'empire germanique, et ayant appris la nouvelle violation du droit des gens commise à Ettenheim, a cru devoir inviter la diète et ses princes à se joindre à elle pour réclamer près du gouvernement français, et pour l'engager à réparer cette injure et à tranquilliser l'Europe sur ses craintes de pareilles et de nouvelles violences ; que le gouvernement français, en répondant comme il l'a fait, a manqué à la Russie, à l'empire germanique et à lui-même, et qu'il a compromis cette bonne intelligence qu'il assure désirer, mais dont les effets n'ont pas encore été aperçus par la Russie ; que n'étant plus dans ces temps de barbarie où les États n'avaient que des intérêts propres, mais dans un ordre de choses soumis au droit des gens, l'on n'a pu voir avec indifférence un événement attentatoire à l'indépendance des nations; que la qualité de garant du corps germanique, depuis la paix de Teschen, impose à S. M. le devoir de ne point garder le silence à cette occasion, et que si le gouvernement français, revêtu du même titre, se croit permis de violer la neutralité

fallait plus compter sur la paix ; c'était une rupture préparée par d'outrageantes personnalités. L'impétueux caractère de Bonaparte n'avait pu se contenir à l'aspect de ce cabinet qui voulait se mêler de sa politique; jetant l'injure à la face de la Russie, l'Empereur l'avait provoquée au combat ; elle ne manqua pas à l'appel du champ de bataille.

Courrier par courrier la réponse vint de Saint-Pétersbourg, il s'y manifestait une aigreur plus vive encore : « La France, disait-on, accuse la Russie de protéger le corps germanique, elle n'agit qu'en vertu des traités, et par suite d'anciens rapports reconnus par la France elle-même. Quant à l'attentat d'Ettenheim, il a blessé l'indépendance et la neutralité du corps germanique, et c'est en vertu de ce droit que la Russie, réclamant auprès de la diète, a voulu faire garantir ses priviléges. On n'était plus aux époques de barbarie où les États n'avaient que leurs intérêts propres ; il existait un droit public général que tous devaient respecter. Si la Russie voulait la guerre, elle n'avait pas besoin de pré-

de l'Allemagne, on ne saurait comprendre comment il n'appartiendrait pas à S. M. I. de prendre fait et cause pour cet empire dont elle a garanti l'indépendance ; qu'on ne peut chercher les motifs d'une démarche aussi bien fondée dans l'influence des ennemis de la France, et que si la Russie voulait recommencer la guerre, elle n'aurait pas besoin de chercher de vains prétextes, le gouvernement français lui ayant fourni des raisons plus que valables pour rompre les liens d'une bonne intelligence que la modération seule de S. M. a conservée et aurait désiré faire durer toujours ; que S. M. a manifesté même avant le commencement de la guerre son opinion sur la nécessité de consolider la paix ; qu'elle a témoigné au cabinet des Tuileries combien elle désirait qu'il y contribuât en donnant lui-même l'exemple de la modération et du désintéressement ; que tel a été l'unique et inutile souhait de la Russie, dont la conduite ne s'est jamais écartée de ces principes, et dont les démarches réitérées sont demeurées infructueuses, quoique appuyées sur des engagements pris envers elle par le gouvernement français; que sa médiation, proposée aux deux puissances en guerre, n'a pas été accueillie ; que ses justes instances en faveur des pays dont les traités entre la Russie et la France garantissaient la neutralité n'ont point été écoutées ; que voyant malgré ses représentations les troupes françaises border les bords de l'Adriatique, imposer des contributions aux villes anséatiques et menacer le Danemarck,

texte ; le cabinet de Paris en avait donné assez de sujet ; les troupes françaises bordaient les côtes de l'Adriatique contre la foi des traités, elles imposaient des contributions au Danemarck ; le Portugal achetait encore sa neutralité par des subsides ; Naples ne pouvait conserver son caractère de souveraineté indépendante ; l'Italie, la Suisse et la Hollande étaient des provinces françaises. » M. d'Oubrill demandait une réparation immédiate de tous les griefs, ou bien il réclamait ses passeports sur-le-champ, par les ordres les plus exprès de sa cour.

La situation était grave, et M. de Talleyrand apporta quelques délais à une réponse aussi hautaine que la précédente : toutes ses paroles se ressentaient de la dictée rapide, impérative de Bonaparte. « La Russie avait-elle raison de se plaindre des envahissements de la France, elle qui avait changé le gouvernement des sept îles et envoyé des troupes à Corfou ? La Russie, centre d'intrigues choisi par les émigrés, avait donné asile au chef de la maison des Bourbons ; on avait vu cette cour prendre le deuil à l'occasion de la mort d'un agent

---

S. M. I. s'est décidée à se mettre en mesure de s'opposer à des empiétements ultérieurs ; que jamais gouvernement n'a agi plus ouvertement que la Russie, ni pour un but qui eût moins besoin d'être caché ; qu'on n'entrera point dans la question de savoir si le gouvernement français peut poursuivre dans tous les pays des individus qu'il a bannis, et s'il a droit de prescrire aux nations étrangères la manière dont elles doivent traiter ceux à leur service, ou leurs sujets naturalisés, mais que c'est abus des mots que d'accuser la Russie d'attaquer l'indépendance des États en se refusant à déplacer un de ses employés dans l'étranger (Woronzoff), et en réclamant un individu naturalisé (Varnègues), livré, contre tout droit, par un État neutre ; que, loin de protéger des machinateurs de complots, S. M. a souvent notifié au gouvernement français que, s'il lui fournissait des preuves d'une telle accusation contre ses employés, ils seraient à l'instant punis, et qu'il n'a jamais été répondu à cette loyale déclaration ; que, lorsque le Portugal a dû acheter sa neutralité, lorsque Naples n'a pu conserver la sienne, lorsque l'Italie, la Suisse, la Hollande, malgré des promesses d'indépendance, ne peuvent plus être regardées que comme des provinces françaises, et lorsque l'empire est envahi, l'empereur s'en remet au jugement de ces pays et à l'opinion impartiale du cabinet de Saint-Cloud, pour décider qui, de la Russie ou de la France, me-

soldé par l'Angleterre (le duc d'Enghien) engagé dans un complot criminel. » Ainsi s'exprimait M. de Talleyrand pour en conclure que les infractions au traité ne venaient pas de la France. M. d'Oubrill répondit une dernière fois à ces récriminations répétées [1] : « Aucune prévention, aucune inimitié politique et personnelle ne séparait l'empereur Alexandre du chef du gouvernement français; mais en écartant toutes questions morales, restaient les intérêts matériels; et ici la Russie n'avait-elle pas suffisamment à se plaindre de la France? » M. d'Oubrill résumait les griefs : « Le roi de Sardaigne n'était-il pas privé de ses possessions sans indemnités? le roi de Naples voyait ses provinces occupées par les armées françaises. Puis, que de violations du droit des gens ! M. de Marcoff insulté par une scène publique aux Tuileries, les employés russes persécutés à l'étranger, jusqu'à ce point de forcer le pape à livrer un Russe naturalisé (M. de Varnègues). Enfin, déclarait M. d'Oubrill, puisque toutes les réclamations modérées de son

nace la sûreté de l'Europe ; que, quelque connue que soit à cet égard la façon de penser de S. M., elle s'est crue dans l'obligation de lui donner la plus grande publicité pour qu'il ne soit pas dit que dans une crise aussi funeste, nul sur le continent n'a osé élever la voix en faveur de la justice et de l'humanité ; que chaque état peut dans ses limites déclarer un individu hors de la loi, mais ne saurait le mettre hors du droit des gens qui dérive de l'assentiment unanime des souverains et non des décrets de la France. A peine croit-on que, pour soutenir un principe aussi erroné, le cabinet de Saint-Cloud ait pu s'écarter de ce que les égards et les convenances requièrent, au point de choisir parmi les exemples à citer celui qui était le moins fait pour l'être, et de ne rappeler dans une pièce officielle la mort d'un père à la sensibilité de son auguste fils, que pour inculper d'un crime aussi atroce qu'absurde un gouvernement que la France ne cesse de calomnier, parce qu'elle est en guerre avec lui. »

[1] Le chargé d'affaires de la Russie répliqua le 28 août, par la note suivante : « Le soussigné, en réponse à la note qui lui a été transmise, croit devoir se borner à la récapitulation de la conduite que son auguste maître a constamment tenue envers le gouvernement français et dont le simple exposé suffira pour montrer l'espèce de réciprocité qu'il a éprouvée de ce gouvernement. Depuis l'avénement de Sa Majesté au trône, elle a mis tous ses soins à rétablir la bonne intelligence qui avait autrefois subsisté entre la France et la Russie. Anticipant les explications qui devaient produire une paix solide, elle aimait à se

cabinet n'avaient pu amener une réconciliation, il ne voyait plus de motifs pour continuer des rapports désormais sans objet; et il réitérait la demande de ses passeports. Si la Russie désirait le maintien de la paix, c'était au gouvernement français à décider, par sa volonté et ses actes, si la guerre ne serait pas le résultat des démarches qu'on allait accomplir. » Le lendemain, M. d'Oubrill quitta Paris; ainsi la guerre existait moralement : de telles négociations supposaient seulement qu'on n'était pas prêt encore pour prendre les armes.

Quand les rapports d'État à État étaient dans une situation si précaire, on s'explique comment le cabinet de Saint-Pétersbourg se refusait à reconnaître la dignité du nouvel Empereur. Il faut partir de ce point que l'avénement d'un monarque ou d'une dynastie nouvelle offre toujours des difficultés en diplomatie; les puissances étrangères font acheter ce titre ou par la guerre, ou par des concessions imposées. Jusque-là, toutes les dépêches de la Russie furent adressées au *chef du gouvernement*

---

persuader qu'elle contribuerait à la pacification de l'Europe. L'empressement à faire la paix à l'époque où la France était en guerre avec d'autres puissances, et le renouvellement d'un traité de commerce tout entier à l'avantage de la France ; les bons offices de la Russie pour effectuer une réconciliation entre la République et la Porte ottomane, sont des preuves convaincantes du désir de Sa Majesté de consolider des relations amicales. Lorsque le corps germanique fut forcé à des sacrifices pour régler les indemnités qui devaient servir à la compensation de ses pertes, l'empereur consentit à devenir co-médiateur avec le gouvernement français, dans l'espoir de mettre un sceau à la tranquillité du continent. Ce projet accompli, Sa Majesté a dirigé son attention vers les engagements que la France avait pris volontairement avec la Russie à l'époque de la paix ; ayant scrupuleusement rempli ceux qu'elle avait pris avec la France, elle avait droit d'attendre que le gouvernement français se montrerait aussi ponctuel à remplir ses propres obligations. Cette attente n'a jamais été réalisée; le roi de Sardaigne, privé de ses possessions, est encore à recevoir l'indemnité que la Russie a continuellement demandée. Le roi de Naples voit de nouveau occuper ses provinces, et les remontrances de la Russie, fondées sur des engagements solennels, n'ont produit aucune détermination favorable à ce royaume. Toute l'Italie a changé de face depuis le traité entre la Russie et la France, sans aucun concert préliminaire avec Sa Majesté, malgré les stipulations à cet égard; le territoire germanique a été violé, quoique la France se fût engagée à le proté-

français ; elles ne reconnaissent point la dignité d'Empereur sur ce front rayonnant de gloire. Toutefois à Saint-Pétersbourg, en se montrant inflexible sur l'étiquette, on conserva un certain respect, une modération dans les termes. Il n'en fut pas de même du roi de Suède avec ses entraînements chevaleresques et ses passions aventureuses ; il ne sut pas ménager la grande figure de Napoléon ; l'Empereur était assez haut pour porter le diadème, et Gustave-Adolphe ne l'appelle néanmoins, par une puérile restriction, « que M. *Bonaparte.* » Il imite ainsi Louis XVIII et les Bourbons ; chef de la noblesse, il ne reconnaît pas ce glorieux aventurier, parti du peuple pour gouverner les peuples.

La maison d'Autriche, avec l'habileté et la patience accoutumée de sa politique, ne se prononce point textuellement sur la reconnaissance de l'Empereur Napoléon. Depuis la paix de Lunéville, elle a constamment armé; les dures conditions de ce traité restaient gravées dans sa mémoire ; l'Autriche ne porte aucun intérêt à la

---

ger avec S. M. I.; l'occupation de Cuxhaven, qui sous aucun prétexte ne pouvait être regardé comme possession anglaise, a été effectuée et les villes ont été contraintes à se soumettre à des emprunts forcés pour éviter le même sort. Les demandes répétées faites au gouvernement français pour accomplir ses engagements et mettre fin aux craintes des puissances neutres ont été sans effet. A ces causes de mécontentement, liées aux intérêts de l'Europe, le gouvernement français a jugé à propos d'ajouter des assertions offensantes contre des ministres honorés de la confiance de Sa Majesté. La scène dont un ministre de Russie a été forcé d'être le témoin aux Tuileries ; la persécution dans l'étranger des employés russes ; la démarche sans exemple de contraindre le pape à livrer un Russe naturalisé, sans égard aux réclamations de Sa Majesté ; une conduite si contraire au désir de conserver la bonne intelligence entre les deux États fournissait une raison positive de ne pas la continuer ; l'empereur voulut néanmoins faire un dernier effort, et après tant de motifs de mécontentement, il était disposé à les oublier si l'on remplissait les engagements détaillés dans la note du 21 juillet. Ce dernier effort a été suivi d'une réponse évasive, remplie de fausses imputations, remarquable par l'étrange assertion *que les Russes ont pris possession de la république des Sept-Iles sans le consentement de la France,* tandis qu'il est notoire, et que le ministre des relations extérieures a sous les yeux la preuve que cette république, qui avait été évacuée par les troupes russes, a été occupée par celles retirées du royaume de Naples du consen-

maison de Bourbon, son antique rivale; elle s'est vengée, par sa chute, de la politique inflexible de Richelieu, l'ennemi de la maison d'Autriche. Dans son vieux ressentiment, elle ne conserve aucune des idées chevaleresques ou des nobles folies de Gustave-Adolphe; si elle arme, c'est dans une vue réfléchie de reconquérir son territoire et sa prépondérance; l'Autriche a beaucoup perdu à Lunéville, elle veut acquérir des compensations, et s'il le faut, elle recommencera la guerre quand le moment lui paraîtra favorable. Indépendamment de ce motif, l'Autriche est préoccupée d'une mesure politique qui a quelque importance pour l'avenir : depuis les dernières guerres, le cabinet de Vienne s'est aperçu que son influence sur l'Allemagne s'affaiblit; la maison qui a vu se perpétuer le titre impérial dans sa race, et une sorte de suzeraineté sur la nation germanique, voit cette influence s'effacer; inquiète, elle sent que le titre d'Empereur d'Allemagne lui échappera tôt ou tard, et comme la dignité d'Empereur est magnifique, comme

tement de la Porte, à la demande des habitants et en conséquence d'un arrangement préalable avec la France. Il ne reste donc plus au soussigné qu'à déclarer que, toute correspondance entre la Russie et la France devenant inutile, elle doit cesser de ce moment, et que Sa Majesté n'attend que la nouvelle du départ de son chargé d'affaires à Paris pour signifier à la légation française de quitter sa capitale. Elle se voit avec regret forcée de suspendre toutes relations avec un gouvernement qui refuse de remplir ses engagements, qui veut s'affranchir des égards réciproques que les nations se doivent, et de la part duquel Sa Majesté n'a éprouvé que des mortifications. Désirant éviter l'effusion du sang, l'empereur se borne à prendre la résolu- tion qu'admet la position relative des deux pays. Comme c'est le gouvernement français qui a donné naissance à la situation actuelle des affaires, il dépendra aussi de lui de décider *si la guerre en sera ou n'en sera pas le résultat*. Dans le cas où le gouvernement forcerait la détermination de la Russie, soit par de nouvelles injures, *soit par des provocations dirigées contre elle ou ses alliés*, soit enfin par des menaces encore plus sérieuses contre *l'indépendance de l'Europe*, on verra Sa Majesté manifester autant d'énergie dans l'emploi des mesures qu'exige une juste défense que de patience dans l'usage des moyens de conciliation compatibles avec l'honneur et la dignité de sa couronne. »

la race de Habsbourg ne veut pas tomber du haut rang que la destinée lui a préparé, elle cherche à rendre héréditaire le titre primitif de sa monarchie dans ses propres États. L'avénement de Napoléon est contemporain des efforts du cabinet de Vienne pour obtenir la reconnaissance du titre d'empereur d'Autriche [1]. Aussi la diplomatie française trouve-t-elle peu de difficultés pour faire admettre Napoléon. Ici, avec son habitude de distinction, l'Autriche sépare deux questions qui jusqu'alors paraissaient complexes; elle adopte sans hésiter le titre héréditaire dans la personne de Bonaparte, saluant même cette transition comme un fait heureux pour la stabilité des actes accomplis en Europe; elle préfère l'hérédité au Consulat; mais M. de Cobentzel, dans ses notes, évite de donner à Napoléon le titre d'*Empereur,* dignité qui le place à vol d'aigle au niveau de la maison d'Autriche et du Czar de Russie. Cette distinction n'est pourtant qu'accessoire; l'Autriche, gouvernement matériel et prudent, vise surtout aux questions de prépondérance réelle; si elle arme, je le répète, ce n'est pas pour une question de principes, mais pour une éventualité de guerre qui lui assure une meilleure répartition territoriale en Allemagne

---

[1] Voici l'acte officiel par lequel François II se déclara empereur héréditaire d'Autriche.

« Nous François II, par la grâce de Dieu, élu empereur Romain, dans tous les temps défenseur de l'empire, roi de Germanie, de Hongrie, de Bohême, etc; quoique par les décrets de la Providence et le choix des électeurs, nous soyons parvenu à une dignité qui ne nous laisse à désirer aucune augmentation de titres et de considération, cependant, comme chef de la maison d'Autriche et souverain de la monarchie autrichienne, nos soins doivent tendre à nous mettre parfaitement au niveau des principaux monarques de l'Europe, pour ce qui concerne les titres et l'hérédité de la dignité suprême qui appartient aux souverains de l'Autriche, tant à cause de la gloire de leur antique maison, qu'eu égard à l'étendue et à la population de leurs royaumes si considérables, et de leurs États, qui renferment des principautés indépendantes; dignité qui lui est assurée par l'exercice du droit des gens et par les traités.

« Pour parvenir à consolider cette égalité parfaite de rang, nous nous voyons

et en Italie. Ce n'est pas contre la personne de Napoléon que la guerre est déclarée, mais contre les envahissements qui suivent le traité de Lunéville et, puisqu'il faut le dire, contre les dures clauses de ce traité, pesante loi du vainqueur.

La Prusse a plus d'entraînement vers le nouveau pouvoir; les électeurs de Brandebourg ont eux-mêmes tout récemment changé leurs titres, et fait leur fortune royale; ils ont fondé une monarchie militaire et protestante, c'est-à-dire dans les deux conditions qui se rapprochent le plus de la politique des faits. Le cabinet de Berlin avait toujours eu une certaine action sur le pouvoir consulaire; à ses conseils, à ses soins était dû le développement ferme des idées gouvernementales en France, depuis l'abbé Sieyès; la Prusse, complaisante pour le premier Consul, s'était montrée favorable à l'établissement d'un ordre de choses largement organisé par l'unité et l'hérédité, avenir désirable dans le système politique de la France. La création de l'Empire français entrait dans les prévisions de la Prusse, et Napoléon n'eut pas beaucoup d'avances à faire pour obtenir la reconnaissance de son titre par le cabinet

---

dans le cas, que justifient l'exemple de la cour impériale de Russie dans le siècle précédent, et dans la circonstance actuelle celui du nouveau souverain de la France, d'ajouter aux titres de la maison d'Autriche le titre d'empereur héréditaire, pour ce qui concerne ses États indépendants.

« En conséquence, nous avons décidé, après un mûr examen, de prendre solennellement, pour nous et nos descendants, et d'attacher à la possession indivisible de nos royaumes et États indépendants, le titre et la dignité d'empereur héréditaire d'Autriche (comme étant le nom que porte notre maison); de manière que nos royaumes, principautés et provinces conservent leurs titres, contributions, droits et relations,

sans aucun changement. Par suite de cette haute décision nous ordonnons :

« 1° Qu'immédiatement après notre titre d'empereur des Romains, soit placé celui d'*empereur héréditaire d'Autriche*; ensuite viendront nos autres titres. Cependant, comme depuis notre avénement au trône plusieurs changements, confirmés par des traités, ont eu lieu dans les pays que possède notre maison, nous faisons connaître le nouveau titulaire réglé d'après le nouvel état de choses, et dont nous ordonnons l'usage à venir.

« 2° Tous nos descendants des deux sexes et les descendants des chefs de la maison d'Autriche, nos successeurs, auront le titre de prince impérial ou princesse impériale,

de Berlin. Le marquis de Lucchesini eut ordre de saluer le pouvoir nouveau et de donner à Napoléon l'assurance formelle d'un plein assentiment de la Prusse à l'ouvrage monarchique qu'il élevait par l'éclat de ses victoires. Le roi écrivit à Napoléon une lettre autographe, et s'empressa le premier, de lui donner le titre de *monsieur mon frère*[1], formule consacrée dans le droit diplomatique.

Néanmoins, très rapprochés de principes, des difficultés graves s'étaient élevées entre les deux gouvernements à cause des questions d'influence et d'agrandissement de territoire. L'occupation du Hanovre par l'armée française avait porté les avant-postes sous l'aigle impériale, à quelques lieues de la frontière prussienne; la Haute-Allemagne n'était plus protégée. La domination des Français en Hollande, les actes de violence et d'exaction exercés contre les villes libres d'Altona, de Lubeck et de Hambourg, annonçaient de la part de Bonaparte un parti pris d'essayer la violence contre les gouvernements des cités et les neutralités allemandes, dont les grands États étaient les protecteurs, et ce système n'était pas de nature à plaire à Berlin; la Prusse, vive-

---

qu'ils ajouteront à celui d'archiduc et d'altesse impériale.

« 3° Tous nos royaumes et nos États devant, comme il a été dit, conserver leurs dénominations, leur état actuel et leur intégrité, ceci doit particulièrement s'entendre du royaume de Hongrie et des pays qui lui ont été annexés, ainsi que de ceux de nos États héréditaires, qui, jusqu'à cette époque, se sont trouvés immédiatement unis à l'empire germanico-romain, et qui doivent conserver à l'avenir leurs rapports avec lui, en vertu des priviléges accordés à notre maison par nos prédécesseurs dans l'empire.

« 4° Nous réservons à d'autres temps la décision qui doit régler les cérémonies qui auront lieu lors du couronnement, pour nous et nos descendants, comme empereurs héréditaires. Cependant, les cérémonies des couronnements comme roi de Hongrie et de Bohême qui nous ont été transmises par nos ancêtres continueront à subsister sans changement. »

Vienne, 15 août.

[1] Monsieur et frère,

« Notre désir de maintenir et de cultiver les relations d'amitié et de perfectionner la bonne intelligence que j'ai eu le plaisir d'entretenir jusqu'ici avec le gouvernement français, et en même temps de vous donner un témoignage de ma haute estime, m'engage à vous transmettre sans délai ces présentes et d'accréditer M. le marquis

ment offensée de l'enlèvement du ministre anglais, sir Georges Rumbold, avait activement réclamé ; et Bonaparte, voulant alors ménager le cabinet de Berlin et faire croire à son respect de la neutralité, ordonna de rendre sir Georges à l'Angleterre [1]. Il y avait déjà en Prusse une sourde fermentation des esprits contre les agrandissements démesurés de l'influence française; il fallait en tenir compte. M. de Haugwitz et le secrétaire de cabinet, M. Lombard, étaient fortement accusés d'intelligences criminelles, ou au moins imprudentes, avec le gouvernement français.

Le premier acte qui témoigna un peu de froideur du cabinet de Berlin à l'égard de la France, ce fut la modification presque entière du cabinet. M. de Haugwitz, si favorable à Napoléon, reçut un congé illimité ; il se retira dans ses terres de Silésie, et à sa place fut élevé à la dignité de chef du conseil M. de Hardenberg [2], diplomate plus instruit, plus capable d'apprécier les véritables dangers de la situation, et plus dévoué au parti de l'opposition nationale. M. de Hardenberg était né allemand sujet de l'Angleterre ; une douloureuse circonstance qui touchait au cœur et au toit domestique, l'avait

---

de Lucchesini auprès de votre personne en qualité d'ambassadeur extraordinaire. Je renouvelle avec plaisir les sentiments d'amitié avec lesquels je suis de Votre Impériale Majesté le bon frère et ami. »
  Frédéric-Guillaume.
Berlin, 27 mai 1804.
« M. le marquis de Lucchesini, ambassadeur de Sa Majesté à Paris, a reçu ses nouvelles lettres de créance. M. le comte de Tauenzien se dispose à partir pour Paris, avec l'honorable mission de féliciter l'Empereur des Français. »

[1] Voici dans quels termes Bonaparte fait annoncer la mise en liberté de M. Rumbold :

« M. Rumbold, agent anglais à Hambourg, arrêté à une portée de canon des avant-postes de l'armée française du Hanovre, et conduit à Paris, a été, par la protection du roi de Prusse, relâché et envoyé en Angleterre par Cherbourg. Si le procès de ce digne confrère de Drake, de Spencer Smith et de Taylor avait été terminé, il eût offert des pièces tout aussi curieuses que celles de ses émules. » (Paris, 11 novembre 1804.)

[2] « M. le comte de Haugwitz sort du ministère, avec une pension considérable, et M. le baron de Hardenberg a le portefeuille des affaires étrangères. » (6 août 1804.)

séparé violemment de l'électeur de Hanovre, mais sa politique conservait le caractère anglais et allemand de son origine. M. de Hardenberg, sérieux par nature, avec de fortes études et une faculté d'intelligence peu commune, voyait se développer en Prusse un esprit de résistance et de nationalité qui tôt ou tard amènerait la guerre; il n'avait aucune antipathie native envers Napoléon; mais avec tous les esprits à vues un peu larges, il prévoyait qu'un conflit serait inévitable pour empêcher la domination de l'homme de génie qui marchait à l'oppression de l'Allemagne. M. de Hardenberg n'avait rien de vulgaire dans ses conceptions; il envisageait tout sous le vaste ensemble du passé, du présent et de l'avenir; homme littéraire et du monde, il mettait une sorte de coquetterie à exprimer sa pensée dans des formes élégantes et élevées; ses manifestes restent encore comme des textes remarquables de diplomatie et de dissertation sur la morale politique des gouvernements et des peuples. Le premier, il commença la réaction libérale contre le pouvoir absolu, que Napoléon cherchait partout à établir en Allemagne; si Gentz lui prêta quelquefois sa plume facile, moqueuse et désabusée, M. de Hardenberg était parfaitement capable d'exprimer en bon style la pensée de son système politique.

Comme l'Autriche, la Prusse armait; les institutions militaires du Grand-Frédéric permettaient le développement de forces considérables dans tous les États soumis à la maison de Brandebourg. Sur une population qui s'élevait à 7,000,000 d'âmes, la Prusse pouvait mettre sur pied 500 à 550,000 hommes, sans compter ses landwehrs qui jouèrent plus tard un si grand rôle dans la levée en masse. Cette situation, Bonaparte la connaissait bien, et, à cet effet, il ménageait avec adresse la neutralité de la Prusse, jusqu'au jour où il pourrait la briser. Le cabinet de Berlin restait maître de la paix ou de la guerre ; presque seul il pouvait apporter un poids immense dans la balance politique de l'Europe, et prendre Bonaparte à revers. L'Angleterre, vivement préoccupée de l'attitude qu'allait adopter la cour de Prusse, lui offrait des subsides, pourvu qu'elle fît cause commune avec l'Autriche et la Russie dans un conflit militaire contre la prépondérance absorbante de Napoléon.

Autour de ces souverainetés de premier ordre, se groupaient en Allemagne des États intermédiaires : tout ce qui touchait la rive droite du Rhin était placé par une terreur invincible [1] sous l'influence française ; l'électeur de Bade, le possesseur de ces belles contrées que le Rhin enlace et caresse de ses flots, s'était absolument rangé sous la volonté de Bonaparte premier Consul et de Napoléon Empereur, et l'on comprend son motif : deux marches militaires pouvaient amener la garnison de Strasbourg jusque sous les murs de Carlsruhe et de Bade aux pittoresques coteaux ; la conquête pouvait s'accomplir dans une de ces semaines glorieuses qui avaient fait la fortune des lieutenants de Napoléon ; l'électeur connaissait cette situation ; son territoire

---

[1] La confédération germanique avait été officiellement informée de l'avénement de l'empereur Napoléon.

M. Bacher, chargé d'affaires de France, avait adressé à la diète de Ratisbonne la note suivante, qui avait été portée le 29 mai à la dictature :

« Le soussigné, chargé d'affaires de France, a l'honneur de transmettre à la diète générale de l'empire germanique, l'exemplaire ci-joint du sénatus-consulte qui détermine pour l'avenir la dénomination, les formes, et la transmission du pouvoir souverain en France, les seules choses qui, dans l'organisation du gouvernement de la République, n'étaient pas proportionnées à la grandeur et au besoin de l'état.

« Il s'empresse dans cette circonstance de notifier, conformément aux ordres de son gouvernement, que S. M. I. Napoléon

avait été violé d'une manière indigne dans l'affaire d'Ettenheim; loin de se plaindre, il avait expulsé les émigrés, et sollicité lui-même la diète germanique, pour qu'on ne donnât pas de suite à cette affaire; craignant le résultat de la dernière de ses notes, il soupirait après la paix et le repos dans ses belles résidences, qui font du pays de Bade le plus heureux séjour de la terre. Toute la diplomatie de M. de Dalberg à Paris consistait à bien se poser dans le salon de M. de Talleyrand et à caresser la fierté de Napoléon.

L'électeur de Bavière, un peu plus éloigné du Rhin, se trouvait entre deux influences qui menaçaient également son indépendance; l'Autriche touchait la Bavière sur le Danube à Scharding et Passaw, et huit journées de marche suffisaient pour que les Français pussent s'emparer d'Ulm, la tête de pont de la Bavière. C'était donc une situation perplexe que celle de l'électeur Maximilien-Joseph; l'Autriche, toujours avide des possessions de la Bavière, voulait dominer ces beaux pays couverts de bois et de pittoresques cités; la Bavière l'arrondissait parfaitement vers le Tyrol; la France, comprenant tout ce qu'il y avait de délicat dans cette situation, avait envoyé à Munich un homme de portée politique, M. Otto, le même diplomate qui avait préparé les transactions difficiles du traité d'Amiens.

Empereur des Français, est investi par les lois de l'État de la dignité impériale, et que ce titre et cette dignité seront transmis à ses descendants en ligne directe et masculine, ou, à défaut de cette ligne, à la descendance directe et masculine de L. A. I. les princes Joseph et Louis Bonaparte, frères de l'Empereur.

« En faisant cette notification, le soussigné doit observer que les communications officielles doivent cesser jusqu'à ce que les anciennes dénominations soient remplacées par celles du protocole impérial, tant dans les lettres de créance des ministres accrédités en France, que dans celles des ministres de S. M I. l'Empereur des Français accrédités dans les cours étrangères. Les communications confidentielles, préparatoires et utiles à la suite des affaires, continueront à avoir lieu dans les formes accoutumées.

« Le soussigné est en même temps chargé

Le corps diplomatique en Allemagne était alors complétement désigné par Napoléon ; M. de Laforest à Berlin ; M. de Champagny à Vienne, et M. Otto à Munich. C'étaient évidemment les hommes les plus forts de la diplomatie du Consulat et de l'Empire ; M. Otto avait en face M. de Montgelas, philosophe du xviiie siècle, tout entier dévoué au système français et sous l'influence de sa littérature.

Le Wurtemberg était plus exposé que la Bavière aux coups de Napoléon, car Stuttgard était si rapproché du Rhin ! l'électorat de Bade n'était pas une barrière militaire pour le Wurtemberg, soumis avec une docilité obéissante aux paroles et aux ordres du cabinet des Tuileries. Ajoutez à cela les promesses secrètes, capables de satisfaire l'ambition des électeurs de Bavière et de Wurtemberg, et quelques corruptions jetées aux ministres, ainsi qu'il arrivait souvent en Allemagne. La France favorisait de tout son pouvoir la sécularisation des biens et des propriétés dans les électorats, ce qui donnait des moyens de fortune considérable à tous ces princes, usurpant, comme sous Luther, les biens ecclésiastiques et les fiefs des grandes abbayes. L'influence secrète de M. de Talleyrand secondait les électeurs de Bavière et de Wurtemberg dans un projet de bouleversement unitaire parfaitement à leur convenance ; il s'agissait d'effacer toute noblesse intermé-

---

de déclarer que la grande loi qui vient d'accomplir l'organisation de l'État d'une manière conforme à la dignité du peuple français, n'apporte aucun changement dans les rapports politiques. Seulement en les plaçant sous la sauvegarde d'un gouvernement investi de plus d'éclat et revêtu d'une dignité plus analogue à la nature des choses, la France assure plus de force et de consistance à la réciprocité des avantages que les nations amies peuvent attendre d'elle, et en même temps elle attache plus d'importance aux égards que tous les gouvernements recevront du sien, et qu'à leur tour ils doivent lui rendre. »

Ratisbonne le 8 prairial an xii (28 mai 1804).

Bacher.

diaire, de manière à ce que le pouvoir électoral ou royal s'exerçât comme de souverain à sujets, sans restrictions et sans garanties. Et avec cela, Napoléon avait fait entrevoir aux électeurs de Bavière et de Wurtemberg, comme suite de l'alliance française, le titre de roi, objet de leur ancienne ambition. Quand il y avait eu en Europe des bouleversements si fantastiques, et quand un simple officier de fortune s'était élevé à la dignité impériale sur le plus beau trône du monde, on s'expliquait très bien comment les électeurs pouvaient souhaiter la royauté dans leur lignée, c'était l'ancien plan de Richelieu pour détruire la puissance absolue de l'Autriche. En Allemagne, les électeurs de Brandebourg au xviiie siècle avaient pris le titre de roi; au xixe siècle, rien n'empêchait les électeurs de Bavière et de Wurtemberg de ceindre un nouveau diadème; leurs titres étaient égaux, leurs possessions aussi considérables, leur souche aussi antique. On accomplissait l'œuvre d'un vaste morcellement en Allemagne, pour reconstituer ensuite l'unité par une confédération du Rhin en dehors de la maison d'Autriche[1].

La Saxe, par sa position éloignée, était plus complétement affranchie de l'influence française; il fallait une longue marche au-delà du Rhin pour se porter sur Dresde, et la Prusse se réservait l'influence presque exclusive sur les électeurs, dont elle convoitait le territoire. Cependant la diplomatie de Napoléon avait cher-

---

[1] « La France offrait d'intervenir seule comme puissance médiatrice, pour arranger toutes les affaires de l'empire. Les trois objets dont la diète avait à s'occuper immédiatement après la reprise de ses séances, étaient : 1º l'octroi de navigation du Rhin; 2º la fixation de l'indemnité supplémentaire de l'électeur archi-chancelier, et des autres princes qui avaient même à réclamer des dédommagements; 3º la confection d'une nouvelle matricule de l'empire. La discussion devait aussi avoir lieu sur les affaires de l'ordre équestre »

ché à s'appuyer sur les intérêts de la Saxe, pays riche, aux brillantes manufactures, avec l'activité incessante d'une population industrieuse. Toutefois, le désir de plaire à la Prusse et de ne pas lui montrer une ambition insatiable, avait circonscrit la diplomatie française dans des bornes rationnelles et circonspectes vis-à-vis de l'électeur de Saxe : une autre conduite en ce moment aurait réveillé l'inquiétude de l'Allemagne, toujours prête à redouter les envahissements du nouveau Charlemagne; n'était-ce pas un vieux souvenir des Saxons, que la conquête des Francs sous les paladins du grand Charles? Les Saxons, population profondément germanique, devaient faire entendre les premiers accents de la liberté au jour de la délivrance. En résultat, aucun de ces princes, quel que fût d'ailleurs leur plus ou moins d'empressement pour une alliance française, ne se trouvait dans la possibilité de refuser le titre d'Empereur à Napoléon, si grand sous la couronne, et soutenu de sa vaillante épée. Tous à l'envi, comme la Prusse, donnaient ordre à leurs ambassadeurs ou à leurs envoyés extraordinaires de saluer le titre impérial dans la nouvelle dynastie. On vit tous ces ministres au premier cercle de l'Empereur, se presser autour de sa personne, et solliciter l'honneur d'une cour respectueuse et assidue.

La puissance la plus fière, la plus hautaine vis à vis de l'Empereur, était toujours la Grande-Bretagne. Le cabinet de Londres n'avait aucun ménagement à garder. Quand la rupture du traité d'Amiens eut été résolue, on dut se préparer à une guerre violente, implacable, sans espoir de rapprochement. Sur les deux côtes de la Manche des armements formidables signalaient les inimitiés de peuples rivaux depuis des siècles. Si le camp de Boulogne présentait une armée active de plus de 150,000 hommes sous de valeureux capitaines, l'Angleterre levait ses milices, organisait ses troupes de ligne sur un vaste pied de défense ; ses côtes étaient hérissées de canons, et par-dessus tout d'immenses vaisseaux de ligne, de grandes escadres cinglaient sur toutes les mers pour surveiller la flottille ou empêcher un débarquement. Dans cette situation des esprits, lorsque des haines si instinctives allaient éclater dans une guerre sans restriction et sans limites, il était urgent qu'un cabinet uni de pensées se formât sous une tête éminente, afin de commander aux destinées de l'Angleterre. Le faible ministère Addington s'était formé dans une pensée de paix et de rapprochement avec la France; Pitt alors s'était retiré des affaires, parce que son principe de gouvernement étant dans la guerre, il ne pouvait s'appuyer sur les conditions d'un traité qui rapprochait la France de la Grande-Bretagne. Aussi, par les mêmes motifs, lorsque éclata la guerre, le ministère Addington fut impuissant pour en dominer les effets [1], et en préparer les événements, au-dessus de sa capacité. De là cette

---

[1] Il y avait déjà eu quelque tentative de rapprochement entre M. Addington et M. Pitt. Les journaux anglais donnent une attention très vive à tous ces incidents :

« La réunion qui s'est faite entre M. Pitt et M. Addington n'a rien de bien extraordinaire aux yeux d'un observateur attentif. Il est vrai que M. Pitt a frappé à toutes les portes des réunions politiques qui pouvaient donner quelque solidité et quelque consistance à son administration incohérente ; mais toutes ces intrigues ayant échoué à cet égard, quel autre parti lui restait-il à prendre que de chercher à gagner M. Addington, le faible et inepte M. Addington ? Le ministre habile qui avait commencé son administration par la composer de la majorité des collègues de M. Addington, montre-t-il de l'inconstance en adoptant enfin le chef lui-même de cette confraternité ?

« Il y a eu dans le rapprochement de ces deux ministres une solennité qui ne permet pas d'en suspecter la sincérité. Il s'est fait sous les auspices et presque sous les ordres du plus grand personnage de l'État.

« Nous sommes loin de blâmer M. Pitt et M. Addington du sacrifice mutuel qu'ils ont fait de leur haine et de leur amour-propre sur l'autel de la patrie. On ne doutera même pas qu'ils n'aient été amenés à ce sacrifice par le sentiment généreux du patriotisme, quand on se rappellera que c'est par un semblable motif que M. Pitt

attitude de sarcasme et de protection ironique que Pitt se donna presque aussitôt à l'égard d'Addington; il l'attaqua d'abord avec modération, mais à mesure qu'un développement de force devenait indispensable pour la nation, Pitt ne ménagea plus son faible élève, et de concert avec le parti Grenville, il prépara la nécessité d'une démission, que le cabinet pacifique d'Addington donna sans difficulté aux mains du roi, et en face du parlement assemblé.

Tout était préparé, il n'y avait pas de milieu, il fallait prendre M. Pitt ou M. Fox, l'un pour continuer vigoureusement la guerre, l'autre pour offrir la paix à l'Empereur Napoléon. Les temps de ménagements étaient passés. On avait songé d'abord, par un ministère mixte et de coalition, à rapprocher les wighs des tories pour le succès de la cause patriotique; mais un ministère de coalition dans des circonstances aussi graves eût été un empêchement, un obstacle à tout acte d'énergie. Il aurait été fatal de voir des tiraillements aussi profonds dans un cabinet destiné à répondre à l'ennemi commun par des armements formidables; on ne remue pas un pays avec des termes moyens. Les rapprochements qu'on tenta furent une scène jouée; aucun parti ne fut sincère

---

avait remis en dépôt dans les mains de M. Addington le timon des affaires, que celui-ci a gardé; et que M. Pitt, après l'avoir forcé sous de vains prétextes à la restitution d'un dépôt si désiré, se retrouve aujourd'hui dans la dure alternative, ou de le partager, ou de le perdre tout à fait lui-même.

« Mais, dit-on, M. Addington a la faveur du roi, et M. Pitt n'est pas, comme lui, le ministre d'affection et du choix de S. M. M. Addington est en grand crédit : favori secret du roi, il peut, ajoute-t-on, être regardé dès à présent comme le confident intime et le régulateur des conseils de S. M., c'est-à-dire comme celui qu'elle aime le mieux à consulter et à prendre pour guide. Mais, dans la composition actuelle du ministère, que M. Addington remplace lord Harrowby ou tout autre ministre, il aura toujours la majorité de l'administration actuelle, sans la faveur du roi ; et c'est ce qui a fait dire que dès à présent l'administration se trouvait changée, et que par le fait M. Addington était actuellement le ministre dirigeant les affaires de la Grande-Bretagne. (Morning-Chronicle, Londres 4 janvier 1804.)

dans l'expression de ses vœux, et dans le but de ses démarches; M. Pitt supposa des répugnances personnelles du roi pour refuser M. Fox comme collègue; les motifs réels étaient empruntés à un ordre d'idées plus politiques. Dans la pensée du ministre anglais, le premier besoin du cabinet, c'était l'unité; les tiraillements devaient le blesser à mort; Pitt refusa également l'appui du parti Grenville, parce qu'il croyait qu'au moment d'une crise aussi imminente, il ne fallait pas exclusivement s'appuyer sur l'aristocratie et des restrictions étroites; l'émancipation des catholiques entrait dans son plan parlementaire [1].

Ce fut par la nation en masse, en s'appuyant sur l'émancipation des catholiques et la fusion des nationalités, que M. Pitt se proposa de conduire à bonne fin un système de guerre où toutes les forces du pays seraient employées; il voulut rester libre, en se créant une dictature morale, en face de la dictature militaire de Napoléon; il lui paraissait indispensable de porter à lui tout seul la responsabilité d'une puissance illimitée, avec la volonté d'atteindre le but d'une omnipotence politique. M. Pitt voulait déployer ses théories militaire et financière, tracer des plans de campagne, dessiner les grandes lignes d'une coalition; et en présence du premier capitaine du monde, il prétendait opposer une digue par l'Europe armée, à l'ardeur conquérante

---

[1] Voici la composition du ministère de M. Pitt.

MM. Pitt, chancelier de l'échiquier; William Dundas, secrétaire de la guerre; lord Harrowby, secrétaire du département des affaires étrangères; lord Melville, l'amiral Gambier, M. Dickenson, membres de l'amirauté; Georges Canning, trésorier de la marine; lord Hawkesbury, secrétaire d'État de l'intérieur.

Les journaux whigs s'expriment hautement contre ce ministère.

« Lord Melville, à la tête de l'amirauté, dit le Morning-Chronicle, et son neveu, William Dundas, secrétaire de la guerre! Est-ce un système défensif pour l'Angleterre, ou bien plutôt un pacte pour la maison d'Arniston? Il leur faut donc l'armée, la marine, et le patronage de l'Inde. Certes frère Bragge et frère Hiloy avaient des pré-

des Français. M. Pitt était plus heureux dans ses conceptions financières; supérieur par sa théorie du crédit, il travaillait en grand le système de l'emprunt et de l'amortissement sur toutes leurs faces; nul ne comprenait mieux les ressources de l'Angleterre, les développements qu'elle pouvait prendre dans un avenir sans limites; il dut s'associer des collègues qui n'étaient que ses commis; Dundas eut l'amirauté sous le nom de lord Melville; lord Harrowby les affaires étrangères sous la direction du premier ministre. M. Canning était élevé au poste de trésorier de la marine, et lord Hawkesbury prenait le département de l'intérieur ou de la maison du roi. Au reste il n'y avait qu'un chef, un seul homme. Quand la France donnait la couronne à son empereur, l'Angleterre déférait la suprême puissance du parlement à M. Pitt.

Une fois maître de la majorité, M. Pitt porta ses regards vers le continent; des instructions partirent pour les ambassadeurs, à Berlin, à Saint-Pétersbourg, à Vienne, afin qu'en exposant la situation où se trouvait l'Europe en face de Bonaparte, on pût réveiller un peu d'énergie dans l'âme abaissée des cabinets. Ces instructions portaient: « qu'après avoir ainsi exposé le véritable état des choses, on offrît des subsides aux cours qui pouvaient avoir besoin de ressources pour effectuer des armements. » Il ne s'agissait de rien moins que de mettre 500,000 hommes sous les armes tout

---

tentions fort modestes en comparaison de ces ambitieux personnages qui veulent régner sur tous les éléments.

« Et lord Harrowby! et les affaires étrangères! Chacun se demande comment et où lord Harrowby, malgré tout son esprit naturel, peut avoir appris les connaissances diplomatiques nécessaires sur sa dignité nouvelle. Nous savons tous que c'était l'ouvrier du trésor, comptant, rédigeant bill sur bill; en un mot, excellent manœuvre d'actes et de taxes. La belle école pour mettre en état de figurer dans le congrès des États de l'Europe, et de soutenir une correspondance avec l'empereur des Français qui nous donne à lui seul plus d'embarras et de

d'un coup, et s'avancer avec assurance et unité contre l'ennemi commun.

La situation hostile dans laquelle s'était placé le roi Gustave-Adolphe vis à vis de l'Empereur Napoléon, ne lui permettait pas d'hésiter devant les offres de l'Angleterre; il devait accepter des subsides en échange d'un contingent. Pour la Russie, Pitt n'ignorait pas la situation irritée du Czar et de la noblesse russe à l'égard de Napoléon; il ne fallait que du temps et des subsides; une fois les armements accomplis, la Russie marcherait contre la France. L'Autriche plus prudente, éprouvant au fond du cœur l'impérieuse nécessité d'une guerre plus ou moins immédiate, armait avec vigueur; elle n'avait besoin que des ressources du crédit. Le cabinet de M. Pitt allait offrir tous les moyens que la cour de Vienne pouvait désirer. Restait la Prusse, cabinet timide et temporisateur; des circonstances impératives pouvaient seules l'amener à un armement; le système de neutralité, ancien à Berlin, et fatal aux coalitions, avait affaibli le mouvement européen contre la France, et particulièrement en 1799, lors de l'ambassade russe du prince Repnin. M. Pitt conçut néanmoins plus d'espoir par l'avénement de M. de Hardenberg, qui portait au cœur le sentiment profond des humiliations de l'Allemagne; si M. de Hardenberg avait le courage de ses opinions, il prendrait pour base de la rupture, l'occupa-

tourments que les deux autres ensemble! Est-ce bien sérieusement que lord Harrowby est ministre des affaires étrangères, ou ne remplit-il la place que nominalement, pour la céder bientôt à quelque déserteur? La spéculation est ouverte; mais elle ne réussira point. Les hommes de sens et d'esprit sont dégoûtés de la politique de lord Melville. Du moment que M. Pitt fait l'office des affaires étrangères, il se met au-dessous de lord Harrowby lui-même.

« Lord Auckland quitte la direction des postes; le jeune lord Sommerset est nommé gouverneur-général de la Jamaïque; mais on croit qu'il gouvernera par procuration, et qu'il restera en Angleterre. » (20 ma 1804.)

tion du Hanovre et la violation des priviléges des villes anséatiques. Il fallait donner de l'énergie à ce cabinet; la force matérielle ne lui manquait pas.

Pour seconder ces négociations, M. Pitt comprit qu'on devait vigoureusement témoigner la volonté expresse de la Grande-Bretagne de déclarer la guerre aux États qui ne se prononceraient pas contre Napoléon. Déjà les hostilités avaient commencé contre la Hollande; à la rupture du traité d'Amiens, l'amirauté donna des ordres pour saisir les vaisseaux du Texel, et des expéditions se dirigèrent contre le Cap et l'île Sumatra. La Hollande fut comprise dans l'anathème jeté par l'Angleterre sur tout ce qui touchait aux intérêts de la France. Le cabinet Addington mit plus de ménagement à l'égard de l'Espagne; Pitt espéra un moment la faire renoncer à son système d'alliance: en rendant un peu d'indépendance à l'Espagne réveillée de son sommeil orgueilleux, il avait voulu la pousser dans les idées et les intérêts de la coalition. La cour d'Espagne craignait alors par-dessus tout la puissance de Bonaparte; le prince de la Paix voyait s'avancer avec effroi le règne de Ferdinand, son ennemi implacable, il cherchait une protection au dehors, et la France lui offrait appui et secours pour son existence menacée. Un traité intime de subsides rattacha de nouveau l'Espagne à l'alliance française; les chancelleries étaient dévouées à M. Pitt, et il obtint copie des articles secrets qui mettaient la flotte espagnole et son armée de terre à la disposition de Bonaparte. A ce moment il résolut la guerre contre Charles IV avec autant de vigueur que contre la France; l'Angleterre ne pouvait souffrir, sous peine de sa ruine, la réunion des escadres française, espagnole, hollandaise et danoise, cinglant sous le même pavillon; et voilà ce qui expliquait son expédition contre Copenhague et sa déclaration de guerre à l'Espagne, quand elle sut que cette couronne faisait cause commune avec les intérêts de Napoléon. Plus tard on verra le développement d'une violente rupture entre les deux cabinets, et les manifestes qui de part et d'autre vinrent en constater l'esprit et le but [1].

Le Portugal resta dévoué au système anglais; le général Lannes avait pu s'en apercevoir lors de son ambassade à Lisbonne; ses dépêches indiquent soldatesquement: « qu'il n'a pas trouvé un seul cœur et un seul intérêt dévoué à la cause de la France. » Le gouvernement de Lisbonne craignait Napoléon, et le caressait en prodiguant aux siens les brillants trésors du Brésil et les richesses de ses colonies si magnifiques dans le Nouveau-Monde; ces sacrifices étaient faits de bonne volonté pour éviter les plaintes trop fortes et les griefs trop ardents à Paris; on achetait un peu de repos. Cependant toutes les fois qu'il s'était agi à Lisbonne d'une coopération armée pour mettre la flotte portugaise à la disposition de la France, l'influence anglaise s'était réveillée: on n'avait jamais pu obtenir l'expression sincère d'une adhésion politique soutenue par des forces navales. Le Portugal,

---

[1] Voici l'acte du cabinet anglais qui déclare la guerre à l'Espagne.

« Londres, 1er janvier 1805.

« S. M. B., informé de l'ordre donné par le roi d'Espagne de mettre un embargo sur tous les vaisseaux anglais qui se trouveraient ou entreraient dans les ports du royaume catholique, ordonne, d'après l'avis de son conseil privé, qu'il soit fait défense à tous vaisseaux ou navires appartenant à ses sujets, de faire voile pour aucun des ports d'Espagne, jusqu'à nouvel ordre. S. M. ordonne en outre de mettre un embargo ou séquestre général sur tous navires ou vaisseaux espagnols quelconques, qui se trouvent maintenant, ou arriveraient par la suite dans les ports, havres ou rades dépendants des royaumes unis de la Grande-Bretagne et de l'Irlande; comme aussi de se saisir de toutes personnes et de tous effets à bord desdits vaisseaux; néanmoins elle a recommandé de prendre le plus grand soin des objets formant les cargaisons desdits bâtiments, afin qu'elles ne souffrent aucun dommage ou avarie quelconque. »   G. R.

anglais par son commerce, serait mort comme corps de nation, le jour où il serait entré sous l'influence française; l'Angleterre avait toujours une flotte dans le Tage pour surveiller et défendre l'indépendance du Portugal; au midi le système maritime de la Grande-Bretagne dans la péninsule était appuyé sur le blocus maritime de Cadix, et au nord sur celui de la Corogne.

Ainsi, pour bien résumer la situation à l'avénement à l'Empire, on peut dire que la fondation d'une monarchie militaire était si prévue, si annoncée par les faits, qu'il ne restait pas de doute dans les esprits et peu d'hésitation dans les cabinets; la dignité impériale aurait été reconnue, si l'on n'avait craint l'agrandissement démesuré des projets de Napoléon. Le roi de Suède, seul, faisait de poétiques bravades en présence des faits accomplis; pauvre chevalier armé de toutes pièces, la lance au poing, en présence du canon et de la mitraille. La Russie était mécontente, l'Autriche inquiète, et toutes deux armaient; la Prusse, prête au combat par suite du système militaire du grand Frédéric, hésitait néanmoins à rompre sa neutralité qui jusque-là lui avait parfaitement réussi. L'Angleterre, fière et hautaine, restait dans sa volonté persévérante d'une guerre implacable et inflexible à l'empire de Napoléon. De là sa déclaration contre la Hollande et contre l'Espagne, et sa domination à Lisbonne d'où elle surveillait la péninsule pour réveiller à son temps l'esprit énergique et ardent de la nation.

CHAPITRE II.

LA COUR DE L'EMPEREUR, ADMINISTRATION PUBLIQUE.

Organisation des palais. — La Grande-Aumônerie. — Maison de l'Empereur, de l'Impératrice et de la famille Bonaparte.— Les Chambellans. — Les Préfets du palais. — Les Pages. — La double Société du faubourg Saint-Germain. — Les Parvenus. — Maison militaire. — Code d'étiquette. — Idée de fusion. — Préséance. — Hiérarchie. — Pompes et Cérémonies. — Le Corps diplomatique. — Les Ministres. — M. de Champagny à l'intérieur. — Rappel de Fouché à la police. — Napoléon au conseil d'État.

Mai à Décembre 1804.

La reconstitution des rangs dans une vaste hiérarchie sociale absorbait toujours la pensée de Napoléon. L'Empereur avait de vives et profondes répugnances pour les idées de désordre et d'égalité, rêves des esprits spéculatifs à l'Assemblée constituante; l'aspect de l'aristocratie européenne accourant dans les salons du Consulat l'avait séduit : il voulut répondre par la Légion d'honneur à ces ordres qui brillaient splendides sur la poitrine des dignitaires de Russie, de Prusse, d'Angleterre ou d'Autriche. Il y avait déjà une cour sous le Consulat à vie; Bonaparte avait organisé toutes les fonctions des palais avec une régularité parfaite, et en consultant sur les traditions d'étiquette quelques gentilshommes, débris du vieux régime. Dans le passage du Consulat à l'Empire, il s'opéra un changement dans le titre des dignitaires ; on créa des altesses, des princes, des maréchaux, des chambellans, fonctions du palais, comme dans les traditions des cours de Byzance et de l'empereur Charlemagne.

Dès que le Concordat fut signé, et l'exercice du culte public rétabli dans les églises de Paris, le Consul, qui ne s'arrêtait pas devant les petites oppositions quand sa résolution était prise, ordonna que le service divin serait célébré aux Tuileries, et il y assista avec régularité, car la pensée religieuse était en lui. L'opposition du parti militaire et moqueur ne le retint pas; et il eut une chapelle dans son palais; l'Empereur des Français, à l'imitation des anciens rois, institua un grand-aumônier: cette dignité fut confiée au cardinal Fesch, son oncle, récemment élevé à l'archevêché de Lyon, alors ambassadeur à Rome; il voulait montrer au souverain pontife et à l'Europe qu'il ne craignait pas les clameurs de quelques officiers mécontents, ou des écrivains imbus des maximes du xviiie siècle. Les trois évêques de Versailles, de Poitiers, de Digne, furent les aumôniers ordinaires de l'Empereur [1]; parmi eux se trouvait l'abbé de Pradt, penseur vif, ardent, qui avait déjà rempli l'Europe de ses écrits politiques; M. de Pradt, comme tous les esprits d'une nature un peu élevée, voyait dans Napoléon le restaurateur de l'ordre dans l'Église et dans l'État, et il

---

[1] Voici au reste la liste officielle de la maison de l'Empereur : et de celles de sa famille :

M. le cardinal Fesch, archevêque de Lyon, grand-aumônier.

M. Charrier-Laroche, évêque de Versailles, premier aumônier.

Aumôniers ordinaires : MM. l'abbé de Pradt, évêque de Poitiers ; l'abbé de Mons, évêque de Digne.

M. de Talleyrand, grand-chambellan.

M de Rémusat, premier chambellan.

Chambellans ordinaires : MM. Darberg,
A. Talleyrand, Laturbie, Brigode, maire de Lille, le sénateur de Viry, de Thiars, le sénateur Garnier-Laboissière, le sénateur Hédouville, Decroy, Mercy-d'Argenteau, Zuidwyck, de Tournon, de Bondy.

Bibliothécaires : MM. Denina, Rippaut.

M. Lesueur, directeur de la musique.

M. Isabey, dessinateur du cabinet et des cérémonies.

Le général de division Duroc, grand-maréchal du palais.

M. de Luçay, premier préfet du palais.

s'était rattaché naturellement au génie appelé à l'immense mission de rétablir la société sur ses bases.

L'impératrice Joséphine, avec son faible pour les noms nobiliaires et les souvenirs du vieux régime, choisit pour aumônier l'ancien archevêque de Cambrai, le prince Ferdinand de Rohan, d'une origine fatale aux têtes couronnées, et pourtant elle croyait aux sorts et aux destinées! Hortense avait pour aumônier M. d'Osmond, évêque de Nancy; la princesse Elisa, M. de Pansemont; et la jeune Caroline, M. de Barral, archevêque de Tours. Le clergé s'était ainsi groupé sous cette main glorieuse qui avait relevé la religion de ses ruines; Napoléon avait tout osé pour l'Église, en affrontant les résistances, en brisant les oppositions de la vieille école philosophique; le clergé pouvait-il oublier, sans être ingrat, de si grands bienfaits recueillis après les orages de la Révolution? il lui fut fidèle jusqu'à la rupture avec le chef de l'Église, Pie VII.

Au-dessous de la maison religieuse de l'Empereur, se plaçaient les chambellans de cour, dirigés par M. de Talleyrand, décoré du titre de grand-chambellan de France. Ces fonctions du palais furent destinées à la vieille noblesse; non pas que cette domesticité brillante plût spécialement aux anciens débris des gentilshommes; on a prêté sur ce point à Napoléon des paroles

---

Préfets du palais : MM. de Bausset, Saint-Didier.

M. le général Caulaincourt, grand-écuyer.

M. le général de brigade Gardanne, gouverneur des pages.

Pages : MM. Balincourt, Baral, Beaufranchet, Bonnaire, Boudar, Chaban, Colins-Quevrechins, Degalzmalvirade, de Lepinay, De Vienne, Dufaut, Duval, Friant, Hatry, Houdelot, Lauriston, Lemercier, Masséna, Moncey, Mongenet, Najac, Pontalba, Tantigné, Xaintrailles.

M. le maréchal Berthier, grand-veneur.

M. de Ségur, grand-maître des cérémonies.

M. Claret-Fleurieu, intendant général de la maison.

M. David, peintre.

M. Fontaine, premier architecte.

M. Corvisart, premier médecin.

qu'il n'a point dites. Les jeunes de Ségur, de Talhouet, de Tascher, de Canizy, de Turenne, de Mortemart, ne manquèrent point au champ de bataille ; le titre de chambellan, accepté dans la cour impériale par quelques noms de l'ancienne monarchie, n'était point une exclusion des services militaires. Dès le Directoire, plusieurs membres de la noblesse s'étaient groupés autour de M. de Talleyrand, leur introducteur dans les salons du Luxembourg ; ils ne pouvaient dédaigner Barras, de vieille souche comme eux, le chef du gouvernement d'alors. M. de Talleyrand réunissait à sa table les débris des bonnes familles : ministre du Consul, il les rattachait à lui par de favorables concessions. La plupart des émigrés avaient leurs biens confisqués; sans fortune, sans ressources, on leur offrait de leur restituer les débris du patrimoine confisqué, s'ils voulaient servir le Consul, et plus tard l'Empereur. Les uns recevaient leurs forêts séculaires, les autres les ruines de leurs châteaux et de leurs parcs. Puis, l'aspect de tant de gloire rayonnant sur un jeune front devait éblouir ces familles dont les ancêtres avaient eu la cape et l'épée avant de s'élever à leur haute fortune. Napoléon et Joséphine avaient tous deux des goûts très prononcés pour l'aristocratie ; l'Empereur, homme éminemment historique, éprouvait une visible émotion

---

M. Raguideau, notaire,
M. Estève, trésorier général de la couronne.

Maison de l'Impératrice.

M. Ferdinand de Rohan, ancien archevêque de Cambrai, premier aumônier.
Madame Chastulé La Rochefoucauld, dame d'honneur.
Madame Lavalette, dame d'atour.
Dames du palais : Mesdames de Luçay, de Rémusat, Baude de Talhouet, Lauriston, la maréchale Ney. Darberg, la maréchale Lannes, Duchatel, Colbert, Serent, Savary, Octave Ségur, Turenne, Montalivet, Bouillé, Devaux, Marescot.

M. Le général de division Nansouty, premier chambellan, introducteur des ambassadeurs.

Chambellans ordinaires : MM. Hector d'Aubusson - Lafeuillade, de Bearn fils, Courtomer, Gedavre.

M. le sénateur Harville, premier écuyer.

lorsqu'on parlait devant lui d'un Montmorency, d'un La Rochefoucauld, d'un Turenne, vieux noms de la monarchie. Il en avait appris la chronique en méditant les annales de France ; un jour il y trouverait, lui aussi, sa place marquée, et en rémunérant les nobles services du temps passé, il voulait éviter qu'une génération nouvelle lui jetât le sarcasme et l'oubli, car les siècles dévorent les siècles ; ils ont de fatales représailles ! L'impératrice Joséphine, si bienfaisante, accablait les gentilshommes ruinés de dons secrets et de pensions sur sa propre cassette. Les révolutions avaient tant remué les existences ! Souvent il arrivait qu'une pauvre mère de gentilhomme, après avoir possédé 500,000 francs de rentes, parvenait à obtenir une pension de 1,200 livres, comme aliment de sa misère ; cela s'était vu plus d'une fois, et dans ces bienfaits, la noblesse trouvait de loyaux motifs pour se rattacher à la destinée d'un pouvoir profondément réparateur.

M. de Talleyrand, je le répète, était le plus souvent l'intermédiaire de cette fusion de la noblesse dans le gouvernement impérial. Le ministre possédait un château de plaisance à quelques lieues de Paris ; là il invitait, sous le Consulat et dans le commencement de l'Empire, tous les noms historiques de France et de l'ancienne cour avec lesquels il était en rapport ; nul d'entre eux ne se faisait prier pour s'asseoir à un banquet avec un Talleyrand de la race des Périgord ; là, dans les intimités de bonne

---

M. Deschamps, secrétaire des commandements.

Maison du prince et de la princesse Joseph.
Madame de Girardin, dame d'honneur.
Dames pour accompagner : mesdames Dessoles, Miot, Dupuy.
M. Jaucourt, sénateur, premier chambellan.
M. Dumas, conseiller d'État, chambellan.

M. de Girardin, membre du Tribunat, premier écuyer.
M. Villot-Fréville, secrétaire des commandements.
M. James, intendant.
Maison du prince et de la princesse Louis.
M. d'Osmond, évêque de Nancy, aumônier.
Madame de Viry, dame d'honneur.

compagnie, on racontait les intentions du Consul ou de l'Empereur pour la religion et la monarchie ; M. de Talleyrand démontrait la nécessité de se réunir à lui, de l'accepter comme un nouveau Charlemagne, et avec ce ton moitié grave, moitié railleur, que chacun lui connaissait bien, il rappelait que les ancêtres des Talleyrand, les barons du Périgord, avaient abandonné la race carlovingienne, pour saluer les Capets à leur avénement. Une fraction de cette noblesse compromise dans les États-Généraux de 1789 était trop mal vue des Bourbons pour qu'elle pût hésiter devant les offres de M. de Talleyrand ; les Montesquiou-Fesenzac, les La Rochefoucauld-Liancourt, les Montmorency, avaient pris plus ou moins de part aux premiers orages de la Révolution, et on leur offrait un abri sous l'épée impériale. Tels furent les motifs qui portèrent une grande partie de la noblesse ancienne à se réunir autour de l'Empereur.

Dès l'avénement de Napoléon, les chambellans comptaient M. de Rémusat, d'origine de Provence, uni à une de Vergennes ; les Darberg, les Auguste de Talleyrand, les Thiars, si renommés sous Louis XV ; les Mercy-d'Argenteau, les Tournon et les Bondy. Parmi les officiers de cérémonies on comptait également MM. de Ségur, de Tascher, de Luçay, et l'un des préfets du

---

Dames pour accompagner mesdames Boubers, Mollien, Villeneuve, Lery.
M. Darjuson, premier chambellan.
M. Dalichoux-Sénégra, intendant.
Maison de la princesse Élisa.
M. de Pansemont, évêque de Vannes, aumônier.
Madame Laplace, dame d'honneur.
Dames pour accompagner : mesdames Brehan-Plelo de Crecy, Chambodouin.

M. d'Esterno, chambellan.
Maison de la princesse Caroline.
M. de Barral, archevêque de Tours, aumônier.
Madame de Beauharnais, dame d'honneur.
Dames pour accompagner : mesdames Carra-Saint-Cyr, Adélaïde de Lagrange, Saint-Martin de La Motte.
M. d'Aligre, chambellan.
M. de Cambis, écuyer.

palais fut M. de Bausset, d'une famille de bonne origine, et qui a raconté lui-même avec une précision si curieuse tous les pas, toutes les révérences, qu'il fallait accomplir avant de s'approcher du trône impérial où rayonnait la majesté souveraine. Vingt-quatre pages étaient adjoints à la maison impériale, véritable fusion des beaux noms de la monarchie ancienne et des héritiers des gloires de la République. On y comptait un Xaintrailles, un Taintigné, un de Lépinay, un de Vienne, à côté des fils de Masséna et de Moncey [1].

Dans la maison de l'impératrice paraissaient les noms les plus éclatants de l'ancienne noblesse : sa dame d'honneur était Chastulé La Rochefoucauld; parmi les dames du palais on comptait mesdames de Sérent, de Colbert, de Talhouet, de Ségur et de Turenne. M. de Nansouty était premier chambellan; MM. d'Aubusson La Feuillade, de Béarn, étaient parmi ses chambellans. Beaucoup de ces gentilshommes avaient demandé l'honneur d'être auprès de Joséphine, d'autres avaient reçu leur nomination sans la solliciter, et tous se trouvaient heureux d'approcher une femme de mœurs élégantes, d'une humeur douce, jetée dans la plus merveilleuse des destinées.

---

[1] La dépense de toute cette cour n'était pas considérable ; voici l'état ordinaire du service du grand-maréchal, année 1805.

Grand-maréchal, trois préfets du palais, deux maréchaux-des-logis, trois adjoints.	116,000
Un secrétaire général, premier quartier-maître et premier maître-d'hôtel contrôleur.	16,000
Gages des gens employés auprès de S. M.	134,048
Indemnités aux gens détachés en voyage.	30,000
A reporter.	296,048

Report.	296,048
Habillement des livrées.	107,000
Blanchissage.	45,000
Éclairage.	180,000
Chauffage.	160,000
Bouches. { Cuisine.	360,000
Office.	150,000
Cave.	120,000
Entretien de l'argenterie.	20,000
Id. de la lingerie, avec augmentation annuelle.	80,000
Entretien de la porcelaine.	20,000
Id. des verreries, faïence et batteries de cuisine.	10,000
Total.	1,548,048

La maison de Joseph Napoléon, plus sobre de noms nobiliaires, ne comptait de l'ancienne cour que M. de Girardin; un d'Arjuson et un Turgot se trouvaient dans la maison de la princesse Louis; et M. d'Aligre, à la colossale fortune, était le chambellan empressé de la gracieuse princesse Caroline, si jeune femme, unie à Murat, que la fortune devait élever si haut pour le frapper ensuite d'une de ses grandes fatalités historiques. Telles étaient dans le palais des Tuileries ou de Saint-Cloud les fonctions religieuses et civiles; la société s'y divisait en classes comme dans le monde. En vain Napoléon avait rêvé une fusion absolue, un système qui aurait confondu la vieille et la nouvelle génération; cela était dans les mots, on s'y soumettait par obéissance. Le cercle était tracé; on se ralliait à la parole de l'Empereur, mais en gardant son franc-parler, ses mots piquants, ses épigrammes caustiques: il y avait toujours deux camps bien distincts, et dans ces camps des nuances encore; car on remarquait les dates où l'on s'était réuni; les ralliés au Directoire n'étaient pas considérés, ceux du Consulat un peu plus; et quand on arrivait à l'Empire, parce que l'on était les derniers venus,

Report.	1,548,048	Report.	1,963,048
Frais de transport.	15,000	à tous les services, les frais de bureaux, les gens employés au service de l'impératrice, et l'habillement des livrées de son service.	685,319
Pour les palais impériaux des Tuileries, du Louvre, Saint-Cloud, Saint-Germain, Meudon, Versailles, Trianon, Rambouillet, Fontainebleau, Laken et Strasbourg, y compris des secours à d'anciens domestiques, des indemnités pour nourriture aux officiers et soldats de la garde, les quartiers-généraux, impériaux et barraques, les penses imprévues applicables		Dépenses de la couronne, des départements au-delà des Alpes, dits du Piémont, palais de Turin et de Stupinitz.	89,800
		Total...	2,338,167
A reporter.	1,563,048	L'année 1806, le budget du grand maréchal s'éleva à 2,770,841 fr.	

on pouvait bouder à l'aise, comme si l'on avait été contraint d'entrer au service par violence.

Le faubourg Saint-Germain, frondeur et mécontent, montrait avec orgueil une fraction non ralliée de royalistes, société élégante et moqueuse qui n'acceptait même pas les bienfaits de l'Empire. Sa seule vengeance jusque-là, c'était la raillerie lancée sur la nouvelle cour ; on faisait mille histoires, on écrivait des chroniques scandaleuses sur les Tuileries, la gaucherie des manières, la raideur des formes, et ce cérémonial de révérences qui confondait le guindé du peuple endimanché avec la respectueuse attitude des gens bien nés, si faciles et si aisés dans leurs usages. Bonaparte avait la faiblesse de s'arrêter à des propos ; s'en inquiétant et s'en irritant tour à tour, il frappait de l'exil pour une simple plaisanterie de femme ; lui, grand et fort comme un bronze antique, il s'affligeait de ces petites piqûres d'épingle ou des coups d'éventail d'une marquise. Le faubourg Saint-Germain comptait trois ou quatre salons à peine, et l'Empereur y prêtait autant d'attention qu'aux nouvelles de l'extérieur, à la paix ou à la guerre [1] : plus d'une fois sur le champ de bataille, couvert de beaux lauriers, il écrivait à Fouché pour savoir ce que pensait de lui le faubourg Saint-Germain, et s'il lui avait assez donné de gloire pour se faire pardonner. Cette opposition de la bonne compagnie est une guerre terrible pour un pouvoir ; peu à peu elle se développe, et bien-

[1] L'Empereur expliquait lui-même sa prédilection pour les vieux noms de France.

« C'est parmi l'ancienne noblesse, disait-il, que se trouvent encore toutes les grandes fortunes ; elle exerce par là une influence qui ne doit pas rester en dehors du gouvernement. Serait-ce avec les hommes de la Révolution qu'on pourrait composer une cour ? On ne trouve parmi eux que des fonctionnaires honorables, sans fortune, ou des fournisseurs enrichis, sans considération. Une cour de salariés serait onéreuse pour l'État, et sans dignité. Les anciennes fortunes, si elles se divisent par les partages,

tôt elle devient l'esprit de la société entière, car tout le monde a la prétention des grands airs, et beaucoup soupirent par faiblesse après l'intimité des nobles salons.

La partie belle et inimitable du palais impérial, c'était la maison militaire, où se trouvaient toutes les gloires réunies sous les étendards de la garde impériale. On avait d'abord songé à faire des compagnies privilégiées de gardes du corps; Bonaparte avait goûté ce projet, en harmonie avec ses tendances monarchiques; en y réfléchissant profondément, il craignit que, par l'institution des corps privilégiés, il ne blessât au cœur la garde impériale, susceptible comme une maîtresse aimante, et l'armée tout entière dont elle était la plus brillante élite. On essaya plus tard de former des gendarmes d'ordonnance, où toutes les familles nobles, la bourgeoisie riche et opulente auraient pu placer leurs fils; mais tout cela fut sacrifié à la garde impériale si magnifique de tenue, de renommée et de courage. Elle n'était point alors nombreuse, mais choisie : un régiment de grenadiers à pied, un régiment de chasseurs à pied, deux bataillons de vélites, les régiments de grenadiers à cheval et de chasseurs à cheval, un corps d'artillerie, un état-major du génie, une légion de gendarmes d'élite, un bataillon de matelots, un bataillon de grenadiers italiens, une compagnie de mamelucks et une autre de vétérans composaient la garde. Quatre colonels-généraux en avaient le commandement : le maréchal Soult pour les chasseurs à pied, le maréchal Davoust pour les grenadiers à pied,

se recomposent par les successions; les fortunes nouvelles n'ont rien à attendre de ce côté : elles n'héritent jamais, et sont, au contraire, entourées de parents pauvres à soutenir. Le gouvernement ne saurait enrichir, comme autrefois, ceux qui le servent, par les biens de la couronne ou par les confiscations; il doit prendre les fortunes toutes faites, et les employer à son service. » (Opinions de Napoléon, dans M. Pelet de la Lozère.)

Bessières commandait la cavalerie, Mortier l'artillerie et les matelots. Comme les anciens capitaines des gardes, chacun devait faire son service par quartier aux Tuileries. Avec ces généraux de la garde, l'empereur avait aussi ses aides-de-camp : Cafarelli, de la vieille armée d'Italie ; Lauriston, d'origine écossaise, le plus érudit des officiers de l'armée ; le général Savary, le fidèle exécuteur des volontés de Bonaparte ; Lemarrois, d'une capacité incontestable ; Rapp, brave et franc Alsacien, dur dans sa parole, mais sincère dans ses actions ; et le colonel Lebrun, le fils de l'ancien collègue de Bonaparte dans le Consulat. Le corps des officiers d'ordonnance n'était pas organisé encore.

Magnifique spectacle militaire à voir que la garde impériale ! elle avait conservé presque toutes les allures des anciennes gardes-françaises : le chapeau de petit uniforme, le bonnet à poil long et étroit comme les grenadiers prussiens du temps de Frédéric, sur une chevelure poudrée à l'oiseau et à longue queue ; l'habit était coupé à larges basques, la veste dépassait les revers de l'habit. La garde portait la culotte blanche à guêtres hautes jusque sur les genoux avec une coquetterie indicible. En petit uniforme, on avait le tricorne, à la façon des gardes-françaises ; tout se ressentait des traditions du camp et du vieux régime ; la garde était une sorte de résumé de toutes les époques militaires : les grenadiers à pied avaient pour colonel le général Hullin ; deux bataillons composaient ce régiment, non compris les vélites ; les chasseurs à pied obéissaient au général de brigade Soulès ; les grenadiers à cheval à Ordener ; les anciens guides à Eugène de Beauharnais ; les mamelucks au commandant Delaistre ; parmi les capitaines se trouvaient les souvenirs d'Égypte, les Hibrahim, les Sélimen, les Abdalah, lles Hélias. Les bataillons de matelots obéissaient au capitaine de vaisseau Daugier, les gendarmes d'élite au général Savary, l'artillerie au colonel Couin, le génie au chef de bataillon Boissonnet, et les grenadiers italiens au colonel Lecchi.

Ces corps de la garde, peu nombreux, formaient un noyau admirable quand ils chargeaient pour décider une bataille, comme ils l'avaient fait à Marengo; réunis, on appela ces régiments *la vieille garde,* troupe d'élite ayant une confiance si grande en elle-même qu'elle ne croyait pas possible qu'on pût la vaincre : belle foi du soldat! partout où la garde se portait, elle faisait trouée et assurait la victoire; aucun des braves qui la composaient n'avait baissé la tête devant un boulet ou la mitraille; tous allaient droit au feu la face découverte, et lorsque l'on voyait s'ébranler de loin ces têtes militaires couvertes de cicatrices et de balafres, lorsque ces bonnets à poil agitaient leurs courts plumets, comme une forêt de sapins sur la montagne, un indicible effroi se répandait parmi l'ennemi. Ce serait une belle histoire à écrire que celle de cette garde impériale, depuis qu'elle se forma comme garde consulaire jusqu'à sa fusion comme garde royale, tristement anéantie dans quelques jours de révolution.

La composition d'une cour avait nécessairement amené la rédaction d'un code d'étiquette [1]; l'étude des traditions historiques avait révélé les habitudes de Versailles; on consulta les débris restés debout de ces temps, et dès lors tout fut traité avec un soin minutieux par M. de Ségur et les aides de cérémonies; on formula un code tout entier qui reste encore comme

---

[1] Ce Code existe encore ; il est petit in-8°, relié en maroquin à tranche dorée.

témoignage; le goût était alors aux grands pas et aux révérences affectées; l'école de madame Campan dominait : Talma pour les pompes tragiques ou romaines, ou pour les costumes et les attributs; Vestris et Gardel pour les menuets, les entrées et les sorties de comparses. Il faut faire la part à chaque temps, les concessions nécessaires à l'esprit de chaque époque; le code d'étiquette fut rédigé dans la pensée et sous l'empreinte de ces habitudes d'opéra; on fixa tout avec une régularité minutieuse; on dut faire trois révérences à l'Empereur, trois à l'Impératrice; nul ne put parler même à Pauline et à Élisa sans les saluer deux fois en entrant et en sortant du salon. L'époque du Directoire était désordonnée; sous l'Empire, sorte de réaction, tout fut tracé et dessiné au cordeau; David le conventionnel s'abaissa jusqu'à peindre le formulaire des cérémonies, et Isabey dessina les costumes avec son crayon si fin et si ingénieux. Deux monuments attestent la patience des arts pour reproduire toutes les nuances de ce nouveau cérémonial. l'un est le recueil des costumes militaires, depuis le simple grenadier à pied de la garde impériale jusqu'au colonel-général des hussards : rien n'y manque, et comme dans les gravures enfantines, on compte une à une les plumes des tambours-majors et les broderies d'or des trompettes de cavalerie. Ces costumes ont tous vieilli plus que ceux de Louis XV; ils diffèrent essentiellement de l'uniforme moderne; c'est à étonner de dissemblance [1].

Le travail le plus fini d'Isabey est le dessin qui reproduit les costumes du palais impérial dans les époques de la cour plénière de l'Empereur; tout y est fixé avec

[1] Cet album de miniatures se trouve au dépôt des gravures, Bibliothèque du roi.

un soin si minutieux : les boutons des pages, les costumes des sénateurs, couverts de leurs habits de velours; l'Empereur avec son manteau semé d'abeilles; les femmes avec leurs robes à queues traînantes; il n'y manquait ni une épingle, ni un ruban, ni un signe d'étiquette pour distinguer les rangs dans la hiérarchie [1]. A la suite est un petit livret écrit sous la dictée du maître des cérémonies, appelé à régler les petites et les grandes entrées : quels sont les fonctionnaires appelés dans le cabinet de l'Empereur, quels sont ceux qui resteront dans la seconde pièce attendant respectueusement ses ordres; puis la foule des fonctionnaires confondue dans le salon d'attente. Quand Napoléon approche, les hérauts d'armes doivent agiter leurs hallebardes; trois révérences profondes sont dues à l'Empereur et à l'Impératrice; nul ne peut adresser la parole avant que le souverain ne l'ait permis; à chaque trois pas on doit s'arrêter devant la majesté rayonnante.

Le livret indique le costume que l'on doit avoir aux petits et aux grands levers. Indépendamment d'un peu de ridicule, cette étiquette mortelle jetait une froideur glaciale dans la cour de Napoléon, composée pourtant de jeunes hommes, de femmes belles et joyeusement attachées aux plaisirs. Pour agir à la façon de Louis XIV, il faut être élevé dans ces usages, en adopter le brillant, et en secouer ce qu'il peut y avoir d'affecté. Tout était raide à la cour de l'Empereur; il n'y avait d'activité et de familiarité que dans la vie militaire; là on adorait Napoléon sans l'accabler de révérences; c'était toujours le général pour lequel on se sacrifiait, mais on n'admettait pas un maître absolu imposant le sacri-

---

[1] On peut aussi voir ces costumes dans les gravures du sacre dessinées par Isabey.

fice des habitudes libres de la vie des camps. Il y avait des fêtes aux Tuileries, des représentations scéniques; les acteurs des *Français* et de *Feydeau* venaient y distraire les étrangers admirateurs de Napoléon; spectacles froids où il n'était permis ni de rire ni d'applaudir.

Depuis l'avénement à l'Empire le Corps diplomatique n'avait plus le brillant personnel qui apparut un moment sous le Consulat[1]; l'Angleterre avait cessé d'être représentée à Paris depuis la rupture du traité d'Amiens; on cherchait en vain ce lord Witworth aux manières grandes et aristocratiques; il avait quitté Paris. La Russie avait rappelé son ambassadeur, M. de Marcoff; M. d'Oubrill, diplomate de second ordre, avait lui-même, comme on l'a vu, demandé ses passeports. Le comte Philippe de Cobentzl, représentant de l'Autriche, dans une situation délicate, se renfermait dans son bel hôtel de la rue de Lille (l'ancienne demeure des Montmorency), et depuis les froideurs de sa cour il paraissait rarement aux Tuileries. Le marquis de Lucchesini, si bien traité sous le Consulat, perdait faveur, et il ne recevait plus que tous les lundis à l'hôtel de l'Infantado, rue

---

[1] Le corps diplomatique présent à Paris était alors composé, d'après le relevé authentique des affaires étrangères, de

M. le comte Philippe de Cobentzl, ambassadeur de S. M. l'empereur d'Allemagne et d'Autriche;

M. Schimmelpenninck, ambassadeur extraordinaire et ministre plénipotentiaire de la république Batave;

M. le baron de Dreyer, envoyé extraordinaire et ministre plénipotentiaire de S. M. le roi de Danemarck;

M. le baron de Dalberg, ministre plénipotentiaire de S. A. S. l'électeur de Bade;

M. de Cetto, envoyé extraordinaire et ministre plénipotentiaire de S. A. S. l'électeur palatin de Bavière;

M. de Maslburg, ministre plénipotentiaire de S. A. S. l'électeur de Hesse-Cassel;

M. le comte de Beust, envoyé extraordinaire et ministre plénipotentiaire de S. A. S. l'électeur, archichancelier de l'Empire;

M. le comte Philippe de Cobentzl, ministre plénipotentiaire de S. A. I. d'Autriche, archiduc d'Autriche, électeur de Salzbourg (M. de Cobentzl avait ainsi deux légations);

M. le comte de Bunau, ministre plénipotentiaire de S. A. S. l'électeur de Saxe.

M. le baron de Steube, ministre plénipotentiaire de l'électeur de Wurtemberg;

M. le baron de Pappenheim, ministre plénipotentiaire de S. A. S. le landgrave de Hesse-Darmstadt;

Saint-Florentin. L'amiral Gravina, digne marin, ambassadeur d'Espagne, fort assidu à la cour, était parfaitement accueilli, et les instructions de son cabinet lui donnaient ordre de connaître et de deviner les volontés de l'Empereur, et de lui plaire par des manifestations de dévoûment. Naples était représenté par le marquis de Gallo, homme d'esprit dont la situation était trop humiliée pour être utile à son gouvernement, depuis surtout que la Russie avait brisé ses rapports avec la France. Naples ne devait son existence qu'à la protection du czar, et déjà Napoléon méditait la chute de cette dynastie, comme la ruine de tous les Bourbons.

Les autres membres du corps diplomatique étaient : 1° le cardinal Caprara, caractère si fin, si délié, représentant le pape comme légat *à latere;* 2° M. de Lima pour le Portugal. Les Tuileries voyaient un représentant de Malte, car Napoléon invoquait encore les stipulations du traité d'Amiens, qui reconstituait l'ordre ; le bailli de Ferrette, en véritable courtisan, avait placé le siége de son ambassade dans l'ancienne chancellerie de Malte. Tous les princes d'Allemagne conservaient leurs envoyés à Paris : Bade, le spirituel et causeur baron de Dalberg

---

M. Abel, député des villes libres de l'Empire ;

M. l'amiral Gravina, ambassadeur de S. M. C. le roi d'Espagne ;

M. le général Armstrong, ministre plénipotentiaire des États-Unis d'Amérique ;

C. Ferreri, envoyé extraordinaire et ministre plénipotentiaire de la république Ligurienne ;

C. Belluomini, envoyé extraordinaire de la république de Lucques ;

M. le bailli de Ferrette, ministre plénipotentiaire de l'ordre de Malte ;

M. de Lima, ambassadeur de S. A. R. le prince régent de Portugal ;

M. le marquis de Lucchesini, envoyé extraordinaire et ministre plénipotentiaire de S. M. le roi de Prusse ;

M. le cardinal Caprara, légat *à latere ;*

M. le marquis de Gallo, ambassadeur extraordinaire de S. M. le roi de Naples et des Deux-Siciles ;

M. de Maillardoz, envoyé extraordinaire de la Diète helvétique ;

M. l'amiral Gravina, ministre plénipotentiaire de la reine régente d'Étrurie (il avait deux légations comme M. de Cobentzl);

Mohamed-Saïd-Halet-Effendy ambassadeur extraordinaire de la sublime Porte.

de race princière; la Bavière, M. de Cetto, un des remarquables diplomates de l'école du xixe siècle; la Saxe, le comte de Bunau, et le Wurtemberg, le baron de Steube. Enfin dans le bel hôtel Monaco, Napoléon avait placé l'ambassade de Turquie, représentée à Paris par Mohamed-Saïd-Halet-Effendy, observateur fin et pénétrant que la Porte avait désigné pour cette mission [1].

Napoléon se réservait toujours la pensée entière du gouvernement; sa volonté était impérative, les ministres devaient, avant toute chose, exécuter son système. L'âme de tout ordre politique était l'Empereur; il écoutait quelquefois les observations; mais dès que sa résolution était fortement prise, il n'aimait pas la résistance. La couronne qui touchait son front avait peu changé ce caractère; monarque, il était resté le même homme que Consul. Son ministère politique, son cabinet, ne s'étaient même pas modifiés; les deux plus hauts fonctionnaires, l'archi-chancelier Cambacérès, et l'archi-trésorier Lebrun, formaient le sommet de l'administration publique : Cambacérès, esprit droit et sûr, avait

---

[1] Je donne ici la présentation des premières lettres de créance auprès du nouvel Empereur, d'après le procès-verbal (aff. étrang.) :

« A dix heures du matin M. le cardinal Caprara, légat *a latere* de Sa Sainteté, a été présenté à S. M. l'Empereur. Après la messe il a été présenté à S. M. l'Impératrice.

« Après la grande parade, M. l'amiral Gravina, ambassadeur de S. M. C., a été présenté à l'Empereur et à l'Impératrice; et successivement M. Schimmelpenninck, ambassadeur de la république Batave; M. le marquis de Gallo, ambassadeur extraordinaire de S. M. le roi de Naples; M. le marquis de Lucchesini, envoyé extraordinaire et ministre plénipotentiaire de S. M. le roi de Prusse; M. le baron de Dreyer, envoyé extraordinaire et ministre plénipotentiaire de S. M. le roi de Danemarck; M. le comte de Beust, ministre plénipotentiaire de S. A. S. l'électeur, archichancelier de l'Empire; M. de Cetto, conseiller d'État actuel, envoyé extraordinaire et ministre plénipotentiaire de S. A. S. l'électeur de Bavière; M. le comte de Bunau, ministre plénipotentiaire de S. A. S. l'électeur de Saxe; M. le baron de Dalberg, ministre plénipotentiaire de S. A. S. l'électeur de Bade; M. le baron de Steube, ministre plénipotentiaire de S. A. S. l'électeur de Wurtemberg; M. de Mahlsbourg, ministre plénipotentiaire de S. A. S. l'électeur de Hesse-Cassel; M. Ferreri, ministre plénipotentiaire

parfaitement adopté les formes de la monarchie comme il avait appuyé la dictature du Comité de sûreté générale ; son âme craintive avait foi dans l'Empereur ; son ambition était de le servir ; sa peur, de le mécontenter. Dans une discussion sérieuse, Cambacérès allait droit à la solution rationnelle et intelligente ; son esprit lucide devinait le dernier résultat d'une situation politique, et lorsque sa timidité ne l'empêchait pas de s'exprimer, il le faisait avec rectitude. Faible jusqu'à la pusillanimité devant Napoléon, un peu de ridicule se mêlait à son caractère ; il avait pris au sérieux ses dignités, sa nature de prince, la majesté de son rang, s'épanouissant dans sa gloire et comme ébloui de sa fortune inouïe. Au résumé, Cambacérès, un des meilleurs présidents du conseil d'État, laissa de longues traces de ses lumineuses observations. L'architrésorier, M. Lebrun, avait un esprit évidemment distingué ; autant Cambacérès avait d'étranges et folles idées sur ses titres, autant Lebrun se faisait peu d'illusions sur ses grandeurs improvisées ; il avait pris la dignité d'architrésorier avec moins de confiance que sa position de secrétaire intime sous le

et envoyé extraordinaire de la république Ligurienne ; M. de Maillardoz, envoyé extraordinaire de la confédération helvétique ; M. le baron de Pappenheim, ministre plénipotentiaire de S. A. S. l'électeur de Hesse-Darmstadt ; M. Belluomini, envoyé extraordinaire de la république de Lucques ; M. Abel, ministre résidant des villes libres de l'Empire.

« Les ambassadeurs avaient été conduits au palais dans les voitures de l'Empereur. Les ministres s'y sont rendus dans leurs propres voitures. Les uns et les autres ont été reçus avec les différents honneurs dus à leur caractère.

« Le ministère des agents diplomatiques étant spécialement destiné à maintenir la bonne harmonie entre les États, les lettres de créance qui les accréditent sont comme le renouvellement des stipulations politiques qui engagent et unissent les souverains. Ces actes sont, par leur nature et leurs objets, aussi imposants, aussi sacrés que des traités de paix ; et peut-être, par ces considérations, eût-il été plus sage qu'en Europe on conservât l'éclat qu'on leur avait donné dans des siècles antérieurs. Mais en diminuant à leur égard la solennité des formes, l'opinion de leur importance n'a pas été altérée.

« Toutes les lettres de créance qui ont été présentées à S. M. I. montrent que telle a été la disposition des souverains de qui elles émanent. Le fond et la substance

chancelier Maupeou; homme d'excellente compagnie, mais au franc-parler, il avait l'estime de Napoléon sans en avoir jamais obtenu les bonnes grâces. M. Lebrun avait conservé les traditions de l'ancienne administration française; capable de reconstruire le personnel politique de l'Empire, il s'en était acquitté avec une remarquable intelligence. La première époque du Consulat lui doit la reconstitution administrative et le choix habile d'un grand nombre de fonctionnaires publics.

Les autres dignitaires de l'État, tels que le connétable, le grand-amiral, n'avaient aucune action directe et forte sur le gouvernement. Napoléon, l'homme de guerre, le génie d'administration et de conquête, ne se laissait imposer aucun choix par des intermédiaires; désignant lui-même les candidats dans l'armée et la marine, il ne se serait point fié à des listes arbitraires qu'il n'aurait pas écrites de sa main; il connaissait tous les chefs de corps; les amiraux, les capitaines de navires, tous ceux qui pouvaient le servir dans une campagne et sur

---

des engagements qui lient les autres États à la lettre, ont été renouvelés d'une manière conforme aux relations politiques existantes de tout temps. Quant au protocole, en reproduisant dans les communications directes de gouvernement à gouvernement des formes agrandies et exactement calculées sur la force des États et sur la dignité des puissances; il a fait voir que l'Empire français, au moment même de son institution, s'est présenté aux yeux de l'Europe avec le même caractère d'élévation et avec plus d'éclat encore qu'en avait la grande monarchie de treize siècles dans les beaux moments du siècle de Louis XIV.

« Toutes les lettres de créance s'accordent surtout en ce point, que les gouvernements y marquent la plus vive satisfaction de voir les destinées de la grande nation française à jamais unies à celle de l'Empereur des Français : un de ces souverains a exprimé l'opinion générale de tous, quand il a dit : « Si pendant toute l'administration de V. M. I., l'objet de mes plus vives sollicitudes a constamment été de cimenter de plus en plus les liaisons d'amitié et de bon voisinage qui m'attachent à l'Empire français, ce désir doit être bien plus cher à mon cœur depuis le moment heureux où la dignité impériale a été déclarée héréditaire dans votre auguste famille, et où je vois consolidées et garanties ces institutions salutaires, si intimement liées au bien-être et à la conservation de mes propres États. » (Note ministérielle.)

les mers, il les distinguait et les élevait. Les fonctions de connétable et de grand-amiral consistaient donc à présenter à l'Empereur les militaires de hauts grades qui venaient à Paris. Lorsque la cour était à Saint-Cloud, à la Malmaison ou aux Tuileries, elle tenait des réceptions solennelles, des cours plénières, comme Charlemagne à Mayence, à Aix-la-Chapelle, à Francfort. Dans ces solennités le connétable et l'amiral conduisaient à Napoléon les officiers de passage, sorte de fonctions d'apparat qui ne se mêlaient en rien à la marche et à l'esprit du gouvernement politique [1].

L'action de ce gouvernement, l'exécution de la pensée intime se discutaient dans le conseil des ministres, travaillant tous avec l'Empereur. Le personnel ministériel avait peu changé; le vieil avocat Régnier conservait la dignité de grand-juge : Napoléon l'avait maintenu si haut parce qu'il savait son dévouement obscur, et qu'en aucun cas il ne lui ferait résistance. L'Empereur avait pu juger l'incapacité de Régnier dans les affaires de police, et plus d'une fois M. Réal, si railleur, s'était égayé sur la simplicité du grand-juge, parfai-

---

[1] Napoléon venait de nommer à deux nouvelles dignités de l'Empire.

L'empereur a adressé le 12 pluviôse (13 février 1805), au Sénat, les deux messages suivants :

Premier message. « Sénateurs, nous avons nommé grand-amiral de l'Empire notre beau-frère le maréchal Murat. Nous avons voulu non seulement reconnaître les services qu'il a rendus à la patrie, et l'attachement particulier qu'il a montré à notre personne dans toutes les circonstances de sa vie, mais rendre aussi ce qui est dû à l'éclat et à la dignité de notre couronne, en élevant au rang de prince une personne qui nous est de si près attachée par les liens du sang. »

Second message. « Sénateurs, nous avons nommé notre beau-fils Eugène Beauharnais archi-chancelier d'État de l'Empire. De tous les actes de notre pouvoir, il n'en est aucun qui soit plus doux à notre cœur. Élevé par nos soins et sous nos yeux, depuis son enfance, il s'est rendu digne d'imiter, et, avec l'aide de Dieu, de surpasser un jour les exemples et les leçons que nous lui avons données. Quoique jeune encore, nous le considérons dès aujourd'hui, par l'expérience que nous en avons faite dans les plus grandes circonstances, comme un des soutiens de notre trône et un des plus habiles défenseurs de la patrie. Au milieu des sollicitudes et des amertumes inséparables du haut rang où nous sommes placé, notre cœur a eu besoin de trouver des

tement naïf avec les complots et les conspirateurs [1].

M. de Talleyrand, quoique revêtu de la dignité de grand-chambellan, n'en conservait pas moins le portefeuille des relations extérieures : en lui conférant une position de palais, l'Empereur avait eu son dessein. M. de Talleyrand rattachait l'ancienne aristocratie au vaste et glorieux établissement de l'Empire ; il renouait le chaînon d'or qui les liait au trône : un Boson de Périgord pouvait négocier de pair avec des hommes d'illustre naissance, leur offrir des positions dans le palais, l'armée ou l'administration. L'habileté négociatrice de M. de Talleyrand se déployait surtout dans les relations à l'extérieur : né pour les transactions diplomatiques, il se posait d'égal à égal en face de l'aristocratie de l'Europe ; son caractère était froid, ses manières douces et graves ; il traitait légèrement les plus sérieuses questions et donnait l'aspect d'un laisser aller aux plans souvent les mieux combinés et les plus suivis. M. de Talleyrand avait tour à tour la pensée moqueuse ou caressante ; sa morale politique se résumait en cet axiome si tristement appliqué : « qu'il faut arriver à un résultat par tous les moyens ; » il écrivait peu et lisait moins encore ; prenant son éducation érudite dans la causerie des hommes remarquables, son esprit glanait sur tous sans jamais s'absorber ; les bonnes manières étaient rares

---

ffections douces dans la tendresse et la constante amitié de cet enfant de notre adoption : consolation nécessaire sans doute à tous les hommes, mais plus éminemment à nous, dont tous les instants sont dévoués aux affaires des peuples. Notre bénédiction paternelle accompagnera ce jeune prince dans toute sa carrière, et, secondé par la Providence, il sera un jour digne de l'approbation de la postérité. »

[1] Voici la lettre que l'Empereur adressa à M. Régnier, pour lui annoncer qu'il n'était plus ministre de la police.

« Monsieur Régnier, grand-juge, au moment de la paix générale, j'ai réuni le ministère de la police à celui de la justice. Les circonstances de la guerre et les derniers événements m'ont convaincu de la nécessité que vous m'avez souvent représentée, de réorganiser ce ministère, et m'ont décidé à céder aux désirs que vous m'avez témoignés d'être laissé tout entier

alors, et il les avait. On citait les mots de M. de Talleyrand parce que ces mots exprimaient, avec un laconisme remarquable, les derniers termes d'une situation. Napoléon n'estimait pas M. de Talleyrand, mais il aimait sa forme de travailler, son habitude d'obéir et de résister, respectueuse quoique ferme et décidée. M. de Talleyrand opposait la force d'inertie (puissante chose dans les affaires diplomatiques) à tout ce qui n'était pas absolument d'accord avec ses idées.

Immédiatement après l'élévation de l'Empereur sur le trône, un changement se fit dans le ministère de l'intérieur, le principal ressort du gouvernement. M. Chaptal fut remplacé par M. de Champagny, ambassadeur à Vienne. M. Chaptal, réputation considérable dans les sciences, avait mené le ministère de l'intérieur en savant, et son administration en chimiste; sa main n'était pas assez ferme et son esprit trop distrait. Puis M. Chaptal, à l'âge de la vie où les pensées sérieuses doivent arriver, se mêlait comme un jeune homme à des amours de théâtre avec trop peu de soin de son rang; il imitait les ministres du vieux régime moins leurs grâces; il affichait trop de légèreté dans une période qui voulait quelque chose de plus grave dans la vie des hommes. Les idées de M. Chaptal ne convenaient plus à l'établissement de l'Empire[1]; on le remplaça par M. Nom-

aux fonctions si importantes de grand-juge, ministre de la justice. Je ne puis adhérer à votre vœu sans vous témoigner la satisfaction que j'ai eue de vos services, comme ministre de la police générale. Rendu à votre ministère naturel, vous ne pouvez y apporter plus de zèle que vous ne l'avez fait jusqu'à ce jour; mais vous aurez plus de temps à donner à cette partie essentielle du gouvernement. La bonne administration de la justice et la bonne composition des tribunaux sont dans un État ce qui a le plus d'influence sur la valeur et la conservation des propriétés, et sur les intérêts les plus chers de tous les citoyens. Cette lettre n'ayant point d'autre objet, monsieur Régnier, grand-juge, ministre de la justice, je prie Dieu qu'il vous ait en sa sainte garde.

« Donné à Saint-Cloud le 21 messidor an XII (10 juillet 1804).

« *Signé,* Napoléon. »

[1] L'empereur déguisa la disgrâce de M. Chaptal en l'appelant au Sénat.

2 « Monsieur Chaptal, ministre de l'intérieur,

père de Champagny, gentilhomme du Forez, brillant officier de marine sous Louis XVI, qui remplissait à Vienne le poste d'ambassadeur où il s'était fait remarquer par une certaine aptitude. L'empereur Napoléon voulait faire du ministère de l'intérieur un centre commun où viendraient se réunir toutes les forces, toutes les puissances intellectuelles de l'État. M. de Champagny, avec son esprit doux et conciliant, pouvait accomplir cette tâche; c'était encore une tradition de l'ancienne France que l'on mettait à la tête de l'administration publique.

Le ministère des finances restait aux mains de M. Gaudin, esprit actif et fiscal qui remuait tous les souvenirs de la cour des aides pour donner plus de ressources au trésor. Si le crédit public s'était raffermi, la confiance ne pouvait naître assez puissante, comme en Angleterre, pour seconder un système d'emprunt dans une guerre nouvelle. Il fallait donc impérieusement recourir à l'impôt, et M. Gaudin était ministre à ressources. Les droits-réunis, création anti-populaire, venaient de s'organiser presque contemporainement à l'Empire; la conscription pour l'armée, les droits-réunis pour l'impôt, c'étaient là deux grands leviers d'un pouvoir fort comme celui de l'Empereur; M. Gaudin travaillait avec persévérance. Le point de départ de cette organisation, et en général de tout ce qui touchait à l'Em-

---

je vois avec peine l'intention où vous êtes de quitter le ministère de l'intérieur, pour vous livrer tout entier aux sciences. Vous remettrez le portefeuille à M Portalis, ministre des cultes, en attendant que j'aie définitivement pourvu à ce département. Désirant vous donner une preuve de ma satisfaction de vos services, je vous ai nommé sénateur. Dans ces fonctions éminentes, qui vous laissent plus de temps à donner à vos travaux pour la prospérité de nos arts et les progrès de notre industrie manufacturière, vous rendrez d'utiles services à l'État et à moi. Sur ce, je prie Dieu qu'il vous ait en sa sainte garde.

« A Calais, le 17 thermidor an XII (6 août 1804.)

« *Signé*, Napoléon. »

pire, n'était pas de produire le plus de bien, le plus de soulagement possible pour les contribuables, mais de créer au revenu public les ressources les plus étendues. A cet effet, on avait séparé le trésor du ministère des finances pour en confier la direction à M. Barbé-Marbois, vieillard déjà, ancien intendant de Saint-Domingue. Sous les dehors de la fermeté, c'était l'homme le plus faible; et avec les mœurs personnelles les plus austères, il laissait autour de lui s'agiter les intrigants, les faiseurs d'affaires, sortes d'hommes qui ont un instinct merveilleux pour saisir les caractères doux et faibles; ils les exploitent merveilleusement. L'administration du trésor de M. Barbé-Marbois ne fut ni habile, ni prévoyante; les circonstances étaient difficiles, et il se trouva plus d'une fois au-dessous d'elles, ayant en face un caractère aussi puissant, aussi actif, aussi absolu que celui de Napoléon.

Le ministère de la guerre restait dans les mains du maréchal Berthier, destiné pour ainsi dire à être nominativement partout, sans avoir d'autorité nulle part: grand-veneur, ministre, maréchal, Berthier n'était jamais lui-même; sorte de reflet de la pensée de Napoléon, comme dans les contes fantastiques d'Hoffmann, quand l'Empereur lui manquait, Berthier ressemblait à un corps privé d'âme et capable de toutes les fautes; il avait donné sa volonté à l'Empereur, qui lui adjoignit M. Dejean, général de génie, ami de Moreau, capacité administrative, qui pouvait donner au département de la guerre une certaine régularité de service. L'administration de la guerre formait une grande division, un département à part, parce que l'organisation des corps, les fournitures, la répartition des contingents, les masses, le matériel des places de l'artillerie et du génie en dépendaient, et qu'il fallait un directeur spécial pour surveiller tant de détails.

L'amiral Decrès, ministre de la marine et des colonies, courtisan à travers les formes les plus dures, s'était fait une loi d'obéir en tout point à Napoléon. L'Empereur avait mal étudié la marine; son génie, si vaste pour surveiller une belle expédition de terre, avait conçu des idées fausses sur les forces navales, et il voulait néanmoins les réaliser. Un vieux marin l'aurait contrarié, Decrès s'en gardait bien; il louait en tout le souverain; élevant des autels à son génie, il ne le croyait pas capable d'errer. Le ministre était irritable, disait-on, comme un matelot, et c'est en quoi seulement il était homme de mer; les escadres doutaient de lui; la marine, si souvent malheureuse, l'accusait de trahison; la trahison ici était surtout dans la négligence ou dans le défaut de capacité; les amiraux murmuraient, les fournitures étaient mauvaises, les marchés mal exécutés; la marine n'avait plus confiance en elle-même, et c'est là une des grandes causes de revers.

Au milieu des conspirations incessantes qui marquèrent l'époque antérieure à l'Empire, il avait été reconnu que la reconstitution du ministère de la police était indispensable; le procès de Moreau l'avait démontré : il fallait mettre plus d'unité dans l'action politique du gouvernement, et un simple conseiller d'État chargé de cette force essentielle n'apportait pas assez d'intelligence dans l'appréciation d'un vaste ensemble; la reconstitution d'un ministère de la police fut donc considérée comme un moyen immense de centralisation dans les mains de Napoléon. Fouché, en dehors du ministère, réduit aux fonctions du Sénat, n'avait jamais cessé d'exercer une sorte de surveillance, et après le jugement de Georges et de Pichegru, l'Empereur crut indispensable de lui confier le portefeuille qu'une fois déjà il lui avait arraché dans un mouvement de popularité et de libéralisme. Fouché, avec son instinct habituel, jugea parfaitement la position : la police pour lui ne se résumait pas dans les ressources mesquines d'une surveillance basse et inquiète ; il la considérait comme une vaste puissance d'esprit public, s'étendant à tout par des moyens larges et vigoureux ; et voilà pourquoi il désira qu'on mît dans ses mains la surveillance des théâtres, des journaux, et l'action secrète de la diplomatie [1]. Il y eut à la police un bureau d'esprit public, une sorte de commission de la liberté de la presse qui dut suivre attentivement le progrès de l'opinion, et la diriger dans les voies indiquées. La maxime de Fouché était qu'on doit conduire le peuple par tous les moyens d'action qu'un gouvernement peut avoir dans ses mains ; le ministre avait des agents dans la bonne compagnie comme dans la foule, aux ateliers comme sous le lustre ; son ministère se résumait en une grande enquête sur toutes les idées, les

---

[1] L'ambition du ministre Fouché était de dominer et diriger le Clergé ; arrivé au ministère, il adressa aux évêques la circulaire suivante :

« Paris, 5 fructidor an XII (23 août 1804).

« Il y a plus d'un rapport, Monsieur, entre mes fonctions et les vôtres. Les miennes sont de prévenir les délits, pour n'avoir point à les punir ; les vôtres sont d'étouffer dans le fond des âmes les projets et même la pensée du crime. Notre but commun est de faire naître la sécurité de l'Empire du sein de l'ordre et des vertus. Avec les vues et les intentions les plus bienfaisantes, la puissance spirituelle dont vous êtes revêtu serait exposée à n'avoir que des résultats incertains et bornés, si elle ne trouvait dans le secours de mon ministère les moyens de réprimer tout ce qui peut en contrarier l'exercice.

« Prince de l'église ! ce titre vous sera contesté quelque temps encore, et par un petit nombre d'évêques de l'ancien régime, qui ont abandonné l'union catholique, et par quelques prêtres dont la Révolution a exalté les passions, et n'a pas étendu les lumières. La prétention des premiers est d'être plus fidèles que vous à la foi de vos pères ; celle des seconds, d'appartenir plus que vous à la Révolution et à ses vrais principes. Votre place est entre des excès opposés ; c'est dans tous les genres la place de la sagesse et de la vérité. Les uns vous attaquent avec les erreurs des siècles d'i-

passions, les intérêts de la société; il avait l'ambition de diriger le gouvernement tout entier, et c'est ce qui créa l'importance de son ministère. Il traitait la plupart des questions en se raillant des hommes et des principes; il trouvait des résultats faciles et des mobiles incessamment sous sa main; il protégeait et surveillait tout à la fois le parti de la Révolution; il prenait auprès de lui un jacobin, son vieil ami, l'exilait, le rappelait avec la même insouciance, en le tutoyant avec familiarité : « Pourquoi n'as-tu pas voulu te rallier à cet homme-là (Napoléon)? ce n'est pas moi, mais c'est lui qui veut que je t'éloigne, car tu es une mauvaise tête et une mauvaise langue. » L'Empereur n'aimait ni Fouché, ni M. de Talleyrand, mais il sentait qu'il ne pouvait encore s'en passer, l'un vis-à-vis des cabinets, l'autre vis-à-vis des masses; le sol tremblait autour de lui lorsqu'il en était privé; il se sentait mal à l'aise.

Fouché, maître de son département, voulut à plusieurs reprises placer les cultes sous le ministère de la police; son esprit sceptique n'apercevait dans le prêtre qu'un instrument actif de gouvernement; n'ayant

gnorance et de barbarie; les autres, avec les excès inséparables d'une époque de révolution.

« Quels prétextes, cependant, peuvent avoir les évêques qui ont abandonné l'union catholique? Où peuvent-ils en chercher et en trouver? Prétendraient-ils que la religion n'est pas rentrée dans nos temples, parce que les Bourbons ne sont pas remontés sur le trône? Mais quel autre trône que celui du souverain pontife a jamais paru avoir avec la religion catholique une alliance nécessaire? Dans quel symbole de la foi, ou dans quelle tradition revérée, pourrait-on nous indiquer la moindre liaison entre la dynastie des Bourbons et l'existence pure et sans tache de l'église gallique? L'union de notre église avec toutes les églises catholiques et avec le pape ne fut point rompue dans le passage de l'empire romain à la dynastie mérovingienne, de cette dynastie à celle de Charlemagne, de celle-ci à celle des Capets. Elle n'a pas été rompue davantage dans le passage de la dynastie des Bourbons à celle des Bonaparte. Toutes les questions politiques appartiennent, non à la religion, mais aux nations; et la France les a toujours décidées pour elle, suivant ses affections ou les leçons de son expérience.

« Vous êtes trop éclairé, Monsieur, pour que je croie avoir besoin de vous rappeler la nécessité de veiller constamment à l'exécution des lois sur la police et la liberté

aucune idée morale, il concluait que l'Église devait dépendre de la police. L'Empereur ne partageait pas cette opinion; sa pensée religieuse avait compris le catholicisme sous un plus vaste aspect; sans doute il voulait avec Fouché que l'église devînt pour lui un instrument de force; il ne dédaignait pas l'influence de sa parole; mais pour la laisser énergique, il fallait la faire respecter; or il eût été de la plus haute inconvenance que le culte fût mêlé aux bureaux de la police. L'Empereur maintint donc au ministère des cultes M. Portalis père, l'homme remarquable que nous avons vu présider à la confection du Concordat; quelque chose de sérieux était empreint sur cette physionomie de M. Portalis : esprit de science et de travail, assez janséniste pour défendre l'Église gallicane et la déclaration de 1682, et assez pieux pour faire de la religion un devoir de conscience, il appartenait à l'école de M. Émery et des sulpiciens. M. Portalis vivait en bonne intelligence avec le cardinal Caprara, légat du Saint-Siége, et par sa seule impulsion, les évêques de France se disputaient à l'envi l'éloge de Napoléon, salué comme le nouveau Charlemagne. Pourquoi leur en faire un reproche? ils

des cultes. Si vous permettiez aux pasteurs qui vous sont subordonnés de les modifier ou de les enfreindre, il n'y aurait plus de bornes aux prétentions arbitraires. Les passions étendent toujours sans limites ce qu'elles arrachent à la faiblesse.

« La liberté des cultes est une loi de l'Empire et un droit des hommes ; elle est promulguée aujourd'hui par toutes les nations éclairées. Il ne vous est plus possible d'étendre les conquêtes du culte dont vous êtes les premiers ministres, que par vos talents et par vos vertus évangéliques. Dans le siècle où nous sommes, la meilleure de toutes les religions paraîtra toujours celle qui prête le plus d'appui à la morale et aux lois. Le sceau divin d'un culte est d'être bienfaisant comme la divinité elle-même.

« S. M. l'Empereur reconnaîtra que vous avez justifié sa confiance, lorsque, sous l'influence de vos prédications, il verra les dissensions et les haines se dissiper, l'amour de toutes les choses utiles à la patrie se nourrir dans les temples devant les images de la divinité, et les prospérités de l'Empire devenir, pour tous ceux dont vous gouvernez les consciences, le gage le plus certain des titres qu'ils auront acquis aux récompenses que la religion leur promet.

« *Signé*, Fouché. »

devaient tant de reconnaissance à la main puissante qui avait restauré les autels !

Tels étaient les ministres à département. J'ai dit qu'à mesure que le pouvoir de l'Empereur grandissait, l'action de M. Maret prenait aussi un ascendant plus étendu; on sait en général toute l'influence qu'exerce le secrétaire intime d'un monarque, lorsqu'il sait se résigner à vivre sous un rayon de puissance émané du trône [1]. J'ai peint déjà le caractère de M. Maret, sa rédaction facile, son admirable promptitude de mémoire et de plume, sorte de pensée sténographiée de l'Empereur : ainsi par la force des choses le secrétaire d'État devait centraliser les grandes affaires ; quand un ministre à département inspirait quelque méfiance, les négociations arrivaient directement au secrétaire d'État, qui les préparait pour le travail intime de Napoléon. L'Empereur traitait M. Maret sans façon, avec le laisser aller d'un supérieur à un commis, ce qu'il n'aurait pas fait avec M. de Talleyrand ou Fouché, hommes politiques ; il était sûr que l'intelligence de M. Maret ne le gênerait jamais dans sa pensée; un homme de génie a bien souvent besoin de la fidélité exemplaire d'un esprit qui n'est pas à sa hauteur.

La lumière du gouvernement de l'Empereur était toujours le conseil d'État, où il aimait tant à déposer ses vastes pensées et ses projets d'avenir. Quand il y avait un homme fort dans quelque partie de l'administration, Napoléon l'appelait à ce conseil sans s'arrêter aux antécédents, aux opinions, aux principes ; jacobin ou royaliste, avait-il une spécialité ? il se hâtait de l'adjoindre, sans prévention comme sans

[1] Voir le tome IV, chap. 6.

haine, comme une acquisition utile à son gouvernement; toute intelligence qui consentait à le servir était bien venue. Cependant une visible tendance le porte à cette époque vers les hommes de modération et de monarchie; il les appelle à son œuvre. Le conseil d'État, les préfectures, comptent déjà les débris du côté droit de l'Assemblée constituante, Mounier, Cazalès, Montlosier, et quelques vétérans de l'ancienne administration locale sous la monarchie. M. Lebrun fut l'intermédiaire naturel de cette fusion; le conseil d'État devint le théâtre des opinions les plus diverses qui luttèrent en présence, et Napoléon ne cessa d'assister à ces hautes et fortes délibérations[1]. Lui, le monarque si préoccupé de vastes intérêts, arrivait presque toujours aussi exactement que le dernier des auditeurs; il se plaçait en guise de trône sur son fauteuil de velours, et demeurait là trois ou quatre heures en écoutant délibérer.

Quelquefois, la tête appesantie sous les sérieuses pensées du gouvernement, Napoléon sommeillait, ou bien écoutant avec impatience, il donnait des coups de canif à son fauteuil ou à la table placée devant lui. Lorsque la question allait à son esprit, il prenait sur-le-champ la parole, et jamais peut-être une raison plus droite, exprimée dans des termes plus pittoresques, ne s'était manifestée durant une controverse. Ce n'était pas seulement sur les questions de guerre, de fortifications, de génie, sa belle et grande spécialité, qu'il s'exprimait ainsi, mais sur des points de justice et d'administration; il parlait des heures entières dans ce style splendide que lui fournissait son imagination méridionale. Quand il avait

[1] Voyez en les comparant, sur le conseil d'État, les procès-verbaux de M. Locré et le travail de M. Pelet de la Lozère.

clos la discussion, il laissait les opinions libres, en apostrophant néanmoins, comme Cromwell, les uns et les autres d'épithètes brusques et malsonnantes, et de jugements railleurs ou saccadés, capables de blesser quelques-unes des susceptibilités des conseillers d'État. Le conseil ne connaissait pas encore la triple hiérarchie des conseillers, des maîtres des requêtes et des auditeurs, formule ancienne qui devait plus tard s'agrandir. J'aime à suivre Napoléon au conseil d'État, sa vaste chaire de doctrine gouvernementale; on l'a peint si souvent sur les champs de bataille à la hauteur de la postérité ! c'est l'homme d'administration surtout qu'il faut voir, le génie prédestiné à reconstruire l'énergie d'une vaste centralisation dans les affaires publiques.

CHAPITRE III.

L'ESPRIT PUBLIC A L'AVÉNEMENT DE NAPOLÉON.

Murmures des républicains. — Mécontentements des masses. — Moqueries sur la nouvelle Cour. — Procès de Moreau et de Georges. — Attitude de la garnison de Paris. — Lecourbe. — Macdonald. — Jugement de la conspiration. — Moyens de police. — Les Grâces et les Exécutions. — Solennités publiques. — La Légion d'honneur au Champ-de-Mars. — Voyage de l'Empereur. — Visite au camp de Boulogne. Distribution des croix. — Fête militaire. — Les bords du Rhin. — Hommage des princes allemands. — Négociations secrètes.

Mai à Octobre 1804.

L'opinion publique était agitée par l'avénement de Napoléon à l'Empire. Si les esprits modérés avaient compris la nécessité de placer le pouvoir dans les mains de Bonaparte, cette tête si forte, ils ne reconnaissaient pas tous le besoin de reconstituer la monarchie avec la pompe, l'éclat et les préjugés détruits par la Révolution de 1789. Pourquoi s'était-on pressé autour du 18 brumaire? Pourquoi la nation reconnaissante s'était-elle soumise à l'épée du premier Consul? C'était pour effacer les dernières traces d'anarchie et briser l'instrument usé du Directoire exécutif. De francs républicains s'étaient rattachés au Consulat, magistrature dictatoriale sous la forme démocratique; un grand nombre avaient même salué le Consulat à vie, progrès immense réalisé par l'ambition de Bonaparte. Mais l'Empire, qui l'avait motivé? où était la crise publique qui forçait de sortir des formes républicaines? pourquoi cette pourpre? pourquoi ces titres de majesté, d'altesses et de princes, ridiculement jetés à des hommes sortis du peuple et faits par le peuple? pourquoi ces sacrifices de l'esprit d'égalité? est-ce que le Consul n'était pas assez fort, assez puissant? manquait-il quelque chose à son autorité et à sa gloire? L'Empire avec ses chambellans et sa cour était un retour aux idées féodales, et quels que fussent les ménagements pris, il n'en était pas moins certain qu'on rétablissait la monarchie sur les débris des principes posés par la patriotique école de la Révolution [1].

Cette opposition à l'Empire n'existait pas seulement parmi les républicains à convictions profondes; elle avait de l'écho dans les masses populaires : les victoires de l'Empereur n'avaient pas encore amené l'opinion publique à suivre en esclave son char de triomphe. La cour des Tuileries n'inspirait aucun respect; tous ces princes improvisés, ces altesses et ces seigneurs paraissaient comme des mimes sur des tréteaux. Les nations n'admettent une supériorité de famille qu'alors qu'elle est constatée par des siècles ou par des services si brillants qu'ils frappent et éblouissent tous les yeux. Les masses ne voyaient dans les dignitaires de la nouvelle cour qu'une espèce de création fantastique improvisée par le grand magicien qui gouvernait depuis le 18 brumaire. Le système impérial pour lui n'était encore qu'une formule; fallait-il blâmer la nation de ce qu'elle ne croyait pas à la dignité princière

---

[1] Cette opposition républicaine s'était placée sous la direction de Carnot.

de Joseph, de Murat, et aux altesses sérénissimes de Cambacérès ou Lebrun, objet de sarcasmes piquants? Habitué aux théâtres des boulevards, le peuple ne voyait là qu'une représentation de ses acteurs chéris brodés sur chaque couture; la Révolution n'avait pas fait son temps pour les fiers et rudes enfants des faubourgs; ils se complaisaient aux fêtes militaires où paraissait leur Empereur, mais toutes ces pompes civiles ou religieuses excitaient en eux de la colère ou des risées.

Cette raillerie était encouragée dans le grand monde par les mots spirituels du faubourg Saint-Germain; on faisait des calembours de bonne maison, des épigrammes acérées qui circulaient ensuite dans les salons, et des salons arrivaient jusqu'à la rue. Il existe encore de ces mots traditionnels qui ont survécu à la chute de l'Empire, à la ruine de ses institutions, à la grandeur de ses débris; on les hasarda même sur le théâtre où souvent Brunet parodiait à ses risques et périls quelques-uns de ces ridicules [1]. L'Empire d'ailleurs s'ouvrit sous de sinistres impressions; il y avait dans toutes les régions politiques un sentiment de tristesse: la mort du duc d'Enghien précéda d'un mois à peine l'élévation au pouvoir du nouveau souverain; les récits les plus funèbres circulaient sur les circonstances de cette exécution fatale. Le cadavre de Pichegru n'était

---

[1] Madame d'Abrantès l'avoue elle-même, Brunet fut deux ou trois fois envoyé en prison.

On supposait que, dans une pièce où il était question de Bonaparte, on présentait à Brunet le buste du héros en plâtre, et qu'après l'avoir examiné, il disait : *Je l'aimerais mieux en terre.*

Bonaparte était tellement blessé de tous ces sarcasmes, qu'il fit publier par M. Arnaud les vers suivants :

Vous vous trouverez très braves
Parce que à tout hasard
Sur des objets très graves
Vous lancez maint brocard.
Mais si vos mains impies
Ne laissent rien d'intact,
C'est avec les harpies
Être en rapport exact.

pas refroidi encore, et les amis du général étaient nombreux dans tous les corps de l'armée républicaine ; on ne pouvait oublier que s'il avait trahi un moment la nation, cette puissante souveraine, il avait servi avec un zèle glorieux la Convention et conquis la Hollande par les ordres du comité de salut public. Les lettres de ce comité à Pichegru constatent que Carnot plaçait toute la confiance de la patrie dans les mains du général patriote, et à tort ou à raison on accusait Bonaparte de l'avoir perdu et sacrifié.

Quelques jours après l'élévation de l'Empereur, lorsque la couronne touchait à peine son front, la Cour spéciale ouvrit ses séances, sous la présidence d'Hémard, pour juger la conspiration de Georges et de Moreau. Aux vastes salles du Palais-de-Justice, douze juges recouverts de leurs simarres se placèrent dans une attitude sombre et sévère ; la foule inondait les Pas-Perdus, et la gendarmerie avait quelque peine à se faire jour au travers des flots de peuple. Assis sur le banc des accusés on voyait à droite le général Moreau avec l'air calme et méditatif[1] ; à ses côtés, Lajolais, son aide-de-camp ; Couchery, l'ami de Pichegru ; l'abbé David, Rolland, tous impliqués dans la conspiration. Quant à Georges, on le reconnaissait à sa tête immense, à ses larges épaules, à son œil fier et hautain qui parcourait l'assemblée comme pour accuser la lâcheté de ceux qui ne savaient pas mourir pour une cause ; un peu plus loin, Russillon, colonel impliqué dans la conspiration royaliste. Les jeunes de Polignac et de Rivière inspiraient un sentiment d'indicible intérêt ; il y avait tant de candeur et de dévoûment dans ces figures résignées, une patience

---

[1] Le procès de Moreau a été tronqué dans le compte-rendu officiel.

et une attente de martyre, que leurs ennemis même devaient respecter. Enfin derrière eux s'étaient placés les chouans agrestes, les Bretons des landes du Morbihan, qui tous regardaient Georges, ses mouvements, avec l'attention des fils qui suivent craintifs et aimants les moindres paroles du père commun. L'audience offrait ainsi un aspect bien capable de remuer les esprits et d'intéresser les cœurs.

L'interrogatoire commença dans la même séance avec un soin minutieux, et le président Hémard, de sa voix sévère et implacable, posa une série de questions aux accusés. Moreau, digne dans sa pose, mais faible dans sa parole, nia tout rapport avec Pichegru, si ce n'est pour échanger quelques paroles de souvenir et ses regrets de la dénonciation qu'il avait faite du général en chef, par suite des papiers trouvés dans les fourgons autrichiens [1]. On s'aperçut que l'armée portait un grand intérêt à Moreau; la plupart des gendarmes qui l'accompagnaient avaient servi sous ses ordres et présentaient les armes comme à leur général bien aimé lorsqu'il venait à l'audience. Lecourbe y assista assidue-

---

[1] Le texte exact du discours de Moreau fut défiguré par le compte-rendu, je le restitue ici tel qu'il fut prononcé ;

« Messieurs, dit Moreau, en me présentant devant vous, je demande à être entendu un instant moi-même. Ma confiance dans les défenseurs que j'ai choisis est entière ; je leur ai livré sans réserve le soin de défendre mon innocence ; ce n'est que par leur voix que je veux parler à la justice, mais je sens le besoin de parler moi-même et à vous et à la nation.

« Des circonstances malheureuses, produites par le hasard ou préparées par la haine, peuvent obscurcir pendant quelques instants la vie du plus honnête homme; avec beaucoup d'adresse un criminel peut éloigner de lui les soupçons et les preuves de ses crimes. Une vie entière est toujours le plus sûr témoignage contre et en faveur d'un accusé : c'est donc ma vie entière que j'oppose aux accusateurs qui me poursuivent; elle a été assez publique pour être connue. Je n'en rappellerai que quelques époques, et les témoins que j'invoquerai seront le peuple français et les peuples que la France a vaincus.

« J'étais voué à l'étude des lois au commencement de cette révolution qui devait fonder la liberté du peuple français ; elle changea la destination de ma vie, je la vouai aux armes. Je n'allai pas me placer parmi les soldats de la liberté par ambition; j'embrassai l'état militaire par respect

ment; une ou deux fois il parut avec l'enfant de Moreau sur les bras, et il l'offrait aux soldats en disant : « Gendarmes, voici le fils de votre général. » Et de grosses larmes ruisselaient sur ces visages basanés par le soleil d'Allemagne et le canon de Hohenlinden. Macdonald, Dessolles, Saint-Cyr, s'intéressaient publiquement à la cause de Moreau : quand il prit la parole pour se défendre en exposant sa conduite, des applaudissements partirent de plusieurs côtés de l'audience. Il dit sa vie entière avec l'expression des sentiments les plus républicains et les plus patriotes; son plaidoyer fut une sorte de critique calme des hommes qui ne plaçaient pas la patrie au-dessus de toute ambition. S'il avait embrassé l'état militaire, c'était par respect pour la nation, car elle avait appelé ses enfants sous les drapeaux; s'il demeurait guerrier, c'était parce qu'il était citoyen; il aimait la liberté avec idolâtrie; s'avançant de grade en grade comme le dernier soldat, la guerre ne fut pour lui que sur le champ de bataille; sans ambition, il abdiqua son pouvoir après le combat. Dans les rangs inférieurs, comme dans les grades élevés, il obéit toujours

pour les droits de la nation. Je devins guerrier, parce que j'étais citoyen ; je portais ce caractère sous les drapeaux, je l'y ai toujours conservé. Plus j'aimai la liberté, plus je fus soumis à la discipline.

« J'avançai assez rapidement, mais toujours de grade en grade et sans en franchir aucun; toujours en servant la patrie, jamais en flattant les comités. Parvenu au commandement en chef, lorsque la victoire nous faisait avancer au milieu des nations ennemies, je ne m'appliquai pas moins à leur faire respecter le caractère du peuple français qu'à leur faire redouter ses armes. La guerre, sous mes ordres, ne fut un fléau que sur le champ de bataille. Du milieu même de leurs campagnes ravagées, plus d'une fois les nations et les puissances ennemies m'ont rendu ce témoignage. Cette conduite, je la croyais aussi propre que nos victoires à faire des conquêtes à la France.

« Dans le temps même où les maximes contraires semblaient prévaloir dans les comités du gouvernement, cette conduite ne suscita contre moi ni calomnie, ni persécution; aucun nuage ne s'éleva jamais autour de ce que j'avais acquis de gloire militaire, jusqu'à cette journée trop fameuse du 18 fructidor. Ceux qui firent éclater cette journée avec tant de rapidité me reprochèrent d'avoir été trop lent à dénoncer un homme dans lequel je ne pouvais voir qu'un frère d'armes, jusqu'au

au gouvernement, à la loi, et n'entreprit d'en renverser aucune : amère censure de Bonaparte ! Républicain de conviction, on l'avait entouré pour lui offrir une dictature ; une dictature pour lui, il l'avait refusée ; s'il se croyait propre à commander les armées, il ne voulait pas commander la République. Au 18 brumaire il avait secondé le mouvement qui porta Bonaparte à la toute puissance ; il avait reçu ses ordres et les avait fait exécuter sans murmure, parce qu'il le croyait utile à sa patrie ; il avait pris un commandement de ses mains, comme de celles de la République. Était-il besoin de rappeler sa campagne d'Allemagne et les rapides succès obtenus ? Un ambitieux aurait profité de sa gloire ; il commandait à 100,000 hommes et à des généraux qui partageaient son opinion ; eh bien, il avait licencié cette armée en se vouant à la plus silencieuse retraite ; était-ce là le fait d'un conspirateur ?

Cette harangue antique, toute marquée d'un caractère grave et républicain, fut à plusieurs reprises interrompue par les applaudissements dans l'audience même ; l'opinion publique croyait Moreau victime de l'ambition

moment où l'évidence des faits et des preuves me ferait voir qu'il était accusé par la vérité et non par d'injustes soupçons. Le Directoire, qui seul connaissait assez bien les circonstances de ma conduite pour bien la juger, et qui, on ne l'ignore pas, ne pouvait pas être disposé à me juger avec indulgence, déclara hautement combien il me trouvait irréprochable ; il me donna de l'emploi. Si le poste n'était pas brillant, il ne tarda pas à le devenir.

« J'ose croire que la nation n'a point oublié combien je m'en montrai digne ; elle n'a point oublié avec quel dévouement facile on me vit combattre en Italie dans des postes subordonnés ; elle n'a point oublié comment je fus reporté au commandement en chef par le revers de nos armes, et renommé général en quelque sorte par nos malheurs ; elle se souvient comment deux fois je recomposai l'armée des débris de celles qui avaient été dispersées, et comment, après l'avoir remise deux fois en état de tenir tête aux Russes et à l'Autriche, je déposai deux fois le commandement pour aller en prendre un d'une plus grande confiance.

« Je n'étais pas à cette époque de ma vie plus républicain que dans toutes les autres, je le parus davantage. Je vis se porter sur moi d'une manière plus particulière les regards et la confiance de ceux qui étaient en possession d'imprimer de nouveaux mouvements et de nouvelles direc-

jalouse du nouvel Empereur; c'était Pompée aux mains de César. La police, bien que disposant des journaux, ne pouvait empêcher le peuple de pénétrer au milieu de l'audience, et les défenseurs rappelaient dans des conversations du soir ce qu'ils avaient entendu aux débats; un indicible intérêt se reportait sur Moreau.

Georges inspirait de la curiosité plutôt que de la pitié; il prenait son sort avec une résignation railleuse, comme une défaite après une bataille; il se moquait de ses juges et de toutes ces formules qui devaient aboutir pour lui à la peine de mort; pris sur un champ de bataille, il eût été fusillé, son sort différait peu. Ce caractère de fer s'amusait, comme Danton, à faire des niches à ses juges, et des jeux de mots à ses accusateurs : le rapporteur Thuriot était régicide, et il l'appelait comme par mépris *Tue-Roi* : quand on lui demandait quelques circonstances de sa vie, il ne niait pas son attachement à la cause des Bourbons; il avouait avec une franchise presque insultante tous les griefs d'accusation; qu'avait-il besoin de le nier? il semblait dire : « A quoi bon toutes ces formes? vous êtes des Bleus; reconnaissez

---

tions à la République. On me proposa, et c'est un fait connu, de me mettre à la tête d'une journée à peu près semblable à celle du 18 brumaire. Mon ambition, si j'en avais eu beaucoup, pouvait facilement ou se couvrir de toutes les apparences, ou s'honorer même de tous les sentiments de l'amour de la patrie.

« La proposition m'était faite par des hommes célèbres dans la Révolution par leur patriotisme, et dans nos assemblées nationales par leurs talents. Je la refusai : je me croyais fait pour commander aux armées, et ne voulais pas commander à la République. C'était assez bien prouver, ce me semble, que si j'avais une ambition, ce n'était point celle de l'autorité et de la puissance. Bientôt après, je le prouvai mieux encore. Le 18 brumaire arriva, et j'étais à Paris. Cette révolution, provoquée par d'autres que par moi, ne pouvait alarmer ma conscience. Dirigée par un homme environné d'une grande gloire, elle pouvait me faire espérer d'heureux résultats. J'y entrai pour la seconder, tandis que d'autres partis me pressaient de me mettre à leur tête pour la combattre. Je reçus dans Paris les ordres du général Bonaparte : en les faisant exécuter, je concourus à l'élever à ce haut degré de puissance que les circonstances rendaient nécessaire.

« Lorsque, quelque temps après, il m'offrit le commandement en chef de l'armée du Rhin, je l'acceptai de lui avec autant de

mon identité, et agissez avec moi comme les Bleus avec un Blanc de Vendée ou de Bretagne; trois balles dans la tête suffisent, et n'en parlons plus. » Mais ce qu'il y eut d'honorable et de beau dans ce caractère héroïque et insouciant de Georges Cadoudal, c'est que, lorsque l'on cherchait à lui attirer un aveu pour compromettre un complice ou l'hospitalité qu'on lui avait donnée, Georges répondait brutalement un *je ne sais pas*, qui mettait fin à tous les interrogatoires : « Où avez-vous logé ? — Je n'en sais rien. — Avez-vous vu le général Moreau ? — Je ne le connais pas. — Quels sont vos complices ? — Cherchez-les. » Telles étaient les paroles de Georges, et s'il retournait quelquefois ses regards de droite et de gauche, c'était pour chercher de l'œil ses compagnons, comme pour leur répéter : « Enfants, braves Bretons, soyez dignes de vous et de notre terre natale. »

L'interrogatoire de MM. de Polignac et de Rivière offrit quelque chose de plus touchant et de plus policé; les deux frères de Polignac, à côté l'un de l'autre, se pressaient continuellement la main, comme si on ne pouvait les séparer dans la vie comme dans la mort; Armand

---

dévouement que des mains de la République elle-même. Jamais mes succès militaires ne furent plus rapides, plus nombreux, plus décisifs qu'à cette époque, et leur éclat se répandait sur le gouvernement qui m'accuse. Au retour de tant de succès dont le plus grand de tous était d'avoir assuré la paix du continent, le soldat entendait les cris éclatants de la reconnaissance nationale. Quel moment pour conspirer, si un tel dessein avait pu jamais entrer dans mon âme ! On connaît le dévouement des armées pour les chefs qu'elles aiment, et qui viennent de les faire marcher de victoire en victoire. Un ambitieux, un conspirateur aurait-il laissé échapper l'occasion à la tête d'une armée de 100,000 hommes tant de fois triomphante ? Je ne songeai qu'à licencier l'armée, et je rentrai dans le repos de la vie civile.

« Depuis ce repos, qui n'était pas sans gloire, je jouissais de mes honneurs (de ces honneurs qu'il n'est pas sans doute dans la puissance humaine de m'arracher), du souvenir de mes actions, du témoignage de ma conscience, de l'estime de mes compatriotes et des étrangers, et, s'il faut le dire, du flatteur et doux pressentiment de celle de la postérité.

« Je jouissais d'une fortune qui n'était grande que parce que mes désirs n'étaient pas immenses, et qui ne faisait aucun reproche à ma conscience. Je jouissais de mon traitement de retraite; sûrement j'étais

semblait dire aux juges : « Voyez Jules, c'est un enfant ; sauvez sa vie, car il ne savait ce qu'il faisait ; moi seul je suis coupable, j'avais le discernement ; si vous voulez ma tête, je vous l'offre, mais épargnez un jeune homme de vingt-trois ans, qui n'a point compris sa destinée. » A ces touchantes paroles, Jules répondait d'un ton exalté : « Je suis seul, isolé au monde ; je n'ai ni femme ni enfants ; Armand est père de famille ; ma vie est inutile, je n'ai goûté aucun de ses plaisirs, j'ai savouré l'exil à mon berceau ; prenez ma tête, je vous la donne, mais épargnez mon frère. » Ce combat pénétrait l'âme de tous ceux qui assistaient aux débats.

L'attitude de M. de Rivière était sérieuse comme celle d'un chrétien à la face de la mort ; il aimait à répéter son titre d'aide-de-camp de M. le comte d'Artois. Quand on l'interrogea sur sa mission, il dit : « Je n'ai point conspiré ; je n'ai point été désigné pour attaquer le premier Consul, mais S. A. R. Monsieur m'a envoyé à Paris pour examiner si les rapports qu'on lui adressait étaient exacts, ou bien s'il était trompé par de faux agents. Cette mission, je l'ai remplie sans hésiter. » Lorsque le président lui présenta, comme pièce de conviction, le portrait

content de mon sort, moi qui n'enviai jamais le sort de personne. Ma famille, et des amis d'autant plus précieux que, n'ayant plus rien à espérer de mon crédit et de ma fortune, ils ne pouvaient rester attachés qu'à moi seul, tous ces biens, les seuls auxquels j'aie pu jamais attacher un grand prix, remplissaient mon âme tout entière, et ne pouvaient plus y laisser entrer ni un vœu ni une ambition ; se serait-elle ouverte à des projets criminels ?

« Elle était si bien connue, cette situation de mon âme, elle était si bien garantie par l'éloignement où je me tenais de toutes les routes de l'ambition, que, depuis la victoire de Hohenlinden jusqu'à mon arrestation, mes ennemis n'ont jamais pu ni me trouver ni me chercher d'autre crime que la liberté de mes discours. Mes discours ! ils ont été souvent favorables aux opérations du gouvernement ; et si quelquefois ils ne l'ont pas été, pouvais-je donc croire que cette liberté fût un crime chez un peuple qui avait tant de fois décrété celle de la presse, et qui en avait joui sous les rois même ?

« Je le confesse, né avec une grande franchise de caractère, je n'ai pu perdre cet attribut de la contrée de la France où j'ai reçu le jour : ni dans les camps, où tout lui donne un nouvel essor ; ni dans la Révolution, qui l'a toujours proclamée

de M. le comte d'Artois qu'on avait saisi sur sa poitrine, en lui disant : « Accusé, reconnaissez-vous ce portrait ? » M. de Rivière répondit : « M. le président, faites-le moi passer, » et quand il l'eut dans sa main il le couvrit de baisers respectueux en s'écriant : « Est-ce que vous croyez que je ne le reconnaissais pas ? j'ai voulu une fois encore l'embrasser avant de monter sur l'échafaud ; maintenant, monsieur, je suis heureux, prononcez votre sentence. » Cette scène fit encore une profonde impression sur l'auditoire, car elle rappelait les nobles dévouements des époques chevaleresques, sentiment exalté qui rarement se rencontre et que tout cœur généreux admire. Les causes malheureuses excitent ces sacrifices de la vie ; quand on les voit perdues, que reste-t-il aux âmes ardentes, si ce n'est la mort ? La République, l'Empire et la royauté dans leurs jours de disgrâce ont eu leurs martyrs ; paix à leurs cendres !.

Cependant il fallait préparer la sentence ; le procès de Moreau portait un coup mortel au pouvoir, s'il n'était suivi d'une condamnation capitale. L'Empereur faisait bon marché des royalistes : il savait bien qu'ils n'avaient pas d'appui dans les masses, aucun retentisse-

comme une vertu de l'homme et comme un devoir du citoyen. Mais ceux qui conspirent blâment-ils si hautement ce qu'ils n'approuvent pas ? Tant de franchise ne se concilie guère avec les mystères et les attentats de la politique.

« Si j'avais voulu concevoir et suivre des plans de conspiration, j'aurais dissimulé mes sentiments, et sollicité tous les emplois qui m'auraient replacé au milieu des forces de la nation. Pour me tracer cette marche, au défaut d'un génie politique que je n'eus jamais, j'avais des exemples connus de tout le monde, et rendus imposants par des succès. Je savais peut-être bien que Monck ne s'était pas éloigné des armées lorsqu'il avait voulu conspirer, et que Cassius et Brutus s'étaient rapprochés du cœur de César pour le percer.

« Magistrats, je n'ai plus rien à vous dire. Tel a été mon caractère, telle a été ma vie entière. Je proteste, à la face du ciel et des hommes, de mon innocence. Vous savez vos devoirs ; la France vous écoute, l'Europe vous contemple, et la postérité vous attend.

« Je suis accusé d'être un brigand et un conspirateur. L'homme généreux que j'ai chargé de ma défense va, j'espère, vous convaincre que cette accusation n'est pas fondée. »

ment dans l'armée ; ces gentilshommes à l'âme fière, ces Bretons au cœur de feu, ne pouvaient être dangereux pour son pouvoir dans un mouvement d'opinion publique. Il n'en était pas de même de Moreau et de l'opposition militaire; on devait obtenir une condamnation, et flétrir Moreau par une grâce; c'est à quoi la police avait travaillé. Les débats avaient peu compromis le vainqueur d'Hohenlinden; il n'y avait aucune preuve légale des négociations de Moreau et de Pichegru pour le renversement du premier Consul, base de tout ce procès criminel; on s'adressa donc aux juges par tous les moyens, la séduction, la corruption, même la menace. L'Empereur avait appris par un premier débat dans la chambre du conseil [1], que la majorité de la Cour spéciale s'était prononcée pour l'acquittement de Moreau, échec trop grave pour que l'avénement à l'Empire n'en fût point compromis. Dans ce procès, sorte de personnification des deux armées rivales d'Allemagne et d'Italie, Moreau se plaçait à la face de Bonaparte d'égal à égal; si donc on l'acquittait, il avait gain de cause absolu, la force morale du gouvernement était perdue.

Ainsi raisonnaient les partisans de l'Empire, les hommes dévoués à Napoléon, sa police surtout; M. Réal se hâta de dire confidentiellement aux magistrats que si Moreau était acquitté par la Cour,

---

[1] Je donne le détail précis de ce qui se passa dans la chambre du conseil :

« Le rapporteur Thuriot ayant ouvert l'avis de condamner le général Moreau à la peine capitale, en assurant que l'Empereur lui ferait grâce : *Et qui nous la fera, à nous?* répondit M. Clavier; mot sublime, digne des temps héroïques de la magistrature. Hémard, Selves et Granger opinèrent comme Thuriot. M. Bourguignon proposa l'excuse qui éloignait la peine capitale. MM. Dameuve, Clavier, Laguillaumie, Rigaud, Desmaisons, Martineau, votèrent l'absolution. M. Lecourbe déclara qu'il ne voyait pas même de conspiration dans les pièces de ce procès.

« Ainsi, sur douze juges, sept se déclarèrent pour le général Moreau, ou le tinrent excusable; quatre seulement prononcèrent sa condamnation.

ARRÊT DE LA COUR (JUIN 1804).   79

on forcerait l'Empereur à faire un coup d'État : « Qu'on prononçât la mort, et l'on ferait grâce, » disaient les familiers. L'Empereur sentait tellement la nécessité d'obtenir la peine capitale contre Moreau, qu'il chargea ses intimes de voir les amis des juges ; on ne s'abordait plus aux Tuileries qu'en se demandant si l'on avait quelque ascendant sur les membres de la cour spéciale ; il y eut des négociations très actives pour amener ces résultats, des offres, des places, de l'argent distribué. A la suite d'une première délibération, quatre juges prononcèrent la peine de mort, six l'acquittement, et l'un d'entre eux, M. Lecourbe, homme intègre, le frère du général, déclara qu'il ne voyait pas de conspiration dans les pièces de ce procès. M. Bourguignon proposa le terme moyen de l'excuse pour éviter la peine capitale ; dans les procédures ordinaires la sentence d'acquittement eût été acquise à Moreau, mais ici il s'agissait d'un jugement pour crime d'État, et l'acquittement ne fut point prononcé ; on mit une seconde fois l'arrêt en délibération. Enfin le terme moyen de l'excuse, qui n'avait obtenu qu'une voix dans la délibération primitive, parvint à réunir la majorité des suffrages ; Lecourbe et Rigaud persistèrent seuls à l'acquittement absolu ; Moreau fut condamné avec l'excuse à l'emprisonnement de deux années, peine ridicule, qui

« Dans toute autre cause, le procès eût été fini et le jugement irrévocable ; mais le dépit de Bonaparte ne le permit pas. Les courriers se succédaient à Saint-Cloud sans interruption ; son influence et l'effroi qu'il inspirait prévalurent.

« Hémard refusa de fermer la discussion ; Thuriot menaça ses collègues. « Vous voulez, dit-il, mettre Moreau en liberté ; eh bien ! il n'y sera pas mis. Vous forcerez le gouvernement à faire un coup d'État, car ceci est une affaire politique plutôt qu'une affaire judiciaire. »

« L'acquittement, dit Hémard, sera un signal de guerre civile. Les puissances étrangères attendent l'issue de ce jugement pour reconnaître Bonaparte empereur. Il est des sacrifices que la sûreté de l'État a droit d'exiger. »

« L'inflexible Lecourbe s'arme alors de

rapetissait un procès d'État, la querelle de Pompée et de César, à une condamnation de police correctionnelle.

Ce jugement absurde pour Moreau multiplia les condamnations capitales : Georges Cadoudal, Armand de Polignac, de Rivière, Lajolais, Bouvet de Lozier, Rochelle, d'Hozier, Ducorps, et d'autres accusés, au nombre de douze, furent condamnés à la peine de mort. Tous reçurent leur sentence sans baisser la tête. Depuis le tribunal révolutionnaire, jamais procès n'avait compris une si grande masse de condamnations capitales. Hélas! les pouvoirs énergiques la prodiguent, cette peine, parce qu'ils ont besoin d'établir sur des bases incontestables leur puissance politique. L'arrêt retentit dans Paris; il fut la préoccupation des salons politiques, comme du bas peuple; une sorte de terreur régnait partout; tant de têtes allaient-elles être livrées à l'échafaud? Ferait-on des distinctions parmi elles? Le gentilhomme serait-il épargné pour frapper à l'aise le paysan breton? J'ai bonheur de dire que tous ceux qui entouraient Bonaparte, l'Impératrice, les aides-de-camp, les généraux, depuis Murat jusqu'à Rapp, tous supplièrent le nouvel Empereur pour qu'il accordât une grâce commune et générale; quelle noble action! elle ferait saluer

toutes les forces de la conscience. « Le premier président, dit-il, viole ouvertement le principe humain et conservateur qui déclare l'accusé acquitté quand la majorité des voix est pour lui : c'est un crime de lèse-humanité, de lèse-justice, qu'aucune considération humaine ne peut excuser. »

« Hémard réplique que tant que l'arrêt n'est point prononcé, les juges ont la faculté de modifier ou même de rétracter leur opinion. La majorité flotte entre sa conscience, la crainte qu'elle éprouve pour le général Moreau; un de ceux qui avaient voté pour la peine capitale revient à l'avis de M. Bourguignon; Selves et Thuriot suivent son exemple; MM. Laguillaumie et Clavier craignent de perdre le général en voulant le sauver, et cèdent à la majorité de leurs collègues; MM. Lecourbe et Rigaud persévèrent seuls dans leur première opinion, et protestent contre le jugement qui va condamner un accusé reconnu innocent. La délibération dura 24 heures. »

(Témoignage d'un témoin oculaire).

son avénement par la clémence, et l'échafaud ne consolide jamais rien !

Napoléon ne comprit pas ces idées; le sang corse bouillonnait en lui; fils de la Convention nationale, il demeurait impitoyable comme sa mère devant les fatalités du salut public; il croyait qu'en révolution, « il faut frapper comme la foudre, parce que les morts ne reviennent plus. » Les pardons qu'il accorda furent dictés par un sentiment en dehors de la pitié. Sur le conseil que les avocats avaient donné, tous les accusés se pourvurent en cassation; les familles voulaient se réserver le temps d'aller s'agenouiller devant l'Empereur. Ces hommages, Napoléon les aimait, parce qu'ils étaient une reconnaissance de son pouvoir souverain; et par une distinction outrageante à la classe plébéienne, les grâces de Bonaparte ne portèrent que sur les gentilshommes [1]. Georges Cadoudal et ses paysans de Bretagne furent réservés pour l'échafaud; ils n'avaient ni titres, ni marquisat, ni protecteurs. A cette nouvelle, Murat, soldat de fortune, fit entendre des paroles sévères à Bonaparte, pour obtenir la grâce de Georges et de ses

---

[1] La presse publiait de beaux récits sur les grâces sollicitées de l'Empereur :

« Hier, 9 juin, à Saint-Cloud, madame de Polignac s'est jetée aux pieds de l'Empereur, lorsqu'il traversait le salon des ministres, pour se rendre à l'appartement de l'Impératrice, et lui a demandé la grâce de son mari. Elle était depuis six heures du matin chez l'Impératrice, dont la touchante bonté l'avait soutenue, encouragée, et s'était occupée à préparer le moment favorable où cette femme malheureuse pourrait se trouver sur le passage de S. M. I. La présence d'une femme dans un lieu où elles ne pénètrent pas a causé quelque surprise à l'Empereur. Elle lui a dit, en fondant en larmes, qu'elle était madame de Polignac..., l'Empereur s'est arrêté, l'a fixée avec attention... et lui a dit qu'il avait été étonné de trouver dans une aussi odieuse affaire M. de Polignac, qu'il se souvenait d'avoir vu compagnon de son enfance à l'école militaire... Madame de Polignac, autant que les sanglots pouvaient le lui permettre, a cherché à éloigner de son mari toute idée de participation à des crimes que l'honneur réprouve encore plus hautement que les lois... L'accent de la douleur prêtait une grande force à tout ce qu'elle pouvait dire... S. M. I., sensiblement émue, lui a dit : « Je puis pardonner à votre mari, car c'était à ma vie qu'on voulait attenter; je vous accorde sa grâce... » Et après avoir écouté avec bonté les expressions de sa

Bretons : « Vous les livrez à l'échafaud, dit-il à l'Empereur, parce qu'ils sont de simples paysans, des gens de rien, tandis que les gentilshommes, Bouvet de Lozier, de Russillon, de Rochelle, de Polignac, d'Hozier, de Rivière, reçoivent leur grâce ou une commutation de peine ; cela n'est pas juste et vous portera malheur. » Cependant on étala la clémence de l'Empereur ; chaque jour, comme sous le règne des anciens monarques, on annonçait qu'une mère, qu'une femme, qu'une famille éplorée s'était jetée aux genoux de Napoléon, et que jamais nul ne s'approchait de lui sans obtenir miséricorde et grâce, selon les vieilles traditions de la royauté.

Cependant l'échafaud se dressait sur la place de Grève ; les Bretons, les pauvres paysans, quand les nobles recevaient leur pardon, se préparaient à mourir sur les exhortations de Georges Cadoudal, leur chef ; lui-même, agenouillé devant un prêtre, les invitait à montrer du courage en dignes enfants du Morbihan. Si le cœur de l'un d'entre eux s'affaiblissait, on devait le regarder, lui, Georges, demandant l'honneur de

reconnaissance… « Ils sont bien coupables, a-t-il dit, ceux qui engagent leurs plus fidèles serviteurs dans des entreprises aussi criminelles et aussi follement conçues ; ils ne pouvaient être justifiables d'exposer ces jeunes gens que dans le cas où ils auraient partagé leurs périls. »

« Lundi dernier, 11 juin, la sœur et la tante de M. de Rivière sont allées à Saint-Cloud implorer la clémence de S. M. l'Empereur en faveur de leur malheureux parent condamné à mort par jugement du 21. S. M. l'Impératrice a daigné, avec cette bonté qui la caractérise, leur faciliter l'accès auprès de son auguste époux. L'Empereur a accordé aux larmes de cette famille la grâce qu'elle sollicitait.

« Lorsque mademoiselle de Rivière vint demander la grâce de son frère à l'Empereur, elle était accompagnée de ses deux nièces qui sont encore très jeunes. S. M. disait à mademoiselle de Rivière qu'il était inconcevable qu'un homme qui avait conservé un sens droit et des sentiments d'honneur, se fût associé à des brigands. A ces mots une des jeunes personnes s'est jetée aux pieds de l'Empereur, et lui a dit en sanglottant et en fondant en larmes : « Je puis bien assurer à V. M. que M. de Rivière les a seulement rencontrés par hasard dans les rues de Paris. » Ce mouvement naïf a paru toucher l'Empereur, qui a relevé cette enfant, et l'a caressée avec bonté. »

« Le lendemain mademoiselle Lajolais, jeune enfant de 14 ans, ayant son père condamné par le même jugement, sa mère détenue, sans parents, sans amis, même sans conseils dans Paris, alla d'elle-même

marcher toujours leur général dans cette dernière procession de la mort, afin que nul des Bretons ne pût douter que sa tête était dans le panier, comme naguère elle s'offrait le front haut dans un jour de bataille. Les Bretons passèrent l'un après l'autre sous le fatal niveau, les uns dans un silence religieux, les autres en criant *vive le roi!* ainsi qu'après le 18 brumaire le jeune Céracchi et Topino-Lebrun crièrent *vive la République!* sur l'échafaud politique élevé par le Consul implacable. Douze têtes tombèrent comme aux jours de la terreur; serait-il vrai que l'ordre impose ces fatales exécutions? énigme de sang dans les sociétés humaines, mystère terrible qui fait frémir sur la destinée de l'humanité [1]! Cet holocauste des paysans bretons fut si beau que les accusés qui avaient reçu leur grâce envièrent leur sort, et le marquis de Rivière s'écria : « La place d'honneur est aujourd'hui à la Grève, » méprisant ainsi leur propre faiblesse et les grâces sollicitées par leurs familles.

L'exécution avait duré dix-sept minutes. Depuis les

porter son désespoir dans les bras de madame la princesse Louis Bonaparte. S. A. I. l'accueillit avec la même bonté dont l'Impératrice sa mère lui donne de si touchants exemples. Elle l'a conduite de suite à Saint-Cloud. La douleur et les supplications naïves de la jeune Lajolais ont obtenu la grâce de son père. Lorsque S. M. lui observa que c'était pour la seconde fois que son père se rendait coupable contre l'État, mademoiselle Lajolais répondit au milieu de ses sanglots, et avec l'accent de l'ingénuité : « *Sire, la première fois mon père était innocent, sans doute ; mais cette fois c'est sa grâce que je vous demande.* »

« La grâce de M. Bouvet de Lozier a été accordée le même jour à madame Bouvet, sa sœur, sous les auspices de S. A. I. madame la princesse Murat.

« Ce noble patronage, si digne des princesses de la famille impériale, a excité la plus vive sensibilité. »

« La grâce de Russillon a été sollicitée par sa famille ; le général Rapp s'était chargé de présenter la supplique à S. M. Le même jour la belle-sœur de Russillon obtint la permission de se jeter aux pieds de l'Impératrice pour la remercier de la bonté touchante avec laquelle elle avait bien voulu s'intéresser à cette malheureuse famille. »

[1] Le récit officiel porte :

« Les condamnés Georges Cadoudal, Picot, Roger, Coster-Saint-Victor, Deville, Joyaux, Burban, Lemercier, Cadudal, Lelan, Mérillo et Louis Ducorps, ont été transférés cette nuit (25 au 26 juin) sous une escorte de gendarmes, de Bicêtre à la Conciergerie. De grand matin, les lettres de grâce émanées de la clémence impériale, en faveu

temps néfastes de 1795, on n'avait pas vu tant de sang répandu sur l'échafaud; il y eut un repoussement d'horreur parmi les classes élevées; on ne parla pendant quelques jours que du courage de Georges et de ses amis, de la terrible vengeance de l'Empereur; l'impression fut si fatale, que Fouché conseilla des moyens d'action pour ramener l'opinion publique aux genoux du souverain. Il ne fallait pas laisser cette empreinte lugubre à la société; on lui devait des pompes militaires pour l'arracher à de sinistres préoccupations. Depuis deux années l'institution de la Légion d'honneur, essayée plutôt encore qu'organisée dans les conditions légales, éprouvait mille oppositions parmi les esprits austères et républicains; on dédaignait ce ruban comme une distinction nobiliaire; la forme de l'ordre n'était point encore fixée. Après l'avénement de l'Empereur, l'armée avait prêté serment à son chef élevé sur le pavois au milieu des cérémonies et des pompes magnifiques; on voulait réveiller l'esprit du soldat en invoquant l'enthousiasme des vieilles légions de Rome. Tous les théâtres de Paris jouaient des pièces de circonstance qui rappelaient les victoires d'Italie et d'Égypte mêlées au nom du nouvel empereur; on multiplia le spectacle sous la tente. Le 14 juillet, l'anniversaire solennel de la prise de la Bastille fut choisi par Napoléon afin de proclamer

de huit condamnés à mort, ont été apportées à la cour de justice criminelle. L'arrêt de cette cour, confirmé par celle de cassation contre Georges et les onze autres condamnés à mort, leur a été signifié après leur transférement. Tous ont aussitôt demandé des confesseurs; Georges s'est mis à genoux aux pieds du sien et a longtemps écouté ses exhortations. A onze heures environ, les 12 condamnés, assistés de leurs confesseurs, sont montés dans trois charrettes qui les attendaient. Ils étaient quatre dans chacune. A onze heures trente-cinq minutes la tête de Georges est tombée la première. Deux d'entre les douze condamnés, Louis Ducorps et Lemercier, sont montés à l'Hôtel-de-Ville, en sont descendus quelque temps après, et ont subi aussitôt leur jugement. Lemercier a été exécuté le dernier. »

l'institution de la Légion d'honneur et distribuer des croix sous le dôme des Invalides dans un appareil solennel; il y avait là ou une grande moquerie de l'égalité ou une habileté remarquable. Le 14 juillet était une journée d'insurrection populaire pour conquérir les droits et la souveraineté des masses, origine d'une révolution qui avait bouleversé tous les ordres et confondu tous les rangs; quelques jours après le 14 juillet, la noblesse avait été abolie, les cordons sacrifiés sur l'autel de la patrie. Eh bien! Napoléon, rétablissant ces dignités détruites, prenait précisément l'anniversaire du jour où la Bastille était tombée sous une insurrection. La fête fut magnifique et religieuse; aux Invalides il n'y eut plus de temple de Mars, et l'église fut consacrée, comme à son origine, sous Louis XIV. Napoléon, dans son simple costume d'officier des chasseurs de sa garde, distribua de sa main la croix de la Légion, qui devait porter son effigie d'un côté et l'aigle éployée de l'autre.

Qu'on se représente l'église des Invalides parée comme un spectacle d'opéra; au milieu, un trône d'or où Napoléon montait fièrement, tandis que Joséphine, dans une voiture à huit chevaux, comme les reines de France, arrivait pour prendre place dans les travées [1]. Au bruit du canon retentissant, au milieu des éclats de l'artillerie, l'Empereur prononça quelques paroles graves à la ma-

---

[1] Déjà les formules monarchiques s'introduisaient partout, même dans les récits des journaux :

« S. M. l'Impératrice et les princesses de la famille impériale sortirent à midi moins un quart du palais des Tuileries pour se rendre aux Invalides; M. le maréchal Murat et plusieurs officiers-généraux étaient à cheval à la tête du cortège. Dans la première voiture attelée de six chevaux, étaient le grand-chambellan et M. de Ségur, grand-maître des cérémonies. Venait ensuite la voiture de l'Impératrice, attelée de huit chevaux gris de la plus grande beauté, et suivie de celles des princesses. La dame d'honneur et trois dames du palais accompagnaient l'Impératrice dans sa voiture. Les princesses étaient coiffées avec de riches diadèmes ; celui de l'Impératrice était entièrement couvert de diamants. S. M. fut reçue au

nière de César, et distribua les aigles à ses vieux prétoriens. La garde en tête reçut avec enthousiasme ce gage de fidélité et de gloire. Il y eut une bénédiction de drapeaux, des serments prêtés à haute voix, puis le cardinal Caprara entonna le *Te Deum* qui devait perpétuer la mémoire d'un si grand événement et le transmettre aux races futures.

Que les formes étaient changées! Nul ne pouvait reconnaître les temps du Directoire, époque de mythologie grecque et romaine, mêlée comme un puéril contraste à nos mœurs nationales! On ne faisait plus consister les fêtes religieuses en des danses de Vestris ou de Duport et les chants de Laïs. Napoléon avait compris l'esprit de la France; il savait qu'il y a dans le peuple un besoin d'émotions morales; ces cérémonies dans les temples plaisaient aux multitudes, le *Te Deum* grandissait la victoire, et cet encens qui s'élevait en tourbillon aux pieds de l'Empereur donnait encore plus d'éclat à la majesté nouvelle de sa couronne; imitateur de Charlemagne, il fondait son pouvoir militaire sur la conscience religieuse, voix éternelle qui survit

portail par le gouverneur des Invalides, et conduite à la tribune qui lui avait été préparée en face du trône : elle y prit place avec les princesses et les dames qui l'accompagnaient.

« L'Empereur était sorti des Tuileries peu de temps après l'Impératrice. Il était à cheval et vêtu en simple uniforme de sa garde. LL. MM. furent partout accueillies sur leur passage par les acclamations des spectateurs. S. E. le cardinal archevêque de Paris, avec le chapitre de Notre-Dame, alla recevoir l'Empereur à la porte principale de l'église, et S. M. I. fut conduite sous un dais jusqu'à son trône, au milieu des cris répétés de *vive l'Empereur!* les princes, les grands dignitaires et les grands officiers de l'Empire se rangèrent autour du trône impérial. Toutes les tribunes et la nef étaient remplies des différents ordres de l'État, des membres de la Légion d'honneur et de spectateurs choisis; les invalides étaient placés sur un vaste amphithéâtre construit sous la voûte qui sépare le dôme de l'église. L'église était décorée de drapeaux pris sur l'ennemi; deux principaux trophées étaient placés, l'un à côté du trône de l'Empereur, l'autre à côté de la tribune de l'Impératrice; le premier portait pour inscription *Marengo*, l'autre *Égypte*.

« La messe fut célébrée par le cardinal légat. Après l'évangile, M. de Lacépède, grand-chancelier de la Légion d'honneur, après avoir pris les ordres de S. M. I., pro-

aux passions publiques. Le sénat recueillait alors les votes pour l'hérédité de l'Empire dans la race de Napoléon; ils furent considérables, mais moins nombreux pourtant que pour le Consulat à vie. Le mode de vérification était dérisoire, puisqu'on pouvait toujours ajouter des voix ou les retrancher; étrange manière de faire représenter la souveraineté du peuple par une manifestation de votes écrits sur un registre arbitrairement déposé et compulsé par l'administration elle-même [1].

A Paris, l'esprit railleur n'avait cessé de poursuivre la gravité que Napoléon imprimait au nouvel Empire; le public ne pouvait admettre ces fortunes si nouvelles et si curieuses improvisées dans un seul jour. Napoléon, on l'acceptait, parce qu'une telle gloire était trop éblouissante pour qu'on pût se soustraire à ses rayons; mais sa famille, ses frères, ses cousins, espéraient-ils le même respect? pouvait-on avoir de l'admiration pour les dignités merveilleuses que leur jetait la destinée? Les vieux de la Révolution et du Directoire, les hommes qui avaient vécu dans le salon de Barras, se faisaient difficilement aux prestiges de cette cour un peu singulière; on ne

nonça, des marches du trône, un discours sur l'institution de cette Légion. Ayant pris de nouveau les ordres de l'Empereur, le grand-chancelier fit l'appel des grands-officiers et commandants de la Légion d'honneur, qui, debout sur les marches du trône, prêtèrent individuellement le serment entre les mains de S. M. I. Après la messe, il a été procédé à la distribution de la décoration. L'Empereur a reçu la sienne des mains du connétable, et a donné lui-même à tous les légionnaires celle qui leur était assignée. Il serait difficile de se figurer un spectacle plus imposant que celui qu'a offert cette cérémonie. Un incident inattendu y a ajouté un autre genre d'intérêt. L'Empereur était prêt à sortir, lorsqu'un jeune homme de 17 à 18 ans est venu se jeter aux pieds du trône en criant : *Grâce! grâce!* L'Empereur l'a interrogé; à peine a-t-il pu s'expliquer et dire qu'il demandait la grâce de son père, dont le nom a été assez connu dans la Révolution. Ce nom est Destrem. L'air de candeur de ce jeune homme et l'extrême émotion dont il paraissait pénétré ont touché S. M. I., qui lui a accordé la grâce qu'il demandait. »

[1] La publication officielle porte le nombre des votes à 3,572,328 en cinq articles. Les quatre premiers comprennent les armées et les citoyens. Le cinquième, qui ne comprend que 19 individus, est consacré à constater le vote de *l'école de Rome*.

pouvait effacer de sa mémoire le passé : la puissance a toujours besoin de mystère ; or, il n'y avait rien de caché dans toutes ces vies, depuis Joséphine jusqu'au dernier des parents de Napoléon. On avait connu le cardinal Fesch simple fournisseur d'armée; madame Lætitia, pauvre et noble femme, avait soutenu toute sa famille avec des peines infinies; Joseph était le camarade des commissaires des guerres; Louis, un jeune officier sans plus de mérite que beaucoup d'élèves sortis des écoles. Que ne disait-on pas dans les petites chroniques confidentielles, sur la vie première de toute cette cour théâtralement organisée? Eh bien, tout ce monde, par un trait de plume magique, était changé en altesses impériales, et l'on devait s'agenouiller devant ceux-là que l'on avait vus si pauvres, si petits, il y avait quelques années à peine. L'esprit parisien avait beau jeu avec tous ces princes si fantastiquement élevés ; on se vengeait en calembours du respect forcé qu'on était officiellement obligé de donner à une noblesse d'emprunt; il y avait à la fois du mélodrame et du vaudeville.

Ajoutez à cela l'impression produite par le procès de Moreau; on s'inquiétait du général proscrit et du sort qu'on lui réservait. Bientôt ses amis apprirent que, traitant de puissance à puissance, Moreau consentait à transiger, sans voir Bonaparte ni se soumettre à sa majesté. Fouché fut l'intermédiaire et le général Savary l'agent de cette négociation secrètement conduite. Il fut arrêté que les deux années de prison de Moreau seraient changées en un exil volontaire. Napoléon avait compris le ridicule de traiter un général de cette importance comme un repris de justice correctionnelle, en lui faisant subir la même peine qu'à un voleur de mouchoir. Pour Moreau, il n'y avait que trois choses possibles : l'exil, la mort ou l'acquittement. On s'arrêta à l'exil, et il fut convenu que le général quitterait la France pour aller se retirer aux États-Unis ; la terre de Gros-Bois lui fut achetée, ainsi que l'hôtel célèbre de la rue d'Anjou où il avait eu ses conférences avec Pichegru ; il dut traverser la France sous l'escorte d'un simple officier de gendarmerie ; son itinéraire lui fut tracé à travers l'Espagne jusqu'à Cadix, et là il dut s'embarquer pour l'Amérique. Moreau y porta une haine profonde contre Napoléon : blessé au cœur, cette condamnation à deux ans de prison le faisait frissonner ; il se voua aux forêts vierges [1] du Nouveau-Monde, en attendant un jour de fatale vengeance contre celui qui l'avait proscrit. Plus tard nous expliquerons la négociation imprévue qui l'amena sur le théâtre de la guerre. Depuis le moment de son exil, les républicains, les royalistes, les cabinets ne perdirent pas de vue Moreau, il devait servir d'instrument un jour à leurs desseins ; tout mécontent était utile contre le gouvernement impérial ; on invoquait alors les idées libérales contre l'Empire.

L'opinion ne s'améliorait pas à Paris ; l'esprit public était toujours soulevé. Napoléon, sur le conseil de Fouché, résolut un voyage dans les camps, puis des camps dans les départements réunis de la Belgique et des bords du Rhin. L'Empereur donna plusieurs motifs à son voyage ; plein de dépit contre Paris, il disait : « Qu'il fallait lui faire voir que le souverain pouvait se séparer des Tuileries ; si la bourgeoisie était assez

---

[1] « Le lieu que le général Moreau paraît avoir choisi pour résider, est un village nommé Morristown (Morrisville), situé à neuf lieues de New-York, dans le New-Jersey, et à deux lieues à l'ouest de la grande route de Philadelphie. Il n'y a pas longtemps que ce canton s'est peuplé. Le village de Morristown, entre autres, n'était presque rien il y a dix ans, il n'y réside aucun autre Français, ni aucun Européen. C'est du reste un séjour fort agréable. » (Londres, 18 novembre 1805.)

folle pour méconnaître les bienfaits d'un ordre monarchique constitué, on pourrait choisir une autre capitale; nouveau Charlemagne, on aurait des palais somptueux dans toutes les grandes cités, résidences privées quand l'Empereur ne serait pas à la guerre; après tout, Paris n'était pas la France! Napoléon allait se montrer aux troupes des camps, sa force réelle. L'expédition d'Angleterre se préparait avec un grand déploiement d'énergie; 150 mille hommes salueraient leur Empereur sur le rivage de la Manche; et puisqu'on avait distribué la Légion d'honneur à la garde dans le Champ-de-Mars, pourquoi n'irait-on pas répéter la grandeur de cette solennité aux camps de Boulogne? Napoléon, en visitant ses braves légions, devait récompenser tant de dévouement à sa personne et à son service. Sa présence encouragerait les travaux; les soldats s'accoutumeraient à voir César sous la tente. Napoléon se distinguait déjà par sa tenue militaire, un frac vert, uniforme des chasseurs de la garde, et sa redingote grise; on disait partout : le voilà! L'Empereur quitta Paris; l'Impératrice dut le joindre à Mayence. Joséphine semblait le dominer encore comme une destinée mystérieuse, pâle reflet de son astre.

Il arrive donc à Boulogne au milieu de ses régiments massés sur une vaste étendue du littoral, en face de la Manche. Il annonça par un ordre du jour que dans la fête militaire du lendemain il distribuerait les croix de la Légion d'honneur aux plus méritants de l'armée; tous devaient la recevoir de sa main pour en garder ensuite souvenir dans un serment antique. Sur une hauteur, là où les dunes forment un grand amphithéâtre, l'armée entière se rangea par colonnes pressées; au devant de la ligne, d'innombrables navires de la flottille, par des évolutions répétées, semblaient se réjouir de la présence de leur Empereur, comme les dauphins de la fable autour de Neptune. Des salves d'artillerie nombreuses, le son d'une musique militaire qui retentissait d'écho en écho, les fanfares des trompettes bruyantes comme le cor de Roland aux gorges de Roncevaux, le roulement de deux mille tambours, se firent entendre lorsque l'Empereur parut.

Au centre de cet amphithéâtre Napoléon se plaça; il était assis, en guise de trône, sur le vieux siége en fer des rois de la première race, tenant en sa main les attributs impériaux; derrière lui était le bouclier de Bayard, et dans le casque de Duguesclin les croix de l'ordre glorieux qu'il allait distribuer aux dignes enfants de ses armées. Les maréchaux se groupaient à ses côtés; le connétable lisait les noms de chaque soldat ou officier qui recevait la noble distinction de tant de services; puis chacun s'avançait près de l'Empereur qui disait à tous une parole bienveillante en leur remettant l'insigne de l'honneur [1]. Aux plus anciens soldats, il leur rappelait l'Égypte, l'Italie, et de grosses larmes roulaient dans ces yeux brillants du souvenir de Montenotte, des Pyramides ou de Marengo; glorieux pêle-mêle d'officiers, soldats, sapeurs, cavaliers, qui tous s'approchaient avec respect du trône, et cette cérémonie laissa dans leurs cœurs d'indicibles souvenirs; ils se retrouvèrent aux jours des batailles et même aux époques

---

[1] Les paroles de l'Empereur furent celles-ci:

« Commandants, officiers, légionnaires, citoyens et soldats, vous jurez sur votre honneur de vous dévouer au service de l'Empire et à la conservation de son territoire, dans son intégrité, à la défense de l'Empereur, des lois de la République et des propriétés qu'elles ont consacrées; de combattre par tous les moyens que la justice, la raison et les lois autorisent toute entreprise qui tendrait à rétablir le régime féodal; enfin vous jurez de concourir de tout votre pouvoir au maintien de la liberté et de l'égalité, bases premières de nos constitutions. Vous le jurez. »

de décadence : ils expliquent le tressaillement traditionnel du soldat au seul nom de l'Empereur.

Cette solennité ne dura qu'une journée, et Napoléon dès le lendemain accomplit son œuvre de visite solennelle dans les camps; il voulut tout voir, comme la première fois qu'il visita Boulogne; il travaillait successivement avec le ministre de la marine Decrès et le maréchal Berthier, pour tout ce qui touchait à la flotte ou à l'armée. L'homme de guerre qu'il consulta le plus sérieusement, ce fut le maréchal Soult; puis montant sur un navire au milieu de la mer houleuse, il fit faire des manœuvres devant lui. Le vent de l'Océan soufflait avec violence; il put juger combien était périlleuse une expédition confiée aux flots; Napoléon prévit tout avec une supériorité militaire que rien ne peut égaler; la flotte dut porter aide aux troupes de terre, et les troupes de terre durent s'habituer à ce roulis des tempêtes, si fréquentes sur les côtes du nord de la France. Quelques divisions de la flottille abordèrent au port, et il bondit de joie au spectacle que lui avait préparé l'amiral Werhuel entrant avec une division de chaloupes hollandaises au moment même où l'Empereur distribuait les croix de la Légion d'honneur. Dans les camps Bonaparte se trouvait heureux, c'était l'élément de sa vie glorieuse; il aimait à échanger des paroles avec ses soldats, il comprenait leurs voix et se faisait entendre par toutes les fibres à ces hommes fiers d'avoir un tel général à leur tête.

De Boulogne, l'Empereur et sa cour se portèrent au nord vers les provinces réunies de l'ancienne Belgique, conquise au pas de course dans les temps glorieux de la Révolution française. Le but de Napoléon était de constater l'invariable résolution de ne jamais se séparer des départements de son empire ; ils en formaient partie intégrante sous des préfectures nouvellement créées, dont il avait lui-même tracé les limites. Par la Belgique, il se rapprocherait de la Hollande et du Hanovre alors occupés par une armée française ; son cabinet savait les menées de l'Europe pour préparer une coalition, et il ne voulait pas ainsi se livrer sans réflexion à la diplomatie prussienne. Depuis l'avénement du ministère Hardenberg, M. de Talleyrand suivait avec une attention marquée toutes les paroles, toutes les démarches de la cour de Berlin.

Au milieu des fêtes et des grandes pompes, Napoléon paraissait préoccupé des plus graves intérêts ; il traversa le pays qui sépare Liége d'Aix-la-Chapelle ; on y tressa des couronnes, on éleva des arcs de triomphe. Les cités de Flandre se disputèrent à l'envi l'honneur de le traiter comme leurs vieux comtes au temps féodal ; on réveilla pour lui les Kermès, les fêtes flamandes si admirablement reproduites par Téniers et Rubens, où les buveurs à l'œil de feu s'entrelacent pesamment avec ces Flamandes lourdes et grotesques. Napoléon séjourna une fois encore à Aix-la-Chapelle [1] ; cette ville lui plaisait parce qu'elle rappelait partout les souvenirs du vieil empereur d'Occident ; en tenant là

---

[1] Le corps diplomatique suivit la cour de l'Empereur à Aix-La-Chapelle.

« M. le comte de Cobentzl, ambassadeur de Vienne ; M. le marquis de Gallo, ambassadeur de Naples ; M. de Souza, ministre plénipotentiaire de Portugal, et M. de Lima, ambassadeur extraordinaire de la même cour, chargé par le prince régent de venir féliciter l'Empereur sur son avénement au trône, sont partis en même temps de Paris pour Aix-La-Chapelle, où ils se trouveront à l'arrivée de S. M. I.

« M. le maréchal Serrurier, commandant de l'hôtel des Invalides ; M. de Rémusat, premier chambellan de l'Empereur, et M. Salmatoris, maître des cérémonies, viennent de se rendre aussi à Aix-la-Chapelle. L'ambassadeur français en Hollande, M. de Sémonville, était déjà arrivé le 25 août.

« M. de Talleyrand, grand-chambellan de S. M. I., a présenté à Sa Majesté, dans l'audience qui a eu lieu le 5 septembre, au palais impérial d'Aix-la-Chapelle, les ambassadeurs et ministres plénipotentiaires

sa cour plénière, il menaçait les Parisiens de placer le siége du gouvernement dans les châteaux impériaux, et, par exemple, à Mayence ou à Aix-la-Chapelle, séjour de prédilection de Charlemagne, ou bien à Compiègne et Fontainebleau, lieu de plaisance des rois de la troisième dynastie.

Ici commença le travail diplomatique de M. de Talleyrand pour savoir à quel point on pouvait compter sur la reconnaissance du titre impérial par les cabinets de l'Europe. Plusieurs ambassadeurs s'étaient réunis à Aix-la-Chapelle : le marquis de Lucchesini pour la Prusse, le comte Philippe de Cobentzl pour l'Autriche ; M. de Talleyrand essaya un échange d'ordres et de cordons, afin de constater la bonne harmonie qui existait entre le nouvel empereur et ses frères en souveraineté. Le marquis de Lucchesini et l'amiral Gravina ne firent aucune difficulté ; sous des dehors frivoles et honorifiques, cette négociation cachait la reconnaissance pure et simple de l'Empereur. MM. de Lucchesini et Gravina déclarèrent que leurs souverains respectifs seraient très honorés de cet échange, et qu'ils s'empresseraient d'envoyer à l'Empereur des Français

---

qui avaient reçu de leur cour de nouvelles lettres de créance, ou des lettres de félicitation adressées à S. M. l'Empereur sur son avénement.

« M. le comte de Cobentzl, ambassadeur de S. M. l'empereur des Romains et d'Autriche, etc., auprès de S. M. l'Empereur des Français, a remis en cette qualité ses lettres de créance, et les félicitations de sa cour. Il a aussi présenté ses lettres de créance comme ministre plénipotentiaire de S. A. I. l'électeur de Salzbourg.

« M. le comte de Lima, ambassadeur extraordinaire de S. A. R. le prince régent de Portugal, envoyé de Lisbonne avec la mission de féliciter S. M. I. sur son avénement, a présenté les lettres qui l'accréditent en cette qualité, et les lettres de félicitation de S. A. R. le prince régent.

« M. de Souza, envoyé extraordinaire et ministre plénipotentiaire de S. A. R. le prince régent de Portugal, a présenté ses nouvelles lettres de créance.

« M. le bailli de Ferrette, grand-prieur de Dacie, ministre plénipotentiaire de l'ordre de Malte, a présenté à S. M. I. les lettres de créance et les lettres de félicitation de S. A. éminentissime le grand-maître de Malte.

« M. le marquis de Gallo, ambassadeur

l'Aigle noir de Prusse et la Toison do'r d'Espagne. M. de Cobentzl hésita par des motifs d'étiquette; sa cour avait mis quelques restrictions à reconnaître le titre impérial de Napoléon; il n'osa point accepter le cordon d'un ordre qui portait pour effigie l'aigle de France éployée, et tenant la foudre dans ses serres; l'Autriche se préparait silencieusement à une nouvelle campagne; jusqu'alors elle s'était bornée à reconnaître l'hérédité dans la famille de Bonaparte, sans s'expliquer sur la dignité d'Empereur, dont Napoléon s'était revêtu tout d'un coup par sa propre volonté à l'égal des princes de la maison de Habsbourg[1].

Cet échange de cordons et de dignités se fit avec plus de facilité encore entre les petits princes d'Allemagne et l'Empereur arrivé sur les bords du Rhin; les électeurs de Wurtemberg, de Bade, se trouvèrent honorés de porter sur leur poitrine l'étoile de la Légion d'honneur; ils prièrent l'Empereur d'agréer en retour la grande plaque de leur ordre. Napoléon donna sa croix non seulement aux souverains, mais aux ministres, aux généraux, aux personnes dont il pourrait avoir besoin dans une campagne d'Allemagne. La Bavière pouvait

---

extraordinaire de S. M. le roi de Naples et des Deux-Siciles, qui avait remis précédemment ses lettres de créance, a présenté les lettres de félicitation de sa cour sur l'avènement de S. M. I. »

[1] C'est d'Aix-la-Chapelle que fut envoyée l'étrange circulaire qu'on va lire :
Circulaire du ministre des relations extérieures à tous les agents de M. S. l'Empereur des Français.

Aix-La-Chapelle, le 18 fructidor an XII.

« Vous avez dû, Monsieur, dans le temps de la publicité de la note de M. Hawkesbury aux ministres étrangers résidant à Londres, observer et connaître, d'après mes instructions, l'impression que cette manifestation des plus étranges maximes de morale politique et sociale n'a pu manquer de produire sur l'esprit du gouvernement près duquel vous résidez. Je crois devoir revenir sur cet objet, et en vous envoyant officiellement une copie de cette note, je vous charge expressément, par l'ordre de Sa Majesté, d'en faire l'objet d'une conférence spéciale avec le chef du ministère.

« Le projet que le gouvernement anglais a conçu, depuis un demi-siècle, d'abolir graduellement le système tutélaire du droit public qui unit et engage toutes les nations,

servir d'auxiliaire dans une guerre contre l'Autriche, et marcher sous les drapeaux de France comme au temps de Richelieu.

La visite que fit ainsi l'Empereur sur les bords du Rhin eut un but éminemment politique; fixant sa cour à Mayence, dans le vieux palais de l'archevêque, Napoléon, en seigneur suzerain, reçut tous les leudes qui venaient lui faire hommage; ses rapports furent avec eux du maître bienveillant aux vassaux soumis. Les petits princes placés entre la Prusse, la Russie et la France, ne pouvaient agir plus favorablement pour l'une que pour l'autre de ces grandes puissances sans se compromettre; l'instinct les poussa vers le plus fort; Napoléon était pour eux un pouvoir menaçant; Bade, le Wurtemberg, la Bavière, avaient vu tant de fois les armées françaises sur leur territoire! il ne fallait que quelques marches militaires pour occuper leurs capitales; tous se souvenaient de la campagne de Moreau sur le Danube.

La Saxe avait plus de ménagements à garder avec la Prusse; l'électeur ne se joignit pas aux nobles visiteurs qui vinrent saluer Napoléon dans sa cour plénière à Mayence, où M. de Talleyrand essaya de jeter les premières bases de la confédération du Rhin; l'Empereur jugea de quelle importance, en cas de guerre

---

policées, se développe avec une progression effrayante. Les gouvernements attendront-ils, pour s'élever contre une telle entreprise, qu'il n'existe plus aucun lien moral qui préserve leurs droits, garantisse leurs engagements et protége leurs intérêts?

« Les puissances du continent ont vu avec quelle audace il se jouait de la foi des serments; des traités solennels ont été rompus avant même d'avoir reçu leur exécution. Les nations maritimes font tous les jours l'expérience de sa tyrannie. Il n'existe aucun principe théorique de navigation, il n'existe aucune convention écrite, qui ne soient scandaleusement violés sur tous les rivages et sur toutes les mers. Les États neutres savent que, même en mettant la plus timide circonspection à user des droits qui leur restent encore, ils s'exposent à l'insulte, au pillage, à l'extermination.

« En conséquence vous avez l'ordre de déclarer au gouvernement près duquel vous résidez, que Sa Majesté ne reconnaî-

avec l'Autriche, les troupes électorales seraient pour la France. On rappela par des traditions historiques, à la Bavière et au Wurtemberg, que les négociations actives de la France au xviiie siècle avaient créé l'importance de la Prusse, l'électeur de Brandebourg s'était élevé à la dignité royale, pourquoi n'en serait-il pas de même de la Bavière et du Wurtemberg? Napoléon leur promettait cette grande fortune; il était fier de faire des rois à volonté, pour les traîner à la suite des armées comme les vassaux du moyen âge. Quant à Bade, on agrandissait matériellement son territoire; on accordait à l'électeur la dignité de grand-duc en le faisant profiter des confiscations sur les ordres de chevalerie et sur les petites seigneuries; à tout cela on ajoutait une fraction de la Souabe. Enfin Napoléon sacrifiant les libertés populaires reconnaissait le pouvoir absolu qu'avaient les électeurs à l'égard des sujets de leurs domaines; il substituait le despotisme à la féodalité.

Le voyage de l'Empereur, qui dura plus de trois mois, fut tout politique; Bonaparte suivit le Rhin depuis Cologne jusqu'à Strasbourg, visitant les départements réunis avec une application attentive, afin de les soumettre à l'administration française. Son imagination pittoresque saisissait avec enthousiasme tous les sou-

---

tra pas le corps diplomatique anglais en Europe, tant que le ministère britannique ne s'abstiendra pas de charger ses ministres d'aucune agence de guerre, et ne les contiendra pas dans les limites de leurs fonctions.

« Les maux de l'Europe ne viennent que de ce qu'on se croit partout obligé à observer des maximes de modération et de libéralité, qui, n'étant justes que par réciprocité, ne sont obligatoires qu'à l'égard de ceux qui s'y soumettent. Ainsi les gouvernements ont autant à souffrir de leur propre justice que de l'iniquité d'un ministère qui ne reconnaît de loi que son ambition et ses fantaisies.

« Les maux de l'Europe viennent encore de ce qu'on y considère le droit public sous un point de vue partiel, tandis qu'il n'a de vie et de force que par son intégrité. Le droit maritime, le droit continental, le droit des gens ne sont pas des parties du droit public qu'on puisse considérer et conserver isolément. La nation

venirs ; il saluait les châteaux et les donjons sur des rochers couverts de vignes, les villages suspendus sur des rocs, et les villes aux larges tonnes, chefs-d'œuvre des métiers de Nuremberg et de Heidelberg. De sa main il traça le système de défense pour les rives du Rhin ; et comme menace jetée à l'Allemagne, il dessina des têtes de pont fortement garnies d'artillerie, se réservant plus tard d'organiser cette ligne à Cologne, à Coblentz et à Mayence, de manière à pouvoir passer le Rhin selon sa volonté, à l'imitation de Charlemagne, dont le souvenir est présent dans toutes ces vieilles cités ; il voulait librement se porter en Saxe, en Prusse ou dans l'Allemagne méridionale, sans s'exposer à perdre quelques milliers d'hommes au passage du grand fleuve. L'Empereur ne connaissait point Strasbourg ; il en visita les fortifications avec le même soin qu'à Mayence, et quand il eut rempli ainsi toutes les feuilles publiques de l'Europe du bruit de son voyage, il résolut de retourner à Paris pour juger une fois encore l'esprit public.

Pendant cette absence de quelque durée, le gouvernement avait appartenu à Fouché, sous la surveillance de l'archi-chancelier Cambacérès. Le ministre de la po-

qui prétend introduire dans une de ces parties des règles arbitraires, perd tous ses droits au privilége de l'ensemble. L'infracteur systématique du droit des gens se met de lui-même hors de ce droit, et renonce à tout intérêt fondé sur le droit maritime et sur le droit continental.

« S. M. l'Empereur regrette d'avoir à ordonner des mesures qui sont une véritable interdiction prononcée contre un État ; mais tous les hommes qui réfléchissent n'auront pas de peine à voir qu'en cela il ne faut que constater des faits. Le ministère anglais, par la généralité de ses attentats, a mis les côtes, les îles, les ports, les neutres, le commerce général en état d'interdiction. Récemment enfin, il vient de proclamer la prostitution du ministère le plus saint et le plus indispensable à la tranquillité du monde. Sa Majesté croit devoir exciter l'attention de tous les gouvernements, et les avertir que sans des mesures nouvelles, et prises dans le sentiment des dangers présents, toutes les anciennes maximes sur lesquelles se fondent l'honneur et l'indépendance des États seront incessamment anéanties. »

Signé. Ch.-Maur. Talleyrand,

lice servit Napoléon avec beaucoup de zèle; il avait fait retentir les moindres incidents, les épisodes les plus vulgaires de l'itinéraire de l'Empereur. La police, organisée sur un vaste pied, était toute dirigée dans l'intérêt du gouvernement impérial; des bulletins journaliers circulaient pour montrer que le génie de Napoléon n'avait pas abandonné Paris; les théâtres durent donner encore des pièces de circonstance, afin de distraire le peuple et faire goûter les douceurs d'un gouvernement de paix; on réveillait des discussions littéraires à plaisir, pour détourner les esprits de la politique; on voulait faire de la république un souvenir importun que la gloire avait entièrement effacé.

Dans ce mouvement de plaisirs et de fêtes, une cérémonie plus solennelle se préparait : on annonçait que le couronnement de Napoléon aurait lieu dans la basilique de Notre-Dame; le pape lui-même, Pie VII, allait poser la couronne sur le vaste front de l'Empereur!

CHAPITRE IV.

NÉGOCIATIONS A ROME,

COURONNEMENT DE L'EMPEREUR A NOTRE-DAME.

Origine des relations du Pape avec Bonaparte. — Développement du Concordat. — Correspondance de M. Portalis. — Le cardinal Caprara. — Les articles organiques. — Situation de M. Cacault à Rome. — Mission du cardinal Fesch. — Idée de la cour de Rome pour le couronnement. — Pie VII. — Conditions espérées. — Modifications des articles organiques. — Les Légations. — Promesse de l'Empereur. — Allocution du Pape au conclave. — Son voyage. — Première entrevue avec Napoléon. — Le Pape à Paris. — Sa vie intime. — La veille du couronnement. — Célébration du mariage ecclésiastique entre Napoléon et Joséphine. — Cérémonie à Notre-Dame. — L'étiquette. — Le programme. — Tableau de David. — Le Pape aux Tuileries. — Contraste de vie. — Le peuple et Pie VII.

Novembre 1804 à Avril 1805.

Le pape Pie VII professait pour Napoléon une douce et paternelle amitié; quand les tempêtes publiques avaient soulevé l'Italie, Bonaparte, seul de tous les généraux victorieux, avait manifesté un respect profond pour le pape; la fibre religieuse vibrait puissamment dans l'homme de la destinée et de la victoire; c'était au premier Consul que le catholicisme devait son rétablissement en France; il avait fallu sa main de fer pour ployer les âmes fières et incrédules au joug moral de Rome. Le Concordat, œuvre si difficile, avait restauré les églises, rendu les basiliques à leur destination antique. Quel exemple ne donnait-il pas de la majesté du culte lorsque lui-même assistait respectueusement aux offices chrétiens dans la chapelle des Tuileries! Pie VII continuait une correspondance intime avec son cher fils Bonaparte; jamais le pape n'hésita un moment à s'adresser à lui pour solliciter, au nom de Rome, l'appui que le catholicisme pouvait désirer au milieu de la France philosophique et révolutionnaire. Le caractère angélique de Pie VII parlait profondément à l'âme prédestinée de l'Empereur [1].

Immédiatement après sa ratification, le Concordat avait nécessité des explications de part et d'autre. Sous le point de vue de la suprématie de Rome et de l'unité catholique, cet acte ne laissait rien à désirer; il avait reconnu au pape une dictature absolue sur l'épiscopat, et admis comme un fait les démissions des évêques récalcitrants. Telle est l'admirable organisation de l'Église qu'elle ne compte les accidents humains que comme un point dans l'espace, une halte dans l'éternité; la persécution ne la blesse point dans sa durée; un pape est humilié, un autre s'élève; l'Église ne renonce jamais à un dogme, et lorsqu'un principe est acquis il demeure debout à travers les âges. Le Concordat fut donc considéré à Rome comme une manifestation de la puissance des papes à l'égard

---

[1] Le bref par lequel Pie VII félicitait Napoléon de son avénement au trône, se terminait par ces mots :

« Il ne nous reste plus qu'à vous prier, qu'à vous conjurer, à vous exhorter dans le Seigneur, maintenant que par la providence de Dieu vous êtes arrivé à ce haut degré de puissance et d'honneur, de protéger les choses de Dieu, de défendre son Église qui est une et sainte, et de mettre tout votre zèle à éloigner ce qui pourrait nuire à la pureté, à la conservation, à l'éclat et à la liberté de l'Église catholique. Vous nous avez déjà fait concevoir une grande espérance; nous attendons avec confiance que vous la remplirez comme Empereur des Français. Nous accordons avec effusion de cœur à V. M. I., à votre auguste épouse et à toute votre famille, notre bénédiction apostolique.

« Donné à Rome, près de Sainte-Marie-Majeure, sous l'anneau du pêcheur, le 2 août 1804, etc. »

Avant cette lettre du pape, le cardinal

des évêques; le pontife seul avait agi de sa propre autorité. En vain les protestations des anciens prélats émigrés à Londres s'étaient fait entendre, le pape leur avait répondu avec bienveillance, mais avec fermeté. A leur tour, si les évêques constitutionnels reçurent un accueil paternel, le pape ne les avait admis à la communion de l'Église qu'après une rétractation formelle; deux ou trois seulement avaient fait des difficultés; ils n'inspiraient pas assez d'estime pour que leur démarche eût une influence décisive sur le clergé.

A Rome toutefois des plaintes s'élevèrent sur ce que les légistes avaient appelé l'*Acte organique;* on y vit un certain mépris des conditions fondamentales de l'Église catholique; l'égalité des cultes y parut la confusion et l'indifférence. Une correspondance intime s'établit entre M. de Talleyrand, M. Portalis et le cardinal Gonzalvi. Le pape demandait des modifications à ces articles, et la correspondance des affaires étrangères indique avec quel soin, avec quelle sollicitude bienveillante le gouvernement français continua ses rapports avec Rome [1]. Ce n'était plus le langage rude et soldatesque du Directoire envers le souverain pontife, on ménageait toutes les susceptibilités. M. Portalis, esprit éclairé parlait du catholicisme en croyant, et ses lettres sur le choix

---

Caprara, légat a *latere*, avait adressé le 9 juin 1804, à MM. les évêques de France, une lettre dont voici la traduction :

« Monseigneur, Napoléon Bonaparte venant d'être établi empereur des Français, on doit substituer à l'avenir la formule suivante : *Seigneur, conservez notre empereur Napoléon*, à celle qui avait été prescrite par l'article VIII du Concordat passé entre le Saint-Siége apostolique et le gouvernement de France. Après cette formule on pourra réciter l'oraison suivante, qui est déjà adoptée dans la chapelle impériale :

« Dieu protecteur de tous les royaumes, et surtout de l'Empire français, accordez à votre serviteur Napoléon notre empereur, de connaître et de seconder les merveilles de votre puissance, afin que celui que vous avez établi notre souverain soit toujours fort par votre grâce. »

Signé. J.-B. card. Caprara.

[1] M. Artaud, dans sa curieuse Vie de Pie VII, est entré sur ce point dans beaucoup de détails.

des évêques, sur les difficultés soulevées par quelques bulles de nominations, constatent l'administration éclairée du ministre que Napoléon avait chargé de diriger le clergé.

La France était encore représentée à Rome par M. Cacault, d'un caractère doux et conciliant, révolutionnaire corrigé, qui avait conquis un certain ascendant à Rome par ses nombreuses relations. Le pape Pie VII, d'un cœur si admirable, si candide, avait pris goût pour M. Cacault; se confiant à lui, le cardinal Gonzalvi le consultait sur des questions européennes en dehors de la politique exclusivement française [1]. M. Cacault s'était fait de nombreux amis dans les chancelleries romaines, parce qu'il avait rendu beaucoup de services aux prélats chargés de la plupart des secrets, et par ce moyen il se tenait parfaitement informé de tout ce qui se faisait à Rome. M. Cacault, selon les coutumes des ambassadeurs, se procurait des copies de la plupart des pièces diplomatiques, et l'on rapportait même, comme un fait saillant, qu'il avait obtenu les

---

[1] Voici le texte des lettres de rappel de M. Cacault :

Lettre de Bonaparte au pape Pie VII.

« Très Saint-Père, je me suis déterminé à rappeler auprès de moi le citoyen Cacault, qui vient de résider auprès de Votre Sainteté en qualité de ministre plénipotentiaire de la République française. Le motif qui m'a guidé n'a sa source dans aucun sujet de mécontentement. Sa conduite pendant toute la durée de ses fonctions a mérité au contraire mon entière approbation. Mais le désir de le remplacer auprès de V. S. par un personnage revêtu d'un caractère éminent, et de donner à V. S. une preuve plus manifeste de mon attachement et de mon respect filial, est la seule raison qui a dû me déterminer à ordonner son rappel. Je lui enjoins en conséquence de prendre congé de V. S., et mon intention est qu'en remplissant cette dernière fonction de son ministère, il renouvelle à V. S. les assurances de mon attachement et de mon respect filial, ainsi que les vœux que je ne cesserai de faire pour la conservation de V. S. et la prospérité de son pontificat. »

Donné à Saint-Cloud, le 7 prairial, an XI de la République (27 mai 1803).

Bonaparte.

Lettre de M. de Talleyrand à M. Cacault, du 8 avril 1803.

« Citoyen, les circonstances actuelles, relativement aux liens politiques et religieux qui unissent la France et la cour de Rome, ont paru exiger du gouvernement qu'il donnât à la légation de la République à

instructions que le pape donna au cardinal-légat pour la signature du Concordat. On avait ainsi connu dans toute leur étendue les concessions que Pie VII voulait faire s'il était vivement pressé par les ministres du premier Consul, et cette circonstance amena une terminaison plus active des affaires de Rome.

Après l'institution nouvelle des cardinaux en France, Bonaparte crut donner plus de majesté à la légation de Rome, en la confiant à son oncle Fesch, que le pape Pie VII connaissait déjà. Le cardinal était un homme doux et pieux; le saint-père pourrait l'entretenir de Napoléon et de ses pieuses intentions pour le triomphe de l'église de France. Le cardinal Fesch, sincèrement attaché à l'Empereur, et non moins au Saint-Siége, avait peut-être une prescience mélancolique au fond du cœur sur la destinée de la famille; lorsque tout passe, Rome reste debout comme la capitale des ruines et l'asile des disgrâces. Par une attention remarquable, Bonaparte, consul, avait donné pour premier secrétaire, au cardinal Fesch,

---

Rome le même appareil qu'elle avait avant la Révolution, et en conséquence le premier Consul a déterminé qu'elle serait remplie par un cardinal français. Il n'y avait qu'une considération de cette nature qui pût le décider à changer votre résidence en vous nommant un successeur. Mais en me donnant l'ordre de vous annoncer cette détermination, il m'a expressément chargé de vous marquer qu'il ne cessait pas d'être satisfait de vos services, et qu'un motif de gouvernement tel que celui que je viens de vous exposer, avait pu seul lui faire mettre un terme à la mission que vous avez, à son gré, si sagement et si honorablement remplie. Le cardinal Fesch, archevêque de Lyon, a été nommé pour vous remplacer; il doit partir avant le 1er floréal, et arriver à Rome avant le 20. En faisant part de cette nomination à la cour de Rome, vous lui ferez observer, sans qu'il soit besoin que je vous le recommande, qu'un tel choix, par les rapports qui unissent M. l'archevêque de Lyon au chef du gouvernement français, et par son mérite personnel, est un témoignage particulier de la considération que le premier Consul a pour Sa Sainteté, et qu'il est charmé, par cette espèce de profession publique de ses égards pour le Saint-Siége, d'accomplir le grand et merveilleux ouvrage de la réunion de la France à la métropole de la catholicité.

« L'intention du premier Consul est que vous jouissiez de votre traitement (le ministre avait 60,000 fr.) jusqu'à ce que vous ayez été nommé à une autre légation. Mais il veut, avant d'avoir déterminé votre nouvelle résidence, que je puisse l'informer des motifs de préférence que vous pourriez avoir. Les principales légations d'Italie

M. de Châteaubriand, la belle intelligence religieuse et littéraire [1]. Il devait remplacer ou seconder un homme d'esprit, M. Artaud, qui avait conquis à Rome un ascendant très étendu par ses bonnes relations et le charme de ses causeries anecdotiques.

A Paris, la cour de Rome avait pour représentant le cardinal *à latere* Caprara, caractère fin, délié, très capable de parfaitement comprendre les concessions indispensables qu'il fallait faire au temps, aux circonstances, aux habitudes. Les instructions de Rome se résumaient dans ces mots : « attendre, patienter pour le temporel; appuyer Napoléon sans jamais heurter trop ouvertement la puissance du gouvernement, à moins qu'il n'attaque le principe et l'organisation religieuse. » La perpétuité étant le caractère de l'Église, la résignation son esprit, les pontifes n'ont rien à craindre de la précipitation, et le cardinal Caprara était profondément pénétré de cette politique habituelle de la cour de Rome. Il était fort bien traité par l'Empereur; sa correspondance constate toute la reconnaissance qu'il professe hautement pour le restaurateur de la religion, pour l'homme fier

---

peuvent et doivent probablement être vacantes d'une manière avantageuse pour ceux qui les remplissent. Je voudrais encore savoir si vous aviez formé le désir d'entrer dans le Sénat : mais de toutes les manières que le gouvernement de la République peut avoir de récompenser votre zèle, cette distinction ne serait pas celle qui me conviendrait le plus, parce qu'elle interromprait nécessairement le cours des services que vous rendez au département que je dirige, et le priverait d'un agent dont personne ne connaît et n'apprécie plus que je ne le fais, les talents, la prudence et l'habileté.

« Recevez, je vous prie, citoyen, l'assurance de mon sincère attachement. »
Ch.-Maur. Talleyrand.

[1] Lettre de M. de Talleyrand à M. de Châteaubriand, datée du 9 mai 1803.

« Je m'empresse, citoyen, de vous envoyer une copie de l'arrêté par lequel le premier Consul vous nomme secrétaire de légation de la République à Rome. Vos talents et l'usage que vous en avez fait n'ont pu que vous faire connaître d'une manière avantageuse dans votre pays et dans celui où vous allez résider, et je ne doute point du soin que vous mettrez à justifier la confiance du gouvernement.

« J'ai l'honneur, etc. »

et puissant qui s'agenouillait le premier à la face du Dieu des armées. Les mandements des évêques de France disaient aussi les prières enthousiastes de l'Église pour Napoléon. Qui pouvait refuser l'encens à cette magnifique intelligence, à cette force du nouvel Empereur qui faisait tant pour le catholicisme? Pie VII lui continuait sa vive et tendre affection.

Dès le premier jour de son avénement, Napoléon avait songé à se faire couronner; idée religieuse unie à une pensée d'avenir. Le diadème devait rayonner à son front, l'armée l'avait salué; mais l'Empereur, qui fondait une dynastie, savait toute la puissance des idées morales sur l'esprit des peuples; profondément pénétré des études historiques, il avait toujours devant lui la vieille image de Charlemagne, et il se promettait d'imiter cet empereur d'Occident qui dompta les peuples et gouverna tout un vaste empire en vertu des idées de religion et de guerre. Napoléon, élevé sur le trône, eut donc pour première pensée son couronnement par le pape Pie VII, comme le fondateur des Carlovingiens l'avait été par le pape Léon III [1]. Devait-il trouver de la résistance à Rome? Le pape refuserait-il de donner l'onction sainte à ce glorieux parvenu élevé sur le pavois

---

[1] Un grand nombre de papes étaient venus en France, en voici la série :

« Le premier pape qui soit venu en France est Étienne III. Il vint implorer la protection de Pepin, premier roi de la dynastie carlovingienne, et réclamer son assistance contre Astolphe, roi des Lombards, qui voulait opprimer Rome. Le pape fut reçu à la frontière par Charles, fils de Pépin; le roi lui-même vint au-devant du pontife jusqu'à Ponthyon en Champagne. Le pape y arriva le 6 janvier 754. Il passa l'hiver à l'abbaye de Saint-Denis; et c'est là que, le 28 juillet suivant, il renouvela la cérémonie du sacre de Pepin, qui avait été sacré quatre ans avant par saint Boniface, archevêque de Mayence. Le pape sacra en même temps les deux fils de Pepin, Charles et Carloman.

« Un auteur contemporain remarque que, pendant le séjour du pape Étienne en France, les clercs de sa suite enseignèrent aux Français à mieux chanter.

« Le pape Léon III eut en 799 une première entrevue avec Charlemagne à Paderborn; et l'année suivante il le sacra

par le Sénat et l'armée? question la plus grave depuis l'origine de son pontificat, elle fut soumise au consistoire des cardinaux sous le sceau de la confession.

Dans un mémoire adressé par le cardinal Fesch à l'empereur Napoléon, il lui donne le détail de cette conférence, curieux document qui indique l'état des esprits dans le sacré collége. « Parmi les cardinaux opposants, deux ont dit que l'Empereur des Français était illégalement et illégitimement élu ; que Sa Sainteté ne devait pas confirmer cette élection par le sacre. Ils ont distingué le droit du fait, s'appuyant de la constitution de Clément V dans le concile général de Vienne en Dauphiné, qui établit que la dénomination que le pape donne de roi ou d'empereur, à quelque prince que ce soit, ne constate pas le droit, que c'est sous ce seul aspect que le pape a pu faire le Concordat avec le premier Consul, mais non pas le sacrer ni le couronner, puisque les oraisons que l'on ferait sur lui établiraient et canoniseraient un droit usurpé et illégitime. Cinq cardinaux ont dit que le sacre et le couronnement de l'Empereur par le souverain pontife sanctionneraient tous les actes et toutes les lois déjà faits par l'Empereur, même les lois tyranniques contre lesquelles

---

dans Rome empereur d'Occident. Ce même pape vint en France vers le mois de décembre 804 ; il célébra la fête de Noël avec Charlemagne, dans le château de Quiercy-sur-Oise, près de Compiègne. Cette époque est remarquable, parce que mille ans après un autre souverain pontife se retrouvera, à pareil jour et presqu'au même lieu, auprès d'un autre Charlemagne.

« En 816, le pape Étienne IV vint à Reims, couronner l'empereur Louis-le-Débonnaire : il couronna aussi l'impératrice Ermingarde, et la nomma auguste.

« Le pape Jean VIII sacra à Troyes, en 878, le roi Louis II qui avait été couronné deux ans auparavant à Compiègne, par Hincmar, archevêque de Reims.

« En 1131, Innocent II sacra Louis-le-Jeune à Reims ; il se trouva plus de quatre cents évêques à cette cérémonie.

« Le pape Léon IX, en 1049, Urbain II, en 1095, et Eugène III, en 1147, tinrent en France des conciles, l'un à Reims, l'autre à Clermont en Auvergne, et le dernier à Paris.

« Alexandre III vint aussi à Paris, il y

Sa Sainteté a dû s'élever, et les mesures prises en faveur des constitutionnels rebelles aux décisions du Saint-Siége, et qu'elles canoniseraient, comme ayant bien mérité de l'Église, le nouvel empereur, qui, bien qu'il ait contribué au rétablissement de la religion en France, y protège des systèmes avilissant la religion et ses ministres. Quelques cardinaux ont ajouté qu'il a sapé l'Église d'Allemagne par la sécularisation. Un autre, après l'avoir mis en parallèle avec Charlemagne, conseille au saint-père de différer cette grande cérémonie jusqu'à ce que l'Empereur s'en soit montré digne, en rendant à l'Église ses droits, au moins sur le spirituel; il dit que le nouvel empereur, qui a donné à d'autres des couronnes, des royaumes, n'a pas même fait voir de disposition à rendre à l'Église la moitié de son patrimoine qu'il a usurpé lorsqu'il était en sous-ordre. »

Le pape Pie VII se recueillit longtemps sur lui-même, et deux idées le déterminèrent à couronner l'empereur Napoléon : l'esprit du catholicisme n'a rien de personnel; il a la perpétuité pour principe, et l'universalité pour destinée; de là résulte qu'un fait est pour lui un acte de la Providence; le catholicisme n'est point attaché à une race, à une dynastie, mais aux masses; sa des-

---

posa la première pierre de l'église métropolitaine de Notre-Dame; c'est du moins ce que rapporte Jean Victorin dans son livre intitulé : *Memoriale historiarum*. Il dit que Maurice de Sully, évêque de Paris, jeta les fondements de cette église, *cujus primum lapidem posuit PP. Alexander dum esset in Francia*.

« Le roi saint Louis eut à Cluny, le 1er décembre 1245, une entrevue solennelle avec le pape Innocent IV, qui s'y était rendu après avoir présidé le concile général de Lyon. La reine Blanche, les trois frères du roi, Isabelle leur sœur; Baudoin, empereur de Constantinople; l'infant de Castille, celui d'Aragon et le duc de Bourgogne; tels étaient les personnages importants qui se trouvèrent réunis au sein d'un humble monastère.

« Bertrand de Got, archevêque de Bordeaux, élu pape en 1303, sous le nom de Clément V, appela tout le sacré collège auprès de lui, et fixa sa résidence à Avignon.

« Ses successeurs Jean XXII, Benoît XII, Clément VI, Innocent VI et Urbain V, y demeurèrent aussi. Grégoire IX, en 1577,

tinée est trop infinie pour se concentrer ainsi dans un fait limité. République, empire, peu lui importe, la religion peut sanctifier le vœu d'un peuple, mais elle le laisse libre, spontané; l'Église ne se liait pas aux Bourbons, à une famille; elle pouvait donc sacrer Bonaparte comme un autre pape avait saintement oint Pepin-le-Bref, le premier de la race carlovingienne. Pie VII examina la question de cette hauteur.

Sous un point de vue d'unité et de dictature morale, ce couronnement avait un but politique : il constatait le droit de l'Église ; les souverains s'adressaient à elle pour faire sanctionner leur élection populaire en se faisant consacrer; la papauté était donc considérée comme la suprématie religieuse; aucune dynastie nouvelle ne pouvait se fonder sans l'appui des pontifes; il y avait là un précédent admirable pour l'institution papale, on pouvait l'invoquer dans l'histoire, lorsque surtout l'exemple venait de Napoléon, le génie de guerre le plus ferme, le plus fort, à la face des contemporains et de l'histoire. Le cardinal Fesch n'eut donc pas de longues résistances à vaincre pour décider Pie VII à couronner son cher fils Napoléon Bonaparte; seulement le pape insista sur plusieurs points, qu'il laissa au reste à la dis-

---

repassa les monts et retourna à Rome, où depuis la résidence des papes a toujours été fixée.

« Clément VII vint à Marseille en 1534 pour conférer avec le roi François Ier. Les détails de cette entrevue se lisent avec intérêt dans le mémoire de Du Bellay. Je n'en citerai qu'un seul trait : « Il avait été or- « donné que Me Guillaume Poyet, prési- « dent au parlement, et depuis chancelier, « ferait harangue au pape quand le roi lui « ferait révérence. Et était ledit Poyet le « plus avocat de son temps, et mieux par- « lant la langue française ; mais je pense « que la latine ne lui était pas si commune : « et pour cette raison avait fait forger son « oraison de longue main par les plus « doctes hommes du royaume, et l'avait « bien étudiée. Mais il advint que le maître « des cérémonies vint faire entendre la « substance sur laquelle le pape priait ledit « seigneur de parler, laquelle instruction « était toute contraire au projet dudit Poyet. « Par quoi se voyant surpris, pria le roi de « donner cette charge à un autre, et elle « fut laissée à Jean du Bellay, évêque de « Paris, lequel s'en acquitta fort bien. »

crétion du chef du gouvernement français. Il fut un instant question du voyage de l'Empereur à Rome, pour s'y faire consacrer; le pape s'en souciait peu; la présence de Napoléon pouvait être dangereuse, il pensait déjà peut-être à réunir Rome à ses états; l'aspect des monuments antiques eût trop parlé à son imagination. Empereur, il eût songé au Capitole, au Colisée, à la colonne Antonine à la ville des Césars!

Le pape répondit aux instances du cardinal Fesch qu'il ne voyait pas d'obstacle qui pût l'empêcher de se rendre à Paris. En récapitulant les diverses conditions de son voyage, il exigea qu'avant son arrivée, on abolît le calendrier philosophique, que l'Église ne pouvait reconnaître. Sans doute le pape n'était pas l'ennemi des idées républicaines, il l'avait témoigné à une autre époque comme évêque d'Imola; mais l'Église ne pouvait admettre un calendrier où des noms bizarres étaient substitués aux noms et aux fêtes des saints. Ce point concédé, il fit également remarquer au cardinal Fesch que, d'après le principe de l'Église, le pape n'était qu'usufruitier des biens qui formaient le patrimoine de saint Pierre : les légations avaient été cédées par le traité de Tolentino, n'était-il pas digne de son cher fils Napoléon de rendre ces terres à l'Église, et d'en faire consacrer la possession, comme l'avaient fait Pepin-le-Bref et Charlemagne quand ils reçurent l'onction sainte? Certaines espérances furent données sur ce point par le cardinal Fesch; seulement il était difficile de croire qu'elles seraient tenues par Napoléon; Rome devait un jour entrer dans l'Empire.

On arrivait au mois de septembre; le cardinal Fesch reçut la promesse que le pape s'acheminerait pour Paris quand le temps serait un peu moins chaud (à la *rinfres-*

cata) ¹ ; des dépêches arrivant de Paris annonçaient aussi que l'Empereur Napoléon consentait à modifier quelques articles organiques du Concordat. Le pape serait reçu en France avec tout le respect et les honneurs dus au père commun des fidèles; quant aux autres points, on se réservait de les traiter personnellement avec le pontife, une fois aux Tuileries; pouvait-il douter de l'affection que lui portait son fils dévoué? Rien de plus caressant que les lettres de Napoléon; il témoigne sa reconnaissance pour Pie VII, qui daigne dans son vieil âge entreprendre un voyage à travers les Alpes, loin de Rome, la cité chérie. Il fut convenu que le pape recevrait les évêques constitutionnels comme des frères en Jésus-Christ, moyennant une simple rétractation; il n'excepta de ces réceptions, chose curieuse! que madame de Talleyrand, parce qu'en sécularisant ce ministre il n'avait pas autorisé une infraction aussi grande aux règles de l'Église que le mariage d'un prêtre.

D'après les formules de la catholicité, le pape ne peut s'éloigner de Rome sans avoir réuni ses cardinaux, et pris conseil des vénérables frères sur la résolution qu'il a prise. Le 29 octobre, un consistoire secret fut réuni;

---

¹ Toute la négociation pour préparer le voyage du pape à Paris est constatée par les pièces diplomatiques.

Dépêche du cardinal Fesch à l'empereur Napoléon, datée du 10 *juin* 1804.

« Sire, V. M. I. connaît les premières démarches que je fis pour persuader à S. S. de se décider promptement à donner une réponse favorable au cardinal légat sur le voyage à Paris; depuis cette époque je n'ai cessé d'agir confidentiellement avec le secrétaire d'État, de répondre, et d'aplanir les difficultés qu'on se faisait; et si j'eusse été autorisé à traiter l'affaire, je serais sans doute parvenu à une solution désirable et prompte, et je n'aurais pas donné lieu à des délais qui engendrent des incertitudes, qui s'affermissent par des incidents dont on aurait pu s'inquiéter, mais qu'on aurait été intéressé à décliner par la parole donnée.

« D'ailleurs, au lieu des conférences et des raisonnements, sans un mot d'écriture de ma part, j'aurais réduit par des notes l'état de la question, et il aurait été facile de tout simplifier particulièrement, ayant toujours trouvé le secrétaire d'État convaincu de mes principes, et ne demandant qu'à faire sentir la vérité et la force de mes réponses.

« Néanmoins l'affaire est en bon train, et j'ai lieu de croire que l'on se décidera, immédiatement après la réponse que

on vit là rassemblés tous ces vieillards élus, la plupart sortis du peuple, et appelés eux-mêmes à élire le souverain pontife ; ces robes de pourpre relevaient les cheveux blancs, et l'on eût dit une assemblée des anciens délibérant sur la chose publique. Le pape annonça dans des termes doux et modérés sa résolution d'aller couronner l'empereur Napoléon à Paris ; son allocution fut un noble témoignage de tous les bienfaits de Bonaparte pour le culte catholique. « Vénérables frères, dit Pie VII, lorsque nous vous annonçâmes, de ce lieu même, que nous avions fait un Concordat avec S. M. l'Empereur des Français, alors premier Consul de la République, nous fîmes éclater en votre présence la joie dont le Dieu de toute consolation remplissait notre cœur, à la vue des heureux changements que le Concordat venait d'opérer dans ce vaste et populeux empire, pour le bien de la religion catholique. En effet, les temples saints ouverts et purifiés des profanations qu'ils avaient malheureusement subies, les autels relevés, l'étendard salutaire de la croix déployé de nouveau, le vrai culte de Dieu rétabli, les mystères augustes de la religion célébrés librement et publiquement, des pasteurs légitimes don-

---

V. M. I. fera faire à cette dépêche, à répondre favorablement au cardinal légat, si elle veut bien m'autoriser à donner par note officielle aux deux difficultés sur le serment prescrit par le sénatus-consulte à l'Empereur, les explications détaillées à la fin du mémoire que j'ai l'honneur de lui adresser, et si elle veut adhérer aux conditions exigées par S. S., que j'insère dans le corps dudit mémoire. Oui, j'espère et je crois qu'après cette autorisation, S. S. prendra sur elle de faire entendre raison à ceux qui s'aveuglent encore, particulièrement lorsqu'elle leur dira qu'elle est assurée que son voyage en France sera utile au bien spirituel des fidèles.

« Je dois assurer à V. M. I. que les cardinaux qui ont été séparément consultés, et sans se connaître entre eux, sous le secret naturel de la confession et du saint-office, l'ont religieusement tenu, et que dans Rome on ne se doute pas de ce dont il s'agit.

« Pour mettre V. M. I. au fait, j'ai l'honneur de joindre ici un mémoire très détaillé et très exact des votes des cardinaux, des conditions que S. S. exige et des derniers obstacles, avec l'exposé des réponses que j'ai données verbalement. . . . . . .
. . . .
. . . . J'ai cru devoir ne rien laisser ignorer à V. M. I., même ces folies de quelques

nés aux peuples, et qui pussent se livrer tout entiers au soin de leur troupeau, la religion catholique sortant glorieusement des retraites où elle avait été obligée de se cacher, et reparaissant avec un nouvel éclat au milieu de cette illustre nation; enfin tant d'âmes ramenées au sein de l'unité, des voies où elles s'étaient égarées, et réconciliées à Dieu et avec elles-mêmes : que de motifs pour nous réjouir dans le Seigneur, et pour faire éclater notre joie! Une œuvre si grande et si admirable dut exciter en nous les plus vifs sentiments de reconnaissance pour le très puissant prince qui avait employé toute son autorité à la conduire à sa fin par le moyen du Concordat. La vue de tant de biens est toujours présente à notre pensée, et nous porte sans cesse à saisir toutes les occasions qui nous seront offertes pour témoigner à ce monarque les mêmes sentiments. Ce puissant prince, qui a si bien mérité de la religion catholique, notre très cher fils en Jésus-Christ, Napoléon, empereur des Français, nous a fait connaître qu'il désirait vivement recevoir de nous l'onction sainte et la couronne impériale, afin que, la religion imprimant à cette cérémonie solennelle le caractère le plus sacré, elle fût la source des plus

---

têtes entichées de la maison d'Autriche.

« Je dois ensuite la prévenir que le saint-père n'aurait pu prendre sur lui de partir de Rome sans consulter le sacré collége, et sans obtenir le consentement de la majorité. S. S. envoie par ce courrier ses brefs de félicitation et de renouvellement des créances pour le cardinal légat, et dans cette occasion elle a passé outre aux usages de sa cour, d'attendre que les autres puissances eussent reconnu Votre Majesté.

« Je m'incline profondément. »

De Votre Majesté Impériale,

Le très humble et très obéissant serviteur, Le cardinal Fesch.

(Lettre autographe de l'Empereur.)

« Très saint-père, l'heureux effet qu'éprouvent la morale et le caractère de mon peuple par le rétablissement de la religion chrétienne, me porte à prier V. S. de me donner une nouvelle preuve de l'intérêt qu'elle prend à ma destinée, et à celle de cette grande nation, dans une des circonstances les plus importantes qu'offrent les annales du monde. Je la prie de venir donner, au plus éminent degré, le caractère de la religion à la cérémonie du sacre et du couronnement du premier Empereur des Français. Cette cérémonie acquerra un nouveau lustre lorsqu'elle sera faite par

abondantes bénédictions. Cette demande, faite dans de tels sentiments, n'est pas seulement en elle-même un témoignage authentique de la religion de l'Empereur et de sa piété filiale pour le saint-siége, mais elle se trouve encore appuyée de déclarations poitsives, que sa volonté ferme est de protéger de plus en plus la foi sainte dont il a jusqu'ici travaillé à relever les ruines par tant de généreux efforts. Ainsi, vénérables frères, vous voyez combien sont justes et puissantes les raisons que nous avons d'entreprendre ce voyage ; nous y sommes déterminé par des vues d'utilité pour notre sainte religion, et par des sentiments particuliers de reconnaissance pour le très puissant Empereur qui, après avoir employé toute son autorité pour rétablir la profession libre de la religion catholique en France, nous témoigne dans ces circonstances un si grand désir de favoriser ses progrès et sa gloire. Nous sommes donc plein d'espérance que ce voyage entrepris par nous, d'après son invitation, en nous procurant l'occasion de conférer directement avec lui et de connaître les vues de sagesse qui l'animent, tournera au profit de l'Église catholique,

V. S. elle-même. Elle attirera sur nous et nos peuples la bénédiction de Dieu, dont les décrets règlent à sa volonté le sort des empires et des familles.

» V. S. connaît les sentiments affectueux que je lui porte depuis longtemps, et par là, elle doit juger du plaisir que m'offrira cette circonstance de lui en donner de nouvelles preuves.

« Sur ce, nous prions Dieu qu'il vous conserve, très saint-père, longues années au régime et gouvernement de notre mère sainte Église. »   Votre dévot fils,
                                                Napoléon.
Écrit à Cologne le 15 septembre 1804.
Le 2 octobre 1804, le cardinal Fesch reçut du cardinal Gonzalvi la note suivante :

« Le soussigné secrétaire d'État a observé que, dans la lettre d'invitation, on n'a pas exprimé que le voyage n'aura pas seulement pour objet la cérémonie du sacre et du couronnement, mais que les intérêts de la religion en seront le but principal, et que les résultats n'en pourront être qu'infiniment utiles au bien de cette même religion. Sa Sainteté, dès le commencement, fit remarquer, par l'entremise du soussigné et de l'éminentissime légat, qu'il convenait que ce sujet, vrai et nécessaire en soi-même, fût notoire par le moyen de la lettre d'invitation de S. M., et que l'on donnât sur ce point les assurances convenables ; le saint-père juge donc à propos de faire venir une nouvelle lettre qui an-

qui est l'arche unique et véritable du salut, et que nous pourrons nous réjouir d'avoir conduit à la perfection l'ouvrage de notre sainte religion. Cette espérance repose bien moins sur nos faibles efforts, que sur la grâce puissante de celui dont nous sommes établi, sans l'avoir mérité, le vicaire sur la terre. Cette grâce, attirée par les prières et l'efficacité des saints mystères, se répand abondamment dans le cœur des princes qui, disposés à recevoir les effets salutaires des saintes cérémonies, se regardant comme les pères des peuples confiés à leurs soins, et pleins de sollicitude pour leur salut éternel, veulent vivre comme de vrais enfants de l'Église catholique. »

Quelle onction dans toutes ces paroles! combien ce langage devait retentir au sein du monde chrétien! il témoignait d'une affection tendre pour Napoléon, le fils chéri de ses entrailles. Le consistoire apprit avec une douleur secrète la résolution irrévocable du pontife; Pie VII avait alors 62 ans, sa figure était belle et vénérable, le portrait de David le reproduit dans sa plus simple expression; son œil était fin à la manière italienne, avec un regard tellement ineffable qu'il touchait invinciblement les cœurs; rien ne relevait plus la ma-

---

nonce positivement ce motif, afin que l'absence de S. S. du saint-siége, l'interruption et la stagnation d'un grand nombre d'affaires ecclésiastiques d'une haute importance, soient suffisamment justifiées aux yeux du public par la connaissance des considérations religieuses qui en seront la cause, effet que ne pourrait produire un motif purement humain, quelque puissant qu'il fût. »

Le cardinal Fesch répondit aux objections qui lui avaient été faites relativement à la question du serment que l'Empereur devait prononcer :

« La promesse de respecter et faire respecter la liberté des cultes n'est que le mode de l'exécution de la tolérance civile : elle n'emporte pas en soi la tolérance religieuse et théologique qui est l'acte intérieur d'approbation et de canonisation des autres sectes. On peut en tirer la preuve de l'état de la personne qui doit prêter ce serment. Le Sénat sait fort bien que l'Empereur qui doit prononcer ce serment est catholique. Ce Sénat, qui l'oblige à jurer le Concordat, qui est la profession de sa foi (à lui Empereur), n'a donc pas voulu l'obliger au respect renfermant la tolérance théologique qui détruirait cette même foi, et par conséquent il n'a exigé que le mode de protection de la tolérance civile. »

jesté du pontife que ces vêtements blancs qui couvraient toute sa personne, et que le peuple romain saluait du Capitole au pied de la colonne Antonine.

Ce saint vieillard allait se mettre en route au cœur de l'hiver, à travers les Alpes où nulle grande voie n'était tracée alors ; les sentiers étaient à peine indiqués pour des mulets et de lourdes voitures. On aurait bien préféré la mer, mais les croisières anglaises n'auraient pas toléré son passage ; il aurait été beau pour un amiral britannique de s'emparer du pape allant sacrer l'ennemi de l'Angleterre. Napoléon fit tout pour rendre la route douce, commode, au pontife qui abandonnait Rome, son soleil, son beau palais de Monte-Cavallo, son Vatican, riche musée des arts et des sciences ; et ce pauvre vieillard venait sous un climat âpre, pluvieux, au mois de novembre, pour bénir la couronne sur le noble front du nouvel Empereur. Le départ de Rome fut triste[1] ; le pape était accompagné de six cardinaux, Caselli, di Piétro, Braschi, de Bayane, Antonelli et Borgia ; de plusieurs prélats et camériers ; deux princes romains

---

[1] Une correspondance très suivie s'engagea entre le pape et Napoléon pendant tout le voyage. En voici les autographes :

« Très saint père,

« J'ai nommé M. Cambacérès, le sénateur d'Aboville et mon maître de cérémonies Salmatoris pour aller au-devant de Votre Sainteté et lui porter l'hommage de mon dévouement filial, en reconnaissance du témoignage d'affection qu'elle m'a donné dans cette circonstance. J'ai fait choix en eux de trois personnes que je considère et qui connaissent particulièrement mes sentiments pour votre personne. J'ai le plus grand empressement de voir Votre Sainteté heureusement arrivée après un si pénible voyage, de lui exprimer la haute idée que j'ai de ses vertus, et de me féliciter avec elle des biens que nous avons eu le bonheur de faire ensemble à la religion.

« Sur ce, je prie Dieu, très saint-père, qu'il vous conserve longues années, etc. »
Napoléon.

Paris, ce 1er novembre 1804.

Arrivé à Turin, le pape écrivit à l'Empereur :

« Très cher fils en Jésus-Christ,

« Nous avons reçu par les mains du cardinal Cambacérès, à Turin, où nous sommes arrivé hier soir à minuit, la lettre de Votre Majesté ; et l'attention qu'elle a eue d'envoyer trois personnages distingués pour nous féliciter sur notre voyage, nous fait affronter avec plus d'empressement et de joie les fatigues de la route. Nous ne doutons pas que ces preuves décidées de votre

commandaient la garde noble; le cardinal Fesch ne quitta pas le saint-père, le précédant d'une journée, afin de préparer tout pour l'hospitalité pontificale.

Le peuple accourait en foule autour de Pie VII. A Florence il donna solennellement la bénédiction de saint Pierre devant la reine d'Étrurie agenouillée. La neige couvrait déjà les Alpes, les routes étaient impraticables, et on traversa les monts en chaises à porteurs. L'Empereur avait ordonné que les honneurs les plus grands fussent rendus au saint-père; partout on prenait les armes, les régiments se plaçaient sur les glacis des forteresses, le glorieux drapeau s'abaissait devant cette tête vénérable, et Pie VII modeste donnait sa bénédiction avec ses deux doigts raides, comme on voit les évêques sur les vieux tombeaux. Sa vie était exemplaire, il ne mangeait que quelques racines cuites dans l'eau, comme les cénobites auxquels il avait appartenu avant d'être pape; n'était-il pas un pauvre moine de l'ordre des camaldules? La multitude accourait en foule au devant de lui; la religion n'était pas éteinte en France; dans les provinces, et à

attachement ne soient agréables à Votre Majesté, et profitables à la religion, base constitutive de la stabilité des trônes et de la stabilité des nations. Fidèle à notre parole, nous hâtons le plus que nous pouvons notre voyage, pour satisfaire votre désir; mais la fatigue et la longue et pénible marche d'hiver, l'état affreux des chemins, le manque de chevaux tel qu'une partie de notre cortége n'est pas arrivée, nous contraignent à nous reposer un jour à Turin, de concert avec les cardinaux Fesch et Cambacérès, qui en ont reconnu comme nous la nécessité indéclinable. Nous nous sentons stimulé dans ce voyage par le vif désir de connaître personnellement Votre Majesté, et de procurer à la religion et à l'Église des avantages qui forment, dans l'histoire des temps, une époque glorieuse pour Votre Majesté et pour nous. C'est dans ces sentiments que nous accordons à Votre Majesté, avec la plus grande effusion de notre cœur, la paternelle bénédiction apostolique.

« Donné à Turin, le 13 novembre de l'an 1804, de notre pontificat le cinquième. »

Pius, PP. VII.

Le 20 novembre l'Empereur répondit:

« Très saint père,

« J'ai appris avec une vive joie, par la lettre de Votre Sainteté, datée de Turin, qu'elle était en bonne santé. Il me tarde d'apprendre de quelle manière elle a supporté le passage des montagnes. Je me flatte que dans cette semaine j'aurai le bonheur de la voir et de lui exprimer les sentiments que j'ai pour elle. Me rendant à mon palais de Fontainebleau qui est sur la

Lyon particulièrement, tous accouraient pour contempler ses traits respectables. Pie VII, satisfait, accueillait chacun avec une douceur angélique; résigné à tout, le monde matériel l'occupait peu, excepté le souvenir de Rome qui lui serrait le cœur. A cinq heures du matin il était debout, priant et méditant jusqu'à ce que son camérier vînt lui demander ses ordres; alors il se remettait en route, traversant cette France, qui naguère avait proscrit le culte du Christ, la religion démocratique des masses. Ses voitures simples, précédées de sa mule, pouvaient prêter aux risées des philosophes, mais n'était-ce pas l'expression de l'humble condition du peuple? Mieux eût valu pour eux le superbe coursier et le son retentissant de la trompette que cette pauvre mule précédée de la croix; est-ce que le pauvre a des chevaux somptueux? Le Christ, né à Bethléem dans une étable, était entré à Jérusalem monté sur un âne, pour dire à tous: « Vous êtes libres, vous êtes frères; malheur aux riches, bonheur aux pauvres, le royaume des cieux est à eux. »

route, je me trouverai, par cette circonstance, en jouir plus tôt.

« Sur ce, je prie Dieu qu'il vous conserve, très saint-père, longues années au régime et gouvernement de notre mère sainte Église. »

Votre dévot fils,

L'Empereur des Français,
Napoléon.

A Saint-Cloud, 20 novembre 1804.

Le 23 novembre, le pape écrivit une lettre autographe à Napoléon:

« A peu de postes de cette ville (Cosne) où nous sommes arrivé à sept heures après midi, nous avons reçu la précieuse lettre de Votre Majesté. Le grand intérêt qu'elle montre pour notre santé est un effet de sa bonté pour nous, à laquelle nous sommes très sensible. Nos secrétaires ne nous ont pas encore rejoint, nous sommes contraint à fatiguer Votre Majesté avec nos propres caractères, et à nous servir d'un papier peu convenable, ce dont Votre Majesté voudra bien nous excuser. Nous nous réservons de vous exprimer de vive voix les sentiments de notre cœur, puisque la lassitude ne nous permet pas de plus grands développements qui seraient nécessaires. Nous tâcherons d'être auprès de vous demain soir, s'il est possible, ne désirant rien de plus que de goûter plus promptement le plaisir de nous trouver avec Votre Majesté, à qui nous envoyons avec toute l'effusion du cœur la paternelle bénédiction apostolique.

« Donné à Cosne, le 23 novembre 1804, etc. »

P. PP.

Napoléon vint au-devant de Pie VII à Fontainebleau, sous prétexte d'une partie de chasse ; Empereur et pape mirent pied à terre simultanément ; Bonaparte fit préparer une voiture dont les deux portières s'ouvrirent en même temps ; il y monta, le pape sans faire de réflexions le suivit ; que lui importaient les honneurs vulgaires, la question de préséance, à lui pauvre moine camaldule? Napoléon avait à ses côtés un vieillard ; il était jeune et en France, c'est-à-dire chez lui ; tel était alors l'esprit de cette cour un peu malapprise : la prééminence de l'Empereur devait être incontestée, les chambellans ne se souvenaient pas qu'il était soldat de fortune, empereur par sa gloire ; comme si l'aigle des Alpes devait se soumettre à des lois fixes dans son aire, sur la cime glacée. Le cortége fit donc route simultanément pour Paris [1] ; l'Empereur avait mis une recherche délicate à préparer les appartements du pape aux Tuileries ; comme il savait toutes les puissances de l'habitude sur un vieillard, on avait meublé les appartements du château comme ceux du pape à Monte-Cavallo et au Vatican : sa croix, son prie-Dieu, son bénitier. Mais qui pouvait lui rendre son ciel de Rome, le coucher du soleil sur la campagne, à travers les cyprès et les pins de la villa Borghèse, les chefs-d'œuvre des arts, les galeries du Vatican, le *Jugement dernier* de la chapelle Sixtine, où les groupes s'entrelacent dans les enfers, tandis que les bienheureux s'élèvent au séjour céleste?

---

[1] Voici le récit du cérémonial à Fontainebleau :

« Hier, dimanche 4 frimaire (25 novembre 1804), Sa Sainteté est arrivée à Fontainebleau à midi et demi.

« S. M. l'Empereur, qui était sorti à cheval pour chasser, ayant été averti de l'approche du pape, a été au-devant de Sa Sainteté, et l'a rencontrée à la croix de Saint-Hérem.

« L'Empereur et le pape ont mis pied à terre à la fois, ils ont été l'un au-devant de l'autre, et se sont embrassés.

« Six voitures de Sa Majesté se sont alors approchées ; l'Empereur est monté le premier en voiture pour placer Sa Sainteté à

Pie VII, touché de tant d'attention, ne changea point sa vie dans le palais des Tuileries : à cinq heures il était debout comme à Monte-Cavallo, ses repas conservèrent leur caractère de frugalité. L'Empereur venait le visiter assidûment ; chaque matin il faisait demander de ses nouvelles ; à deux heures il accourait pour causer avec le *santo padre* dans cette langue italienne que tous deux possédaient si bien ; ils parlaient de l'Église, des arts, et Pie VII regrettait son pauvre Canova, qui n'avait pas voulu encore quitter Rome, son atelier, pour voir Paris, la ville sombre et froide ; il préférait un bloc de marbre de Carrare à toutes les fêtes du couronnement.

A l'exemple de l'Empereur, tous les corps de l'État saluèrent le pape ; le Sénat le harangua par M. François de Neufchâteau ; le Corps législatif, par la douce parole de M. de Fontanes ; l'Institut par l'astronome Lalande, l'athée de profession, qui vint lui-même complimenter le pape. Pie VII répondit à tous d'une manière convenable ; il versa des larmes de joie en écoutant M. Fabre de l'Aude, qui lui parla des bienfaits répandus durant son pontificat sur Rome, et sur son cher peuple de Transtéverins, les vrais enfants de Romulus. Pie VII parla de l'Empereur avec une affection paternelle, ne l'appelant jamais que son cher et bien-aimé fils en Jésus-Christ. Le pape consacra sa vie de Paris à visiter les éta-

---

sa droite, et ils sont arrivés au château au milieu d'une haie de troupes et au bruit des salves d'artillerie.

« S. E. monseigneur le cardinal Caprara et les grands-officiers de la maison de l'Empereur les ont reçus au bas du perron.

« L'Empereur et le pape sont allés ensemble par l'escalier doré, jusqu'à la pièce qui sépare leurs appartements.

« Là, Sa Sainteté ayant quitté l'Empereur, a été conduite par le grand-chambellan, le grand-maréchal du palais, et le grand-maître des cérémonies, dans l'appartement qui était préparé pour elle.

« Après s'être reposée quelque temps, Sa Sainteté est venue faire visite à l'Empereur ; elle a été conduite dans son cabinet par les grands-officiers de S. M. L'Empereur a reconduit le pape jusque dans la salle des grands-officiers. Sa Sainteté est

blissements charitables, les sourds et muets, les jeunes aveugles, les églises, les sœurs de Saint-Vincent-de-Paul : presque partout le respect vint à lui; quelquefois le pape reçut des outrages, ou bien on lui montra cette indifférence moqueuse que la philosophie du xviiie siècle avait inculquée; il les subit sans murmures; on cita même des traits de présence d'esprit, des paroles empreintes d'un sens profond de dignité et de résignation. Un jour Pie VII donnait sa bénédiction pontificale; le peuple était prosterné; un jeune homme resta debout le chapeau sur la tête : « Jeune homme, dit le pape, si vous ne croyez pas à l'efficacité de la bénédiction du pontife, croyez au moins que la bénédiction d'un vieillard n'a jamais porté malheur à personne; » et le jeune homme s'agenouilla les yeux pleins de larmes. Pie VII gagnait les âmes par cette douceur infinie.

Cependant la question du couronnement s'agitait au conseil d'État; les uns voulaient choisir les Invalides, les autres Saint-Sulpice. Sur cela, Napoléon s'expliqua toujours avec sa même netteté de pensée : « On a parlé, dit-il, de célébrer la cérémonie du couronnement dans l'église des Invalides, à cause des souvenirs guerriers qui s'y rattachent; mais celle de Notre-Dame vaudra mieux, elle a aussi ses souvenirs qui parlent davantage à l'imagination, elle donnera à la solennité un

---

allée immédiatement chez l'Impératrice ; la dame d'honneur, qui avait été au-devant de Sa Sainteté, l'a introduite dans le cabinet de l'Impératrice. Sa Majesté a reconduit le pape jusqu'à la seconde pièce de son appartement.

« Le pape étant rentré dans le sien, les ministres et les grands-officiers de l'Empire ont eu l'honneur d'être présentés à Sa Sainteté.

« Le prince Louis, qui se trouvait à Fontainebleau, a également fait sa visite à Sa Sainteté.

« L'Empereur a présenté au pape l'archichancelier et l'architrésorier.

« S. E. le cardinal Fesch, arrivé avec Sa Sainteté, a été présenté le même jour à l'Empereur.

« Sa Sainteté se reposera pendant quelques jours à Fontainebleau, et se rendra à Paris avant le sacre, qui aura lieu dimanche prochain. »

caractère plus auguste. » Un membre insista pour les Invalides, en disant : « Cette église est moins dans les mains du clergé ; elle n'est pas une paroisse, et c'est pour cela qu'il faut la choisir. On comprendra mieux que la cérémonie n'est pas exclusivement religieuse, et qu'elle est surtout politique. Notre-Dame rappellerait trop au clergé le temps où il donnait ou ôtait la couronne. Cet édifice est purement diocésain ; les Invalides, au contraire, appartiennent à la France, et conviennent mieux, sous ce rapport, pour une cérémonie nationale. Les abords des Invalides sont faciles et spacieux ; ceux de Notre-Dame sont étroits et embarrassés ; il serait plus difficile d'y maintenir l'ordre et la sûreté. »

L'Empereur laissa le conseiller d'État développer son opinion ; puis il répondit fermement : « Ces motifs sont frivoles ; l'ordre à maintenir est l'affaire de la police. Il ne faut pas pour si peu de chose mortifier le clergé et renoncer à un lieu convenable. La cathédrale a un caractère plus auguste et plus propre à entourer la cérémonie d'une sorte de respect divin. Elle est consacrée par la tradition à cet usage. Le cortége ne sera pas d'ailleurs si nombreux qu'on le suppose. Il n'y aura que les fonctionnaires désignés par le sénatus-consulte du 28 floréal, c'est-à-dire les présidents de cantons, les maires des grandes villes, les présidents des colléges électoraux, les présidents des tribunaux. On ajoutera une députation de la garde nationale de chaque département et une députation de chaque corps de l'armée de terre et de mer ; je remettrai à chacun un drapeau. »

Napoléon avait un sens exquis du caractère tout religieux de la cérémonie ; l'huile devait oindre le front du nouvel Empereur sous les vastes ogives des basiliques. Le légat Caprara arrêta le cérémonial de concert avec M. de Ségur; on fit des répétitions comme des comparses, et Isabey habilla de petits bonshommes de bois pour figurer tous les dignitaires et fixer leurs évolutions. On croirait à peine une telle puérilité, si un des préfets du palais ne l'avait racontée. « L'imagination heureuse et fertile de M. Isabey, dit M. de Bausset, l'inspira dans le moment... Il répondit avec assurance, et au grand étonnement de l'Empereur, que, dans deux fois vingt-quatre heures, ses ordres seraient exécutés. Avant de rentrer chez lui, il alla acheter chez les marchands de joujoux tout ce qu'il put trouver de ces *petits bonshommes en bois* qui servent à l'amusement des enfants... Il les habilla en papier de la couleur du costume de chaque personne qui devait figurer dans les cérémonies du couronnement, fit un plan de Notre-Dame sur une échelle en rapport avec ses petites poupées, et se rendit le surlendemain auprès de Napoléon qui s'empressa de lui demander les sept dessins... « Sire, je vous apporte mieux que des dessins, » lui répondit Isabey... Il déroula son plan et posa les personnages qui devaient figurer dans la première cérémonie, et dont il avait écrit les noms au bas de chacun. Cette première action était la réception sous le dais à la porte de l'église. L'Empereur fut si content qu'il fit sur le champ appeler tous ceux qui devaient concourir à l'éclat de cette grande circonstance. Les répétitions se firent dans le salon de l'Empereur et sur une grande table. Une seule cérémonie, plus compliquée que les autres, exigea une répétition réelle. Elle eut lieu dans la galerie de Diane aux Tuileries, par le moyen d'un plan tracé au blanc sur le parquet. Isabey avait mis tout le goût possible dans les habillements de ses poupées, et sauva, par son talent, le côté ridicule de ces dessins en *relief*. Le clergé, les dames, les princesses, l'Empereur, le pape lui-même, tout le monde était costumé de la manière la plus exacte et la plus convenable. »

Napoléon, toujours grave dans ses pensées, avait déclaré qu'il voulait couronner l'impératrice Joséphine pendant la même cérémonie; d'après ce désir partagé par le pape, le légat fit demander à l'officialité de Paris l'acte de mariage de Napoléon et de Joséphine, car, dans le rite de l'Église, il n'y a de mariage que celui qui est célébré devant le prêtre. Il se trouvait précisément que jamais l'union de Napoléon et de Joséphine n'avait été bénie; il n'existait qu'un acte de l'état civil signé par Paul Barras, Tallien et Lemarrois comme témoins. Aux yeux de l'Église, Joséphine n'était pas la femme légitime de Napoléon, et comment la couronner d'après les canons? On était à la veille du couronnement; le pape déclara que s'il avait fait toutes sortes de concessions pour les choses qui tenaient à l'ordre temporel et civil, il ne pouvait rien accorder de contraire aux doctrines mêmes de l'Église, parce que cela se rattachait à sa conscience de pontife. Il voulait donc que le mariage fût célébré légitimement, ou du moins qu'il fût constaté que la bénédiction avait été donnée à Napoléon et à Joséphine.

On peut juger de la colère de l'Empereur [1] : « Quel scandale! lui qui avait exigé la bénédiction ecclésiastique pour Murat, pour Hortense, il fallait avouer qu'il n'était marié que civilement, et tout le monde allait savoir cela! » Le pape persista, et le cardinal Fesch vint trouver l'Empereur, afin de réaliser le vœu du saint père tout en conservant les formes et le secret le plus profond.

---

[1] Ces souvenirs m'ont été communiqués par M. le comte Portalis, qui les tenait de son père, témoin de l'acte de mariage. Ce fut le défaut de publicité qui fut une des causes de la cassation de l'acte de mariage par l'officialité de Paris, en 1809.

MARIAGE ECCLÉSIASTIQUE DE NAPOLÉON (1er DÉC. 1804).

Il fut admis qu'il n'y aurait pas de publicité; à onze heures du soir, la veille du couronnement, on dressa une chapelle dans les appartements secrets de l'Empereur; le pape avait dit : « Je suis loin de vouloir un scandale; point de publicité; que le cardinal Fesch me certifie la célébration du mariage, et cela me suffira ; Rome ne tient pas aux formes civiles; le consentement de deux âmes fait le mariage. » A minuit, l'Empereur et l'Impératrice se placèrent secrètement dans un petit cabinet près de la chambre à coucher; un autel fut dressé à la hâte, le cardinal Fesch donna la bénédiction nuptiale, et les témoins furent M. Portalis, ministre des cultes, et le grand-maréchal du palais. Rien ne transpira au dehors. Lorsque le cardinal Fesch arriva près du pape, celui-ci se borna à lui demander : « Mon cher fils, le mariage est-il célébré? — Oui, très saint père. — Eh bien alors, nous ne nous opposons plus au couronnement de l'auguste Impératrice. »

Le 2 décembre au matin, Paris fut plein d'une multitude avide du nouveau spectacle[1] offert à ses yeux. Quel pas n'avait-on pas fait après la Révolution française ! pour la première fois depuis le sacre de Louis XVI on voyait se déployer les pompes de la royauté. Napoléon avait choisi lui-même la basilique de Notre-Dame pour le lieu du couronnement. Au conseil d'État, comme je l'ai dit, on avait parlé de l'église des Invalides, de Saint-Sulpice, parce qu'on craignait que l'aspect gothique du

---

[1] L'Empereur avait adressé la lettre circulaire suivante à tous les corps invités au sacre :

« La divine Providence et les constitutions de l'Empire ayant placé la dignité impériale héréditaire dans notre famille, nous avons désigné le onzième jour du mois de frimaire prochain pour la cérémonie de notre sacre et de notre couronnement. Nous aurions voulu pouvoir, dans cette auguste circonstance, rassembler sur un seul point l'universalité des citoyens qui composent la nation française. Toutefois, et dans l'impossibilité de réaliser une chose qui aurait eu tant de prix pour notre cœur, désirant que ces solennités reçoivent leur

monument donnât à l'Empire une impression de vieillesse et de décrépitude. Bonaparte alla droit à la question : il déclara que Notre-Dame était la vieille métropole, un lieu de respect pour le peuple, la basilique des rois, le bel ornement de Paris. Il avait compris que les choses neuves ne sont puissantes qu'alors qu'elles s'appuient sur les antiques institutions. Il paraissait grandiose à Napoléon de placer la couronne impériale sur sa tête sous les ogives immenses de Notre-Dame, au son grave du bourdon de la grande tour. Les préparatifs les plus riches, les plus somptueux, avaient été faits; on ne parlait depuis un mois que des voitures du sacre, des pompes qui devaient accompagner le couronnement. Les maîtres des cérémonies étudiaient les vieux formulaires de la monarchie; chacun avait reçu son rang, sa dignité, sa place; le plus scrupuleux programme avait été dressé de tout cela. La cour de Louis XIV n'avait jamais présenté une étiquette aussi minutieuse; les Tuileries étaient comme les salons des parvenus, d'autant plus affectés qu'ils ont besoin de constater un changement inouï de fortune.

Le cérémonial du couronnement et du sacre était réglé plusieurs jours à l'avance : dès neuf heures du matin, le saint-père vint à Notre-Dame; son camérier, monté sur la mule d'usage, le précédait de quelques minutes, portant la croix romaine. Dans la métropole parée avec plus de richesse que de goût, le pape prit

principal éclat de la réunion des citoyens les plus distingués, et devant prêter en leur présence serment au peuple français, conformément à l'article 52 de l'acte des constitutions en date du 28 floréal an XII, nous vous faisons cette lettre pour que vous ayez à vous trouver à Paris avant le 7 du mois de frimaire prochain, et à y faire connaître votre arrivée à notre grand-maître des cérémonies. Sur ce, nous prions Dieu qu'il vous ait en sa sainte garde. »

Écrit à Saint-Cloud, le 4 brumaire an XIII (26 octobre 1804).

Signé Napoléon.

place sur une sorte de trône qu'on avait élevé au milieu du chœur; il s'agenouilla sur son prie-Dieu et ne se releva plus. Les travées, si hautes, si magnifiques, étaient remplies de fonctionnaires publics et de dames parées de ces costumes aujourd'hui si bizarres et si gauches que nous voyons encore reproduits dans le tableau de David. Tandis que le pape récitait des prières, l'empereur Napoléon arrivait à l'archevêché pour se revêtir de ses habits de sacre [1], la tunique de lin et le manteau, ainsi que le cérémonial l'avait fixé. L'Empereur, quittant l'archevêché, en pompe, arriva sous l'antique portique de l'église où mille figures étranges remplissent les cintres. Le parvis offrait une mer de têtes, le bourdon sonnait joyeusement, l'encens fumait dans la basilique. L'entrée de l'Empereur fut signalée par des acclamations; les huissiers le précédaient suivis des hérauts d'armes, des pages, des maîtres des cérémonies, du grand-maître, comme pour le sacre des anciens rois.

Le maréchal Serrurier portait sur un coussin l'anneau de l'impératrice, Moncey la corbeille où le manteau devait être déposé, Murat sa couronne. Joséphine s'avançait sous la majesté un peu guindée de ses atours, tandis que Pauline et Caroline soutenaient la queue de sa longue tunique. Kellermann portait la couronne de Charlemagne, le maréchal Pérignon son vieux sceptre, Lefebvre sa grande épée, Bernadotte le collier d'or de la Légion d'honneur, Beauharnais l'anneau impérial, Berthier le globe. A leur suite venait l'Empereur revêtu de son manteau et portant le sceptre et la main de justice.

---

[1] Le costume de l'Empereur au couronnement était une tunique blanche et un manteau pourpre parsemé d'abeilles en or. Sa couronne d'or était composée de feuillages de laurier, d'olivier et de chêne, emblèmes de la victoire, de la paix et des vertus civiles.

Selon le vieil usage, un cardinal dut présenter l'eau bénite, et les chanoines portaient le dais, sous lequel Napoléon se plaça fièrement comme si toute sa vie s'était passée dans les cours.

Dès que les cris de la foule annoncèrent l'Empereur, le pape quitta son prie-Dieu; marchant vers l'autel d'un pas lent et faible, il entonna le *Veni Creator*; l'Empereur et l'Impératrice s'agenouillèrent pour prier; puis Napoléon se levant, Cambacérès s'approcha gravement de lui pour en recevoir la main de justice, comme il avait autrefois reçu le livre de la constitution du Comité de sûreté générale. M. Lebrun prit le sceptre, Joseph la couronne, M. de Talleyrand le collier des ordres; le connétable saisit l'épée de l'Empereur, tandis que Joséphine préparait sa toilette en face de l'autel pour recevoir la couronne. Le pape recueilli se tourna pour voir si tous les apprêts étaient finis, et quand le *Veni Creator* fut terminé, s'approchant de l'Empereur, il lui demanda sur le livre de l'Évangile s'il professait le catholicisme, et l'Empereur répondit d'une voix ferme : ***Profiteor***. Alors les cardinaux et les archevêques français s'approchèrent, firent une révérence profonde, puis accompagnèrent les souverains au pied de l'autel où des carreaux de velours étaient préparés pour les recevoir. Là le pape, avec sa figure de candeur résignée et son regard ineffable, fit les onctions du sacre que l'Empereur reçut avec un peu d'impatience remarquée de tous; la messe se continuait, le pape bénit les couronnes, l'épée et les manteaux. Napoléon et Joséphine s'approchèrent encore de l'autel, couvert d'encens, et lorsque le pape s'avançait d'un pas grave pour lui mettre la couronne sur la tête, l'Empereur la prit impétueusement et se la posa sur le front. Le pape sourit dans sa résignation religieuse à cette bravade un peu italienne, il ne tenait pas à distribuer ces fragiles couronnes dans un temps où elles étaient si facilement brisées par le peuple ; les principes démocratiques de Pie VII s'offensaient peu de ces puérilités d'amour-propre et de préséance : le pouvoir était alors si pesant ! Sur un signe de Napoléon, l'Impératrice se mit à genoux, et le mari de Joséphine Beauharnais lui ceignit le diadème, comme pour montrer cette double volonté d'un Empereur qui se couronnait lui-même et du souverain qui admettait sa sujette jusqu'à partager ses honneurs. Le pape se leva pour accompagner solennellement Napoléon au trône élevé au fond de l'église, et il le baisa sur la joue ; puis se tournant vers la multitude, il s'écria d'une voix faible et inarticulée : *Vivat Imperator in æternum*, et tous les assistants s'écrièrent : *Vive l'Empereur ! vive l'Impératrice !* Napoléon se montra dans toute la majesté de la couronne, avec ses pages, ses grands-officiers ; Joséphine sur un simple fauteuil, les princesses sur des chaises ; debout les colonels-généraux de la garde. Pour suivre en tout le cérémonial des anciens rois, Napoléon et Joséphine reçurent la communion de la main du pape, mariage mystique de l'Église et de l'État dans le sacre des souverains[1] !

Ainsi s'accomplissait une transformation plus extraordinaire que la Révolution elle-même : après la double époque de la philosophie du XVIIIe siècle et de l'impiété sen-

---

[1] Cérémonial du couronnement. Le *Moniteur* n'a pas de récit officiel. L'Empereur avait éprouvé quelque mécontentement, et le *Moniteur* du 3 décembre se borne à écrire les paroles suivantes :

« Nous ne pouvons donner aujourd'hui à nos lecteurs, sur l'auguste cérémonie du sacre et du couronnement, les détails qu'ils attendent, et que nous nous proposons de leur offrir. La grandeur de ces solennités ne laisse pas à l'esprit la liberté nécessaire pour peindre en si peu de moments un si magnifique spectacle. » Il n'y eut plus rien de publié dans le journal officiel.

sualiste du Directoire, le général Bonaparte communiant à la sainte table comme les rois de la monarchie! Qui aurait prédit un tel changement il y avait huit ans à peine, lorsque Laréveillère-Lépeaux proscrivait les prêtres en proclamant la théophilanthropie? Après la communion de l'Empereur, le serment constitutionnel fut hautement prononcé à la face des présidents du Sénat, du Corps législatif et du Tribunat [1], et les hérauts d'armes s'écrièrent d'une voix forte : *Le très auguste et très glorieux Empereur des Français est couronné et intronisé; vive l'Empereur!* Des salves d'artillerie annoncèrent au peuple qu'un nouveau souverain régnait sur lui par la consécration de l'Église et la volonté de Dieu.

La cérémonie fut plus pompeuse que sainte et grave; on souffrait de voir le pape angéliquement résigné à tous les caprices de vanité; l'Empereur abusait un peu de ce caractère patient et bon; et si tous les honneurs furent pour Napoléon dans cette cérémonie, tous les respects furent pour le pontife qui gardait une gravité admirable. Il y eut du théâtral à Notre-Dame, comme dans toutes les fêtes de l'Empire; David reproduisit le cérémonial dans son tableau bien connu, et il en crayonna

---

[1] L'Empereur avait répondu la veille, en ces termes, au discours que lui avait adressé M. François de Neufchâteau à la tête du Sénat :

« Je monte au trône où m'a appelé le vœu unanime du Sénat, du peuple et de l'armée, le cœur plein du sentiment des grandes destinées de ce peuple, que du milieu des camps j'ai le premier salué du nom de grand. Depuis mon adolescence, mes pensées tout entières lui sont dévouées, et je dois le dire ici, mes plaisirs et mes peines ne se composent plus aujourd'hui que du bonheur ou du malheur de mon peuple.

« Mes descendants conserveront longtemps ce trône. Dans les camps, ils seront les premiers soldats de l'armée, sacrifiant leur vie pour la défense de leur pays. Magistrats, ils ne perdront jamais de vue que le mépris des lois et l'ébranlement de l'ordre social ne sont que le résultat de la faiblesse et de l'incertitude des princes. Vous, sénateurs, dont les conseils et l'appui ne m'ont jamais manqué dans les circonstances les plus difficiles, votre esprit se transmettra à vos successeurs. Soyez toujours les soutiens et les premiers conseillers de ce trône, si nécessaire au bonheur de ce vaste Empire. »

tous les personnages avec une scrupuleuse ressemblance; son œuvre est demeurée comme l'expression technique de la cérémonie du sacre; il y a quelque chose de gauche dans tous ces costumes de cour mal portés, et ces figures souvent aux traits durs paraissent singulières sous ces habits du théâtre espagnol, nouveaux comtes Almaviva, ornés du chapeau à la Henri IV. Un sourire de pitié effleure les lèvres lorsque l'on remarque ces manteaux de prince jetés sur de si singulières tournures, ces dames si puérilement harnachées : un bien petit nombre de figures prêtent à l'art; j'en excepte celles de Napoléon et du pape, qui dominent toutes les autres. On a dit que rien n'était plus ressemblant que ce tableau; triste critique de la nouvelle cour impériale! on croirait que David, le peintre des mâles caractères du comité de salut public, l'auteur des admirables esquisses de l'assassinat de Lepelletier et de Marat au bain expirant sous le couteau de Charlotte Corday, se trouvait mal à l'aise lorsque, devenu premier peintre de l'Empereur, il dut reproduire en courtisan ces figures qui n'étaient en harmonie qu'avec le fier costume des représentants du peuple ou le glorieux habit des batailles; autant l'allure militaire allait dignement à ces hommes, autant les habits de cour leur étaient disgracieux.

Sur l'ordre de l'Empereur on rédigea un livre des cérémonies du sacre, pour ne rien omettre des formules de Louis XIV [1]. Isabey en traça les dessins magnifiquement gravés; l'on en fit exprimer le texte avec les plus beaux caractères; chaque dignitaire y fut dessiné

---

[1] *Procès-verbal de la cérémonie du sacre et du couronnement de l'Empereur Napoléon et de l'Impératrice Joséphine;* in-4°, Paris, de l'imprimerie impériale, an XII (1805). Ce petit ouvrage renferme les oraisons en latin, ayant en regard une traduction qui n'est pas toujours fidèle.

avec son costume du sacre, depuis l'Empereur et l'Impératrice jusqu'au dernier des hérauts d'armes; on y décrivait l'office de chacun; le procès-verbal y fut inséré tout entier avec les formules les plus minutieuses, comme s'il s'agissait déjà d'une monarchie de huit siècles. Ce livre, aussi curieux à voir que le tableau de David, donne une idée également pauvre des physionomies nobiliaires de la cour impériale.

Au milieu de ces pompes solennelles, il courut des bruits d'une singulière nature: on prétendit que dans le cortége même il se forma un complot contre la personne de l'Empereur; les conjurés avaient résolu de le frapper; plus d'un maréchal, fils de la révolution, s'était offensé du rôle de valet porte-queue qu'on lui faisait jouer à Notre-Dame. Que dans les camps Bonaparte désignât le poste de chacun, rien de plus simple, le commandement était le prix du mérite et du grade; l'Empereur les avait conduits à la victoire, la supériorité lui était due. Le génie a toujours une puissance mystérieuse. Mais cet homme imposait aux vieux généraux un rôle de domesticité; il leur faisait porter ses honneurs sur un coussin, comme des valets de chambre [1]; cela devait blesser profondément de dignes soldats tels que Bernadotte, Augereau, tous de valeur militaire. Plus d'un murmure accompagna le cri de *vive l'Empereur!* jeté sous les voûtes de la basilique; des imprécations s'y mêlèrent; on raconte même que dans la voiture des maréchaux, l'un d'eux s'était exprimé de manière à troubler le cortége, si bien que l'Empereur demandant ce que c'était, son front se plissa lorsqu'il apprit que ce tumulte venait de la voiture où se trouvait

---

[1] Mémoire communiqué.

Bernadotte. Il vit bien d'où le coup était parti; s'il ne dit rien alors, il ne l'oublia jamais.

Plus on avait mis de pompe dans le couronnement, plus les pamphlets clandestins s'efforcèrent de détruire par le ridicule tout cet échafaudage théâtral : « Les tréteaux, disaient-ils, venaient de voir une grande parade, Bonaparte, empereur, imitant les anciens rois! Puérilité, s'écriaient les républicains; Joséphine impératrice! quel sujet de risée pour les amis de Barras! » Cette cour si neuve et si gauche était toujours le sujet de mille railleries au faubourg Saint-Germain; et le crayon spirituel dessina plus d'un grotesque sur ces marionnettes qu'on faisait mouvoir; en Angleterre, on en rit à gorge déployée. Or il arriva une circonstance fâcheuse pour la pompe impériale : c'est qu'à la même époque les nègres d'Haïti saluant, eux aussi, un empereur, élevèrent Dessalines à cette dignité avec de grandes cérémonies [1], et l'on compara naturellement les deux cours : « Il n'y avait d'autre différence, dit le *Times*, que du noir au blanc. » Le caractère de Bonaparte était placé trop haut pour que de telles attaques pussent l'atteindre; néanmoins il y était profondément sensible; le silence de la presse en France l'avait accoutumé à voir le respect du peuple monter comme un encens au pied du trône; les sarcasmes des journaux anglais le blessaient au cœur; dans la guerre de Saint-Domingue, ce qui l'avait le plus frappé, c'était le parallèle établi entre le Consul tout puissant et Toussaint-Louverture. A ce moment, par un cruel et injuste rappro-

---

[1] Le 8 octobre 1804, le nègre Dessalines, imitant Bonaparte, prit le titre d'empereur de Haïti, et se fit appeler Jacques Ier. Dans l'année suivante, le 8 mai 1805, ce chef des noirs promulgua une constitution impériale et organisa son palais dans le même système de dignités que celui de Napoléon.

chement, les Anglais présentaient un noir couvert de crimes comme l'égal du tout puissant Empereur des Français couronné à Notre-Dame; le parallèle était plus moqueur entre les dignitaires de Christophe et ceux de Napoléon; l'aristocratie de l'Europe put se venger par le sarcasme des humiliations que tant de glorieux parvenus lui faisaient subir; les plaisanteries acérées répondaient à l'épée victorieuse.

Après le couronnement, le pape demeura trois mois encore à Paris; il voulait suivre de sa personne les affaires ecclésiastiques avec l'Empereur[1] sur les modifications des articles organiques, et la restitution des légations, ou au moins quelques allégements au traité de Tolentino. On n'avait pris aucun engagement formel dans une négociation où le cardinal Fesch s'était trop avancé; le pontife avait donné pour motif de son voyage, au consistoire, le but de la religion et de l'Église; quand le sacre fut accompli, le cardinal Caprara s'efforça de rappeler à M. de Talleyrand les espérances que le pape avait con-

---

[1] Les négociations diplomatiques avec le saint-père se continuent toujours en de très bons termes. Voici une nouvelle lettre autographe de Napoléon.

« Dans sa lettre du 15 mai, V. S. nous a témoigné la crainte qu'elle a des événements qui peuvent survenir entre la Russie et elle; nous avons voulu écrire la présente pour la rassurer. Le cabinet russe a peu de tenue, et il est, en général, assez inconséquent. Éloigné des affaires de l'Europe, il se précipite dans des démarches qu'il ne tarde pas à rétracter. Nous avons lieu d'être persuadé qu'il est fâché de la conduite de M. Cassini. V. S. ne doit prendre aucune inquiétude des troupes nouvellement arrivées à Corfou; il y a 6,000 hommes : dans la mer Noire, il y en a 6,000 autres. Nous avons déjà fait connaître au roi de Naples que notre intention est qu'aucune troupe ne mette le pied en Italie, et nous sommes persuadé que ce ne sera pas celle de la Russie qui peut prendre possession des îles; projet éphémère, qu'elle abandonnera bientôt, à moins qu'elle ne veuille, ce que nous ne croyons pas pour le moment, donner suite au projet de Catherine de détruire l'empire chancelant des Ottomans. V. S. peut rester sans aucune inquiétude; il n'y aura aucun trouble continental qui soit de quelque conséquence.

« Sur ce, nous prions Dieu qu'il vous conserve, très saint-père, longues années au régime et gouvernement de notre mère sainte Église. » Votre dévot fils,
L'Empereur des Français,
Napoléon.

çues; rappelant les anciennes traditions, il cherchait à remuer l'âme de Napoléon, toujours vivement émue par les souvenirs historiques : « Lorsque le pape Étienne vint sacrer à Paris Pepin, le chef de la seconde race, n'obtint-il pas comme concession les vastes terres qui s'étendent entre le Tibre et l'Arno, que depuis on appela les *légations?* Cette concession avait porté bonheur, car Pepin avait eu pour fils Charlemagne; bel exemple pour Napoléon, le chef de la quatrième dynastie; tout l'y engageait; il devait beaucoup au pape; Pie VII avait si peu résisté à sa prière de venir le consacrer, pourquoi le nouvel empereur d'Occident ne renouvellerait-il pas à son avénement à la couronne les donations antérieures? »

Ainsi parlaient le cardinal Caprara dans ses notes diplomatiques, et le pape lui-même dans ses petits billets à Napoléon; on lui répondait à peine; la diplomatie avait obtenu de Pie VII ce qu'elle voulait, le sacre de l'Empereur; on l'avait fait venir à Paris pour donner l'onction sainte à celui que l'armée et le Sénat élevaient sur le pavois; une fois ce résultat acquis, qu'avait-on besoin de faire des concessions[1]? L'Empereur négligea désormais un peu le pape, de trop grandes affaires préoccupaient l'homme de la destinée; il visita plus rarement le pontife depuis son couronnement, évitant de le

---

[1] Cependant l'Empereur ne manqua jamais d'accomplir ses devoirs envers le pape.

La princesse Hortense, épouse du prince Louis, ayant mis alors au jour un fils qui fut nommé Napoléon-Louis, l'Empereur ordonna de remettre au saint-père une notification officielle de la naissance de ce prince. Le 6 janvier 1805, le pape adressa une réponse à l'Empereur :

« Cher fils en Jésus-Christ,

« Vos lettres nous ont rempli d'une double joie, d'abord parce que vous nous avez annoncé qu'il vous est né un neveu, de votre frère Louis, et ensuite, parce que les mêmes lettres nous apprennent que vous connaissez, que vous avez éprouvé l'effet de notre affection, et que vous savez aussi combien nous avons à cœur tout ce qui appartient à l'honneur, à l'accroissement, à l'avantage et à l'ornement de votre famille; et certainement vous avez bien jugé de nous. »

voir afin de ne pas lui donner satisfaction sur les espérances qu'il avait laissé concevoir à Rome : sans doute Bonaparte eût fait quelques concessions sur les articles organiques, il n'était pas partisan plus que Pie VII des principes philosophiques de plusieurs de ces articles votés sur les inspirations du Tribunat; mais il craignait de heurter le conseil d'État, et de blesser l'esprit sceptique qui dominait dans le Sénat, au Tribunat et au Corps législatif. Quant à ce qui touchait les légations romaines, Bonaparte, qui rêvait en ce moment le royaume d'Italie[1] et la couronne de fer sur sa tête, ne pouvait rendre au pape les légations cédées par le traité de Tolentino, le plus beau joyau de son sceptre italique; c'était bien assez de laisser Rome au pape comme usufruit et fief de l'Empire. Napoléon n'admettait que conditionnellement sa souveraineté temporelle, suite d'une tolérance et jamais un droit, concession de Pepin et que son successeur pouvait retirer. Sur toutes les choses spirituelles au contraire, l'Empereur céda, ainsi le rétablissement du calendrier grégorien, la restauration du dimanche, à ce point que par une bulle la fête de

---

[1] Napoléon avait déjà suivi personnellement avec le pape une négociation pour le Concordat italien ; il y apporta un grand intérêt.

« Très saint-père,

« La lettre de Votre Sainteté nous a très vivement affecté, parce que nous partageons toujours ses peines. Nous nous sommes fait rendre compte du décret du vice-président de la république italienne, relatif au concordat de cette république, dont Votre Sainteté n'est pas satisfaite. Le vice-président n'a eu qu'un seul objet, qui a été d'en imposer à ceux qui prétendaient que le concordat était contraire aux intérêts, et portait atteinte aux droits de la République. Nous avons ordonné que le vice-président nous présentât, dans le plus court délai, le plan d'exécution du Concordat. Notre intention est de soumettre tout ce qu'il nous proposera à l'examen le plus scrupuleux, et d'empêcher qu'il ne soit porté aucune atteinte à ce qui a été convenu entre nous. Nous espérons que dans cette circonstance, comme dans celles qui l'ont précédée, Votre Sainteté restera convaincue de notre attachement aux principes de la religion et à sa personne.

« Sur ce, nous prions Dieu qu'il vous conserve, très saint-père, longues années au régime, etc. »

Votre dévot fils,
Napoléon.

l'Empereur fut unie à celle de l'Assomption dans une commune solennité.

Pie VII se résigna, sa patience ne se démentit pas un moment; il priait, jeûnait, en subissant les ordres un peu brusques, un peu capricieux de Napoléon, avec une admirable douceur; il demeura encore trois mois à Paris, passant ainsi la semaine sainte loin de cette terre d'Italie, de Rome, la ville chrétienne, où ces solennités ont tant de pompes. Qui n'a vu la semaine sainte dans la cité éternelle, n'a jamais assisté aux cérémonies du catholicisme! Pie VII n'entendit point les cloches de Saint-Pierre sonner à pleine volée pour le saint jour de Pâques, et les litanies du soir dans le Corso. Il fut l'objet d'un respect fatigant et d'hommages un peu fastidieux pour un vieillard; tous les corps venaient à lui successivement; il reçut avec sa bienveillance évangélique les présidents de cantons qui représentaient la province au couronnement. Ces présidents, organes de la propriété foncière, de la terre, au sacre de l'Empereur, la plupart pères de famille, honnêtes propriétaires, commerçants distingués, avaient excité la risée de la cour impériale. Elle était si bien apprise cette cour, elle avait de si grands airs! de si belles manières[1]! Qu'elle avait bonne grâce de se moquer de ces propriétaires économes qui ne dépensaient pas à Paris le produit des jeux ou des gratifications secrètes de la police, et qui venaient, à leurs frais, assister au couronnement de leur Empereur! Napoléon avait un haut respect pour la propriété, et certes ce n'est pas lui qui se moqua jamais des commerçants et des propriétaires économes; mais les nobles dames, les débris du Directoire, les gentilshommes su-

[1] Ces insultes indécentes furent l'objet d'une note intime de M. Fiévée à Napoléon empereur dans sa correspondance.

bitement créés, se moquaient de ce qu'ils appelaient les *Chinois de Canton*[1] qui n'avaient pas de voitures, et venaient aux Tuileries avec leurs costumes modestes des villes de province. Les courtisans d'alors étaient comme les joueurs qui méprisent l'économie parce qu'ils jettent des flots d'or sur le tapis vert.

Le pape partit de Paris au mois d'avril, après avoir célébré la messe dans toutes les églises et visité les établissements charitables; on ne le vit jamais ni à un gala ni à une cour, et il n'en tint jamais lui-même; se consacrant à la plus profonde solitude, il se tenait dans les appartements reculés des Tuileries, donnant sa bénédiction au peuple et aux petits enfants qui l'entouraient, et plus d'une fois il s'assit au chevet du lit des mourants à l'Hôtel-Dieu. Bonaparte disait tout haut : « Quel honnête homme que ce Pie VII ! quel pontife vénérable ! » Et le pape rendait en affection chrétienne ce que Napoléon ne pouvait lui refuser de respect filial.

L'Empereur et le pape quittèrent Paris presque simultanément, l'un pour retourner à Rome, la ville de son choix, saluer le Tibre, revoir le Capitole; l'autre pour prendre la couronne de fer à la Monza, et recueillir à Milan l'héritage des rois lombards.

[1] Jeu de mots de l'époque pour désigner les présidents de canton.

CHAPITRE V.

LES BOURBONS, LE PARTI ROYALISTE

ET SES AGENTS.

Les illusions des Royalistes et leur découragement. — Leurs idées sur l'avénement de l'Empereur. — Rupture des négociations avec Bonaparte. — Protestation de Louis XVIII. — Correspondance avec le roi d'Espagne. — Dissidence entre Louis XVIII et le comte d'Artois. — Entrevue de Calmar en Suède. — Déclaration commune. — Fusion de principes. — La Constitution de 91. — Retour des Bourbons en Russie. — Embarras des gouvernements sur la question de l'asile. — La branche d'Orléans. — Les Condé. — Les Royalistes en France. — Organisation des provinces. — Derniers débris de la Vendée et de la Chouannerie. — Les Royalistes rattachés. — Les récalcitrants. — Faubourg Saint-Germain.

Mars 1804, Février 1805.

Les illusions du parti royaliste devaient s'évanouir après la mort violente du duc d'Enghien; des esprits exaltés ou simples s'étaient longtemps persuadé que Bonaparte travaillait pour une restauration. Comme le Consul avait tout fait pour reconstituer les formes monarchiques et les éléments qui en étaient la base, les plus zélés partisans des Bourbons croyaient qu'après avoir rétabli l'édifice, le premier Consul jouerait le rôle de Monck en acceptant l'épée de connétable de la main de Louis XVIII. Depuis l'exécution de Vincennes il n'y avait plus à se tromper; l'antipathie entre Bonaparte et les partisans de la maison de Bourbon devait éclater dans toute sa force; à leurs yeux Bonaparte n'était plus qu'un assassin s'abreuvant du sang d'une antique race! La Révolution lui avait demandé une tête en échange de la couronne, et il l'avait livrée. Plus de rêves sur la restauration; tout était fini, le Consul prenait la pourpre impériale comme chef d'une dynastie nouvelle, le pape avait consenti à le couronner dans la vieille basilique; on traitait les Bourbons comme les Mérovingiens; Bonaparte imitait l'empereur Charlemagne, il avait pris pour modèle cette grande figure historique. S'il reconstituait le pouvoir, c'était pour lui-même, au profit de sa dynastie et de l'édifice puissant qu'il élevait à son propre compte.

Pour affermir ce vaste ouvrage, la vengeance politique de l'Empereur avait poursuivi tous les partisans de la maison de Bourbon : douze têtes étaient tombées sur l'échafaud autour de Georges Cadoudal, l'intrépide Breton! S'il y avait eu des grâces pour MM. de Polignac, de Rivière, c'était pour orner de quelques joyaux l'avénement de l'Empereur et faire agenouiller des gentilshommes devant la nouvelle majesté. On savait que plusieurs fois, en plein conseil d'Etat, Napoléon avait rassuré les intérêts révolutionnaires en déclarant avec fierté qu'il ne pactiserait jamais avec les Bourbons; fils de la Révolution, il voulait s'élever ou tomber par elle; fondateur d'une nouvelle dynastie, il appelait sans doute autour de lui les existences anciennes, mais à condition qu'elles se feraient jeunes et neuves pour le servir avec constance et dévouement. Louis XVIII, qui avait écrit à *M. de Bonaparte,* s'était étrangement abusé sur la possibilité d'une négociation avec le premier Consul; maintenant pouvait-il douter encore de l'ambition de celui qui s'était fièrement assis sur le trône impérial?

Dès que la triste nouvelle de la mort du duc d'Enghien se répandit au sein de la famille royale, elle produisit une vive et sinistre impression. Qui pourrait dire la juste douleur du père et de l'aïeul des Condé? pour eux un fils était perdu, leur race était tarie. Tous deux vinrent s'agenouiller au pied de l'autel, dans la chapelle catholique de Londres, pour implorer la justice du Dieu des armées! Le prince de Condé, la main affaiblie, écrivit comme le vieux Priam à celui qu'il appelait l'assassin de son petit-fils, pour lui annoncer que la justice divine tôt ou tard atteindrait sa tête, et le duc de Bourbon, plus impétueux, le voua aux malédictions de la terre et à la vengeance de l'avenir. Louis XVIII, qui ne perdit jamais un moment le caractère un peu théâtral dans l'expression de la dignité royale, renvoya au roi d'Espagne l'ordre de la Toison-d'Or dont il était décoré. Chef et aîné de la maison de Bourbon, il avait droit de parler haut aux cadets de la race que Louis XIV avait établie en Espagne; il déclara que : « puisque Charles IV avait envoyé à Bonaparte (meurtrier du duc d'Enghien) le même ordre de la Toison-d'Or, il ne voulait plus le porter désormais, et il l'arrachait de sa poitrine [1]. »

L'indignation éclata plus vivement encore dans la branche cadette : MM. le duc d'Orléans, le duc de Mont-

---

[1] Voici le texte de la lettre de Louis XVIII : « C'est avec regret que je vous renvoie les *insignia* de l'ordre de la Toison-d'Or, que Sa Majesté, votre père, de glorieuse mémoire, m'avait confiés. Il ne peut y avoir rien de commun entre moi et le grand criminel que l'audace et la fortune ont placé sur un trône qu'il a eu la barbarie de souiller du sang pur d'un Bourbon, du duc d'Enghien. La religion peut m'engager à pardonner à un assassin, mais le tyran de mon peuple doit toujours être mon ennemi. Si la Providence, par des motifs inexplicables, me condamne à finir mes jours en exil, jamais ni mes contemporains ni la postérité ne pourront dire que, dans le temps de l'adversité, je me suis montré indigne d'occuper, jusqu'au dernier soupir, le trône de mes ancêtres. »

pensier pleurèrent vivement la mort du duc d'Enghien, leur jeune parent, leur ami d'enfance, et le duc d'Orléans n'hésita point à manifester les sentiments d'irritation et de tristesse que lui causait la mort de son infortuné cousin. Dans une lettre écrite de Londres à l'évêque de Landaff, ce prince rappelle tous les liens qui l'unissaient à M. le duc d'Enghien : « Sa mère était sa tante, lui-même était son proche parent; camarades dans leurs premières années, ils avaient conservé l'un pour l'autre un vif attachement. Le sort qu'on lui avait fait était réservé à tous les Bourbons, l'usurpateur corse ne serait jamais tranquille tant qu'il n'aurait pas effacé la famille entière de la liste des vivants. » L'indignation qu'éprouve M. le duc d'Orléans à l'aspect de ce triste événement, le porte à dire : « qu'il avait presque perdu le souvenir de sa patrie; il ne voit plus que l'Angleterre capable de lutter contre la tyrannie de Bonaparte; la conservation et l'indépendance du monde dépend d'elle. » Comme patriote, M. le duc d'Orléans faisait donc des prières pour le développement et la marche des idées anglaises sur le continent, dans la grande lutte contre Bonaparte [1].

---

[1] Voici la lettre autographe de M. le duc d'Orléans :

« Mon cher lord, je vous remercie beaucoup de votre obligeante lettre. J'ai vivement regretté de ne pas vous voir lors de votre séjour à Londres. (Ici, beaucoup de détails indifférents.)

« J'étais certain, mylord, que votre âme élevée éprouverait une juste indignation à l'occasion du meurtre atroce de mon infortuné cousin. Sa mère était ma tante; lui-même, après mon frère, était mon plus proche parent. Nous fûmes camarades ensemble pendant nos premières années, et vous devez penser, d'après cela, que cet événement a dû être pour moi un coup bien rude. Son sort est un avertissement pour nous tous ; il nous indique que l'usurpateur corse ne sera jamais tranquille tant qu'il n'aura pas effacé notre famille entière de la liste des vivants. Cela me fait ressentir plus vivement que je ne le faisais, quoique cela ne soit guère possible, le bienfait de la généreuse protection qui nous est conservée par votre nation magnanime. J'ai quitté ma patrie de si bonne heure, que j'ai à peine les habitudes d'un Français, et je puis dire avec vérité que je suis attaché à l'Angleterre, non seulement par la reconnaissance, mais aussi par goût et par inclination. C'est bien dans la sincérité de mon cœur que je dis : Puissé-je ne jamais quitter cette terre hospitalière!

Tous ces actes et ces protestations de la conscience se rattachaient à la mort du duc d'Enghien à l'époque du Consulat. Lors de l'avénement de Napoléon à l'Empire, le langage de Louis XVIII prit une teinte plus sérieuse et plus hautaine; au fond de son cabinet, et sans prendre conseil que de lui-même, il rédigea une protestation datée de Varsovie, résidence que la Prusse lui avait indiquée, à laquelle, à la manière des Stuarts, il protestait contre le titre d'Empereur que prenait Bonaparte, et surtout contre la prétention de le rendre héréditaire dans sa famille, usurpation plus grande à ses yeux. L'irritation de Louis XVIII le porta à des paroles dangereuses, et ce fut pour lui une faute que de déclarer nuls tous les actes de la Révolution depuis son origine. Quel moyen de transaction se réservait-il? Ce n'était pas seulement pour défendre ses droits personnels que Louis XVIII protestait, mais parce qu'il se croyait responsable envers les souverains menacés; le roi repoussait toutes les lois, tous les actes illégaux depuis les États généraux qui avaient amené la crise effrayante où se trouvait aujourd'hui l'Europe. A la face

« Mais ce n'est pas seulement en raison de mes sentiments particuliers que je prends un vif intérêt au bien-être, à la prospérité et au succès de l'Angleterre, c'est aussi en ma qualité d'homme. La sûreté de l'Europe, celle du monde même, le bonheur et l'indépendance future du genre humain, dépendent de la conservation et de l'indépendance de l'Angleterre, et c'est là la noble cause de la haine de Bonaparte pour vous, et de celle de tous les siens. Puisse la Providence déjouer ses projets iniques et maintenir ce pays dans la situation heureuse et prospère! c'est le vœu de mon cœur, c'est ma prière la plus fervente.

« Vous devez être également instruit, mylord, de mes opinions touchant la dissidence parmi les chrétiens, en d'autres termes, parmi les hommes qui professent la même religion. Je pense que chacun doit rester fidèle aux principes dans lesquels il a été élevé, et je pense également que ce n'est point dans les temps comme ceux où nous vivons, que pareilles dissidences doivent être une cause de désunion : il ne s'agit pas d'être chrétien de telle ou telle manière, mais d'être chrétien ou de ne pas l'être.

« D'après mon humble avis, c'est de cela seul qu'il s'agit à une époque où les parties vitales de la religion et de la morale sont attaquées d'une manière si redoutable, et où la triste expérience de ces dernières années montre avec quelle rapidité l'irréli-

de tous les souverains, le chef de la maison de Bourbon voulait réveiller les droits des antiques royautés aux prises avec le principe désorganisateur qui remuait le monde [1].

Cette protestation parvint à Paris; elle circulait assez publiquement, car les Bourbons avaient des agents moins habiles qu'actifs et remuants; chacune de leurs phrases était répétée dans la haute compagnie; on la lisait au foyer domestique de l'aristocratie, stérile consolation pour le faubourg Saint-Germain. On s'abordait en se demandant si l'on avait lu la protestation du roi; Napoléon la reçut à son adresse comme tous les autres membres du gouvernement; elle portait sur l'enveloppe cette suscription : *Pour lui seul.* L'Empereur la parcourut rapidement et se recueillit pour demander ce qu'il fallait en faire; les choses étaient trop avancées, trop publiques, les rapports de police annonçaient que, l'écrit circulant partout, on ne pouvait plus le supprimer par un acte arbitraire; la mesure eût été absurde. Bonaparte se crut assez fort pour donner une publicité officielle à cet acte qui, selon lui, n'avait aucune portée politique. Dans le mouvement énergique de son pou-

---

gion et l'immoralité répandent leur influence funeste sur les hommes.

« Je jugeais bien, mylord, d'après la connaissance que j'avais de votre belle âme, que votre opinion sur tous ces points serait telle que je l'ai trouvée. Mais permettez-moi d'ajouter que je vous félicite d'avoir des sentiments si dignes d'un prélat anglais et d'un véritable chrétien.

« Veuillez bien me rappeler au souvenir de madame et de mademoiselle Watson, et croire aux sentiments d'estime et de considération avec lesquels je suis...»

Signé. L. P. P. d'Orléans.
(Lettre du duc d'Orléans du 28 juillet 1804, à l'évêque de Landaff.)

[1] Varsovie, 6 juin 1804.

« En prenant le titre d'Empereur, en voulant le rendre héréditaire dans sa famille, Bonaparte vient de mettre le sceau à son usurpation. Ce nouvel acte d'une Révolution où tout, dès l'origine, a été nul, ne peut sans doute infirmer mes droits. Mais comptable de ma conduite à tous les souverains, dont les droits ne sont pas moins lésés que les miens, et dont les trônes sont tous ébranlés par les principes dangereux que le Sénat de Paris a osé mettre en avant; comptable à la France, à ma famille, à mon propre honneur, je croirais trahir la cause commune en gardant le silence en cette occasion. Je déclare donc

voir, il ne pensait pas que les paroles des Bourbons pussent retentir bien loin, et, par un ordre de son cabinet, la déclaration de Louis XVIII fut envoyée au *Moniteur*. Ce coup hardi, mais habile, témoignait de la force du gouvernement impérial; il constatait qu'alors Napoléon, sans craindre un parti vaincu, le laissait protester à son gré. Il accompagna la publication de cette pièce d'une critique fine, spirituelle, avec ce ton railleur de la force contre la faiblesse, du fait jeune et triomphant contre le vieux droit qui succombe [1]. « Le comte de Lille, disait-il, devait adresser sa protestation aux gouvernements étrangers plutôt qu'à la France. De quoi se plaignait-il? des ruines de sa famille? mais une dynastie est fondée par l'intérêt des peuples; si la force historique la soutient, la force des choses la renverse; les dynasties ont leur commencement, leur milieu et leur fin. Ainsi avaient fait Hugues Capet et la maison de Hanovre; le premier ancêtre du comte de Lille n'était lui-même que le spoliateur de Charlemagne; s'il protestait contre la Révolution, la Révolution protestait contre lui; un mur de diamant séparait les intérêts

---

après avoir, au besoin, renouvelé mes protestations contre tous les actes illégaux qui, depuis l'ouverture des États-Généraux de France, ont amené la crise effrayante dans laquelle se trouvent la France et l'Europe ; je déclare, en présence de tous les souverains, que loin de reconnaître le titre impérial que Bonaparte vient de se faire déférer par un corps qui n'a pas même d'existence légitime, je proteste et contre ce titre et contre tous les actes subséquents auxquels il pourrait donner lieu. »   Louis.

[1] « Le *Moniteur* vient de publier la protestation que le comte de Lille a faite, le 6 juin, contre l'avènement de Napoléon à la dignité impériale, et contre tout ce que l'autorité nationale a fait depuis l'ouverture des États-Généraux en 1789. Cette protestation a été annoncée dans les journaux anglais, mais elle n'a point été insérée. On ne sait si elle a été adressée aux puissances, mais il est certain qu'il n'y a été fait aucune réponse officielle. On peut conclure de ce silence même quel cas on fait de cet acte inutile à la cause et aux prétentions du comte de Lille. De toutes les puissances de l'Europe, il ne convenait peut-être qu'au gouvernement français de la publier : c'est la plus noble réponse qu'il pouvait faire à l'écrit et aux prétentions qui y sont mises en avant ; c'était révéler la faiblesse de son ennemi, et donner une haute idée de sa propre grandeur,

nouveaux de la race antique. Henri IV conquit son royaume à la pointe de son épée. Le comte de Lille était comme ce fils de Jacques II qui envoyait des protestations en Angleterre et en Écosse pour troubler le royaume. Puisque le comte de Lille avait choisi la retraite, il fallait qu'il y restât: un roi détrôné doit se taire ou combattre. »

Ainsi parlait Napoléon dans sa verve caustique pour répondre à la protestation de Louis XVIII. Ses agents, ayant reçu l'ordre de pénétrer les pensées intimes des cabinets, avaient su que ce manifeste avait été adressé à toutes les cours par le prince proscrit; Louis XVIII agissait d'égal à égal avec les têtes couronnées; ses lettres restèrent sans réponses officielles; les gouvernements russe, autrichien, prussien, anglais, craignaient à l'égard de la France d'aller trop en avant dans leurs paroles; ils ne voulaient pas même donner des promesses aux Bourbons en entrant dans une coalition déjà échouée lors des campagnes de 1793 et 1799. Ils se contentèrent de transmettre certaines assurances verbales d'un stérile intérêt, par des agents intimes auprès de Louis XVIII

« Nous n'entrerons point dans la discussion des droits que le comte de Lille s'arroge. Ils ont été décidés par les plus habiles publicistes, par les nations elles-mêmes, par l'histoire de toutes les dynasties, longtemps avant la Révolution française. L'intérêt des peuples fait les rois, et la force nationale les soutient. Quand ils n'ont plus pour eux ni l'un ni l'autre, ils rentrent dans la foule des individus. Ces droits-là sont ceux de toutes les maisons régnantes; un peu plus, un peu moins d'antiquité fait toute la différence. C'est ce droit qui a mis dans la maison de Hanovre le sceptre britannique, dans la maison d'Autriche la couronne impériale; ce fut le droit de Hugues Capet, choisi par ses pairs, qui représentaient alors la nation; le comte de Lille lui-même n'est, selon ses principes, que le spoliateur des enfants de Charlemagne. Mais qu'est-il besoin d'étayer une vérité éternelle par des exemples? Si le comte de Lille proteste contre la Révolution, la Révolution proteste bien plus hautement contre lui. Cette révolution dont les résultats ont été reconnus par toute l'Europe, consacrés par tant de victoires, et consolidés par tous les intérêts nouveaux, a jeté entre la France et les Bourbons un mur de diamant, pareil à celui qui, dans Milton, sépare le palais de l'Éternel du sombre séjour des anges rebelles. Il faut que le comte de Lille renverse ce mur terrible avant de faire entendre sa faible voix ou ses inutiles protesta-

à Varsovie ; on ajouta quelques mots à l'oreille des envoyés particuliers de Louis XVIII à Vienne, à Londres et à Saint-Pétersbourg : « sans doute les événements de la guerre pouvaient rendre la restauration des Bourbons possible ; mais le temps n'était pas venu de donner une nature complexe à une question de sa nature si simple, et de mêler des intérêts de dynastie à une campagne qui ne devait avoir d'autre but que de restreindre la prépondérance de la France dans des conditions que les cabinets déclaraient rationnelles. »

A cette époque un événement malheureux vint accuser la moralité de la police impériale ; il fut constaté qu'une tentative d'empoisonnement avait été essayée contre Louis XVIII à Varsovie ; le fait fut incontestable, l'attentat dut-il être attribué à la main fatalement signalée ? Louis XVIII, alors à Varsovie, faisait les préparatifs d'un voyage politique dans la Baltique ; deux émissaires étaient arrivés à sa résidence ; d'où venaient-ils et à quels desseins ? Ils s'adressèrent à un Français de peu d'importance dans la vieille capitale de la Pologne, et lui demandèrent les renseignements les plus intimes sur

---

tions. Ce n'est point par des écrits que des rois détrônés rétablissent leurs droits. Lorsqu'ils en sont réduits à cette extrémité, ils sont déjà dégradés du rang où la fortune et l'autorité de la nation les avaient placés. Lorsque Henri IV voulut monter sur le trône de saint Louis, il prit les armes, il vainquit, il régna ; mais le comte de Lille nous rappelle le fils de Jacques II, qui, n'ayant jamais tiré le glaive, se contentait d'envoyer régulièrement de sa petite cour de Commeroy, en Angleterre et en Écosse, des volumes de protestations et d'injures, au lieu d'y porter des armes et d'y lever des soldats. Il fut un temps où le comte de Lille pouvait parler de ses droits, parce qu'il pouvait les défendre ; mais il a choisi le parti de la retraite, il devrait prendre celui du silence : un roi détrôné doit combattre ou se taire.

« Du reste, le dernier acte de la volonté nationale complète tous les autres, et met le *sceau*, comme le dit si bien le comte de Lille, à l'*usurpation* dont le peuple français et l'Empereur sont si coupables ; l'instabilité du gouvernement, au milieu des triomphes de la République, flattait encore les espérances des Bourbons ; le trône semblait toujours vacant. Mais aujourd'hui que la dignité impériale est élevée sur les ruines de la monarchie, aujourd'hui que l'ordre héréditaire assure des chefs intéressés à l'ordre actuel, et que tous les intérêts nouveaux ont un centre, un point d'appui fixe,

la vie du roi ; puis on lui offrit de l'or, une immense récompense s'il voulait pénétrer dans les cuisines du roi pour y jeter une certaine préparation ; le duc de Pienne, premier gentilhomme de la chambre, fut prévenu par des indiscrétions, et les deux émissaires, à leur tour, compromirent l'agent principal de la police de Paris. La tentative d'empoisonnement ainsi constatée par les autorités prussiennes, le roi écrivit au président de la chambre de Varsovie et lui dénonça toutes les circonstances de l'attentat. Le cabinet de Berlin retarda toute enquête judiciaire ; Louis XVIII fit déposer à la police les preuves du délit : on en constata sous toutes les formes la réalité en présence du comte d'Avaray, de Damas-Crux, de l'abbé de Frimont, de l'archevêque de Reims, du marquis de Bonnay. Les royalistes n'hésitèrent point à accuser la police impériale ; historiquement rien ne fut constaté que la réalité du délit, la main secrète qui l'avait dirigé resta mystérieuse. On crut reconnaître dans les hésitations de la Prusse la crainte que la France lui inspirait. Cette tentative fit une profonde impression, et les journaux

tout est fini pour les Bourbons. Quelles que soient leurs prétentions, ils ne peuvent désormais soutenir la comparaison avec celui que le peuple français leur a préféré, et il est plus glorieux de commencer une dynastie que de finir la sienne ; et, certes, jamais droits ne furent plus sacrés, plus solennellement reconnus, que ceux de la famille appelée à régner.

« Ce ne sont plus quelques tyrans subalternes, quelques seigneurs ignorants ; ce ne sont plus quelques vils factieux qui ont disposé de l'autorité dans un moment d'ivresse anarchique. C'est un peuple tout entier qui, après avoir combattu quinze ans pour sa liberté, après avoir essayé diverses sortes de gouvernement, prend enfin, dans le calme des passions, celui qu'il a jugé le plus convenable à ses intérêts et le plus conforme à son caractère. L'Empereur ne portera pas un décret qui ne lui rappelle l'étendue de ses devoirs et la légitimité de ses droits. Il règne par les *constitutions de l'Empire :* c'est-à-dire que l'Empire et les constitutions sont avant lui, qu'il existe pour défendre l'un et pour maintenir les autres. Il avait tout mérité de la reconnaissance nationale, maintenant il doit tout à la nation. Voilà ce qui rend son empire plus cher, ce qui le lie plus intimement au peuple ; voilà ce qui distingue éminemment la nouvelle dynastie et qui donne une base éternelle au trône impérial ; tandis que le comte de Lille et ses successeurs en

français reçurent l'ordre de traiter comme une invention puérile tout ce qui s'était fait à Varsovie[1]. Au reste, quel intérêt aurait eu Bonaparte si haut placé à se défaire de Louis XVIII alors si abaissé? La main qui brise un trône de son gantelet, ne s'amuse pas à verser du poison dans la coupe.

A ce moment décisif de l'avénement de Napoléon à l'Empire, les princes de la maison de Bourbon résolurent de se réunir pour faire en commun une déclaration de principes qui pût servir de base à une restauration à venir. Depuis l'origine du mouvement révolutionnaire, l'Europe savait la séparation instinctive qui divisait en deux partis les opinions de Louis XVIII et celles de M. le comte d'Artois. Le roi partait toujours de la base des négociations et des transactions, comme Henri IV avec les ligueurs; il n'avait aucune répugnance pour se rapprocher des hommes qui avaient marqué plus ou moins directement dans les événements de 1789. Il n'en était pas de même de M. le comte d'Artois, esprit actif, inflexible, et que rien ne pouvait détourner de la pensée des complots et des tentatives se-

seront réduits à faire entendre d'inutiles protestations, de quelque retraite ignorée, malheureux d'avoir perdu le trône, malheureux de ne l'avoir pas su recouvrer, mais plus malheureux encore de n'être pas assez grands pour y renoncer, lorsque la fortune, les puissances de l'Europe et l'intérêt de la France les en ont précipités pour toujours. »

[1] « Dans les derniers jours de juillet, on a découvert un complot tendant à empoisonner le comte de Lille et sa famille. Deux étrangers inconnus avaient gagné, par des promesses, un certain Coulon, qui tient ici un billard; ce dernier, qui était lié avec le cuisinier du prince, devait jeter dans le pot où se fait la soupe deux carottes qu'ils lui remirent. Coulon, tourmenté par sa conscience, déclara la chose, et remit le paquet qui contenait les carottes. Celles-ci, ayant été examinées par deux médecins et un apothicaire, se trouvèrent remplies d'arsenic. Le comte de Lille, avant son départ pour Grodno, écrivit à M. le comte d'Hyme et au président de la chambre à ce sujet; et en conséquence il fut donné ordre de faire les informations les plus rigoureuses. Les deux étrangers, dont le signalement se trouve dans les différents actes, se sont évadés. »
(Lettre datée de Varsovie, 7 août, publiée dans la *Gazette de Hambourg*.)

Voici comment les journaux français parlèrent en se moquant de la tentative d'empoisonnement sur Louis XVIII :

crètes contre la Révolution française. Il y a des esprits ainsi faits en politique, qui ne savent que conjurer même contre eux ; le pouvoir n'est dans leur main qu'un moyen d'action occulte, et malheureusement tel fut un peu le caractère de M. le comte d'Artois ; avec ce besoin d'agitation il avait compromis souvent ses amis. Enfin une dernière opinion était celle du duc d'Orléans, profondément attaché par ses antécédents à la Révolution française; alors le prince était trop habile pour s'attirer la haine des émigrés qui le surveillaient dans toute sa conduite; il se gardait de leur donner des motifs de soupçonner son dévouement.

Les princes de la branche aînée, comme les membres de la branche cadette, éprouvèrent la même nécessité de se rattacher à un corps de doctrines qui deviendraient pour eux la base de leur politique d'avenir ; leurs divisions faisaient leur faiblesse, quand l'union devait être leur force; il ne s'agissait plus que de choisir une localité spéciale où tous pourraient se voir dans une sorte de congrès de famille [1], pour arrêter un plan de conduite. Ce congrès deviendrait une réunion politique : on voulait y dresser des manifestes et des actes, et dès

« Au départ du courrier, l'on apprend par des lettres de Varsovie que Coulon et sa femme ont été arrêtés. Ils ont avoué que la fable de l'empoisonnement était de leur invention, afin de tirer quelque argent du comte de Lille, qui a bien voulu ajouter foi aux assertions d'un misérable qui d'ailleurs avait une réputation très flétrie. »

[1] Le paragraphe inséré dans les gazettes allemandes, portant que le prince de Condé et le duc d'Orléans étaient à Riga, n'était pas tout à fait sans fondement. On sait parfaitement dans les cercles diplomatiques que Louis XVIII a désapprouvé tout complot, toutes manœuvres tendantes à opérer de force une contre-révolution en France ; il a sagement pensé que son propre intérêt et ceux de sa famille seraient mal servis par des actes de violence ; aussi a-t-il refusé son appui aux projets d'insurrection dans l'intérieur, comme aux plans d'attaque à l'extérieur de la France. Il espère avoir conservé l'affection d'un grand parti en France, qui attend le moment propice pour raviver l'opinion publique en faveur de l'ancienne dynastie, et faciliter le retour de cette famille, au moyen de la charte constitutionnelle qui fut dressée par la première assemblée en 1791, et avec telles modifications en faveur de la liberté que les événe-

lors il allait créer une difficulté pour les puissances en rapport avec la France. La Prusse, qui avait donné un asile au Prétendant, fit insinuer : « que cet asile ayant un sens limité pour abriter sa tête proscrite, en aucun cas Varsovie ne pouvait servir de chef-lieu à un projet de la maison de Bourbon contre le gouvernement établi en France et reconnu par la Prusse. » L'Autriche fit la même réponse, et la Russie fut aise d'éviter toute explication, afin de ne pas mélanger une idée de restauration de dynastie à la question militaire et territoriale, qui seule la préoccupait alors. Les Bourbons étaient pour les puissances continentales un embarras; s'ils étaient restés dans la condition de vieux et paisibles gentilshommes, on les aurait partout accueillis; mais comme ils portaient haut et noblement le sentiment de leurs droits, ils refusèrent d'accéder à cette condition d'impuissance. Les Bourbons s'adressèrent au chevaleresque Gustave-Adolphe, et ce prince n'hésita point à offrir au roi malheureux la ville de Calmar en Suède. Là devaient venir tous les princes, pour se réunir au chef de leur lignée, et rédiger en commun une protestation adressée à tous les gouvernements. Calmar était bien située entre Londres et

ments arrivés depuis rendront nécessaires. C'est ainsi que le roi a constamment pensé, et il a vu avec le plus vif regret la violence extrême d'opinions des autres parties de sa famille : il n'a pas hésité de dire que les succès de Bonaparte étaient dus en partie aux mesures violentes, indiscrètes, impolitiques et déhontées employées par les conseillers de ses proches parents en Angleterre, et il a désiré ardemment de les soustraire à l'influence d'un cabinet qui les a si souvent et si indignement fourvoyés. Il est également certain qu'après la publication du dernier complot, celui de Pichegru, qu'on avait jusqu'alors caché au roi, il a écrit à son frère et à tous les princes résidant en Angleterre pour leur témoigner, dans les termes les plus pressants, son désir le plus formel (et pour eux ce désir eût été un ordre) de se réunir incontinent à lui dans l'asile que l'empereur de Russie avait offert à sa famille. Nous apprenons que le prince de Condé et le duc d'Orléans ont témoigné leur empressement à obéir, mais certaine intervention les en a aussitôt empêchés. Cependant leur détermination est parvenue à la connaissance du roi exilé, et il en est résulté ce paragraphe dans les journaux allemands.» (*Morning Chronicle*, 25 août 1804.)

Varsovie; Gustave s'y prêtait de bonne grâce avec son caractère loyal et empressé. Il jouait peut-être sa couronne par cette hardiesse; tant d'autres la jouaient aussi par couardise! et à tout prendre, il valait mieux tomber sans abaissement et sans flétrissure, les armes à la main.

On vit donc à Calmar la réunion des Bourbons; beaucoup de noblesse y accourut pour assister aux délibérations de la famille proscrite. Louis XVIII embarqué à Riga, et le comte d'Artois à Harwick, arrivèrent le même jour à Calmar, où ils demeurèrent près de trois semaines, discutant point à point toutes les questions politiques chacun dans son sens. Louis XVIII, avec sa sagacité habituelle, démontra fortement à son frère la nécessité de faire reposer la restauration sur quelques-uns des principes que la révolution de 1789 avait fait surgir, en les adaptant à la politique monarchique et les légitimant par cette adhésion. D'après le roi, Napoléon devait périr par l'abus du despotisme et de la conquête: il fallait donc faire reposer une restauration sur l'idée de paix et de liberté. L'entrevue de Calmar aboutit à la rédaction de plusieurs documents curieux; le premier était une protestation parfaitement rédigée à la face des cabinets de l'Europe et de la France; le second une déclaration qui devait servir de base plus tard à la charte[1]; on y proclamait le gouvernement représentatif très large, la conservation des grades, l'égalité

---

[1] Déclaration de Louis XVIII adressée aux Français, de Calmar,

« Au sein de la Baltique, en face et sous la protection du ciel, fort de la présence de notre frère, de celle du duc d'Angoulême, notre neveu, de l'assentiment des autres princes de notre sang, qui tous partagent nos principes, et sont pénétrés des mêmes sentiments qui nous animent, attestant et les royales victimes, et celles que la fidélité, l'honneur, la piété, l'innocence, le patriotisme, le dévouement, offrirent à la fureur révolutionnaire, ou à la soif ou à la jalousie des tyrans; invoquant les mânes du jeune héros que des mains impies viennent de ravir à la patrie et à la gloire;

de l'avancement; le roi légitimait en quelque sorte la constitution de 1791, contre laquelle il avait d'abord protesté; il en faisait un acte émané de l'autorité royale, pour l'opposer au pouvoir absolu, mais glorieux, que l'empereur Napoléon faisait monter avec lui sur le trône.

La déclaration de Calmar fit une vive sensation en Angleterre : Louis XVIII ralliait à lui ce qu'on appelait le parti constitutionnel en Europe. Les journaux anglais s'occupèrent de cette circonstance avec une certaine sollicitude; ils déclarèrent que : « Louis XVIII, adoptant les principes de la première constitution de 1791, avait formellement blâmé les mesures violentes et indiscrètes employées par les conseillers de ses proches parents en Angleterre »; ces reproches tombaient directement sur M. le comte d'Artois, qui tout en obéissant n'avait pas voulu faire le sacrifice de ses idées. Le roi l'avait pressé de venir habiter avec lui en Russie; le prince refusa, disant qu'il serait plus utile à leur cause à Londres. L'entrevue de Calmar doit être considérée comme la base de la pensée libérale de Louis XVIII à l'origine de la première restauration en 1814; ce furent moins les armées coalisées qui tuèrent Bonaparte que les idées patriotes; Louis XVIII s'aperçut que le meilleur moyen de lutter avec le despotisme, c'était d'opposer la liberté; le gouvernement d'un soldat ne pouvait être brisé que par le gouvernement de la tribune.

offrant à nos peuples, comme gage de réconciliation, les vertus de l'ange consolateur que la Providence, pour nous donner un grand exemple, a voulu attacher à de nouvelles adversités en l'arrachant aux bourreaux et aux fers : nous le jurons, jamais on ne nous verra rompre le nœud sacré qui unit inséparablement nos destinées aux vôtres, qui nous lie à vos familles, à vos cœurs, à vos consciences; jamais nous ne transigerons sur l'héritage de nos pères, jamais nous n'abandonnerons nos droits. Français! nous prenons à témoin de ce serment le Dieu de saint Louis, celui qui juge les justices. »

Louis.

Après l'entrevue de Calmar, si décisive sur l'esprit et la tendance de la Restauration, Louis XVIII quitta la Suède pour reprendre sa résidence à Varsovie. Des difficultés s'étaient élevées depuis le manifeste royal, et la Prusse ne se souciait plus de recevoir le comte de Lille dans ses États; le cabinet de Berlin ne se pressa pas de réitérer ses offres d'asile; les motifs donnés par les ministres prussiens se résumaient en cette pensée : « Que depuis l'entrevue de Calmar, Louis XVIII et les Bourbons avaient pris un rôle politique en Europe, qui compromettait les rapports de la Prusse avec le gouvernement français; l'asile n'avait jamais été qu'une simple hospitalité; le séjour d'un prétendant occupé d'une restauration n'avait pas le même caractère. » Louis XVIII écrivit une fois encore à l'empereur Alexandre, qui lui offrit Mittau comme un séjour déjà connu du prince et convenable pour abriter les grandeurs exilées [1].

Tandis que les Bourbons s'agitaient ainsi à l'étranger pour réclamer au nom de leurs droits, et que Fauche-Borel faisait imprimer à quatre-vingt mille exemplaires la déclaration de Calmar, la France nouvelle s'occupait à peine des Bourbons. Aucune dynastie n'avait laissé moins de traces parmi les basses classes de la société et dans les hommes nés sous le mouvement révolution-

---

[1] De Berlin, 13 janvier 1805.
« S. M. le roi de Prusse, immédiatement après avoir reconnu l'Empereur des Français, fit annoncer au comte de Lille qu'il convenait qu'il s'abstînt de toute démarche qui tendrait à réveiller des prétentions à la couronne de France, à laquelle une nouvelle maison venait d'être appelée avec l'approbation de l'Europe; qu'ainsi donc ayant reconnu le chef de la quatrième race des souverains de France, il désirait que le comte de Lille, s'il voulait rester dans ses états, ne se permît directement ni indirectement aucune atteinte aux droits du nouveau monarque des Français. Le comte de Lille étant sur ces entrefaites parti pour Calmar, et la police ayant été instruite que des agents allaient et venaient de France à Varsovie pour y nouer et entretenir des intrigues, le roi de Prusse écrivit au comte de Lille qu'il se croyait obligé de lui notifier de choisir une autre résidence; parce

naire : à Paris, quelques gentilshommes du faubourg Saint-Germain s'occupaient de la famille exilée; chaque jour même plusieurs se ralliaient à l'Empereur, soit par l'armée, soit par le palais. M. de Talleyrand employait à cette œuvre une activité remarquable; par ses goûts, le grand-chambellan aimait le faubourg Saint-Germain; habitué aux manières aisées et nobles, il trouvait plaisir à ramener vers Napoléon, les hommes de la génération nouvelle qui portaient des noms illustres, ou les gentilshommes du temps passé, fatigués de bouder. J'ai dit avec quelle sollicitude il avait aidé la formation de la maison de l'Empereur, mêlant parmi les pages et les chambellans, dans le palais, dans l'armée, quelques-uns des noms les plus saillants de la monarchie; si la catastrophe du duc d'Enghien avait aliéné bien des cœurs, si des âmes d'élite comme M. de Châteaubriand avaient rompu de face avec Napoléon, le reflet de gloire qui brillait sur le front de l'Empereur entraînait d'autres royalistes. M. de Talleyrand s'y prenait parfaitement avec eux; le gouvernement, possesseur de beaucoup d'anciennes propriétés d'émigrés, pouvait leur rendre leurs bois et constituer pour eux une grande fortune; il fallait donc avoir un dévoûment bien absolu à la vieille dynastie pour résister à de telles propositions. Avec sa légèreté toujours un

que l'Empereur des Français avait le droit réciproque entre les souverains d'exiger qu'aucun de ses ennemis ne fût toléré dans un état ami.

« Le comte de Lille s'adressa alors à l'empereur de Russie pour lui demander un asile. Il reçut une réponse digne de ce prince, qui lui déclara qu'étant attaché au souverain des Français par des liens d'estime et d'amitié personnelle, il voyait avec plaisir la nouvelle direction des affaires de France; que s'il existait quelques froideurs entre les deux états, elles étaient de puissance à puissance, et concernant des affaires étrangères aux arrangements intérieurs de cet empire, qu'il regardait comme terminés : qu'il ne se refuserait pas toutefois à accorder un refuge au comte de Lille, et qu'il lui désignait la ville de Kiew, sur les bords du Boristhène, où il doit se rendre au printemps; jusque-là il lui est permis de rester à Mittau. »

peu moqueuse, M. de Talleyrand demandait aux jeunes femmes si elles voulaient s'ennuyer comme de vieilles douairières, et se retirer du monde dans leur couvent de la rue de la Planche, ou de la rue de Varennes. Aux jeunes hommes, il représentait l'ennui d'une position effacée, et d'appartenir déjà au passé à vingt ans. Ces paroles adroites gagnaient peu à peu le faubourg Saint-Germain à la cour impériale; il venait lentement aux Tuileries où il plaisait à l'Empereur par ses habitudes d'un monde supérieur et l'éclat de ses manières. Le noble faubourg s'était fait d'ailleurs une situation railleuse aux Tuileries; admirant Napoléon dans l'éclat de sa gloire, il gardait ses mots joyeux pour les gaucheries de tant de parvenus et les réjouissantes paroles de la nouvelle aristocratie [1].

Les Bourbons ne pouvaient plus compter sur un véritable appui même dans les hautes classes à Paris; en était-il ainsi de la partie provinciale si longtemps armée pour un mouvement royaliste? Le jugement de Georges et des chouans avait produit une impression profonde sur les provinces de l'Ouest, exemple vigoureusement frappé qui comprimait les imaginations et arrêtait les bras. Les chefs étaient démoralisés, la police avait agi avec une habileté remarquable à l'égard des généraux de la Vendée et de la chouannerie; lors de la pacification, un grand nombre s'étaient rendus à Paris sur parole donnée; MM. d'Autichamp, d'Andigné, de Bourmont, avaient reçu des sauf-conduits; le premier Consul, au mépris de sa promesse, les avait fait mettre au Temple sur le premier soupçon de la conspiration de Georges, comme prévenus

---

[1] M. de Talleyrand aimait à dire les succès qu'il avait eus à cette époque; c'était lui qui avait composé la maison de l'Empereur.

de complot contre sa personne [1]. Par ce moyen, privés de leurs chefs, les chouans et les royalistes provinciaux étaient plus faciles à comprimer et l'association militaire était dissoute. En Normandie les royalistes n'avaient plus de liens intimes entre eux, depuis la mort du comte de Frotté; on trouvait encore des châteaux isolés où se conservait précieusement le culte monarchique, encore prêt à quelques sacrifices pour les Bourbons, mais les masses n'étaient pas à eux. Supposez même qu'un prince de l'antique maison eût débarqué en Normandie comme Charles-Édouard en Écosse, il n'aurait trouvé ni soulèvement, ni appui; on pouvait critiquer le gouvernement établi, en subir l'autorité avec impatience; il était trop dangereux de l'attaquer à main armée.

En Bretagne, la race énergique des chouans avait reçu une vigoureuse secousse par la condamnation de Georges et de ses compagnons; l'échafaud vit rouler les têtes des chefs les plus intrépides; presque tous enfants du Morbihan, ils avaient péri autour de Georges sous les ordres duquel ils combattaient le front haut. D'ailleurs, dans la province bretonne, la campagne seule était dévouée et royaliste; les chouans, durs comme leurs rochers, habitaient les landes, les plaines, tandis que dans les villes l'esprit patriotique des Bretons éclatait d'une manière soudaine : au sein de ces cités si têtues il n'y avait que des républicains avec le souvenir de la Convention nationale, et dans la campagne, le royalisme dans sa ferveur; la vigoureuse administration des préfets, les instructions qu'ils recevaient de l'Empereur et du ministre de la police, avaient successi-

---

[1] L'Empereur racontait comme une preuve de résolution et de force cette arrestation des chefs de la Vendée. Les sauf-conduits n'étaient rien pour lui.

vement éteint ces divisions terribles. La Bretagne n'était pas plus disposée que la Normandie pour un mouvement favorable aux Bourbons; la mémoire s'en perdait dans le cœur des jeunes hommes; tout se résumait en une haine instinctive contre les Anglais. Les expéditions de Brest, les efforts de la marine impériale occupaient bien plus alors la Bretagne que les débris de la chouannerie.

Dans la Vendée, l'administration de l'Empereur était encore plus habile, plus forte et plus intelligente; la plaie était saignante, et il fallait y porter remède. Napoléon avait fait la part à l'héroïsme gigantesque des Vendéens; il avait goût pour le courage et surtout pour ce glorieux dévouement, qui se groupait autour des trônes malheureux pour les défendre; Empereur lui-même, il savait qu'un jour peut-être il serait digne de trouver une Vendée pour le soutenir aux époques néfastes [1]. Dans l'œuvre d'une pacification nécessaire, il avait d'abord appelé auprès de lui l'abbé Bernier; Napoléon savait toute son influence sur le paysan, et le rôle pacificateur qu'il y avait joué, lorsqu'il fut chargé de plusieurs missions de confiance auprès des Vendéens; on l'avait mêlé au Concordat dont il fut l'un des négociateurs; il y mérita

---

[1] L'esprit des Bretons s'exalta depuis en faveur de Napoléon. On ne faisait d'ailleurs aucune grâce aux débris de la chouannerie. Voici une publication de la police :

« Le nommé Guillemot, arrêté le 25 frimaire dernier (16 décembre 1804), sur la côte du Morbihan, a été traduit le 14 nivôse (4 janvier 1805) à une commission militaire formée à Vannes. Le jugement qui le condamne à la peine de mort a été exécuté le 15 (5). Il était revenu d'Angleterre au mois de mai de l'année dernière, lors de l'arrestation de Georges : il en a fait l'aveu dans son interrogatoire. Il est convenu également que, ne trouvant plus de sûreté pour lui et pour ses compagnons dans un pays dont les habitants ont, depuis longtemps, repris les dispositions les plus paisibles, il avait traité, moyennant une somme de 600 fr., avec un patron de barque, pour le transporter lui et les siens jusqu'à la station anglaise. Ses interrogatoires constatent qu'il est toujours resté sous les armes, qu'il a exécuté aveuglément tous les ordres de Georges, et qu'il recevait un traitement annuel du gouvernement anglais. »

l'évêché d'Orléans. Du haut de sa vieille cathédrale, le pasteur belliqueux pouvait voir encore les flots de la Loire, théâtre de tant de sanglants exploits. L'influence de l'abbé Bernier [1] sur la Vendée parvint à étouffer quelques impuissantes tentatives d'insurrection; la partie active et remuante se retirait peu à peu de la scène; plusieurs chefs, je l'ai dit, étaient au Temple, et les Larochejacquelein, toujours jaloux d'acquérir une sorte de suzeraineté sur les événements de la Vendée, s'étaient retirés dans leurs châteaux au milieu des métairies. La police avait habilement divisé les chefs, elle savait qu'avec une valeur incontestée et brillante, les Larochejacquelein avaient compromis les événements de la Vendée par une prétention trop vive à une suprématie qu'ils étaient loin d'obtenir. Dans la Vendée, la tête supérieure avait été Charette, les hommes d'intelligence militaire et politique, MM. de Sapineau, d'Autichamp, de Suzannet et Bourmont, tous hautement appréciés par l'Europe. Une des grandes causes de décadence pour la Vendée fut la division des chefs, et la police de l'Empire le savait bien; tous prétendaient au commandement, et avec un peu de souplesse et de rouerie, Fouché pouvait semer des divisions profondes parmi les généraux vendéens. Tous savaient se faire tuer, mais nul ne savait se placer à son rang; admirables chefs de paroisse, ils étaient en guerre intime au milieu même de la guerre civile qu'ils avaient soulevée au sein de la patrie [2].

---

[1] Dans cette situation mixte et conciliante, la réputation de l'abbé Bernier perdit quelque chose de sa pureté et de son zèle.

[2] « Ce qui nuisit toujours au parti royal, ce ne fut pas les chances malheureuses de la guerre, qui appartiennent à tout le monde, ce fut la jalousie; elle était extrême entre les armées d'Anjou et de Poitou; elle fut constante, et se signala par les plus grands désastres. C'est le propre des révoltes : l'égalité des intérêts les c

Napoléon accabla la Vendée de bienfaits. Des ravages inouïs avaient marqué le passage de l'armée révolutionnaire; on trouvait des villes en cendres, des métairies en ruines, comme si le feu du ciel avait frappé les toits et dévoré les moissons. L'administration de l'Empereur voulut tout réparer dans ces provinces; les préfectures furent confiées à des hommes d'intelligence qui exécutèrent le vaste plan d'administration que Napoléon avait conçu. Des villes nouvelles furent fondées, des villages entiers rebâtis; on donna des indemnités aux paroisses, on leur rendit leurs curés sans distinctions de partis; les évêques firent prier dans les églises pour la conservation des jours de l'empereur Napoléon, le bienfaiteur de la Vendée; les préfets eurent ordre de ne pas presser avec trop de rigueur la conscription militaire ni le recouvrement de l'impôt; on fit partout des routes, des canaux même au sein du Bocage; la Vendée n'obéit plus aux inspirations de quelques chefs courageux; une surveillance attentive dut empêcher le retour malheureux de la guerre civile. L'abbé Bernier obtint des résultats de conciliation à force de persévérance; les nobles étaient fatigués, les paysans l'étaient plus encore; c'était moins pour le roi de France qu'ils avaient combattu que pour garder les franchises de leur province et la religion de leurs pères [1].

---

mence, l'union des passions les continue, et le plus souvent elles finissent par la guerre civile, qui s'établit dans les révoltes elles-mêmes. » (Mémoires attribués à Napoléon.)

[1] Voici ce qu'on lit encore sur la Vendée dans les Mémoires attribués à Napoléon :

« Le Consulat pacifia la Vendée, parce qu'il était un premier pas vers une réorganisation monarchique, et que le premier Consul, protecteur des prêtres réfractaires lorsqu'il n'était encore que le vainqueur d'Italie, donnait à cette population fanatique l'espérance de lui devoir le rétablissement du culte. Le Concordat réalisa cet espoir. L'Empire éteignit les derniers restes de la Vendée; et l'on vit en 1814 6,000 paysans de ces contrées, entourés à la Fère-Champenoise par des forces décuples, se battre en héros pour la cause de Napoléon, et préférer la mort à rendre leurs armes aux alliés de ces mêmes princes pour lesquels ils avaient pendant six ans résisté à tous les efforts de la République. »

La Vendée satisfaite ne se serait pas soulevée contre Napoléon qu'elle considérait comme sa providence; quelques Vendéens ardents pouvaient rester en rapport avec les Bourbons, mais la masse ne les aurait alors accueillis qu'avec indifférence ou inquiétude; l'insurrection n'aurait pas trouvé d'appui; elle n'arrive jamais sous les gouvernements forts.

Dans le Poitou et la Guienne, il existait des associations secrètes de nobles échappés par miracle aux coups redoublés de la Révolution française; ces provinces conservaient les débris de la féodalité : on y voyait encore çà et là épars des châteaux forts, restes de seigneuries; il y avait des coutumes tout à fait en dehors des lois et des principes nouveaux; plusieurs contrées vivaient comme s'il n'avait jamais éclaté une vaste révolution. Cette ligue des gentilshommes du Poitou, de l'Anjou, de la Saintonge, de l'Angoumois, du Berry, s'étendait jusqu'à Bordeaux; on pouvait y soupirer pour les Bourbons, attendre le retour de cette dynastie comme une époque de bonheur; de ce vœu à un armement militaire, il y avait une longue distance, et, à moins de revers inouïs dans la fortune de l'Empereur, la noblesse n'aurait pas pris les armes pour relever le drapeau fleurdelisé. Tout le royalisme se concentrait dans quelques chaleureux témoignages donnés au milieu des fêtes de château à château [1]; comme les klans d'Écosse fidèles aux Stuarts, les gentilshommes buvaient à la santé de leur roi malheureux. La police, instruite, donnait des réprimandes à ces nobles, avec ordre de se tenir désormais plus circonspects.

L'héroïsme de ces braves prouve que la grande réconciliation des Français avait été opérée par Napoléon, et que la France de 1814 n'était plus la France de 1793. »

[1] Cette organisation servit beaucoup la Restauration en 1813 et 1814.

Le centre de ces associations était déjà Bordeaux; l'active cité des armateurs souffrait; le commerce violemment ébranlé par la rupture du traité d'Amiens, n'osait plus se livrer à aucune spéculation; il avait espéré un grand développement par le traité conclu entre l'Angleterre et Napoléon, illusion évanouie, et dès lors l'intérêt mercantile, toujours un peu égoïste, s'était rattaché aux chances de paix que les Bourbons pourraient donner. Un comité royaliste, chargé de diriger toutes les forces, restait organisé dans la Guienne, l'Anjou et le Poitou; je le répète, ce n'était là qu'une innocente menace aux jours de bonheur; quelques troupes devaient suffire pour retenir dans leurs devoirs les esprits naturellement exaltés des provinces méridionales [1]. Les comités bourboniens de Bordeaux se rattachaient à l'organisation du Languedoc, plus religieuse encore que monarchique; dans ces ardentes contrées, quelque chose qu'on pût faire, la vieille haine des protestants et des catholiques vivait avec toute sa force: à Nîmes, à Montauban, à Toulouse même, on en était aux guerres de la montagne contre la plaine, des huguenots contre les papistes; la question n'avait pas progressé depuis des siècles, elle était ce quelle fut toujours: les royalistes s'étaient rattachés à la cause catholique, cherchant à confondre les deux idées pour les amener à un commun soulèvement favorable à la dynastie proscrite. Pour réprimer ces menées, l'Empereur donnait comme instruction à ses préfets, tout en protégeant le culte réformé, de répéter publiquement les témoignages d'adhésion au catholicisme. Les fonctionnaires devaient suivre les processions, assister aux offices, montrer enfin que

---

[1] Ces faits expliqueront la prise du drapeau blanc à Bordeaux, au 12 mars 1814.

l'Empereur, couronné des mains du pape, se déclarait le protecteur le plus éclairé, le plus ferme, de la foi antique. Telle était la puissance magique de Napoléon, qu'on vit des préfets de la plus hardie des écoles philosophiques communier en public à la face des évêques, et parodier, pour conserver leur place, l'exemple de Henri IV pour gagner Paris la bonne ville [1].

En Provence, l'effervescence royaliste était un peu éteinte; les villes maritimes souffrantes, comme Bordeaux, exhalaient leurs plaintes; on désirait la paix en présence de ces escadres anglaises qui fermaient les ports; mais on n'était plus à l'époque des compagnies *de Jésus* et du *Soleil*, arborant leur étendard pour la cause des Bourbons : si le parti royaliste avait des ramifications dans le peuple, l'impulsion militaire de Napoléon était si énergique qu'il n'y aurait pas eu de soulèvement au cas même où un prince aurait débarqué en Provence. Le temps était passé où Marseille prenait hautement la cause de Louis XVIII, où Toulon se livrait aux Anglais; l'administration préfecturale, sous un conventionnel d'une dure capacité (M. Thibaudeau), maintenait l'exécution des lois avec une rigueur indicible pour la conscription et l'impôt. Il n'était pas un seul département du Midi qui pût offrir appui au retour de la branche proscrite tant que Napoléon serait victorieux; si on gémissait de la guerre terrible contre la Grande-Bretagne, la plainte n'allait pas au-delà du foyer domestique.

Au centre de la France la cause des Bourbons était, hélas! inconnue ou bien oubliée; des répugnances invin-

---

[1] Les circulaires secrètes du ministre de l'intérieur recommandent les démonstrations catholiques aux préfets du Midi.

cibles existaient contre eux depuis les Alpes jusqu'à la Somme; le Lyonnais, la Bourgogne, la Champagne, la Franche-Comté, la Picardie, ne connaissaient la dynastie exilée par la Révolution que comme une race abaissée par la fortune. De fâcheuses impressions étaient restées à la suite de toutes les publications de police sur les royalistes : on confondait tristement avec eux les chouans, les fauteurs de guerre civile, ceux-là que les rapports dénonçaient comme les brigands et les arrêteurs de diligences. Toute idée de restauration demeurait étrangère; l'esprit religieux et catholique, si fervent à Lyon, dans la Bresse ou à Besançon, s'était même tourné au profit de l'Empereur, qui avait relevé les autels, et que le pape venait de sacrer à Notre-Dame. Les hommages qu'avait reçus le souverain pontife, les honneurs que le nouveau monarque lui avait fait rendre [1], tout cela exaltait les populations du centre en faveur du gouvernement établi; que pouvait-on désirer de plus de la main des Bourbons? Le moderne Charlemagne rendait aux églises leur splendeur, et au pontificat sa magnificence; un concert unanime s'élevait au ciel, plein

[1] La ferveur religieuse des provinces du Lyonnais et du Mâconnais avait frappé le pape Pie VII; il aimait à dire lui-même ses impressions, et voici ce qu'il raconta dans une audience à M. Artaud :

« Nous voulons vous raconter un événement qui vous prouvera à quel point nous avons lieu d'être content de votre excellent peuple. Nous ne parlons pas de la bénédiction du musée à la fin de décembre : c'est surtout à notre retour que nous avons reçu des marques innombrables d'amour et de respect. A Châlons-sur-Saône nous allions sortir d'une maison que nous avions habitée pendant plusieurs jours; nous partions pour Lyon : il nous fut impossible de traverser la foule ; plus de deux mille femmes, enfants, vieillards, garçons, nous séparaient de la voiture qu'on n'avait jamais pu faire avancer. Deux dragons (le pape appelait ainsi nos gendarmes à cheval, parce que les seuls corps de cavalerie qu'il eût à son service étaient de l'arme des dragons,) deux des dragons chargés de nous escorter nous conduisirent à pied jusqu'à notre voiture, en nous faisant marcher entre leurs chevaux bien serrés. Les dragons paraissaient se féliciter de notre manœuvre, et fiers d'avoir plus d'invention que le peuple. Arrivé à la voiture, à moitié étouffé, nous allions nous y élancer avec le plus d'adresse et de dextérité possible, car c'était une bataille où il fallait employer la malice, lorsqu'une jeune fille, qui à elle

de reconnaissance pour l'Empereur, à travers quelques vœux isolés dans l'âme des vieillards pour le retour d'une famille que l'on croyait à jamais perdue.

Louis XVIII connaissait mal cet état de l'opinion publique en France; son agence lui faisait quelques illusions sur les souvenirs que l'on portait à sa dynastie; le Roi, dans son activité intelligente, prétendait que le seul moyen de se rappeler à la mémoire des Français, c'était de leur parler des bienfaits politiques de la paix, et de la liberté qu'une restauration pourrait leur donner. C'est dans cette vue qu'avait été rédigée la déclaration de Calmar, où Louis XVIII promettait des libertés si larges et des garanties au peuple en opposant la liberté de 1789 au despotisme de l'Empire. Le Roi entretenait aussi des agents auprès des cours, sous prétexte d'affaires particulières, et ses ministres accrédités dans chaque capitale fortifiaient l'opinion qu'avec le gouvernement de l'Empereur il n'y avait pas de sécurité pour l'Europe; le cabinet de Berlin n'avait admis aucun de ces agents qui avaient accès auprès de la reine Louise et de la partie noble et belliqueuse de la nation prussienne. A Saint-Pétersbourg, Louis XVIII était mieux écouté; l'empereur Alexandre paraissait plus décidé à suivre une guerre vigoureuse, et sans mêler aux questions territoriales la restauration des Bourbons,

---

seule eut plus d'esprit que nous et les deux dragons, se glissa sous les jambes d'un des chevaux, saisit notre pied pour le baiser, et ne voulait pas le rendre parce qu'elle avait à le passer à sa mère qui arrivait par le même chemin. Prêt à perdre l'équilibre, nous appuyâmes nos deux mains sur un des dragons, celui dont la figure n'était pas la plus sainte, en le priant de nous soutenir : « *Signor dragone*, ayez pitié de nous. » Voilà que le bon soldat (fions-nous donc à la mine), au lieu de prendre part à notre peine, s'empara à son tour de nos mains pour les baiser à plusieurs reprises. Ainsi entre la jeune fille (*la ragazza*) et votre soldat, nous fûmes comme suspendu pendant plus d'un demi-quart de minute, attendri jusqu'aux larmes! Ah! que nous avons été content de votre peuple! »

le nom de ces princes lui paraissait un mobile favorable à un mouvement militaire, et une solution quelconque dans le cas d'un bouleversement en France, s'appuyant sur la coalition [1]. Telle était peut-être aussi la pensée de l'Autriche, tout en prenant ses précautions pour réduire le rétablissement de l'ancienne dynastie dans des proportions limitées. En Angleterre, enfin, les Bourbons n'étaient considérés que comme un instrument, et depuis le nouveau système de Pitt (la sécurité), on les trouvait peut-être un embarras, susceptible d'arrêter la volonté ou la nécessité de traiter avec le nouveau chef du gouvernement français.

On peut dire qu'à aucune époque la cause d'une vieille dynastie ne fut plus fatalement délaissée : à l'intérieur elle n'avait plus que peu de partisans, soit pour la guerre civile, soit dans les instincts des peuples; le gouvernement impérial se montrait suffisamment protecteur, pour que les intérêts ne fussent pas alarmés; la société était fatiguée de révolutions publiques. A l'extérieur, les malheureux Bourbons étaient considérés comme une véritable charge pour les grands cabinets; quand ils demandaient un asile, on n'osait ni le leur refuser, ni le leur

---

[1] Voici quelques-unes des publications allemandes sur Louis XVIII, faite dans les journaux sous l'influence de la Prusse :

« S. M. l'empereur de Russie ayant appris que le comte de Lille avait quitté Varsovie, et qu'il se proposait de se rendre en Russie, où il devait avoir des conférences annoncées d'abord avec des personnes attendues d'Angleterre, n'a pas voulu que ces sortes de réunions eussent lieu dans ses États. Sa Majesté a fait connaître au comte de Lille, qu'ayant eu des relations suivies avec le gouvernement français, ayant signé avec lui plusieurs traités, et ce gouvernement étant reconnu en Russie depuis le traité de 1801, elle ne devait rien souffrir chez elle qui pût faire penser que la cour de Russie eût changé à cet égard de système et d'opinions. »

« Le comte de Lille, parti de Calmar le 24 octobre, a débarqué le 7 novembre à Riga, d'où il s'est rendu le lendemain au château qu'il avait occupé auprès de Mittau. On doute qu'il retourne à Varsovie, où s'est rendu le duc d'Angoulême. On croit qu'il pourrait bien n'y être allé que pour en ramener madame la duchesse d'Angoulême et madame la comtesse de Lille, qui quitteraient entièrement Varsovie pour venir habiter aussi le château de Mittau. » (De Hambourg, 4 décembre 1804.)

accorder; les cours de l'Europe, dans leur politique égoïste, traitaient les Bourbons avec une sévérité remarquable. Hélas! peut-être la Prusse craintive devant l'Empereur, aurait fait arrêter Louis XVIII à Varsovie, comme les ministres de Louis XV firent lier le brave et noble Charles Édouard avec des cordons de soie à la sortie de l'Opéra de Paris. Ainsi la destinée rend le mal pour le mal; à chacun son talion, et la politique personnelle de la Prusse, ses condescendances timides, ne la sauvèrent pas des désastres d'Iéna et des humiliations que l'épée de l'Empereur lui fit subir. Le cabinet de Berlin fut, à cette époque, l'exemple le plus frappant des malheurs que peut amener une politique qui ne sait se dessiner pour rien. Quand les événements ont pris une certaine puissance, il est impossible de rester neutre; c'est un torrent qui entraîne de droite ou de gauche, et dont il faut suivre les flots impétueux.

CHAPITRE VI.

PLAN MARITIME DE NAPOLÉON CONTRE L'ANGLETERRE.

RÉUNIONS TERRITORIALES.

Développement du camp de Boulogne. — Composition de l'armée. — La Flottille. — Tentative des Anglais pour la brûler. — Vaste plan tracé par Bonaparte. — Les amiraux Bruix, Villeneuve, Lacrosse, Missiessy. — Les amiraux anglais Nelson, Calder, Keith, Collingwood. — Fautes du plan de Napoléon. — Confusion. — Système littoral et fluvial. — La Hollande. — L'Espagne. — Gênes et l'Italie. — Départ de Napoléon pour Milan. — La Couronne de Fer. — Réunion de Gênes.

Mai 1804 à Août 1805.

La véritable génération de la France celle qui saluait Napoléon du titre impérial était sous la tente; l'organisation civile et politique du gouvernement n'avait point empêché le nouvel Empereur de penser à ses braves légions; il avait visité naguère le camp de Boulogne, et c'est dans la baie, secouée par les grandes eaux de l'Océan, au bruit de la tempête mugissante, que Napoléon avait distribué les croix de la Légion d'honneur. L'armée des côtes d'Angleterre était magnifique; depuis un an, elle s'exerçait aux belles manœuvres avec une précision remarquable sous les généraux de premier ordre, jeunes de pensées, avides de gloire. Au mois de mai 1804, elle comptait déjà

140,000 hommes de bonnes troupes, parfaitement instruite, campées par divisions sous la tente; Napoléon savait bien tout ce qu'il pouvait tenter avec de pareils soldats qui manœuvreraient sur un champ de bataille avec la même précision que dans un camp de plaisance; le monde n'avait pas de limites pour ces imaginations belliqueuses. Chaque jour l'armée s'accroissait de nouveaux régiments, ses avant-postes étaient dans le Hanovre; elle occupait la Hollande, les plaines de la Belgique étaient couvertes de cavalerie. Quant au personnel d'officiers-généraux et de colonels, remarquablement choisi, il pouvait lutter avec les plus grandes renommées de l'Europe. On habituait ces soldats aux manœuvres de mer comme aux évolutions de terre, et sous prétexte d'expédition contre la Grande-Bretagne, on donnait à tous des habitudes d'activité qui devaient admirablement servir l'Empereur dans la campagne méditée au centre de l'Europe.

Napoléon paraissait plus que jamais préoccupé de la flottille de Boulogne; de toutes parts les bateaux se réunissaient par milliers en petites escadres [1]; tout ce que la marine avait d'officiers intrépides et de braves capitaines avait reçu ordre de se tenir prêt. Les flottilles composées de petits bâtiments avaient exigé l'emploi d'une multitude d'enseignes, d'aspirants; tous remplis d'énergie, et presque enfants ils s'offraient à l'ennemi avec un courage chevaleresque [2]. Dans tous les engagements partiels, les corvettes, les péniches, les bateaux plats avaient soutenu l'honneur du pavillon; plus d'un aspirant avait gagné ses épaulettes dans cette

---

[1] Voyez sa correspondance officielle avec M. Decrès (1804).
[2] Presque tous les combats partiels corps à corps, navire pour navire, étaient tournés à la gloire du pavillon français.

lutte d'intrépidité. A plusieurs reprises les Anglais tentèrent de détruire la flottille de Boulogne; l'incendie des navires français se liait au plan de Pitt, appréciant l'expédition de Boulogne comme une menace de destruction de la part des Français contre l'Angleterre. Des machines infernales, des brûlots, abordèrent avec un bruit sinistre les côtes du port de Boulogne; vieille habitude de la marine anglaise, terrible moyen que le droit des gens permet dans les luttes militaires! Les dispositions furent mal prises; lord Melville (M. Dundas) n'était pas à la hauteur des fonctions de l'amirauté que Pitt, son ami, lui avait confiées. M. Dundas s'était embarqué sur le *Tremendous*, vaisseau de la marine britannique, pour assister à la destruction de la flottille de Boulogne [1], et l'expédition échoua; le succès que M. Pitt se proposait ne vint pas à lui; la flottille de France put paraître pavoisée des trois couleurs, après avoir repoussé les brûlots incendiaires. Les gerbes de feu brillèrent au milieu des mâts comme l'incendie qui éclate dans une vieille forêt de sapins sur les Alpes.

Tout ce qui sortait de la tête de Napoléon était gigantesque : dans la guerre comme dans le gouvernement de l'État, il repoussait les petites idées, les conceptions mesquines; du fond des Tuileries, il avait donc rêvé un vaste plan qui devait réunir les forces maritimes de la France et de ses alliés sur un même point [2]. Les escadres retranchées dans divers ports ne pouvaient lutter partiellement contre la flotte anglaise de la Manche, qui, en se posant majestueusement avec ses vastes navires devant le port de Boulogne, serait toujours en force pour empêcher l'expédition des Français. Mais

---

[1] *Annual Reg.* 1804.
[2] Correspondance de Napoléon avec M. Decrès.

chacune de ces flottilles, impuissante dans son isolement à la face du pavillon britannique, pouvait en se réunissant fournir une masse considérable de vaisseaux capables de lutter contre le pavillon ennemi [1]; pour cela, il fallait choisir un point de réunion assez éloigné afin de dérouter toutes les conjectures des amiraux anglais. Voici le plan de l'Empereur : l'escadre de Toulon devait sortir en même temps que celle de Rochefort; toutes deux devaient cingler vers les îles sous le vent, là se grouper, courir à pleine voile sur la côte d'Espagne, débloquer l'escadre française et espagnole du Ferrol, puis revenir sur la Manche, offrant par la réunion nouvelle avec l'escadre de Brest une masse imposante de soixante-dix vaisseaux de ligne, double force de tout ce que la marine anglaise pouvait opposer sur un seul point à l'expédition de Boulogne. A l'aide de cette nouvelle *Armada*, comme au temps de Philippe II, Napoléon devait opérer la descente en Angleterre, si tant il est qu'elle fût définitivement résolue dans sa pensée mobile et variable. A ce moment, l'Empereur paraissait croire encore à la paix du continent.

Ce plan si vaste, fruit d'une étude réfléchie, était emprunté à l'époque de Louis XVI, à un projet confié

---

[1] Voici un rapport de l'amiral Keith à l'amirauté anglaise, à bord du *Monarch*, devant Boulogne, le 5 octobre 1804 :

« Messieurs, vos seigneuries savent que je me suis appliqué depuis quelque temps à m'assurer du moyen le plus efficace d'attaquer les flottes ennemies dans leurs rades, en face de leurs ports. Étant arrivé dans l'après-midi, le 1er du courant, devant cette rade, et voyant que le temps s'annonçait devoir être favorable, et que l'ennemi avait fait sortir environ cent cinquante bâtiments de la flottille, je résolus de faire l'épreuve des moyens d'attaque qui avaient été combinés. Les dispositions définitives à cet effet furent achevées hier matin. Les officiers dénommés ci-après eurent le commandement des principaux bâtiments qui devaient être employés cette fois-ci.

« L'opération commença hier à neuf heures un quart, et s'est terminée ce matin à quatre heures un quart. Plusieurs des bâtiments préparés à cet effet ont fait explosion au milieu et près de la flottille; mais en conséquence de la très grande distance où les bâtiments ennemis se trouvaient les uns des autres, il semble qu'ils n'ont pas souffert beaucoup, quoiqu'il soit

au comte de Grasse [1], et qui manqua par la suite de sa triste défaite sous les îles du Vent. L'Empereur, l'homme des traditions, étudiait profondément les archives de la marine; seulement, il avait agrandi comme toujours le plan de Louis XVI : pour se réaliser, ce plan demandait des conditions de capacité et d'activité dans les amiraux et les marins de France. A combien de chances n'était-il pas soumis! L'inconvénient était d'abord dans l'éloignement de chacune de ces escadres qui devaient se réunir à une époque précise ; ne fallait-il pas tenir compte des vents, d'une navigation orageuse au milieu des tempêtes si fréquentes? Une armée de terre peut suivre un plan fixe de campagne et opérer avec exactitude ; les généraux peuvent promettre de se trouver à jour régulier sur un point déterminé ; mais les opérations maritimes ne sont jamais conduites avec cette même précision : un accident peut tout compromettre ; le succès dépendant de mille chances, les combinaisons trop vastes échouent presque toujours. Chaque port étant bloqué par une flotte anglaise, il fallait la perdre de vue dans les grandes mers pour cingler directement vers l'Amérique; il fallait que la flotte de Rochefort joignit sans accident celle de Toulon ; puis, réunies sous un même pavillon,

---

évident qu'il a régné parmi eux une grande confusion, et qu'il semble qu'il leur manque, depuis hier à la chute du jour, deux bricks et plusieurs des petits navires. Malgré le feu de l'ennemi, qui a duré toute la nuit, nous n'avons éprouvé aucun accident. L'ennemi n'a pas cherché à opposer ses bâtiments à rames aux nôtres. Vos seigneuries n'attendent pas que dans le moment actuel j'entre dans de grands détails ; mais je crois qu'il est de mon devoir de leur faire part de la conviction où je suis que, dans le cas d'une réunion plus considérable de bâtiments ennemis dans la rade, une opération de cette nature, combinée sur un plus grand plan, semble nous promettre un résultat favorable. La conduite des officiers et des matelots que j'ai employés dans cette occasion mérite tous mes éloges. » J'ai l'honneur d'être, etc.
Signé Keith.

[1] Avant la paix de 1785. Le projet existe encore aux archives de la marine que Napoléon consultait incessamment ; il sentait que cette marine depuis Louis XIV avait fait de grandes choses ; le plan de l'expédition d'Égypte et de la descente en Angleterre se trouvaient au ministère de la marine.

elles devaient virer de bord sans rencontrer aucun ennemi, et arriver à temps dans des latitudes lointaines. Mille événements pouvaient empêcher la réalisation de ce plan; un retard, des avaries, un calme plat, et puis les amiraux étaient-ils d'une capacité suffisante pour diriger et conduire des forces aussi considérables? Pour tout cela il fallait la vapeur; proposée par expérience à Napoléon, cette force qui remue le monde ne fut point comprise au camp de Boulogne; on la rejeta comme une folie. La malheureuse tendance de Napoléon fut de ne jamais admettre d'autre génie que le sien, et quelque grand que l'on soit, c'est un tort.

La marine de France comptait alors des amiraux d'une certaine expérience. Bruix commandant la flottille de Boulogne, s'était réservé l'honneur de débarquer le premier sur les côtes de l'Angleterre; bon marin, garde du pavillon depuis 1778, Bruix était capable de conduire une flottille de petits bateaux [1]. L'amiral Villeneuve n'était pas sans mérite, ses conceptions étaient plus étendues que celles de Bruix; timide à l'extrême, il avait une hésitation, une crainte devant les ordres supérieurs, et la peur de déplaire

---

[1] Bruix (Eustache) était né en 1759 à Saint-Domingue. Dès l'âge le plus tendre, ses parents le firent passer en Europe, et ce fut à Paris qu'il reçut les premiers éléments de son éducation. Lorsqu'en 1778, il fut nommé garde de la marine, le métier de la mer lui était déjà familier, car dès l'âge de 15 ans il s'était embarqué comme simple volontaire sur un vaisseau marchand. Pendant la campagne de M. de Guichen contre l'amiral Rodney, Bruix obtint le grade d'enseigne, et en 1784, le commandement du *Pivert*, et pendant quatre années il seconda M. de Puységur dans les opérations qui préparèrent la formation des cartes que l'on doit à cet officier sur les côtes et les débouquements de Saint-Domingue. Lieutenant de vaisseau en 1786, et à la même époque membre de l'académie de marine, les circonstances qui accompagnèrent la Révolution hâtèrent son avancement. En 1793, Bruix fut enveloppé dans les mesures prises contre les anciens officiers du corps de la marine. Rendu, en 1794, au service de la mer, il remplit jusqu'en 1796 les fonctions de major-général de l'escadre commandée par l'amiral Villaret. Il fut ensuite major-général de la marine à Brest, puis directeur du port, et l'année suivante il accepta les fonctions de

à Napoléon lui enlevait toute puissance de volonté [1].

Ce fut peut-être une des causes de la décadence rapide de notre marine que cette prétention de l'Empereur de vouloir fixer par lui-même les évolutions et les campagnes navales qu'il ne comprenait pas. Homme de guerre de premier mérite, général des batailles, Napoléon appliquait malheureusement ses conceptions à la marine, et il enlevait à chaque amiral la spontanéité des plans et le génie d'une bataille. Les contre-amiraux Lacrosse, Missiessy, Gantheaume, pouvaient parfaitement commander de simples divisions d'escadre, mais rien au-delà ; on parlait de l'intrépidité de l'amiral Dumanoir; la campagne de l'Inde du contre-amiral Linois avait également élevé le pavillon français à une certaine hauteur ; toutefois, aucun de ces marins, quelque expérimentés qu'ils pussent être pour commander une division, n'avait une capacité assez grande pour livrer ces solennelles batailles où il faut un génie transcendant capable de dominer tant de causes de victoires et de défaites; car l'armée de terre n'a besoin que de se déployer sur un terrain solide, et ici il faut commander aux vents, aux flots, livrer dix fois sa vie pour obtenir la victoire ; un cordage coupé, une étincelle à la sainte-barbe, suffisent pour perdre une flotte.

---

major-général de l'armée navale destinée à l'expédition d'Irlande. Il était contre-amiral lorsqu'il fut nommé ministre de la marine. Peu de temps avant la paix d'Amiens, il commandait l'escadre rassemblée sur la rade de l'île d'Aix. Lorsque l'expédition d'Angleterre eut été arrêtée, Bruix fut nommé amiral de la flottille impériale ; venu à Paris pour assister au couronnement de l'Empereur, il y mourut le 18 mars 1805.

[1] Villeneuve (Pierre-Charles) était né à Valensoles, en Provence, le 31 décembre 1763. Il entra au service comme garde de la marine à l'âge de quinze ans, et l'année suivante fut fait garde de pavillon. Son zèle fixa l'attention de ses chefs, et il franchit bientôt les premiers grades. Nommé capitaine de vaisseau en 1793, il devint chef de division en 1796, et quelques mois après contre-amiral. En 1804, nommé vice-amiral, il s'était rendu à Toulon pour y prendre le commandement en chef de l'escadre.

L'Angleterre avait de meilleures institutions maritimes; ses amiraux possédaient une plus vaste connaissance de la mer; ses officiers naviguaient depuis l'âge de douze ans; nés sur le bord, ils y mouraient. Les plans de campagne des officiers anglais étaient plus fortement conçus, les lois maritimes plus actives, l'organisation des matelots plus obéissante. Le génie de Nelson avait ouvert de nouvelles voies à la stratégie d'escadre à escadre dans les combats sur une vaste échelle. Presque tous les amiraux de France étaient restés dans la vieille ornière de l'abordage des vaisseaux; les divisions se séparaient pour tourner l'ennemi et le mettre entre deux feux. Les amiraux français étaient par rapport à Nelson ce que les généraux autrichiens de l'école de Wurmser en Italie étaient au général Bonaparte. Nelson, à la place de cette tactique immuable de la vieille marine, avait adopté la méthode de couper la ligne en portant les masses de vaisseaux sur un seul point, et d'attaquer ainsi particulièrement les escadres séparées. Par une tactique qui se rapprochait de celle de Napoléon sur terre, il avait posé en axiome que ce n'étaient pas les grandes forces qui donnaient la victoire, mais une certaine manière d'en disposer qui les porte sur un seul point, puis sur un autre, afin de toujours conserver sa supériorité. Nelson avait d'ailleurs cette confiance en lui-même qui souvent donne le succès; ce qui aurait été jugé comme une imprudence pour un autre, était chez lui l'instinct du génie; distinction qui sépare précisément l'homme médiocre de l'intelligence supérieure.

Après Nelson, le tacticien distingué de la marine anglaise fut lord Keith, et avec lui Collingwood. Lord Melville avait placé une confiance plus absolue dans l'amiral Calder, remarquable manœuvrier, aussi brave que Nelson, mais moins heureux dans ses plans d'attaque. Toutes les flottes de la Grande-Bretagne étaient disposées de manière à surveiller les moindres mouvements de la marine de France ; en général, bien informées par les pêcheurs et les contrebandiers [1], les escadres de blocus suivaient à la piste les expéditions sorties des ports de la Méditerranée ou de la Manche, et les perdaient de vue le moins possible. Dans ce dernier temps, Nelson lui-même avait été trompé par le plan conçu aux Tuileries ; il venait d'apprendre que la flotte de Toulon était sortie : le voilà à sa poursuite avec son intrépidité habituelle, à l'embouchure du Nil, à Mahon, à Gibraltar ; il apprend que les flottes combinées font voile vers les Indes occidentales, il y court encore; sa flotte est inférieure en nombre, en face des escadres françaises il a quatorze vaisseaux à peine, il peut en trouver vingt-deux dans les mers d'Amérique ; néanmoins, il déploie ses voiles, présomptueux comme le marin de la Grande-Bretagne, fier de lui-même, il croit que Nelson ne peut être vaincu ; ainsi que l'Empereur, il a foi en son étoile !

Le plan maritime de Napoléon, je le répète, reposait sur des conditions trop multipliées pour aboutir à un résultat d'invasion en Angleterre; il échoua au Ferrol : les deux flottes combinées de France et d'Espagne furent obligées de livrer combat à l'amiral Calder [2];

---

[1] Les pêcheurs et les smogleers furent les plus actifs informateurs des escadres de blocus ; ils savaient tout ce qui se passait dans les ports.

[2] Le rapport de l'amiral anglais est fort curieux. Le voici en entier :

A bord du *Prince-de-Galles*,

« Monsieur, hier, à midi, par la latitude de 43° 30' nord, et 17° 11' de longitude ouest, j'eus la vue des escadres combinées de France et d'Espagne, consistant en vingt vaisseaux de ligne, trois gros vaisseaux armés en flûte d'environ cinquante canons, cinq frégates et trois bricks. Les forces sous mes ordres consistant en quinze vaisseaux de ligne, deux frégates, un cutter et un lougre, je marchai aussitôt vers l'ennemi, faisant les signaux nécessaires pour combattre dans l'ordre le plus serré ; et en arrivant à portée, je fis signal d'attaquer le centre. Lorsque j'eus atteint l'arrière-garde, tous les vaisseaux de l'escadre vi-

le succès fut incertain, on s'attribua de part et d'autre la victoire ; l'amiral Villeneuve ne put désormais se rallier à la flotte de Brest et aux divisions hollandaises. La vaste entreprise que l'Empereur avait conçue, les soixante-dix vaisseaux qui devaient protéger le débarquement sur les côtes anglaises, tout cela avait disparu comme un de ces rêves fantastiques de l'imagination. L'*armada* de Philippe ne pouvait plus être réalisée ; on avait fait d'énormes dépenses pour arriver à un résultat insignifiant ; l'Empereur accusa l'amiral Villeneuve ; il fallait plutôt s'en prendre à son plan qui, trop étendu pour être exactement exécuté, demandait non seulement du génie (Napoléon en avait pour tous), mais un concours de circonstances qui se réunissent difficilement à la mer. L'Empereur en exprima son mécontentement, car il n'avouait jamais ses torts ; quand une expédition ne réussissait point, quoique indiquée par lui, il en mettait la faute sur les hommes à qui le succès en avait été confié.

Après la ruine de ce plan, la flottille de Boulogne, réduite à ses propres forces, ne dut plus compter sur l'escadre de soixante-dix vaisseaux de haut-bord destinée à protéger la descente. Séparés dans des ports presque tous attentivement surveillés par des escadres anglaises d'une force égale ou supérieure, ces navires devaient tomber

---

rèrent de bord successivement : ce qui m'obligea à répéter cette manœuvre, par laquelle j'engageai un combat qui dura plus de quatre heures ; alors je jugeai nécessaire de mettre l'escadre en panne pour placer en sûreté les deux vaisseaux pris. Je dois observer que l'ennemi avait l'avantage du temps et du vent pendant toute la journée. Le ciel avait été brumeux une grande partie de la matinée ; et peu de temps après que le combat eut commencé, la brise était si épaisse par intervalles, que nous voyions difficilement les vaisseaux à l'avant et à l'arrière de nous. Cela me mit dans l'impossibilité de faire des signaux pour profiter de mes avantages sur l'ennemi. Si le temps eût été plus favorable, je suis porté à croire que j'aurais obtenu une victoire plus complète.

au pouvoir de la marine anglaise, ou manœuvrer dans des rades étroites, sans rendre de services au pays. Si la marine de l'Empire ne fut pas heureuse, elle déploya néanmoins un beau courage : des campagnes furent accomplies dans les deux Indes ; des troupes de débarquement furent jetées dans plusieurs de nos colonies et menacèrent les établissements anglais. Au moment où Napoléon réunissait l'île d'Elbe à l'Empire, il traçait des instructions pour s'emparer de la station de l'île Sainte-Hélène, point indispensable dans un système d'établissement pour l'Inde. Étrange fatalité ! toujours Sainte-Hélène est là dans son esprit ; il s'en fait écrire une description merveilleuse ; puis il en rêve la conquête, et c'est là que la destinée le jette plus tard pour y mourir !

C'est désormais sur le continent que l'Empereur veut réaliser son plan contre la Grande-Bretagne. Napoléon a besoin de développer deux idées qui dominent sa politique. La première se résume en un système que j'appellerai *littoral,* embrassant toutes les côtes que l'Angleterre pouvait menacer : au nord, ce système prend aux frontières de la Hollande, à la Frise, se déploie par Anvers jusqu'à Boulogne, de Boulogne à Brest ; au midi par Rochefort, le port du Passage, le Ferrol, Cadix, Barcelonne, Toulon, Gênes, Civitta-Vecchia, jusqu'à Naples. Dans la pensée de Napoléon tous ces

---

« C'est avec une grande satisfaction que je puis dire que chaque vaisseau s'est parfaitement conduit, et je vous prie de me permettre de faire mes remerciments à chaque capitaine, officier et marin que j'avais l'honneur de commander ce jour-là, pour leur intrépidité et leur bonne conduite. Je dois particulièrement des éloges à l'honorable capitaine Gardner, du *Hero,* qui conduisit l'avant-garde avec toute l'habileté possible ; j'en dois aussi au capitaine Cunning, pour les services qu'il m'a rendus pendant l'action. Je joins à ma lettre la liste des tués et blessés à bord des différents vaisseaux. Si je dois juger de la perte de l'ennemi par celle énorme à bord des vaisseaux pris, il doit avoir considérablement souffert. Il est maintenant en vue sous le vent ; et lorsque j'aurai mis en sûreté les vaisseaux pris, et réparé l'escadre,

points devaient se tenir étroitement entre eux et obéir à son impulsion, pour créer tôt ou tard une marine militaire capable de lutter contre la Grande-Bretagne. Tant que cette idée n'est pas réalisée, Napoléon est inquiet; il sent que son système est dans un état d'infériorité, car l'Angleterre, ramassant ses forces dans ses ports militaires, peut les jeter à son gré sur toutes les côtes; il faut que tous les ports se lient à une même idée de résistance.

A cette pensée d'un grand littoral maritime, il faut joindre celle d'un système fluvial dans un double intérêt de commerce et de position navale. Napoléon part de cette base que toutes les fois qu'il a la source d'un fleuve, il doit avoir son embouchure; ainsi l'embouchure du Rhin lui appartient, et par conséquent la Hollande. Plus tard il soutient la même prétention pour l'Elbe; à l'aide de ces justifications hardies, il entreprend les réunions successives qui alarment les cabinets de l'Europe. Où s'arrêtera cette ambition? où posera-t-elle les armes? Avec la double idée littorale et fluviale, il n'y a pas de limites où la conquête puisse s'arrêter.

Depuis longtemps Napoléon avait résolu dans sa pensée la réunion de l'Italie sous un centre commun; dans ce dessein, il avait brisé les républiques éphémères, la Cisalpine, la Transalpine, que le Directoire avait

---

je tâcherai de saisir la première occasion qui se présentera pour vous donner encore des nouvelles des escadres combinées. »
Liste des tués et des blessés à bord de l'escadre du vice-amiral Calder.
« A bord du *Stevol*, 1 mort, 4 blessés. — *Ajax*, 2 morts, 16 blessés. — *Triumph*, 5 morts, 6 blessés. — *Barfleur*, 3 morts, 7 blessés. — *Agamemnon*, 0 morts, 3 blessés. *Windsor-Castle*, 10 morts, 55 blessés. — *Défiance*, 1 mort, 7 blessés. — *Prince-of-Wales*, 3 morts, 20 blessés. — *Repulse*, 0 mort, 4 blessés. — *Raisonnable*, 1 mort, 1 blessé. — *Glory*, 1 mort, 1 blessé. — *Thunderer*, 7 morts, 11 blessés. — *Malta*, 5 morts, 40 blessés. — *Dragon*, point. — *Warrior*, point. — *Egyptienne*, point de rapport. — *Syrius*, 2 morts, 3 blessés. — *Nil*, lougre, point. — Total, 41 tués, 158 blessés.

fondées partout où la conquête avait porté nos drapeaux. La république Italienne, fait accompli dans son unité sous le Consulat, était reconnue par la majorité des cabinets, et Bonaparte s'en était fait élire président. Il fut facile de convaincre les esprits même les plus prévenus que « la présidence d'une république ne pouvait convenir au prince qui avait revêtu la pourpre des empereurs; la majesté impériale ne pouvait s'abaisser à la modeste place d'une présidence de république; n'avait-on pas l'exemple de Charlemagne couronné roi des Lombards dans la Monza? beau monument de l'art où brille l'image du vieil empereur. Ce n'était pas la fusion de deux couronnes; une constitution proclamerait l'unité territoriale et la séparation complète et absolue des trônes de France et d'Italie; ces souverainetés n'étaient momentanément sous la même main que comme une dictature, afin de constituer le gouvernement; en aucun cas le successeur de Napoléon ne pourrait conserver la couronne de fer : on désignerait un vice-roi dont la cour serait à Milan. »

Ces idées inspirées par le cabinet des Tuileries avaient trouvé un chaud partisan dans M. de Melzi, vice-président de la république Italienne; courtisan habile, il avait pressenti les événements, en venant offrir, au nom du peuple italien, la couronne de fer que les rois lombards avaient portée; M. de Melzi, parfaitement accueilli à Paris, devint le représentant de l'idée bonapartiste en Italie. Naples et Rome[1] étaient les deux souverainetés particulièrement menacées par les arrangements nouveaux,

---

[1] Le pape, alarmé d'abord, reconnut néanmoins Napoléon comme roi d'Italie, et lui envoya le cardinal Caprara.

« Pie VII, à notre très cher fils en J.-C., salut et bénédiction apostolique. Votre Majesté Impériale et Royale n'ignore pas tous les sentiments dont nous sommes pénétré pour vous, et avec quelle recon-

l'unité italique ne semblait-elle pas annoncer que le royaume de Naples et la cour de Rome deviendraient une annexe invariable dans un temps déterminé? quelle sécurité pour ces couronnes! M. de Melzi eut ordre de raffermir les esprits dans la conviction profonde qu'il ne s'agissait de changement que pour le titre; le territoire ne serait pas agrandi, seulement au lieu d'un président, on élevait un roi, idée plus stable, plus monarchique; Milan devait gagner en splendeur, car un vice-roi habiterait ses beaux palais depuis longtemps solitaires.

Quand on donnait ces paroles rassurantes à Naples et à Rome, Napoléon négociait pour la réunion de Gênes à l'Empire; on disait haut qu'on ne voulait rien ajouter à l'ancien territoire, et l'on acquérait par tous les moyens; comment se fier à cette ambition incessante qui grandissait par les négociations et par la guerre? Les prétextes donnés pour expliquer la réunion de Gênes se rattachaient au système maritime, à cette idée du littoral dont j'ai parlé; Gênes, port militaire, ne pouvait pas demeurer à la discrétion des Anglais. Napoléon, d'ailleurs, ne conquérait pas par les armes cette nouvelle république; les doges, les grandes familles, les habitants en masse venaient l'offrir au souverain de France pour obtenir protection et sécurité; pouvait-on la refuser? La France admettait en principe qu'un peuple libre peut se donner un maître, et c'est ce que Gênes avait fait. M. de Melzi, dut se concerter à Paris avec M. de Tal-

naissance nous nous rappelons les choses que vous avez faites en France en faveur de la religion catholique, et les preuves d'amour et de respect que vous nous avez données pendant notre séjour à Paris. Vous pouvez donc aisément comprendre avec quel intérêt nous avons appris que la dignité royale était unie dans votre personne à la dignité impériale dont vous étiez déjà revêtu. La réciprocité de notre amour, et cette tendresse paternelle que nous éprouvons pour vous, nous rendent très cher ce qui vous est glorieux. Nous vous eussions envoyé un nonce particulier pour vous témoigner ces dispositions; mais connaissant toute votre bienveillance pour

leyrand pour arrêter les bases d'une nouvelle constitution d'Italie; il n'y avait pas de notables changements à faire; la substitution d'un mot devait suffire pour monarchiser les républiques Cisalpine et Transalpine. On conservait quelque forme d'assemblées représentatives : les doctes, les députés, les commerçants. En résultat, l'Empereur une fois maître de la couronne modifierait ces garanties comme il l'entendrait; tout devait être modelé sur les formes françaises; le Code civil était introduit, l'état social prenait les allures de l'Empire avec son unité, son conseil d'État; Napoléon dicta lui-même les conditions de sa royauté.

Quant à la réunion définitive de Gênes, elle fut préparée par les soins des Doria, des Brignolles, et l'on vit un Durazzo appelé dans le Sénat conservateur. Ces changements durent être expliqués à l'Europe vivement inquiète; et dans ce but, tous les exposés de la situation présentés au Sénat et au Corps législatif en France, ou à l'extérieur, par la diplomatie de M. de Talleyrand, furent empreints d'une modération extrême. M. de Melzi, caractère faible et souple, de l'école italienne, avait accepté toutes les conditions faites par Napoléon, dont la volonté impérative dominait les destinées de l'Italie. Pour la forme, une consulte fut réunie

---

notre cher Jean-Baptiste Caprara, cardinal prêtre de la sainte Église romaine, archevêque de Milan, nous n'avons pas balancé à croire que ces témoignages de notre part ne pourraient être mieux reçus que présentés par lui. Nous l'avons donc chargé de se présenter devant vous, et de vous faire part de tous les sentiments de notre cœur dans cette circonstance où vous recevez une nouvelle dignité. C'est lui qui vous présentera cette lettre, et nous sommes assuré que les félicitations qu'il vous fera en notre nom seront agréées par vous avec bienveillance. Enfin, nous ne doutons point que vous n'employiez toute l'autorité dont vous êtes revêtu pour assurer dans votre nouveau royaume l'avantage de la religion, qui est la colonne et le soutien de tous les royaumes; et nous avons de plus cette confiance que vous continuerez de nous donner ces marques d'amour et de respect filial que nous avons toujours reçues de vous. En attendant, nous donnons du plus profond de notre

à Paris, comme, sous le Consulat, on avait vu accourir à Lyon les principaux députés de toutes les villes de la Lombardie. Cette consulte n'était qu'une manière de sanctionner les conditions écrites par l'Empereur lui-même; c'était plutôt une députation qui venait lui offrir la couronne et prêter foi et hommage, qu'une réunion constitutionnelle chargée de rédiger une charte; Napoléon n'aimait pas les restrictions imposées à son pouvoir, il ne comprenait pas une autorité étouffée sous des limites; Empereur-Roi, il voulait être absolu pour le bien comme pour le mal; c'est ainsi seulement qu'on remue les générations! Il accepta le trône d'Italie en annonçant qu'il irait au-delà des Alpes pour se faire couronner dans la Monza à la manière des rois lombards. La consulte d'État fut trop heureuse d'annoncer au peuple la résolution de Napoléon dans une proclamation, œuvre de M. de Melzi; la consulte disait[1] : que l'auguste Empereur agréait le vœu de ses fidèles sujets; lui seul réunirait sur sa tête la couronne de France et d'Italie; dans l'avenir ces deux couronnes seraient incompatibles pour ses successeurs; les rois d'Italie résideraient sur le territoire de l'État; Milan serait la capitale; Napoléon ne prenait la dignité de roi que pour un temps. Et par un étrange abus de la parole

cœur la bénédiction apostolique à V. M. I. en gage de notre bienveillance paternelle.

« Donné à Rome, à Sainte-Marie-Majeure, sous l'anneau du pêcheur, le 20 mai 1805, la sixième année de notre pontificat. »

[1] J'ai traduit de l'italien la proclamation de M. de Melzi.

La consulte d'État aux peuples du royaume d'Italie.

« Ce vœu que dictaient l'amour et la reconnaissance, et dont le bien du pays faisait un devoir, ce vœu a été agréé. Napoléon est roi d'Italie. La couronne est héréditaire de mâle en mâle dans sa descendance directe et légitime, naturelle ou adoptive. Mais lui seul pourra réunir sur sa tête la couronne d'Italie et celle de France, et tous ses successeurs devront résider constamment sur le territoire de l'État. C'est notre intérêt qui a porté Napoléon à céder à nos vœux; et en effet il ne peut garder la couronne, et il ne la gardera qu'autant que notre intérêt en fera la loi à sa sagesse et à l'affection qu'il nous porte : modéra-

adulatrice, la consulte disait : « Nous perdons dans ce changement, car tandis que nous l'avions président à vie, à présent nous courons le risque de ne l'avoir que roi temporaire. » D'après la nouvelle constitution, la religion catholique serait maintenue dominante, le territoire protégé dans son intégrité avec la liberté publique telle qu'un roi absolu pouvait la comprendre; l'irrévocabilité des ventes des biens nationaux; les Italiens seuls pourraient remplir les charges de l'État. Napoléon annonçait qu'il allait se hâter de faire un voyage d'Italie, afin de recevoir la couronne royale à Milan.

Ce voyage avait plusieurs buts : lorsque Napoléon visita les bords du Rhin, il avait réalisé la pensée d'assurer par des alliances la frontière allemande contre toutes les chances d'une guerre générale. Ses visites si fréquentes au camp de Boulogne avaient aussi pour objet de préparer son armée à une guerre décisive. Peu de voyages de l'Empereur avaient un but futile; il les grandissait tous à la hauteur de ses conceptions. Napoléon se disposait à un solennel voyage d'Italie pour parer son front de la couronne de fer, répétition des pompes de Notre-Dame. S'il pouvait se complaire dans l'idée d'une

tion généreuse, mais fatale pour nous; car tandis que nous pouvions espérer de l'avoir pour chef en qualité de président pendant toute sa vie, nous courons maintenant risque de ne l'avoir pour roi qu'un moment, puisque, si le terme de nos dangers est celui de son règne, nous devons croire que son génie et sa prépondérance ne le laisseront pas durer longtemps.

« Enfin, comme il a voulu borner la durée de son pouvoir, il en limitera et en réglera l'étendue et l'usage. Il nous donnera une constitution qui nous garantira notre religion, l'intégrité de notre territoire, l'égalité des droits, la liberté politique et civile, l'irrévocabilité des ventes des biens nationaux, le droit exclusif de remplir les charges de l'État; qui réservera à la loi seule la faculté d'établir les impôts, et qui, en un mot, consacrera, consolidera tous les grands principes sur lesquels sont fondés le bonheur des peuples et leur tranquillité. Napoléon en a pris l'engagement. Qui peut douter qu'il ne veuille, qu'il ne sache accomplir sa promesse? Tels sont les résultats du statut constitutionnel joint à cette proclamation.

« Peuples d'Italie, ouvrez vos cœurs à l'espérance et à la joie. Dès ce moment commence le cours de vos brillantes destinées. A quelle gloire, à quelle prospérité n'avez-vous pas droit d'aspirer? Bientôt,

cérémonie royale célébrée à la Monza, il lui importait plus encore de visiter son armée italienne et ses frontières du côté de l'Adige que menaçait le cordon sanitaire de l'Autriche. Il n'ignorait pas la possibilité d'une guerre continentale, et dans cette alternative, le théâtre s'en porterait naturellement en Italie : l'Autriche déboucherait par le Tyrol et par les États Adriatiques ; les Anglais et les Napolitains attaqueraient l'Italie méridionale, tandis que les Russes pourraient débarquer par Corfou sur le littoral de la Méditerranée. Il fallait donc tout à la fois organiser le royaume d'Italie et préparer les éléments d'une défense en cas d'invasion. La présence de Napoléon était nécessaire, il avait résolu depuis longtemps ce voyage au-delà des Alpes ; dans ses conférences avec le pape, il dit gracieusement au saint-père : « Qu'il voulait lui faire les honneurs de Turin, de Milan et de toutes les grandes cités de la Lombardie, comme Charlemagne au pape Adrien [1]. » L'Empereur aimait ces vastes itinéraires à la manière de César, à travers les hautes montagnes. Paris, ville de distraction et d'indifférence, faisait à peine attention à lui ; c'était dans les longues routes surtout qu'il brillait

---

votre roi sera au milieu de vous : il ira moins pour orner de la couronne son front auguste que pour voir de près vos besoins, pour sonder lui-même les plaies encore ouvertes des anciennes calamités, et s'occuper d'une organisation définitive qui assure encore plus votre tranquillité. Vous accourrez en foule au-devant de lui ; vos acclamations, vos voix seront les interprètes de vos sentiments, et il lira sur tous les visages le respect, l'admiration l'amour et la reconnaissance dont vos âmes seront si justement pénétrées. »

Paris, le 19 mars 1805.

[1] Arrivé à Milan, l'Empereur se hâta de féliciter le pape de son bon et heureux voyage.

« Très saint-père,

« J'ai appris avec plaisir, par votre lettre de Parme, que vous étiez arrivé en bonne santé, et satisfait de la France et de la partie de mes États d'Italie que vous avez traversée : je suis depuis hier à Milan, où j'espère apprendre bientôt que Votre Sainteté est de retour à Rome.

« Sur ce, je prie Dieu, très saint-père, qu'il vous conserve longues années, etc. »

Votre dévot fils, etc.

Napoléon.

de l'éclat de sa renommée. Le couronnement fut fixé au mois de mai, époque si belle dans les cités lombardes du lac de Garde et de l'*Isola bella*. Napoléon dut faire le voyage de Milan avec Joséphine, jusqu'alors la compagne de sa destinée; elle ne serait point couronnée reine d'Italie; regrettait-il déjà de l'avoir sacrée impératrice? C'était assez d'un diadème, la couronne de fer pèserait trop à son front!

La cérémonie de la Monza était une imitation encore de la vie impériale des Carlovingiens lorsque le grand empereur détrôna Didier, roi des Lombards, et plaça sur sa tête la couronne de fer. Napoléon franchit les Alpes avec la rapidité de l'aigle qu'il portait pour symbole; il n'y avait encore aucune route tracée, et le majestueux monument du Simplon n'était que dans sa pensée. Solennel voyage alors que de traverser les Alpes en pèlerin, avec leurs rochers à pic, leurs précipices, leurs lacs glacés et leur nature sauvage. A Milan les peuples accoururent autour de leur roi, italien d'origine, et qui parlait si purement la langue de Dante et Tasse. Les cérémonies du couronnement à la Monza réveillèrent tous les vieux souvenirs; la basilique de Saint-Ambroise, la cathédrale merveilleuse, pouvait rivaliser avec Notre-Dame : l'une, riche de sa pierre noire et gothique, froide comme les nations germaniques; l'autre, belle de ce marbre chaud et si varié de couleur qui brille sous le soleil de Carrare et de Massa.

L'archevêque de Milan consacra l'Empereur des Français, roi d'Italie; le nouveau monarque s'agenouilla devant l'autel de la Monza, et l'on raconte comme une anecdote remarquable (elle constatait la fierté de Napoléon) qu'en recevant la couronne de fer des mains de l'archevêque, il s'était écrié : « Dieu me l'a donnée, gare à qui la touchera ! » Apostrophe peu en harmonie avec les paroles modérées que répétait incessamment Napoléon à M. de Talleyrand dans ses notes diplomatiques sur la séparation des deux couronnes de France et d'Italie. Le couronnement achevé, l'administration et le gouvernement de l'Italie furent régulièrement établis. Eugène de Beauharnais, simple colonel des guides, fils adoptif de Napoléon [1], reçut le titre brillant de vice-roi. L'Empereur ne trouverait dans l'esprit de ce jeune homme aucune résistance ; avec son idée arrêtée sur la médiocrité du prince Eugène, Napoléon le savait soumis et obéissant ; brillant officier, avec le sang des Beauharnais dans les veines, le prince Eugène devait plaire à Milan. Si les circonstances demandaient la séparation des deux couronnes, Eugène pouvait être roi d'Italie tandis que l'Empereur régnerait en France. Napoléon fixa tout par des décrets, même les costumes, parce qu'il savait que les Italiens aiment à voir les riches broderies et les uniformes brillants. La consulte d'État adoptait une sorte de costume de théâtre, l'habit vert brodé d'or, le manteau vert doublé de blanc, puis le chapeau à plumes à l'espagnole, veste et culotte de soie blanche. Le vert paraissait la couleur dominante pour l'Italie, comme le bleu pour la France. Le Corps législatif, le conseil d'État, tout devait être ainsi habillé avec des plumes, des franges, des écharpes, que sais-je encore ? Les *possidenti* devaient avoir l'écharpe blanche, les *dotti* bleue, les *commercianti* rouge. Toutes ces graves choses

---

[1] Voici la formule des actes du vice-roi d'Italie.

« Napoléon Ier, par la grâce de Dieu et par les constitutions, Empereur des Français et roi d'Italie ; Eugène, vice-roi d'Italie, archi-chancelier d'État de l'Empire français, à tous ceux qui ces présentes verront salut. Nous, en vertu de l'autorité qui nous a été déléguée par le très grand et très auguste Empereur et Roi Napoléon Ier ; vu le décret de S. M. du..., avons ordonné et décrété ce qui suit, etc. ».

étaient réglées comme la constitution de l'État, et avec plus de soin peut-être; les corps aiment souvent mieux la vanité que la liberté. M. Denon avait dessiné les armoiries du royaume d'Italie d'une façon un peu confuse et mêlée : on y voyait le serpent antique, emblème des Visconti; au-dessus, la couronne de fer; autour était l'aigle blanche de Modène, les clefs de Bologne, le lion de Venise, la croix de Saint-Maurice du Piémont; le tout surmonté d'une aigle couronnée dont les serres tenaient la foudre, pour signifier la protection de la France envers l'Italie. Ces armoiries étaient une sorte de menace d'unité et de conquête pour l'avenir.

Napoléon ne se borna point à l'administration matérielle, à ces pompes, à ces cérémonies; il voulut en personne ouvrir le Corps législatif italien [1]; désormais ses grandes affaires ne lui permettraient que rarement de passer les Alpes; les soucis de son empire et de la guerre absorbant sa vie, il devait laisser à Eugène le soin de diriger les assemblées politiques du nouveau royaume. Après son couronnement, il voulut au moins manifester une fois ses volontés si vastes sur l'Italie.

---

[1] J'ai traduit de l'italien le discours de Napoléon à l'ouverture du Corps législatif du royaume d'Italie, le 7 juin 1805.

« Messieurs du Corps législatif,

« Je me suis fait rendre un compte détaillé de toutes les parties de l'administration. J'ai introduit dans ses diverses branches la même simplicité qu'avec le secours de la consulte et de la censure, j'ai portée dans la révision des constitutions de Lyon. Ce qui est bon, ce qui est beau, est toujours le résultat d'un système simple et uniforme. J'ai supprimé la double organisaion des administrations départementales et des administrations de préfecture, parce que j'ai pensé qu'en faisant reposer uniquement l'administration sur les préfets, on obtiendrait non seulement une économie d'un million dans les dépenses, mais encore une plus grande rapidité dans la marche des affaires. Si j'ai placé auprès des préfets un conseil pour le contentieux, c'est afin de me conformer à ce principe qui veut que l'administration soit le fait d'un seul, et que la décision des objets litigieux soit le fait de plusieurs.

« Les statuts dont vous venez d'entendre la lecture étendent à mes peuples d'Italie le bienfait du Code à la rédaction duquel j'ai moi-même présidé. J'ai ordonné à mon conseil de préparer une organisation de l'ordre judiciaire qui rende aux tribunaux l'éclat et la considération qu'il est dans mon intention de leur donner. Je ne pouvais approuver qu'un préteur seul fût appelé à prononcer

L'Empereur annonçait donc avec le ton impératif de la souveraineté et de la victoire, ses résolutions pour le présent et l'avenir; il appliquait à l'Italie les formes administratives de la France : le territoire serait divisé par préfectures, le Code civil leur était donné, à eux si séparés pourtant de mœurs et d'habitudes avec la France; et, par exemple, Napoléon admettait le divorce pour l'adultère aux Italiens qui, sous un ciel riant et chaud, traitent le mariage comme une simple situation commode qui permet un cavalier servant d'amour. Les tribunaux, formés sur le même modèle que ceux de France, obtenaient la publicité et les garanties des débats, sans le jury, institution que l'Empereur déclarait dangereuse en Italie. Le crédit public se concentrait dans l'établissement du *Monte Napoleone* à Milan. Les finances seraient régularisées; on établissait l'enregistrement, institution fiscale inconnue au-delà des Alpes, en même temps qu'on régularisait le cadastre; les couvents étaient réduits à un but d'utilité publique; les évêques et les curés recevaient un traitement raisonnable et les travaux publics une impulsion vive; la

sur la fortune des citoyens, et que des juges cachés aux regards du public décidassent en secret, non seulement de leurs intérêts, mais encore de leur vie. Dans l'organisation qui vous sera présentée, mon conseil s'étudiera à faire jouir mes peuples de tous les avantages qui résultent des tribunaux collectifs, d'une procédure publique et d'une défense contradictoire. C'est pour leur assurer une justice plus évidemment éclairée que j'ai établi que les juges qui prononceront un jugement soient aussi ceux qui auront présidé aux débats : je n'ai pas cru que les circonstances dans lesquelles se trouve l'Italie me permissent de penser à l'établissement des jurés; mais les juges doivent prononcer comme les jurés, d'après leur seule conviction, et sans se livrer à ce système des semi-preuves qui compromet bien plus souvent l'innocence qu'il ne sert à découvrir le crime. La règle la plus sûre d'un juge qui a présidé aux débats, c'est la conviction de sa conscience.

« J'ai veillé moi-même à l'établissement des formes régulières et conservatrices dans les finances de l'État, et j'espère que mes peuples se trouveront bien de l'ordre que j'ai ordonné à mes ministres des finances et du trésor public de mettre dans les comptes, qui seront publics. J'ai consenti que la dette publique portât le nom de *Monte-Napoleone*, afin de donner une garantie de plus de fidélité aux engagements

route du Simplon s'achèverait pour unir deux peuples désormais liés l'un à l'autre. Enfin Napoléon annonçait l'élévation d'Eugène de Beauharnais à la vice-royauté ; M. de Melzi prenait le titre de chancelier et le nouveau ministre recevait la récompense due à son dévouement; en échange de la couronne d'Italie, M. de Melzi obtenait 150,000 livres de rente. Un appel était fait à la nationalité et à la valeur des jeunes hommes; ainsi avec l'enregistrement et les droits-réunis, Napoléon annonçait aussi à l'Italie qu'elle aurait la conscription : il fallait quitter l'oisiveté du luxe pour accourir dans les camps sous les drapeaux et défendre la patrie. Cette invitation aux batailles était l'objet réel du discours de l'Empereur qui avait besoin de lever des forces pour couvrir la frontière menacée sur l'Adige; il faisait un appel à la jeunesse italienne. Après être resté près d'un mois à Milan, Napoléon se hâta d'accomplir la promesse qu'il avait faite de visiter l'un après l'autre les départements qui devaient former le nouveau royaume, ou plutôt les camps militaires formés en Lombardie.

Dans cette vue, il quitta Milan ; des ordres de Ber-

qui la constituent et une vigueur nouvelle au crédit.

« L'instruction publique cessera d'être départementale, et j'ai fixé les bases pour lui donner l'ensemble, l'uniformité et la direction qui doit avoir tant d'influence sur les mœurs et les habitudes de la génération naissante.

« J'ai jugé qu'il convenait dès cette année de mettre plus d'égalité dans la répartition des dépenses départementales, et de venir au secours de ceux de mes départements, tels que le Mincio et le Bas-Pô, qui se trouvent accablés par la nécessité de se défendre contre les ravages des eaux.

« Les finances sont dans la situation la plus prospère, et tous les paiements sont au courant. Mon peuple d'Italie est, de tous les peuples de l'Europe, le moins chargé d'impositions. Il ne supportera point de nouvelles charges ; et s'il est fait des changements à quelque contribution, si l'enregistrement est établi dans le projet du budget d'après un tarif modéré, c'est afin de pouvoir diminuer des impositions plus onéreuses : le cadastre est rempli d'imperfections qui se manifestent tous les jours. Je vaincrai, pour y porter remède, les obstacles qu'oppose à de telles opérations beaucoup moins la nature des choses que l'intérêt particulier; je n'espère cependant point arriver à des résultats tels

thier avaient réuni des corps de troupes jusque sur les frontières du Tyrol et de l'Illyrie. L'Italie méridionale était également occupée par les vieux régiments d'Égypte et de Malte ; Napoléon y groupait avec une activité sans pareille toutes les forces du royaume d'Italie et les prétoriens plus exercés, qui avaient fait les dernières campagnes. Il visita ces camps ; accueilli avec le même enthousiasme qu'à Boulogne, il voulut tout voir, tout juger par lui-même dans une vaste revue, tente par tente. L'Empereur était là dans sa sphère magnifique d'activité et de prévision; toutes les fois qu'il s'agissait d'organisation militaire, il se révélait supérieur à toutes les intelligences ; il examina les fortifications des places boulevards de l'Italie, Alexandrie, Coni, Mantoue; il fit partout jeter des têtes de pont pour une campagne que déjà il croyait inévitable. A Milan, il vit le maréchal Masséna désigné pour le commandement en chef de l'armée de l'Adige, au cas où une campagne serait indispensable ; Masséna, son vieux compagnon des prodiges de Rivoli et d'Arcole, était capable de le comprendre. L'Empereur leva une conscription dans son nouveau royaume,

qu'ils fassent éviter l'inconvénient d'élever une imposition jusqu'au terme qu'elle peut atteindre.

« J'ai pris des mesures pour redonner au clergé une dotation convenable, dont il était en partie dépourvu depuis dix ans ; et si j'ai fait quelques réunions de couvents, j'ai voulu conserver, et mon intention est de protéger ceux qui se vouent à des services d'utilité publique, ou qui, placés dans les campagnes, se trouvent dans des lieux et dans des circonstances où ils suppléent au clergé séculier. J'ai en même temps pourvu à ce que les évêques eussent le moyen d'être utiles aux pauvres, et je n'attends, pour m'occuper du sort des curés, que les renseignements que j'ai ordonné de recueillir promptement sur leur situation véritable : je sais que beaucoup d'entre eux, surtout dans les montagnes, sont d'une pénurie que j'ai le plus pressant désir de faire cesser.

« Indépendamment de la route du Simplon, qui sera achevée cette année, et à laquelle 4,000 ouvriers, dans la seule partie qui traverse le royaume d'Italie, travaillent en ce moment, j'ai ordonné de commencer le port de Volano, et que des travaux si importants soient entrepris sans retard et poursuivis avec activité.

« Je n'ai négligé aucun des objets sur lesquels mon expérience en administration pouvait être utile à mes peuples d'Italie. Avant de repasser les monts, je parcour-

50,000 hommes prêts à servir de réserve aux régiments qui se groupaient autour du Pô et de l'Adige. Enfin, tout entier à sa pensée d'une guerre vigoureuse, il hâta la formation d'une flottille sur tout le littoral de la Méditerranée, et de sa personne il se rendit à Gênes qu'il venait de fondre dans son Empire.

La réunion d'une république aussi antique que Gênes se rattachait au système d'occupation maritime de Napoléon. Dans la campagne de 1799, l'Empereur avait vu les services qu'avait rendus à la défense de l'Italie contre Suwarow l'occupation de Gênes par les Français. Masséna y avait laissé de si beaux souvenirs militaires ! la possession d'une cité aussi largement fortifiée protégeait le midi de l'Italie; la ligne était admirable quand elle partait de Gênes pour s'appuyer sur Coni, Alexandrie et Mantoue. Comment l'ennemi aurait-il pu faire une trouée au milieu d'un système de défense aussi bien appuyé ? Si on laissait Gênes en dehors, livrée à ses propres forces, une descente des Anglais pouvait en finir; les Russes partis de Corfou se dirigeraient librement sur ce point, et alors toute l'Italie méridionale était compromise jus-

rai une partie des départements pour connaître de plus près leurs besoins.

« Je laisserai dépositaire de mon autorité ce jeune prince que j'ai élevé dès son enfance, et qui sera animé de mon esprit. J'ai d'ailleurs pris des mesures pour diriger moi-même les affaires les plus importantes de l'État.

« Des orateurs de mon conseil vous présenteront un projet de loi pour accorder à mon chancelier, garde des sceaux, Melzi, pendant quatre ans dépositaire de mon autorité comme vice-président, un domaine qui, restant dans sa famille, atteste à ses descendants la satisfaction que j'ai eue de ses services.

« Je crois avoir donné de nouvelles preu-

ves de ma constante résolution de remplir envers mes peuples d'Italie tout ce qu'ils attendent de moi. J'espère qu'à leur tour ils voudront occuper la place que je leur destine dans ma pensée ; et ils n'y parviendront qu'en se persuadant bien que la force des armes est le principal soutien des États.

« Il est temps enfin que cette jeunesse qui vit dans l'oisiveté des grandes villes cesse de craindre les fatigues et les dangers de la guerre, et qu'elle se mette en état de faire respecter la patrie, si elle veut que la patrie soit respectable.

« Messieurs du Corps législatif, rivalisez de zèle avec mon conseil d'État, et par ce concours de volontés vers l'unique but de

qu'à la Provence. Gênes était un avant-poste de Toulon; pour accomplir ce cordon maritime, on arrêta la réunion de la ville des doges à l'Empire, comme plus tard celles de Lucques et de Livourne. Napoléon voulait lier ce port à son territoire par tous les moyens d'intérêt et de commerce; Gênes conserva son port franc, et ne fut soumise à l'impôt que successivement; on lui maintint ses priviléges, tous les emplois durent être remplis par ses propres citoyens. L'archi-trésorier Lebrun, intelligence active, de concert avec M. Corvetto, avocat distingué, fut chargé de l'organisation administrative de Gênes.

Dans sa correspondance intime, l'Empereur insiste pour que tout soit considéré comme bien définitif en ce qui touche Gênes et son incorporation à la France; il écrit à M. Lebrun que c'est désormais une partie intégrante de son territoire, il fera la guerre à tout le monde plutôt que de la céder : «Que ceci, répète-t-il, soit bien entendu[1]. Gênes est destinée à former des matelots, Gênes doit avoir 6,000 hommes à bord des escadres; j'ai besoin de vieux marins.» Car la préoccupation de l'Empereur est alors la guerre contre l'Angleterre, l'âme

la prospérité publique, donnez à mon représentant l'appui qu'il doit recevoir de vous.

« Le gouvernement britannique ayant accueilli par une réponse évasive les propositions que je lui ai faites, et le roi d'Angleterre les ayant aussitôt rendues publiques en insultant mes peuples dans son parlement, j'ai vu considérablement s'affaiblir les espérances que j'avais conçues du rétablissement de la paix. Cependant les escadres françaises ont depuis obtenu des succès auxquels je n'attache de l'importance que parce qu'ils doivent convaincre davantage mes ennemis de l'inutilité d'une guerre qui ne leur offre rien à gagner et tout à perdre. Les divisions de la flottille et les frégates construites aux frais des finances de mon royaume d'Italie, et qui font aujourd'hui partie des armées françaises, ont rendu d'utiles services dans plusieurs circonstances. Je conserve l'espoir que la paix du continent ne sera pas troublée, et toutefois je me trouve en position de ne redouter aucune des chances de la guerre : je serai au milieu de vous au moment même où ma présence deviendrait nécessaire au salut de mon royaume d'Italie. »

[1] *Lettre de Napoléon à l'archi-trésorier, à Gênes, datée du amp de Boulogne, 11 août 1805.*

« Il est sans doute une manière de se rendre très populaire, mais c'en est une

de toutes les coalitions, le principe de la ligue continentale. Son dessein est d'organiser fortement l'Italie; si l'Autriche lui déclare la guerre, il veut recevoir franchement les troupes par une belle résistance militaire, appuyée sur une vaste ligne de fortifications; et quant au littoral, ce sont des matelots qu'il lui faut, de bons officiers qui puissent résister aux flottes d'Angleterre. Gênes en est une pépinière, et il ne l'oublie jamais dans sa correspondance avec l'archi-trésorier Lebrun [1].

Quand cette organisation du royaume italien est formée, Napoléon repasse les Alpes; il séjourne à peine dans quelques cités, et reçoit à Paris les félicitations du Sénat, du Tribunat et de l'armée, car l'adulation est partout. Dans son camp de Boulogne il songe encore à son Italie, menacée par l'Autriche; il écrit au président du corps législatif

aussi de nuire au bien du service. Je n'ai réuni Gênes que pour avoir des matelots, et cependant les trois seules frégates que j'ai dans ce port ne sont pas armées. Gênes ne sera française que lorsqu'elle aura 6,000 hommes à bord de mes escadres. » Après avoir répété sous plusieurs formes que ce n'est ni de l'argent ni des soldats qu'il a voulu tirer de ce pays, que c'est seulement de vieux matelots qu'il a besoin, il ajoute que ce n'est point avec de la faiblesse qu'on gouverne les peuples. « Avez-vous espéré gouverner des peuples sans les mécontenter d'abord? Vous savez bien qu'en fait de gouvernement, *justice veut dire force comme vertu*. Serais-je assez décrépit pour qu'on pût me faire peur du peuple de Gênes? La seule réponse à cette dépêche, c'est des matelots et des matelots. Vous connaissez assez la promptitude de mes résolutions pour savoir que cela ne diminue en rien l'estime et l'amitié que je vous porte. Ne voyez dans votre administration, ne rêvez que des matelots. Dites tout ce que vous voudrez de ma part, j'y consens, mais dites que je veux des matelots. »

[1] *Lettre de Napoléon à l'archi-trésorier, à Gênes, datée de Strasbourg*, 1er octobre 1805.

« Dites hardiment que Gênes est pour toujours à la France... Que les gazettes tournent en ridicule les menaces de l'Autriche et de la Russie; qu'elles disent aux Génois que le même homme qui, avec 30,000 hommes au milieu d'eux, a confondu la Sardaigne, l'Autriche et toute la coalition, se trouve aujourd'hui avec 300,000 hommes au centre de l'Allemagne. » A côté de ces exagérations, où la confiance ne connaît point de bornes, se trouve l'ordre de précautions à prendre pour l'hypothèse contraire. « Ne perdez point de vue l'approvisionnement de Gênes; je voudrais avoir là trois cent mille quintaux de blé. Mes projets de guerre sont vastes. J'attirerai tout pour faire la guerre offensive; dans aucun cas, même dans le cas de siège, vous ne devez point quitter Gênes. Prenez des mesures pour que dans aucun événement vous ne manquiez de blé. »

Un décret impérial, concernant l'organisation des finances dans les nouveaux

de Milan pour le réprimander fortement sur la fausse direction du conseil qu'il préside ; on doit savoir qu'il veut être obéi : il ne dissimule pas qu'il n'aime les institutions politiques que pour aider sa pensée ; dès que les assemblées résistent, elles deviennent séditieuses ; au reste, leurs efforts seront impuissants et la honte leur en restera. Napoléon demeure dans ses principes ; il ne peut souffrir l'opposition ; il la confond sans cesse avec les cabales et les factions coupables¹. Le Corps législatif avait pris au sérieux son autorité, l'Empereur le désabuse en lui démontrant qu'il n'est et ne peut être qu'un instrument dans ses mains. La fidélité et l'obéissance sont les premiers devoirs ; au-delà, il n'est plus rien pour eux que la révolte criminelle.

C'est du camp impérial de Boulogne que cette lettre

départements au-delà des Alpes, porte que « toutes les contributions tant directes qu'indirectes, actuellement perçues dans le territoire du ci-devant État de Gênes, sont supprimées à partir du 1er vendémiaire an XIV. Tous les employés à l'administration ou à la perception des contributions directes et indirectes, dans quelque grade que ce puisse être, ne pourront être choisis que parmi les citoyens des départements de Gênes, de Montenotte et des Apennins. Les employés actuels qui ne se trouveront pas placés dans la nouvelle organisation, conserveront leur traitement jusqu'à ce qu'ils aient obtenu un emploi analogue à celui qu'ils occupaient, ou leur retraite s'ils y ont droit.

« Seront publiés et exécutés dans les départements de Gênes, de Montenotte et des Apennins, et dans les états de Parme, de Plaisance, Guastalla, les lois et règlements français relatifs : 1o à la répartition, à l'assiette et au recouvrement des contributions foncière, personnelle, somptuaire, mobilière ; 2o à la contribution des portes et fenêtres ; 3o à celle des patentes ; 4o aux dépenses du cadastre ; 5o à l'enregistrement des actes civils, judiciaires, et des titres de propriété ; au timbre, au régime hypothécaire, aux douanes, aux droits de greffe dans les tribunaux civils et de commerce, à la poste aux lettres, à la poste aux chevaux, à l'établissement de la loterie nationale de France, etc.

« Le principal de la contribution foncière est fixé, pour le département de Gênes, à 1,383,959 fr. ; pour celui de Montenotte, à 754,879 fr. ; pour celui des Apennins, à 946,000 fr. » (juillet 1805).

¹ Traduction de la lettre de S. M. I. et R. au président du corps législatif du royaume d'Italie.

« Monsieur le président Taverna, je reçois la lettre du 1er août, que vous m'écrivez au nom du corps législatif. Les assurances de son attachement me sont d'autant plus agréables, que sa conduite pendant la session m'a démontré qu'il ne marchait pas dans la même direction que moi, soit conseil des consultateurs, soit conseil législatif, soit corps, et qu'il avait d'autres projets et un autre but que ceux

est adressée au président du corps législatif italien. Napoléon est de nouveau sous la tente ; partout on annonce que l'expédition contre l'Angleterre va se déployer sur la plus vaste échelle. La flotte de Boulogne est prête, parfaitement exercée ; elle peut maintenant tenter une entreprise ; presque tous les essais que les Anglais ont faits pour brûler les escadrilles sont restés impuissants ; les brûlots ont échoué ; des jetées accomplies devant le port de Boulogne empêchent de nouvelles tentatives ; quelques succès de mer ont enflé le cœur des matelots, ils n'attendent plus que le signal. L'Empereur favorise l'élan des troupes ; son intérêt est de tromper le continent ; il veut faire croire au maintien de la paix et donner une sécurité pleine et entière au comte Philippe de Cobentzl, facilement trompé à Paris : l'Angleterre seule paraît absorber son attention ; il ne s'occupe que d'elle ; il calcule les marches sur Londres ; il est à Boulogne le jour de la Saint-Napoléon, et partout il fait annoncer qu'un mois à peine écoulé, l'armée saluera les tours de Saint-Paul.

Les esprits attentifs seuls ont pu voir qu'il avait d'autres desseins : les troupes ont cessé de s'exercer aux ma-

---

que je me proposais. Il est dans mes principes de me servir des lumières de tous les corps intermédiaires, soit législatifs, soit même des différents colléges, toutes les fois qu'ils auront la même direction que moi ; mais toutes les fois qu'ils ne porteront dans leurs délibérations qu'un esprit de faction et de turbulence ou des projets contraires à ceux que je puis avoir médités pour le bonheur et la prospérité de mes peuples, leurs efforts seront impuissants, la honte leur en restera tout entière, et malgré eux je remplirai tous les desseins, je terminerai toutes les opérations que j'aurai jugées nécessaires à la marche de mon gouvernement et à l'exécution du grand projet que j'ai conçu de reconstituer et d'illustrer le royaume d'Italie. Ces principes, Monsieur le président, je les transmettrai à mes descendants, et ils apprendront de moi qu'un prince ne doit jamais souffrir que l'esprit de cabale et de faction triomphe de son autorité ; qu'un misérable esprit de légèreté et d'opposition déconsidère cette autorité première, fondement de l'ordre social, exécutrice du Code civil et véritable source de tous les biens des peuples. Lorsque les corps intermédiaires

nœuvres de mer; elles ne montent plus que pour la forme sur la flottille, elles le faisaient si fréquemment naguère! Napoléon fait exécuter devant lui de grandes marches, les évolutions des batailles décisives. 150,000 hommes composent le camp de Boulogne; il les groupe, les réunit, les sépare, chaque corps a ses chefs désignés, chaque division a son artillerie de campagne; la cavalerie s'exerce aux marches forcées jusqu'à faire dix lieues dans une seule journée; on simule des combats; Napoléon parle de Londres, mais il a les yeux incessamment fixés sur les cartes d'Allemagne; il pointe les distances, il règle les routes militaires pour qu'on puisse converger vers un centre unique, les bords du Rhin. En même temps il écrit à Bernadotte, qui conduit l'armée du Hanovre, et à Marmont, alors en Hollande, de se tenir prêts au premier combat. Il faut glorifier les aigles.

Tout cela se fait secrètement, son unique confident c'est Berthier; les journaux retentissent de l'expédition d'Angleterre, les écrivains ont ordre de s'en occuper comme d'une tentative prochaine; « la flotte est prête, disent-ils, pour le premier signal, on attend les vents et les brumes de septembre, l'armée va s'embarquer, elle a reçu les vivres et les munitions; si elle fait de grandes

seront animés d'un bon esprit, suivront le même but que moi, je serai empressé de prêter l'oreille à leurs observations et de suivre leurs avis, soit dans la modification, soit dans la direction de ces vues. En finissant, Monsieur, je ne veux vous laisser aucun doute sur la vérité de mes sentiments pour le plus grand nombre des membres du corps législatif dont je connais le mérite et le foncier attachement pour ma personne. Réunis en assemblée, ils n'ont point senti la légèreté qu'ils ont portée dans leurs opérations; mais j'espère qu'appréciant mieux l'ordre et le bonheur de la société ils sentiront l'avantage de rester rangés constamment autour du trône, de ne marquer dans l'opinion que par leurs propres témoignages de fidélité et d'obéissance, et de ne point ébranler l'attachement et l'amour des sujets par une opposition ouverte et inconsidérée. Sur ce, je prie Dieu qu'il vous ait en sa sainte garde. »

De mon camp impérial de Boulogne, le 25 thermidor an XIII (11 août 1805.)

Napoléon.

manœuvres, c'est pour s'essayer à la bataille décisive qui sera livrée sous les murs de Londres. L'Empereur inspirait une fausse sécurité au continent, il veut lui faire croire qu'il est absorbé par les conceptions maritimes; il n'est au camp de Boulogne que pour venger sa querelle personnelle avec les Anglais. Ruse de guerre que tout cela, car Napoléon n'ignore rien, il sait que la coalition s'avance, et que les négociations de l'Angleterre ont abouti au résultat d'une alliance intime entre la Russie et l'Autriche. Il faut donner le signal du combat; ce n'est point à Londres que se livrera la bataille; le soleil d'Austerlitz va briller sur les insignes militaires naguère distribués aux soldats par leur Empereur.

CHAPITRE VII.

ORIGINE ET DÉVELOPPEMENT DE LA COALITION.

Mécontentement que cause l'influence française. — Lettre de Napoléon au roi d'Angleterre. — Réponse de lord Mulgrave — Ouverture du Parlement. — Demande d'un subside éventuel. — La Suède. — Son traité avec l'Angleterre. — La Russie. — Changement de système. — Mission de M. Novosilzoff à Londres. — Bases de la coalition. — Quelle sera la part de la France? — Circonscription des États. — Situation de l'Autriche. — Esprit de sa diplomatie. — Armements. — Cordon sanitaire. — Base des propositions. — Accession de l'Autriche au traité avec la Russie. — La Prusse. — Attitude de neutralité. — Armements. — Confédération du Nord. — Démarches de la Russie auprès du cabinet de Berlin. — L'Espagne. — La guerre avec la Grande-Bretagne. — Le Portugal. — Rupture avec la Turquie.

Décembre 1804, Août 1805.

Le traité de Lunéville, la convention signée avec la Russie en 1802, le traité d'Amiens violemment brisé, formaient la base des relations diplomatiques pendant le Consulat et depuis l'avénement de l'Empereur Napoléon. Par l'entraînement des faits et l'ambition de chaque cabinet, ces bases se trouvaient nécessairement modifiées : la France avait usé de sa légitime influence comme nation et comme gouvernement, dans des conditions démesurées ; que n'avait pas acquis le Consul et l'Empereur depuis le traité de Lunéville? Ce n'était pas seulement la couronne de France qui rayonnait à son front, l'Italie entière lui obéissait comme roi, et le nouvel Empire réunissait la Belgique, la rive gauche du Rhin; Bonaparte avait promis une indemnité pour la maison de Carignan, une autre pour le prince d'Orange, privé de la Hollande; Naples était sans force, sans indépendance; la fragile royauté d'Étrurie serait balayée par la volonté de l'Empereur; Gênes était réunie définitivement à la France, et indépendamment de ces conquêtes effectives, Napoléon dominait par son ascendant en Suisse, dans les Pays-Bas, et déjà sa main s'étendait sur la confédération germanique, puissamment travaillée par sa diplomatie.

Lorsque tant de motifs existaient pour établir les griefs inquiets de l'Europe contre Napoléon, le fier et puissant Empereur faisait une démarche pacifique auprès de l'Angleterre; c'était son habitude; Consul il avait écrit au roi Georges dans les termes modérés d'une résolution de traiter qui mettrait fin à la guerre; Empereur il suivit la même méthode; il y trouvait l'avantage de parler à l'opinion publique en France, en persuadant qu'il n'était jamais l'agresseur [1]. L'Empereur seul était l'homme de la paix; s'il prenait les armes, ce n'était pas sa faute, mais celle de l'Europe sous l'influence de l'Angleterre; ses paroles étaient ainsi à la paix et ses

---

[1] *Lettre de l'empereur Napoléon au roi d'Angleterre :*

« Monsieur mon frère, appelé au trône de France par les suffrages du peuple, mon premier sentiment est un vœu de paix. Je n'attache pas de déshonneur à faire le premier pas. J'ai assez prouvé au monde que je ne redoute aucune des chances de la guerre. La paix est le vœu de mon cœur, mais la guerre n'a jamais été contraire à ma gloire. Je conjure V. M. de ne pas se refuser à donner elle-même la paix au monde. Elle a plus gagné depuis dix ans en territoire que l'Europe n'a d'étendue. Que veut-elle espérer de la guerre? Coaliser quelques puissances du continent? le continent restera tranquille. Renouveler des troubles intérieurs? les temps ne sont plus les mêmes. Si V. M. veut y songer, elle verra que la guerre est sans but. J'ai rempli un devoir saint et précieux à mon cœur; que V. M. croie à la sincérité des sentiments que je viens de lui exprimer et à mon désir de lui en donner la preuve. »

Napoléon.

actions à la guerre ; Napoléon agrandissant son Empire, faisait des conquêtes successives, et il se présentait néanmoins comme un monarque désintéressé qui ne demandait pas mieux que le maintien de la paix arrêtée dans les précédentes conventions diplomatiques. L'Empereur était aussi habile négociateur que puissant par la guerre ; aucune circonstance n'échappait à son génie, et les époques pacifiques comme les temps d'hostilité lui assuraient toujours quelques nouvelles acquisitions; il ne pouvait rester immobile en face de l'Europe.

Cette démarche directe de l'Empereur auprès du roi d'Angleterre cachait encore un but de reconnaissance diplomatique. Par un seul acte, Napoléon s'élevait au niveau des monarques régnants, il écrivait au roi d'Angleterre : *Monsieur mon frère*, et il sollicitait ainsi une réponse du roi, comme si la constitution anglaise permettait ces rapports de souverain à souverain, et si l'Angleterre n'était aise d'abaisser l'amour-propre de Bonaparte. Aussi, après quelques jours d'attente, le cabinet britannique délibéra une réponse sérieuse qui fut envoyée note par note, selon la méthode du cabinet, à M. de Talleyrand. Elle était grave, avec ce ton diplomatique qui domine tous les actes du cabinet anglais dans ses rapports avec l'Europe. Lord Mulgrave disait [1] :
« S. M. B. a reçu la lettre qui lui a été adressée par le

---

[1] *Answer given by lord Mulgrave, Sec. of state for foreign affairs, dated the 14th January,* 1805, *addressed to Mr. Talleyrand.*

« His Britannic Majesty has received the letter which has been addressed to him by the head of the french government, dated the 2d of the present month. There is no object which His Majesty has more at heart, that to avail himself of the first opportunity to procure again for his subjects, the advantages of a peace, founded on bases which may not be incompatible with the permanent security and essential interest of his dominions. His Majesty is persuaded that this end can only be attained by arrangements which may at the same time provide for the future safety and tranquil-

chef du gouvernement français, datée du 2ᵉ jour de ce mois. Il n'y a aucun objet que S. M. ait plus à cœur que de saisir la première occasion de procurer de nouveau à ses sujets les avantages d'une paix fondée sur des bases qui ne soient pas incompatibles avec la sûreté permanente et les intérêts essentiels de ses États. S. M. est persuadée que ce but ne peut être atteint que par des arrangements qui puissent en même temps pourvoir à la sûreté et à la tranquillité à venir de l'Europe, et prévenir le renouvellement des dangers et des malheurs dans lesquels elle s'est trouvée enveloppée; conformément à ce sentiment, S. M. sent qu'il lui est impossible de répondre plus parfaitement à l'ouverture qui lui a été faite, jusqu'à ce qu'elle ait eu le temps de communiquer avec les puissances du continent, avec lesquelles elle se trouve engagée dans des liaisons et des rapports confidentiels, et particulièrement avec l'empereur de Russie, qui a donné les preuves les plus fortes de la sagesse et de l'élévation des sentiments dont il est animé, et du vif intérêt qu'il prend à la sûreté et à l'indépendance du continent. »

Par cette réponse adressée au chef du gouvernement français, l'Angleterre ne reconnaissait pas l'Empereur. Il n'y avait donc nul espoir pour Napoléon d'entamer une négociation directe avec l'Angleterre, et au fond il ne le désirait pas; sa démarche avait pour but de montrer sa modération aux yeux de la France et de l'Europe,

lity of Europe, and prevent the recurrence of the dangers and calamities in which it is involved. Conformably to this sentiment, His Majesty feels it is impossible for him to answer more particularly to the overture that has been made him, till he has had time to communicate with the powers on the continent, with whom he is engaged in confidential connexions and relations, and particularly the emperor of Russia, who has given the strongest proofs of the wisdom and elevation of the sentiments with which he is animated, and the lively interest which he takes in the safety and independence of the continent. »

Mulgrave.

et de constater surtout que ce n'était pas lui qui commençait la guerre. Il avait fait tout ce que l'honneur permettait; que voulait-on de plus? Qu'il s'abaissât jusqu'à solliciter la paix. Ce n'était ni dans son caractère ni dans la dignité du peuple qui l'avait placé à sa tête. Un passage de la note de lord Mulgrave fut surtout remarqué par Napoléon, attentif et les yeux fixés sur l'Europe. Le ministre n'y parlait pas seulement au nom de l'Angleterre, mais il récapitulait avec soin certains engagements pris avec les cabinets du continent; on y louait la Russie et le caractère élevé de son empereur. Ces paroles dans la bouche du ministre anglais faisaient comprendre que des stipulations avaient été récemment concertées entre les deux cabinets de Londres et de Saint-Pétersbourg pour l'éventualité d'une coalition menaçante.

Il s'était accompli en effet depuis quatre mois des négociations d'une nature déterminante. M. Pitt arrivant aux affaires avait renouvelé avec son esprit actif, fécond, le plan d'une vaste coalition contre la France. Le roi avait ouvert le parlement par un discours assez explicite sur les négociations diplomatiques : « Les préparatifs de l'ennemi, disait-il, pour envahir ce royaume, ont continué avec une activité soutenue, mais il n'a fait aucune tentative pour mettre à exécution ses menaces réitérées. L'intrépidité et l'habileté de ma marine, l'état respectable de mes armées et de ma milice suffiraient pour empêcher une entreprise aussi téméraire. La conduite de la cour d'Espagne m'a forcé à prendre des mesures promptes pour prévenir ses hostilités. J'ai évité aussi longtemps que possible une rupture; ne pouvant obtenir une explication satisfaisante, mon ministre a quitté Madrid, et l'Espagne a déclaré la guerre à l'Angleterre. La conduite du gouvernement français sur le continent n'a été qu'une suite de violences, et a montré un mépris outrageant pour le droit des États, les priviléges des ministres, les principes établis par la loi des nations; j'ai reçu de lui cependant une communication qui contient des intentions pacifiques; j'ai exprimé le même désir de la paix, mais n'ai pas cru devoir entrer en explication avant de m'être concerté avec mes alliés, les puissances du continent, envers lesquelles *je suis lié par des engagements confidentiels*, et surtout avec l'empereur de Russie, qui m'a donné les plus grandes preuves des sages et nobles sentiments dont il est animé, ainsi que du vif intérêt qu'il prend à la sûreté et à l'indépendance de l'Europe. »

Ce discours, si remarquablement explicite, signalait la réalité des engagements de l'Angleterre et de la Russie dans une cause commune. M. Pitt, s'exprimant devant les communes, avait demandé de leur part un acte de confiance des plus étendus; il ne déguisa pas que des récentes négociations formées entre l'Angleterre et le continent exigeaient des subsides, et partant de cette donnée, il établit la nécessité d'un vote éventuel de 5 millions de livres qui seraient mis à la disposition du cabinet pour soutenir les alliances du continent. M. Pitt demandait cet acte de confiance sans autre explication, il ne dissimula pas à ses amis du parlement qu'il s'agissait de restreindre dans de justes limites les envahissements que la France s'était permis depuis la rupture du traité d'Amiens. « Je ne dois pas omettre, disait-il dans cette occasion, de pressentir la chambre sur un objet important, qui est essentiellement lié à nos intérêts et à la sûreté générale de l'Europe. On a déjà informé le parlement que le gouvernement de S. M. était actuellement engagé dans des communications confidentielles de la plus haute importance avec quelques-unes des grandes puissances du continent, relativement à la situation actuelle de l'Europe. Il serait sans doute à souhaiter que la paix se fît, si on pouvait la faire sur une base solide, sans laquelle elle n'est ni désirable ni nécessaire; mais d'après ce que nous savons et tout ce que nous voyons, on ne peut se promettre à présent aucun espoir raisonnable d'une tranquillité solide et durable, sans de nouveaux efforts de la part de la Grande-Bretagne et de toutes les puissances intéressées à obtenir le repos de l'Europe[1]. J'entrerai dans de plus grands détails lorsque l'objet dont il s'agit sera soumis à l'examen de la Chambre; mais dans la persuasion où je suis que cette mesure a déjà l'approbation unanime de la chambre, j'espère qu'elle reconnaîtra comme moi la nécessité de pourvoir aux moyens de nous procurer un subside pécuniaire propre à déterminer cette coopération qui est tant à désirer, et c'est dans cette vue que j'ai cru qu'il était de

[1] En même temps M. Pitt présenta la situation militaire des troupes britanniques et les dépenses qu'elles occasionnaient.

	POUR L'ANGLETERRE. liv. sterl.				POUR L'IRLANDE. liv. sterl.		
Gardes et garnisons, etc., 143,920.	3,717,528	1	8	—	1,228,392	11	»
Forces dans les colonies, etc., 46,952.	1,424,920	11	7	—			
Officiers-généraux et état-major, etc.	212,166	18	6	—	76,691	4	8
Forces de l'Inde, 20,145.	471,161	0	11	—			
Troupes et compagnies pour le recrutement, 460.	25,410	18	4	—			
Recrutement et casualités.	50,000	0	0	—	125,866	7	8
Milice et fencibl. infant. 103,328.	2,049,712	0	1	—	614,039	18	1
Id. casualités.	50,000	0	0	—	15,692	6	0
Id. habillement.	198,793	0	0	—	119,699	5	0
Paie des officiers surnuméraires.	33,334	4	11	—	1,135	1	9
Bureaux.	182,657	7	8	—	8,971	1	2
Appointements des vivandiers, etc.	337,000	0	0	—	149,690	5	0
Demi-paie et appoint. milit.	150,000	0	0	—	31,288	16	5
Id. forces d'Amérique.	50,000	0	0	—			
Id. brigade écossaise.	1,000	0	0	—			

mon devoir de me procurer provisoirement une somme de 5 millions; il est certain que le vote des 5 millions dont il s'agit n'est que conditionnel, et je n'ai pas prétendu rien préjuger sur l'opinion de la chambre relativement à l'emploi de cette somme, avant que cette question lui soit soumise quand il en sera temps; mais j'ai pensé que les circonstances étaient telles qu'il ne fallait pas différer de proposer ce vote, attendu qu'il ne peut survenir aucun changement dans la situation actuelle des choses, si ce n'est le refus ou le consentement des puissances continentales de contracter une alliance avec nous. » Les Communes s'écrièrent : Écoutez ! écoutez !

Le ministre ne pouvait être plus positif dans ses déclarations; il révélait tous les engagements de la Grande-Bretagne; la base de la politique de M. Pitt fut désormais ce mot *sécurité*, expression admirablement appropriée à la situation. Or, par sécurité, la Grande-Bretagne entendait un résultat d'équilibre sur le continent qui permît à chaque état le développement et la force des anciennes alliances commerciales et politiques. Ainsi une modifi-

	POUR L'ANGLETERRE. liv. sterl.			POUR L'IRLANDE. liv. sterl.		
Pensionnaires intérieurs de Chelsea et de l'hôpital de Kilmainham.	39,481	1	5 —	29,716	18	0
Pensionnaires extérieurs de Chelsea et de l'hôpital de Kilmainham.	167,984	8	4 —	28,185	3	7
Pensions des veuves	23,237	19	5 —	6,000	0	0
Corps étrangers, 17,886.	827,092	18	1 —	24,257	8	3
Hôpital d'Irlande.			—	20,522	11	10
Le collège royal militaire, y compris l'état-major et les dép. des dép. anciens et nouv.	13,315	6	4 —			
Retraite royale militaire.	23,458	6	1 —			
Baraques d'Irlande.			—	448,698	11	8
	10,059,764	3	4 —	2,807,187	5	3
Déduction des forces de l'Inde.	471,461	0	11 —			
Total.	9,588,303	2	3 —	2,807,187	5	3

cation essentielle dans l'esprit des coalitions s'opérait. Il ne s'agissait plus du désir plus ou moins sincère de la restauration des Bourbons, cause compromise alors; on avait renoncé à donner à la politique ce sens exclusif; l'Europe pensait à sa propre sûreté, c'était bien assez déjà en face d'un colosse qui pouvait broyer tout de sa main de fer; le mot *sécurité* répondait à tous les scrupules en permettant de traiter avec l'empereur Napoléon sur les bases d'une reconnaissance souveraine.

Ce principe politique une fois bien établi, il fut facile de négocier avec les puissances du continent; les ministres anglais s'adressèrent d'abord à la Suède, à Gustave-Adolphe, le plus irrité des princes; ses griefs contre le nouvel Empereur étaient sans limite et sans mesure; il s'exprimait sur sa personne d'une manière fière, énergique, folle ou moqueuse. La Suède ne pouvait apporter de grandes forces dans la coalition; pauvre d'argent, elle n'avait pas 40,000 hommes, mais ses vastes États, ses mines, ses bois, ses lacs, ses golfes, étaient mis à la disposition de la Grande-Bretagne pour favoriser son action sur le continent. La Suède pouvait entrer en ligne au nord, et former la droite dans un mouvement armé contre la France. Pour cela il ne lui fallait que des subsides, et un traité arrêté dès le mois de décembre 1804 stipula une alliance défensive et offensive entre la Suède et la Grande-Bretagne[1]. On accordait un subside de 60,000 livres à Gustave-Adolphe, afin qu'il mît ses troupes sur pied pour l'éventualité

---

[1] *Convention préliminaire entre l'Angleterre et la Suède*, en date du 3 décembre 1804.

« S. M., pour mettre le roi de Suède à même de pourvoir à la défense de Stralsund, consent à lui payer 60,000 livr. sterl. en trois termes; et le roi de Suède s'engage à permettre l'établissement d'un dépôt dans la Poméranie suédoise, pour les besoins des troupes hanovriennes, et à accorder pendant la guerre le droit d'un entrepôt à Stralsund, pour y déposer les marchandises anglaises. »

d'une coalition conclue entre les grands États, et surtout pour la défense de Stralsund.

L'adhésion de la Suède n'était pas une acquisition considérable, et certes M. Pitt n'avait pas jusqu'ici un résultat diplomatique en rapport avec le vote immense du parlement. Alors s'entamait une négociation plus vaste, plus effective entre la Russie et l'Angleterre, préliminaires d'un traité commun qu'on devait essayer vis-à-vis l'Autriche, la Prusse, Naples, l'Espagne et le Danemarck, sur la garantie mutuelle des territoires; les électorats intermédiaires de l'Allemagne devaient tout naturellement se placer à la suite des grands souverains. Quand on se rappelle l'aigreur des notes de la Russie et de la France depuis l'avénement de l'Empereur, on s'explique très bien la tendance des négociations de Londres et de Saint-Pétersbourg. M. de Marcoff avait obtenu ses passeports, M. d'Oubrill quittait Paris, et les dernières notes de la Russie à la France témoignaient le désir de ressaisir par la guerre ce qu'on n'avait pu obtenir par une négociation régulière. Le chef du cabinet d'Alexandre, l'homme de prépondérance était, depuis son avénement, le prince Czartorisky, Polonais d'origine, favorable à la France, aux idées libérales, et dans les meilleures grâces de l'empereur Napoléon. Alexandre avait en lui une confiance illimitée; mais le parti véritablement russe, conduit par

---

Convention avec le roi de Suède, signée à Helsingbord, le 31 août 1805.

« S. M. s'engage à payer par mois au roi de Suède la somme de 800 liv. sterl. pour chaque mille hommes de troupes régulières dont il renforcera la garnison de Stralsund, ledit renfort ne devant pas excéder 4,000 hommes de troupes régulières. Cette convention est garantie par l'empereur de Russie. »

« Plus tard, on renouvelle la convention du 31 août, et la Suède s'engage à fournir 12,000 hommes de plus pour agir de concert avec les alliés. Il lui sera payé 12 liv. sterl. et 1/2 par an pour chaque soldat, et cinq mois en sus pour l'équipement. Le subside ne cessera que trois mois après la paix. »

l'impératrice-mère, accusait le prince Czartorisky de faiblesse et d'impuissance en face d'une situation qui compromettait l'honneur et la sécurité de la Russie. Le prince Czartorisky vit son influence s'effacer [1], et un cabinet plus fortement prononcé dans le sens de la guerre se forma à Saint-Pétersbourg sous M. de Voronsow. Dès ce moment les plaintes de la Russie devinrent plus aigres; elle rompit ses derniers rapports avec la France, et M. Pitt trouva accès auprès d'Alexandre pour arriver à un vaste armement. Bientôt tout fut public, et les demandes officielles au parlement vinrent révéler l'état de la négociation.

Un jeune et habile diplomate, M. de Novosilzoff, fut chargé de se rendre directement à Londres afin d'arrêter avec M. Pitt les bases d'un traité de subsides et d'un plan de campagne que l'on se proposait de développer contre Napoléon. Les instructions de M. de Novosilzoff étaient fort étendues : on devait se tenir prêt pour une campagne d'hiver; la Russie ne cherchait qu'un moyen de multiplier ses levées et de grandir son système militaire à l'aide des subsides anglais. M. de Novosilzoff fut accueilli à Londres avec l'intérêt qu'inspirait sa mission; admis dans les cercles tories, il vit plusieurs fois M. Pitt, et lui exprima la volonté expresse de l'empereur pour la conclusion d'un traité qui

---

[1] Le cabinet de Saint-Pétersbourg était ainsi composé :

M. le comte Alexandre de Woronzoff, ministre des affaires étrangères.

M. le prince Adam Czartorisky, adjoint.

M. Serge de Wiasmitinoff, ministre de la guerre.

M. Paul de Tchitchakoff, adjoint au ministère de la marine.

M. le prince Lapouchin, ministre de la justice.

M. le comte Victor de Kotchoubey, ministre de l'intérieur.

M. le comte Alexis de Wassilieff, ministre des finances.

M. le comte Nicolas de Romanzoff, ministre du commerce.

M. le comte Pierre de Zawadowsky, ministre de l'instruction publique.

M. Michel de Mourawieff, adjoint.

forcerait la France à se restreindre dans son ambition. On s'entendit sur les bases; on posa les questions suivantes : quel plan suivrait-on dans un mouvement armé contre la France? Agirait-on directement ou bien une démarche serait-elle faite en commun auprès du chef du gouvernement français pour indiquer les conditions d'un nouveau système diplomatique en Europe? M. Pitt et M. de Novosilzoff s'entendirent parfaitement : le ministre anglais avait arrêté point à point un projet de coalition et de campagne (il faut remarquer que ce plan se rapproche beaucoup de celui qui fut adopté en 1813), il ne demandait que le concours absolu des puissances dans un mouvement régulier contre la France; M. Pitt le voulait énergique et simultané.

Une telle négociation pour arriver à un résultat efficace appelait le concours de l'Autriche, et pouvait-on compter sur elle dans la situation présente? Le caractère de la diplomatie autrichienne était plus prudent, moins enthousiaste [1], que celui de la Russie ou de la Suède; l'Autriche, exposée aux dangers d'une guerre sur ses frontières, ne pouvait se jeter dans une campagne improvisée; depuis six mois elle armait, elle avait sur pied 330,000 hommes prêts à se porter sur le Danube et sur l'Adige. Sous prétexte d'une maladie contagieuse qui régnait en Italie, l'Autriche venait de former un cordon sanitaire, véritable armée, s'élevant

---

[1] Voici la composition alors du cabinet autrichien :

M. le comte de Colloredo, grand-chambellan, ministre du cabinet.

M. le prince de Colloredo, vice-chancelier de l'Empire.

M. le comte Louis de Cobentzl, vice-chancelier de cour et d'État.

M. le comte d'Ottingen-Wallerstein, président du conseil aulique de l'Empire.

M. le comte de Kouwrath, ministre de l'intérieur.

M. le comte de Rottenham, président du conseil suprême de justice.

M. le comte Ugarte, chancelier de Bohème et d'Autriche.

M. le baron de Sumereau, chancelier de Hongrie.

à 125,000 hommes; elle ne voulait rien faire follement et imprudemment; les bases de la mission de M. de Novosilzoff à Londres, lui avaient été communiquées par le comte de Rasumowski, ambassadeur russe à Vienne. L'Autriche répondit d'abord : « qu'on pouvait compter sur elle, pourvu qu'on lui laissât le temps moral et matériel de réunir de grandes ressources sur le champ de bataille, et qu'on lui donnât des garanties d'un vaste développement de moyens; il ne fallait pas s'essayer imprudemment contre Napoléon. » L'Autriche voulait aussi un large subside qui lui serait accordé par l'Angleterre et payé par avance. Quand ces négociations se poursuivaient, M. de La Rochefoucauld, ambassadeur à Vienne, et M. de Cobentzl, à Paris, échangeaient des assurances de paix et de bon rapport. Ici, des paroles pacifiques; là, des armements militaires et des préparatifs de guerre.

Aucune coalition ne pouvait être complète et formidable, si la Prusse n'y accédait formellement, comme condition essentielle du succès; l'Angleterre en avait fait la triste expérience dans la coalition de 1799; toutes les causes de ruine pour les alliés étaient venues de la neutralité de Berlin. Depuis un an le cabinet de Londres travaillait la Prusse; l'avénement de M. Hardenberg avait certainement donné plus d'énergie à l'esprit de nationalité; mais jusqu'alors loin de se prononcer, la cour de Berlin multipliait les armements dans le dessein de maintenir ce que la Prusse appelait la neu-

M. le comte de Teleky-Szek, chancelier de Transylvanie.
M. le comte de Mailath, chancelier pour les affaires d'Italie.
M. le comte de Zichy, président de la chambre des finances et de la banque.
S. A. R. M. l'archiduc Charles, président du conseil aulique de guerre.

S. A. R. M. l'archiduc Jean, vice-président et chef du génie.
M. le comte de Pergen, ministre général de police.
Ministres d'État : M. le comte de Zinzendorf, M. le comte de Lerhbach.
M. le comte de Saurau, ministre d'État, maréchal des États de la Basse-Autriche.

tralité du Nord, en opposition avec l'Autriche, sous l'influence de laquelle s'était autrefois placé le midi de l'Allemagne. Cette situation timide du cabinet de Berlin avait excité une certaine indignation dans l'âme de Gustave-Adolphe, et il avait écrit des lettres à Frédéric-Guillaume pour accuser la trahison des ministres prussiens[1]. M. de Laforest à Berlin offrait à la cour de Frédéric-Guillaume comme prix de sa neutralité, deux provinces magnifiques : le Hanovre confisqué sur l'Angleterre, et la Poméranie suédoise, et même les villes anséatiques, qui arrondissaient parfaitement la Prusse héréditaire.

Par contraire, M. de Winzingerode, envoyé russe à Berlin, pressait le roi dans les termes les plus graves et les plus mesurés de prendre une résolution vigoureuse contre les usurpations toujours croissantes de la France, influence qui à la fin l'absorberait. Est-ce que la Prusse ne se croyait pas menacée par l'occupation du Hanovre? Comment pouvait-elle parler encore de la neutralité du nord de l'Allemagne, quand Bonaparte la violait si étrangement par ses occupations militaires et le despotisme de ses envoyés à Lubeck, Hambourg, Altona, autrefois villes libres, entièrement placées sous la protection de la maison de Brandebourg? La Prusse répondait par des faux-fuyants, et alors la Russie impatiente déclara qu'elle fe-

---

[1] Aussi Napoléon s'empressa de tirer parti de cette circonstance pour se rendre le cabinet de Berlin favorable :

« Le roi de Suède a fait répandre une note où il a l'air d'insulter la Prusse. Mais ce qui prouve à quel point toutes les démarches de ce prince sont irréfléchies, c'est qu'en insultant la Prusse il la menace de la Russie. 200,000 Prussiens sont toujours 200,000 soldats de Frédéric, et rien n'autorise aucune puissance à ne pas regarder une telle armée comme l'une des plus formidables de l'Europe ; tandis que toutes les considérations, et particulièrement ce qui s'est passé en 1799, apprennent suffisamment que la Finlande, qui n'est qu'à soixante lieues de Pétersbourg, ne pourrait être défendue par la Suède si elle était l'objet des désirs de la Russie. Quelque brave que soit l'armée suédoise, il y a dans les masses des deux États une telle disproportion, qu'elle n'est pas faite pour donner à la Suède une grande sécurité.

« Dans un tel état de choses, insulter à la Prusse, comme on a insulté à la France, c'est le comble du délire. Il est probable

rait marcher un corps sur les frontières prussiennes pour déterminer ce cabinet à se prononcer nettement soit pour la coalition, soit pour la France; sa situation mixte était dangereuse et sa neutralité importunait. A tout cela la Prusse répondait par des armements, mobilisait 100 mille hommes, et son effectif fut porté à 160 mille hommes dans les premiers six mois de l'année 1805.

Le théâtre des mouvements diplomatiques de l'Europe était Londres, d'où partaient toujours les inspirations du continent. M. Pitt voyait avec une satisfaction secrète se réaliser la pensée d'une coalition, et il put dès ce moment se montrer plus explicite dans ses rapports avec ses amis politiques. M. de Novosilzoff était reparti pour Saint-Pétersbourg, dans le dessein de prendre les ordres définitifs de son souverain. Devait-on brusquer Bonaparte, et arrêter contre lui des résolutions telles que l'on mettrait le droit de son côté? Les alliés devaient au moins témoigner publiquement leur modération, démarche nécessaire pour amener le concours efficace de l'Autriche et de la Prusse. Les articles confidentiels furent arrêtés dans le mois de mars par M. Pitt et M. de Novosilzoff, sous le plus profond secret, et ils devaient être assez largement conçus pour préparer à la fois et la paix et la guerre.

que la cour de Berlin fera ce qu'a fait l'Empereur Napoléon, et ne répondra que par le silence à de pareilles incartades. Mais rien ne décourage le roi de Suède; ce prince n'est pas mieux avec l'empereur d'Autriche, dont il n'a pas voulu reconnaître le nouveau titre. Au lieu de s'attacher aux véritables intérêts de sa couronne, il recherche le singulier avantage de se déclarer le vassal de la Russie pour assouvir des passions aveugles.

« Ce n'est pas avec cette politique que les grands rois de Suède avaient donné de l'éclat à leur trône, et quelles que soient les erreurs et les inspirations du moment, la géographie de ses États doit dire au roi de Suède qu'il n'a rien à craindre de la France, de l'Autriche, de la Prusse, dont il ne peut recevoir que de l'appui, tandis qu'il doit avoir sans cesse les yeux ouverts sur la Finlande. La Suède n'a pas eu de guerre avec la France depuis que l'un et l'autre État sont constitués en nation; elle n'en a point eu avec l'Autriche depuis Gustave-Adolphe, encore était-ce une guerre de religion, et l'on vit marcher

Tout fut conclu et ratifié au mois d'avril 1805 : les hautes puissances contractantes disaient à la face de Dieu que leur traité n'avait pour objet que de rétablir la paix de l'Europe, et de lui rendre l'indépendance dont elle était privée par l'ambition sans bornes du gouvernement français : « En conséquence, les deux puissances s'engagent à réunir des forces qui, indépendamment des troupes de la Grande-Bretagne, se monteront à 500,000 hommes effectifs, pour obtenir les résultats suivants : l'évacuation du Hanovre et du nord de l'Allemagne; l'indépendance des républiques de la Hollande et de la Suisse, le rétablissement du roi de Sardaigne en Piémont, avec une augmentation de territoire telle que les circonstances pourront le permettre; l'indépendance future du royaume de Naples; l'évacuation complète de l'Italie par les armées françaises, y compris l'île d'Elbe; et enfin l'établissement en Europe d'un ordre de choses qui puisse désormais offrir une barrière à de nouvelles usurpations. Pour ce résultat, S. M. Britannique s'obligeait à payer la somme d'un million deux cent mille livres sterling de subsides pour chaque cent mille hommes qui seraient fournis par la Russie, payables mois par mois. Nul ne pourrait traiter de la paix que du consentement de toutes les parties. Enfin, et attendu la grande difficulté de déployer sur-le-champ

---

alors les troupes de Suède et de Brandebourg sous les mêmes drapeaux. Il n'en est pas de même à l'égard de la Russie : il y a à peine douze ans que les Suédois et les Russes se firent une guerre acharnée, et il y a peu de mois encore que ces deux États eurent des différends assez violents pour que de part et d'autre on courût aux armes et l'on fît marcher des troupes. Ainsi, lorsqu'on voit la Suède menacer la Prusse de la Russie, le blâme de cette conduite ridicule tombe en entier sur le cabinet de Stockholm, et fait ressortir à la fois sa faiblesse, et le peu de mesure de toutes ses délibérations : sa faiblesse, car on ne menace pas du courroux d'autrui dans une querelle personnelle; son impolitique, car on ne cherche pas à agrandir un voisin puissant lorsqu'il est déjà si dangereux. »

500,000 hommes en campagne, on mettra en marche le plus tôt possible une armée de 400,000 hommes, qui sera composée de la manière suivante : l'Autriche fournira 250,000 hommes, la Russie 115,000 au moins, indépendamment des levées faites en Albanie, en Grèce, etc.; et le reste sera fourni par Naples, la Sardaigne, le Hanovre et d'autres. Les troupes russes recevront lesdits subsides jusqu'à leur retour dans leur patrie, et en outre un équivalent de trois mois de subsides pour une première mise en campagne. »

Un article formel déclarait : « qu'il n'entrait nullement dans les principes des parties contractantes de se mêler de la forme du gouvernement de la France, ni de s'approprier aucune des conquêtes qui pourraient être faites ; et à la fin de la guerre, il serait rassemblé un congrès général pour donner à l'Europe une paix solide et durable ; les parties contractantes feront cause commune contre les puissances qui s'uniraient avec la France, de manière à entraver la marche des opérations combinées. Enfin l'Angleterre renouvelait la promesse de fournir au Czar un million sterling pour la première armée qu'il mettrait en campagne, dans le cas où les propositions de paix qui devaient avoir lieu à cette époque, et dans lesquelles l'Autriche se trouverait comprise, n'auraient pas un résultat favorable. On ajoutait, par un dernier article, que l'Autriche et la Suède n'auraient aucune part aux avantages de la confédération, à moins que leurs troupes ne fussent en campagne dans quatre mois, à compter de la signature dudit article [1]. »

---

[1] Voici au reste les articles séparés du traité des coopérations.

« Art. 1er. S. M. l'empereur de Russie ayant fait connaître à S. M. B. ses arrangements avec LL. MM. l'empereur d'Allemagne et le roi de Suède, S. M. B. s'engage à remplir ses engagements énoncés dans le présent traité de coopération à

Les hostilités des grandes puissances devaient être précédées d'une démarche pacifique auprès de l'empereur Napoléon, afin qu'il accédât à l'ultimatum arrêté à Londres : les puissances voulaient se donner, par ce moyen, le temps de délibérer, afin qu'on pût réunir toutes les forces militaires disponibles. L'Angleterre, la Russie et la Suède, parfaitement d'accord pour adresser des demandes formulées au chef du gouvernement français, considéraient la guerre comme indispensable, à moins que Napoléon ne consentît à l'ultimatum qui lui serait présenté. Désormais les puissances alliées ne purent traiter séparément ; leur politique fut commune, et les ambassadeurs agirent avec une constante simultanéité. Il fallait ce concours sincère, énergique, pour faire marcher l'Autriche sans arrière-pensée dans la coalition.

Les cabinets de Londres et de Saint-Pétersbourg s'adressèrent à Vienne par deux moyens : la Russie offrit d'abord un secours militaire dans des conditions assez larges pour soutenir une campagne en Allemagne et en Italie. Le comte de Rasumowsky déclara : « qu'avant que

l'égard de chacune de ces puissances, si dans l'espace de quatre mois, à compter du jour de la signature du présent acte, ces deux puissances, où l'une d'elles, ont fait agir leurs forces contre la France, en vertu des engagements qu'elles ont pris avec S. M. l'empereur de toutes les Russies.

« Art. 4. La réunion de 500,000 effectifs n'étant pas aussi facile qu'elle est désirable, LL. MM. sont convenues qu'on opposerait le plus tôt possible à la France une armée de 400,000 hommes composée de la manière suivante : l'Autriche fournira 250,000 hommes, la Russie ne fournira pas moins de 115,000 hommes, indépendamment des evées qu'elle fera en Albanie, en Grèce, etc., et le reste des 400,000 hommes sera complété par Naples, le Hanovre, la Sardaigne et autres.

« Art. 5. S. M. l'empereur de toutes les Russies s'engage pareillement à faire marcher, le plus tôt possible, une armée qui ne sera pas moindre de 60,000 hommes vers les frontières d'Autriche, et une autre de 80,000 hommes au moins vers les frontières de Prusse, pour être prêtes à coopérer avec lesdites cours dans la proportion déterminée par le traité de coopération signé cejourd'hui, et à les défendre respectivement dans les cas où elles seraient attaquées par la France, qui pourrait les supposer engagées dans quelque négociation relative à un objet contraire à ses vues ; mais il est entendu que, indépendamment

l'Autriche et la France fussent prêtes à entrer en campagne, une armée russe serait sur le Danube et sur l'Inn ; comme on ne traiterait plus séparément, les intérêts seraient communs, les défauts de la coalition de 1799 seraient évités ; on avait vu sous Suwarow ce que pouvaient faire les troupes russes bien conduites, elles ne seraient qu'auxiliaires de l'armée impériale ; on donnerait à l'Autriche de riches indemnités en Italie, étendant ses frontières jusqu'au Piémont ; on reconstituerait son influence germanique ; l'Adriatique serait à elle par Venise et la Dalmatie. L'ambassadeur d'Angleterre ajoutait une offre considérable de subsides ; un million de livres sterling serait donné par chaque cent mille hommes ; c'était plus qu'il n'en fallait pour entrer en campagne : l'Autriche, inquiète de l'avenir, se montrait exigeante et méfiante tout à la fois ; elle voulait l'appui des Russes sans jamais dépendre d'eux ; elle acceptait l'argent de l'Angleterre sans trouver le sacrifice suffisant. Tout cependant faisait croire à son accession complète au traité conclu par M. de Novosilzoff à Londres ; au mois de juin, on pouvait compter sur le concours du

de 115,000 hommes que S. M. I. de toutes les Russies doit faire agir contre les Français, il entretiendra des corps de réserve et d'observation sur ses frontières.

« Il est de plus convenu que, comme les forces promises par S. M. l'empereur de Russie quitteront en tout ou en partie les frontières de son empire, S. M. B. leur payera les subsides convenus par le présent traité, jusqu'à leur retour en Russie, et de plus l'équivalent de trois mois de subsides comme première mise en campagne. Les troupes russes qui se trouvent actuellement dans les Sept-Iles, et celles qui peuvent y être encore envoyées, ne jouiront pas de l'avantage des subsides et de la première mise en campagne avant le jour de leur départ des Sept-Iles, pour commencer les opérations contre les Français.

« Art. 6. S. M. le roi du royaume uni de la Grande-Bretagne et d'Irlande, et S. M. l'empereur de toutes les Russies, étant disposés à former une coopération énergique, dans la seule vue d'assurer à l'Europe une paix solide, fondée sur des principes de justice, d'équité et de la loi des nations, par lesquels ils sont constamment guidés, sont pénétrés de la nécessité d'un accord mutuel, dans les circonstances actuelles, sur les principes qui vont diriger leurs opérations. Ces principes ne sont en aucune manière de contrôler l'opinion publique en France, ni dans aucun autre pays où les armées

cabinet de Vienne dans la coalition. Il ne s'agissait plus que d'organiser un plan de campagne qui recevrait son adhésion complète.

Le comte de Stadion transmit à lord Gower, ambassadeur d'Angleterre à Saint-Pétersbourg, les intentions définitives de sa cour : « L'empereur d'Allemagne demandait, par cette déclaration, trois millions sterling de subsides pour l'année 1805, et quatre millions pour l'année 1806, et moitié des trois millions payés comptant pour la première armée qui serait mise en mouvement. » La réponse de lord Gower, en date du 9 août, porte « qu'il n'est point autorisé à accéder à cette demande de la cour de Vienne; mais qu'en vertu de la convention du 11 avril, entre M. de Novosilzoff et M. Pitt, les subsides seront payés mois par mois, à compter du 1er octobre 1805, avec cinq mois d'avance pour la première armée qui entrera en campagne, S. M. I. s'étant engagée à mettre sur pied au moins 520,000 hommes. »

Par les ordres de sa cour, le comte de Stadion, admettant ces bases en elles-mêmes, envoya dans les termes suivants son adhésion au traité anglo-russe : « L'Autriche

combinées peuvent diriger leurs opérations, relativement à la forme du gouvernement qu'il peut être convenable d'adopter, ni de s'approprier, jusqu'à la conclusion d'une paix, aucune des conquêtes faites par l'une ou l'autre des parties belligérantes ; et de prendre possession des villes et territoires qui pourront être enlevés à l'ennemi commun, au nom du pays ou de l'État auxquels ils appartiennent par un droit reconnu, et dans tous les autres cas, au nom de tous les membres de la ligue ; et, enfin de réunir à la fin de la guerre un congrès général pour discuter et fixer le code de la loi des nations sur une base plus déterminée qu'on ne l'a pu faire malheureusement jusqu'à présent, et d'en garantir l'exécution par l'établissement d'un système fédératif adapté à la situation des différents États de l'Europe.

« Art. 8. Comme il est possible que l'influence que le gouvernement français cherche à exercer sur les conseils des différents États de l'Europe détermine l'un ou l'autre de ces États à mettre des entraves à l'accomplissement des effets salutaires qui sont l'objet de la présente coopération, et même à avoir recours à des mesures hostiles contre l'une des hautes parties contractantes, nonobstant leurs efforts pour établir en Europe un ordre de choses équitable et permanent, S. M. B. et S. M. l'empereur de Russie s'engagent à faire cause commune contre toute puis-

accède au traité conclu entre la Russie et l'Angleterre, le 11 avril de cette année, ainsi qu'au dernier plan que le ministère russe a fait présenter à Vienne. L'Autriche promet d'en remplir les conditions, à l'exception des modifications, clauses et demandes renfermées dans les différentes pièces officielles; l'Autriche s'engage à exécuter sans délai les dispositions militaires arrêtées à Vienne le 16 juillet, soit pour les démonstrations qui doivent faciliter les négociations, soit pour les opérations contre l'ennemi qui peuvent s'ensuivre, dans la confiance et la certitude que la présente convention sera exécutée en tout point et littéralement, et que l'arrangement définitif sera conclu sans délai et sur la même base entre les trois puissances. En fait, l'Autriche s'engage, aussitôt que la totalité ou même une partie des troupes russes auront quitté leurs frontières, à ne traiter de la paix que sur la base que la Russie a reconnue elle-même être indispensable pour la sûreté de l'Europe; et si les hostilités ont lieu, à ne souscrire ni paix ni trêve que du consentement des alliés, selon les conditions du traité anglo-russe de cette année [1]. »

sance qui, par l'emploi de ces forces, ou par une union trop intime avec la France, prétendrait mettre des obstacles essentiels au développement des mesures que les hautes parties contractantes croient prendre pour obtenir les résultats qu'on se propose par la présente coopération.
«Art. 11. Les hautes parties contractantes, reconnaissant la nécessité d'appuyer par des démonstrations énergiques les propositions de paix qu'elles ont l'intention de faire à Bonaparte, ont résolu d'inviter Sa Majesté apostolique, impériale et royale, à mettre ses armées en mesure d'agir sans délai, en les mettant au complet, et en les concentrant dans le voisinage des frontières de France.»

[1] Les pièces diplomatiques de cette négociation avec l'Autriche offrent la plus grande curiosité. Les voici textuelles.
Déclaration du comte de Stadion, ambassadeur d'Autriche, à lord Grenville-Lewison-Gower, datée de Saint-Pétersbourg, le 9 août 1805.
« S. M. I. et R., en accédant au traité conclu le 11 avril 1805, et subséquemment ratifié par les cours de Londres et de Saint-Pétersbourg, limite les secours pécuniaires qu'elle attend de S. M. le roi de la Grande-Bretagne, pour l'année courante 1805, à la somme de 3,000,000 livres sterling, dont 1,000,000 et demi pour première mise en campagne, laquelle somme sera payée le plus tôt possible; et l'autre 1,000,000

Dès ce moment, toutes les forces diplomatiques, toute l'action des cabinets se concentra une fois encore vers la cour de Berlin. On lui disait : « Vous voyez! nous sommes tous d'accord, le moment est arrivé de proclamer l'indépendance de l'Europe; il faut abattre le système d'envahissement du gouvernement français. La Prusse est-elle exempte de l'abaissement général? la ménage-t-on lorsqu'on envahit le Hanovre à ses portes? On intrigue en Saxe, on enlève des plénipotentiaires à Hambourg, dans les villes anséatiques; on lève des contributions partout en Allemagne; si on laisse le système français se développer, la Prusse sera réduite, comme les États des rives du Rhin, à n'être plus qu'une annexe à l'empire d'Occident, le dernier vœu de l'ambition de Bonaparte désormais sans bornes. La Prusse pouvait-elle hésiter à entrer dans la coalition? La Russie mettait à sa disposition 60 à 80,000 hommes; avait-elle besoin d'argent, l'Angleterre lui en donnerait à pleines mains. »

A tout cela, M. de Hardenberg répondait toujours : « que le temps n'était pas venu; la Prusse, prête à

---

et demi pour les subsides, sera soldé en paiements égaux, chaque mois, jusqu'à la fin de l'année. Ces subsides, ainsi qu'un million de la somme allouée pour première mise en campagne, seront fournis à S. M. I. et resteront en sa possession, quand bien même ses démonstrations vigoureuses n'éclateraient pas en hostilités, et ne tendraient qu'à appuyer les négociations pour le rétablissement de la paix. De plus, comme ces démonstrations hostiles serviront très efficacement à arriver au but qu'on s'est proposé, par le traité de coopération auquel S. M. I. a accédé, elle espère que tant qu'elles continueront, les subsides continueront pareillement à lui être payés de la même manière que si les armées étaient employées dans une guerre active, et que pour l'année 1806 et les années suivantes, eu égard au grand nombre de troupes qu'elle oppose à l'ennemi commun, ce subside sera porté à 4,000,000 sterling, payables comme il a été stipulé ci-dessus, jusqu'au retour des régiments dans les États héréditaires.

« Son Excellence l'ambassadeur de la Grande-Bretagne ayant déclaré que les ordres formels de sa cour l'empêchaient d'accéder sans restriction aux demandes susdites, et s'étant engagé par un acte préliminaire, échangé avant le présent, à des conditions qui en diffèrent considérablement, le soussigné accepte cet acte qui lui a été délivré par l'ambassadeur d'Angle-

toute éventualité, ne voulait pas cependant perdre ce caractère de neutralité impartiale qui avait marqué sa politique depuis le traité de Bâle. Toutefois le roi Frédéric-Guillaume laissait entrevoir aux alliés qu'au moment où ils se mettraient en campagne, la Prusse pourrait les seconder par une heureuse diversion en Allemagne; elle voulait attendre pour se prononcer le moment opportun; et tandis que la Russie, la Suède et l'Autriche adhéraient au plan politique arrêté par M. Pitt, le cabinet de Berlin se réservait un système de modération qui deviendrait prépondérant au premier revers de l'une des puissances engagées dans la guerre.

Maître de la politique des grands États, M. Pitt résolut de réunir dans la coalition les souverainetés secondaires qui pourraient prêter quelque appui, et il tourna les yeux d'abord vers l'Espagne; les armements vigoureux que la Grande-Bretagne avait faits contre la Péninsule étaient à plusieurs fins. M. Pitt connaissait le traité secret de subsides et d'alliance qui avait uni la France à l'Espagne; jusque-là il considérait donc le cabinet de Madrid comme une proie sur laquelle il devait frapper; son système fut de

terre; mais il déclare, en même temps, qu'il ne regarde pas les sommes qui y sont stipulées comme suffisantes, et qu'il réserve expressément à sa cour le droit de réclamer à cet effet l'entière exécution de ses demandes : en transmettant cette déclaration préliminaire, qui doit être regardée comme aussi valide que le traité le plus solennel, le soussigné est autorisé à lui déclarer en même temps qu'il est prêt à procéder immédiatement, sur lesdites bases, à la conclusion de l'acte formel d'accession de l'Autriche au traité du 11 avril 1805. » Stadion.

Déclaration adressée le 9 août 1805 par le prince Czartorisky à l'ambassadeur comte de Stadion ;

« 1º Les diverses observations et propositions énoncées par la cour de Vienne dans la déclaration préliminaire remise le 7 juillet par le vice-chancelier d'État comte de Cobentzl à l'ambassadeur comte de Rasumowski, sont regardées par S. M. l'empereur de toutes les Russies comme devant servir de base aux mesures qui auront lieu de concert entre les cours de Russie, de Vienne et de Londres. Sont adoptées pareillement les modifications qui y sont proposées par S. M. I. et R. pour l'arrangement des affaires du continent, dans le cas où il y aurait quelque espoir d'éviter la guerre, au moyen des négociations.

« 2º S. M. l'empereur de toutes les Russies confirme les arrangements militaires dé-

faire le plus de mal possible à la marine et au commerce espagnol, afin de réduire la Péninsule à une situation misérable qui lui fît désirer un changement politique ; en conséquence, les flottes anglaises prirent les galions chargés d'or et les frégates du Mexique, source de richesses pour le gouvernement espagnol. Le roi Charles IV et le prince de la Paix, poussés par l'ambassadeur Beurnonville, répondirent à ces hostilités par une déclaration de guerre. Les griefs de l'Espagne [1] étaient étalés avec ostentation : « on en appelait au droit des gens sur la violation de tous les principes que l'Angleterre avait méconnus. »

Ce manifeste diplomatique cachait des négociations intimes entre les deux cabinets de Londres et de Madrid. L'Angleterre savait, par ses intelligences, la fausse position dans laquelle se trouvaient les Bourbons en Espagne. Ce n'était point un sentiment d'admiration ou d'amitié politique qui portait Charles IV et son favori, le prince de la Paix, vers le système de Napoléon ; historiquement, il y avait d'invincibles répugnances entre la vieille dynastie et la tête glorieuse qui s'élevait

---

taillés dans le protocole des conférences qui ont eu lieu entre le général comte de Vintzingerode, d'une part, et le prince de Schwartzemberg et le général Mack, d'autre part, lequel a été signé le 10 juillet, et S. M. I. s'engage formellement à l'entière exécution des mesures qu'il renferme.

« 3° S. M. l'empereur de toutes les Russies s'engage en outre à employer ses bons offices auprès de S. M. B. pour obtenir son consentement aux modifications et demandes contenues dans la pièce déjà citée.

4° S. M. l'empereur de toutes les Russies promet d'employer ses bons offices pour engager S M. B. à accorder à la cour de Vienne la totalité des subsides par elle demandés, à condition néanmoins que, dans le cas de non-succès, cette circonstance n'occasionnera pas un changement essentiel dans les mesures concertées entre la Russie et l'Autriche.

« 5° S. M. l'empereur de toutes les Russies s'engage, aussitôt que tout ou partie des troupes russes auront quitté leurs frontières, de ne traiter de la paix que sur les bases qui ont été reconnues par S. M. I. comme indispensables pour la sûreté de l'Europe, et lorsque la guerre aura éclaté de ne souscrire à aucune paix ni trêve sans le consentement des alliés. »

[1] Manifeste du roi d'Espagne contre le roi d'Angleterre.
Madrid, 12 décembre 1804.

« Le rétablissement de la paix, que les puissances de l'Europe avaient vu avec

sur le trône de Charlemagne. Rarement deux pouvoirs d'origines diverses sympathisent entre eux; le mobile qui dominait la cour de Madrid était la peur; si elle prenait les armes, si elle signait des traités d'alliance et de subsides avec les Tuileries, c'était par crainte d'une invasion française; en rassurant le cabinet de Madrid, en lui accordant sécurité territoriale, peut-être l'arracherait-on à cette alliance française si nuisible à la politique générale de la coalition. Quelle force l'Europe n'aurait-elle pas lorsque 80,000 hommes feraient diversion sur les Pyrénées? Si le prince de la Paix, par des motifs particuliers, se refusait actuellement à toutes négociations intimes entre la Grande-Bretagne et l'Espagne, il fallait, par des actes vigoureux et une guerre persévérante, déterminer la cour d'Espagne à se séparer du favori en soulevant le peuple; on avait tout à gagner dans une telle guerre. Il existait au Ferrol une belle et grande flotte; les galions de l'Inde étaient une riche proie pour les corsaires et la marine anglaise : en faisant beaucoup de mal,

tant de plaisir par le traité d'Amiens, a été malheureusement de courte durée pour le bien des peuples. Les réjouissances publiques, par lesquelles on célébrait de si grands succès, n'étaient pas encore finies, lorsque la guerre a commencé de nouveau à troubler la tranquillité publique, et le bien que la paix offrait commença à s'évanouir.

« Les cabinets de Paris et de Londres tenaient l'Europe en suspens et dans l'indécision entre la crainte et l'espoir, voyant chaque jour plus incertaine l'exécution de leurs négociations, jusqu'à ce que la discorde vint rallumer entre eux le feu d'une guerre qui naturellement devait se communiquer à d'autres puissances, l'Espagne et la Hollande, qui traitèrent avec la France à Amiens, et que leurs intérêts et leurs relations politiques tiennent si particulièrement unies, qu'il était très difficile qu'elles ne pussent à la fin prendre part dans les agressions et offenses faites à leur alliée.

« Dans cette circonstance, S. M., fondée dans les plus solides principes d'une bonne politique, a préféré le subside pécuniaire au contingent de troupes et navires qu'elle devait fournir à la France en vertu du traité d'alliance de 1796 ; ainsi, par le moyen de son ministre à Londres, comme par le moyen des agents anglais à Madrid, elle donna à connaître de la façon la plus positive, au gouvernement britannique, sa décisive et ferme résolution de demeurer neutre pendant la guerre, ayant pour le moment la consolation de voir que cette ingénue sécurité était en apparence bien reçue à la cour de Londres.

« Mais ce cabinet, qui avait prémédité d'avance le renouvellement de la guerre

on pourrait obtenir du cabinet de Madrid de se séparer de l'alliance française.

Quand les hostilités commençaient contre la marine espagnole, l'Angleterre agissait sous main auprès du prince de la Paix pour l'engager dans un système commun. Pourquoi ne profiterait-on pas de la diversion qu'allait faire une guerre active au nord de l'Europe pour secouer le joug si pesant de l'Empereur des Français? Une campagne aux Pyrénées était facile à l'Espagne; on promettait sécurité au prince de la Paix pour ses propres intérêts; voulait-il une principauté indépendante? il l'aurait. L'Angleterre favorisait aussi les partisans du prince des Asturies, Ferdinand, héritier présomptif de la couronne. Une révolution à Madrid pouvait fouler le *privado* sous les pieds du peuple ou le forcer à servir le système européen, et alors un mouvement national éclaterait derrière les Pyrénées. En attendant, l'Espagne levait de toutes parts ses vieux régiments sous prétexte de défendre le littoral de la Péninsule; le Ferrol

avec l'Espagne aussitôt qu'il serait en état de la déclarer, non pas avec les formules et les solennités prescrites par le droit des gens, mais par les moyens d'agression qui pussent lui être avantageux, chercha le plus frivole prétexte pour mettre en doute la conduite vraiment neutre de l'Espagne, et pour donner plus d'importance en même temps aux désirs de la Grande-Bretagne de conserver la paix : le tout afin de gagner du temps, en endormant le gouvernement espagnol, et maintenir dans l'incertitude l'opinion publique de la nation anglaise sur ses desseins injustes et prémédités, qu'elle ne pourrait approuver d'aucune façon.

« Le roi, encouragé par ces sentiments, après avoir épuisé, pour conserver la paix, toutes les ressources compatibles avec la dignité de sa couronne, se trouve dans la dure nécessité de faire la guerre au roi de la Grande-Bretagne, à ses sujets et peuples, et de supprimer les formalités d'usage concernant la déclaration et la publication solennelles, puisque le cabinet anglais a commencé et continue à faire la guerre sans la déclarer.

« En conséquence, S. M., après avoir fait mettre l'embargo, par voie de représailles, sur toutes les propriétés anglaises qui se trouvent dans ses domaines, a ordonné qu'on fît passer aux vice-roi, capitaines-généraux, et autres commandants, tant de mer que de terre, les ordres les plus convenables pour la défense du royaume et les hostilités contre l'ennemi; le roi a ordonné à son ministre de se retirer avec toute la légation espagnole. S. M. ne doute point que lorsque les sujets de ses royaumes seront informés de la juste indignation que la conduite violente de l'Angleterre a

et Cadix contre les Anglais ; la coalition ne pouvait compter sur l'Espagne, trop engagée dans le système politique du gouvernement français ; mais au premier revers de l'empereur Napoléon, au prochain échec sur le Rhin ou le Danube, l'Espagne se lèverait en masse, et c'était pour la France une de ces alliances périlleuses qui, faciles dans les jours heureux, deviennent des dangers considérables lorsque les disgrâces de la fortune arrivent pour abaisser les plus glorieux drapeaux [1].

Le Portugal restait fidèle à l'alliance anglaise ; l'Empereur venait de désigner le général Junot pour l'ambassade de Lisbonne ; maladresse diplomatique que de choisir sans cesse des généraux braves, mais à l'esprit peu cultivé, pour suivre les détails d'une diplomatie habilement conduite par les agents du premier ordre au nom de l'Angleterre. Le général Lannes, héroïque et rude soldat, avait eu d'abord l'ambassade de Lisbonne, et l'on sait s'il pouvait être capable de conduire une négociation. Junot le remplaça avec plus de formes et peut-être moins

---

dû lui inspirer, ils n'épargneront aucun moyen de tous ceux que leur suggérera leur valeur pour contribuer avec S. M. à la plus complète vengeance de l'insulte faite au pavillon espagnol ; il les autorise, à cet effet, à armer en course contre la Grande-Bretagne et à s'emparer avec courage de ses embarcations et propriétés, avec les pouvoirs de la plus grande étendue ; S. M. offre en même temps la plus grande célérité pour l'adjudication des prises, pour lesquelles on ne sera tenu que de justifier de la propriété anglaise. S. M. renonce expressément, en faveur des armateurs, à tous les droits que dans de semblables occasions elle se serait réservés sur de semblables prises, de manière qu'ils en jouiront en leur entier et sans aucun escompte.

« Enfin S. M. a ordonné que tout ce qui a été rapporté ci-dessus soit inséré dans les papiers publics, pour qu'il puisse parvenir à la connaissance de tout le monde, et qu'on le fasse passer aux ambassadeurs et ministres du roi dans les cours étrangères, afin que toutes les puissances soient informées de ces faits, et qu'elles s'intéressent à cette cause si juste. Espérons que la divine Providence bénira les armes espagnoles, pour obtenir la juste et convenable satisfaction de ces injures. »

MOI, LE ROI.

[1] Les motifs que donne l'Angleterre sur ses hostilités sont détaillés dans plusieurs notes :

« Le cabinet de Madrid ayant violé une des conditions dont dépendait l'indulgence de S. M., l'Angleterre s'était vue dans la nécessité de prévenir la continuation des secours fournis par l'Espagne à la France, en vaisseaux et en argent ; que S. M. s'était

de raison et de gravité ; l'habitude était d'envoyer à Lisbonne les généraux prodigues pour y refaire leur fortune. Napoléon, plein de l'idée d'une campagne plus ou moins prochaine en Espagne et en Portugal, voulait faire prendre les positions, dessiner les routes militaires, de manière à suivre avec sécurité un plan de conquête sur la Péninsule. Tant il y a que si les protestations du Portugal, si les notes du marquis de Lima étaient toutes favorables à la France, la réalité des affections et des intérêts portait la cour de Lisbonne vers l'alliance anglaise ; M. Pitt pouvait disposer de la flotte et de l'armée portugaise dans un mouvement de coalition. Le général Junot n'avait en aucun cas la capacité suffisante pour comprendre et deviner le sens de cette position, heureusement pour les affaires sérieuses il avait dans sa légation M. de Rayneval, jeune homme aux fortes études, aux traditions des affaires étrangères, très apte à juger sous le point de vue réel la tendance de la cour de Lisbonne. La Péninsule inquiétait l'Empereur en commençant une campagne au nord de son empire ; c'était un embarras qu'il avait résolu déjà de secouer.

Dans le plan de sa coalition, M. Pitt faisait entrer na-

---

prêtée, par une modération sans exemple, au paiement du subside ; mais que, du moment où l'Espagne manifestait l'intention de joindre ses forces maritimes à celles de la France, en équipant une escadre considérable dans le port du Ferrol prête à se rallier à une escadre française et en nombre supérieur alors aux forces britanniques chargées de la bloquer, Sa Majesté n'avait pu différer de prendre des mesures de précaution ; qu'elle était en droit de retenir l'argent destiné à accroître les moyens de ses ennemis et d'attaquer les vaisseaux espagnols qui feraient voile avec ceux de la France. »

M. d'Anduaga répondit : « Que les armements avaient pour objet de porter des troupes en Biscaye afin d'y étouffer des révoltes. » Harrowby lui répliqua : « qu'il eût fallu alors en prévenir les amiraux anglais, mais que la rupture semblait inévitable. »

« Je n'examine pas si l'Espagne est liée par le traité qui l'unit à la France, ni si elle doit en exécuter scrupuleusement tous les articles ; mais il me reste à remarquer que cette obligation est étrangère à l'Angleterre, qui n'est pas tenue à respecter un traité auquel elle a été loin de contribuer, qui a été fait à son insu, contre sa

turellement la maison régnante de Naples. Après le traité de Lunéville et les négociations suivies avec la Russie, la royauté de Naples avait été reconstituée en faveur des Bourbons de la branche cadette; l'énergique reine Caroline reprit le sceptre avec une certaine vigueur, sous la protection de la Russie et de l'Autriche. Caroline et Gustave-Adolphe furent deux têtes royales d'exception au milieu de la faiblesse générale des couronnes. Hélas! la reine de Naples vit bientôt ce que sa position avait de précaire et de subordonné; elle n'espérait pas d'avenir pour une couronne posée sur son front humilié, et qui n'avait pour appui que la foi des engagements pris par Napoléon envers les cours de Pétersbourg et de Vienne. Quelle était la réalité de son pouvoir? le ministre Acton, esprit ferme et décidé comme elle, dut être exilé [1]; la France exigea la fermeture des ports à l'Angleterre, ce qui détruisait le commerce napolitain; il y eut partout garnison française, occupation militaire des places fortes. L'armée du général Gouvion Saint-Cyr, sous le prétexte de surveiller les Anglais, campa jusqu'à Portici, et l'aigle impériale se montra au-dessus du drapeau napolitain; le

---

volonté et même en haine de sa puissance. Un volontaire à l'armée monte à l'assaut par devoir, mais l'assiégé n'est pas tenu à le respecter. Quant au Portugal, je me suis conformé aux ordres de ma cour en déclarant à V. E. que le non-passage des troupes françaises par le territoire d'Espagne est une condition indispensable à la neutralité de cette cour, et que toute infraction à cet égard déciderait le gouvernement britannique à ne plus considérer l'Espagne comme une puissance neutre. En réponse aux arguments de V. E. sur l'existence de traités antérieurs, je lui dirai que les traités antérieurs du Portugal existent envers l'Angleterre qui lui doit des secours, et qu'il n'a aucune neutralité à acheter. » (Réplique de M. Frère.)

[1] Voici comment alors se composait le conseil du roi de Naples :
M. le marquis de Sambuca,
M. le chevalier Acton, honoraire,
M. le duc de Saint-Nicolas,
M. le marquis de Gallo,
M. le prince de Castelcicala,
M. le prince de Luzzi,
M. le prince de Belmonte,
M. le chevalier Seratti,
M. le marquis de Circello,
M. le prince del Cassaro,
M. le bailli Pignatelli,
M. le prince Pantellaria.

roi de Naples ne put désormais agir que sur les conseils impératifs de l'envoyé Alquier, diplomate du second ordre, républicain rallié à Bonaparte comme une foule d'autres jacobins. Le cabinet de Paris imposa un ministère de son choix à Ferdinand; il voulut que toutes les forces du royaume fussent à la disposition de ses généraux; Naples était à peu près dans la même situation que la frêle royauté d'Étrurie.

Nelson, si puissant sur l'esprit de la reine Caroline, eut mission de relever cette situation abaissée de la branche cadette des Bourbons; pouvait-on se laisser tromper encore? tôt ou tard un décret de Bonaparte suffirait pour briser ce trône; l'Autriche entrant dans la coalition devait entraîner la maison de Naples dans sa ruine ou dans son triomphe; la reine Caroline était si rapprochée de l'impératrice, femme de François II; le cabinet de Vienne l'avait protégée tant qu'il avait pu; un corps anglo-russe devait soutenir un mouvement armé dans le royaume de Naples. L'Angleterre déclara que Ferdinand n'avait rien à craindre, le succès reposait sur des bases certaines; toute l'Europe prenait les armes. De telles idées allaient trop bien aux sentiments de la reine Caroline, pour qu'elle résistât longtemps aux propositions de l'Angleterre; Naples se lia secrètement à la Russie, à l'Autriche et à l'Angleterre, pendant que le marquis de Gallo s'avançait jusqu'à signer [1]

Secrétaires d'État.
M. le chevalier Micheroux, chargé des affaires étrangères;
M. le chevalier Seratti, chargé du département de la maison royale;
M. l chevalier Forteguerri, chargé de la guerre, de la marine et du commerce;
M. le chevalier Medici, chargé des finances;
M. le chevalier Migliorini, chargé de la justice et des affaires ecclésiastiques.

[1] Napoléon annonça la signature de ce traité :
« S. M. l'Empereur a consenti à retirer ses troupes de l'état de Naples. Elles y étaient stationnées en vertu des stipulations du traité de Florence. Les motifs de prudence, de garantie et de sûreté qui avaient déterminé cette mesure acquéraient sans doute une nouvelle force par la cir-

un traité de neutralité absolue avec M. de Talleyrand ; Napoléon voulut le compromettre et l'engager dans la lutte; d'après ce traité, dicté à Paris, le corps du général Gouvion-Saint-Cyr évacuait Naples, pour se porter à la rencontre de l'archiduc Charles.

La reine Caroline, désavouant le marquis de Gallo, consentit à ce qu'un corps anglo-russe débarquât dans le midi de l'Italie, pour faire une diversion favorable à l'archiduc. La condition des États du second ordre est de n'avoir jamais une absolue franchise; placés entre des intérêts considérables et absorbants, ils ne savent plus comment se déterminer et en faveur de qui on se prononcera quand éclate un conflit général ; les Bourbons de Naples traitèrent ainsi, tout à la fois, avec la coalition et la France; la reine Caroline se montrait favorable aux Anglais, tandis que le roi, plus prudent et plus faible, ratifiait le traité de neutralité signé à Paris avec M. de Talleyrand. Caroline, envisageant de haut la situation, sentait bien que la royauté des

constance d'une guerre continentale. Sans doute aussi l'intérêt de la France conseillait de s'assurer, par une conquête utile et facile, d'un royaume qui touche de si près aux états de S. M. en Italie. Mais elle n'a pas voulu qu'on pût lui imputer d'avoir mis un obstacle à la paix générale ; elle a suivi les principes de la politique généreuse et modérée qui lui sert de règle dans toutes ses déterminations, et elle a consenti à conclure le traité suivant avec S. M. le roi des Deux-Siciles.

« S. M. le roi des Deux-Siciles et S. M. l'Empereur des Français et roi d'Italie, voulant empêcher que les rapports d'amitié qui unissent leurs états ne soient compromis par les événements d'une guerre dont il est dans leurs vœux de diminuer les maux, en restreignant, autant qu'il est en eux, le théâtre des hostilités présentes, ont nommé pour ministres plénipotentiaires, savoir : S. M. le roi des Deux-Siciles, S. E. M. le marquis de Gallo, son ambassadeur à Paris près S. M. l'Empereur des Français, tant en cette qualité qu'en celle de roi d'Italie; et S. M. l'Empereur, S. E. M. Charles-Maurice Talleyrand, ministre des relations extérieures ; lesquels, après avoir échangé leurs pleins pouvoirs, sont convenus de ce qui suit :

« Art. 1er. S. M. le roi des Deux-Siciles promet de rester neutre pendant le cours de la guerre actuelle entre la France d'une part, et l'Angleterre, l'Autriche, la Russie et toutes les puissances belligérantes de l'autre part. Elle s'engage à repousser, par la force et par l'emploi de tous les moyens qui sont en son pouvoir, toute atteinte qui serait portée aux droits et aux devoirs de la neutralité.

Bourbons s'en allait peu à peu; il valait mieux la jouer tout d'un coup et franchement sur une carte; qu'elle tournât bien ou mal, la fierté était sauvée.

Au nord, le Danemarck restait ferme dans une neutralité reconnue; l'Angleterre avait agi avec vigueur contre le Danemarck, comme elle allait agir contre l'Espagne au Ferrol; ce qu'elle avait à redouter, c'était l'union de la flotte danoise avec les Hollandais, les escadres de France et d'Espagne; elle s'empara des vaisseaux du Danemarck par un coup de main. Une fois qu'elle eut ainsi imprimé la terreur à Copenhague, elle fit proposer à cette cour des subsides de guerre, pour entrer dans une ligue contre l'Empereur des Français. Le Danemarck résista, et ses motifs furent raisonnés : la nation danoise conservait un ressentiment profond des outrages faits à sa marine, et il eût été difficile d'effacer cette vengeance au cœur du peuple en le jetant dans

---

« Art. 2. Par suite de cet engagement, S. M. le roi des Deux-Siciles ne permettra qu'aucun corps de troupes appartenant à aucune puissance belligérante débarque ou pénètre sur aucune partie de son territoire, et elle s'engage à observer, tant sur terre que sur mer, et dans la police des ports, les principes et les lois de la plus stricte neutralité.

« Art. 3. De plus, S. M. s'engage à ne confier le commandement de ses armées et de ses places à aucun officier russe, autrichien ou appartenant à d'autres puissances belligérantes ; les émigrés français sont compris dans la même exclusion.

« Art. 4. Le roi des Deux-Siciles s'engage à ne permettre l'entrée de ses ports à aucune escadre appartenant aux puissances belligérantes.

« Art. 5. L'Empereur des Français, se confiant aux promesses et aux engagements ci-dessus exprimés, consent à ordonner l'évacuation du royaume de Naples par ses troupes. Cette évacuation sera entièrement terminée un mois après l'échange des ratifications ; à cette même époque, les places et postes militaires seront remis aux officiers de S. M. le roi des Deux-Siciles, dans l'état où ils sont, et il est convenu que dans l'intervalle du mois employé à ces opérations, l'armée française sera nourrie et traitée comme elle l'a été par le passé.

« S. M. l'Empereur des Français s'engage, de plus, à reconnaître la neutralité du royaume des Deux-Siciles, tant sur terre que sur mer, pendant la durée de la guerre actuelle. Les ratifications de la présente convention seront échangées à Naples dans le plus court délai. »

Fait à Paris le 21 septembre 1805.
Le marquis de Gallo. Ch. Mau. Talleyrand.
(L. S.) (L. S.)
Ratifié à Portici, le 8 octobre 1805.
Signé, Ferdinand.

l'alliance anglaise; puis la situation géographique du Danemarck l'exposait, comme le Hanovre, à une invasion rapide, immédiate, de la part des Français; quelques marches militaires devaient suffire à l'armée campée en Hollande pour atteindre Copenhague. Tout ce que pouvait faire le Danemarck, c'était donc de se placer dans la neutralité armée au nord de l'Allemagne, sous la protection de la Prusse[1]. Par ce moyen, on ne s'exposait plus aux revers d'une guerre continentale. Le prince royal, homme sage, trouvait cette position de neutralité parfaitement en harmonie avec les intérêts du peuple. Le commerce danois recevait un large développement sous l'indépendance du pavillon [2].

La position des électeurs d'Allemagne devenait aussi à chaque moment plus délicate, à la face d'une guerre qui allait prendre pour théâtre leur territoire; il n'y avait pas d'hésitation possible; le grand-duc de Bade et l'électeur de Wurtemberg étaient placés presque sur les frontières de France, et, comme le prince primat, ils restaient fidèles à la politique indiquée par l'Empereur lors de son voyage sur les bords du Rhin; ils avaient un contingent sous les armes, et toute leur habileté consistait à ne point trop exposer leurs troupes ni trop pressurer leurs sujets, en servant leur fier et impérieux protecteur, le puissant souverain de la

---

[1] Le général de division Victor, grand-officier de la Légion d'honneur, fut nommé à l'ambassade de Danemarck, à la place de M. Daguesseau, appelé au Sénat conservateur. (Paris, 27 février 1805.)

[2] Le ministère danois était ainsi composé :
M. de Kaase, président de la chancellerie danoise.
M. le comte de Bernstorff, secrétaire d'État, ayant le département des affaires étrangères.
M. le comte de Schimmelmann, président du département des finances.
M. le comte Chrétien Reventlau, chef de la chambre des domaines.
M. de Moltke, président de la chambre des douanes et des Indes.
Le prince Charles de Hesse, président au collége de la guerre.
Le prince royal, président au collége de l'amirauté.

France. Quant à la Bavière, qu'allait-elle faire dans une guerre active et menaçante? D'après les informations que l'électeur avait prises à Vienne, il savait positivement que son électorat serait choisi comme le premier théâtre des hostilités. Les mouvements militaires s'accompliraient sur ce territoire; l'armée autrichienne devait l'envahir, et les Français accouraient en toute hâte pour passer le Danube. Dans cette alternative, comment maintenir une neutralité impartiale? il fallait prendre un parti, repousser les Autrichiens ou les Français qui menaçaient et caressaient également, et c'est ici que la position de l'électeur devenait inextricable. Pouvait-on garder un système moyen entre deux nations en armes sur l'État neutre? Au moment de la campagne Maximilien-Joseph exprime ses douleurs; sa correspondance est alors des plus curieuses, il ne sait plus à quelle puissance recourir; ira-t-il à Napoléon ou à François II? Ce conflit dure jusqu'à ce que les Bavarois se déterminent pour la grande et forte alliance de Napoléon, car la neutralité devient impossible. La Saxe demeure inflexible dans l'idée d'une neutralité du nord telle que la Prusse l'avait posée en retour de son attitude pacifique; une portion de la Germanie espère rester neutre au milieu des combats qui vont se livrer dans l'Allemagne méridionale; une telle situation ne pouvait durer qu'un temps; la division des intérêts était trop grande pour qu'il n'y eût pas deux partis.

Dès que la Russie se disposait à entrer en campagne, il était de la plus haute importance pour la diplomatie française de savoir quelle serait l'attitude du Divan. La guerre de la Turquie sur le Danube pouvait opérer une grande diversion au moment où une coalition se formait contre la France. Les traditions politiques indiquaient que toutes les fois que l'Autriche ou la Russie avaient pris parti contre la France, la maison de Bourbon leur avait suscité des embarras par une guerre inspirée au Divan. Les instructions avaient été envoyées dans cet esprit au maréchal Brune, ambassadeur à Constantinople, chargé de déterminer la Turquie à une levée de boucliers contre les Russes. Selim III était un prince éclairé; la Porte, très disposée pour l'Angleterre, n'était point d'avis d'une guerre immédiate, qui aurait pu compromettre la sécurité territoriale de l'empire ottoman. Déjà on craignait la révolte des Grecs, l'émancipation chrétienne même dans les îles de l'Archipel. Ali, pacha de Janina, sous la protection des Anglais, devenait une puissance formidable contre le sultan; il se liait à tous les mécontents; l'Égypte elle-même n'était pas paisible. Aussi les notifications du maréchal Brune, même pour annoncer l'avénement de Napoléon, furent-elles reçues avec une évidente froideur.

La Porte ne répondit pas, comme l'usage le voulait, par une lettre de félicitations; le maréchal Brune menaça de quitter Constantinople, et le Divan, après quelques excuses, le laissa s'éloigner sans prendre parti pour les intérêts français. Brune, plus instruit que Lannes et Junot, n'était cependant pas de force à lutter contre la diplomatie anglaise et russe; homme d'esprit, brave militaire, le maréchal n'avait pas l'habileté de ces diplomates qui connaissaient les hommes, leurs faiblesses, leurs intrigues, et surtout l'avidité des membres du Divan. A Constantinople, la politique des présents exerce une active influence, c'est par l'exacte distribution de quelques bourses d'or que les cabinets conquièrent une domination intime sur les décisions de la

Porte. Il fut donc facile de démoraliser toute l'influence de Brune à Constantinople; il se retira mécontent [1], et Selim se prononça pour la coalition; il devait joindre, au besoin, une armée ottomane aux Anglais et aux Russes qui débarqueraient par Corfou en Italie, sorte de renouvellement de la campagne de 1799.

Ainsi, l'œuvre de M. Pitt se réalisait; les bases de la coalition étaient fort larges, et embrassaient à peu près toute l'Europe. Le traité d'alliance entre la Russie et l'Angleterre, signé le 11 avril 1805, et ratifié le 8 mai, avait trouvé l'adhésion de l'Autriche et le concours actif de la Suède; il ne s'agissait plus que d'adopter un mode d'exécution, un plan de campagne. Les difficultés soulevées sur le but de la guerre furent résolues à Londres et à Vienne; la Grande-Bretagne et la Russie n'avaient point hésité à donner des explications sur le résultat définitif d'une campagne. M. Pitt développa même, dans une note fort étendue, ce qu'il entendait par le mot *sécurité* au moment d'une guerre générale. Il ne s'agissait plus d'élever ou de faire tomber une dynastie, on ne voulait gêner en rien le vœu national de la France ni des autres pays, on ne voulait s'approprier rien avant la paix sur des bases reconnues. Enfin, tous les membres de la ligue s'engageaient à se réunir en congrès après la campagne accomplie, pour assurer les principes

---

[1] « M. le maréchal Brune, ambassadeur de France, reçut la semaine dernière le courrier qu'il attendait de Paris : il lui apportait l'ordre positif de quitter Constantinople, si, dans le délai de quatre jours après la réception de cette dépêche, la Porte ottomane n'avait reconnu formellement l'Empereur héréditaire de France. Il lui était en même temps enjoint de laisser à Constantinople comme chargé d'affaires, non M. Ruffin, mais M. Parandier, secrétaire de la légation française. L'ambassadeur communiqua aussitôt au ministère turc cette décision suprême; et comme il ne lui fut fait aucune réponse satisfaisante dans le terme fixé, il quitta Constantinople le 13 décembre, laissant sa femme et une partie de la suite. Il avait annoncé la veille son départ aux ministres étrangers, ainsi que la nomination de M. Parandier.

« Le maréchal Brune coucha la première nuit dans un village situé à une lieue de

EXPLICATION SUR LE BUT DE LA GUERRE (1805).

d'un système fédératif, calculé sur le rang et l'état des différents pays de l'Europe. Cette idée fut incessamment renouvelée par la coalition jusqu'en 1814, au congrès de Vienne, où elle triompha.

L'Autriche demanda encore des explications à la Russie et à l'Angleterre : 1° Ne paraissait-il pas utile d'adresser quelques propositions de paix à Bonaparte avant de commencer les hostilités ? 2° Avec quelles forces agirait-on contre l'ennemi commun ? car il ne fallait pas s'engager sans un large développement de moyens. Sur le premier point les réponses de l'Angleterre et de la Russie furent précises : « Des notes communes seraient adressées par les coalisés sur la nécessité d'établir un système fédératif, et dans un *ultimatum*, on poserait les bases d'après lesquelles seulement la France serait admise à traiter. » Quant au second point, la Russie et l'Angleterre entraient dans des détails d'une remarquable précision. Bonaparte pouvait disposer de 650,000 hommes, 500,000 étaient disponibles ; l'Autriche exigeait que des armées égales au moins lui fussent opposées ; il y avait imprudence à entrer en campagne avec des forces inférieures ; elle accédait au traité de Londres, mais à la condition expresse qu'on maintiendrait la paix par des négociations masquées, jusqu'au moment où la coali-

---

Constantinople. La Porte lui envoya un interprète avec la prière que S. E. voulût bien attendre encore quatre jours avant de continuer sa route. L'ambassadeur se décida à donner cette nouvelle preuve de condescendance, dans la persuasion que la Porte, consultant mieux ses véritables intérêts, lui enverrait enfin une déclaration catégorique, et telle qu'il l'avait demandée ; mais cette déclaration n'arrivant pas après ce nouveau délai de quatre jours, M. le maréchal fit venir de Constantinople sa femme avec tous les gens qu'il y avait laissés, et se remit en route. La Porte a donné ordre aux officiers de l'escorte de ne rien négliger pour que le maréchal Brune et sa suite jouissent de la plus grande sûreté et de toutes les commodités possibles dans leur route à travers le territoire ottoman. » (De Constantinople, 20 décembre 1804.)

tion serait prête à déployer un effectif au moins de 500,000 hommes [1].

Négocier fut alors la préoccupation des trois cabinets d'Angleterre, de Russie et d'Autriche; mais négocier en commun d'après des bases tellement fixes, qu'on présentât un *ultimatum* dont l'adoption ou le refus entraînerait la paix ou la guerre. Ce mode avait plusieurs avantages : le premier consistait à ramener la France dans des conditions modérées, en arrêtant, par l'union des puissances, la politique envahissante de l'Empereur Napoléon; et le second consistait à se donner le temps nécessaire pour compléter les armements par d'incessantes levées; dans cet intervalle, on pouvait seconder le parti militaire en Prusse, et convaincre le roi Frédéric-Guillaume de la vanité puérile d'une neutralité au nord de l'Allemagne. L'adhésion de la Prusse ajoutait au mouvement suédois une immense portée; les deux nations marchant ensemble pouvaient commencer une campagne au nord, tandis que l'Autriche, la Russie et l'Angleterre paraissaient en Allemagne, en Suisse et en Italie.

Jusqu'ici, on n'avait pu obtenir du cabinet de Berlin

---

[1] Voici le plan de campagne extrêmement curieux des Autrichiens et qu'ils communiquèrent à la Russie :

« Une invasion par la Suisse, du côté de la Franche-Comté, serait facile, car cette partie des frontières françaises est ouverte; mais ce projet ne peut être tenté qu'en traversant la Souabe par le Vorarlberg, ou au-dessous du lac de Constance, à cause de l'impossibilité de recevoir des secours du Tyrol. Il serait donc nécessaire de se rendre, avant toute chose, maître de la Souabe, et d'avoir une armée d'observation devant Strasbourg, et même d'avoir obtenu des avantages en Italie, avant de hasarder une attaque par la Suisse. La marche de l'armée d'Italie vers Clagenfurt serait le signal pour celle du Tyrol de seconder les opérations de la Suisse. Il faut maintenant faire la part des inconvénients que présente ce projet. L'ennemi s'emparerait de Puster-Thal, communiquant au val de l'Adige : il nous obligerait à détacher des troupes de l'armée d'Allemagne, pour la défense intérieure de l'Autriche, d'abandonner nos opérations offensives, de nous confiner dans la ligne du Leck, peut-être de l'Inn en Allemagne, de nous y mettre sur la défensive, pour ne pas trop nous éloigner de l'Autriche, et être à portée d'envoyer de prompts secours partout où ils seraient nécessaires. Il résulte de toutes ces considérations que la guerre devra commencer par une vigoureuse attaque en Italie, où nous sommes supérieurs

qu'une seule concession, c'était d'intervenir comme médiateur pour empêcher les hostilités. Cette médiation flatteuse pour M. de Hardenberg plaça la Prusse dans une position considérable, en la faisant l'arbitre des destinées de la coalition. Une puissance médiatrice qui possédait 150,000 hommes sous les armes, ne pouvait conquérir qu'une grande importance ; de son côté, M. de Talleyrand favorisait les appétits de conquête du cabinet de Berlin, par l'appât du Hanovre et de la Poméranie suédoise ; les alliés lui offraient également une meilleure frontière sur le Rhin, en Pologne et en Saxe ; tout le monde caressait la Prusse, parce qu'elle allait porter un poids immense dans la balance. M. de Hardenberg, satisfait jusqu'ici du caractère de médiateur, demandait des pleins pouvoirs à Paris, à Londres, à Saint-Pétersbourg et à Vienne, il voulait rester l'arbitre souverain ; pour garder une position si haute, la Prusse était-elle assez indépendante et impartiale ? On la caressait de toute part, mais on la jouait ; on avait besoin d'elle ; comme elle n'était franchement avec personne, chacun des vainqueurs dans la lutte devait lui

en forces ; le gain d'une seule bataille nous donnera les moyens de poursuivre nos opérations offensives contre la France, comme la perte d'une bataille donnera à celle-ci les moyens de pénétrer dans les Etats héréditaires. S'il nous est impossible d'être sur les frontières de l'ennemi aussitôt qu'il sera sur les nôtres, il est bien plus difficile d'espérer que les troupes russes puissent y arriver avant le commencement des hostilités. Il faut s'attendre que la France s'empressera de les prévenir, en nous attaquant avec vigueur. La marche de nos troupes pour se concentrer, et celle des Russes pour nous joindre, sera un prétexte spécieux que Bonaparte ne manquera pas de saisir pour nous déclarer la guerre. Il faut donc nous y préparer comme devant la commencer seuls.

« Il est à propos que l'armée d'Italie commence par forcer le passage de l'Adige, éloigner l'ennemi des rives du Mincio, investir Mantoue et Peschiera, détacher un corps d'armée sur le Pô, observer le midi de l'Italie, et se diriger sur l'Adda, pour couvrir le blocus de ces deux places dont la prise serait d'une conséquence majeure, et nous assurerait une suite de succès infaillibles.

« L'armée d'Allemagne passera l'Inn, entrera en Bavière, et attendra sur le Lech l'arrivée des Russes ; l'armée du Tyrol subordonnera ses mouvements à ceux de l'armée d'Allemagne et d'Italie,

faire un mauvais parti : si l'Angleterre, la Russie et l'Autriche avaient vaincu, elles se seraient indemnisées sur la Prusse, et Napoléon victorieux de la coalition l'entraînait rapidement dans sa ruine. Un an après l'Empereur datait ses décrets de Berlin !

« Dans le cas où une attaque serait tentée par la Suisse, une partie de l'armée du Tyrol soumettra les Grisons et les petits cantons ; l'autre partie ira joindre l'armée d'Italie, et secondera ses efforts dans le cas où ils seraient heureux. Telles sont les premières dispositions dont nous croyons devoir faire précéder la mise en activité du vaste plan de la coalition. Si l'Italie doit être le premier théâtre des hostilités, la Suisse doit aussi le devenir d'opérations importantes, aussitôt que nous aurons réussi à nous avancer à travers la Souabe. La Suisse offre le précieux avantage de faciliter les communications avec l'Allemagne et l'Italie, l'envoi de prompts secours à ces deux pays, et l'entrée en France par la Franche-Comté. Il faudra donc couvrir l'Alsace par la prise de Béfort et d'Huningue ; laisser en même temps un gros corps de troupes en Souabe, pour protéger l'aile droite de notre armée en Suisse, s'opposer à la marche des troupes françaises qu'on pourrait envoyer en Suisse de Strasbourg, et maintenir nos communications.

« Quant aux opérations des armées d'Autriche et de Russie, on ne peut les déterminer que d'après la résolution que l'on attend du roi de Prusse. Grâce aux sages mesures de l'empereur Alexandre, nous saurons bientôt si cette puissance veut faire cause commune avec nous, ou rester neutre... Dès que nous connaîtrons le résultat du voyage de S. M. l'empereur de toutes les Russies à Berlin, nous nous empresserons de joindre aux présentes propositions les communications que nous nous réservons de faire sur le plan d'opérations des deux cours d'Allemagne, et nous en soumettrons l'ensemble à celle de Russie. »

CHAPITRE XIII.

SITUATION DE PARIS.

DERNIÈRES NÉGOCIATIONS AVANT LA CAMPAGNE DE 1805.

Craintes et nécessité de la guerre. — L'Opinion publique. — Habileté du Gouvernement. — Communication avec le Sénat et le Corps législatif. — Négociations de M. de Talleyrand. — Mission du général Duroc à Berlin. — Mission de M. de Novosilzoff. — Suite de la médiation de la Prusse. — Demande d'hommes et de subsides. — Communication diplomatique entre M. de Talleyrand et M. de Cobentzl. — Organisation du Gouvernement à Paris. — Préparatifs pour le départ de Napoléon.

Mai à Septembre 1805.

Le gouvernement de Napoléon mettait quelque sollicitude à cacher l'imminence d'une guerre violente et générale ; l'opposition qu'avait trouvée la fondation de l'Empire ne serait-elle pas fortifiée par les craintes d'hostilités si vastes, si universelles? « Quoi ! pouvait-on dire, c'est l'ambition d'un seul homme qui entraîne la France dans des entreprises incessantes et des guerres interminables ; Consul, il eût maintenu la paix, son titre n'avait rien de menaçant pour la sécurité de l'Europe ; un insatiable désir de s'élever à la royauté vient de réunir tous les gouvernements contre lui, et la France va payer de son sang le principe d'hérédité dans la famille des Bonaparte. » Cette opinion, dominante à Paris, était bien connue de la police, et une des habiletés de Fouché fut de maintenir longtemps parmi la bourgeoisie le sentiment que la paix ne serait pas troublée : « l'Angleterre seule voulait la guerre; » et ce fut pour confirmer cette pensée que l'Empereur écrivit au roi Georges la lettre de son avènement, dictée dans un esprit d'extrême modération. De là ces publications répétées : «que les souverains de l'Europe avaient mis un grand empressement à reconnaître la souveraineté impériale de Napoléon; aucune opposition ne s'était rencontrée : rois, empereur, czar, avaient salué, disait-on, la pourpre du nouvel Auguste, comme un événement heureux qui mettait fin à l'anarchie, et un fait désormais invariablement acquis pour la paix du monde. »

Toutefois les hommes initiés aux idées ardentes du bas peuple poussaient à la guerre, moyen indispensable pour opérer une diversion favorable à l'Empereur. On ne se dissimulait pas que l'état de paix était mortel pour la force morale du gouvernement; l'opinion publique s'était irritée de quelques mesures récentes, l'exécution du duc d'Enghien, le procès de Moreau; les républicains était mécontents, les violences continuaient : les uns étaient frappés d'exil, les autres de déportation, et tout cela pour un Bonaparte qui étouffait la République, pour un nouveau César qu'il faudrait bien un jour atteindre au cœur. Dans les salons du faubourg Saint-Germain la moquerie prenait une allure acerbe et vigoureusement railleuse; on s'en donnait à cœur-joie sur la nouvelle cour impériale, sur ces dignités de théâtre, ces femmes si gauches, ces hommes si mal posés dans ce qu'on appelait la *basse-cour* des Tuileries. L'irritation était profonde. Que fallait-il pour distraire et ramener toutes ces opinions? la guerre et la victoire. Après le sacre, Napoléon n'aurait pu vivre un an paisible à Paris sans voir tomber son pouvoir dans la décrépitude; il fallait une brillante campagne et de nouvelles merveilles sous la tente; il fallait de glorieux bulletins écrits aux feux des bivouacs. Sans cela le pouvoir de Napoléon était perdu, et il le comprenait.

Cependant on devait aller lentement pour ménager les intérêts de la bourgeoisie et du commerce; car, si la guerre était propre à ramener l'opinion du peuple, à l'éblouir par une belle auréole; le commerce, le crédit public, la bourse, devaient voir avec inquiétude une rupture en face de l'Europe entière coalisée. On avait confiance dans le génie militaire de Napoléon, mais qui pouvait toujours répondre de la victoire, si capricieuse? Une nouvelle coalition brisait tous les rapports d'États à États, les étrangers cesseraient de visiter Paris et ses grandeurs; l'industrie languissante présentait déjà un déficit effrayant, les manufactures seraient obligées de renvoyer leurs ouvriers, la misère serait à son comble en face de cette triste perspective, et dans une invasion menaçante qui pouvait garantir d'un revers?

Pour calmer ces craintes, le gouvernement, je le répète, faisait publier des articles rationnellement rédigés, afin de prouver que, ni l'Autriche, ni la Russie, ni la Prusse ne voulant la guerre, il n'y avait réellement en lice, que l'Angleterre; elle seule était l'ennemie implacable : eh bien[1], on l'attaquerait de front par une descente; la police faisait

---

[1] Napoléon dicta lui-même une réponse au discours du roi d'Angleterre :

« *Vous êtes liés par des engagements confidentiels avec les puissances du continent.* N'en déplaise à S. M. B., nous ne pouvons croire ce que les rédacteurs du discours du trône ont mis dans sa bouche.

« Nous savons que ce jeune roi de Suède a été sur le point de faire un traité avec vous. Il demandait 40,000,000 pour vous fournir 20,000 hommes, mais vous êtes des marchands trop habiles pour faire d'aussi mauvaises affaires, et la Prusse y a d'ailleurs mis bon ordre, en faisant connaître

écrire : « L'expédition contre la *perfide Albion* est la pensée unique de l'Empereur ; on ne doit pas craindre une coalition, parce que les puissances n'ont aucun intérêt à commencer une guerre sans profit et sans résultat. » La politique des journaux se bornait à commenter les discours du roi d'Angleterre, ou des membres influents du Parlement ; on prenait en pitié les efforts de Pitt en appelant sur lui l'indignation de tous les peuples civilisés, et M. Barrère de Vieusac rédigeait d'excellents articles contre la puissance britannique. Quelquefois Napoléon lui-même ne dédaignait pas de dicter les réponses aux journaux anglais ou aux documents parlementaires qui abondaient de l'autre côté du détroit. Enfin, la seule puissance continentale contre laquelle la police politique se permettait des déclamations, c'était la Suède ; les journaux persiflaient Gustave-Adolphe sur ses prétentions chevaleresques et sa présomption étrange d'entrer en lutte avec une puissance aussi formidable que la nation française sous l'épée de son immortel Empereur.

Dans les communications du gouvernement avec le

qu'aussitôt le traité conclu, elle s'emparerait de la Poméranie.

« Quant à cette puissance, elle sait ce que vous valez : elle n'a pas oublié la guerre de sept ans, et n'ignore pas plus que le reste de l'Europe ce que vos subsides portent avec eux de honte et de malheur.

« Quant à l'empereur d'Allemagne, vous lui donnez assurément une grande preuve de considération en arrêtant ses vaisseaux et en les envoyant à Malte. Il ne veut pas, il ne fera pas la guerre ; des subsides mal payés ont obéré ses peuples sans le secourir, et ne lui ont laissé que l'obligation de vous rembourser les dépenses qu'il a faites pour vous.

« Pour la reine de Naples, il se peut que cette princesse, après avoir déjà une fois perdu son royaume, veuille le risquer encore en armant ses lazzaronis pour mettre en feu l'Europe. Il est possible aussi que l'ardeur des passions s'amortisse en elle avec l'âge ; mais, quoi qu'il en puisse être, elle ne vous serait pas d'un grand secours.

« Nous ne vous dissimulerons point que, grâce aux intrigues des Marcoff, des Woronzoff, on n'en soit pas venu à mettre quelque froideur entre la Russie et nous ; mais il y a aussi à Saint-Pétersbourg beaucoup de personnes à l'abri de la corruption, beaucoup d'hommes éclairés et impartiaux qui savent très bien que la Russie n'a rien à craindre de la France ; que Nelson est allé dans le golfe de Finlande ; qu'enfin ce coup de canon qui a coulé ou fait amener quatre frégates espagnoles pourrait couler ou faire

Sénat et le Corps législatif, les mêmes précautions furent prises afin de ne pas alarmer l'opinion. Au commencement de l'année 1805, Napoléon s'adressa, ou par lui, ou par ses ministres, aux corps politiques de l'État. Si dans les discours d'apparat on parlait de la guerre contre la Grande-Bretagne et des desseins de l'Empereur, on gardait un silence absolu sur la situation respective des cabinets de Paris, de Saint-Pétersbourg, de Vienne et de Berlin ; toutes les phrases furent à la paix, rien ne put faire deviner les embarras du gouvernement au milieu des complications diplomatiques. L'Empereur ne voulait pas alarmer l'opinion avant la guerre, et il cherchait à donner le change aux cabinets sur sa propre sécurité ; son intérêt était de faire croire au maintien de la paix et à la foi des transactions. L'exposé de l'état de la France par M. de Champagny ne parla que de la prospérité publique et des immenses progrès de l'industrie. M. de Talleyrand [1], rappelant l'état des relations extérieures de l'Empire, développa seul aux yeux du Sénat les causes de la guerre suivie contre la Grande-Bretagne

amener quatre frégates russes, et que le même capitaine qui a insulté le pavillon espagnol peut un jour insulter le pavillon russe.

« Enfin, nous vous le disons nettement, il est possible que vous ayez des conférences avec Woronzoff à Londres ; un ambassadeur n'est point une tête couronnée; les espérances qu'il vous donne ne vous sont pas données par Alexandre : ce jeune prince n'a point oublié que vous avez refusé sa médiation, et il sait que la France est prête à faire en Europe ce que vous vous déciderez à faire dans l'Inde.

« On vous a montré des dispositions pacifiques : il ne vous convient pas de les accueillir; eh bien! bivouaquez sur des monticules, transportez vos ouvriers dans des camps, construisez des chariots vo-

lants, fabriquez des piques, ouvrez des tranchées, inondez vos comtés, il n'en sera pas moins vrai que toute escadre qui viendra à sortir, pourra vous faire du mal sur quelque point qu'elle se dirige. Tandis que la France n'est attaquable nulle part, vous êtes vulnérables en Angleterre, en Écosse, en Irlande, dans l'Inde, en Amérique, enfin dans mille endroits où l'on peut vous maintenir dans l'état où vous êtes. »

[1] *Extrait du rapport de M. de Talleyrand sur la situation de la France, présenté par lui au Sénat dans la séance du mardi 5 février* 1805.

« Et, en effet, quelle est notre position? et de quel côté sont les avantages de la guerre? Nous n'avons rien perdu ; au dedans et au dehors, tout s'est amélioré

depuis la rupture du traité d'Amiens, et il le fit avec des ménagements remarquables.

Plus que tout autre pourtant, le ministre devait savoir quelle était en réalité la situation délicate des relations diplomatiques. L'avénement du ministère Pitt, le vote de 5,000,000 de livres pour subsides secrets, les voyages continus de M. de Novosilzoff à Londres, révélaient l'alliance intime, préparée de longue main entre la Russie et l'Angleterre. Indépendamment de la copie du traité secret du 11 avril qu'on s'était procurée, les indiscrétions des journaux de Londres auraient suffi pour indiquer la tendance évidemment belliqueuse du continent, suite des rapprochements intimes entre les deux cabinets de Londres et de Saint-Pétersbourg. D'un autre côté, M. de Talleyrand, informé de Vienne, avait une connaissance exacte des armements continus de l'Autriche ; et bien que le cabinet de François II prétextât la nécessité d'un cordon sanitaire pour se préserver de la contagion quand la fièvre jaune espagnole était en Italie, M. de Talleyrand n'en connaissait pas moins le but définitif de ce mouvement militaire destiné à une campagne en Allemagne et en Italie. Une monarchie prudente comme l'Autriche ne portait pas l'effectif de

---

parmi nous. Nos flottilles, dont la création semblait une chimère, dont la réunion paraissait impossible, ont été créées et réunies comme par prestige. Nos soldats sont devenus marins ; on dirait que les ports, les rivages se transforment en villes, où les soldats de terre et de mer se livrent en pleine sûreté, et comme pendant la paix, aux terribles et périlleux exercices de la guerre. Nous avons sans doute moins de vaisseaux que l'Angleterre, mais leur nombre suffit pour que leur réunion, sagement préparée, puisse porter des coups mortels à l'ennemi.

« L'Espagne, engagée dans la lutte par des provocations sans prétexte et sans excuse, nous a donné pour auxiliaire la désapprobation de l'Europe contre une injuste agression, l'indignation d'un peuple généreux, et les forces d'un grand royaume. Invulnérables sur notre territoire, nous avons éprouvé que la vigilance et une énergie qui ne se dément jamais suffisent à notre sûreté. Nos colonies sont à l'abri de toute attaque : la Guadeloupe, la Martinique, l'île de France, résisteraient à une expédition de 20,000 hommes.

« Nos villes, nos campagnes, nos ateliers

son état militaire à 400,000 hommes sans le dessein formel de faire prochainement la guerre par des efforts vigoureux.

M. de Talleyrand avait peu de moyens de communiquer avec la Russie, les rapports étaient brisés depuis le départ de M. d'Oubrill. M. Philippe de Cobentzl était au contraire à Paris comme ambassadeur d'Autriche, et le ministre lui demanda plusieurs fois des explications précises sur le but des armements si considérables qui se préparaient partout dans la monarchie autrichienne. Que signifiait cette armée de 80,000 hommes réunie sur l'Adige, ces réserves qui se groupaient dans la Bohême et la Hongrie, ces avant-postes de 50,000 hommes jetés sur le Danube, prêts à envahir la Bavière? M. de Cobentzl répondait toujours : « que le plus grand désir de l'Empereur son maître était de maintenir la paix, pourvu que la France restât dans des conditions rationnelles. La paix ou la guerre dépendait du système de plus ou moins grande modération adopté par la France; l'exécution des traités et rien au-delà; il fallait que le cabinet des Tuileries mît un terme à ce système d'envahissement qui troublait l'équilibre euro-

---

prospèrent : la perception constante et facile des impôts atteste la fécondité inépuisable de l'agriculture et de l'industrie : le commerce, accoutumé depuis dix ans à se passer de ses coûteuses relations avec l'Angleterre, se fait à une autre assiette, et trouve à remplacer ces relations par des communications plus profitables, plus indépendantes et plus sûres. Point de nouveaux impôts, point d'emprunts; une dette qui ne peut augmenter et qui peut décroître; une réunion enfin de moyens suffisants pour soutenir pendant dix ans l'état actuel de la guerre, telle est la position de la France.

« Cette guerre a donc été peu offensive; mais elle est loin d'avoir été inactive : la France a été garantie. Elle s'est créé des forces jusqu'à ce jour inconnues. Elle a perpétué dans le sein du pays ennemi un principe d'inquiétude sans remède; et par une prudence et par une énergie sans relâche, elle a conquis pour toujours la confiance du continent, d'abord un peu ébranlée par le début d'une guerre incendiaire qui pouvait mettre l'Europe en feu, et don le progrès a été arrêté pardes efforts assidus de surveillance, de modération, de fermeté et de sagesse.

« Quelle est la situation de l'ennemi? Le peuple est en armes; et pendant que le besoin, secondé du génie, nous a fait inventer une nouvelle espèce de marine, le besoin

péen. » Bientôt M. de Talleyrand eut connaissance de l'adhésion de l'Autriche au traité anglo-russe ; il sut que le cabinet de Vienne allait prendre une part active à la coalition ; dès lors la guerre sur une vaste échelle paraissait inévitable ; à quoi servirait de le dissimuler plus longtemps?

Les hostilités devaient s'appuyer sur deux mobiles, les ressources d'argent et les levées d'hommes : les forces du crédit en France n'étaient pas considérables ; le gouvernement impérial n'était pas établi sur des bases assez stables pour inspirer une grande confiance ; il n'y avait de véritable moyen financier que l'impôt. M. Gaudin venait d'en varier les éléments ; le monopole sur le sel, l'application des droits-réunis, l'accroissement des droits d'enregistrement et de mutation, toutes ces ressources fiscalement exploitées pouvaient pourvoir aux premiers frais d'un armement qui serait au moins de 250,000 hommes. Les puériles dépenses de la flottille de Boulogne, les constructions inutiles, l'entretien de l'armée navale sans but déterminé, avaient épuisé le trésor, et dans cette extrême pénurie d'argent, Bonaparte résolut un certain nombre de négociations forcées avec la banque de France [1].

et la frayeur ont forcé le cabinet anglais de substituer partout les piques aux armes ordinaires de la guerre. Ce cabinet est partagé entre des projets d'invasion et des projets de défense. Il prodigue d'inutiles retranchements ; il hérisse les côtes de forteresses ; il établit et déplace sans cesse ses batteries ; il cherche s'il ne pourrait arrêter ou détourner le cours des fleuves.

« Il projette des inondations sur ses propres campagnes ; l'indolence des villes est dans ses camps, la turbulence des camps est dans ses villes.

« L'Irlande, les Indes, les rivages même de l'Angleterre sont un objet perpétuel et indéterminé d'inquiétude. Tout ce qui appartient à l'Angleterre est incessamment menacé par quinze cents bâtiments qui composent notre flottille ; aujourd'hui par soixante vaisseaux de ligne, et par une armée valeureuse que les premiers généraux de l'univers commandent. La plus effrayante de toutes les menaces ne serait-elle pas celle de la patience facile qui nous ferait persister pendant dix ans dans cet état d'arrêt et d'attente qui laisse à nos hostilités l'intelligence et le choix des lieux, du temps et des moyens de nuire? »

[1] Je renvoie au livre qu'a publié M. Gaudin sur l'administration des finances pendant l'Empire.

Ce que l'Empereur proposa sortait des bases habituelles des opérations d'une banque qui doit aider le gouvernement, mais jamais de se compromettre pour lui, car elle est un établissement particulier et non pas une succursale du trésor. Bonaparte ne l'envisagea point sous ces rapports de haute économie politique; il avait besoin d'argent, il en trouvait dans les caves de la banque, et il sut bien impérieusement commander qu'on mît le numéraire à son service, en échange de traites et de bons sur les receveurs-généraux à des termes très éloignés. Cette opération, en temps ordinaire, n'était pas mauvaise pour la banque, qui gagnait des intérêts et des escomptes; elle employait son argent mort jusqu'à concurrence de 50,000,000. Le danger d'une telle opération, bien connue de la bourse, était de faire perdre au public toute confiance dans la valeur des billets dont on enlevait la valeur représentative; on pouvait arriver simultanément à un remboursement, et alors la banque était obligée de suspendre ou de retarder ses paiements : crise malheureuse qui devait la perdre [1].

Toutefois cette mesure procura des ressources essentielles en commençant une campagne; et, sans donner d'autres motifs que la nécessité des armements, Napoléon fit demander par ses ministres au Sénat la levée d'une conscription, celle de 1806, jeunes hommes qui avaient à peine dix-neuf ans. Le camp de Boulogne prit un aspect militaire qui annonçait une prochaine campagne; 80,000 conscrits devaient rejoindre les régiments pour en remplir les cadres. On parlait toujours de l'expédition d'Angleterre, tandis que les personnes

---

[1] Voyez les Mémoires du général Savary et la justification de M. de Marbois.

les moins clairvoyantes pouvaient s'apercevoir que tous ces armements étaient faits sur une trop vaste échelle pour que la guerre continentale n'en fût pas le motif réel. Toutes les divisions des ministères étaient en mouvement pour régulariser les services ; les places fortes étaient organisées sur un pied formidable; on enlevait 20,000 chevaux au Hanovre; le train, le génie étaient portés au complet de campagne, et Napoléon veillait à tout pour amener un de ces coups de fortune qui tant de fois avaient sauvé sa destinée ; l'Empereur ne pouvait essayer qu'une guerre victorieuse.

L'important pour M. de Talleyrand était de connaître les véritables intentions de la Prusse. Au milieu des armements européens, on savait à Paris l'adhésion de l'Autriche au traité de subsides conclu entre la Suède et la Russie. La Prusse, qu'allait-elle faire? Si elle entrait dans la coalition, il fallait doubler les forces militaires de l'Empire. Le cabinet de Berlin jetterait 150,000 hommes au moyen d'une diversion sur le Rhin par le Hanovre et la Hollande ; la retraite de M. de Haugwitz et l'avénement de M. de Hardenberg avaient soulevé quelque inquiétude dans l'esprit de Napoléon ; selon ses habitudes, il la dissimulait; son visage de bronze ne laissait point apercevoir ses soucis; comme il avait un grand intérêt à ménager la Prusse, il faisait dire au cabinet prussien par M. de Laforest : « Prenez la Poméranie suédoise et le Hanovre, je fermerai les yeux et je vous soutiendrai même pour cette conquête. » Dans le but de bien pénétrer la pensée intime de la cour de Prusse, l'Empereur désigna une fois encore le grand-maréchal Duroc[1] pour aller à Berlin offrir l'appui et les services de la France

[1] Il y eut deux voyages de Duroc à Berlin dans la même année, un en juillet, l'autre en septembre.

à la maison de Brandebourg, et obtenir le maintien d'une neutralité amplement récompensée. Deux fois Duroc, toujours parfaitement accueilli, avait réussi en Prusse ; avec d'excellentes manières, le grand-maréchal connaissait les hommes importants et les ministres principaux du cabinet. Napoléon pensa que dans cette nouvelle circonstance Duroc pourrait deviner le dernier mot de la Prusse, et c'était beaucoup pour lui. Le grand-maréchal, personnellement reçu avec la même bienveillance, dut s'apercevoir que les opinions étaient très changées ; on évita de traiter toutes les affaires sérieuses, on éloigna les confidences. La Prusse, prenant un rôle plus hautain, engagea le grand-maréchal à écrire à Napoléon les dispositions des coalisés, afin qu'il rentrât dans un système modéré. M. de Hardenberg insinuait « que *l'ultimatum* était raisonnable : pourquoi l'empereur Napoléon allait-il s'exposer de nouveau à une guerre générale ? Depuis la prise de possession du Hanovre la France pesait trop sur l'Allemagne, et la Prusse ne pouvait pas le souffrir sans se compromettre ; une neutralité dans ces conditions lui devenait onéreuse. » M. de Hardenberg se montra très froid pour les intérêts de la France ; Duroc vit dès lors que le parti du comte de Haugwitz succombait, et il ne dissimula rien dans ses dépêches à Napoléon. La neutralité de la Prusse n'était plus impartiale ; elle penchait vers la coalition ; au premier revers de l'Empereur elle se prononcerait.

Quelque temps avant, venait à Berlin un autre négociateur qui se fit écouter avec plus de faveur [1] : je veux

---

[1] Toute l'Europe s'occupait de la mission de M. de Novosilzoff. Napoléon dictait sur cette mission la phrase suivante :

« M. de Novosilzoff, dont on a annoncé la mission, a dû quitter Pétersbourg dans les premiers jours de ce mois pour se rendre à sa destination. Il paraît qu'il doit passer par Berlin. Quelques-unes des

parler de M. de Novosilzoff, le même diplomate porteur des paroles d'Alexandre auprès de M. Pitt. Dès que l'Autriche eut adhéré au traité de subsides, il fut convenu d'un point essentiel entre toutes les puissances engagées dans la négociation. Comme les cabinets coalisés voulaient mettre l'opinion publique et le droit de leur côté, ils convinrent qu'avant de commencer la guerre ils feraient une dernière démarche auprès du gouvernement français en lui envoyant un *ultimatum* rédigé dans des termes précis, dont aucune des puissances coalisées ne se départirait ; cet *ultimatum* était le résumé des notes qu'à plusieurs reprises on avait adressées à la France. Enfin, et pour gagner l'assentiment de la Prusse, il fut convenu que ce serait par l'intermédiaire de cette cour que les propositions définitives seraient adressées au chef du gouvernement français[1].

Par ce moyen, on conservait au roi Frédéric-Guillaume le caractère de médiateur ; s'il y avait refus obstiné de Napoléon, la Prusse serait plus facilement entraînée à prendre rang parmi les coalisés dans la guerre générale. Acte habile et réfléchi, l'*ultimatum* des trois

feuilles allemandes ne se lassent pas de déraisonner sur les propositions dont elles le supposent porteur, comme si les souverains en étaient venus à prendre les journaux pour confidents des ouvertures qu'ils ont à se faire ; ou comme si la diplomatie était une chose tellement simple, qu'au commencement d'une négociation chacun dit son dernier mot ! Ce qu'aiment à penser les hommes raisonnables, c'est que si la Russie avait des offres inconvenantes à hasarder, elle ne ferait pas les frais d'une ambassade, parce que le caractère de l'Empereur Napoléon est maintenant bien reconnu en Europe, et qu'on ne peut espérer de lui en imposer par aucune illusion ni aucune jactance politique. »

[1] De Londres, 20 juin 1805.
« Une lettre de Leipsick et des nouvelles d'autres parts annoncent que le ministre prussien, M. de Lucchesini, a été autorisé à demander des passeports pour M. de Novosilzoff, qui doit se rendre en France. On dit que la négociation, qui ne peut actuellement avoir lieu à Milan, sera suivie à Bruxelles entre cet envoyé et Joseph Bonaparte. Il est plus vraisemblable, si cette nouvelle a quelque fondement, que la négociation se traitera à Paris. Nous sommes toujours portés à croire que cette nouvelle peut être vraie, parce que cette manière d'agir s'accorde avec la ligne de conduite que le cabinet de Saint-Pétersbourg a suivie, laquelle consiste à gagner du

cours, hautainement rédigé, demandait : 1° l'évacuation du pays de Hanovre et du nord de l'Allemagne; 2° l'indépendance des républiques de Hollande et de Suisse; 3° le rétablissement du roi de Sardaigne en Piémont, avec un arrondissement aussi considérable que le permettraient les circonstances; 4° la sûreté future du royaume de Naples, et l'évacuation par les troupes françaises de toute l'Italie, y compris l'île d'Elbe; 5° enfin l'établissement en Europe d'un ordre de choses qui garantît efficacement la sûreté et l'indépendance des différents États, et présentât une barrière solide contre toutes usurpations. Maintenant, quiconque connaissait le caractère de Napoléon, cet esprit de feu, ce génie ardent, devait comprendre si jamais il eût accepté des conditions aussi abaissées pour son pouvoir et son honneur; il suffisait, pour ainsi dire, que ce fussent des conditions pour qu'il les repoussât avec une énergie militaire digne de sa renommée. Des conditions pour une tête aussi fière étaient chose impossible à accepter; la tempête brise le noble chêne des montagnes, mais elle ne courbe pas son vaste tronc comme les branches d'un peuplier.

temps, politique qui réussit rarement à inspirer des sentiments de crainte à ses ennemis, ou de confiance à ses amis. La cour de Pétersbourg a vivement ressenti la conduite de Bonaparte; mais ce mécontentement n'a pas trouvé promptement des moyens de vengeance, et il est possible qu'il trouve des moyens de conciliation. Si M. de Novosilzoff entame une négociation avec Bonaparte, nous serons très surpris d'entendre encore parler d'une guerre continentale. Il est évident que l'empereur de Russie désire la paix, mais il la trouvera très difficile à obtenir s'il refuse de la conclure séparément de l'Angleterre, à moins que M. Pitt n'ait abandonné à la Russie la question de Malte, sur laquelle on suppose que le cabinet russe est décidément contre nous. La Russie n'est véritablement d'accord avec nous que sur des faits qui n'ont pas été allégués par ce gouvernement comme vraies causes de la guerre. »

(Star.)

Berlin, 15 août 1805.

« L'arrivée de M. de Novosilzoff à Berlin avait excité un grand intérêt dans toute l'Europe : son retour subit doit y faire succéder l'étonnement. Ce voyage ne sera peut-être considéré dans l'histoire que comme une comédie sérieuse dont le dénouement est ridicule. La note que ce ministre a remise pour justifier la précipitation de son départ, est plus curieuse encore que la légèreté de sa démarche, et

Cependant M. de Novosilzoff fit demander, par l'intermédiaire de la cour de Prusse, des passeports pour se rendre Paris, simple démarche sans résultat possible ; l'*ultimatum* de l'envoyé russe ne reconnaissait pas même la dignité d'Empereur dans la personne de Napoléon, toujours désigné comme le chef de la nation française ; et en aucun cas on n'eût laissé franchir la frontière à un diplomate qui n'aurait pas admis l'éclat et la réalité du pouvoir impérial avec lequel il allait traiter. Les alliés avaient manqué de tact et de forme ; la Prusse le comprit parfaitement, aussi n'insista-t-elle pas vivement pour obtenir les passeports ; et dès qu'on les envoya à M. de Novosilzoff au nom de l'*Empereur des Français*, mille prétextes s'élevèrent, et M. de Novosilzoff ne vint pas aux frontières. Dans ses conférences très intimes avec M. de Hardenberg, il put se confirmer qu'après un temps plus ou moins long la Prusse se déclarerait pour la coalition, c'était le but essentiel de son voyage. Les autres points n'étaient qu'accessoires, une formule pour déguiser sa mission réelle. « Ayez la Prusse, lui avait dit Alexandre, et je serai content. » Le grand-maréchal Duroc, dans un

s'il était permis de s'égayer dans un objet aussi important au bonheur de l'humanité, on citerait dans la conduite de M. de Novosilzoff plusieurs traits qui tiennent essentiellement au rôle du *franc étourdi*.

« Il s'était annoncé comme porteur d'une médiation pacifique, et les journaux avaient retenti pendant six mois du bruit de son voyage ; il se présente en effet comme étant chargé d'ouvrir une négociation ; tout le monde applaudit à cette heureuse disposition ; la France l'accueille avec joie ; on lui expédie sans autre explication les passeports qu'il avait demandés pour la France ; et au moment où l'Europe conçoit plus d'espérances, M. de Novosilzoff, sans avoir fait aucune ouverture, sans articuler aucune proposition, sans même avoir demandé une conférence, part brusquement de Berlin, en annonçant qu'il n'est plus autorisé à négocier... Il fait plus, et cet aveu doit faire juger de la sincérité de sa mission, il déclare qu'il n'était autorisé à négocier ni avec l'Empereur des Français, ni avec le roi d'Italie, ni avec le souverain actuel de Gênes, mais avec le chef du gouvernement français... On ne sait réellement de quel nom qualifier cette réticence diplomatique. Sans doute que si S. E. avait été satisfaite de la soumission de l'Empereur des Français aux volontés absolues de la Russie, elle se serait crue autorisée à lui accorder un titre que l'Europe a reconnu et qui n'a pas besoin d'autre con-

nouveau voyage à Berlin, vit partout les traces du passage de M. de Novosilzoff, et ses lettres confidentielles à l'Empereur ne dissimulent pas qu'il faut se préparer contre la Prusse avec au moins autant d'énergie que vis-à-vis de l'Autriche et de la Russie. « Les puissances ennemies agissent franchement, la Prusse nous prendra par traîtrise en pleine campagne. »

Tout espoir de la paix était donc brisé depuis la connaissance intime qu'avait M. de Talleyrand du dernier mot des puissances coalisées. M. de Cobentzl seul restait à Paris par les ordres de sa cour, comme si rien n'était venu se placer entre le traité de Lunéville et la situation nouvelle de l'Autriche dans la coalition. M. de Cobentzl ne visitait les Tuileries que rarement, il paraissait seulement aux audiences de l'Empereur. Dès le mois de juillet, les notes de M. de Talleyrand commencent à devenir très vives, très aigres, à l'égard du cabinet de Vienne. Le ministre saisit le premier prétexte pour demander une explication catégorique : M. de Prony, membre de l'Institut, avait été arrêté en Autriche; plusieurs sujets français n'avaient pu pénétrer même dans

---

firmation. La réserve de la note de M. de Novosilzoff n'en paraît pas moins impolitique à ceux qui sont désintéressés et de bonne foi : elle n'influera sans doute en rien sur la détermination de l'Empereur Napoléon, qui ne sacrifie pas les choses aux mots, et qui pèse les procédés à leur juste valeur. L'illustre Empereur des Français sait qu'il n'y a pas encore un siècle qu'un de ses augustes prédécesseurs refusait à l'autocrate de Russie le titre de *majesté* et ne voulait lui accorder que celui d'*altesse*; mais comme il veut la paix, il n'arguëra pas contre l'empereur Alexandre de cette preuve historique de la nouveauté de sa famille. Napoléon estime les hommes par leur valeur personnelle et ne juge les souverains que par l'intérêt de leurs États. Il n'en est pas moins étonnant qu'un souverain si ardemment animé du désir de ramener la paix, comme le prétend M. de Novosilzoff, commence par mettre en problème tout ce qui garantit l'ordre social et la tranquillité des États. Le désordre politique de la France avait paru longtemps le seul motif raisonnable qui pût arrêter les vues pacifiques des puissances et entretenir leurs inquiétudes et leur froideur : elles n'avaient rien à souhaiter de plus utile à leurs premiers intérêts que de traiter avec un gouvernement analogue aux leurs, et qui, en prenant la majesté des formes régulières, leur en offrît toute la fixité. Par quel prodige le cabinet de

les États héréditaires. L'Empereur des Français ordonnait en conséquence que des mesures réciproques fussent prises à l'égard des sujets autrichiens demeurés en France jusqu'à ce que l'Autriche s'expliquât[1].

Ces premiers griefs n'étaient qu'un prétexte pour arriver à une question plus grave. Pourquoi ce cordon sur l'Adige, ces achats de chevaux, ces préparatifs de guerre? L'Autriche avait acquis Lindau; elle s'était dispensée de payer les dettes de l'État de Venise; elle avait favorisé les prétentions monstrueuses de l'Angleterre sur le droit maritime; le pavillon autrichien avait été insulté par la Grande-Bretagne sans qu'elle exigeât réparation. L'empereur Napoléon ne s'en était pas plaint, et cependant l'Autriche armait avec une rapidité inaccoutumée. Pour se résumer: si le cordon de l'Adige n'était pas dissous immédiatement, l'empereur Napoléon commanderait un contre-cordon, et, dans tous les cas, M. de Talleyrand signifiait que la France voulait une paix sincère, entière et nette, et qui permît à l'Empereur des Français de disposer de ses forces sur l'Océan sans s'inquiéter des démarches de l'Autriche.

Russie, méconnaissant ce principe, s'est-il enveloppé dans cette ambiguité d'expressions, dans cet embarras de qualifications? Il y a donc dans les vues de la Russie un intérêt supérieur à celui de l'intérêt général de l'Europe? »

(Cette note parait l'œuvre de Napoléon.)

[1] Voici la copie des pièces de la négociation entre M. de Talleyrand et M. de Cobentzl.

Note du ministre des relations extérieures à M. le comte Philippe de Cobentzl, en date du 5 thermidor an XIII (24 juillet 1805).

« Le soussigné a mis sous les yeux de S. M. l'Empereur et Roi la lettre de M. Rostaing dont il a l'honneur d'envoyer a copie à S. Exc. M. le comte de Cobentzl. S. M. a été sensiblement affectée de l'outrage fait à un membre de l'Institut de France, homme personnellement digne de toutes sortes d'égards, et qu'elle honore d'une bienveillance particulière. M. le comte de Cobentzl ne sera donc pas surpris d'apprendre qu'elle ait cru devoir, pour la sûreté de M. de Prony et pour sa propre dignité, donner l'ordre que deux des Autrichiens les plus notables qui se trouvent à Paris soient mis aux arrêts. M. de Prony n'est ni le premier, ni le seul, qui ait eu à souffrir des mauvais procédés que les autorités de l'Autriche, sans égard pour l'état de paix, et en opposition aux liens d'amitié qui existent entre les deux souverains, font

La réponse de M. de Cobentzl est d'abord un simple accusé de réception fort laconique, avec l'assurance formelle que l'ambassadeur s'empressera de transmettre à sa cour la note de M. de Talleyrand. Ces lenteurs s'expliquent : l'Autriche qui arme ne veut point répondre immédiatement, elle a besoin de délai, et temporise ; la réponse qu'elle prépare se résume en une déclaration de guerre, et avant toute chose il faut être prêt pour la faire ; elle réunit ses régiments, et porte son état militaire à plus de 300,000 hommes qui s'avancent tout à la fois vers l'Allemagne et l'Italie. Dans ces circonstances l'Empereur Napoléon s'irrite ; veut-on la paix ou la guerre ? Il lui faut une réponse prompte et catégorique. M. de Talleyrand écrit directement au comte Louis de Cobentzl, vice-chancelier à Vienne, et déclare que « l'Empereur Napoléon reçoit de toutes parts les indices d'une coalition dans laquelle est entré l'empereur d'Allemagne et d'Autriche ; au parlement d'Angleterre l'aveu en a été fait ; le cabinet de Vienne accumule dans ses possessions d'Italie des troupes de toute arme. Qu'on prenne enfin un parti, mais qu'on soit net. Napo-

---

journellement essuyer aux sujets de S. M. Les États de l'Autriche leur sont interdits comme à des ennemis, comme si les deux nations étaient en guerre. Récemment encore, à Vienne même, M. Coiffier en a fait la triste épreuve ; homme de lettres d'une réputation intacte, exempt de reproches et au-dessus du soupçon, il n'a pu se rendre en Hongrie, parce que, sans raisons, sans prétexte même, on n'a pas voulu le lui permettre.

« Dans les rapports entre les États, une exacte réciprocité étant la règle de conduite la plus juste et la plus sage, S. M., soit comme Empereur des Français, soit comme Roi d'Italie, la suivra toujours invariablement. Ainsi les passeports des ministres, généraux et autres agents de S. M. l'Empereur d'Allemagne et d'Autriche auront créance en France et aussi longtemps seulement que les passeports des ministres et autres agents de S. M. l'Empereur et Roi trouveront créance en Autriche, et ce que les sujets autrichiens rencontreront en France de facilités et d'obstacles sera fidèlement calculé sur un système de procédés dont la cour de Vienne aura fixé la mesure.

« Le soussigné a l'ordre exprès d'en informer son Exc. M. le comte de Cobentzl.

« Il est en même temps chargé de demander des explications sur le cordon de l'Adige, qui, dans la saison et dans les circonstances où nous sommes, n'est évidemment propre qu'à gêner le commerce et les

léon croit devoir cette dernière démarche aux anciens rapports d'amitié qui l'unissent au cabinet de Vienne. » M. de Talleyrand s'adresse à M. de Cobentzl comme à un esprit éclairé qui peut encore éviter un conflit. « L'Autriche doit savoir que la France ne veut pas briser la paix au moment où elle est engagée dans une guerre maritime, et lorsque ses forces sont campées sur les bords de l'Océan à 200 lieues des frontières du Rhin. Quant à l'Autriche, quels griefs peut-elle avoir? L'Empereur Napoléon ne veut pas agrandir le royaume d'Italie ni s'emparer de Venise; la couronne de fer est dans ses mains un simple dépôt pour un temps qu'il dépend de ses ennemis eux-mêmes de rendre fort court en assurant une paix stable et maritime en Europe. »

Cette note si pressante détermina le comte de Cobentzl à des communications plus intimes auprès de la Russie, car l'Autriche ne déclarait pas sans hésitation et sans crainte la guerre à Napoléon : le passé était une leçon pour l'avenir. Selon son ancienne pensée, le cabinet de Vienne aurait préféré un système de négo-

relations des deux peuples. De tous les points des possessions de la maison d'Autriche, des troupes sont dirigées sur l'État de Venise, des magasins sont formés, des chevaux sont achetés; tout ce qui caractérise des préparatifs de guerre se fait en Autriche; et dans le temps même où S. M. I. et R. n'a cessé de donner des preuves de la plus extrême condescendance pour la cour de Vienne, tout ce que cette puissance a fait de contraire à l'esprit et à la lettre des traités, l'Empereur l'a toléré. Il ne s'est point récrié contre l'extension immodérée donnée au droit d'épave, contre l'acquisition de Lindau, contre tant d'autres acquisitions faites en Souabe, et qui, postérieurement au traité de Lunéville, ont matériellement altéré la situation relative des États voisins dans le midi de l'Allemagne. Il a feint d'ignorer que la dette de Venise n'était point acquittée, nonobstant l'esprit et la lettre des traités de Campo-Formio et de Lunéville, qui portent expressément que les dettes hypothéquées sur le sol des pays cédés seront à la charge des nouveaux possesseurs. Il s'est tu sur le déni de justice que ses sujets d'Italie éprouvaient à Vienne, où aucun d'eux n'était payé, malgré les stipulations du traité de Lunéville. Il a également, et par amour pour la paix, gardé le silence sur la partialité avec laquelle l'Autriche, contre ses intérêts et contre ses propres principes, a, par une aveugle déférence, favorisé les prétentions les plus monstrueuses de l'Angleterre; de sorte que les contrées qu'il a plu au gouvernement britannique de déclarer en état de blocus, ont été tenues pour réellement bloquées

ciations armées, menaçant d'une guerre générale pour obtenir de meilleures conditions de paix. Dans cette vue l'Autriche s'ouvre avec une grande franchise à la Russie. M. de Cobentzl demande au comte de Rasumowski, ambassadeur à Vienne, si tout a été fait pour amener l'Empereur des Français sur le terrain de l'*ultimatum*; l'Autriche ne se décide à la guerre qu'après avoir épuisé tous les moyens de rapprochements. M. de Cobentzl a besoin d'une explication avant de se mettre en campagne; le comte de Rasumowski se hâte de répondre : « Si l'empereur de Russie a rappelé M. de Novosilzoff, qui devait de concert avec le gouvernement prussien, proposer la paix à la France, ce rappel a été motivé par la politique immuable qui a dirigé jusqu'ici le cabinet de St-Pétersbourg. Le Czar avait vu avec peine la situation déplorable dans laquelle se trouvait le continent; chaque jour de nouveaux états perdaient leur indépendance, la France absorbait tout; plusieurs démarches faites auprès du chef du gouvernement français pour arriver à de nouveaux arrangements étaient toujours demeurées sans résultat; par la cour de Vienne, qui a contremandé à Trieste et à Venise les expéditions destinées pour ces contrées : et lorsque, l'Angleterre violant, comme elle l'a fait constamment, le pavillon autrichien, la cour de Vienne l'a souffert sans résistance; S. M., quoiqu'elle fût en droit d'accuser une partialité contraire sans doute à la dignité de l'Autriche, mais non moins contraire aux intérêts de la France, a fait encore à l'amour de la paix un nouveau sacrifice en gardant le silence. »

Ch. Maur. Talleyrand.

Dépêche de M. de Talleyrand au comte Louis de Cobentzl.

« Monsieur le comte, l'Empereur reçoit de toutes parts l'avis que S. M. l'Empereur d'Allemagne et d'Autriche est entré dans des projets de coalition qui menacent de rallumer la guerre sur le continent. Cet avis semble confirmé par une multitude d'indices, et même par des actes qu'il est impossible de concilier avec des idées de paix. M. de Winzingerode est à Vienne, et n'a pu y être envoyé que dans des vues sur la nature desquelles la mission tout hostile qu'il vient de remplir à Berlin, et les écarts récents de la Russie, ne permettent pas de se méprendre. Les Anglais, après avoir publiquement déclaré dans leurs discussions parlementaires que la Russie, sans le concours de l'Autriche, serait pour eux une alliée onéreuse et inutile, se vantent maintenant d'avoir achevé de conclure une alliance continentale; enfin, l'Empereur d'Allemagne et d'Autriche accumule à tout prix dans ses possessions en Italie, ou dirige vers cette contrée, un nombre sans

y a-t-il lieu maintenant de les renouveler?» L'ambassadeur russe ne le croyait pas; le chef du gouvernement français avait même manqué d'égards aux instances et aux représentations pacifiques de la Russie; il en appelait toujours à la force. En conséquence le comte de Rasumowski déclarait que la Russie, tout en continuant les offres de négociations pour la paix, ferait avancer immédiatement sur le Danube deux armées de 50,000 hommes chacune, afin de combiner avec les négociations de la paix, un armement puissant d'observation et de médiation capable d'entraîner la France dans des voies plus modérées.

Ainsi l'espérance de la paix n'était point absolument abandonnée; la Russie armait, mais pour soutenir des négociations actives. Le cabinet de Vienne lui-même, en réponse à toutes les notes de M. de Talleyrand, s'explique avec une grande mesure sur les idées de guerre : « Si l'Autriche arme actuellement, c'est pour maintenir, comme le déclare la Russie, le repos des nations que le traité de Lunéville a garanti. Ce

mesure de troupes, et cela sous le prétexte de défendre l'État vénitien qui n'est pas menacé. S. M. ne peut se persuader encore que la maison d'Autriche consente à sacrifier aujourd'hui son repos à des craintes chimériques ou à des espérances tout au moins incertaines; mais ne voulant point que, si les plaies du continent, à peine fermées, doivent être rouvertes et saigner encore, l'Europe puisse reprocher à la France de n'avoir pas fait tout ce qui était en son pouvoir pour la garantir des calamités qui viendraient à l'accabler, S. M. m'ordonne de m'adresser directement à vous, Monsieur le comte, dont elle connaît les lumières, et qui sans doute ne pourriez voir qu'avec regret le renversement d'une paix à laquelle vous ayez si puissamment contribué.

« Je prie donc V. E. de permettre que j'entre avec elle dans l'examen des motifs qui pourraient porter S. M. l'Empereur d'Allemagne et d'Autriche à rompre la paix des raisons qui doivent l'engager à la maintenir, et des conséquences probables que sa détermination dans l'une et l'autre hypothèse aura, soit pour l'Autriche, soit pour l'Europe en général. Dans la partie de ses possessions où la maison d'Autriche réunit ses forces, elle ne peut être attaquée que par la France; et la France, engagée dans une guerre maritime, où presque tous ses moyens sont employés, ayant ses forces à trois cent lieues de l'Autriche, campées sur les bords de l'Océan, a un intérêt bien sensible à rester en paix avec les puissances du continent, et ne peut pas même être soupçonnée de vouloir leur faire la guerre.

traité reconnaissait l'indépendance des républiques italiennes, helvétique et batave; et cependant le gouvernement français les domine et les entraîne à sa politique. Cette infraction aux principes des traités, l'Autriche ne pouvait la souffrir; le ton de menace des notes rédigées sous l'influence française n'était pas propre à amener une conciliation; l'Italie regorgeait de troupes, 50,000 hommes étaient réunis à Marengo, sous prétexte de manœuvres; un camp de 40,000 hommes se formait sur les frontières du Tyrol, menaçant les possessions héréditaires de l'Autriche. En présence de tels armements, le cabinet de Vienne réunissait des forces considérables, non dans des vues hostiles, mais pour le maintien de la paix. C'est pourquoi il renouvelait ses offres d'exécuter le texte réel du traité de Lunéville sans extension; si l'Autriche ne réussissait pas dans ses vues pacifiques, elle n'hésitait pas à déclarer qu'elle avait été plus heureuse vis-à-vis l'empereur Alexandre, bien capable de comprendre les idées de pondération politique. » Cette dernière phrase, placée dans cette

Pour l'exécution d'un tel dessein, il faudrait qu'elle levât ses camps et qu'elle portât l'immense matériel de ses armées des côtes sur le Rhin et au-delà des Alpes. Elle a, il est vrai, une armée en Italie; mais infiniment moins considérable qu'on ne s'est plu à le répandre, et encore cette armée est-elle disséminée et répandue jusqu'aux extrémités de la Péninsule.

« L'Autriche ne peut donc avoir de craintes présentes. Quelles alarmes peut-elle concevoir pour l'avenir? Craint-elle que la France ne convoite l'État de Venise? Mais n'est-ce pas la France qui l'a donné à l'Autriche? Et si elle l'eût convoité, s'en serait-elle dessaisie? Elle voudrait, dira-t-on, augmenter le royaume d'Italie; S. M. I. n'a pas d'intérêt à augmenter un royaume qu'elle ne possède que pour un temps, et pour un temps qu'il dépend de ses ennemis eux-mêmes de rendre fort court. Il est, d'ailleurs, bien évident que la France, à moins de renfermer tous ses calculs et toutes ses vues dans le cercle étroit du présent, et de ne point embrasser l'avenir par la prévoyance, ne saurait être portée à désirer que le royaume d'Italie acquière une trop grande extension de territoire et de puissance. »   Ch. Maur. Talleyrand.

Note du cabinet de Vienne, remise à M. de Talleyrand par M. le comte Philippe de Cobentzl (12 septembre 1805).

« La cour de Vienne défère sans hésiter à la demande qui lui a été faite de la part de l'Empereur des Français, de s'expliquer catégoriquement sur ses intentions et sur les motifs de ses armements. Elle n'a d'autres

note à dessein, indiquait l'intimité des deux cabinets de Vienne et de Saint-Pétersbourg ; elle semblait dire que l'alliance était profonde, indivisible entre le Czar et l'empereur d'Allemagne sous l'influence de l'Angleterre.

On était déjà au milieu de septembre, et les armements continuaient de part et d'autre sous ces apparences de modération et de paix. Comment arriver à un résultat de conciliation en présence de propositions si divergentes? L'opinion publique s'alarmait en Europe en face du rude choc qui se préparait : à Paris, on apprit enfin que 70,000 Autrichiens avaient paru sur l'Inn. Sur cette dépêche, M. de Talleyrand notifia à M. de Cobentzl que l'on considérerait immédiatement comme un acte d'hostilité, la violation du territoire de la Bavière et l'arrivée d'un avant-poste russe en Gallicie. Napoléon mettait une haute importance à ces deux points : l'invasion de la Bavière pourrait entraîner l'électeur à prendre parti pour l'Autriche, ce qu'on devait éviter à tout prix ; ensuite l'arrivée d'un corps russe en Gallicie donnait à l'Autriche une immense supério-

---

intentions que de maintenir la paix et ses relations d'amitié avec la France, ainsi que le repos général du continent ; d'autre désir que de voir les intentions de l'Empereur Napoléon correspondre aux siennes. Mais le maintien de la paix entre deux puissances ne consiste pas seulement à ne point s'attaquer, il consiste non moins essentiellement dans l'accomplissement des traités sur lesquels la paix se trouve établie. La puissance qui les enfreint dans des points essentiels, et qui refuse de faire droit aux réclamations, est tout aussi bien l'agresseur que si elle attaquait l'autre injustement. La paix entre l'Autriche et la France repose sur le traité de Lunéville, dont une des conditions stipule et garantit l'indépendance des républiques de l'Italie, ainsi que des républiques helvétique et batave, et leur assure la liberté de se choisir leur gouvernement. Toute entreprise pour les obliger d'adopter un gouvernement, une constitution, un maître, autrement que de leur choix libre, autrement qu'en conservant une indépendance politique réelle, est une infraction de la paix de Lunéville, et l'Autriche a le droit d'en réclamer et d'en poursuivre le redressement.

« Le désir de maintenir l'amitié mutuelle, de calmer les défiances, de préserver le repos public de plus grands dangers, peut, au milieu de circonstances critiques et délicates, engager la partie réclamante à user de ménagements, à mettre une grande modération dans la poursuite de ses griefs, à renvoyer la discussion à des négociations subséquentes : mais les égards de

rité de forces numériques sur les troupes que pourrait lui opposer la France. Le plan de Napoléon était d'empêcher toute accumulation de troupes.

La crainte d'alarmer trop vivement l'opinion publique avait engagé la police de Paris à dissimuler jusqu'alors l'inévitable danger de la guerre ; le gouvernement avait publié à plusieurs reprises que la paix serait maintenue. Napoléon seul, dans son cabinet, savait les périls de sa situation ; il n'était sûr de rien ; l'Angleterre pouvait tenter un mouvement sur les côtes, la Suède lui était hostile, la Russie mettait en mouvement son immense état militaire, l'Autriche se présentait encore une fois dans la lice, et pouvait-on compter sur la neutralité de la Prusse depuis que le baron de Hardenberg avait pris la direction de ce cabinet? On allait avoir en face une coalition formidable; fallait-il l'avouer enfin au pays? C'est alors que Napoléon résolut de se mettre à la tête de ses troupes, et d'aller lui-même commencer la grande guerre. Pendant cette absence de l'Empereur, quand la fortune capricieuse pourrait disposer même de sa vie,

l'amitié ne sauraient lui faire un devoir de renoncer aux stipulations des traités, et la puissance qui, après les avoir enfreints, décline de s'en expliquer, refuse de négocier et substitue les voies de la menace à celle de la conciliation, blesse autant les lois de l'amitié que les droits sacrés de la paix.

« Quant au maintien du repos public, il exige que chaque État se renferme dans ses limites et respecte les droits et l'indépendance des autres États, forts ou faibles ; ce repos est troublé quand une puissance s'attribue des droits d'occupation, de protection, d'influence, qui ne sont avoués ni par le droit des gens, ni par les traités ; quand elle parle des droits de la victoire après la paix qui les a éteints ; quand elle emploie la force et la crainte pour dicter des lois à ses voisins, pour les obliger d'assimiler leurs constitutions à la sienne, ou pour leur arracher des alliances, des concessions, des actes de soumission et d'incorporation ; quand elle prétend que sa dignité est offensée par des représentations fondées, tandis que ses propres feuilles attaquent successivement tous les monarques ; enfin quand elle s'érige seule en arbitre du sort et des intérêts communs des nations, et qu'elle veut exclure d'autres puissances de toute participation au maintien de la tranquillité et de l'équilibre général, les unes parce qu'elles sont trop éloignées, d'autres parce qu'un bras de mer les sépare du continent : opposant aux réclamations des puissances les plus voisines du danger, des réponses évasives, des rassemblements de troupes sur leurs fron-

quel serait le mode de gouvernement à Paris, et en qui mettrait-il sa confiance? On devait prendre des précautions militaires assez étendues à l'intérieur pour éviter la guerre civile, ou pour repousser au besoin une expédition anglaise sur les côtes de France. Le pouvoir allait se trouver dans la même situation que lors du départ du Consul pour Marengo; il lui fallait la victoire; le premier échec réveillerait les mécontentements républicains, les passions haineuses, endormies alors, comprimées un instant, mais jamais éteintes; pendant l'absence de l'Empereur, il fallait un gouvernement fort et un système militaire assez bien combiné pour maintenir la paix des frontières et l'ordre dans l'État.

L'Empereur tint, à cet effet, plusieurs conseils secrets où assistèrent MM. de Talleyrand, Fouché, Cambacérès, Regnauld, et plusieurs hommes forts du conseil d'État. Il ne dissimula pas qu'il était obligé de se mettre à la tête de son armée : ce qui se passait à Vienne, à Saint-Pétersbourg, laissait prévoir une guerre violente; il ferait tout pour la victoire, mais les drapeaux de l'Empire

tières, des menaces de rupture si elles se mettent en défense.

« Un camp de 30,000 hommes, réuni dans la plaine de Marengo, fut suivi d'un autre camp de 40,000 hommes placé sur les frontières du Tyrol et des provinces vénitiennes de l'Autriche. Sa Majesté se vit donc forcée de pourvoir efficacement à sa sûreté. Elle acquit alors la conviction que les sentiments de paix, d'amitié et de modération qu'elle professe ne rencontraient point un tel retour de sentiments de la part de S. M. l'Empereur des Français, qu'elle puisse négliger plus longtemps de préparer les mesures nécessaires pour la défense de ses droits et pour le maintien de la dignité de son empire. Telle est la cause de ses armements actuels. Mais les mêmes sentiments qui ont tant fait désirer à S. M. d'éviter l'emploi de semblables mesures en ont aussi déterminé le but. L'Empereur arme, non dans des vues hostiles, non pour faire diversion à la descente en Angleterre, dont l'exécution après deux ans de menaces, ne devait pas paraître réservée pour le moment où la France venait de provoquer l'Autriche et la Russie, il arme pour la conservation de la paix qui subsiste entre lui et la France; pour le maintien des conditions de paix, sans lequel cette paix serait illusoire; pour parvenir à un accommodement équitable, fondé sur la modération de toutes les puissances intéressées et propre à assurer l'équilibre et la tranquillité permanente de l'Europe : la démarche par laquelle Sa Majesté a invité en même temps les principales cours intéressées à renouer les négociations in-

pouvaient être vaincus, les ennemis pouvaient le refouler, lui et ses légions, sur la frontière. Fouché répondit qu'en l'absence de l'Empereur il répondait de l'ordre, et qu'il chercherait à prouver que la force héréditaire de la couronne ne dépendait pas de sa présence. Napoléon déclara qu'il emmènerait avec lui M. de Talleyrand, le partisan de la paix, parce qu'il voulait, avant tout, une négociation; il se battrait toujours en offrant de traiter, et M. de Talleyrand en serait le témoignage. L'Empereur déclara qu'il avait désigné son frère Joseph pour exercer une sorte de lieutenance-générale sur l'Empire pendant son absence; colonel d'un régiment, son frère l'accompagnerait jusqu'à Strasbourg, et de là reviendrait à Paris. Joseph, esprit sage et modéré, ne pouvait blesser la susceptibilité d'aucun des membres du conseil; l'Empereur, en lui confiant la direction politique de l'État, lui adjoignit Cambacérès, en qui, depuis la campagne de Marengo, il avait une extrême confiance; le Sénat demeurait surtout le principe de force, d'ordre et de gouvernement. Il s'abandonnait à Fouché pour le maintien

terrompues tendait au même but. Le refus inattendu que son interposition vient d'éprouver de la part de S. M. l'Empereur des Français ne la détourne pas de la renouveler. Elle a été plus heureuse vis-à-vis l'empereur Alexandre. »

Comte Louis de Cobentzl.

Déclaration de M. le comte de Rasumowsky, ambassadeur de S. M. I. de toutes les Russies, à M. de Cobentzl.

« Il serait superflu de revenir ici sur les motifs qui ont déterminé S. M. l'empereur de toutes les Russies à rappeler le plénipotentiaire qu'elle avait expédié, de concert avec S. M. B., pour traiter de la paix avec le chef du gouvernement français. Ces motifs sont trop justes et trop évidents pour n'être pas appréciés par toute l'Europe. Ils ont été énoncés dans la note remise au ministère de S. M. B. par M. de Novosilzoff, le 28 juin (10 juillet), et la résolution qu'ils ont provoquée n'est qu'une conséquence des mêmes sentiments et des principes qui ont constamment porté S. M. I. à employer ses soins assidus au rétablissement de la tranquillité générale.

« Depuis la rupture entre l'Angleterre et la France, Sa Majesté a vu avec surprise et douleur la majeure partie des États du continent successivement forcés à porter le fardeau d'une guerre purement maritime dans son principe, et étrangère à leurs intérêts directs; mais elle n'a pu conserver l'espoir que les voies d'une négociation franche et amicale suffiraient pour faire cesser cet état de choses affligeant, lorsqu'elle eut appris que, sans aucun égard pour les démarches solennelles qui ten

de la tranquillité publique, si nécessaire pendant que le souverain allait courir de si graves périls sur le champ de bataille; toutes les affaires décisives seraient traitées par Napoléon sous la tente; quant aux détails, il s'en rapportait à la sagacité du conseil d'État, et à son conseil des ministres, que le prince Joseph présiderait.

Fouché fit alors observer que dans une crise aussi imminente, il serait utile de mettre en activité la garde nationale, tout à la fois comme puissance d'ordre et force militaire. Cette garde nationale pouvait organiser 550,000 hommes sous les armes, dont 150,000 au moins de mobiles, pour la conservation des arsenaux et des places fortes; les autres maintiendraient la paix du foyer; chaque sénateur, pourvu d'une sénatorerie, y serait envoyé pour donner une certaine énergie à l'esprit public, et maintenir le respect des lois. Le ministre de la police, en témoignant ce zèle pour l'Empereur, avait son arrière-pensée; la garde nationale rendait toute l'armée active disponible, et Napoléon ne pouvait refuser un tel appui; mais le motif principal de Fouché était de placer dans ses propres mains, à l'intérieur, une force

---

daient à rétablir la paix, et au moment même où la Russie offrait de traiter de sa conclusion, de nouveaux États encore perdaient leur indépendance. Si donc S. M. I. a pris la résolution de rappeler son plénipotentiaire, c'est uniquement parce qu'elle avait acquis l'entière certitude que cette mission n'aurait point de résultats satisfaisants, et non que ses vœux ardents pour rendre la paix à l'Europe se fussent aucunement ralentis. La preuve la plus éclatante que l'Empereur puisse en donner, est d'adhérer maintenant à la demande qui vient d'être faite par S. M. I. et R. A. simultanément à l'Angleterre, à la France, à la Prusse et à la Russie, dans le but de voir renouer la négociation interrompue.

« Cependant S. M. I. ne saurait en même temps se cacher la probabilité qu'une conduite de la part du gouvernement français pareille à celle qui a déjà forcé l'Empereur à rétracter ses premiers pas pour une négociation de paix, ne rende encore infructueuse celle que l'Autriche propose de renouer. L'appréhension pénible, mais que l'expérience justifie, de voir de nouveaux empiétements exécutés au moment où la négociation aura été acceptée, ou pendant son cours; celle que des dangers plus grands naîtront pour l'Europe d'une démarche qui n'a pour but que de la sauver; la certitude qu'ils seront inévitables dès que les justes demandes des puissances continentales, aussi bien que celles que le

patriote, une certaine puissance nationale, qui, dans le cas de la mort de Napoléon, deviendrait le mobile d'une organisation politique. Le ministre habile n'avait pas une grande foi dans le principe de l'hérédité; il ne pensait pas à l'éternité des Bonaparte; après Napoléon, il croyait la dynastie finie; il n'était pas de ceux qui, dans leur naïveté politique, avaient foi en Joseph, en Louis Napoléon, en Eugène Beauharnais, ou dans tout autre membre de la famille impériale; Napoléon mort, il croyait le drame accompli; il fallait pourvoir à une nouvelle organisation politique, et même, comme il le disait, la prévoir. A cet effet on devait, indépendamment de l'appui du Sénat, constituer une force nationale.

Ce calcul, Fouché le faisait chaque fois que l'Empereur s'éloignait de Paris, et sous prétexte de déployer les forces de l'Empire pour défendre son intégrité, il se donnait un moyen d'organiser un gouvernement fort au cas où le champ de bataille dévorerait son plus glorieux enfant. L'Empereur le savait bien, mais que lui importait cette intention secrète? Fouché lui serait fidèle tant que la victoire couronnerait ses drapeaux, et dès lors

---

gouvernement français veut soutenir à la suite de ses envahissements successifs, n'auront pu être satisfaites d'aucune part; l'obligation surtout où se trouve l'Empereur, dans des circonstances aussi calamiteuses et difficiles, de venir au secours de ses alliés dont la sûreté et même l'existence est éminemment menacée, et leur offrir enfin, non une assistance illusoire, mais réelle, immédiate et efficace; toutes ces considérations réunies tracent la seule conduite qu'il appartient à S. M. I. de suivre. La Russie ne peut plus maintenant reprendre le fil des négociations interrompues qu'en se mettant en état de secourir ses alliés au moment où ils seraient attaqués, et de garantir l'Europe d'un bouleversement ultérieur. Elle doit combiner ses mesures de manière à se procurer un espoir fondé que la négociation de paix pourra promettre des résultats plus heureux que ceux que l'on a obtenus de toutes les démarches pacifiques qui ont été faites jusqu'ici, et qui malheureusement n'ont été marquées que par le manque d'égards que le gouvernement français a montré pour les instances et les représentations de la Russie et des autres puissances continentales, et par un accroissement toujours répété des dangers de l'Europe.

« C'est en conséquence de tout ce qui vient d'être allégué que le soussigné a ordre de faire connaître au ministre de S. M. I. et R. A., en réponse à la note que M. l'am-

tout ce qui pouvait préparer ce succès lui paraissait une force vigoureuse dans ses mains ; il accepta donc un système d'organisation partielle de la garde nationale, qui lui permettait le déploiement absolu de son armée. Quand tout fut ainsi arrêté en comité privé, on se hâta de revêtir de la forme publique les actes qui avaient paru utiles au conseil secret, et tous furent préparés pour le cas d'absence de l'Empereur.

Paris commençait à comprendre que la guerre était inévitable ; quelque soin qu'on eût mis à cacher les préparatifs du continent, les correspondances du commerce, les récits des voyageurs, les confidences mêmes des dignitaires de l'Empire, tout indiquait suffisamment l'approche d'une coalition générale appelant l'Empereur sous les drapeaux de la patrie. Un moment il se manifesta une grande inquiétude ; les capitaux se resserrèrent, l'argent devint rare ; puis on se raffermit ; le caractère français aime ces distractions belliqueuses, il a joie de tout ce qui lui ouvre de nouvelles batailles. La nation était pleine de jeunesse et de vie ; l'opinion publique avait besoin de distractions après les tristes spectacles de police qu'on avait eus sous les yeux ; il fallait faire oublier la catastrophe du duc d'Enghien, le procès de Moreau, les exécutions de Georges et des Bretons ; on devait un baptême de gloire à l'établissement de l'Empire ; l'aigle d'or devait rayonner pour la première fois

---

bassadeur comte de Stadion a remise au cabinet de Saint-Pétersbourg, le 26 juillet (7 août), que S. M. l'empereur de toutes les Russies a pris sur son contenu les déterminations suivantes. D'adhérer à la demande de renouveler les négociations de paix, rompues par le rappel de M. de Novosilzoff, et d'y procéder aussitôt que le chef du gouvernement français aura manifesté une disposition semblable. De faire avancer immédiatement deux armées de 50,000 hommes chacune, à travers la Gallicie vers le Danube, dans le but de combiner avec les négociations de paix un armement puissant de médiation et d'observation. »

Vienne, 31 août (12 septembre) 1805.

Comte de Rasumowsky.

sous un soleil aussi brillant que celui qui avait illuminé les drapeaux de la République ; César devait donner au peuple le spectacle des grandes guerres de la Germanie. La victoire était indispensable pour l'établissement de Napoléon ; il fallait frapper vivement l'amour-propre du peuple, préparer une issue à toutes les âmes généreuses qui appelaient le combat ; il fallait des bulletins pour distraire les Parisiens, pour les enchaîner au char de Napoléon ; et c'est ce que l'Empereur avait parfaitement compris ; sa couronne, sa grandeur, son pouvoir absolu, avaient besoin de se justifier devant les contemporains et la postérité !

Restait la tâche bien grave de démontrer à la nation que ce n'était pas un vain esprit de conquête qui poussait l'Empereur à la guerre ; il n'attaquait point, mais il défendait son droit, celui du peuple : ce n'était pas lui qui se refusait à exécuter les traités, mais l'Autriche, la Russie, qui toutes deux se prononçaient pour l'Angleterre ; L'Empereur acceptait la guerre comme une nécessité ; il n'avait cessé de négocier ; on voulait des batailles, des sanglants chocs de peuples : l'Europe serait satisfaite ; l'Empereur armerait pour maintenir l'indépendance de la patrie et celle de ses alliés. Ce fut en ce sens que les orateurs parlèrent devant le Sénat, et que M. de Talleyrand fit l'exposé des négociations engagées entre la France, l'Autriche et la Russie, depuis six mois surtout : « Les hésitations de l'Empereur avaient été mal interprétées, on les avait prises pour des actes de faiblesse, plutôt que pour des élans de magnanimité ; les ménagements avaient été gardés du côté de l'Empereur, les insolences restaient aux ennemis ; on ne renonçait pas à négocier, on marcherait avec des offres de paix à la main ; mais avant tout, il fallait assurer à l'Empire la plus formidable résistance ; la guerre commencerait du jour où l'Autriche franchirait les limites de la Bavière, point culminant dans les négociations présentes. » Les orateurs du gouvernement concluaient par une demande de conscrits, et en sollicitant le vote d'un sénatus-consulte qui mettrait en activité la force publique la mieux en rapport avec la défense du pays et des institutions.

Un message spécial de l'Empereur au Sénat annonçait l'intention de Sa Majesté de se mettre à la tête de ses armées[1], afin de faire respecter les droits de la patrie commune. Le Sénat vota d'enthousiasme toutes les propositions du gouvernement; il fallait réchauffer l'esprit public ; plus le danger était grand, plus il était essentiel de déployer l'énergie de la grande nation. Pendant tout le mois de septembre Paris et la province retentirent d'un cri général de guerre, et il faut dire que la nation marchait alors avec son Empereur. A la crainte primitive des intérêts alarmés, avait succédé un enthousiasme populaire capable de seconder les me-

---

[1] Le message de Napoléon au Sénat conservateur du 23 septembre est tout à fait rédigé dans cet esprit.

« Sénateurs, dit l'Empereur,

« Dans les circonstances présentes de l'Europe, j'éprouve le besoin de me trouver au milieu de vous et de vous faire connaître mes sentiments. Je vais quitter ma capitale pour me mettre à la tête de l'armée, porter un prompt secours à mes alliés, et défendre les intérêts les plus chers de mes peuples.

« Les vœux des éternels ennemis du continent sont accomplis : la guerre a commencé au milieu de l'Allemagne. L'Autriche et la Russie se sont réunies à l'Angleterre, et notre génération est entraînée de nouveau dans toutes les calamités de la guerre. Il y a peu de jours j'espérais encore que la paix ne serait point troublée; les menaces et les outrages m'avaient trouvé impassible. Mais l'armée autrichienne a passé l'Inn, Munich est envahie ; l'électeur de Bavière est chassé de sa capitale : toutes mes espérances se sont évanouies. C'est dans cet instant que s'est dévoilée la méchanceté des ennemis du continent. Ils craignaient encore la manifestation de mon profond amour de la paix ; ils craignaient que l'Autriche, à l'aspect du gouffre qu'ils avaient creusé sous ses pas, ne revînt à des sentiments de justice et de modération; ils l'ont précipitée dans la guerre. Je gémis du sang qu'il va en coûter à l'Europe ; mais le nom français en obtiendra un nouveau lustre.

sures énergiques du gouvernement. La guerre n'avait pas encore fatigué les esprits, la jeune génération avait besoin d'avancer dans la carrière, et les champs de bataille s'ouvraient devant elle; le commerce était presque nul, l'industrie anéantie : quelle profession restait ouverte? quelle espérance pouvait s'offrir aux jeunes hommes dans le mouvement général? La guerre était tout, et on s'y précipitait avec joie; chacun préparait son équipage pour suivre Napoléon; les armements militaires plaisaient au cœur de la génération; les conscrits étaient pleins d'ardeur; les opérations avec la Banque et les 50 millions de dépôt fournirent des ressources nécessaires; on tira de l'argent de l'Espagne, de la Hollande; on escompta les traites du trésor pour se procurer les moyens d'entrer en campagne.

L'Empereur ouvrit sa caisse personnelle et répandit sur les officiers-généraux ses munificences, afin d'exciter partout une noble émulation; Joseph, désigné dans la pensée de l'Empereur pour présider au gouvernement en son absence, le suivit jusqu'à Strasbourg, et là il reçut

« Sénateurs, quand, à votre vœu, à la voix du peuple français tout entier, j'ai placé sur ma tête la couronne impériale, j'ai reçu de vous, de tous les citoyens, l'engagement de la maintenir pure et sans tache. Mon peuple m'a donné, dans toutes les circonstances, des preuves de sa confiance et de son amour. Il volera sous les drapeaux de son Empereur et de son armée, qui dans peu de jours auront dépassé les frontières.

« Magistrats, soldats, citoyens, tous veulent maintenir la patrie hors de l'influence de l'Angleterre, qui, si elle prévalait, ne nous accorderait qu'une paix environnée d'ignominie et de honte, et dont les principales conditions seraient l'incendie de nos flottes, le comblement de nos ports et l'anéantissement de notre industrie.

« Toutes les promesses que j'ai faites au peuple français, je les ai tenues; le peuple français, à son tour, n'a pris aucun engagement avec moi qu'il n'ait surpassé : dans cette circonstance si importante pour sa gloire et la mienne, il continuera à mériter ce nom de grand peuple dont je le saluai au milieu des champs de bataille.

« Français, votre Empereur fera son devoir, mes soldats feront le leur; vous ferez le vôtre. »

Après cette séance impériale, le Sénat rendit en séance ordinaire un décret tout-à-fait rédigé en l'honneur de Napoléon.

« Le Sénat pénétré comme tous les Français de la plus vive indignation, à la nouvelle inopinée de l'envahissement de l'élec-

de sa main un mémoire dans lequel l'Empereur, développant ses théories de gouvernement, prévoyait toutes les éventualités, les malheurs et les défaites et jusqu'à sa mort même, la crise la plus grande pour l'hérédité. Fouché eut quelques entretiens intimes avec Napoléon et s'exprima franchement sur les causes d'ordre et de désordre possible dans l'état actuel des partis; il ne dissimula point qu'il fallait des victoires décisives à l'Empereur ou de ces coups de théâtre qui, dès le début de la campagne, lui attacheraient l'esprit public. « Il vous faut un nouveau Marengo, répéta le ministre, et l'Empereur doit le donner dans le premier mois; tout délai nous tue. » Fouché lui fournit d'excellentes notes sur un système de surveillance et d'espionnage organisé en Allemagne au profit de la France parmi les marchands et les juifs, sous la direction de quelques hommes connus sur le Rhin : le ministre connaissait si bien la partie corruptible du cœur humain !

L'archi-chancelier Cambacérès répondit de l'obéissance du Sénat et des corps politiques; puis en plein conseil d'État Napoléon annonça son départ pour l'armée. Il était là en présence d'hommes forts, capables de com-

---

torat de Bavière par les troupes autrichiennes; considérant que plus la nation française a dû être sensible aux nombreux sacrifices que fait depuis longtemps la patience magnanime de S. M. l'Empereur et Roi pour maintenir la paix que lui devait le continent, et plus elle doit déployer sa valeur et son énergie lorsqu'elle est forcée à la guerre, décrète ce qui suit :

« Attendu que, d'après le départ de S. M. l'Empereur et Roi pour se mettre à la tête de ses armées, le Sénat ne peut se rendre en corps auprès de Sa Majesté afin de lui porter son vœu pour le succès de ses armes, le Sénat charge son président et ses secrétaires de se transporter à Saint-Cloud à l'issue de sa séance, et d'exprimer à S. M. I. et R. le dévouement profond et unanime du Sénat et du peuple, leur attachement à sa gloire, à sa personne et à sa famille; leur confiance dans son génie; enfin, la résolution où sont tous les Français de venger sous ses ordres l'outrage que leur fait une agression aussi inattendue. Le Sénat se rassemblera extraordinairement, sur la convocation de son président, pour entendre, sur les mesures proposées par le gouvernement, le rapport de la commission spéciale qui vient d'être nommée au scrutin. »

prendre toute sa pensée; il ne dissimula pas qu'il comptait sur eux pour les questions de gouvernement. Quant à lui, quoique absorbé par les opérations militaires, il porterait toujours les yeux sur Paris et la France ; il comptait sur leur concours, parce qu'il les savait esprits d'intelligence et d'ordre; puis saluant avec affection, il ajouta : « Messieurs, je pars demain à quatre heures du matin pour l'armée. Je compte sur vous. Dieu sauvera la France! »

CHAPITRE IX.

ESPRIT DE L'ALLEMAGNE.

Le corps diplomatique français en Allemagne. — M. de Larochefoucauld à Vienne. — Laforest à Berlin. — Otto à Munich. — Bourrienne à Hambourg. — Diète de Ratisbonne. — Les opinions en Allemagne. — Réaction des esprits. — Littérature et politique. — Philosophes, écrivains et poëtes. — Hostilités contre la littérature et les idées françaises. — Moyens d'informations et de corruption. — Le cabinet autrichien. — Armée. — Généraux. — Plan de campagne. — La Bavière. — Correspondance du cabinet de Vienne avec l'électeur. — Perplexité à Munich. — Marche de l'armée autrichienne. — Passage de l'Inn.

Août et Septembre 1805.

Le théâtre des événements militaires et des négociations diplomatiques allait être l'Allemagne, riche et beau pays si souvent exposé aux coups des batailles. Napoléon avait apporté depuis deux ans un soin particulier dans le choix des ambassadeurs et des ministres auprès des cours principales. Le cabinet des Tuileries se ménageait partout des informations pour préparer des résolutions promptes et décisives au cas d'une expédition militaire : quels seraient les amis et les ennemis, et quel contingent chaque cabinet pouvait-il fournir? L'esprit de l'Allemagne était-il à la paix ou à la guerre? Comment agir sur le moral des armées et sur les déterminations des cours? Tels étaient les faits sur lesquels les agents diplomatiques de la France devaient prendre des renseignements susceptibles d'éclairer les déterminations de l'Empereur [1].

A Vienne, M. de Champagny était remplacé par M. de La Rochefoucauld dans ce poste si important, car depuis une année comment douter de la résolution prise par l'Autriche d'entrer en campagne? les armées s'équipaient et se formaient avec activité dans toute la monarchie, M. de La Rochefoucauld exerçait un ministère d'informations pour suivre les mouvements de la diplomatie autrichienne. Avec un peu de corruption et d'habileté, il n'était pas difficile de se procurer l'état militaire des contingents qui s'avançaient soit sur l'Inn, soit vers le Tyrol et l'Adige ; M. de La Rochefoucauld n'avait pas une éminente capacité, mais la situation avec l'Autriche était tellement nette, ses intentions si dessinées, que les négociations ne pouvaient être qu'une simple forme, un moyen de délai ; la guerre était dans les intérêts et dans les intentions : s'informer, voilà toute la tâche de la légation française à Vienne.

L'ambassade de Berlin était plus active, parce qu'elle avait un résultat politique à obtenir. A toutes les

---

[1] *Note de la main de M. de Laforest, ministre de France à Berlin, à M. de Bourrienne, ministre de France à Hambourg.*

« On désire l'état militaire de 1805 de l'Autriche et de la Russie, comprenant la nomenclature et la distribution des différents corps de toutes les armes qui composent les forces de ces deux puissances, les noms des officiers-généraux et officiers supérieurs, la liste des places de guerre, etc.

« Quant à l'Autriche, son almanach militaire s'imprime chaque année chez Grieffer le jeune.

« On voudrait avoir les nouveaux règlements militaires russes et autrichiens sur la formation actuelle de leurs différents corps de troupes et de leurs nouvelles levées ; sur le nombre de bataillons et escadrons par régiment, sur celui des compagnies par bataillon et escadron, sur le nombre d'hommes par compagnie, sur le pied de paix et de guerre.

« Il faudrait se procurer au moins deux exemplaires de ces renseignements. »

En réponse M. de Bourrienne envoie des lettres interceptées. Il en est une datée d'Inspruck, 12 août 1805.

« Tout ici est plein de troupes, et chaque jour il en arrive de nouvelles. Un mouve-

époques de la Révolution et du Consulat, on avait envoyé en Prusse un homme capable, parce qu'on mettait un grand intérêt à ménager ce cabinet; sa neutralité était d'un immense poids; son état militaire porté à 150,000 hommes jetait dans la balance une force si considérable que rien ne pouvait se décider sans lui, et c'est ce qui expliquait l'ambassade de Siéyès à Berlin en 1799. Depuis l'Empire, Napoléon avait confié ce poste à M. de Laforest, dont j'ai déjà dit la capacité remarquable et les longues habitudes puisées dans les anciennes relations des affaires étrangères. L'Empereur mettait une telle importance à la neutralité de la Prusse, qu'indépendamment de M. de Laforest, il venait d'envoyer à Berlin le général Duroc, le confident de sa pensée; l'un et l'autre avaient pu s'apercevoir que le crédit de la France s'était totalement affaibli depuis l'avénement de M. de Hardenberg; la Prusse gardait des ménagements envers les Tuileries, mais elle n'était pas aussi décidée dans sa vieille neutralité militaire; elle penchait désormais pour la coalition de la Russie et de l'Autriche.

L'homme éminemment capable du corps diplomatique en Allemagne était M. Otto, que la prévoyance de Napoléon avait placé à Munich. La Bavière allait devenir le théâtre de tous les événements, le point principal où se heurteraient les armées française et autri-

---

ment général est imprimé à toutes les forces de la monarchie. Un camp de 30 à 40,000 hommes va être formé à Badwein; un autre en Styrie, à six milles de Gratz; un troisième à Muckendorf, à huit lieues de Vienne. Les troupes qui doivent les former sont en marche. Cent cinquante pièces de canon sont parties des fossés de Vienne pour l'Italie; un train considérable se rend dans la Haute-Autriche, où il doit être formé un quatrième camp près de Wels, à quatre lieues de Lintz.

« Le prince Charles a déjà fait acheter des chevaux pour ses équipages; l'archiduc Jean doit partir à la fin de ce mois; trente bataillons qui sont en ce moment sur les frontières de Turquie, ont ordre de se tenir prêts au premier signal. Cinquante mille fusils de nouveau modèle sont achevés; on travaille avec toute l'activité possible à en fabriquer d'autres. Des artilleurs qui nous arrivent sont venus en poste, et il leur était ordonné de faire toute la diligence possible. »

chienne. Dans une lutte sur un théâtre resserré entre le Danube et l'Inn, les forces de la Bavière pouvaient donner la victoire en raison qu'elle se déciderait pour l'Autriche ou pour la France. La mission de M. Otto à Munich était donc de déterminer l'électeur à joindre ses troupes à celles de l'empereur Napoléon à l'heure d'un inévitable conflit [1]. L'ambassadeur démontrait à M. de Montgelas : « que si les Autrichiens passaient l'Inn, il fallait que l'électeur se retirât dans la portion la plus reculée de ses états, à Wurtzbourg, par exemple, et les troupes bavaroises se réuniraient aux Français [2] ; » événement décisif qui jetait 35 à 40,000 hommes dans les mains de Napoléon. Cette résolution pouvait rendre la campagne favorable à l'armée française; les Bavarois, bons soldats, formaient deux divisions d'infanterie et une belle division de cavalerie, et la jonction de ce corps compromettait sans coup férir toute la position militaire du général Mack.

Le plus grand explorateur de l'esprit public en Allema-

---

[1] La correspondance de M. de Talleyrand et de M. Otto était très active.

Extrait d'une dépêche du ministre des relations extérieures à M. Otto, ministre plénipotentiaire de S. M. l'Empereur et Roi à la cour de Munich, le 17 août 1805.

« Vous direz que l'Empereur, désirant d'épargner à l'Europe les calamités d'une guerre nouvelle, a fait, pour ramener l'Autriche au sentiment de ses véritables intérêts et à l'observation d'une impartiale neutralité, les démarches qui pouvaient être compatibles avec l'honneur de sa couronne, et que S. M. pense que l'électeur doit aussi, par les mêmes motifs, envoyer à Vienne un courrier extraordinaire, portant au ministre électoral l'ordre de faire des représentations à la cour de Vienne, et de lui demander dans quelles vues elle remplit le Tyrol de troupes quand tous ses voisins sont en paix.

« Des représentations sages à la fois et énergiques, faites en même temps par divers cabinets, peuvent arrêter l'Autriche si elle n'est entraînée par des suggestions étrangères, comme S. M. se plaît encore à le croire, et dans la supposition contraire, elles feront peser sur l'Autriche seule la responsabilité des événements qu'elles avaient pour objet de prévenir. »

[2] Le cabinet bavarois se composait alors de la manière suivante :

M. Maximilien-Joseph baron de Montgelas, ministre des affaires étrangères et des finances.

M. Théodore comte Topor-Morawitzky, ministre des affaires ecclésiastiques et de l'instruction publique.

M. Frédéric baron de Hertling, ministre de la justice.

gne était M. de Bourrienne, ancien secrétaire du cabinet, caractère intelligent et actif qui savait parfaitement se tenir au courant des moindres circonstances de paix et de guerre. Hambourg, par sa position, était, comme Francfort, un centre d'affaires d'argent et de négociations intimes ; il y avait un corps diplomatique complet ; un journal, imprimé sous le titre du *Correspondant*, avait du retentissement dans toute l'Europe. M. de Bourrienne, avec son aptitude vigilante, pouvait ainsi beaucoup connaître et beaucoup savoir. L'Empereur qui appréciait l'esprit vif et saisissant de son ancien secrétaire, l'avait placé dans les villes libres, théâtre d'intrigues et d'informations ; c'est de là que lui vinrent les meilleurs renseignements sur le véritable esprit de l'Allemagne, et sur les tendances des populations au cas d'une guerre.

D'autres agents de second ordre étaient répandus sur tous les points du nord et du midi de la Germanie. A Ratisbonne, M. Bacher; à Carlsruhe, M. de Massias ; à Salzbourg, M. de Marnésia ; à Francfort, M. Hirsinger; M. Didelot, à Stuttgard ; M. Bignon, à Hesse-Cassel ; à Hesse-Darmstadt, M. Hefflinger. Tous ces ministres, moins importants que MM. Otto et Laforest, correspondaient les uns avec les autres, et leurs dépêches aboutissaient à un centre commun, M. de Talleyrand. Comme tout était rédigé sous une même inspiration, elles se résumaient en une enquête d'esprit public et d'état militaire pour chaque puissance. Ces ministres avaient pour devoir d'informer le cabinet de Paris de l'état moral et politique de l'Allemagne ; l'Empereur désirait aussi bien la carte statistique du pays que la carte géographique du territoire; il pouvait manœuvrer à l'aise, au milieu des opinions et des intérêts bien définis par les dépêches de sa diplomatie.

La situation intellectuelle de l'Allemagne a besoin d'être parfaitement comprise pour s'expliquer les victoires et les revers des campagnes successives dont elle fut le théâtre. Dans la marche des esprits le mouvement littéraire se sépare rarement des progrès et des révolutions dans les idées politiques; les formes du xviiie siècle avaient puissamment agi sur l'Allemagne; jusqu'à l'époque de la Révolution, on avait étudié la littérature et la philosophie voltairiennes. Mais au moment décisif du passage d'un siècle à un autre, il se fit en Germanie un mouvement national et réactionnaire d'une remarquable activité; on dédaigna la philosophie et la littérature françaises comme le fruit du doute et du désenchantement, comme un art déshérité de l'imagination qui les fait vivre; Haller, Klopstock, Wieland, Gœthe, Lessing, créèrent des œuvres nationales, et Schiller lui-même, qui, dans *les Brigands,* avait semé les principes d'affranchissement universel, Schiller devint tout allemand, comme Gœthe depuis son *Gœtz de Berlichingen.* Il s'engagea dès lors une lutte violente contre les idées françaises (le scepticisme du xviiie siècle), si vivement combattues par *la raison pure* de Kant; l'unité allemande devint la bannière commune, on la proclama comme le fondement de toute liberté et de toute autorité; il y eut haine de l'étranger. Schiller dans ses ballades invoque déjà le vieux génie de l'Allemagne, et ses accents patriotiques se font entendre lorsque le clairon sonne sous la tente [1].

Là fut déjà l'origine de l'esprit des universités qui se manifesta plus énergiquement après la guerre de 1809. La littérature allemande avait préparé cette transformation par une succession graduée et rapide. On prêcha

---

[1] OEuvres de Schiller (poésies et ballades).

la nationalité germanique en rappelant les souvenirs d'Arminius et des Saxons, qui combattirent pour l'indépendance de la patrie contre les invasions de Charlemagne. La liberté devint une sainte image devant laquelle s'agenouillèrent les jeunes imaginations ; on rêva l'Allemagne comme la fiancée aux cheveux d'or, et cette noble palpitation des jeunes hommes, excitée par les écrits des poëtes et les ballades nationales, éclata par une irruption spontanée dans les années de guerre. Il faut entendre Schiller quand il déplore le terrible conflit qui trouble le monde pour les égoïstes intérêts de l'Angleterre et de la France ; là se manifestait cette première rêverie d'une grande famille allemande, affranchie des maux incalculables de la guerre. L'histoire de l'esprit universitaire est immense dans les derniers jours de l'Empire de Napoléon; il fut une des causes de la ruine de ce vaste édifice; les paroles des bardes de la patrie étaient saisies avec avidité par l'âme des étudiants : les sociétés secrètes se formaient déjà ; on avait des chefs, des écrits répandus partout trouvaient des milliers de lecteurs ; à Halle, à Leipsick, à Dresde, des libraires actifs répandaient ces écrits à profusion dans les villes et les campagnes [1], et Napoléon voyait avec la plus profonde inquiétude la révolution qui se préparait dans les esprits.

Cependant deux causes agissaient profondément pour servir les intérêts français en Allemagne : le caractère de ces peuples est marqué d'une naïveté primitive ; l'Allemand, comme tous les hommes du Nord, est bon, franc, avec quelque chose de cette nature originaire que la civilisation n'a point usée ; il est fort, mais il est sim-

---

[1] Il ne faut pas perdre de vue ce mouvement de l'Allemagne; il expliquera les grands événements de 1813.

ple; c'est le chevalier à haute stature de Souabe méprisant la ruse de l'archer italien qui tirait juste, mais par derrière. Il était facile, avec un peu de supercherie, de le dominer dans sa double nature rêveuse ou matérielle; l'école autrichienne seule était plus habile parce qu'elle se liait à l'Italie, centre même de l'esprit subtil et investigateur. Puis à côté de cette simplicité la corruption pouvait aisément se répandre; l'Allemagne n'est pas un pays riche en numéraire; il y a peu de familles qui aient de forts revenus, le paysan seul est heureux et la classe moyenne paisible. Parmi la noblesse, parmi les hommes à grandes dépenses et à peu de ressources, il était facile de trouver des agents capables de préparer non point une trahison avouée et publique, mais une démoralisation dans l'esprit des généraux ou des cabinets. Au premier échec, mille voix se faisaient entendre pour demander la paix; Napoléon avait des amis et des échos de son système dans toutes les cours: le comte de Haugwitz et les frères Lombard à Berlin, le prince Jean de Lichtenstein et l'archiduc Charles lui-même à Vienne, M. de Montgelas à Munich; tout cabinet comptait son parti français, et lorsqu'un revers frappait un gouvernement ou une armée, ce parti français se faisait entendre d'une manière bruyante, pour traiter avec Napoléon; il demandait la paix, affaiblissant ainsi par ses clameurs les résolutions vigoureuses.

La diplomatie française avait également un système d'espionnage parfaitement organisé en Allemagne; chaque marche ou contre-marche des armées était dite et connue à l'avance ville par ville, étape par étape; les pièces les plus secrètes des chancelleries étaient livrées pour de l'argent; les napoléons d'or circulaient avec une prodigalité qui attirait bien des confidences au sein de l'Allemagne et par les Juifs surtout [1]. Les rangs des armées autrichiennes étaient souvent remplis d'officiers pénétrés de leur devoir, mais qui le faisaient tout juste, sans enthousiasme, et dans des proportions limitées. Il n'y avait pas dans ces hommes ce noble élan de la victoire au pas de course, attribut de l'armée française, l'émulation existait à peine. Les soldats allemands étaient bons, commandés avec bravoure, mais mal dirigés; quand un officier-général s'était battu dans toutes les règles militaires, il capitulait sans éprouver ce sentiment de douleur qui fait monter le rouge au front du simple capitaine français obligé de rendre son épée. Si la corruption eut son effet en Allemagne, il y eut quelque chose de plus fort et de plus puissant : ce fut la démoralisation, faiblesse qui atteint les âmes comme une défaillance et les pousse à des actions déshonorantes, dont on porte la plaie toute sa vie.

L'Autriche était résolue à la guerre, et ses armements se développaient dans des proportions formidables ; le plan de campagne arrêté à Vienne, à la suite des communications de M. Pitt, reposait sur les bases d'une invasion vaste et simultanée qui marcherait la paix à la main à de dures conditions pour l'honneur et la dignité de la France [2]. Jusqu'à ce que la Prusse se décidât, deux

---

[1] Le ministre de la police, Fouché, se vantait d'être parfaitement informé de tout ce qui se passait au sein des cabinets.

[2] La Russie fit passer la note suivante sur le plan d'opérations de l'Autriche.

« Le plan que le cabinet de Vienne a fait passer à celui de Saint-Pétersbourg présente une nouvelle preuve de l'intime confiance réciproque qui subsiste entre les deux cours impériales. Et si la guerre entreprise aujourd'hui pour arrêter ou borner l'ambition de Bonaparte est couronnée d'un heureux succès, il sera dû à la continuation de cette confiance.

« Le plan commence par poser en fait : « Que les forces réelles de la France montent, d'après la nouvelle organisation, à 598,084 hommes, et en y ajoutant celles qui restent à la disposition du gouvernement français, à 651,904. »

« Le cabinet de Pétersbourg a raison de croire que l'armée française est bien éloignée d'être portée au complet, d'après sa nouvelle organisation, à cause des diffi-

champs de grande guerre étaient choisis : l'Italie et l'Allemagne méridionale. L'archiduc Charles, la plus remarquable capacité de l'armée autrichienne, devait commander 80,000 hommes réunis au pied des montagnes du Tyrol, pour opérer dans les États vénitiens et la Haute-Italie. Cette armée, s'appuyant au midi sur 40,000 Napolitains et Siciliens, devait être secondée par une escadre anglaise et un corps russe de 20,000 hommes qui débarquerait à Corfou. L'archiduc Charles, déblayant l'Italie, donnerait la main à un corps allemand formé dans les Grisons, et se mettrait en communication avec le corps du feld-maréchal Mack, posé en Bavière, sur le Danube ; la jonction faite, on proclamerait l'indépendance de la Suisse, de l'Italie et du Piémont.

J'ai déjà parlé du général Mack, auquel on avait fait une sorte de réputation militaire comme stratégie sérieuse et méditée ; esprit faible, médiocre, audacieux à l'excès, ou démoralisé outre mesure ; il n'avait rien de cette confiance froide et méditative qui caractérisait l'archiduc Charles, « il était habitué à se rendre, » comme disaient les Russes au temps de Suwarow. Mack avait

cultés que le gouvernement français trouve à surmonter, et nonobstant les moyens violents qu'il est obligé d'employer pour incorporer ses nouveaux conscrits, qui tâchent de toutes manières de se soustraire au service.

« En outre, quoique l'Angleterre ne puisse tenter sur les côtes de France aucun débarquement suffisant pour faire une guerre régulière à cet État, elle peut néanmoins occuper une partie considérable de troupes françaises, en menaçant d'une descente sur tous les points accessibles, par exemple sur le Bas-Elbe, le Weser, les côtes de Hollande, la Flandre, la France et l'Italie ; les Français ne tarderont pas à être obligés de diviser leurs forces et de distribuer leurs troupes sur tous les points attaquables de leurs possessions.

« Il s'ensuit que la France ne sera jamais en état d'opposer 500,000 hommes aux opérations des puissances de la coalition, et que l'on peut compter pouvoir en distraire jusqu'à un tiers. La disproportion des 250,000 Autrichiens et 115,000 Russes comparés aux troupes françaises que l'on pourra réunir pour agir contre ces derniers, sera donc moins considérable et désavantageuse qu'on ne l'a supposé.

« On a tiré les conséquences suivantes d'un calcul même défavorable des forces relatives de la France et de celles des alliés de cette puissance, et on le présente dans le plan de la cour de Vienne : « Que les

les principes techniques de l'art militaire du xviiie siècle, sans cette énergie de commandement qui sait dominer sur un champ de bataille, ni cette illumination soudaine qui fait improviser la victoire. L'armée de Mack, d'après le plan de campagne tracé par le conseil aulique, devait passer l'Inn pour marcher sur la Bavière et garder le Danube dans la position d'Ulm; de là, je le répète, il se mettait en communication par les Grisons avec l'archiduc Charles dans le Tyrol. A sa droite, l'armée du feld-maréchal Mack était couverte par la neutralité de l'état d'Anspach, de la Saxe et de la Prusse; se croyant ainsi garanti sur ses flancs, il ne pouvait craindre d'être tourné, si la France respectait la neutralité prussienne qu'elle avait elle-même reconnue. Si au contraire la France violait ouvertement cette neutralité, la Prusse avait promis de se déclarer contre Napoléon; et pour soutenir cette ferme résolution, elle avait mobilisé plus de 100,000 hommes qui, joints à l'armée saxonne, pouvaient se précipiter derrière les Français assez hardis pour violer un principe qui faisait la force et la sécurité du nord de l'Allemagne.

avantages locaux dont jouit la France, soit pour la défense, soit pour l'attaque, et qu'elle doit à sa position géographique, sont tels, qu'il vaut mieux rester en paix jusqu'à ce que les conjonctures se présentent plus favorablement. »

« Cette manière de raisonner pourrait être solide et juste, s'il était probable qu'il pût jamais se présenter une conjoncture plus favorable, et s'il était possible que la cour de Vienne préparât et augmentât ses forces pendant ce délai, et que l'état des choses à d'autres égards restât sans altération.

« Mais, tandis que l'Europe temporise, le gouvernement de Bonaparte acquiert chaque jour plus de stabilité; sa puissance s'accroît par la conquête et l'organisation de toute la Lombardie et du duché de Parme. Les avantages géographiques relatifs ne peuvent subir de changement favorable à l'Autriche, au contraire, ils peuvent réellement tourner encore plus contre elle. En outre, rien ne serait plus dangereux que la politique du gouvernement français, qui a toujours plus gagné par ses négociations que par ses armes : en effet, si l'on veut faire le recensement des batailles de la dernière guerre, ils en ont perdu autant qu'ils en ont gagné. C'est toujours dans des intervalles qui séparent de grandes périodes de temps, à l'époque d'une paix purement nominale et non sincère, qu'ils étendent leurs domaines. » (Cette note est signée du comte de Rasumowski.)

Ainsi le corps du feld-maréchal Mack, soutenu à sa gauche par l'archiduc Charles et par l'armée du Tyrol [1], à sa droite par la neutralité prussienne, était appuyé sur ses derrières par deux armées : celle de Bohême composée de plus de 50,000 hommes, qui couvrait Vienne et les états héréditaires et l'armée de Gallicie, formée de Russes et d'Autrichiens réunis pouvant offrir vers la fin d'octobre un effectif de 115 à 120,000 hommes sans y comprendre les réserves de la garde. Une autre armée moscovite s'avançait au nord vers les états prussiens : « dans une vue de surveillance, » disait-on par les actes publics, mais avec la mission d'entraîner la Prusse dans la coalition et de s'y réunir par un mouvement de droite qui aurait compromis, en tous les cas, les opérations des Français, toujours si aventureux dans leurs marches en avant. Ce plan de campagne offrait un effectif sous les armes de 500,000 hommes, au moyen desquels on se croyait sûr d'arrêter Napoléon et ses glorieux soldats.

Tous les membres de la maison d'Autriche recevaient des commandements ; l'archiduc Jean prenait un grade

---

[1] L'armée autrichienne était nombreuse, et par exemple voici l'état exact des régiments autrichiens qui se trouvaient stationnés seulement au Tyrol : Chateler à Scharnitz. — Deux compagnies de Chateler et quatre de Klebeck à Inspruck. — Deux compagnies de Jordis à Brixen. — Huit id. à Botzen. — Deux bataillons id. à Trente. — Le régiment entier de Neugebauer à Rovéredo et dans les environs. — Le régiment entier de Jellachich au lac de Garde. — 950 hommes du troisième régiment de garnison, et les chevau-légers d'Hohenzollern à Vérone. — Le régiment complet de Bellegarde à Vicence. — Le régiment complet de l'archiduc Joseph et un escadron de hussards Ott à Padoue. — Le régiment complet de Nadasty et un escadron de hussards Ott à Montagnara et environs. — Le régiment complet de l'archiduc Antoine, celui de Kray, et un bataillon de 1,400 Esclavons (marine) à Venise. — Les hussards Ott à Conégliope et environs. — Les régiments complets de Wukasowich, de Stalsolde, et un escadron des hussards Ott à Trévise et ses environs. — Les régiments complets de Saint-Julien et de Reisky à Udine et à Goritz — Le régiment complet de Latterman à Gradiska. — Un bataillon de l'archiduc Rodolphe, un bataillon de Hohenlohë-Bartenstein, et 800 hussards de l'archiduc Ferdinand à Trieste. — Deux bataillons de Hohenlohe-Bartenstein, un escadron de l'archiduc Ferdinand, et deux

dans l'armée d'Italie; Ferdinand allait dans la Bavière avec Mack, les empereurs de Russie et d'Autriche se réservaient de conduire en chef l'armée de Gallicie sous les ordres de Kutusoff, le vieux maréchal plein des souvenirs et des traditions de l'art de la guerre sous Catherine. L'archiduc Charles recevait le commandement isolé de l'armée d'Italie ; était-ce seulement parce qu'elle serait exposée à de plus grandes chances? ce n'était pas la seule cause. Quand on se rappelait les antipathies que les Russes avaient gardées contre l'archiduc Charles depuis la coalition de 1799, on explique très bien ce commandement isolé ; ils l'accusaient d'avoir abandonné et trahi leur digne et national Suwarow ; jamais un Russe n'aurait obéi à l'archiduc Charles, le plus remarquable cependant des généraux autrichiens. En outre on accusait le prince de Lichtenstein et l'archiduc d'être partisans de la France; le mouvement était trop prononcé vers la guerre pour que l'on confiât au prince Charles le commandement en chef d'un corps qui se serait trouvé en face de Napoléon [1].

Ce ne furent pas les dépêches alarmées de M. Pitt qui

---

bataillons de l'archiduc Rodolphe à Fiume et environs.—Deux bataillons de Wurtemberg, les régiments entiers de Rodowich, Cobourg, Auer, Riese, un régiment d'Esclavons et un régiment de dragons dans la Dalmatie.—Trois compagnies de l'archiduc Louis à Laybach.—Un bataillon incomplet de Spork à Klagenfurt.—Un bataillon *id.* à Willach.—Trois compagnies de Wurtemberg à Graëtz.

« Ces troupes étaient commandées par les généraux Hiller, Brandis, Wartendorff, Wukasowick, Kospoth, Bellegarde, Montfort-Mitrowsky, le prince de Rohan, Lanowsky, Rosemberg et Lippach. »

[1] L'empereur François II fit précéder l'entrée en campagne de son armée par une proclamation du 20 septembre 1805, insérée dans la *Gazette* de la cour de Vienne.

« Nous, François II, etc. Il est constaté par des faits connus de tout l'univers que depuis le traité de Lunéville, rien ne nous a été plus cher que la conservation de la paix, rendue par ce même traité à nos fidèles sujets. Ayant toujours scrupuleusement rempli toutes les obligations à nous enjointes en vertu de ce traité, ayant observé la plus stricte neutralité depuis le renouvellement de la guerre maritime, et ayant montré la modération la plus amicale, lorsque l'Empereur des Français rompit plusieurs articles fondamentaux de cette paix, et mit en danger l'équilibre de l'Europe par de nombreuses violations et des

pressèrent les Autrichiens d'entrer en campagne, comme on l'a dit, mais la nécessité de pousser la Bavière à prendre part dans la coalition, résultat immense auquel toute la diplomatie s'intéressait ; le succès ou la ruine des combinaisons militaires se rattachait à la détermination de l'électeur, car sans cela, les idées rationnelles et prudentes de la campagne auraient été d'attendre que tous les renforts fussent réunis, en se posant dans une bonne situation. Les Russes avaient promis d'être sur le Danube à la fin d'octobre : se concentrer sur l'Inn et attendre, tel devait être le plan de Mack ; en agissant avec une si puissante masse de forces, on aurait pu tenir les Français en échec sur le Danube, jusqu'à ce qu'on décidât la Prusse à mettre son armée en mouvement; la coalition disposant alors de près de 700,000 hommes, aurait jeté une campagne dans le grand moule de celle de 1813. Le désir d'amener la Bavière à la coalition, détermina une marche en avant et une résolution prompte; Mack manœuvra pour donner une certaine énergie au cabinet de Munich ; il s'exposa afin d'entraîner la Bavière.

Dès le mois d'août on voit les démarches actives faites

agrandissements, nous avions tout droit d'espérer que ce désir de conserver cette paix serait rempli. Mais les préparatifs de l'Empereur des Français sur les frontières du Tyrol et du duché de Venise, joints à des menaces, ont exigé de nos soins, comme souverain, de faire ces préparatifs de notre côté, qui, en éloignant les craintes pour la sûreté de nos États, ne pouvaient cependant donner à la France aucun prétexte de méfiance ou de plainte publique.

« En même temps nous avons fait des démarches convenables auprès des cours de Pétersbourg et de Paris, pour renouveler les négociations de paix, au moment même où ces négociations entamées furent rompues. La cour de France a méconnu nos bonnes intentions, et a rejeté notre médiation ; la cour de Russie, au contraire, s'est déclarée prête à ouvrir avec nous, et avec la même modération que nous, une négociation amicale, afin de rétablir la tranquillité, la sûreté et l'équilibre des États européens, par une médiation armée. Bien loin de désirer le renouvellement de la guerre, mais convaincu de la nécessité de ces mesures vigoureuses, les seules capables d'établir une paix véritable et durable, nous partageons à cet effet avec S. M. l'empereur de Russie ses résolutions, et espérons en toute confiance qu'elles seront suivies du résultat le plus salutaire. »

auprès de l'électeur, Maximilien-Joseph, simultanément par la France et par l'Autriche ; les deux puissances pressentent la nécessité d'avoir l'électeur pour eux, la Bavière est leur champ de bataille ; si les troupes bavaroises se réunissent sous leurs drapeaux, la campagne change de face. L'Autriche avant de passer l'Inn envoie le prince de Schwartzenberg auprès de l'électeur pour négocier ; l'empereur François II écrit de sa main à son cher frère l'électeur palatin [1] ; il ne dit pas qu'il va faire la guerre à la France ; « s'il arme, c'est pour négocier, il s'est réuni à la Russie dans cette intention ; comme il sait que Napoléon est prêt à commencer une agression militaire, François II invite l'électeur à ne point réunir ses troupes à celles de la France, et à les mettre à l'écart ; dans ce but, il faut une détermination prompte. L'Autriche se voit donc obligée de pénétrer en Bavière pour entraîner avec elle les troupes de l'électeur palatin ; la commune bannière allemande sera

---

[1] S. M. l'empereur d'Allemagne et d'Autriche à S. A. S. l'électeur palatin.
Vienne, 2 septembre 1805.

« Les communications que je transmets à V. A. S électorale, par mon lieutenant-général et vice-président de mon conseil de guerre, prince de Schwartzenberg, l'informeront en détail des motifs qui nous engagent, l'empereur de Russie et moi, à appuyer la négociation pacifique que nous désirons d'ouvrir avec la cour de France, par des armements éventuels.

« J'ai tout lieu d'appréhender que, malgré la pureté et la modération de nos sentiments, l'Empereur des Français ne se détermine incessamment à une agression de mes États, et je suis informé de plus que ce prince a conçu le projet de s'assurer d'avance du secours des troupes des États d'Allemagne situés entre sa frontière et la mienne, soit immédiatement, soit en leur concédant d'abord une neutralité qui n'aura de réalité qu'aussi longtemps qu'il la trouvera à sa convenance.

« Or, V. A. S. E. est trop éclairée pour ne pas sentir combien l'exécution d'un tel dessein, s'il s'étendait aussi à ses troupes, nous serait préjudiciable à S. M. l'empereur de Russie et à moi, et combien il nous importe qu'elle n'hésite pas à les réunir aux miennes.

« Il est tellement urgent de mettre obstacle aux mesures que le gouvernement français ne tardera probablement pas à prendre, pour obliger V. A. S. E. de consentir au dessein dont il s'agit, ou de l'exécuter malgré elle s'il le fallait, que je ne puis me permettre de perdre un instant pour les prévenir. Je sens parfaitement toute la délicatesse de votre position, monsieur mon frère, ainsi que les motifs qui peuvent vous faire désirer d'être dispensé de la détermination que je demande à V. A. S. E.

levée pour le salut de la patrie, sous un chef reconnu par tous. »

A la suite de cette lettre, le prince de Schwartzenberg arrive à Munich, afin de presser une résolution de la part de l'électeur, et quelques heures après, Maximilien écrit un billet intime au prince de Schwartzenberg : « Je suis, dit-il, décidé pour l'Autriche; abouchez-vous avec Montgelas, il vous dira mes demandes, n'y soyez pas contraire. » Dans un second billet adressé par l'électeur palatin à l'empereur d'Autriche, il lui annonce que M. de Montgelas a dû signer un traité avec le prince de Schwartzenberg pour joindre les troupes bavaroises à l'armée autrichienne; seulement il invoque les sentiments paternels de François II pour lui permettre quelques ménagements à cause de son fils qui voyage dans les provinces méridionales de la France; s'il fait marcher ses troupes, son fils est perdu; s'il retarde, il y a quelque espoir. L'électeur engage sa parole sacrée de ne jamais prendre parti pour personne ; ici ce n'est qu'un père affligé qui sollicite à genoux pour son fils [1]. »

« Mais pressé encore par des motifs encore plus impérieux, vu l'impossibilité absolue qui résulte de la position de la Bavière, de maintenir la neutralité d'un pays dans lequel les armées belligérantes ne sauraient s'empêcher de pénétrer dans le cas d'une guerre, V. A. S. E. demeurera aussi convaincue que je ne puis me désister de ma demande, et que je me vois obligé, malgré moi, d'employer tous les moyens en mon pouvoir, pour en effectuer l'accomplissement, si je ne veux m'exposer à des conséquences très fâcheuses, sans que pour cela V. A. S. E. puisse obtenir le but d'une neutralité véritable.

« En me rapportant aux ouvertures du prince de Schwartzenberg sur les déterminations que cet état involontaire des choses me force d'adopter, je m'empresse de prévenir tout doute sur la sincérité et l'amitié parfaite de mes intentions, en protestant ici de la manière la plus solennelle, que si V. A. S. E. défère au désir que je lui ai témoigné, je serai prêt à défendre et à garantir la sûreté et l'intégrité de ses États de toute atteinte quelconque, et que, quelle que soit l'issue de la guerre si elle avait lieu, je ne porterai jamais mes vues de dédommagement sur l'acquisition ou le troc de la moindre parcelle de son territoire, me proposant au contraire de saisir les occasions qui pourront se présenter pour lui prouver la parfaite estime et les sentiments aussi vrais qu'inaltérables avec lesquels je suis, etc. » Franc. Imp.

[1] S. A. S. l'électeur Palatin à Sa Majesté impériale et royale.

Nymphembourg, le 8 septembre 1805.

« J'ai ordonné à mon ministre de signer ce matin un traité avec le prince de

Durant ces négociations, qui paraissent si intimes, l'électeur tenait un autre langage au ministre de France. C'est la condition des États neutres, de ne pouvoir jamais rester dans les conditions de franchise et de vérité; toujours hésitants, ils craignent les résultats de ces grandes luttes qui en finissent souvent avec les faibles. M. Otto déploya, à Munich, une habileté active; parfaitement d'intelligence avec M. de Montgelas, le ministre dominant, tout dévoué au système français, il connaissait la faiblesse de l'électeur, ses craintes paternelles; M. Otto lui déclara « que Napoléon garderait son fils comme otage, pour lui répondre de la conduite incertaine de la Bavière. » A son tour, l'Autriche parlait avec une certaine hauteur à la Bavière; elle lui avait tenu un langage qui ne permettait pas de l'écouter sans baisser la tête devant un suzerain absolu; le prince de Schwartzenberg menaça de désarmer les Bavarois, pour s'assurer de leur neutralité; et il réveilla par cette imprudence la rivalité antique entre la Bavière et l'Autriche; on savait les projets de réunion qui préoc-

Schwartzenberg, par lequel je joindrai mes troupes à celles de Votre Majesté. En le faisant, Sire, j'ai voulu vous donner une preuve de mon inviolable attachement.

« Permettez actuellement que j'en appelle à votre cœur paternel. Mon fils, le prince électoral, est dans ce moment en France; ayant cru constamment à la paix, je l'ai fait voyager en Italie, puis dans les provinces méridionales françaises où il se trouve actuellement. Si je suis obligé de faire marcher mes troupes contre les Français, mon enfant est perdu; si au contraire je reste tranquillement dans mes États, j'ai le temps de le faire revenir. C'est à genoux que je supplie Votre Majesté impériale et royale de m'accorder la neutralité; j'ose lui engager ma parole la plus sacrée, que mes troupes ne gêneront en rien les opérations de son armée, et que, ce qui n'est pas probable, si elle était obligée de se retirer, je prie et je promets de rester tranquille sans coup férir. C'est un père en proie au désespoir le plus affreux qui demande grâce en faveur de son enfant; que Votre Majesté impériale et royale ne me la refuse pas, j'ose me flatter que l'empereur de Russie ne s'y opposera pas. »

Billet adressé par S. A. l'électeur Palatin au prince de Schwartzenberg.

7 septembre 1805.

« Je suis décidé, mon cher prince; abouchez-vous demain matin avec le ministre baron de Montgelas. Il vous dira mes demandes. N'y soyez pas contraire; je compte sur votre ancienne amitié. »

cupaient depuis longtemps le cabinet de Vienne; l'électeur de Bavière était, par rapport à l'Autriche, ce que l'électeur de Saxe était à l'égard de la cour de Berlin. Dès ce moment Maximilien se jette dans les bras de M. Otto; le 5 septembre [1], au moment même où il écrivait à l'empereur d'Autriche une lettre de soumission, l'électeur adresse un billet de sa main au ministre de France; il lui annonce : « que déjà les Autrichiens ont placé leurs pontons près de l'Inn, ils vont entrer en Bavière; s'il leur déclare qu'il a traité avec la France, ses troupes et son pays sont perdus. Si on m'accorde la neutralité, que faut-il dire? que me conseillez-vous? Je veux tenir ma parole envers l'Empereur, et ne point m'attirer la colère du cabinet de Vienne. » Maximilien appelle à grands cris l'armée française, avant que les Autrichiens prennent des positions d'où il sera très difficile de les déloger. Trois jours après, nouvelle lettre de l'électeur à M. Otto : « Aujourd'hui les Autrichiens entrent en Bavière; ma tête n'y est plus. » Maximilien supplie à deux genoux qu'on lui laisse la neutralité; c'est la seule condition, la condition régulière des petits États en Allemagne.

[1] « Les Autrichiens, écrivait, le 5 septembre 1805, l'électeur de Bavière au ministre de France, ont déjà placé leurs pontons le long de l'Inn. Je m'attends, à chaque instant, de les voir entrer en Bavière. Je ne doute pas non plus que Buol (ministre d'Autriche) me fera demander si je veux être pour ou contre eux. Si je lui réponds que j'ai fait un traité d'alliance avec la France, mes troupes et mon pays seront perdus. S'il me dit qu'on m'accorde la neutralité, à condition que je ne fasse pas bouger mes troupes et que je reste tranquille, quelle sera, dans ce cas, la réponse que vous me conseillez de faire? Je suis prêt à tout sacrifier, même ma liberté, pour prouver à l'Empereur que je veux remplir mes engagements. Si votre armée ne vient pas bientôt en Allemagne, tout est perdu. Les ennemis auront le temps de prendre les meilleures positions, et il en coûtera beaucoup d'hommes et de peine pour les déloger. »

« Plaignez-moi, écrivait, le 8 septembre 1805, l'électeur de Bavière au ministre de France, je suis le plus malheureux des hommes; ne m'en veuillez pas, Dieu sait que je ne suis pas faux. Ma situation est plus que pénible : vous savez que le prince de Schwartzenberg était autorisé à trai-

Quoi d'étonnant que la cour de Vienne perde confiance en cet électeur qui s'engage tout à la fois envers la France et l'Autriche ? Dans une lettre intime, l'empereur François II [1] ne peut dissimuler sa surprise à la nouvelle du changement subit dans la détermination du cabinet de Munich : « quoi ! sans tenir compte des engagements pris avec le prince de Schwartzenberg, l'électeur palatin traite avec les Français ! Comment expliquer ce manquement de parole? C'est au moment où il joignait ses troupes à celles des Bavarois, qu'il vient d'apprendre que Maximilien a quitté sa capitale ; François II adresse de vifs reproches sur une conduite qui compromet la campagne. Les généraux de Wrède, Deroi, manquent à leur devoir; tout peut être réparé, si les Bavarois et les Autrichiens se réunissent sous un même drapeau ; l'armée impériale s'avance, les sujets de l'électeur seront traités avec une bonté toute paternelle. « Trois jours après, Maximilien, désolé, répond à l'empereur d'Allemagne ; il le supplie d'épargner des provinces malheureuses, victimes d'une guerre dont elles avaient déjà trop souffert ; puis, invoquant la neutralité, il déclare que les menaces de la France ne le

---

ter. Je n'avais donc plus l'excuse d'envoyer quelqu'un à Vienne... Manquer de parole, paraître double aux yeux de l'Empereur, de mon protecteur, est ce qui me mettra, j'espère, bientôt au tombeau... Les Autrichiens devaient entrer aujourd'hui en Bavière, mes troupes n'étaient pas encore rassemblées... Je n'étais pas sûr de pouvoir partir... ma tête n'y était plus... plus calme qu'hier, je sens toute l'horreur de ma situation. J'ai écrit ce matin à l'empereur d'Allemagne : je lui ai dit que mon fils était en France, qu'il était perdu s'il ne m'accordait la neutralité. Je la lui ai demandée à deux genoux... Si vous aviez pu voir ce que j'ai souffert ces deux jours... vous auriez pitié de moi. »

[1] *Lettre de S. M. l'empereur d'Allemagne et d'Autriche à S. A. S. l'électeur palatin.* Hetzendor, le 14 septembre 1805.
« Je ne saurais dissimuler à V. A. S. E. ma surprise sur le changement subit qu'ont éprouvé ses déterminations.
« Sans faire mention ni des assurances verbales données à mon lieutenant-général le prince de Schwartzenberg et par vous, monsieur mon frère, et par votre ministre, ni du billet que vous aviez bien voulu lui adresser, la lettre que m'a remise le général Nogarola portait l'engagement le plus formel de joindre vos troupes aux miennes ; vous dites positivement dans cette lettre :
« J'ai ordonné ce matin à mon ministre de signer un traité avec le prince de Schwar-

porteront point à se départir de cette politique impartiale; quant aux troupes de l'électeur, le prince de Schwartzenberg avait exigé leur désarmement, et voilà pourquoi elles s'étaient retirées devant des menaces qui blessaient leur honneur.

Dans la vérité, c'était aux instances de M. Otto, ministre de France, que l'électeur palatin avait cédé en quittant Munich sa capitale, pour se retirer à Wurtzbourg, l'extrême frontière; les troupes bavaroises avaient suivi l'électeur, afin d'éviter un choc avec les Autrichiens, et attendre les Français pour se réunir à eux. M. Otto avait démontré les avantages qui s'attachaient à une conduite loyale et franche dans les intérêts de Napoléon; « le titre de roi en serait la récompense avec un accroissement personnel de territoire : l'occupation de la Bavière par les Autrichiens serait un accident; bientôt l'Empereur paraîtrait pour délivrer la Bavière, à la tête de sa puissante armée. » L'antipathie des deux peuples avait bien servi Napoléon : les Bavarois et les Autrichiens ne pouvaient marcher sous un même drapeau, vieille haine de race; le prince de Schwartzenberg s'était conduit trop

---

tzenberg, par lequel je joindrai mes troupes à celles de V. M. I. et R. En le faisant, sire, j'ai voulu vous donner une preuve de mon inviolable attachement. »

« Et c'est au moment même que cette lettre m'est remise, que je suis dans le cas d'annoncer à celui qui en est porteur, que V. A. S. E. a sur-le-champ changé d'avis, et qu'elle a quitté sa capitale et retiré la totalité de ses troupes.

« J'aurais consenti sans difficulté, et je suis prêt de consentir encore aux demandes de V. A. S. E., relativement à la ville de Munich, et au rayon qui comprendrait entre autres son château de Nymphembourg, lequel territoire serait fermé à mes troupes et uniquement confié à la garde de celles qu'elle a annoncé vouloir y tenir, quoique dans mon opinion il aurait été plus avantageux à ces troupes d'être entremêlées avec les miennes, pour éviter qu'elles puissent se plaindre qu'on les expose devant l'ennemi plus que les miennes, ou qu'on les traite moins bien quant à leur approvisionnement; il dépendrait cependant de V. A. S. E. de les laisser servir en corps, pourvu qu'elles soient sous le commandement général de mon armée : mais en suspendre la marche, lorsque les Français ont déjà annoncé leur prochaine entrée en Allemagne et qu'ils se rassemblent sur le Rhin, aurait été trop nuisible à la cause commune pour que j'eusse pu y donner les mains, en même temps que la conduite

impérativement; il avait blessé les généraux de Wrède et Deroi. La coalition avait trop pressé la Bavière, l'électeur savait les projets de l'Autriche : victorieuse, peut-être elle l'absorberait dans un mouvement en avant; elle briserait les limites de Passaw.

En ce moment l'Inn était franchi à Muldhorff par l'armée autrichienne sous le général Mack, l'archiduc Ferdinand et le prince Jean de Lichtenstein qui conduisait la cavalerie. Cette irruption soudaine se liait au plan de campagne des alliés, déclarant impossible de laisser Ulm aux mains incertaines des Bavarois; Ulm par sa situation était la clef du Danube; une fois les Français maîtres de ce passage, l'Autriche était compromise, Vienne restait découverte. La marche rapide du général Mack avait pour but de prévenir toute jonction de l'armée bavaroise et des Français; plus on irait vite à son but, plus il serait difficile à Napoléon d'opérer cette fusion de forces dans la campagne; les Autrichiens espéraient aussi qu'en se portant sur le Danube, ils exciteraient un soulèvement contre les Français. La neutralité de la Prusse et du Nord empêcherait toute irruption sur le flanc

---

récente de Napoléon avec les cours de Carlsruhe, Cassel et Stuttgard, fera juger à V. A. S. E. si la neutralité de la Bavière était une chose possible, et même si vous, monsieur mon frère et cousin, seriez resté maître de remplir votre promesse de ne jamais employer vos troupes contre moi.

« J'aurais été au désespoir d'exposer le prince électoral, auquel je suis personnellement attaché; mais un courrier qui lui eût été dépêché directement au moment même où le prince de Schwartzenberg recevait les assurances de V. A. S. E., l'aurait mis dans le cas de quitter la France avant qu'aucune mesure funeste eût pu être prise à son égard.

« Fidèle à remplir ce que j'ai une fois promis, je suis autorisé à exiger qu'on en use de même envers moi. Je réclame donc formellement de V. A. S. E. la promesse qu'elle m'a donnée de joindre ses troupes aux miennes, en même temps que je lui déclare que je suis prêt à consentir aux conditions sus-mentionnées. J'ai ordonné au comte de Buol de se rendre auprès d'elle pour lui remettre cette lettre, et je l'ai autorisé à convenir des arrangements à prendre à cet égard : il nous serait pénible à moi et à mon intime allié l'empereur de Russie, d'éprouver de votre part, monsieur mon frère et cousin, des dispositions qui nous empêcheraient de conserver les sentiments dont nous avions à cœur de vous donner des preuves efficaces.

droit de l'armée du Danube; n'avait-on pas reproché aux Autrichiens en Italie de manquer d'activité? Eh bien, la marche hardie de Mack sur Ulm témoignait du système nouveau que l'on avait adopté; on déployait une activité plus grande que celle des Français, on prenait des positions avant eux; ils n'étaient pas encore sur le Rhin, que les Autrichiens occupaient Munich. Mack avait la prétention de devancer l'Empereur.

En touchant le sol bavarois, l'empereur d'Autriche fit publier un manifeste où il expliquait l'objet de ce mouvement : « ce n'était pas à titre de conquête qu'on s'emparait de la Bavière, mais pour maintenir la nationalité allemande, et assurer une meilleure position aux armées coalisées; l'Autriche ne voulait la guerre que par nécessité, elle était prête à traiter, sous des conditions qui n'ébranleraient plus l'équilibre européen. La prépondérance absorbante de la France était la cause de l'armement que l'Europe faisait alors contre Napoléon qui avait méconnu les bonnes intentions du cabinet de Vienne; la Russie prêterait appui à l'Autriche; des mesures vigoureuses pouvaient seules amener

« Agréez l'assurance de la parfaite estime, etc. »
Lettre de S. A. S. l'Électeur palatin à S. M. l'Empereur d'Allemagne et d'Autriche.
Wurtzbourg, le 21 septembre 1805.
« Le comte de Buol-Schawenstein s'est acquitté de la commission dont V. M. I. a daigné l'honorer auprès de moi. J'ai éprouvé à cette occasion un mouvement de consolation bien sensible par les assurances toujours si précieuses de l'amitié de V. M. I. et R. dont il m'a réitéré les expressions. C'est ce sentiment, sire, et celui de votre grandeur d'âme que j'ose invoquer avec une pleine confiance. Je conserverai l'espoir qu'il portera V. M. I. et R. à épargner des provinces malheureuses l'horreur d'une guerre dont elles n'ont déjà que trop souffert, au moment où les plaies des anciennes hostilités saignent encore. Je dois à mes infortunés sujets, je me dois à moi-même de ne pas prodiguer leur sang pour des discussions qui leur sont étrangères, et contre un gouvernement qui ne leur a fait aucune injure : c'était le motif originaire de la neutralité absolue et complète que j'avais réclamée auprès de V. M. I. et R. par la lettre que je pris la liberté de lui adresser le 8 du courant. Tout me porte à adhérer inviolablement à ce parti. Je vous supplie de croire que je ne m'en écarterai jamais, et que les menaces de la France seront tout aussi peu capables de me détourner de cette résolution invariable. »

une paix générale, et fondée sur des éléments de stabilité et de force. » Pour donner plus de développement encore à ces mesures de l'Autriche, l'empereur convoquait, comme roi de Hongrie, la diète des États, il demandait 12,000 grenadiers d'élite destinés à compléter l'armée hongroise, les meilleures troupes de la monarchie autrichienne. Un rescrit impérial ordonnait la mise en campagne des réserves, et des fonds furent fournis de Londres, de Vienne, pour la solde et l'équipement des officiers ; dans l'espace d'un seul mois, 10,000,000 de florins furent expédiés de Londres par Hambourg et Lubeck en traites sur Vienne, comme avances pour l'entrée en campagne.

L'Angleterre avait déjà établi la coutume de faire confectionner les uniformes par les manufactures anglaises, ainsi que la majorité des armes et de l'artillerie ; ces fournitures furent expédiés par la Baltique ; toute l'Allemagne fut inondée des produits de la Grande-Bretagne ou de ses colonies, et tel est le merveilleux résultat de la banque et du commerce, qu'à l'époque de ses avances les plus considérables sur le continent, le change fut toujours favorable à l'Angleterre. La Grande-Bretagne payait beaucoup, mais elle vendait plus encore qu'elle ne payait ; elle y trouvait ainsi avantage de retour. M. Paget, à Vienne, se montrait favorable à toutes les concessions d'argent qui

« Je ne fatiguerai pas V. M. I. du détail des pourparlers qui ont eu lieu pendant le séjour du prince de Schwartzenberg à ma cour ; elle daignera se rappeler qu'à cette époque il n'avait aucun pouvoir d'adhérer aux demandes que j'avais présentées, et que la retraite de mes troupes a été forcée par la nécessité de leur épargner la honte du désarmement, dont elles étaient hautement menacées. Je ne dis rien de ce qui s'est passé depuis. Le triste tableau de ces événements a percé mon cœur ; ils n'affligeraient pas moins celui de V. M. I. s'ils lui étaient connus dans toute leur étendue.

« V. M. I. et R. me rendra du reste une justice qui m'est certainement bien due, si elle veut être persuadée que, quel que puisse être le cours des événements, rien n'altérera jamais le dévouement respectueux avec lequel je suis, etc. »

pouvaient raffermir et disposer l'alliance; les ordres de sa cour étaient formels; comme il s'agissait d'un coup décisif, il était urgent que rien ne manquât à l'armée autrichienne, soit sur le Danube, soit dans le Tyrol. L'Adriatique était remplie de transports anglais pour les munitions; les manufactures versaient leurs produits avec une admirable activité à Trieste, à Venise.

A Vienne, le comte de Rasumowski, ambassadeur russe, était placé dans une position non moins favorable que M. Paget, l'ambassadeur anglais. La position était singulière par rapport à la France: les armées étaient en mouvement, on en viendrait bientôt aux mains, et pendant ce temps on parlait de part et d'autre d'intentions pacifiques et du maintien de la paix. M. Philippe de Cobentzl restait à Paris; M. de Larochefoucauld à Vienne : on aurait dit que les Autrichiens n'avaient pas foi en eux-mêmes, et qu'ils n'entraient en campagne que malgré eux et pour gagner les subsides. Le comte de Stadion, ambassadeur d'Autriche en Russie, arriva sur ces entrefaites à Schœnbrunn, apportant l'assurance de la marche précipitée des Russes, qui s'avançaient du Niémen en Gallicie [1]. L'avant-garde avait touché les États autrichiens; deux armées de 50,000 hommes seraient à la disposition de l'Autriche dans le délai de vingt jours; la garde avait quitté Saint-Péters-

---

[1] Pétersbourg, 29 août 1805.

« Les 10,000 hommes qui formaient la garnison de cette capitale, en sont partis le 23 de ce mois. L'empereur et les deux impératrices accompagnèrent ces troupes jusqu'à Krasna-kabak où le monarque donna un déjeûner aux officiers; les deux impératrices leur donnèrent un dîner à Krasnoe-Selo. On assure qu'il est défendu aux officiers subalternes des régiments des gardes d'avoir une voiture; il leur est ordonné de suivre leur corps à pied, les jeunes gentilshommes faisant le service de bas-officiers porteront le havre sac comme les simples soldats. Par ce moyen, on a considérablement diminué les bagages qui entravaient autrefois la marche des gardes. Trois bataillons des gardes à pied sont restés ici pour le service des maisons impériales. Les régiments qui doivent remplacer la gar-

bourg le 25 août, et 10,000 hommes d'élite joindraient comme renfort l'armée de Bohême avant le 10 novembre. L'Angleterre avait tenu ses engagements envers la Russie avec la même exactitude qu'à l'égard de l'Autriche ; les subsides étaient payés avec une extrême régularité ; 500,000 fusils furent envoyés des manufactures de Manchester, et 200,000 équipements étaient déposés aux magasins de Cronstadt. En échange, la Néwa était inondée de produits anglais comme l'Allemagne. La Grande-Bretagne s'enrichissait toujours par les subsides qu'elle payait aux États du continent ; admirable système d'économie politique, qui balançait par la production des manufactures les sacrifices d'argent.

Le comte de Stadion annonçait aussi l'arrivée prochaine de l'empereur Alexandre qui désirait conduire en personne l'armée russe et ouvrir la campagne à la tête de ses troupes. Il était si urgent de déterminer la Prusse à prendre part dans une coalition armée ! le Czar déclara qu'il irait de sa personne à Berlin, si Frédéric-Guillaume ne voulait pas avoir une entrevue avec lui sur le Niémen ; Alexandre comptait que sa présence déterminerait la Prusse à prendre la résolution qu'on sollicitait d'elle. On devait bien la convaincre qu'il ne s'agissait pas d'une invasion en France, ou d'un changement dans la forme du gouvernement matériel de Napoléon ; on reconnaîtrait au besoin

nison sont déjà arrivés dans nos environs, et feront incessamment leur entrée dans la capitale.

« Les généraux Bagration et Winzingerode sont partis pour l'armée. Ce dernier a porté au général en chef Kutusoff l'ordre d'entrer immédiatement dans la Pologne autrichienne. Les régiments des gardes, commandés par le grand-duc Constantin, marchent en Lithuanie, d'où ils entreront dans les États héréditaires d'Autriche.

« Aujourd'hui doivent être embarqués, tant ici qu'à Revel, les 30,000 hommes qu'en vertu des traités nous devons livrer à la Suède. Ce corps, sous les ordres du lieutenant-général Tolstoy, est destiné, dit-on, pour la Poméranie suédoise ; mais les politiques éclairés ne pensent pas que le roi de Prusse y consente jamais.

« L'empereur partira le 25 septembre pour l'armée qui se rassemble à Wilna. »

ce prince; mais ce qu'on voulait actuellement, c'était réduire l'influence française dans des proportions limitées, et enlever l'Allemagne comme l'Italie au despotisme diplomatique du cabinet des Tuileries; on formait ainsi une ligue armée de *préservation* et non pas d'*invasion;* ce qu'il fallait bien formuler avant la guerre, comme l'objet principal de l'alliance, que Pitt avait parfaitement défini par le mot *sécurité*. N'était-ce là qu'un langage de convention? Dans les guerres, qui peut prévoir les résultats? Si la victoire venait aux drapeaux des coalisés, s'arrêteraient-ils dans des limites raisonnables? Après avoir délivré l'Allemagne, ils se seraient posés sur le Rhin, et une fois posés là, tous auraient désiré reconquérir les possessions rattachées à la France depuis 1789; le traité de Lunéville n'était pas le dernier terme de l'ambition pour l'Autriche. Le voyage de l'empereur Alexandre à Berlin paraissait une chose décidée dès le milieu de septembre; il voulait s'entendre personnellement avec Frédéric-Guillaume, et le pénétrer de cette idée fondamentale: « qu'il n'y avait pas de paix possible et durable sans le concours de toutes les puissances, avec une tête aussi hardie que l'était celle de Napoléon. L'Europe unie pouvait seule l'arrêter. »

Indépendamment des sacrifices en subsides, en munitions et en armements, l'Angleterre voulait prendre une part active et militaire à la campagne: le ministère Pitt annonçait un grand armement; quatorze régiments d'infanterie, six de cavalerie, deux des gardes, de l'artillerie, avec cet attirail militaire qui suit toujours les armées anglaises, s'embarquaient à Plymouth; on ignorait la destination de cet armement, le plus étendu de ceux que l'Angleterre avait faits depuis longues années. 25,000 hommes étaient répartis sur des bâtiments, escortés de quinze vaisseaux de haut-bord et de navires de guerre. Cette expédition allait-elle encore se diriger vers Copenhague et la Baltique, et, débarquant un corps auxiliaire de la Prusse, opérer de concert avec les Suédois dans le Nord ? Les Anglais choisiraient-ils pour théâtre d'une guerre civile les côtes de Bretagne ou de Normandie ? Toutes ces conjectures étaient faites, lorsque des renseignements secrets annoncèrent que l'expédition avait choisi l'Espagne comme point de débarquement; la Péninsule fixait vivement l'attention de l'Angleterre, qui dans ses idées de coalition avait toujours en vue ses propres intérêts. M. Pitt examinait depuis longtemps si l'obstacle à ses desseins venait du prince de la Paix, entièrement sous la domination de l'ambassadeur français M. de Beurnonville, ou bien si la peur seule empêchait une prise d'armes contre la France. La flotte espagnole allait joindre l'amiral Villeneuve, et dans le plan de Napoléon, cette masse de vaisseaux devait seconder sa flottille de la Manche.

L'Angleterre voulait en finir avec l'Espagne ; elle lui déclara d'abord une guerre violente[1], puis elle favorisa la pensée d'une révolution : le parti de l'infant prince des Asturies était nombreux ; Godoï, comme tous les favoris de la fortune, en exécration au peuple, ne devait son pouvoir qu'à la fragile protection du roi; le clergé espagnol était prêt à se soulever contre le *Privado* que la reine avait élevé si haut. Les chansons populaires, toujours si hardies, si lascives en Espagne, racontaient les désordres de ce Godoï et de la reine,

---

[1] Les prises anglaises sur les Espagnols étaient d'une grande richesse; ses croisières s'emparèrent de *la Fuente-Hermosa*, venant de Lima, chargée de 780,000 piastres fortes, dont 240,000 pour le compte du roi et le surplus pour celui du commerce; de 700 caisses de quinquina et d'environ 4,500 fanègues (la fanègue répond à environ quatre boisseaux) de cacao de Guayaquil.

dont la passion effrénée avait abaissé la patrie. Les muletiers des Asturies, les paysans de Castille et d'Aragon vouaient dans leurs chants grossiers ces amours impures aux malédictions du peuple. « Pleure ! pleure, malheureuse Espagne ! la Parmesane immonde souille le lit d'un roi imbécile. » Ainsi disaient les chants espagnols jusqu'à Séville, dans ces alcazars où l'étudiant de Salamanque, couvert de son manteau noir et troué, récite les vieilles romances des Maures [1]. L'expédition anglaise avait donc pour but, en s'emparant de la Corogne, d'exciter un soulèvement contre le prince de la Paix, au profit de l'infant don Fernando. Cette insurrection entrait déjà dans le plan de M. Pitt.

D'autres dépêches, aussi, annonçaient à Napoléon qu'une expédition partie de Plymouth, et ravitaillée à Malte, devait seconder l'armement des Siciliens et des Napolitains, et faire diversion en Italie, pour seconder l'archiduc Charles ; l'Angleterre voulait agir activement sur tous les points, et recueillir les fruits d'une alliance qu'elle avait préparée avec la reine Caroline, par l'influence chevaleresque de Nelson. La Grande-Bretagne n'avait pas encore une suffisante autorité dans la Méditerranée ; maîtresse dans l'Inde, dans l'Amérique, elle voulait également régner sur ce grand lac que Louis XIV avait fait sien, en donnant l'Espagne à son petit-fils ; plus tard, Naples revint aussi à la maison de Bourbon, et la Sicile fut rattachée à Naples. Le résultat de la coalition de 1805 devait être l'accroissement de la puissance anglaise sur les cabinets du continent, au moyen de subsides ; elle devait développer son système de conquête et de prépondérance, soit en Égypte, soit à Malte, soit en Sicile ;

---

[1] Quand je visitais l'Espagne en 1833, j'entendis encore des chants populaires contre la vieille reine.

elle avait besoin d'une porte de l'Indoustan par la Méditerranée ; elle la cherchait.

Le plan militaire tel que Pitt l'avait conçu, et qu'il avait été arrêté à Vienne, pouvait ainsi se résumer : Une armée d'avant-garde autrichienne passerait l'Inn, afin de soulever les Bavarois au nom de l'indépendance ; on entraînerait les troupes de l'électeur. Dès lors, cette première ligne prendrait position sur le Danube ; arrivé là, on chercherait à réveiller les populations allemandes du Wurtemberg et de Bade ; cette grande avant-garde de peuples serait soutenue par la Prusse et son adhésion à la coalition, ou bien par sa neutralité armée, qui garantirait sur sa droite le corps d'avant-garde de manière à ne pas être tourné. Si la Prusse entrait dans la coalition, la ligne serait formidable et ne pourrait être rompue que de face [1]. La seconde ligne était en Bohême, appuyée par un premier corps russe qui arriverait sur l'Inn au milieu d'octobre. Par le Tyrol, Mack s'appuierait sur l'armée de l'archiduc Charles opérant en Italie ; enfin, et comme une formidable arrière-garde, l'armée principale de Gallicie et de Moravie sous les deux empereurs ; dès que les Russes seraient en Gallicie, alors tout se mettrait en mouvement pour soutenir l'avant-

---

[1] Un décret du roi de Prusse, du 10 septembre, portait les dispositions suivantes :
« Un ordre de S. M. vient de rendre 100,000 hommes mobiles prêts à marcher au premier signal. Voici la liste des régiments désignés : Hesse-Cassel, Lettaw, Hageken, Schenk, Pirsch, Ostien, Borck, prince Henri, prince Ferdinand, prince Guillaume de Brunswick, Zenge, Troskow, Kausberg, Kalkreuth, Nalzmer, Lartsch, Strachwitz ; les grenadiers de Bostel, Giabowski, Osteren, Gandi, Haisen, Scheveling, Viereck, Craty, Schack ; les quatre bataillons de carabiniers d'Ernst ; les six bataillons de fusiliers-chasseurs d'Ivernois, Pelet, Buhf, Rabenas, Bogislasky, Erischen ; les cuirassiers de Schleinitz ; les dragons de Woheser, Bailladz, Anspach, Erwing, Herzberg, Manstein, Beunswitz, Woss ; les hussards de Blücher, Kohler, Getthard ; l'artillerie de chaque corps, six batteries d'artillerie à cheval, deux bataillons de canonniers. Cette armée est destinée à maintenir la neutralité et la paix de l'Allemagne septentrionale. Elle sera commandée par le général Kalkreuth. »

garde du feld-maréchal Mack. Le plan des alliés fut modifié sur quelques points de détails, surtout en ce qui touchait l'Italie; on put compter pour auxiliaires de l'archiduc Charles, les Napolitains; un corps de Russes, d'Anglais et de Siciliens appuyant de concert les opérations de l'armée autrichienne de Lombardie, dont la mission était de s'arrêter aux Alpes. Le cri de guerre était *indépendance* pour la patrie allemande et italienne; ce cri n'était pas encore compris comme il le fut en 1813; l'influence française, alors toute protectrice, n'avait pas pesé sur les peuples par l'excès de la conscription et des droits réunis.

Il est des temps pour toutes les idées et pour tous les systèmes. Un symbole qui n'est pas compris à une époque devient populaire dans une autre. La France avait besoin de jeter ses lumières et ses pensées au dehors; quand elle en eut abusé, l'Europe se leva contre elle; la vie des peuples se résume par l'action et la réaction.

CHAPITRE X.

ENTRÉE EN CAMPAGNE DE L'ARMÉE FRANÇAISE,

CAPITULATION D'ULM.

Départ du camp de Boulogne. — Les divers corps de l'armée. — Les maréchaux Soult, Davoust, Ney, Lannes. — Les corps de Bernadotte et de Marmont. — Violation de la neutralité. — Passage de l'armée française. — L'Empereur Napoléon à Strasbourg. — Marche sur la — Bavière. — Position de l'armée française. — Bernadotte à Munich. — Situation du général Mack dans Ulm. — Premiers faits d'armes. Négociations secrètes. — Mission de M. de Ségur. — Rapport de la conversation du général Mack. — Capitulation. — Le prince Jean de Lichtenstein. — Ouverture de la campagne en Italie. — L'archiduc Charles. — Masséna.

Septembre et Octobre 1805.

Le camp de Boulogne était levé aux ordres de son Empereur. L'armée française se mettait en mouvement sous ses aigles; jamais spectacle militaire comparable dans l'histoire; il fallait voir ces beaux régiments se déployer pleins de jeunesse et de vie; la joie la plus active se peignait dans tous les traits, un bruit inaccoutumé d'acclamations se faisait entendre; le son des tambours, les fanfares des trompettes se mêlaient au joyeux refrain des soldats impatients de marcher à l'ennemi. Les tente étaient ployées sur le rivage; on n'entendrait plus le monotone battement des vagues sur le rocher et le sifflement des vents dans les cordages; on n'éprouverait plus ce mal de mer qui secoue et déchire les entrailles! Que s'était-il donc passé depuis deux jours? Quel ordre subit avait changé la destination de l'armée d'Angleterre? Où l'appelait la volonté de l'Empereur, et sur quel champ de gloire allait-elle manœuvrer en quittant Boulogne?

Au commencement d'août le bruit d'une descente en Angleterre avait pris une certaine consistance; on le mit à l'ordre du jour de l'armée; la flotte, activement équipée, s'exerçait avec prestesse; officiers, soldats s'habituaient aux manœuvres de mer avec l'activité traditionnelle des Français. Toutefois, dans leur dévouement à l'Empereur et à la patrie, un certain doute, une inquiétude secrète dominait le cœur et l'esprit de l'armée. Cet océan avec ses vagues n'allait point à son courage; habituée aux manœuvres régulières des champs de bataille, elle hésitait à se confier aux flots capricieux. Le soldat français a un instinct magique de ce qu'il peut faire; sans doute il obéissait avec enthousiasme à Napoléon, mais il se défiait de ses forces, il n'avait point foi dans cette expédition d'Angleterre, car il fallait traverser l'océan couvert de vaisseaux au pavillon britannique; la présence seule de Napoléon soutint ce courage lorsqu'il vint visiter les tentes et donner une forte impulsion à cette magnifique armée sur le rivage.

L'affectation que mettait l'Empereur à s'occuper de l'expédition d'Angleterre cachait de plus grands desseins; il espérait par ce moyen donner une profonde sécurité à l'Europe et tromper le comte Philippe de Cobentzl, ambassadeur d'Autriche à Paris. L'Empereur paraissait absorbé par l'expédition de la Manche et plein de tranquillité pour le continent. Les dépêches du comte témoignaient de cette sécurité; les journaux furent complices à ce point, qu'ils annoncèrent le voyage de l'Empereur à Boulogne comme le prélude de l'expédition dirigée contre Londres : le signal allait être donné par le souverain lui-même. Au milieu de ce mois d'août, les maréchaux chefs de corps reçurent néanmoins les ordres de se tenir prêts ; on passa des inspections d'armes, des revues, comme pour se préparer à une longue marche ; l'Empereur dit aux généraux : « Nous allons entrer en campagne », sans indiquer encore le but de l'expédition. Quel ennemi allait se présenter devant le drapeau ? Quelle victoire inaugurera l'aigle d'or déployée sur les étendards, et quel bouquet d'immortelles les soldats donneront-ils au nouvel Empereur ?

Le 28 août, on apprend enfin que ce n'est pas contre l'Angleterre que tant de préparatifs s'accomplissent ; joyeuse et bonne nouvelle ! il ne s'agit plus de cette expédition incertaine sur les flots ; on part, et c'est contre l'Autriche qu'on va combattre au-delà du Rhin : le continent est en feu, l'armée plie ses tentes. On ne peut dire alors l'allégresse du soldat ; ce terrain d'Allemagne lui est connu ; on aura donc encore affaire à l'Autriche ; l'armée va retrouver ces villages riches et attrayants, cette population si bonne et si confiante qui, plus d'une fois déjà, a vu les drapeaux de la France flotter sur les presbytères. 140,000 [1] hommes étaient répartis en divisions et groupés sur le rivage depuis dix-huit mois ; les hommes étaient forts, robustes, on comptait à peine un vingtième de malades, l'âge commun était de vingt-deux à vingt-sept ans ; la taille moyenne de cinq pieds quatre pouces ; il n'y avait pas un grenadier, dans la division confiée au général Oudinot, qui n'eût cinq pieds sept pouces ; les épaules larges, la mine de soldat martialement exercé. Habitués à la fatigue, à l'exercice, ils manœuvraient avec une précision

---

[1] L'état officiel porte 127,300 hommes.

telle, que le rang de chacun était assigné dans un vaste champ de manœuvres ; la plupart, au service depuis cinq ou six ans, apportaient avec eux-mêmes toutes les traditions de victoire ; les vieux parlaient de l'Italie et de l'Égypte, les plus jeunes de Marengo et de Hohenlinden ; généraux, colonels, officiers et soldats étaient dans cet heureux âge de la vie où les forces se déploient et les espérances viennent. Toutes les fortunes paraissaient possibles à cette génération belliqueuse, et en partant de Boulogne on était sûr de ces magnifiques succès qui en finissent avec l'ennemi ; aussi l'aigle des régiments, sur les drapeaux déployés, fut-elle saluée par des milliers d'acclamations, et le *Chant du Départ* fut entonné par les belles troupes qui allaient de nouveau visiter le Rhin et le Danube.

D'après l'ordre de l'Empereur, l'armée de Boulogne se forma en cinq corps [1], sans y comprendre les deux armées de Bernadotte en Hanovre et de Marmont en Hollande : l'un fut donné au maréchal Soult, renommée déjà grande au milieu des camps ; figure mâle et militaire, après les gloires et les fatigues de six campagnes. A trente-cinq ans maréchal de l'Empire, après avoir commandé en chef en Suisse, en Italie, le maréchal Soult était peut-être, avec Masséna, le militaire le plus fort en stratégie, l'organisateur le plus puissant ; la haute direction du camp de Boulogne lui avait été presque entièrement dévolue. Un autre corps fut confié au maréchal Davoust :

---

[1] Composition de la grande armée :

Corps du Hanovre. — Bernadotte : divisions d'infanterie, Drouet, Rivaud ; cavalerie, Kellermann.

Corps de Hollande. — Marmont : divisions d'infanterie, Boudet, Grouchy, Dumonceau ; cavalerie, Guérin.

3e corps. — Davoust : divisions d'infanterie, Bisson, Friant, Gudin ; cavalerie, Fauconnet.

4e corps. — Soult : divisions d'infanterie, Saint-Hilaire, Vandamme, Legrand ; cavalerie, Margaron.

5e corps. — Lannes : divisions d'infante-

l'Empereur pouvait compter sur lui comme fermeté et dévouement militaire ; plus âgé que le maréchal Soult, sa tenue était moins martiale, moins régulière ; sur un champ de bataille, Davoust était habile manœuvrier, avec une ténacité de caractère appréciée par l'Empereur, et sa position d'officier d'état-major le mettait à même de s'enquérir et de connaître tous les faits de guerre ; de sa nature il était un peu tête de police et courtisan. Ney et Lannes reçurent également le commandement d'un corps d'armée : Ney, brave de sa personne, le front large et haut, magnifique au feu des batailles ; Lannes, frondeur, mécontent, mais admirable général, à la manière de ces divisionnaires dont l'époque républicaine avait fourni les plus brillants modèles sous Bonaparte général en chef de l'armée d'Italie. Murat reçut le commandement supérieur de toute la cavalerie. Et quelle cavalerie ! les cuirassiers de Nansouty, d'Haupoult; les dragons de Klein et de Bourcier, de Beaumont et de Walter !

L'infanterie offrait ses belles divisions ; chaque régiment portait sa date et son baptême de gloire; il y avait là de ces numéros retentissants aux campagnes d'Italie et d'Égypte, quand ils étaient portés par les demi-brigades : la 32ᵉ, la 27ᵉ, la 56ᵉ, la 72ᵉ. Merveilleuse histoire que celle de chaque régiment de l'armée et de ces drapeaux qu'ils gardaient, comme les légions de Rome conservaient leur insigne militaire auprès de l'autel des dieux, dans les rangs des vieux prétoriens.

rie, Suchet, Gazan ; grenadiers réunis, Oudinot.

6ᵉ corps.—Ney : divisions d'infanterie, Dupont, Loison, Malher; cavalerie, Colbert; dragons à pied, Baraguay-d'Hilliers.

7ᵉ corps.—Augereau : divisions d'infanterie, Desjardins, Mathieu.—Réserve. Murat : divisions de cuirassiers, Nansouty, d'Haupoult ; divisions de dragons, Klein, Walter, Beaumont, Bourcier ; division de cavalerie légère, Treilhard.

Garde impériale : garde à pied, Mortier, huit bataillons ; garde à cheval, Bessières, quatorze escadrons.

Au corps du maréchal Soult on comptait les divisions Vandamme, Legrand et Saint-Hilaire. Davoust conduisait les superbes troupes de Friant, Gudin, Bisson. Ney menait les divisions Dupont, Loison et Malher; 5,000 dragons à pied suivaient le maréchal Ney sous les ordres de Baraguay-d'Hilliers. Enfin Lannes, le brave des braves, n'avait avec lui que trois divisions, les intrépides de l'armée, les grenadiers du général Oudinot et l'infanterie des généraux Suchet et Gazan. L'histoire ne présenta jamais une entrée en campagne plus solennelle; ces troupes toutes remplies d'ardeur auraient gravi les montagnes, franchi les rivières : qui aurait pu résister à leur bravoure impétueuse sous les yeux de leur Empereur?

La mise en marche de tous ces corps d'armée fut réglée par Napoléon avec une grande précision, et Berthier transmit aux maréchaux l'ordre de leur itinéraire. Tout se fit avec une régularité parfaite, comme si l'on était resté sous les tentes de Boulogne; à point nommé chacun arriva sur le Rhin; Lannes, avec ses beaux grenadiers réunis, déboucha par Kehl pour se déployer dans les plaines qui s'étendent vers Carlsruhe; le corps du maréchal Ney marcha sur Stuttgard. La vieille cité de Spire fut choisie pour le passage du maréchal Soult, qui précipita son mouvement sur Heilbron; Davoust prit la route d'Heidelberg, la cité des grandes études, au pied des châteaux féeriques de la montagne où se montre le grand tonneau. Le corps hollandais du général Marmont descendait le Rhin pour occuper Mayence et se joindre à Bernadotte; Marmont, jeune et brillant officier en qui Napoléon avait la plus absolue confiance, et qui avait à gagner son bâton de maréchal [1].

[1] Extrait du dépôt de la guerre.

Le plan de campagne de l'Empereur n'était pas de prendre l'armée autrichienne de front; il ne voulait pas imiter Moreau et ses savantes manœuvres dans la Souabe; les rapports d'espions l'avaient parfaitement informé de la situation de l'armée autrichienne, et depuis que Mack s'était posé à Ulm, il eût été dangereux de franchir cette ligne formidablement défendue par le Danube. Le plan de campagne de Napoléon fut plus hardi, plus fièrement conçu : il n'aimait pas les routes déjà battues; la bataille de Marengo lui revint à la mémoire : il arrêta de se porter sur les derrières de l'armée autrichienne, afin de couper le feld-maréchal Mack de ses renforts, et d'empêcher toute espèce de communication avec les Russes. A Marengo, le premier Consul avait sauté par-dessus le mont Saint-Bernard; l'entrée en campagne en Allemagne dut être marquée par une aussi grande hardiesse. Caressé par la fortune, il voulut l'essayer jusqu'au bout : il écrivit des dépêches secrètes à Bernadotte, commandant l'armée du Hanovre; on pouvait évaluer à 60,000 hommes cette armée, excellente troupe, sous un chef de la plus haute capacité[1]. La position d'un corps dans le Hanovre était bonne pour contenir la Prusse ; comment amener cette armée dans

---

[1] Cette irruption subite du corps de Bernadotte en pays neutre est expliquée dans une dépêche de Duroc à M. de Bourrienne.

« Le corps du maréchal Bernadotte a traversé le pays d'Anspach, et, par un malentendu ou un ordre donné de la meilleure foi du monde, sur des données certaines là-bas, qui ne se trouvent pas exister ici, cela a été regardé à Berlin comme une insulte faite au roi, une violence faite à sa neutralité. Comment supposer que l'Empereur, dans ces circonstances surtout, ait pu penser d'insulter son ami, ou de le violenter ? En outre, les rapports ont été exagérés et faits par des gens qui aiment plus nos ennemis que nous. Je sais bien cependant que les 70,000 hommes du maréchal Bernadotte ne sont pas 70,000 vierges. Quoi qu'il en soit, cela a failli être tout à fait fatal ; cela nous est au moins bien nuisible. Laforest et moi nous nous en sommes le plus ressentis ; et on nous traite bien durement, quoique nous ne le méritions guère. Tous les fagots que l'on fait ici te seront parvenus. Il est probable que la Prusse n'oubliera pas que la France

un plan d'opérations contre Mack sur le Danube, tandis que la Prusse, incertaine déjà sur le parti à prendre, fortement pressée par la Russie et l'Autriche d'entrer en guerre, avait proclamé la neutralité du nord de l'Allemagne, et par conséquent celle de la Saxe et de Hesse-Cassel ? La neutralité supposait un territoire que nulle armée ne pouvait franchir ; c'était donc en s'appuyant sur cette neutralité que Mack avait opéré ; il se croyait suffisamment couvert par elle sur son flanc droit; or, pour que l'armée de Bernadotte pût opérer activement sur le Danube en vertu des ordres de Napoléon, et se déployât sur les derrières du général Mack, il fallait méconnaître la neutralité de Hesse-Cassel, franchir ses limites, blesser la Prusse, insulter aux traités, et, traversant les États neutres, se porter avec cette même armée immédiatement vers Augsbourg et Munich [1].

L'empereur Napoléon n'ignorait pas les principes du droit des gens; il savait bien qu'en méconnaissant la neutralité de Hesse-Cassel, il les violait hautement et donnait un légitime prétexte à la Prusse pour prendre part à la coalition; mais voici comment l'Empereur raisonnait :

seule fut intéressée à sa gloire et à son agrandissement, et que seule elle peut s'y intéresser encore. Sur la nouvelle que j'ai reçue que les Russes débarqués à Stralsund se mettaient en marche pour attaquer le Hanovre, j'en ai prévenu l'officier-général qui y commande pour qu'il se tînt sur ses gardes. » (Lettre du général Duroc, en date de Berlin, 19 octobre 1805, à M. de Bourrienne, ministre de France à Hambourg.)

[1] Une protestation fut immédiatement adressée par le cabinet prussien au général Duroc, envoyé à Berlin :.

« Le roi me charge, disait M. de Hardenberg, de faire connaître ce qui suit à LL. EE. M. le maréchal Duroc et M. de Laforest. Sa Majesté ne sait si elle doit s'étonner davantage des violences que les armées françaises se sont permises ou des arguments inconcevables par lesquels on prétend les justifier. La Prusse avait proclamé sa neutralité; fidèle aux engagements qu'elle avait pris et dont tous les avantages étaient pour la France, Sa Majesté lui avait fait des sacrifices qui pouvaient compromettre ses plus chers intérêts. Cette loyauté constante, ces relations qui, sans rien coûter à la France, lui valaient une sécurité si précieuse, de quel prix ont-elles été payées? Le roi n'a lu qu'avec un sentiment dont il voudrait en vain se défendre la dépêche justificative remise à son cabinet par la légation française.

« Il me faut la victoire, la victoire à tout prix; si par de faux scrupules je la laisse échapper, si je suis battu, la Prusse s'unit à la coalition parce que je serai malheureux; si au contraire j'ai la victoire, je serai suffisamment justifié de l'infraction commise au droit des gens; je ne craindrai plus la Prusse, elle n'osera remuer. » Aussi l'Empereur n'avait pas hésité un instant à précipiter la marche de Bernadotte à travers les États neutres de Hesse-Cassel; il lui écrivait : « Passez de toutes les manières, par la ruse, la force ou la bonne volonté. » Dans cet intervalle, une négociation s'ouvrit avec l'électeur pour la forme; le ministre de France à Hesse-Cassel, M. Bignon, remit les notes explicatives; on présenta l'obéissance à une force majeure comme un consentement; la diplomatie n'allait pas plus loin.

Que pouvait faire l'électeur? La volonté de Napoléon était impérative; que la Hesse permît ou qu'elle refusât, Bernadotte devait passer outre. La note du ministre de France fut plutôt une notification qu'une justification raisonnée; l'Empereur s'empressa de dire que l'électeur avait consenti au passage des troupes; M. Bignon dut écrire à sa cour qu'il avait obtenu ce consentement.

On s'appuie sur l'exemple des dernières guerres, comme si des exceptions admises alors n'avaient pas été annulées par la paix; comme si l'Empereur se les était rappelées quand il prit possession du pays de Hanovre, pays depuis longtemps sous la protection de la Prusse! On allègue l'ignorance de nos intentions; comme si l'intention n'était point ici dans le fait, et comme si la nature des choses pouvait changer avant toute stipulation contraire! comme si les protestations solennelles des magistrats de la province et des ministres de S. M. près l'électeur de Bavière n'avaient point suffisamment proclamé ce qui n'avait pas besoin de l'être; et comme si moi-même, longtemps avant, la carte à la main, dans mes conférences avec Leurs Excellences, je n'avais pas hautement déclaré l'inadmissibilité d'un passage par les margraviats, en leur désignant la route de communication convenue avec la Bavière comme la seule par laquelle les troupes françaises pussent passer. On observe qu'il eût fallu s'expliquer d'avance et catégoriquement, comme si cette explication était un devoir pour celui qui se repose sur la foi d'un principe, et non pour celui qui se propose de le violer! On prétexte des faits qui n'ont jamais existé que dans des rapports infidèles; et en prêtant aux Autrichiens des torts qu'ils n'eurent jamais, l'on

Bernadotte traversa Hesse-Cassel avec ses 60,000 hommes, division par division, pour se porter sur la Bavière; nul ne pouvait s'y opposer, et il aurait passé sur le ventre à toute armée qui lui aurait barré le passage. Arrivé à Weissembourg, le maréchal Bernadotte réunit à ses drapeaux l'armée bavaroise par un coup de main, ce qui porta son effectif à 70 ou 75,000 hommes ; à la tête d'un corps si redoutable, il put se porter librement sur Munich, tourner Mack, tandis que les divisions du camp de Boulogne, se déployant sur le Rhin, manœuvraient pour cerner l'armée autrichienne dans ses différentes positions du Danube.

Au moment où toutes ces dispositions étaient faites, Napoléon arrivait à Strasbourg, point central du mouvement militaire ; présent partout, il inspecta les corps à mesure qu'ils traversaient le pont de Kehl ; il ne négligea aucune partie du service ; les estafettes étaient au courant de toutes les contre-marches. A Strasbourg, l'Empereur embrasse l'ensemble des opérations diplomatiques et militaires ; c'est là qu'il commence la correspondance intime avec M. Otto, ministre près de l'électeur de Bavière, afin de le renseigner sur chaque mouvement

ne fait que diriger les réflexions de S. M. sur la différence, envers elle, de la conduite d'eux et des armées françaises. Le roi aurait pu tirer de ce contraste les plus graves conclusions sur les vues de l'Empereur Napoléon ; mais il se borne à penser que Sa Majesté a eu des raisons de considérer ses engagements positifs avec la Prusse comme n'ayant plus aucun prix à ses yeux dans les circonstances actuelles, et le roi, par conséquent, se regarde dès aujourd'hui comme libre de toute obligation envers elle. Rentré ainsi dans un ordre de choses où l'on n'a plus de devoirs que ceux de veiller à sa propre sûreté et de se conformer aux règles de la justice éternelle, le roi n'en prouvera pas moins sa fidélité à de tels principes. Voir l'Europe participer à la paix qu'il désire conserver à ses peuples ; contribuer de tout son pouvoir à une pacification solide et durable, consacrer à ce grand ouvrage son active médiation et ses soins les plus ardents, tels seront désormais ses vœux et ses devoirs. Mais entravé de toutes parts dans ses généreuses intentions, il doit avant tout veiller à la sûreté de ses peuples, et, sans garantie comme sans autre obligation, il se voit contraint à faire prendre à ses armées des positions devenues indispensables pour la défense de l'État »

Hardenberg.

de l'armée ; Maximilien-Joseph a besoin d'être rassuré, et de prendre confiance en la fortune de Napoléon ; il faut le raffermir dans sa résolution de joindre les troupes bavaroises à l'armée française, résultat immense pour assurer le succès de la campagne ; l'Empereur envoie à l'électeur un bulletin exact de toutes les opérations militaires ; il exagère sa bonne situation diplomatique, afin d'entraîner la Bavière à lui, chose importante, avant l'entrée en campagne [1].

A Strasbourg, il mit aussi la dernière main au gouvernement de la France. Il va passer le Rhin ; quelle destinée lui réserve la fortune ? quel sera l'esprit de Paris ? Peut-il compter sur la fidélité et la fermeté de son gouvernement ? Il demeure en rapport constant avec ses ministres, il écrit à l'archi-chancelier, et adresse un message au Sénat pour confirmer la nomination de son frère Joseph comme son lieutenant d'Empire pendant son absence : « il ne dissimule pas la longue et périlleuse campagne qui s'ouvre devant lui ; tous les corps politiques, le Sénat, les législateurs, le Tribunat, doivent redoubler de zèle pendant son absence ; il exige que le ministre

---

[1] *Lettre de Strasbourg, du 28 septembre 1805.*

Monsieur Otto,

« Enfin tout prend ici une couleur ; toute mon armée est arrivée, et en marche pour aborder le Necker. Vos lettres du 25 septembre m'ont fait plaisir. Vous vous êtes comporté, dans cette circonstance délicate, comme je devais m'y attendre. Je saisirai la première occasion pour vous le témoigner publiquement. S'il est vrai que les Russes avancent, peut-être serait-il convenable que l'électeur se rendît à Kalkreuth ; c'est surtout par des manœuvres et par des marches que je veux en venir facilement à bout. Le maréchal Bernadotte est en marche avec le maréchal Marmont et les troupes bavaroises pour se porter sur le Danube. Toute mon armée se lie à ce mouvement ; je serai moi-même en peu de jours en position de la diriger. Je me flatte qu'après la première bataille je pourrai remettre l'électeur à Munich. Je désire savoir si son intention est d'y rester de suite. Envoyez-moi, par courrier extraordinaire, toutes les nouvelles un peu sûres que vous pourrez avoir de Vienne et de Prague. Bade a conclu un traité d'alliance avec nous, il y a longtemps ; un pareil doit être signé avec Wurtemberg et Hesse-Darmstadt. Envoyez quelques courriers extraordinaires à Berlin, lorsque les circonstances le nécessiteront, pour donner des nouvelles de l'armée.

« Sur ce, je prie Dieu qu'il vous ait en sa sainte et digne garde. »

Signé, Napoléon.

ENTRÉE EN CAMPAGNE (1ᵉʳ OCTOBRE 1805). 513

de la police lui envoie des rapports journaliers sur l'esprit public, sur ce qu'il y a à craindre ou à espérer dans toutes les éventualités de la crise militaire : sur le champ de bataille, sa pensée sera toujours la France [1]. »

Avant tout, il faut vaincre ; il n'y a pas de force politique à Paris sans des succès en Allemagne ; l'Empire est fragile encore, tout dépend donc de l'armée et de ses premiers coups ; l'artillerie est-elle bien équipée, et la cavalerie a-t-elle des remontes ? Napoléon ne met point en doute le courage de ses braves troupes, et leur dévouement aux aigles : rien ne doit leur manquer ; à mesure qu'un régiment passe le Rhin, il en salue les glorieux drapeaux, il le baptise par un souvenir ; il réveille enfin l'esprit des soldats par des proclamations antiques. Dans le solennel langage des consuls de Rome, il annonce à l'armée que la troisième coalition a commencé : « Les Autrichiens ont violé les traités, l'armée française passe le Rhin pour les punir ; elle ne s'arrêtera plus qu'elle n'ait assuré l'indépendance germanique ; on ne fera plus de paix sans garantie ; l'Empereur est au milieu d'eux ; soldats, ils forment l'avant-garde du peuple ; ils ont des fatigues à subir, des difficultés à vaincre, mais ils ne prendront de repos que sur le territoire de leurs ennemis [2]. »

---

[1] Voici le message officiel de Napoléon au Sénat :

« Sénateurs, j'ai délégué au grand-électeur les pouvoirs nécessaires pour présider les séances et les conseils d'administration du Sénat. J'ai été fort aise de trouver l'occasion de donner à ce prince une preuve de mon estime pour ses talents, et de ma confiance illimitée dans son attachement à ma personne, et à vous, Sénateurs, un garant que mon absence ne retardera en rien la marche des affaires. J'ai pensé aussi que le bien de la patrie exigeait que pendant que je serai sur les frontières, le grand-électeur restât au milieu de vous.

« A notre quartier-général impérial de Strasbourg, le 30 septembre 1805. »
   Signé, Napoléon.

[2] Voici la proclamation de l'Empereur à l'armée :
   Soldats,

« La guerre de la troisième coalition est commencée. L'armée autrichienne a passé l'Inn, violé les traités, attaqué et chassé de sa capitale notre allié... Vous-mêmes, vous avez dû accourir à marches forcées à la

Le 1er octobre 1805, Napoléon passa le Rhin de sa personne; le 5, il était à Wurtzbourg pour diriger de ce centre commun, toutes les opérations de l'armée; Bernadotte, avec son corps fortifié des divisions bavaroises des généraux de Wrede et Deroi, se porta subitement et à marches forcées sur Nuremberg, la vieille cité, où il rallia l'armée de Hollande du maréchal Marmont, descendue sur le Rhin jusqu'à Mayence; 80,000 hommes manœuvrèrent ainsi à trente lieues sur le derrière du feld-maréchal Mack, et se placèrent entre Ulm, Munich et Vienne. Les corps des maréchaux Soult, Davoust, Ney et Lannes opéraient simultanément et avec une admirable précision un mouvement circulaire qui les portait en Bavière, en évitant les défilés de la Souabe et de la Franconie. Ainsi, la tête du mouvement était confiée à Bernadotte, et la queue au maréchal Davoust, appuyés sur le centre des maréchaux Lannes et Soult. Cette manœuvre si simple, si active et si belle, déroutait toute la stratégie du feld-maréchal Mack, qui avait fait des dispositions comme si toute l'armée française devait déboucher par la Forêt-Noire, à sa face. Complétement déroutés dans leurs plans, les généraux autrichiens durent dès lors se concentrer dans Ulm, et chercher un dégagement pour se joindre à l'armée du Tyrol ou de la Bohême.

défense de nos frontières. Mais déjà vous avez passé le Rhin : nous ne nous arrêterons plus que nous n'ayons assuré l'indépendance du corps germanique, secouru nos alliés, et confondu l'orgueil des injustes agresseurs. Nous ne ferons plus de paix sans garantie : notre générosité ne trompera plus notre politique. Soldats, votre Empereur est au milieu de vous. Vous n'êtes que l'avant-garde du grand peuple ; s'il est nécessaire, il se lèvera tout entier à ma voix, pour confondre et dissoudre cette nouvelle ligue qu'ont tissue la haine et l'or de l'Angleterre. Mais, soldats, nous aurons des marches forcées à faire, des fatigues et des privations de toute espèce à endurer : quelques obstacles qu'on nous oppose, nous les vaincrons et nous ne prendrons de repos que nous n'ayons planté nos aigles sur le territoire de nos ennemis. »

Napoléon.

COMBATS DE DONAWERTH ET DE WERTINGEN (1805).

Les premiers coups de l'armée française, vigoureux et fermes, furent portés à Donawerth. Vandamme, fougueux et dur à la tête de ses troupes impatientes, se précipite sur Donawerth ; là se trouvait en bataille, sur le pont, le régiment de Colloredo qui se défendit avec vaillance ; cédant au nombre, les Autrichiens firent leur retraite, tandis que le maréchal Soult se portait vigoureusement sur Augsbourg. En continuant sa marche circulaire, un autre engagement impétueux eut lieu encore à Donawerth entre une division de dragons et un régiment de cuirassiers autrichiens sur le pont du Lech ; rude croisement de fer : dragons et cuirassiers se mêlèrent, chacun conserva son honneur. On aurait dit un combat de la vieille chevalerie, un vaste choc de poitrails de chevaux, lorsqu'au moyen âge les Francs et les Germains en venaient aux prises sur le Rhin et la Moselle.

Chaque jour amenait son combat ; on était au 8 octobre ; Murat guidait, avec sa fierté martiale, une brigade de carabiniers, une autre de cuirassiers, superbes troupes. Les divisions des dragons Klein et Beaumont, grosse cavalerie de l'armée, formaient quatre-vingts escadrons pleins d'énergie ; arrivée à Wertingen, cette belle troupe rencontra douze bataillons de grenadiers hongrois soutenus par quatre escadrons de cuirassiers du régiment d'Albert. Tout aussitôt l'immense masse de cavalerie se déploie autour de ces huit mille grenadiers qui se forment en un vaste carré flanqué de droite et de gauche par des cuirassiers ; des charges successives vinrent mourir sur les baïonnettes autrichiennes ; un combat corps à corps s'engagea entre les deux cavaleries allemande et française ; les colonels donnèrent l'exemple : Maupety fut blessé, Arrighi eut deux chevaux tués sous lui, et Beaumont fit prisonnier, de sa main, un capitaine des cuirassiers autrichiens. A la fin, le carré ennemi fut enfoncé et mis en pleine déroute; la perte fut grande des deux côtés, et ce combat fut célèbre sous le nom de Wertingen. Les Hongrois ne cédèrent qu'à une charge à la baïonnette des grenadiers d'Oudinot arrivés sur le champ de bataille à la fin du combat. Wertingen fut le premier engagement sérieux depuis l'ouverture de la campagne, et Napoléon dut en féliciter l'armée comme d'un beau fait d'armes; il se montra familier avec tous, il le devait, car il fallait inspirer confiance; dans la revue qu'il passa de sa personne, il distribua des croix pour entretenir dans l'armée ce feu de gloire qui brillait depuis l'ouverture de la campagne. Les troupes s'étaient bien battues; ces corps d'élite reçurent les éloges de l'Empereur qui, le 10 octobre, était à Augsbourg, pour présider à cette circonvallation militaire qui déjà entourait Mack comme d'un cercle de feu [1].

Cependant chaque corps rivalisait d'énergie, chaque maréchal donnait ses gages à la victoire; le maréchal Soult à Memmingen prit une division autrichienne; le général Dupont avec 6,000 braves soldats s'opposait au passage de l'archiduc Ferdinand, qui l'attaquait avec 25,000 hommes. Puis eut lieu le combat d'Elchingen : le village d'Elchingen, où se voit le monastère aux murs blancs sur la montagne, s'élève en vaste amphithéâtre; au bas coule le Danube aux flots agités;

---

[1] Napoléon adressa même une proclamation aux Bavarois en ces termes :

Soldats bavarois,

« Je me suis mis à la tête de mon armée pour délivrer votre patrie d'injustes oppressions. La maison d'Autriche veut détruire votre indépendance et vous incorporer à ses vastes États. Vous serez fidèles à la mémoire de vos ancêtres qui, quelquefois opprimés, ne furent jamais abattus et conservèrent toujours leur indépendance, leur existence politique, premier bien des nations, comme la fidélité à la maison palatine est le premier de vos

des jardins pleins de fleurs et de vignes forment comme des espaliers en terrasses superposées. Le couvent couronne cette hauteur. 16,000 Autrichiens défendaient ce passage, flanqué de quarante pièces de canon; Ney les attaqua de face, comme un preux chevalier; on se battit vigoureusement sur le plateau; les Autrichiens, cernés par quatre divisions d'infanterie, firent leur retraite; on les refoula vers Ulm, point central de leur défense.

L'armée de France manœuvrait ainsi sur le flanc, la droite, la gauche et les derrières du feld-maréchal Mack obligé de se renfermer dans Ulm; les marches savamment calculées de l'Empereur avaient pour objet de préparer la capitulation de l'armée autrichienne en Souabe sans verser de sang. Tout avait réussi à souhait avec une armée si bonne manœuvrière : Mack, huit jours après l'ouverture de la campagne, était déjà compromis; il fallait le pousser vite à mettre bas les armes; on avait des renseignements précis sur la situation des alliés : douze régiments détachés de l'armée autrichienne d'Italie s'avançaient pour soutenir la position d'Ulm; le premier corps russe entrait en Moravie, sa marche avait éprouvé un long retard par l'opposition qu'avait mise le gouvernement prussien à donner passage à cette armée russe, sous prétexte de la neutralité. Le plan de la coalition trouvait partout ainsi des obstacles à son développement stratégique.

Napoléon, au contraire, était secondé en toute chose;

---

devoirs. En bon allié de votre souverain, j'ai été touché des marques d'amour que vous lui avez données dans cette circonstance importante. Je connais votre bravoure ; je me flatte qu'après la première bataille je prouverai à votre prince et à mon peuple que vous êtes dignes de combattre dans les rangs de la grande armée. »

Signé, Napoléon.

Par ordre de l'Empereur et Roi :
Le major-général de l'armée,
Maréchal Berthier.

ce qui était obstacle à ses ennemis faisait sa force; il avait foulé aux pieds le principe de la neutralité. Jamais il ne s'était montré plus infatigable; sachant qu'il y avait quelque incertitude dans l'ennemi, que devait-il faire, lui? agir avec vigueur, dominer toutes les résolutions par la promptitude et l'activité de ses manœuvres. Jour et nuit il était à cheval, répondant aux soldats et aux officiers, couvert de boue, sous la tente, au bivouac, familier avec le dernier grenadier de l'armée, ses paroles étaient de feu. De certaines journées Napoléon fit jusqu'à dix-huit lieues par des chemins affreux; et dans cette brûlante activité des camps, il continuait sa correspondance diplomatique avec l'électeur de Bavière et M. Otto. Afin que rien ne gênât le libre développement de sa pensée militaire, il devait avant tout rassurer Maximilien-Joseph, toujours inquiet du résultat de la guerre. Napoléon eut besoin de son corps de fer; il lui importait de montrer qu'il était partout; pour mériter sa couronne, il fallait consacrer sa vie à la grande armée. Le soldat devait dire : « Ces lauriers qui surmontent son diadème d'or, il les mérite, il est le seul digne de conduire nos aigles. » C'est un trait caractéristique de cette campagne d'Austerlitz que la familiarité intime de Napoléon avec ses soldats; raffermi sur le trône, il eut plus de fierté.

À Ulm, le général Mack avait rappelé toutes les forces dispersées; son but semblait être, en concentrant ses moyens militaires, de se porter en masse sur le corps français le plus rapproché, le refouler sur le Danube afin de rétablir ses communications, soit avec la Bavière, soit avec le Tyrol; il devait s'ouvrir un passage et hasarder cette manœuvre par éventail du centre sur un point ou sur un autre, telle que Napoléon l'exécuta si merveilleusement à Dresde, en 1813; c'était pour le feld-maréchal Mack une nécessité d'honneur avec 56,000 hommes. Des informations lui firent connaître que le corps du maréchal Ney, le plus faible et le plus rapproché, pouvait être facilement attaqué; Mack traça l'ordre de bataille : les Autrichiens déploieraient des masses de colonnes à Guntzbourg sous l'archiduc Ferdinand. La trouée fut violente, l'énergie des troupes françaises demeura victorieuse encore; il y eut plusieurs de ces combats partiels où les Autrichiens attaquèrent mollement et sans résultat; qui pouvait passer sur le corps de l'armée française, si alerte et si ferme dans ses mouvements?

Alors commença le système des capitulations par masses; le corps autrichien qui se trouvait dans Memmingen mit bas les armes. Ces exemples sont contagieux dans la guerre; les agents français s'introduisaient partout au milieu des rangs autrichiens; on disait aux Allemands : « Pourquoi faisons-nous la guerre? nous voulons la paix; notre Empereur désire voir le vôtre; tout s'arrangera; ce sont les Russes qui oppriment les Allemands; chassez les Moscovites et la paix est faite. Pourquoi nous battons-nous? évacuez la Bavière et tout est fini. » Quand les Autrichiens capitulèrent à Memmingen, le maréchal Bernadotte faisait son entrée à Munich; le corps bavarois prit possession de la ville, et Napoléon déclara « que seul il respectait les traités, en rétablissant l'électeur dans tous ses droits et prérogatives [1]. Ce qu'il

---

[1] La plus active correspondance est suivie par Napoléon avec M. Otto; on voit tout l'intérêt que met Napoléon à se bien poser avec l'électeur.

Lettre de Luidsbourg, du 20 otobre 1805.
 Monsieur Otto,
« Je vous envoie mes lettres pour MM. Duroc et de Laforest. Il me devient instant d'être instruit du mouvement de l'ennemi sur la gauche du Danube. Envoyez-moi donc un ou deux courriers par jour; vous donnerez à vos courriers pour direction les avant-postes français. Je suis en pleine marche; je vais me rendre à Stuttgard. J'imagine que le maréchal Bernadotte et le maréchal Marmont y sont déjà. »

Signé, Napoléon.

faisait pour l'électeur, il le ferait pour François II alors à la discrétion des Russes. » Les Bavarois, dignes soldats allemands, avaient combattu sous le général de Wrède avec une ardeur égale à celle des troupes françaises; ils fortifièrent Munich. Ulm se trouvait ainsi entouré comme d'un cercle d'acier; sur toutes les directions il y avait des corps français qui se liaient les uns aux autres et pouvaient se prêter un mutuel appui jusqu'à Munich.

Nul ne pouvait secourir le général Mack; les Russes étaient trop éloignés pour arriver à temps au pied des murailles, et d'ailleurs Bernadotte, réuni au corps de Marmont et aux Bavarois, pouvait offrir un front de 80,000 hommes à l'armée russe de Bohême. Serait-ce l'armée autrichienne du Tyrol inférieure en force à tous les corps qui pouvaient s'opposer à elle? L'Empereur pouvait disposer de 60 à 80,000 hommes pour se porter à la rencontre des Autrichiens. Dans cette situation, que fallait-il faire? Le devoir d'hommes de courage sous un énergique général, je le répète, c'était de faire une trouée, de se porter sur un point en masse serrée, afin de s'ouvrir un passage sur le corps des ennemis, et en pareil cas on réussit toujours à la tête de 36,000 hommes. Il y avait avec Mack deux généraux d'un mérite distingué, le feld-maréchal comte de Giulay, et le comte de Klénau. L'archiduc Ferdinand était parvenu à faire sa retraite; d'autres auraient pu opérer

4 octobre 1805.

Monsieur Otto,

« Je reçois votre lettre du 1er. Les nouvelles que vous me donnez des Russes ne sont pas assez précises; je vous avais mandé d'envoyer quelqu'un à Tescher, à Olmutz, afin de savoir positivement quand ils arrivent. Je recevrai avec plaisir le baron Grayenreuth, et je lui accorderai ma confiance, d'après le bien que vous m'en dites. Tout le monde est en marche. J'espère fortement qu'avant le 7 octobre, je pourrai remettre l'électeur à Munich. Faites-moi connaître si son intention est d'y venir ou à qui il veut donner la régence. L'affaire d'Anspach ne peut être un sujet de querelle avec la Prusse, d'abord parce que je n'en ai pas été pré-

comme lui ; mais le général qui exerça une fatale influence sur toute la campagne, fut le prince Jean de Lichtenstein, objet constant d'éloges dans les bulletins français. Napoléon le connaissait bien ; brave de sa personne, faible de caractère, il était dévoué au parti français et à la paix; avec quelques paroles on pouvait lui persuader que l'empereur Napoléon voulait traiter avec François II, et que par son influence il pouvait amener la paix en séparant la cause autrichienne de celle des Russes. « Les Allemands, disait-on, étaient trop intelligents pour être confondus avec les barbares du Nord qui s'avançaient en Moravie. » Paroles que Napoléon faisait traduire incessamment aux officiers autrichiens à qui l'épée était rendue. Mack n'était pas dépourvu de talent ; tour à tour décidé et faible, il était impressionnable à tous les événements; un jour plein d'énergie, il proclamait qu'on devait se défendre jusqu'à la dernière extrémité, menaçant d'une peine sévère quiconque parlerait de se rendre; le lendemain la terreur venait, ou bien quelque voix mystérieuse se faisait entendre, celle de Schulmeister peut-être, le démon tentateur de l'état-major autrichien, et qui passa plus d'une fois par les poternes d'Ulm ; alors Mack perdait la tête et deman-

---

venu, et qu'il ne suffisait pas de prévenir mon général ; ensuite parce que j'ai dû suivre les errements de la dernière guerre, pendant laquelle on a passé à Anspach autant qu'on a voulu ; c'est dans ce sens que vous devez en parler avec le ministre de Prusse et avec l'électeur. Deux patrouilles ennemies ont été coupées, ce qui nous a valu un détachement d'une quarantaine de prisonniers à cheval. Assurez bien l'électeur que je ne poserai plus les armes que je ne l'aie mis en état d'entretenir une armée de 50,000 hommes, et de n'avoir plus aucune espèce de lien ni de dépendance avec la maison d'Autriche. Les princes de Wurtemberg trouvent ici que l'électeur a tort de ne point porter des plaintes à Ratisbonne, et même des plaintes énergiques. Vous recevrez ce courrier de vendredi à samedi; je désire que vous me le renvoyiez, pour que je le reçoive avant le 7, et que je sache ce qu'il y a de nouveau de vos côtés. Il serait assez convenable que l'électeur fît une proclamation à son peuple, où il fît sentir toutes les vexations qu'a commises envers lui la maison d'Autriche, etc. »

Signé, Napoléon.

dait à capituler. Un ordre du 15 octobre constate l'état de faiblesse et de désorganisation morale de cet esprit mal fait. Le général Mack « déclarait responsables sur le devoir et l'honneur tous les officiers-généraux supérieurs qui prononceraient le mot reddition ; l'armée russe et allemande allait venir à son secours ; les Français étaient dans le plus pitoyable état ; les Autrichiens d'Ulm ne pouvaient manquer de vivres, car on avait plus de 5,000 chevaux à manger. » Après toutes ces belles protestations, le général Mack reçoit sans rougir, sans murmurer, les propositions que lui envoie l'Empereur des Français avec cette habileté et cette finesse insinuante qu'il savait employer. Napoléon ne perdit pas un seul moment de vue la position de Mack ; il lui plaisait d'avoir toute cette armée sans coup férir.

M. de Ségur fut chargé d'entamer les premières propositions avec le général Mack. Dans un rapport adressé à l'Empereur, l'aide-de-camp donne avec esprit et exactitude le journal de cette capitulation minute par minute. « Hier, 16 octobre, l'Empereur m'a fait appeler dans son cabinet ; il m'a ordonné d'aller à Ulm, de décider Mack à se rendre dans cinq jours, et, s'il en exigeait absolument six, de les lui accorder.

Lettre de Luidsbourg, du 5 octobre 1805.
Monsieur Otto,

« L'aide-de-camp de l'électeur m'a apporté votre dépêche. Il paraît qu'il est resté plus de 6,000 hommes à Wurtzbourg, cela est trop ; je pars à l'instant même de Luidsbourg ; je serai à Wordlingen, sur le territoire de Bavière, demain 6 ; mes corps d'armée sont en très grandes marches. Les corps bavarois et ceux des généraux Bernadotte et Marmont sont appuyés par les généraux Ney et Soult. Le 7 et le 8, nous serons tous depuis Donawerth jusqu'à Ingolstadt ; jamais une aussi grande quantité de troupes n'aura occupé un si petit espace. Pourquoi l'électeur ne viendrait-il pas assister au passage du Danube et à notre entrée chez lui ? Je n'attache, au reste, aucune importance à ce que je vous dis-là.

Signé, Napoléon

Lettre de Donawerth, du 8 octobre 1805.
Monsieur Otto,

« Les événements se pressent avec rapidité ; j'ai passé hier le Danube et le Lech ; j'ai fait attaquer Augsbourg et Aicha, où on doit être à l'heure qu'il est ; il serait possible qu'on eût enveloppé un corps de 10,000 hommes qui, du Danube, a fait sa

Je n'ai pas reçu d'autres instructions. La nuit était noire; un ouragan terrible venait de s'élever, il pleuvait à flots; il fallait passer par des chemins de traverse et éviter des bourbiers où l'homme, le cheval et la mission pouvaient finir avant terme. J'ai été presque jusqu'aux portes de la ville sans trouver nos avant-postes; il n'y en avait plus : factionnaires, védettes, grand'gardes, tout s'était mis à couvert; les parcs d'artillerie même étaient abandonnés; point de feux, point d'étoiles. Il a fallu errer pendant trois heures pour trouver un général. J'ai traversé plusieurs villages et questionné inutilement ceux qui les remplissaient. J'ai enfin trouvé un trompette d'artillerie à moitié noyé dans la boue sous son caisson; il était raide de froid. Nous nous sommes approchés des remparts d'Ulm. On nous attendait sans doute, car au premier appel, M. de Latour, officier parlant bien français, s'est présenté. Il m'a bandé les yeux, et m'a fait gravir par-dessus les fortifications. J'observai à mon conducteur que la nuit était si noire qu'elle rendait le bandeau inutile; mais il m'objecta l'usage. La course me paraissait longue. Je fis causer mon guide : mon but était de savoir quelles troupes renfermait la ville. Je lui demandai si nous étions encore

---

retraite sur cette position; douze bataillons de grenadiers viennent d'être enveloppés à Wertingen, entre le Lech et le Danube : artillerie, drapeaux, et la plus grande partie du corps a été pris (Napoléon ajoute ici de sa main : *Et plus de compromis*). Le maréchal Bernadotte et les Bavarois devront être demain à Ingolstadt; je me porte sur les derrières d'Ulm. Tous les jours deviennent plus intéressants; si l'ennemi fait quelques fautes, elles pourront avoir des résultats funestes pour lui. Faites connaître ce premier succès au général Duroc, à Berlin, et à l'électeur, auquel j'écrirai quand je pourrai lui annoncer que son pays est reconquis, après une grande bataille qui aura lieu un de ces jours.

Signé, Napoléon.

11 octobre 1805 (Augsbourg).

Monsieur Otto,

« Je vous ai fait instruire des résultats du combat de Wertingen et de Guntzbourg; l'armée du prince Ferdinand est entièrement coupée, et le prince Murat, avec une division de dragons et les corps des maréchaux Lannes et Ney, est à sa suite. Tous les débouchés, le long du Lech, sont coupés par le maréchal Soult; le maréchal

loin de la demeure du général Mack et de celle de l'archiduc : « C'est tout près, » me répondit mon guide. J'en conclus que nous tenions dans Ulm tout le reste de l'armée autrichienne. La suite de la conversation me confirma dans cette conjecture. Nous arrivâmes enfin dans l'auberge où le général en chef demeurait. Il m'a paru grand, âgé, pâle; l'expression de sa figure annonce une imagination vive. Ses traits étaient tourmentés par une anxiété qu'il cherchait à cacher. Après avoir échangé quelques compliments, je me nommai; puis entrant en matière, je lui dis que je venais de la part de l'Empereur le sommer de se rendre, et régler avec lui les conditions de la capitulation. Ces expressions lui parurent insupportables, et il ne convint pas d'abord de la nécessité de les entendre. J'insistai, en lui observant qu'ayant été reçu, je devais supposer, ainsi que l'Empereur, qu'il avait apprécié sa position : mais il me répondit vivement : « qu'elle allait bien changer; que l'armée russe s'approchait pour le secourir, qu'elle nous mettrait entre deux feux, et que peut-être ce serait bientôt à nous à capituler. » Je lui répliquai : « que dans sa position, il n'était pas étonnant qu'il ignorât ce qui se passait en Allemagne; qu'en conséquence, je devais lui apprendre

---

Bernadotte a dû entrer aujourd'hui à Munich. J'ai fait la galanterie à l'électeur d'y faire entrer, le premier, son corps de Bavarois. Du moment que j'aurai la nouvelle de l'entrée de ces troupes à Munich, j'écriai à l'électeur d'y venir; il peut toujours faire préparer ses équipages. J'en serai d'autant plus aise que les 7 à 8,000 hommes qu'il a gardés à Wurtzbourg le suivront, ce qui fera un accroissement pour l'armée. Envoyez un courrier extraordinaire à Berlin, au général Duroc, et à M. de Laforest, en cas que le général Duroc n'y soit plus, pour l'instruire de ces nouvelles; écrivez aussi une longue dépêche au général de division Barbou, qui commande en Hanovre, pour lui donner tous ces renseignements. 20,000 hommes de l'armée autrichienne d'Italie filent sur l'Allemagne; mon armée d'Italie doit attaquer demain, et après l'affaiblissement qu'a éprouvé l'armée autrichienne, je suis fondé à espérer des succès. J'attends d'avoir des nouvelles plus positives des Russes pour pouvoir marcher à eux, et m'en débarrasser le plus tôt possible. J'ai besoin de chevaux; que tous ceux que l'on pourra me fournir soient envoyés à Augsbourg où je

que le maréchal Bernadotte occupait Ingolstadt et Munich, et qu'il avait ses avant-postes sur l'Inn, où les Russes ne s'étaient pas encore montrés.

« Ici le général Mack montra de la colère : « Que je sois le plus grand..., s'écria-t-il, si je ne sais pas par des rapports certains que les Russes sont à Dachau! Croit-on m'abuser ainsi? me traite-t-on comme un enfant? Non, M. de Ségur. Si dans huit jours je ne suis pas secouru, je consens à rendre ma place, à ce que mes soldats soient prisonniers de guerre, et leurs officiers prisonniers sur parole. Alors on aura eu le temps de me secourir, j'aurai satisfait à mon devoir : mais on me secourra, j'en suis certain! — J'ai l'honneur de vous répéter, M. le général, que nous sommes non seulement maîtres de Dachau, mais de Munich : d'ailleurs, en supposant vraie votre erreur, si les Russes sont à Dachau, cinq jours leur suffisent pour venir nous attaquer, et S. M. vous les accorde. — Non, monsieur, reprit le maréchal; je demande huit jours, ils sont indispensables à ma responsabilité. — Ainsi, repris-je, toute la difficulté consiste dans cette différence de cinq à huit jours! mais je ne conçois pas l'importance que votre excellence y attache, quand S. M.

---

les payerai; faites-les donc conduire à Augsbourg, j'en prendrai autant qu'on m'en fournira de bons.

Signé, Napoléon.
Autre lettre d'Augsbourg, du 12 octobre 1805.

Monsieur Otto,

« Je vous réponds par votre courrier deux mots, car je pars dans une heure pour me rendre à Burgau. La lenteur de la marche des Bavarois et le temps affreux qu'il fait ont retardé le général Bernadotte; son avant-garde était hier à deux lieues de Munich, il a dû y entrer aujourd'hui : je n'en ai point de nouvelles. Vous trouverez ci-joint un bulletin qui vous fera connaître la situation des choses. La bataille aura lieu après-demain 14; j'espère que l'armée autrichienne sera détruite ou faite prisonnière, et que l'armée russe ne tardera pas à avoir le même sort, toutefois avec l'aide de Dieu, qui est le Dieu des armées.

« Je désire que l'électeur attende ma lettre pour venir. Je sais qu'il doit être accompagné par sa famille, et je suis trop galant pour vouloir exposer ces dames; je lui écrirai le 14 au soir, du champ de ba-

est devant vous, à la tête de plus de cent mille hommes, et quand les corps du maréchal Bernadotte et du général Marmont suffisent pour retarder de ces trois jours la marche des Russes, même en les supposant où ils sont encore bien loin d'être. — Ils sont à Dachau, répéta le général Mack. — Bien! soit! M. le baron, et même à Augsbourg; nous en sommes d'autant plus pressés de terminer avec vous: ne nous forcez donc pas d'emporter Ulm d'assaut; car, au lieu de cinq jours d'attente, l'Empereur y serait dans une matinée. — Ah! monsieur, ne pensez pas que 15,000 hommes se laissent ainsi forcer si facilement. Il vous en coûterait cher! — Quelques centaines d'hommes, lui répondis-je, et à vous votre armée et la destruction d'Ulm, que l'Allemagne vous reprocherait; enfin tous les malheurs d'un assaut, que S. M. veut prévenir par la proposition qu'elle m'a chargé de vous faire. — Dites, s'écria le maréchal, qu'il vous en coûterait dix mille hommes! la réputation d'Ulm est assez connue. — Elle consiste dans les hauteurs qui l'environnent, et nous les occupons. — Allons donc, monsieur, il est impossible que vous ne connaissiez pas la force d'Ulm! — Sans doute, M. le maréchal, et d'autant mieux que nous voyons dedans. — Eh bien! monsieur, dit alors ce malheureux maréchal, vous y

taille, ce que je pense qu'il sera convenable qu'il fasse. Faites passer ces nouvelles à Berlin et au général qui commande en Hanovre. Le découragement de l'armée autrichienne n'a pas d'exemple. Nos plus mauvais régiments de chasseurs attaquent, en nombre inférieur, les gros régiments de cuirassiers et les mettent en déroute; l'infanterie ne tient nulle part.

« Sur ce, etc. »   *Signé*, Napoléon.

« P. S. Annoncez à l'électeur que l'armée bavaroise et française est entrée aujourd'hui à Munich, à six heures du matin; elle a fait 800 prisonniers. Le maréchal Bernadotte me mande qu'il est à cheval, suivant un parc de cent pièces de canon qui n'est pas éloigné. Le prince Ferdinand se trouvait à Munich, il avait donc quitté son armée de l'Iller. La confusion des Autrichiens paraît extrême; il y aura bien des nouvelles d'ici à huit ou dix jours. »

Lettre de l'abbaye d'Elchingen, du 18 octobre 1805.

Monsieur Otto,

« Je vous envoie un nouveau bulletin, vous y verrez que nos succès ne sauraient

voyez des hommes prêts à se défendre jusqu'à la dernière extrémité[1], si votre Empereur ne leur accorde pas huit jours. Je tiendrai longtemps ici. Il y a dans Ulm 5,000 chevaux que nous mangerons, avec autant de plaisir que vous le feriez à notre place. — Trois mille chevaux? répliquai-je, ah! monsieur le maréchal, la disette que vous devez éprouver est donc déjà bien grande, puisque vous songez à une si triste ressource. »

M. de Ségur montrait ici l'homme d'esprit, vif, le caractère français en un mot. Il continue : « Le maréchal se dépêcha de m'assurer qu'il avait pour dix jours de vivres; mais je n'en crus rien. Le jour commençait à poindre, nous n'avancions pas. Je pouvais accorder six jours; mais le général Mack tenait si obstinément à ses huit jours, que je jugeai cette concession d'un jour inutile, je ne la risquai pas. Je me levai, en disant que mes instructions m'ordonnaient d'être revenu avant le jour, et, en cas de refus, de transmettre, en passant, au maréchal Ney l'ordre de commencer l'attaque. Ici le général Mack se plaignit de la violence de ce maréchal envers un de ses parlementaires qu'il n'avait pas voulu écouter. Je profitai de cet incident pour bien faire remarquer qu'en effet le caractère du maréchal était bouillant, impétueux, impossible à contenir; qu'il commandait le corps le plus nombreux et le plus rapproché;

être plus complets. Dites à l'électeur qu'il ne s'inquiète point de la retraite du prince Ferdinand, qu'il est sorti d'Ulm avec 12,000 hommes, mais qu'il ne lui en reste plus que 6,000; je serai dans peu de jours à Munich. Du moment que je saurai le sort que le prince Murat et le maréchal Lannes, que j'ai mis à la poursuite du prince Ferdinand, lui auront fait essuyer, j'écrirai à l'électeur.

« Sur ce, etc. »

Signé, Napoléon.

[1] Voici l'ordre du jour étrange publié par le général Mack.

Ordre général du 15 octobre 1805.

« Au nom de S. M., je rends responsables sur leur honneur, sur leurs devoirs et leur propre bonheur, tous les généraux, officiers-supérieurs et officiers qui prononceraient encore le mot de *reddition*, et qui penseraient encore à autre chose qu'à la défense la plus opiniâtre; défense qui ne pourra durer longtemps, vu que

qu'il attendait avec impatience l'ordre de livrer l'assaut, et que c'était à lui que je devais le transmettre en sortant d'Ulm. Le vieux général, ne se laissant point effrayer, insista sur les huit jours, en me pressant d'en porter la proposition à l'Empereur. »

Il y avait ici une aberration d'esprit inexplicable, ou bien un jeu joué! Que signifiaient toutes ces conversations et où tendaient-elles? M. de Ségur continue : « Le général Mack est prêt à signer la perte de l'Autriche et la sienne; et pourtant dans cette position désespérée, où tout en lui doit souffrir cruellement, il ne s'abandonne pas encore; son esprit conserve ses facultés, sa discussion est vive et tenace; il défend la seule chose qui lui reste à défendre, le temps. Il cherche à retarder la chute de l'Autriche, dont il est cause; il veut lui donner quelques jours de plus pour s'y préparer : lui perdu, il dispute encore pour elle. Entraîné par son caractère plus politique que militaire, il veut encore jouer au plus fin contre le plus fort, sa tête s'égare dans une foule de conjectures. Le 17, vers neuf heures du matin, j'ai retrouvé l'Empereur à l'abbaye d'Elchingen, où je lui ai rendu compte de cette négociation; il en a paru satisfait : il m'a fait rappeler; et, comme je tardais, il a envoyé le maréchal Berthier me

dans très peu de jours les avant-gardes des deux grandes armées, savoir, d'une armée impériale-royale et d'une armée russe, paraîtront devant Ulm pour nous délivrer. L'armée ennemie est dans la situation la plus horrible, tant par le mauvais temps que par le manque de vivres. Il est impossible qu'elle puisse encore rester dans nos contrées au-delà de quelques jours. Elle ne peut tenter l'assaut qu'en petits détachements, vu que presque partout nos fossés sont très larges : rien n'est en conséquence plus facile que de tuer les assaillants et de les faire prisonniers. Si les vivres venaient à nous manquer, nous avons pour nous nourrir plus de 3,000 chevaux. Moi-même serai le premier à me nourrir de la chair de cheval, et j'espère que chacun fera volontiers cause commune avec moi. J'espère la même chose des bons habitants de la ville et je leur réitère l'assurance qu'ils seront libéralement dédommagés et indemnisés de tout. »

Mack.

porter par écrit les propositions nouvelles qu'il voulait que je fisse signer au général Mack sur-le-champ [1]. L'Empereur accordait au général autrichien huit jours, mais à dater du 15, premier jour du blocus, ce qui les réduisait en effet aux six jours que j'avais pu d'abord proposer, et que je n'avais pas voulu concéder. Toutefois en cas d'un refus obstiné, j'étais autorisé à dater ces huit jours du 17, et l'Empereur gagnait encore un jour à cette concession. Il tenait à entrer promptement dans Ulm, pour augmenter l'importance de sa victoire par sa rapidité, afin d'arriver à Vienne avant que cette ville fût remise de sa stupeur et que l'armée russe eût pu se mettre en mesure, et enfin parce que les vivres commençaient à nous manquer. Le major-général maréchal Berthier me prévint qu'il s'approcherait de la ville, et que, les conditions réglées, il serait bien aise que je l'y fisse pénétrer. Je suis rentré dans Ulm vers midi, toujours avec les mêmes précautions; mais cette fois j'ai trouvé le général Mack à la porte de la ville. Je lui ai

---

[1] Je donne ici les textes de la capitulation d'Ulm.

Capitulation de la ville d'Ulm, occupée par les troupes de S. M. l'Empereur d'Autriche et roi de Hongrie, et remise aux armes de S. M. l'Empereur des Français et roi d'Italie.

« Entre nous, Alexandre Berthier, maréchal d'Empire, commandant la première cohorte de la Légion d'honneur, grand-cordon, grand-veneur, grand-officier de l'Aigle noir et de l'Aigle rouge, major-général de la grande armée, ministre de la guerre, chargé de stipuler pour S. M. l'Empereur des Français et roi d'Italie; et M le feld-maréchal baron de Mack, quartier-maître-général des armées de S. M. l'Empereur d'Autriche et roi de Hongrie, il a été convenu ce qui suit :

« Article 1er. La place d'Ulm sera remise à l'armée française avec tous ses magasins et son artillerie. — *Réponse du général autrichien.* La moitié de l'artillerie de campagne restera aux troupes autrichiennes. — *Refusé.*

« Art. 2. La garnison sortira de la place avec tous les honneurs de la guerre; et après avoir défilé, elle remettra ses armes. MM. les officiers seront renvoyés sur parole en Autriche, et les soldats et sous-officiers seront conduits en France, où ils resteront jusqu'à parfait échange. — *Réponse.* Tout le monde sera renvoyé en Allemagne, sous condition de ne pas servir contre la France jusqu'à l'échange. — *Refusé.*

« Art. 3. Tous les effets appartenants aux officiers et aux soldats leur seront laissés. — *Réponse.* Les caisses des régiments aussi. — *Accordé.*

« Art. 4. Les malades et les blessés autri-

remis l'*ultimatum* de l'Empereur; il est allé le discuter avec plusieurs généraux, parmi lesquels je crus remarquer un prince de Lichtenstein et les généraux Klénau et Giulay. Un quart d'heure après, il revint disputer encore avec moi sur la date. Un malentendu lui persuada qu'il obtenait les huit jours entiers à partir du 17. Alors, avec une émotion de joie bien singulière : « Monsieur de Ségur! mon cher monsieur! s'écria-t-il, je comptais sur la générosité de l'Empereur : je ne me suis pas trompé... Dites au maréchal Berthier que je le respecte... Dites à l'Empereur que je n'ai plus que de légères observations à faire; que je signerai tout ce que vous m'apporterez.... Mais dites à Sa Majesté que le général Ney m'a traité bien durement; que ce n'est pas ainsi qu'on traite.... Répétez bien à l'Empereur que je comptais sur sa générosité... » Puis avec une effusion de cœur, il ajouta : « M. de Ségur, je tiens à votre estime;... je tiens beaucoup à l'opinion que vous aurez de moi; je veux vous faire voir l'écrit que j'avais signé; car j'étais

chiens seront soignés comme les malades et les blessés français. — *Réponse*. Nous connaissons la loyauté et l'humanité françaises.

« Art. 5. Cependant s'il se présentait, le 25 octobre 1805 avant midi, un corps d'armée capable de débloquer la ville d'Ulm, alors la garnison de cette place serait dégagée de la présente capitulation, et serait libre de faire ce qu'elle voudrait. — *Réponse*. Si jusqu'au 25 octobre à minuit inclusivement, des troupes autrichiennes ou russes débloquaient la ville de quelque côté ou porte que ce soit, la garnison sortira librement avec ses armes, son artillerie et cavalerie, pour joindre les troupes qui l'ont débloquée. — *Accordé*.

« Art. 6. Une des portes de la ville d'Ulm (la porte de Stuttgard) sera remise, à sept heures du matin, à l'armée française, ainsi qu'un quartier suffisant pour pouvoir contenir une brigade. — *Réponse*. Oui.

« Art. 7. L'armée française pourra faire usage du grand pont sur le Danube et communiquer librement d'une rive à l'autre. — *Réponse*. Le pont est brûlé; on fera l'impossible pour le refaire.

« Art. 8. Le service sera réglé de part et d'autre, de manière à ce qu'il ne se commette aucun désordre, et que tout soit dans la meilleure harmonie entre les deux armées. — *Réponse*. La discipline française et autrichienne nous en est le sûr garant.

« Art. 9. Tous les chevaux d'artillerie, de cavalerie, de charrois, appartenant à S. M. l'Empereur d'Autriche et roi de Hongrie, seront remis à l'armée française.

« Art. 10. Les articles 1, 2, 3, 4 et 9 n'auront leur exécution que lorsque le voudra M. le général commandant les troupes au-

décidé. » En parlant ainsi il déploya une feuille de papier où je lus ces mots : *Huit jours ou la mort!* Signé *Mack.* Je restai frappé d'étonnement en voyant l'expression de bonheur qui brillait sur sa figure; j'étais saisi et comme consterné de cette puérile joie pour une si vaine concession. »

Cette partie du rapport de M. de Ségur constate la démoralisation stupide du général Mack; cet homme n'était plus à lui : « Dans un naufrage si considérable, à quelle faible branche le malheureux général croyait-il donc pouvoir rattacher son honneur, celui de son armée et le salut de l'Autriche? Il me prenait les mains, me les serrait, me permettait de sortir d'Ulm les yeux libres; il me laissait introduire le maréchal Berthier dans cette place sans formalités. Enfin il était heureux! Il y eut encore devant le maréchal Berthier une discussion sur les dates. J'expliquai le malentendu : on s'en remit à l'Empereur. Le général Mack m'avait assuré le matin qu'il lui restait pour dix jours de vivres; il en avait si peu, comme au reste j'en avais prévenu Sa Majesté, qu'il demanda de-

trichiennes, pourvu que cela ne puisse dépasser le 25 octobre 1805, avant midi ; et si à cette époque une armée assez en force se présentait pour faire lever le blocus, la garnison serait libre, conformement à l'art. V, de faire ce qu'elle voudrait.

« Fait double à Ulm le 17 octobre 1805. »
Signé, le maréchal Berthier.
Signé, Mack.

État des régiments enfermés dans la ville d'Ulm.

Une partie du régiment de cavalerie de Schwartzenberg, hulans; les régiments de Hohenlohe, dragons; Mack, cuirassiers; Archiduc-François; un détachement des hussards de Blankenstein ; et plusieurs ordonnances, chez les généraux, des régiments de Latour, Rosemberg, Klénau, et de l'Archiduc-Albert. — *Infanterie :* chasseurs tyroliens; Collowrath ; Manfredini ; Iwo-lich; Archiduc-Charles; un détachement du régiment de l'Empereur. — *Grenadiers :* Hildbourghausen, ci-devant Beuder, un bataillon; Archiduc-Charles, un bataillon; Manfredini, un bataillon ; Colloredo, un bataillon; Stuart, un bataillon.

Capitulation additionnelle sur la reddition d'Ulm.

« Le maréchal Berthier, major-général de l'armée française, autorisé par ordre exprès de l'Empereur des Français, donne sa parole d'honneur : 1º que l'armée autrichienne est aujourd'hui au-delà de l'Inn, et que le maréchal Bernadotte, avec son armée, est en position entre Munich et l'Inn ; 2º que le maréchal Lannes, avec son corps d'armée, est à la poursuite du prince Ferdinand, et était hier à Aalen ; 3º que le prince Murat, avec son corps d'armée, était hier à Nordlingen ; que les lieutenants-généraux Wer-

vant moi la permission d'en faire entrer le jour même. Mack, se voyant tourné, s'est imaginé qu'en se jetant dans Ulm, il attirerait l'Empereur devant ses remparts, l'y retiendrait, et favoriserait ainsi la fuite que tenteraient ses autres corps par différentes directions. Il pense s'être dévoué : c'est ce qui soutient son courage. Lorsque je négocie avec lui, il croit notre armée immobile, et comme en arrêt devant Ulm. Il en a fait sortir furtivement l'archiduc et Werneck; une autre division avait tenté de s'évader vers Memmingen, une autre encore fuyait vers les montagnes du Tyrol : toutes sont ou vont être faites prisonnières. Aujourd'hui 19, le général Mack est venu voir l'Empereur à Elchingen. Toutes ses illusions se sont évanouies. Sa Majesté, pour le persuader de ne plus le retenir inutilement devant Ulm [1], lui a fait envisager sa position et celle de l'Autriche dans toute son horreur. Il lui a appris nos succès sur tous les points; que le corps de Werneck, toute son artillerie et huit généraux capitulaient; que l'archiduc lui-même était atteint, et qu'on n'entendait pas parler

neck, Baillet, Hohenzollern et sept autres généraux ont capitulé avec leur corps d'armée au village de Troizetelfingen; 4° que le maréchal Soult est entre Ulm et Bregentz, surveillant la route du Tyrol; qu'il n'y a donc aucune possibilité à ce qu'il soit secouru.

« M. le lieutenant-général, quartier-maître-général Mack, portant croyance aux déclarations ci-dessus, est prêt à évacuer dans la journée de demain la ville d'Ulm, y mettant pour condition que le corps entier de M. le maréchal Ney, composé de douze régiments d'infanterie et de quatre régiments à cheval, ne quittera pas Ulm et un rayon de dix lieues jusqu'au 25 octobre à minuit, époque où expire la capitulation. MM. le maréchal Berthier, et le baron de Mack, lieutenant-général, quartier-maître-général, conviennent des articles ci-dessus. En conséquence, demain à 3 heures après midi, l'armée autrichienne défilera devant S. M. l'Empereur des Français, avec tous les honneurs de la guerre; elle posera les armes, et des ordres de route seront donnés à MM. les officiers, qui conserveront leurs armes pour se rendre en Autriche par les deux routes de Kempten et de Bregentz, pour le Tyrol.

« Fait double à Elchingen, le 19 octobre 1805. »

Signé, le maréchal Berthier.

Signé, le lieutenant-général Mack.

[1] L'Empereur avait déjà dit au prince Jean de Lichtenstein :

« Dans huit jours, vous êtes à moi sans condition. Vous attendez l'armée russe qui est à peine en Bohême; et d'ailleurs si je

des Russes. Tant de coups ont anéanti le général en chef, les forces lui ont manqué, il a été obligé de s'appuyer contre la muraille; il s'est affaissé sous le poids de son malheur. Il est convenu de sa détresse, et qu'il n'avait plus de vivres dans Ulm; qu'au lieu de 15,000 hommes il s'y trouvait 24,000 combattants et 5,000 blessés; qu'au reste la confusion était telle qu'à chaque instant on en découvrait davantage; qu'il voyait bien qu'il n'avait plus d'espoir, et qu'il consentait à rendre Ulm dès le lendemain 20, à trois heures. En sortant de chez Sa Majesté, il nous vit et je l'entendis dire : « Il est cruel d'être déshonoré dans l'esprit de tant de braves officiers. J'ai pourtant dans ma poche mon opinion écrite et signée, par laquelle je me refusais à ce que l'on disséminât mon armée; mais je ne la commandais pas, l'archiduc Ferdinand était là. » Il se peut qu'on n'ait obéi à Mack qu'avec répugnance. Aujourd'hui 20, 35,000 Autrichiens se sont rendus prisonniers, ils ont défilé devant l'Empereur. L'infanterie a jeté les armes sur le revers du fossé; la cavalerie a mis pied à terre, s'est désarmée, et a livré ses chevaux à nos cavaliers à pied. Ces soldats,

vous laisse sortir, quelle garantie ai-je qu'on ne fera pas servir vos troupes, une fois qu'elles seront réunies aux Russes? Je me souviens de Marengo; je laissai passer M. de Mélas, et il fallut que Moreau combattît ses troupes au bout de deux mois, malgré les promesses les plus solennelles de traiter de la paix. D'ailleurs, il n'y a point de lois de guerre à invoquer après une conduite comme celle de votre gouvernement envers moi. Certainement je ne vous ai pas cherchés; je ne puis d'ailleurs me fier à aucun des engagements que prendrait avec moi votre général, parce qu'il ne dépendra pas de lui de tenir sa parole. Ah! si vous aviez dans Ulm un de vos princes, et qu'il s'engageât, je me fierais à sa parole, parce qu'il en serait responsable, et qu'il ne permettrait pas qu'on le déshonorât; mais je crois que l'archiduc est sorti. »

Le prince répliqua du mieux qu'il lui fut possible, et protesta que, sans les conditions qu'il demandait, l'armée ne sortirait pas. « Je ne vous les accorderai pas, reprit l'Empereur. Voilà la capitulation de votre général qui commandait à Memmingen; portez-la au général Mack, et quelles que soient vos résolutions dans Ulm, je ne lui accorderai pas d'autres conditions. D'ailleurs, je ne suis pas pressé; plus il tardera, plus il rendra sa position mauvaise, et par conséquent la vôtre à tous. Au surplus, j'aurai demain ici le corps qui a pris Memmingen, et nous verrons. »

en se dépouillant de leurs armes, criaient : « *Vive l'Empereur!* » Mack était là, il répondait aux officiers qui s'adressaient à lui sans le connaître : « Vous voyez devant vous le malheureux Mack [1]. »

Rien n'est plus complet sur la capitulation d'Ulm que ce récit d'un témoin oculaire. M. de Ségur a-t-il tout dit? N'y eut-il pas des menées secrètes qui lui furent inconnues? Quel moyen prit-on pour séduire et démoraliser l'état-major? Les juifs de Bavière, le fin Schulmeister, ne firent-ils pas luire les napoléons d'or à travers les poternes et les remparts? En résultat, l'Empereur s'emparait, sans coup férir, de toute l'armée autrichienne destinée aux opérations sur le Danube; on avait déployé des manœuvres hardies que Napoléon seul pouvait oser. Qui aurait jamais pensé à la violation du territoire neutre, lorsqu'il sollicitait lui-même formellement la neutralité du nord de l'Allemagne contre les Russes? Ulm paraissait inexpugnable et parfaitement appuyé; il fallait franchir le Danube de front, et, par un mouvement de circonvallation, l'empereur Napoléon l'entourait par trois armées. D'un autre côté, si les Français n'hésitaient pas à violer le territoire neutre, les

---

[1] En Allemagne voici comment fut jugée la conduite de Mack :

« Mack fut plus malheureux que coupable ; né et demeuré pauvre, ce fait répond à de lâches calomnies. Bon officier d'état-major, il fut, ainsi que plusieurs autres qu'on pourrait citer, très incapable de commander en chef une grande armée, surtout en face du plus grand général de cette époque, et l'erreur qui le nomma l'emporte sur celle qu'il commit. D'ailleurs, aimé des officiers inférieurs de son armée, il avait contre lui ceux d'un grade supérieur, qui lui obéissaient à regret, le servaient peu, mal ou point du tout, voulaient le perdre et rejetaient sur lui leurs propres fautes. Ce ne fut pas Mack, mais le prince de Lichtenstein qui le premier parla de capitulation et la déclara indispensable ; les généraux autrichiens ne firent rien pour s'y opposer ; cependant eux et le cabinet le rendirent responsable d'une catastrophe dont le plan vicieux de campagne, les lenteurs du gouvernement, l'impéritie des ministres, furent les seules et véritables causes. Un étranger d'une nation rivale aime à donner ici son opinion sur le compte d'un homme malheureux et persécuté par un vil calcul d'intérêt personnel. » (Note marginale trouvée dans un portefeuille ministériel ; elle est attribuée à M. de Hardenberg.)

Russes s'arrêtaient devant les frontières prussiennes, et par un scrupule diplomatique ils étaient retardés de huit jours dans leur marche. Le maréchal Bernadotte, avec 60,000 hommes, se plaça ainsi paisiblement entre eux et le corps du général Mack. Le caractère résigné des officiers autrichiens, l'absence de toute émulation, le faible esprit de Mack, avaient beaucoup aidé l'événement; l'empereur Napoléon avait habilement démoralisé l'armée autrichienne, et par des menaces, et par des pourparlers, et par des corruptions secrètement jetées dans les états-majors.

Comment expliquer ces conférences si fréquentes du prince Jean de Lichtenstein avec Napoléon? Que signifiait cette conduite pacifique, ces constants pourparlers en campagne? Quoi! un général écoute de sang-froid et discute les griefs diplomatiques contre son souverain! Napoléon profite ici de son avantage: il sait qu'il a des caractères pusillanimes à dompter et des généraux qui détestent les Russes; il exploite le parti de la peur, il donne la liberté sur parole à tous les officiers, il ne s'empare que des drapeaux et des soldats [1]. Ces

---

[1] *Récit d'un témoin oculaire :*

« Tous les généraux autrichiens, au nombre de 17, étaient fort tristes ; ce fut l'Empereur qui soutint la conversation ; il leur dit entre autres choses : « Il est malheureux que d'aussi braves gens que vous, dont les noms sont honorablement cités partout où vous avez combattu, soient les victimes des sottises d'un cabinet qui ne rêve que des projets insensés, et qui ne rougit pas de compromettre la dignité de l'État et de la nation en trafiquant des services de ceux qui sont destinés à la défendre. C'est déjà une chose inique que de venir, sans déclaration de guerre, me prendre à la gorge ; mais c'est être coupable envers ses peuples que d'appeler chez eux une invasion étrangère ; c'est trahir l'Europe que d'immiscer les hordes asiatiques dans nos débats. Au lieu de m'attaquer sans motif, le conseil aulique eût dû s'allier à moi pour repousser l'armée russe. C'est une chose monstrueuse pour l'histoire que cette alliance de votre cabinet ; elle ne peut être l'ouvrage des hommes d'État de votre nation ; c'est, en un mot, l'alliance des chiens et des bergers, contre les loups, contre les moutons. En supposant que la France eût succombé dans cette lutte, vous n'auriez pas tardé à vous apercevoir de la faute que vous auriez faite. »

Elchingen, 21 octobre 1805.

L'Empereur a dit aux généraux autrichiens qu'il avait appelés près de lui, pendant que l'armée ennemie défilait :

« Messieurs, votre maître me fait une

officiers vont partout répandre en Autriche les opinions de la paix et la magnanimité du vainqueur; Napoléon démontre aux Allemands qu'il n'en veut pas à eux, mais aux Russes; le prince Jean de Lichtenstein devient un négociateur armé; toujours aux avant-postes, il se bat, mais mollement, avec la paix dans la pensée, et Napoléon au cœur. C'est moins un général qu'un intermédiaire pacifique: il va dire partout que l'Empereur des Français ne veut que l'exécution des traités; Napoléon lui a dit: « Qu'on me fixe des conférences diplomatiques, et j'y enverrai mes plénipotentiaires. » M. de Talleyrand le suit, et il est prêt à négocier sur-le-champ. Ainsi parle le prince Jean de Lichtenstein: est-ce là faire la guerre?

Dans tout ce bruit d'état-major et de campement militaire, M. de Talleyrand n'abandonne jamais l'idée d'un traité; sa correspondance avec les affaires étrangères est rédigée en ce sens: « L'Empereur a déjà des plans sur l'Allemagne tout entière, il veut porter la main sur l'édifice[1]. » M. de Talleyrand diffère de lui sur quelques points: Napoléon paraît pencher pour l'alliance

guerre injuste: je vous le dis franchement, je ne sais pas pourquoi je me bats; je ne sais ce qu'on veut de moi. Ce n'est pas dans cette seule armée que consistent mes ressources. Cela serait-il vrai, mon armée et moi ferions bien du chemin. Mais j'en appelle au rapport de vos propres prisonniers, qui vont bientôt traverser la France; ils verront quel esprit anime mon peuple, et avec quel empressement il viendra se ranger sous mes drapeaux. Voilà l'avant-garde de ma nation et de ma position: avec un mot 200,000 hommes de bonne volonté accourront près de moi, et en six semaines seront de bons soldats; au lieu que vos recrues ne marcheront que par force, et ne pourront qu'après plusieurs années faire des soldats. Je donne encore un conseil à mon frère l'empereur d'Allemagne: qu'il se hâte de faire la paix. C'est le moment de se rappeler que tous les empires ont un terme; l'idée que la fin de la dynastie de la maison de Lorraine serait arrivée doit l'effrayer. Je ne veux rien sur le continent; ce sont des vaisseaux, des colonies, du commerce que je veux; et cela vous est avantageux comme à nous. »

[1] *Correspondance de M. de Talleyrand avec M. d'Hauterive.*

« Voici ce que je voudrais faire des succès de l'Empereur, je les suppose grands. Je voudrais que, le lendemain d'une grande victoire, qui ne me paraît plus douteuse, il dit au prince Charles: « Vous voilà aux

russe; le ministre au contraire voudrait grandir l'Autriche afin d'en faire une barrière contre le nord : ce qu'on lui ôte en Allemagne, il faudrait le lui donner sur les provinces turques, établir une permanente rivalité entre Vienne et Saint-Pétersbourg par la cession de la Valachie, de la Moldavie et de la Bosnie. Ce partage pourrait permettre de grandir la Bavière, et d'en faire elle-même un contrepoids à l'Autriche en Allemagne; on disposerait des provinces de Souabe au profit de Wurtemberg et de Bade; on ferait un empereur de Prusse et des rois de Bavière et de Wurtemberg; enfin on créerait quelques principautés pour les généraux français en reconstruisant un système féodal. Cette idée de fief prend tout à coup à Napoléon à l'aspect de l'Allemagne, le pays des souvenirs du moyen âge.

Napoléon ouvre cette campagne par tous les moyens : la force militaire d'abord, la victoire, sœur glorieuse de l'armée française; la plus belle réunion d'hommes se groupe sous les drapeaux; il y a union de cœur et d'esprit sous des généraux pleins de vie et d'activité, qui tous obéissent au plus vaste génie militaire des temps modernes. Aucun moyen intime de succès n'est négligé;

abois, je ne veux pas abuser de mes victoires. J'ai voulu la paix, et ce qui le prouve c'est que je la veux encore. Les conditions d'un arrangement ne peuvent plus être les mêmes que celles que je vous aurais proposées il y a deux mois. Venise sera indépendante (sic) et ne sera réunie ni à l'Italie ni à l'Autriche. J'abandonne la couronne d'Italie, comme je l'ai promis. La Souabe, qui est un éternel sujet de discordes entre l'électeur de Bavière et vous, sera réunie à la Bavière, ou à tel autre prince. Je vous aiderai pour vous emparer (sic) de la Valachie et de la Moldavie. A ces conditions, je ferai avec vous un traité offensif et défensif, et toute idée d'alliance avec la Prusse ira au diable.

Voulez-vous cela dans vingt-quatre heures? J'y consens; sinon, craignez les chances qui appartiennent presque de droit à une armée victorieuse. Voilà mon rêve de ce soir. Mille amitiés. » (Du quartier-général de Strasbourg, 11 octobre 1805.)

« Nous travaillons tous les jours à des plans de pacification. En voici un nouveau que je vous laisse à faire; envoyez-m'en le tracé. Plus d'empereur d'Allemagne! Trois empereurs en Allemagne : France, Autriche et Prusse. Plus de Ratisbonne! Le système fédératif de la France est composé de la Bavière, qui comprend la Bavière telle qu'elle est, Eichstadt de plus, ainsi que tout l'évêché de Passau, tout le Tyrol, c'est-à-dire le

Napoléon est rusé comme l'Italien à la face de ces bons Allemands froids dans la bataille, et qui se découragent avec tant de facilité; il est comme le fin Lombard du xiiie siècle qui opposait l'astuce à l'invasion des guerriers d'Othon se précipitant, bardés de fer, du Tyrol et des montagnes de la Souabe sur le Milanais. L'Empereur connaît tous les ressorts du cœur humain; il les exploite: les promesses, la corruption, la crainte et les paroles de paix retentissent dans tous les cœurs; il marche ainsi droit à son but; il a poussé la Prusse à la neutralité afin d'éviter les efforts réunis de la coalition, et lui-même viole ouvertement cette neutralité. Pour envelopper le général Mack et l'armée de Bavière dans Ulm, sa diplomatie s'est attaché l'appui des grands-ducs de Wurtemberg et de Bade; il a détourné la Bavière de toute alliance avec l'Autriche, et, par un mouvement rapide de diplomatie et d'armée, il a forcé les Bavarois à marcher sous ses drapeaux.

Maintenant qu'il est en présence des Autrichiens, que fait-il encore? Non seulement il attaque et brise leurs bataillons étonnés, mais encore il les démoralise, il les invite à se séparer de la Russie; il faut qu'il puisse iso-

---

Tyrol allemand. Tout le Tyrol italien serait réuni au royaume d'Italie, ainsi que Venise et toute la côte adriatique. Les réunions sont décidées *contre mon avis.* L'Ortenau et le Brisgau, ainsi que les villes de Constance et de Lindau, seraient données à l'électeur de Bade; l'Autriche antérieure à l'électeur de Wurtemberg, ainsi que le Vorarlberg. Tout cela donné, les biens domaniaux, ou de l'ordre de Malte, ou de l'ordre Teutonique, ou grande dotation ecclésiastique dans l'État de Venise, dans l'Autriche antérieure, dans le Brisgau ou l'Ortenau, seraient, par portions, érigés en principautés, et chacune de ces principautés serait donnée par l'Empereur à un maréchal de l'Empire, ou à quelque homme qu'il voudrait récompenser et qui s'appellerait prince, ce qui ne les empêcherait pas de rester au service de la France. Ce fief relevant de la couronne de France passerait de mâle en mâle dans les familles. L'aîné en jouirait. Pour donner à tout cela quelque forme, il faudrait d'abord connaître tout ce que l'on pourrait appeler domaines nationaux dans tous les pays que j'ai nommés plus haut, ensuite en faire des lots à peu près égaux, si cela est possible, mais en se soumettant aux localités. Les biens de moines, les biens de la noblesse immédiate (on veut la comprendre), les biens de l'ordre Teutonique, tous ceux de

ler tous les cabinets et les vaincre l'un après l'autre. L'Angleterre agglomère la coalition par les subsides, l'Empereur la dissout par la victoire et l'habileté. Ce qu'il réalise dans les batailles, il s'en sert pour la diplomatie : sa tactique en stratégie est de séparer les corps ennemis, et de tomber sur eux à l'improviste, de telle manière que souvent, avec une force numériquement inférieure, il bat chaque division isolée; son art en diplomatie consiste à empêcher les jonctions; il sépare l'Autriche de la Russie, la Russie de la Prusse, pour les vaincre plus facilement l'une après l'autre : admirable composé d'habileté et de vaillance; les *Commentaires* de César, si rusé avec les Gaulois, lui servent de manuel dans cette campagne où il isole incessamment les alliés.

Partout où se trouvait l'Empereur, l'éclat brillait sur toutes les actions militaires; ses campagnes absorbaient les faits d'armes de ses lieutenants. Le maréchal Masséna déployait pourtant sa capacité de grand capitaine en Italie; il commandait alors près de 60,000 hommes de vieilles troupes. Parmi tous les maréchaux, Masséna fut choisi pour conduire en chef l'armée où l'Empereur ne se trouverait pas; honneur alors im-

l'ordre de Malte situés dans ces pays, doivent être la récompense des vainqueurs. Un traité d'alliance avec l'Autriche, en lui donnant la Valachie et la Moldavie, ainsi que la Bessarabie et la Bulgarie, *a été rejeté malgré dix mille bonnes raisons*. On préfère un traité avec la Russie après avoir affaibli l'Autriche ; *ce n'est pas là mon opinion* ; mais la mienne à cet égard est rejetée. Voyez ce que vous pouvez faire sur le plan indiqué. Il n'y a point, ou presque point de discours à faire, pour le développement. Deux pages qui annoncent le plan ; des chiffres pour estimer les lots ! un titre bien choisi pour chacun, une *chaîne féodale* bien établie avec l'Empire français. Une table de revenus ! C'est en tout notre noblesse immédiate ; les titres de princes, de chevaliers n'effraient personne. *On ne veut* ni marquisats, ni comtés. Je n'ai pas le temps de relire parce que le courrier part. *Les trois quarts de ceci est dicté par l'Empereur.* Cette lettre est pour vous seul. On ferait tout cela après une première victoire sur les Russes, et on daterait de Munich. Cela serait fait avant de retourner à Paris. J'ai oublié de dire que les biens domaniaux, nationaux, je ne sais comment on les appelle, du Tyrol, doivent être compris dans le nombre de nos principautés. » Munich, 27 octobre 1805.

Ch. M. Talleyrand.

mense, hommage à son incontestable supériorité. Bernadotte et Masséna seuls guidèrent à la victoire les armées indépendantes dans cette campagne, et Masséna, par une noble distinction, se trouvait à la face de l'archiduc Charles, le plus habile des feld-maréchaux de l'armée autrichienne. Mack ne pouvait, en aucun cas, tenir tête à un génie militaire de la force de Napoléon ; l'Empereur se donnait une tâche facile ; mais Masséna, avec les divisions de Duhesme, Gardanne, Molitor, Verdier, Partouneaux et Séras, devait combattre l'archiduc Charles à la tête de 70,000 hommes d'élite. Masséna n'avait que trois divisions de cavalerie à opposer aux lourds cuirassiers allemands et aux agiles hussards hongrois ; 18,000 hommes de l'armée de Naples, sous Gouvion-Saint-Cyr, vinrent le joindre pour occuper, sur l'Adige, une ligne parallèle à celle des Autrichiens. Derrière cette ligne, Eugène Beauharnais réunissait une réserve à Milan, comme vice-roi d'Italie, pour soutenir les opérations de Masséna. Le prince Charles, très mou dans cette campagne, ne prit point l'offensive ; Masséna passa l'Adige [1] au pont du vieux château de Vérone, et bientôt les deux armées s'attaquèrent partiellement ; le bruit de l'artillerie retentit, on échangea quelques coups de ca-

---

[1] Masséna s'était fait précéder d'une proclamation modeste, mais expressive.

Vérone, 13 septembre 1805.

« Soldats de l'armée d'Italie, S. M. l'Empereur et Roi m'a nommé votre général en chef Il m'est doux de revoir mes anciens compagnons d'armes, et de retrouver en eux les sentiments que je leur ai connus, l'attachement à la discipline, et le dévouement à leur devoir : je leur en parlerai toujours le langage, et j'aime à croire qu'ils y sauront répondre, si les circonstances politiques obligent S. M. l'Empereur et Roi à donner le signal des combats, malgré le désir qu'elle a constamment manifesté de maintenir la paix. Soldats ! vous vous souviendrez que vous êtes sur un champ de bataille illustré par ses victoires, et qu'à chaque pas nous trouverons des traces de sa magnanimité et de son génie. Je remplace à votre tête un général distingué par ses services ; il est appelé à une autre destination, où sans doute vos vœux l'accompagneront : sur quelque théâtre que Sa Majesté nous place, soldats, justifions son choix, et n'ayons jamais qu'une pensée : notre patrie et notre Empereur ! »

Masséna.

non; mais la campagne allait faiblement, il semblait que le prince Charles, partisan de la paix, n'allait aux batailles que forcément; les succès varièrent; le pont fut traversé, et l'Adige au pouvoir de l'armée française.

Là se bornèrent les opérations de Masséna; trop habile pour compromettre ses mouvements, il devait attendre les succès de Napoléon en Bavière et en Autriche, s'avancer en ligne parallèle pour se mettre en communication avec la grande armée. Le corps que commandait Masséna formait, pour ainsi dire, l'aile droite de Napoléon; pour le rejoindre ensuite dans sa marche sur Vienne, le maréchal fit construire une tête de pont pour garantir l'Adige, prêt à suivre le prince Charles opérant sa retraite sur ses renforts. L'archiduc savait faire surtout une guerre défensive, souvent la seule possible devant l'impétuosité française qui éclate et s'éteint successivement. Masséna et l'archiduc s'observaient en attendant les opérations de la grande campagne; quand Napoléon était sur un point de l'armée, toute l'attention se concentrait sur lui; il n'y avait pas d'autre gloire que la sienne, pas d'autres résultats que celui de ces conceptions rapides, improvisées, qui en finissaient par un coup de foudre.

CHAPITRE XI.

DÉVELOPPEMENT DE LA CAMPAGNE.

LES FRANÇAIS A VIENNE.

Cause des échecs de l'armée autrichienne. — Caractère de l'officier et du soldat allemand. — Mesures contre Mack. — Bel aspect de l'armée française. — Napoléon et ses soldats. — Marches, combats et fatigues. — L'Empereur à Munich. — Les Russes sur l'Inn. — Kutusoff. — Mouvement général de concentration. — Retraite. — L'avant-garde française à Vienne. — Idée de la paix. — Le pont du Danube. — Napoléon à Schœnbrunn. — Mouvement de la Prusse. — Arrivée de l'empereur Alexandre à Berlin. — Traité d'alliance. — Les Russes, les Suédois et les Prussiens. — Position avancée et difficile de l'armée française en Moravie.

Octobre et Novembre 1805.

Un des phénomènes les plus remarquables de la campagne qui venait de s'ouvrir sur le Danube, c'était la facilité avec laquelle les corps entiers d'Autrichiens s'étaient rendus prisonniers; l'armée française ne comptait pas au-delà de 2,500 morts et de 4,500 blessés; le nombre des Impériaux mis hors de combat ne s'élevait pas au-dessus de 6,000 hommes, en comprenant les engagements meurtriers de Wertingen et d'Elchingen, et cependant déjà vers le 20 octobre on comptait 44,000 prisonniers aux mains de Napoléon. Ces soldats étaient dirigés vers la France comme prisonniers de guerre, les officiers gardaient leurs épées, et, chose plus extraordinaire encore, 53 généraux ou officiers supérieurs autrichiens s'en retournaient paisiblement dans leurs foyers avec la parole de ne plus servir, après l'inexplicable capitulation d'Ulm, et tout cela sans rougir, comme une chose naturelle [1].

Ce début de la campagne, au moins si singulier, si énigmatique, avait donné lieu aux conjectures les plus diverses. Y avait-il eu trahison de la part de Mack et des principaux officiers d'état-major? les napoléons d'or avaient-ils été employés à cet objet? le fin et matois Schulmeister [2] avait-il pénétré dans Ulm pour distribuer les promesses et les gratifications? Comment expliquer cette étrange résignation de l'armée autrichienne? Questions graves que le temps permet aujourd'hui d'aborder et de résoudre. La première de toutes les causes de ruine pour l'armée autrichienne, il faut le dire, ce fut l'ordre admirable, la précision des marches et des manœuvres préparées par le génie militaire de Napoléon. Rien ne peut être comparé à cette conception rapide d'un plan de campagne qui fut improvisé dans quelques nuits solitaires sous la tente, et néanmoins empreint des plus hautes méditations. L'Empereur pouvait disposer de la plus belle armée, des corps qui manœuvraient sur un

---

[1] L'état militaire de l'armée autrichienne se composait en entrant en campagne des troupes suivantes, savoir : soixante-trois régiments d'infanterie de ligne, dix-sept régiments d'infanterie de frontières, huit régiments de cuirassiers, six de dragons, six de chevau-légers, douze de hussards, trois de hulans, un régiment de chasseurs, trois régiments de milice tyrolienne, quatre d'artillerie, un corps de bombardiers, un autre pour les charrois, un de mineurs, un de sapeurs, un de pontonniers, un bataillon de Zaïsques; il y avait en outre dans l'armée neuf lieutenants-généraux, trente-cinq généraux d'artillerie et de cavalerie, cent trente-six maréchaux-de-camp et deux cent cinquante-huit majors-généraux. »

[2] Schulmeister, un des agents les plus actifs de Napoléon en Allemagne, était de Bade. Il était habile, et fit une fortune des plus considérables, en servant de négociateur secret avec les états-majors. Fouché n'avait jamais cessé de tenir correspondance avec lui.

champ de bataille avec la même précision que dans un jour de fête; chose immense à la guerre, que de commander une armée bonne manœuvrière; elle vous seconde en tout point, elle juge les dispositions utiles, elle devine les intentions du général et les prévient souvent. L'esprit français si vif, si ardent, saisit avec promptitude la pensée définitive d'une campagne.

Le début des opérations militaires de Napoléon dans la Bavière se résume dans de savantes marches; il manœuvra comme sur un échiquier; il fit converger ses colonnes sur les points désignés avec une précision mathématique, et l'on s'explique comment il obtint des succès glorieux sans effusion de sang. A la guerre, les mouvements bien exécutés opèrent les mêmes miracles que les batailles; il arrive souvent qu'on entoure et qu'on enlace l'ennemi comme dans un cercle d'acier qu'il ne peut plus franchir, et alors il se rend par le seul entraînement de sa position. Napoléon obtint le plus magnifique résultat en stratégie : des victoires sans perte d'hommes ! C'est sa première et grande manière des campagnes d'Italie [1], ce que l'Empereur expri-

---

[1] L'Empereur ne passait pas un seul jour sans s'adresser à ses soldats et sans réveiller leur ardeur : il savait à quels hommes il s'adressait :

Elchingen, 21 octobre 1805.

« Soldats de la grande armée, en quinze jours nous avons fait une campagne. Ce que nous nous proposions est rempli. Nous avons chassé les troupes de la maison d'Autriche de la Bavière, et rétabli notre allié dans la souveraineté de ses États. Cette armée qui, avec autant d'ostentation que d'imprudence, était venue se placer sur nos frontières, est anéantie. Mais qu'importe à l'Angleterre? son but est rempli. Nous ne sommes plus à Boulogne, et son subside ne sera ni plus ni moins grand. De 100,000 hommes qui composaient cette armée, 60,000 sont prisonniers : ils iront remplacer nos conscrits dans les travaux de nos campagnes; deux cents pièces de canon, tout le parc, quatre-vingt-dix drapeaux, tous les généraux sont en notre pouvoir; il ne s'est pas échappé de cette armée 15,000 soldats. Je vous avais annoncé une grande bataille; mais, grâce aux mauvaises combinaisons de l'ennemi, j'ai pu obtenir les mêmes succès sans courir aucune chance; et, ce qui est sans exemple

mait pittoresquement en disant ; « Qu'il avait gagné la victoire plutôt à coups de jambes qu'à coups de fusil. »

Une seconde cause agit sur les premières opérations de l'Empereur : si l'armée française était pleine d'ardeur, l'armée autrichienne se trouvait dans une situation **tout** opposée ; son plan d'opérations était entièrement manqué : elle comptait sur l'appui de la Prusse, ou au moins sur le passage qu'elle donnerait à une armée russe marchant sur le Danube, et le refus du cabinet de Berlin avait empêché une division de Kutusoff d'arriver à temps sur l'Inn ; les Français de Bernadotte avaient au contraire franchi les territoires neutres pour tourner le général Mack ; les Anglais et les Suédois devaient faire une diversion au nord, les Russes et les Napolitains au midi de l'Italie ; et tous ces renforts étaient en retard. Le général Mack, dans la position isolée où on l'avait laissé, était en butte à toutes les intrigues ; on l'enlaçait par des négociations de toute espèce qui démoralisaient son état-major. Le Badois Schulmeister, le plus fin des espions de l'empereur Napoléon en Allemagne, parcourait la Bavière ; il fut constaté par l'enquête que le prince d'Auffenberg et 59 généraux ou officiers avaient écouté des paroles de l'ennemi qu'ils ne devaient

---

dans l'histoire des nations, un aussi grand résultat ne nous affaiblit pas de plus de 1,500 hommes hors de combat.

« Soldats, ce succès est dû à votre confiance sans bornes dans votre Empereur, à votre patience à supporter les fatigues et les privations de toute espèce, à votre rare intrépidité. Mais nous ne nous arrêterons pas là ; vous êtes impatients de commencer une seconde campagne. Cette armée russe que l'or de l'Angleterre a transportée des extrémités de l'univers, nous allons lui faire éprouver le même sort. A ce combat est attaché plus spécialement l'honneur de l'infanterie : c'est là que va se décider pour la seconde fois cette question qui l'a déjà été en Suisse et en Hollande : si l'infanterie française est la seconde où la première de l'Europe. Il n'y a point là de généraux contre lesquels je puisse avoir de la gloire à acquérir : tout mon soin sera d'obtenir la victoire avec le moins possible d'effusion de sang ; mes soldats sont mes enfants. »

pas entendre [1]. Napoléon trompait Mack avec la finesse italienne, lui, le lourd Allemand sans malice; partout on parlait de paix et de transactions entamées entre l'Empereur et François II, on jetait dans les rangs que Napoléon ne voulait pas la guerre, son but était de séparer les Autrichiens des Russes pour conclure une trêve et ensuite une paix définitive, et l'on rendait aux officiers prisonniers leurs épées. Les armées russe et autrichienne étaient antipathiques; c'était caresser les Allemands, que de déclamer contre les Slaves; l'état-major autrichien n'avait pas l'ardeur martiale qui anime les Français en campagne. Napoléon traitait avec la plus grande distinction les officiers-généraux, il les renvoyait chez eux comme s'il ne faisait pas la guerre; il fut constaté par l'enquête contre Mack, que plusieurs officiers avaient des dettes et qu'elles se trouvèrent acquittées au retour de la campagne, et Schulmeister avait des florins à la disposition de tous. L'armée autrichienne était mal payée; on rendait service aux états-majors en les diri-

---

[1] Cinquante-neuf généraux ou officiers autrichiens furent mis à la pension ou à la retraite, d'autres traduits devant un conseil de guerre, et le prince d'Auersberg condamné à mort, puis gracié à la prière de l'empereur de Russie, puis banni pour vingt ans, dépouillé de toutes ses charges, et forcé de verser dans la caisse des pauvres 300,000 florins.

Voici ce que plus tard on écrivait de Prague (2 janvier 1806) :

« Le général Mack est actuellement dans la forteresse de Josephstadt, où son procès s'est instruit jusqu'à présent. Le général-major de Schewenthal et le colonel Philippe ont été dépêchés à Vienne avec les pièces de la procédure. C'est le grand-maître de l'artillerie, le comte Wenzel-Collorédo, qui est à la tête de la commission chargée de l'examen de la conduite du général Mack. Cet officier ne peut s'absenter de la forteresse où il est détenu, et chaque fois qu'il est appelé à comparaître devant la commission, il est accompagné du commandant de la place. L'instruction du procès du feld-maréchal, ex-lieutenant, prince d'Auersberg, est toujours suivie par le conseil de guerre, présidé par le comte d'Harnancourt; il est accusé d'avoir facilité aux troupes françaises le passage du Danube, en ne rompant pas les ponts sur ce fleuve, comme cela lui avait été commandé par des ordres supérieurs. Le général d'Auffenberg est prévenu d'avoir commis des fautes graves, et de s'être rendu coupable de la plus grande négligence au moment même de l'ouverture de la campagne : on le rend respon-

geant sur leurs foyers. Plus de 1,500 officiers allemands de tout grade rendirent leur épée à Napoléon [1] au début de la campagne comme chose naturelle. Voilà donc en face l'une de l'autre, l'armée française pleine d'ardeur, conduite par son noble chef habitué à la victoire; puis l'armée autrichienne molle, incertaine, prise au dépourvu, et à qui l'on disait : « Notre but n'est pas la guerre; c'est de séparer votre loyal François II des Russes qui désolent vos provinces, et des Anglais qui vous trompent. »

L'armée française après la capitulation d'Ulm se trouvait dans une bonne position militaire, elle n'avait qu'à développer son plan de campagne; tout concourait à servir les desseins d'une génération jeune et forte d'officiers et soldats pleins d'espérance d'un glorieux avenir. Napoléon était à Augsbourg, tous s'avançaient dans l'enthousiasme de la victoire, les corps d'élite d'Oudinot marchaient en tête, et les 80 grenadiers qui formaient le premier peloton portaient chacun un drapeau pris sur l'ennemi, l'étendard jaune à l'aigle autrichienne. Napoléon disposait alors non seulement de ses propres ressources, mais d'une armée bavaroise, d'une division de Wurtembergeois et des troupes de Bade qui formaient deux

---

sable entre autres du premier passage du Danube effectué à Donawerth par les troupes françaises, ainsi que de la perte du combat de Wertingen et de ceux qui l'ont suivi. Il est impossible jusqu'à présent de prévoir l'issue de ces deux procès : on entend chaque jour de nouveaux témoins. Quant au général Mack, on croit que son jugement ne tardera pas à être prononcé. »

[1] « Un officier-général, qui aime à faire de l'esprit, racontait tout haut le bon mot qu'il mettait dans la bouche d'un des soldats de son corps d'armée sur les prisonniers d'Ulm.

« Il passait devant les rangs autrichiens, disait-il, et leur avait adressé ces paroles : « Eh bien ! soldats, voilà bien des prisonniers. — C'est vrai, mon général, lui répondit l'un d'entre eux, nous n'avions jamais vu tant de j.... f..... à la fois. »

« L'Empereur, qui avait l'oreille à tout, entendit ce propos ; il en fut fort mécontent, et envoya un de ses aides-de-camp dire à cet officier-général de se retirer ; il nous dit à demi-voix : « Il faut se respecter bien peu pour insulter des hommes aussi malheureux. » (Mémoires du général Savary.)

régiments complets [1]; toutes ses manœuvres prirent pour théâtre le vaste pays boisé qui sépare le Danube de l'Inn et dont le point central est Munich, où Napoléon entra le 24 octobre. Il y fit immédiatement rétablir l'autorité de l'électeur Maximilien, tandis que Bernadotte, le général qui jusqu'alors avait conduit les grandes manœuvres de cette campagne, marchait sur l'Inn pour s'emparer des ponts de Rosenheim : Bernadotte dut là se mettre à cheval sur les trois routes du Tyrol, de Vienne et de l'Illyrie. Le maréchal Davoust manœuvrait à ses côtés, tandis que Murat avec sa cavalerie passait le pont de Muhldorf et s'avançait sur Braunau avec le maréchal Lannes. Partout les Autrichiens en rétrogradant essayaient une résistance partielle.

Cette retraite si rapide tenait au nouveau plan de campagne concerté, après le désastre du général Mack, entre les différents chefs des armées alliées; on avait vu les mauvais résultats de la position aventureuse prise à Ulm, faute commise dans l'unique but de faire décider la Bavière en faveur de la coalition. Ce résultat avait été déplorable, on adoptait par suite un système tout opposé; les Russes arrivaient à marches forcées en Moravie, il fallait donc s'appuyer sur ces renforts; chaque corps de l'armée autrichienne devait se refouler l'un sur l'autre pour joindre l'armée russe et faire sa

---

[1] Napoléon continue toujours sa correspondance avec M. Otto. Il y met une grande importance :

Monsieur Otto,

« J'écris à l'électeur de venir à Munich; s'il veut me voir, il ne faut pas qu'il tarde, car je vais dans très peu de jours me porter sur l'Inn, afin d'essayer d'enlever l'armée russe, et de faire sentir tous les malheurs de la guerre aux États héréditaires; je pense que vous aurez exactement donné des nouvelles de l'armée au général commandant en Hanovre et à MM. Duroc et de Laforest. Il y a plus de quinze jours que je n'ai reçu de nouvelles de Berlin, je n'en reçois pas non plus de M. de Talleyrand; j'imagine qu'il a pensé que la route n'était pas sûre.

« Sur ce, etc. »

« De mon camp impérial d'Augsbourg, le 23 octobre 1805. »

Signé, Napoléon.

jonction avec elle, afin d'offrir bataille sur un terrain choisi. L'archiduc Charles lui-même, en Italie, depuis la reddition d'Ulm, avait senti qu'un mouvement rétrograde était nécessaire, et après avoir résisté avec habileté aux manœuvres du maréchal Masséna, il opérait par sa droite afin de se jeter sur Vienne en faisant ainsi sa jonction avec l'armée russe et les renforts qui arrivaient à marches précipitées de Moscou et de Saint-Pétersbourg. Cette manœuvre bien opérée pouvait offrir comme résultat 250,000 hommes sous les armes, ce qui paraissait suffisant pour arrêter le mouvement en avant de l'armée française prise simultanément à revers, en tête et à la queue.

D'autres causes portaient les alliés à ne point désespérer de quelques résultats heureux pour cette campagne. La Prusse, depuis la violation du territoire de Hesse et le passage de Bernadotte à travers les provinces prussiennes de la Franconie, avait témoigné hautement ses griefs contre la France. M. de Hardenberg adressait une note violente à Duroc, encore à Berlin, se plaignant de ce manque absolu de respect pour la neutralité allemande : « Quoi! la Prusse avait poussé le scrupule jusqu'à fermer le passage à une armée russe [1], et à ce moment elle

---

Autre lettre d'Augsbourg, du 24 octobre 1805.

Monsieur Otto,

« Le courrier qui vous portera cette lettre continuera sa route jusqu'à Berlin. J'imagine que vous avez fait passer des nouvelles, au fur et à mesure que vous en aurez eu, au commandant de mes troupes en Hanovre. Je ne pense pas que les Prussiens aient l'audace de se porter en Hanovre pour en arracher nos aigles, cela ne pourrait se faire sans du sang. Les drapeaux français n'ont jamais souffert d'affront. Je ne tiens point au Hanovre, mais je tiens plus à l'honneur qu'à la vie ; je serai ce soir à Munich ; tous les prisonniers sont aujourd'hui sur la route de France.

« Sur ce, etc. »

Signé, Napoléon.

[1] *Note de M. Hardenberg.*

« La Prusse, quoiqu'elle se fût déclarée neutre, avait rempli toutes les obligations qu'elle avait contractées. Peut-être avait-elle fait à la France des sacrifices que ses devoirs condamnaient. De quelle manière cependant avait-on reconnu la loyauté, la persévérance qu'elle avait mise dans ses relations d'amitié avec la France? On allé-

se trouvait insultée dans son indépendance par la marche d'un corps français considérable! Que devenait la franchise des États neutres? Il n'y avait donc plus de respect pour rien! « Ces plaintes répétées par M. de Hardenberg préparaient l'état de guerre; elles se rattachaient à des négociations intimes entre la Prusse, la Russie, l'Angleterre et l'Autriche, reprises avec une grande activité pour un traité de coalition.

On a vu que depuis longtemps les puissances alliées pressaient la Prusse de se déclarer en faveur de leur système de fermeté et d'union contre l'Empereur des Français. N'avait-on pas subi assez d'outrages à Berlin? fallait-il encore se soumettre à l'insulte? Une armée ennemie avait franchi le territoire d'Anspach! A quoi bon un état militaire de 150,000 hommes pour les tenir sans cesse l'arme au bras? Le roi Frédéric-Guillaume n'osait se prononcer, son caractère le portait au maintien de la neutralité; mais il y avait à Berlin un parti belliqueux, une noblesse qui obéissait aux inspirations du prince Louis de Prusse, noble et fière intelligence destinée à la gloire et à la mort; et la jeune reine Louise parlait à l'imagination des écoles et du peuple allemand. Cette portion ardente du pays voulait la guerre, parce qu'elle

gnait les guerres de 1796 et de 1800, où les margraviats avaient été ouverts aux parties belligérantes; mais l'exception n'est pas la règle, et d'ailleurs tout, aux époques dont on s'appuyait, avait été réglé, stipulé par des conventions spéciales. On ignorait nos intentions! Mais les intentions ressortaient de la nature même des choses, les protestations des autorités royales les faisaient connaître. Des affaires de cette importance exigeaient une déclaration positive! Mais qu'a besoin de déclaration celui qui se repose sur l'inviolabilité d'un système généralement reconnu? Est-ce à lui d'en faire, lorsque celui qui médite le renversement de ce qu'il a sanctionné s'en abstient? On cite des faits inconnus; on attribue aux Autrichiens des torts dont ils ne se sont jamais rendus coupables: quel résultat doivent produire de tels moyens, si ce n'est de faire mieux ressortir la différence qu'il y a entre la conduite des cabinets de Paris et de Vienne? Le roi cependant ne s'arrête pas aux conséquences qu'ils présentent; il se borne à croire que l'Empereur des Français a eu des motifs suffisants pour

était lasse de l'abaissement du gouvernement prussien; l'image du grand Frédéric était devant elle debout comme un fantôme humilié. La vieille Prusse devait-elle descendre au cercueil? fallait-il effacer les souvenirs de la guerre de sept ans! Depuis l'organisation militairement ordonnée par le fondateur de la monarchie, la Prusse formait un état belliqueux; tout était réglé pour une entrée immédiate en campagne; les corps d'armée étaient divisés de manière à se porter sur un champ de bataille et se mettre en ligne en quinze jours. Le roi luttait en vain pour le maintien de la neutralité ; M. de Hardenberg, alors à la tête du cabinet, recevait la secrète et puissante direction de la reine Louise et du jeune prince que la noblesse mettait à sa tête comme son espérance ; le gouvernement de Berlin était débordé par l'opinion, les écoles faisaient entendre les cris de la patrie allemande.

Cette situation des esprits était bien connue des ministres de Russie, d'Angleterre et d'Autriche, et ils travaillaient en Prusse dans le sens le plus prononcé de la guerre. A ce moment décisif, et pour déterminer hardiment le roi à prendre un parti, le Czar Alexandre arriva tout-à-coup à Berlin [1] sans être attendu. Le jeune

annuler les engagements qui les lient, et se considère comme dégagé désormais de toute espèce d'obligation. Ainsi rétabli dans une position qui ne lui impose pas d'autres devoirs que ceux que commandent sa sûreté et la justice, le roi de Prusse restera fidèle aux pricipes qu'il n'a cessé de professer, et ne négligera rien pour procurer, par sa médiation, à l'Europe la paix qu'il désire à ses peuples ; mais il déclare en même temps qu'arrêté partout dans ses desseins généreux, libre d'engagements, sans garantie pour l'avenir, il va pourvoir à la sûreté de ses États, et mettre son armée en mouvement. »

[1] L'empereur Alexandre avait fait néanmoins écrire au roi de Prusse par le maréchal Kalkreuth : « Qu'il concevait les occupations du roi, mais que, moins occupé lui-même en ce moment, il se déterminait à aller le voir lui-même dans sa capitale, puisque l'entrevue ne pouvait avoir lieu à la frontière. » Cet avis parvenait à Berlin le 23 octobre 1805, et l'empereur Alexandre y arrivait le 25. C'était venir en courrier beaucoup plus qu'en monarque.

empereur de Russie prenait déjà ces habitudes d'activité qui lui créaient une influence personnelle dans tous les événements; ce voyage était public, avoué, sans incognito. L'Empereur fut reçu à Berlin avec transport par la noblesse, l'armée et les écoles; sa présence était la guerre, si vivement désirée; il vit le roi, et avec ce charme d'un jeune homme enthousiaste, il lui expliqua le but de la campagne : il ne s'agissait pas d'agrandissement de territoire ni de rétablir une vieille dynastie, leur dessein commun était de réduire les prétentions du gouvernement français aux justes limites du traité de Lunéville; la Prusse n'avait pas besoin d'arborer le principes d'un système nouveau, seulement elle devait se joindre à la coalition pour donner plus de fermeté au langage tenu au chef du gouvernement français; on formulerait des conditions raisonnables, un programme diplomatique fondé sur les bases du traité de Lunéville légèrement modifiées. Si la France acceptait, il n'y aurait plus de guerre; si elle refusait, la Prusse prendrait part à la coalition; pour être fort, il fallait s'unir; séparément on serait toujours faible; on devait pouvoir opposer 600,000 hommes à Napoléon; l'armée russe s'avançait à marches forcées; les Prussiens se tiendraient prêts à entrer en campagne. La paix, mais la paix juste, et dans d'honorables limites [1] !

---

[1] « L'empereur Alexandre amena d'heure en heure l'esprit du roi de Prusse à une détermination vigoureuse, et le 3 novembre 1805 les deux monarques signèrent à Potsdam une convention secrète, d'après laquelle, en prenant pour base le traité de Lunéville, et les choses devant être remises sur le pied où elles avaient été lors de sa signature, la France aurait à restituer ce dont elle s'était emparée depuis lors; à dédommager le roi de Sardaigne; à rendre à la Suisse et à la Hollande leur indépendance; à séparer les deux couronnes de France et d'Italie. Haugwitz était chargé de porter cette convention à l'Empereur des Français, d'offrir aux conditions qu'elle contenait la médiation de la Prusse et le renouvellement de son amitié, et, en cas de refus, de déclarer que les hostilités commenceraient le 15 décembre. Deux jours avant

Ces propositions toutes modérées devaient plaire au cabinet de Berlin, qui ne voulait ni la paix ni la guerre encore, la plus mauvaise position pour un gouvernement. L'empereur Alexandre demeura dix jours à Berlin au milieu des fêtes, et on parla beaucoup du serment des deux souverains devant le tombeau du grand Frédéric : qu'on se représente le caveau funèbre, où semble planer encore l'ombre du roi fondateur de la monarchie, cette lampe sépucrale, cette grille de fer noir, sur du marbre noir ; là les deux monarques, prenant Dieu à témoin, jurèrent de suivre le même système diplomatique, une ligne de conduite semblable auprès de Napoléon, pour l'amener à traiter de la paix sur des bases raisonnables, ou bien pour lui faire la guerre sans jamais poser les armes. On donna de l'éclat à cette cérémonie devant un tombeau ; les deux souverains touchèrent l'épée du roi étendu mort dans le sépulcre, comme s'ils devaient retremper leur courage à la face d'une si grande renommée ; l'ombre de Frédéric sembla se montrer dans l'appareil de guerre, couvert de ces armures de chevaliers qui s'agitaient la nuit dans les vastes salles des chateaux au moyen âge [1].

Avant son départ, Duroc put voir que la Prusse était passée dans la coalition ; l'armée fut mise sur le pied de campagne ; le duc de Brunswick et les vieux généraux de la guerre de sept ans furent mandés auprès du roi ; les régiments mobilisés se dirigèrent vers le Hanovre et en prirent possession ; la Hesse et la Saxe suivirent le sys-

---

la signature de cette convention le général Duroc avait quitté Berlin, sans avoir pu, dans ses derniers moments, approcher ni le roi ni l'empereur Alexandre. »

[1] L'empereur Alexandre, entraîné par le sentiment, a baisé le cercueil qui renfermait les cendres du grand monarque, et l'illustre voyageur a, au milieu des plus vifs embrassements, pris congé de la famille royale. » (Récit de la *Gazette* officielle de Berlin.)

tème de la Prusse; la reine commença les nobles revues de Potsdam où, femme belle et enthousiaste, elle parut en amazone, saluée par les cris de cette jeunesse patriotique qui se levait au nom de l'Allemagne. Le roi seul comprimait en vain cet élan pour ne pas le laisser déborder en folie! il se méfiait de la guerre; toutefois, un *ultimatum* fut rédigé de concert par l'empereur Alexandre et le roi Frédéric-Guillaume; le comte de Haugwitz, rappelé de son exil en Silésie par le crédit du secrétaire de cabinet Lombard, dut porter cet *ultimatum* des cours à Napoléon comme dernier mot de l'Europe; il contenait l'alternative de la paix ou de la guerre aux conditions proposées [1].

Pendant ce temps, le premier corps de l'armée russe, commandé par le vieux Kutusoff, arrivait sur l'Inn, et à la face de ces troupes, une nouvelle tactique de guerre dut être adoptée par Napoléon. L'armée autrichienne s'était facilement laissé démoraliser; composée de soldats personnellement braves, sous des officiers sans grande émulation, l'armée autrichienne avait à peine compté en ligne de bataille; elle venait d'éprouver un échec si profond, que seule elle ne pouvait soutenir les hostilités dans le déploiement admirable de la campagne tel que l'avait conçu l'Empereur des Français. Mais les Russes, qui s'avançaient à marches forcées, étaient d'autres troupes; ces soldats avaient la force, la stature des hommes du Nord,

---

[1] Napoléon, prévenu de l'alliance qui venait d'être contractée, dictait la note suivante :

« Il n'est bruit que d'une alliance qui a été conclue, dit-on, le 3 novembre, entre la Russie et la Prusse. Pour être persuadé qu'on ignore entièrement les conditions que ces souverains ont arrêtées entre eux, il suffit d'écouter les diverses interprétations qu'on donne à leur alliance, et aux motifs qui l'ont décidée. Le voyage de M. de Haugwitz auprès de l'Empereur des Français serait une première conséquence du rapprochement de la Prusse et de la Russie; il serait chargé de faire à ce monarque des propositions pour une paix générale : jusqu'ici tout est croyable. Mais lorsqu'on ajoute que ces propositions sont les mêmes que

avec un dévouement religieux à leur Czar. Le grand Frédéric avait dit : « Il ne suffit pas de tuer un soldat russe, il faut encore le pousser pour le faire tomber. » Ces hommes, durs de corps, formaient comme un mur d'airain que le canon ébranlait à peine; ils étaient commandés par des officiers jeunes et braves, avec la civilisation la plus avancée, fins comme les Grecs, courageux comme les anciens Slaves, instruits comme les Français. L'armée était couverte par des nuées de cosaques légers et hardis, et ces masses de partisans appelaient une grande surveillance pour la sûreté des magasins, des courriers et des officiers d'ordonnance.

C'était donc un nouveau genre de guerre qu'il fallait adopter contre eux; ils ne se laissaient plus prendre par masse comme les Autrichiens. Le corps russe qui arrivait sur l'Inn, sorte d'avant-garde, ne comptait pas plus de 40,000 hommes sous le général Kutusoff; vie aussi pleine, aussi aventureuse que celle de Suwarow, le général populaire. Kutusoff Smolenski, avait alors soixante ans; élevé à Strasbourg, où il avait appris l'allemand et le français, il avait commencé à servir à l'âge de seize ans comme caporal dans l'armée russe; il comptait quinze campagnes : cinq contre les Polonais, quatre contre les Turcs, les autres en Finlande, ou contre les Tartares et les populations asiatiques; il avait été ambassadeur à Constantinople, gouverneur de la

---

celles dont M. de Novosilzoff était porteur, on commence à douter de la réalité du fait. Comment croire que la Russie, déconcertée dans ses mesures guerrières, battue provisoirement dans son allié l'Empereur d'Allemagne, pense qu'elle puisse faire absolument les mêmes propositions que lorsqu'elle offrait une médiation en apparence impartiale et désintéressée? Nos politiques ajoutent que le résultat des négociations dont M. de Haugwitz est chargé, décidera si la convention conclue entre la Russie et la Prusse, et à laquelle plusieurs autres princes ont accédé, sera mise à exécution. Par cette tournure, on semble vouloir rendre la France responsable des malheurs qu'entraînerait une longue guerre; mais tout le monde sait que ce n'est point elle qui a

Crimée et de Saint-Pétersbourg. Général d'expérience et de vieille tactique, il avait une certaine finesse sur le champ de bataille, quoique peu d'habitude des évolutions françaises ; mais sa longue vie et de fortes études lui donnaient une sagacité instinctive sur les résultats et les probabilités d'une campagne. Kutusoff, avec autant de bravoure que Suwarow, avait plus de science et de talent, et une grande confiance dans ses soldats. Selon lui, les Autrichiens pouvaient être vaincus, les Russes jamais, et Kutusoff se montrait avec cette assurance présomptueuse à la face de Napoléon. Les Russes étaient harassés par une longue marche ; il les ménageait pour une grande journée, et en attendant il dut se borner à défendre pied à pied le terrain, et rallier, par la fermeté de ses troupes, les corps dispersés de l'armée autrichienne.

Napoléon n'était pas parfaitement instruit du caractère et de la véritable valeur de l'armée russe ; il connaissait à fond les Autrichiens, qu'il avait éprouvés plusieurs fois en Italie, il venait de les voir encore à Ulm, et le caractère des soldats de Wurmser et de Mélas n'avait point changé ; avec eux il agissait d'une certaine manière, presque toujours sûr du succès ; il savait avec quelles conditions il aurait la victoire ; ses manœuvres étaient calculées de façon à obtenir des résultats dans un temps déterminé avec une précision mathématique. Mais il ne connaissait les Russes que par des rapports écrits, les

déchiré le traité de paix ; et, avant de vouloir en revenir à celui de Lunéville, il faudrait du moins que les puissances coalisées pour une négociation parlassent du rétablissement du traité d'Amiens. L'Angleterre joue le continent ; c'est bien de la part de l'Angleterre ; mais que tous les princes du Nord se prêtent à ce jeu terrible, voilà ce que l'on ne conçoit pas et qui fait frémir les têtes sages : car personne ne doute du parti que prendra l'Empereur des Français. Il veut la paix ; mais il la veut durable, utile, honorable pour le continent ; et toutes propositions qui favoriseraient l'Angleterre dans son ambition ne seront jamais regardées par lui comme de véritables propositions de paix. »

travaux du grand Frédéric, ses causeries avec Masséna, Dessolles, Soult, généraux qui avaient fait la guerre contre Suwarow. C'était donc ici une étude pour son génie militaire : on ne pourrait plus vaincre seulement par des marches stratégiques ; les Autrichiens se rendaient prisonniers, les Russes se faisaient tuer. Aussi voit-on Napoléon plus timide; dès que les Russes s'avancent, il adresse une proclamation à ses soldats comme César; il les remercie des succès obtenus: « Ils ont fait beaucoup déjà, mais cela ne suffit pas; il faut qu'ils fassent encore ; ils ont besoin de montrer que les soldats français sont la première infanterie du monde. » Recommandation inquiète qui se ressent de la présence de nouveaux ennemis et de l'expérience que l'on va faire en croisant les baïonnettes françaises contre ces soldats que le grand Frédéric comparait à des murailles de bronze.

A la fin d'octobre la position des armées pouvait ainsi se résumer : Napoléon quittait Munich, le centre de la Bavière entièrement délivrée ; le maréchal Bernadotte manœuvrait sur sa droite, Davoust entrait par Mulhdorff sur le territoire autrichien ; Murat, après avoir salué Nuremberg, la poétique ville du moyen âge, caracolait sur l'Inn ; Lannes prenait position à Landshut pour marcher sur Braünau ; le maréchal Soult déployait ses tentes sur le champ de bataille de Hohenlinden, souvenir glorieux du général Moreau; Marmont bivouaquait en avant, et Ney quittait les bords du Danube pour suivre le mouvement général. L'armée de France dans son ordre admirable fit une marche simultanée en avant, rapide et soutenue; Napoléon voulait provoquer les Russes à une bataille générale dans ce moment où épuisées de fatigue ces troupes venaient d'opérer une marche de plus de 500 lieues. Le maréchal Kutusoff arrivait à peine sur le théâtre de la guerre; pour étudier la défensive de l'Inn; seul, il ne pouvait s'y établir depuis la capitulation d'Ulm; cette ligne n'était plus tenable contre les immenses forces de Napoléon. Dès lors Kutusoff combina un plan de retraite sur Lintz, dernière barrière qui couvrît Vienne; il avait à peine 40,000 Russes avec lui; ce plan revenait au système adopté à l'origine de cette campagne par les alliés, avant la pointe de Mack en Bavière, et qui consistait incessamment à se replier sur les réserves jusqu'à ce qu'on pût aborder les Français au moins avec des forces égales.

Napoléon sentit l'importance d'empêcher l'exécution de cette manœuvre par une grande rapidité de mouvements; il fallait couper Kutusoff de l'armée de Moravie; on courut donc sur lui; les chemins étaient épouvantables, on marchait nuit et jour dans une boue épaisse et noire; l'artillerie manœuvrait avec peine, les chevaux épuisés refusaient leur service dans ces pays couverts de sapins qui se développent en rideau sur les bords du Danube et de l'Inn. A Braünau seulement on trouva des ressources que jusqu'alors on avait tirées à grands frais de Munich et d'Augsbourg; de temps à autre quelques combats partiels venaient signaler la marche en avant de l'armée française. Les Autrichiens, soutenus par les Russes, se défendaient mieux; des engagements plus sérieux signalaient un nouveau système plus efficace et la présence de meilleures troupes. Le premier combat des Français contre les Russes eut lieu le 31 octobre avec acharnement; Murat, toujours le premier (aigrette brillante au milieu de cette mer de panaches flottants), eut l'honneur de croiser le sabre contre huit bataillons de Kutusoff; une charge de cavalerie meurtrière força les Russes à la retraite; l'ennemi se défendait bien, la

MARCHE DE NAPOLÉON (NOVEMBRE 1805). 359

baïonnette au bout de ces longs fusils ; mais qui pouvait résister alors à l'impétuosité de la jeune et belle armée guidée par Napoléon. Déjà les avant-postes touchaient Lintz, la tête de pont de Vienne.

Depuis l'arrivée des Russes on ne pouvait que difficilement couper les Autrichiens, qui opéraient leur retraite avec ordre ; on ne faisait presque pas de prisonniers. Napoléon marchait en avant avec la volonté de s'emparer de Vienne par un rapide coup de main : déjà se montrait chez l'Empereur cette fantaisie de marcher sur les capitales, afin d'imposer la paix en datant ses décrets des palais impériaux, vanité qui fit commettre plus tard bien des fautes. Napoléon connaissait mal l'organisation des États étrangers : il s'imaginait que parce que Paris était tout, il en était de même de l'Autriche, de la Prusse et de l'Espagne, où le territoire est aussi divisé que l'administration publique, où vingt peuples se groupent province par province. « Allons à Vienne ! » telle était la parole de l'Empereur. Les Russes du général Kutusoff défendaient ce terrain pied à pied contre des forces supérieures ; ils prirent position à Amstetten dans un défilé redoutable où ils furent attaqués par l'élite de l'armée, la division des grenadiers d'Oudinot unie à la cavalerie légère de Murat. La résistance fut opiniâtre et longue ; il ne s'agissait plus de ces soldats que l'on prenait comme des pions par un simple déplacement sur l'échiquier ; l'ennemi fit sa retraite, laissa peu de prisonniers, et la perte d'Oudinot fut considérable. Le lendemain l'armée française salua l'abbaye de Molk, lieu de repos et de méditation où le voyageur s'arrête quand il visite Vienne ; puis Saint-Polten, qui est comme un de ses grands faubourgs.

A l'approche de Napoléon, François II quitta Vienne

en recommandant sa bourgeoisie et ses établissements à la générosité des Français. Quelques combats partiels plus ou moins sanglants ne pouvaient éviter l'occupation de la capitale ; soutiendrait-elle un siége comme au temps des Turcs et de Sobieski? En l'absence de son empereur, la garde en fut confiée à la milice bourgeoise. François II s'était éloigné en pleurant de Vienne, il avait dit : « Ne faites aucune résistance » ; et la cavalerie de Murat voltigeait déjà autour de ses murailles. On pouvait voir des tours de Saint-Étienne les panaches des hussards et des chasseurs de la garde ; les carabines et les sabres brillaient au loin comme les cimeterres de l'armée ottomane, il y avait un siècle à peine, quand Sobieski, placé sur une tour de Vienne, contemplait la tente du grandvizir. Napoléon résida quelques jours à l'abbaye de Molk, lieu choisi pour diriger toutes les opérations ; tandis que dans ces méditations solitaires il aimait à entretenir l'abbé sur la vicissitude des empires, la grandeur et la chute des dynasties, Napoléon dirigeait avec son activité accoutumée les opérations de la guerre ; plein d'hésitation à la face des Russes, il trouvait que Murat s'engageait trop ; la valeur aventureuse du maréchal pouvait nuire à l'ensemble des mouvements de l'armée : « Murat court comme un aveugle, disait l'Empereur à Rapp ; l'ennemi n'a personne en face, il peut écraser Mortier ; avertis Berthier qu'il arrête les colonnes [1]. » Un beau fait d'armes du général Gazan et de 4,000 Fran-

---

[1] Voici ce qu'écrit le général Rapp. « L'Empereur me dit :
« Avertis Berthier qu'il arrête les colonnes. » Le maréchal Soult eut ordre de rétrograder jusqu'à Mautern ; Davoust prit position à l'embranchement des routes de Lilienfeld et de Neustadt, et Bernadotte à Molk. Ces dispositions ne purent prévenir l'engagement dont Napoléon craignait l'issue. 4,000 Français furent chargés par l'armée ennemie tout entière ; mais l'habileté, le courage, la nécessité de vaincre, suppléèrent au nombre : les Russes furent culbutés. A la nouvelle de cette étonnante victoire tout

çais du corps de Mortier, nouveaux Spartiates, sauva les dangers de cette hasardeuse marche en avant.

L'Empereur connaissait sa situation difficile; la Prusse se déclarait formellement contre lui. Napoléon désirait la paix [1], il en avait besoin, et lorsque le comte de Giulay se présenta à l'abbaye de Molk pour traiter des conditions de l'entrée des Français à Vienne, Napoléon lui dit : « Qu'il ne demandait pas mieux qu'un bon traité, quoiqu'il fût à la tête de 200,000 hommes; il avait délivré la Bavière pour exécuter ses engagements; il ne voulait maintenant que délivrer l'Autriche des Russes qui l'occupaient comme des vainqueurs. » En s'exprimant ainsi, l'Empereur savait bien ce qu'il faisait : il connaissait les antipathies des officiers autrichiens pour les Russes, et semblait leur dire : « Séparez-vous de la Russie, et tout sera dit; je traiterai sur des conditions raisonnables, mais distincts. » La correspondance de M. de Talleyrand aux affaires étrangères constate cette impatience incessante de traiter; le ministre sait mieux que personne que la position diplomatique et militaire n'est pas bonne;

---

se remit en mouvement; l'Empereur pressa la marche avec encore plus de vivacité qu'il ne l'avait suspendue; il voulait gagner les Autrichiens de vitesse, surprendre le passage du Danube, couper leurs alliés, les battre avant l'arrivée de nouvelles forces. Il expédiait, hâtait les ordres: hommes et chevaux, tout était en mouvement. « Le champ est ouvert. Murat peut se livrer à toute son impétuosité; mais il faut qu'il agrandisse le terrain; il faut qu'il surprenne le pont. »(Mémoires du général Rapp.)

[1] Vienne, 27 novembre 1805.
« M. le comte de Haugwitz, ministre d'État prussien, est toujours attendu à Vienne; il aura des conférences avec M. de Talleyrand, qui seront, à ce qu'on présume, relatives à des propositions de paix générale. Toute l'Allemagne doit désirer que cette mission ait un succès conforme au but; car cette contrée est couverte de troupes d'une extrémité à l'autre, et elle gémit sous le poids de la guerre; ces soldats sont en grande partie entretenus par les États conquis. Plus de 100,000 prisonniers de guerre remplissent le vide que le départ des conscrits a laissé dans l'intérieur de la France : elle voit avec peine que l'Autriche se met elle-même hors d'état pour un demi-siècle de pouvoir lutter avec elle, ou d'influer avec autant de poids qu'autrefois dans les affaires politiques de l'Europe. On se trompe si l'on croit que l'armée française doit s'affaiblir à mesure qu'elle se porte en avant; un Empire comme la France, qui compte

l'Empereur est au fond de l'Autriche, les Russes arrivent en ligne et peuvent lutter contre nos meilleures troupes ; ils ont fait leur jonction avec les Autrichiens ; on ne peut plus douter que la Prusse n'ait fait un traité d'adhésion, des copies en ont été envoyées par M. de Laforest au quartier-général ; M. de Haugwitz va partir pour Vienne, afin de porter l'*ultimatum* des deux cours de Berlin et de Saint-Pétersbourg ; il est donc important de manœuvrer avec des précautions extrêmes. Pour Napoléon, l'occupation de Vienne n'est qu'un point de gloriole ; il recommande à Murat de faire moins de parade, et de s'emparer par ruse ou par force d'un pont sur le Danube, afin d'assurer la poursuite des Russes [1].

Pour exécuter les ordres de l'Empereur, les généraux Lanusse et Bertrand cherchèrent à s'emparer du pont de Vienne ; on fit courir le bruit que la paix était signée, et un armistice conclu ; les troupes françaises se mêlèrent à la bourgeoisie avec une expression de joie, les bons Allemands, francs et sans malice, se livraient à toute la distraction de cette belle journée ; pendant ce temps, une

---

34,000,000 d'habitants, peut, sans compter ses nombreux alliés, faire marcher de nouvelles armées aussi nombreuses que celles qui sont déjà avancées. »

[1] Le major-général Berthier écrivait la lettre suivante au maréchal Murat.

« La grande affaire dans le moment actuel est de passer le Danube afin de déloger les Russes de Krems en se jetant sur leurs derrières. L'ennemi coupera probablement le pont de Vienne ; si cependant il y avait possibilité de l'avoir en entier, il faut tâcher de s'en emparer. Cette considération seule peut forcer l'Empereur à entrer dans Vienne ; et dans ce cas vous y ferez entrer une partie de votre cavalerie et les grenadiers seulement. Il faut que vous connaissiez la force des troupes bourgeoises qui sont armées à Vienne. L'Empereur imagine que vous avez fait placer quelques pièces de canon pour intercepter le passage sur le Danube entre Krems et Vienne. Il doit y avoir des partis de cavalerie sur la rive droite du fleuve ; vous n'en parlez pas à l'Empereur. Sa Majesté trouve nécessaire de savoir à quoi s'en tenir, afin que s'il avait été possible d'intercepter le Danube au-dessous de Vienne, on eût pu le faire. La division du général Suchet restera avec une partie de votre cavalerie sur la grande route de Vienne à Bukersdorff, à moins que vous ne soyez maître du pont sur le Danube, s'il n'a pas été brûlé ; et dans ce cas cette division s'y porterait, afin de pouvoir passer le fleuve avec votre cavalerie et vos grenadiers, et

LE PONT DU DANUBE (13 NOVEMBRE 1805). 363

compagnie de voltigeurs et des hussards français s'approchaient du pont qu'un officier autrichien avait ordre de faire sauter; on agite des mouchoirs blancs! la paix est signée : « Pourquoi détruire un beau monument? » Les Français paraissent sans armes; l'officier autrichien, sans défiance, admet la paix comme un fait accompli; il laisse s'avancer les généraux Lanusse et Bertrand auprès de lui; le maréchal Lannes et le général Belliard s'unissent au groupe pour confirmer cette bonne nouvelle; ils marchaient sur le pont comme si la guerre était terminée, s'occupant de causeries indifférentes. « Pourquoi, s'écria le maréchal Lannes, tenez-vous encore vos canons braqués sur nous? n'est-ce pas assez de sang et de combats? voulez-vous prolonger les malheurs de la patrie allemande? » Les bons Autrichiens, croyant aux paroles du maréchal Lannes, mirent leurs armes en faisceaux, et par un mouvement rapide que la loyauté justifierait difficilement, le maréchal Lannes ordonna aux voltigeurs de se porter sur le pont et de l'enlever au pas de course. Quand l'officier autri-

se mettre le plus tôt possible en marche pour tomber sur les communications des Russes. Je pense que l'Empereur restera toute la journée à Saint-Polten.

« Sa Majesté vous recommande, prince, de lui rendre compte fréquemment

« Quand vous serez à Vienne, tâchez d'avoir les meilleures cartes qui se trouvent des environs de Vienne et de la Basse-Autriche.

« Si M. le général comte de Giulay se présente ou toute autre personne pour parler à l'Empereur, envoyez-le en toute hâte ici.

« La garde bourgeoise qui fait le service à Vienne doit avoir tout au plus cinq cents fusils.

« Il vous sera facile, une fois à Vienne, d'avoir des nouvelles sur l'arrivée des autres colonnes russes, ainsi que sur le projet des autres en se cantonnant à Krems.

« Vous aurez pour tourner les Russes et pour tomber sur leurs derrières votre cavalerie, le corps du maréchal Lannes et celui du maréchal Davoust. Quant aux corps des maréchaux Bernadotte et Soult, ils ne peuvent être disponibles que lorsqu'on saura définitivement le parti qu'auront pris les Russes.

« Passé dix heures du matin vous pourrez donc entrer à Vienne; tâchez d'y surprendre le pont du Danube, et, s'il est rompu, avisez à trouver les moyens les plus prompts de passage : c'est la seule grande affaire dans ce moment. »

chien s'aperçut de la supercherie, et qu'il voulut exécuter les ordres, faire mettre le feu aux poudres, le maréchal Lannes et le général Belliard le saisirent au collet, tandis que les troupes débouchaient sur le pont et s'emparaient ainsi d'une position importante pour agir contre l'armée russe, la seule véritablement redoutable, et empêcher sa jonction avec l'archiduc Charles [1].

Quand cette opération eut été accomplie hardiment Napoléon fit son entrée à Vienne; elle fut sans faste, car il ne considérait jusqu'alors cette capitale que comme une position pour suivre des opérations plus importantes. Le général Sébastiani en signa la capitulation; le corps du maréchal Murat tout entier occupa Vienne; sa brillante cavalerie défila dans les vastes et beaux faubourgs. Napoléon voulut faire impression sur les habitants; comme les empereurs d'Autriche, il occupa le palais de Schœnbrunn, avec ses jardins, ses parcs où bondissent le cerf et le daim en pleine liberté. Il y signa ses décrets; c'était sa joie et son orgueil. Lorsque les souverains se

---

[1] Le récit du général Rapp sur cette surprise du pont du Danube est plein de naïveté :

« On défendit aux troupes échelonnées sur la route de faire aucune démonstration capable de donner l'éveil, on ne permit à personne d'entrer à Vienne. Quand tout fut bien vu, bien examiné, Murat prit possession de cette capitale, et chargea Lanusse et Bertrand de faire sans délai une reconnaissance sur le fleuve. Ces deux officiers étaient suivis du 10e hussards. Ils trouvèrent aux portes du faubourg un poste de cavalerie autrichienne. On ne se battait plus depuis trois jours; il y avait une espèce de suspension d'armes. Ils abordent le commandant, lient conversation avec lui, s'attachent à ses pas, ne l'abandonnent plus. Arrivés sur les bords du fleuve, ils s'obstinent encore à le suivre malgré lui; l'Autrichien s'emporte, les Français demandent à communiquer avec le général qui commande les troupes stationnées sur la rive gauche : il y consent, mais il ne souffre pas que nos hussards les accompagnent; le 10e est obligé de prendre position. Cependant nos troupes arrivaient conduites par les maréchaux Murat et Lannes. Le pont était encore intact, mais les conducteurs étaient établis, les canonniers tenaient leurs mèches : le moindre signe qui eût décelé le projet de passer de force eût fait avorter l'entreprise. Il fallait jouer de ruse ; la bonhomie des Autrichiens s'y prêtait. Les deux maréchaux mirent pied à terre; la colonne fit halte; il n'y eut qu'un petit détachement qui se porta sur le pont et s'y établit. Le général Belliard s'avança en se promenant les mains derrière le dos avec deux officiers d'état-major,

refusaient à reconnaître son titre impérial, il devait y avoir une satisfaction intime à se placer dans leurs propres palais, au sein de leur capitale. De là, cette multitude d'affaires terminées par Napoléon dans les métropoles ennemies; il voulait laisser trace de son passage en conquérant.

L'Empereur ne cessait de parler de la paix avec l'Autriche, thème obligé de toutes ses causeries, et de ses réponses à la bourgeoisie et aux notables; il avait sa pensée fixe, qui consistait à faire un traité séparé avec François II pour isoler les Russes et les vaincre plus aisément. A Schœnbrunn Napoléon tenait sa cour plénière, recevant les grands d'Autriche, les magnats de Hongrie, les généraux, les chefs du commerce, et à tous il parlait de son désir pressant de faire la paix, et des désordres commis par les Russes. « Il n'en voulait pas à l'empereur François II, si paternel pour ses bons sujets; ce n'était pas la France qui avait commencé la guerre; que voulait-il en ce moment? délivrer l'Autriche de la présence des Russes; les paysans, la bourgeoisie avaient

---

Lannes le joignit avec d'autres ; ils allaient, venaient, causaient, et arrivèrent ainsi jusqu'au milieu des Autrichiens. L'officier du poste ne voulait pas d'abord les recevoir, mais il finit par céder, et la conversation s'établit. On lui répéta les propos qu'avait déjà tenus le général Bertrand, que les négociations avançaient, que la guerre était finie, qu'on ne se battrait, qu'on ne se déchirerait plus. « Pourquoi, lui dit le maréchal, tenez-vous encore vos canons braqués sur nous? N'est-ce pas assez de sang, de combats? Voulez-vous nous attaquer, prolonger des malheurs qui vous pèsent plus qu'à nous? Allons, plus de provocations : tournez vos pièces. » Moitié subjugué, moitié convaincu, le commandant obéit. L'artillerie fut dirigée sur les troupes autrichiennes, et les armes mises en faisceaux. Pendant ces pourparlers le peleton d'avant-garde avançait lentement, mais enfin il avançait, masquant des sapeurs, des canonniers, qui jetaient dans le fleuve les matières combustibles, répandaient de l'eau sur les poudres et coupaient les conducteurs. L'Autrichien, trop peu familier avec notre langue pour s'intéresser beaucoup à la conversation, s'aperçut que la troupe gagnait du terrain, et s'efforçait de faire comprendre que cela ne devait pas être, qu'il ne le souffrirait pas. Le maréchal Lannes, le général Belliard, tâchèrent de le rassurer, ils lui dirent que le froid était vif, que nos soldats marquaient le pas, qu'ils cherchaient à s'échauffer en se donnant du mouvement. Mais la colonne approchait toujours, elle était déjà aux trois quarts du pont; il perdit patience et commanda le feu. Toute la troupe courut aux armes, les artilleurs ap-

vu les excès de ces barbares, à côté de la discipline sévère des Français ; tout le monde appelait la paix, et pourquoi ne la ferait-on pas ? » Napoléon savait bien à qui ces paroles s'adressaient : la bourgeoisie de Vienne succombait sous le poids des sacrifices ; dévouée à son empereur, elle appelait néanmoins le terme à ses maux. Napoléon se montrait doux et indulgent pour elle ; le moindre manquement d'un officier ou d'un soldat était puni avec la plus haute sévérité. Un sous-officier de la ligne fut solennellement condamné à mort et exécuté pour s'être permis un acte de violence ; le jugement, traduit en allemand, fut affiché dans toute la cité comme un exemple. Napoléon travaillait l'esprit public à Vienne comme à Paris ; les bulletins de la grande armée, les moindres combats étaient publiés avec la plus grande solennité sur les places et dans les églises. L'Empereur ne faisait pas un pas qu'aussitôt il ne fût annoncé ; il recevait les généraux autrichiens avec une bienveillance marquée. La garde impériale seule occupa Vienne ; M. de Talleyrand y fut mandé comme le négociateur

prêtaient leurs pièces, la position était terrible : un peu moins de présence d'esprit, le pont était en l'air, nos soldats dans les flots, et la campagne compromise. Mais l'Autrichien avait affaire à des hommes qui n'étaient pas faciles à déconcerter. Le maréchal Lannes le saisit d'un côté, le général Belliard de l'autre ; ils le secouent, le menacent, crient, empêchent qu'on ne l'entende. Arrive sur ces entrefaites le prince d'Auersberg, accompagné du général Bertrand. Un officier court rendre compte au maréchal Murat de l'état des choses, transmet à la troupe, en passant, l'ordre d'allonger le pas et d'arriver. Le maréchal s'avance au-devant du prince, se plaint du chef du poste, demande qu'il soit remplacé, puni, éloigné d'une arrière-garde où il peut troubler les négociations. Auersberg donne dans le piège. Il discute, approuve, contredit, se perd dans une conversation inutile. Nos troupes mettent le temps à profit ; elles arrivent, débouchent, et le pont est emporté. Des reconnaissances sont aussitôt dirigées dans tous les sens, et le général Belliard porte nos colonnes sur la route de Stockerau, où elles prennent position. Auersberg, confus de sa loquacité intempestive, se rend auprès de Murat, qui après un court entretien l'adresse à Napoléon et passe aussi le fleuve. Le piquet autrichien veillait toujours à la garde du pont. Nous bivouaquions pêle-mêle. Les troupes étaient confondues à Stockerau comme sur les bords du fleuve. Napoléon trouva ce mélange inutile. Il envoya les houlans à Vienne, où ils furent désarmés. » (Mémoires du général Rapp.)

actif pour amener un traité de paix à bonne fin; les théâtres ne cessèrent de jouer; les belles boutiques où les verres de Bohême brillent de mille couleurs furent ouvertes. Napoléon se montrait partout avec une bienveillance marquée, il répétait sans cesse : « La paix, je la désire autant que vous, je ne refuse pas une entrevue avec votre empereur. » Le général Giulay était l'intermédiaire choisi pour porter ces paroles auprès du prince Jean de Lichtenstein, le chef du parti français dans l'armée de François II, alors en retraite sur les réserves russes de la Moravie[1].

M. de Talleyrand, à Vienne, dressait des plans de négociation où les intérêts de l'Autriche trouvaient un agrandissement considérable; étaient-ils réels ou de simples leurres? Sa pensée était toujours d'amener une permanence de rivalité entre les deux cabinets de Vienne et de Saint-Pétersbourg par la cession de la Moldavie et de la Valachie à l'Autriche. Napoléon ne partageait pas les opinions de M. de Talleyrand; il avait tendance pour la Russie; le ministre posait en principe : 1° l'agrandissement de la Bavière, du Wurtemberg et de Bade, pour en former une barrière contre l'Autriche; 2° l'accroissement de la Saxe contre la Prusse; 3° la compensation au profit de l'Autriche par la Moldavie, la Valachie et la Bosnie détachées de l'empire ottoman; 4° la compensation à la Prusse par le Hanovre et la Poméranie, afin de la rendre hostile à l'Angleterre et à la Suède. C'était un remaniement de l'Europe qui permettait d'attendre la paix maritime. Les idées de Napoléon étaient moins pondérées et plus conquérantes : tôt ou tard l'Allemagne lui paraissait une proie sous son pro-

---

[1] Voyez le petit livre Die Franzosen in Wien (Leipzig, 1806).

tectorat ; il n'admettait pas la possibilité d'un système indépendant à Vienne ; toute l'Allemagne devait entrer sous sa propre suzeraineté ; agrandir l'Autriche, c'était préparer les moyens d'une rivalité vieille comme l'histoire ; l'empereur François II serait réduit, comme le roi de Prusse, à la vassalité. M. de Talleyrand faisait de la diplomatie simple à la manière de l'ancienne école ; Napoléon, lui, faisait de la conquête en grand, et ses vastes pensées se portaient déjà sur un partage entre deux immenses empires d'Occident et d'Orient, divisés entre lui et le Czar de Russie, comme ils le furent entre Charlemagne et les successeurs de Constantin.

Vivement préoccupé de la Prusse, M. de Talleyrand savait que le comte de Haugwitz approchait de Vienne, voyageant avec lenteur par les ordres de sa cour ; la Prusse voulait attendre, pour se déclarer contre la France, des nouvelles de la Moravie : M. de Laforest s'était procuré la copie des instructions de M. de Haugwitz, et il les avait envoyées à l'Empereur, qui n'ignorait rien ainsi de ce qui se passait à Berlin ; M. de Haugwitz portait l'*ultimatum* signé par le roi de Prusse et les empereurs de Russie et d'Autriche ; M. de Hardenberg lui avait spécialement recommandé d'attendre et de patienter ; le délai fatal n'étant que le 15 décembre, on ne devait signifier l'*ultimatum* que vers la fin de novembre. Dans ses dépêches, M. de Talleyrand se plaint avec inquiétude des retards de M. de Haugwitz [1] qui n'arrive pas ; il cherche à le pénétrer. La Prusse craint de prendre un parti décidé, elle ne veut pas s'engager dans une

---

[1] *Lettre de M. Talleyrand à M. d'Hauterive:* « M. de Haugwitz n'arrive pas. Peut-être ce délai fait partie de sa mission : c'est une manière très commode de s'expliquer que de se réserver de prendre son texte dans les circonstances du moment... M. de Stadion et M. de Gentz ont des pouvoirs et vont se rendre à Vienne. J'ai des pouvoirs : il est

guerre avant que l'expérience lui ait fait connaître si la fortune ne sera point favorable à Napoléon. Cette situation inquiète M. de Talleyrand ; il sent la fausse position de l'Empereur et l'engage à prendre un parti ; il faut un traité ou la victoire.

Napoléon s'est lui-même décidé pour une grande bataille et une bataille à succès ; il n'hésite plus. Après un court séjour à Schœnbrunn, il laisse à Vienne M. de Talleyrand et sa légation traiter les affaires diplomatiques ; comme il a besoin de toutes ses troupes, Vienne est à peine occupée par un corps, faible détachement de cavalerie ; son dessein est de frapper un coup décisif sur la rive droite du Danube. Le maréchal Lannes, maître du pont par surprise, ouvre à l'armée toute la Moravie ; cette armée se déploie magnifique à la face des troupes autrichiennes et russes, cherchant l'ennemi qui opère sa jonction avec ses renforts. Alexandre a quitté Berlin pour rejoindre François II et commencer la campagne ; une nouvelle impulsion est donnée ; il faut vaincre. L'empereur doit secouer vivement l'opinion publique, car les nouvelles de Paris ne sont pas bonnes : les partis s'agitent, les inquiétudes se répandent, et si Napoléon ne donne pas un coup d'éclat, la force morale de l'Empire échappe de ses mains.

Ainsi le dit la correspondance de Fouché.

---

temps que les choses s'arrangent. Cette nouvelle ne doit pas venir des relations ; vous l'apprenez plutôt que vous ne la dites. » (Vienne, 27 novembre 1805.)

Enfin M. de Haugwitz arriva.

Vienne, 30 novembre 1805.

« S. Exc. M. le comte de Haugwitz, ministre d'État et du cabinet prussien, est arrivé hier à six heures du soir en cette ville.

« Le comte de Stadion et le feld-maréchal-lieutenant comte de Giulay sont arrivés ici avant-hier, et se sont adressés à S. E. M. de Talleyrand, relativement à la mission dont ils sont chargés par S. M. l'empereur d'Autriche.

« M. de Harnier, conseiller de légation prussienne, et résident à Munich, qui avait devancé à Vienne M. le ministre d'État comte de Haugwitz, est parti pour le quartier-général de l'armée française, à Brünn. »

CHAPITRE XII.

SITUATION DE PARIS PENDANT LA CAMPAGNE DE 1805.

Le Gouvernement. — Le prince Joseph. — L'Archi-chancelier. — Le Sénat. — Le conseil d'État. — Le Corps législatif. — Le Tribunat. — Le ministre de la police, Fouché. — Rapports administratifs avec Napoléon. — Inquiétude. — Effet produit par les premières opérations militaires. — Envoi des drapeaux. — Députation des corps politiques. — Pénurie d'argent. — Inquiétude sur la Banque. — Situation réelle du Trésor. — Opinion publique pour la paix. — Correspondance de Fouché avec Napoléon. — Triste nouvelle. — Combat de Trafalgar. — Destruction de la marine.

Septembre au 1er Décembre 1805.

Lorsque Napoléon marchait en Allemagne, le prince Joseph, le grand-électeur, se rendait à Paris, chargé des dernières paroles de son frère, et de la mission importante de continuer le gouvernement de l'Empereur pendant son absence. Joseph n'était point un esprit de fermeté politique ou d'intelligence supérieure ; caractère sage, modéré, il était bien capable de dominer une situation ordinaire ; mais dans une époque de crise, Joseph se serait trouvé au-dessous de sa mission de gouverner. L'Empereur l'avait choisi pour obéir aux lois de l'hérédité, car le grand-électeur était appelé en première ligne à la succession du trône en cas de mort, et qui pouvait répondre d'une campagne aussi périlleuse ? L'Empereur allait exposer sa personne, et dans une éventualité aussi fatale, il était naturel que son successeur fût à la tête du gouvernement pour profiter de l'héritage, en vertu des constitutions de l'Empire; calcul évidemment hasardé [1]. Dans la nouveauté de la dynastie impériale, il était puéril de supposer que la France admettait déjà un héritier pour Napoléon; le génie n'était pas une succession: la France pouvait saluer l'homme qui avait rendu tant de services à la dignité du pays et à l'ordre intérieur, mais la loi de l'hérédité n'était pas aussi sacrée; il eût été difficile de croire que tant de généraux glorieux, que tant de braves capitaines, abaisseraient leurs épées devant un frère de l'Empereur, colonel d'infanterie médiocre ou inconnu. Cette famille Bonaparte n'avait de valeur que parce que Napoléon vivait et rayonnait dans sa gloire; l'astre éteint, tous les autres rentraient dans l'obscurité, et la France se serait sauvée elle-même; la République, noble culte des âmes d'élite, avait encore des amis; elle en aurait bientôt fini avec ces princes nés d'hier et ces altesses improvisées.

A côté du prince Joseph, l'Empereur avait placé l'archi-chancelier Cambacérès, comme devant présider le Sénat, et seconder le gouvernement du grand-électeur. Cambacérès, je l'ai dit, était un esprit sage, modéré, avec quelques ridicules de formes, au total admirablement propre à donner une bonne direction aux affaires dans les temps calmes. Supposez une crise, l'archi-chancelier, comme Joseph Bonaparte, restait au-dessous d'elle et perdait la tête; il y avait tant de cordes craintives dans son cœur! Cet homme, remarquable toutes les fois que la main de l'Empereur le guidait, abdiquait pour ainsi dire tout esprit et toute fermeté, lorsque

[1] Joseph Napoléon, à son arrivée, fut complimenté par le Sénat.

Napoléon ne vivifiait pas le pouvoir de sa présence. Admettez la mort du souverain, Cambacérès n'aurait pas été une bien grande garantie pour le maintien et la conservation de l'édifice impérial; l'altesse sérénissime aurait obéi aux événements. Si Cambacérès prenait sa dignité au sérieux, pouvait-il oublier l'incessante mobilité des changements politiques depuis 1789? Ce fut un des torts de Napoléon de tant abaisser les volontés : il ne les trouvait plus lorsqu'il en avait besoin en dehors de lui. Les âmes étaient si molles qu'elles ne sentaient d'autre énergie que l'impulsion de son bras.

Le Sénat, la grande autorité dans les corps politiques, ne pouvait se réunir que sur la convocation de l'Empereur, et en son absence par lettre close du prince Joseph ou de l'archi-chancelier. Cambacérès en était le vice-président, et il conservait dans ce corps une influence décisive; l'esprit du Sénat était dévoué à Napoléon, mais dévoué dans certaines conditions, tant que la victoire saluerait son drapeau. Le personnel du Sénat se composait de consciences politiques qui avaient adopté tous les régimes, la Convention, le Directoire, le Consulat; elles n'étaient point indéfiniment liées à la famille de Bonaparte, et l'esprit de Sieyès désappointé reparaîtrait au besoin pour dominer constitutionnellement [1] le Sénat, dans l'hypothèse d'une crise amenée par la mort de l'Empereur sur un champ de bataille. Dans ce cas le Sénat se serait réuni pour aviser au gouvernement politique, et tout portait à croire que les faibles constitutions de l'État et le principe de l'hérédité ne résisteraient pas devant les oppositions de l'esprit républicain; le Sénat pourrait changer la forme du gouvernement,

---

[1] Un fait qui n'était pas sans curiosité à observer, c'est que tous les mécontents républicains et royalistes comptaient sur l'esprit du Sénat; c'était un symptôme,

modifier les institutions, créer un consul, revenir à la République dont l'idole n'était point brisée; tout dépendait des hommes qui mettraient en jeu plus ou moins habilement l'action du Sénat, tels par exemple que M. de Talleyrand, Fouché, Sieyès et Cambacérès lui-même, pauvre tête craintive, adhérant à la République comme à l'Empire, et même à la Restauration.

Le conseil d'État s'occupait plus spécialement des affaires gouvernementales; réunion de travailleurs, il discutait moins les questions constitutionnelles que les lois en matière d'administration publique. L'archichancelier président le conseil d'État était là dans sa sphère, parce qu'on y parlait seulement de législation et de décisions administratives; le travail y était actif, les sections agrandies; on devait examiner toutes les questions qui se rattachaient à la gestion matérielle [1] de la société. L'esprit politique du conseil était encore sous la double impression des idées du xviiie siècle et de la Révolution française; les frères de Napoléon n'auraient pas trouvé d'appui après sa mort; en cas de crise, le conseil d'État se serait placé, comme le satellite obligé, derrière le char sénatorial; il aurait subi l'impulsion et ne l'aurait pas donnée; au besoin il se serait fait le rédacteur des considérants pour proclamer de nouveau la République sous un Consul.

Dans la situation abaissée où l'on avait placé le corps législatif et le Tribunat, on ne pouvait tirer de ces assemblées aucune force active et secourable, pas plus qu'elles ne pourraient faire naître de danger. Dans les temps de révolution, lorsqu'on a trop affaibli les corps politiques, on en porte la peine; ils ne sont plus qu'un rouage inutile

---

[1] Voyez le recueil de M. Locré, 1805-1806.

pour les temps calmes; impuissants et dangereux dans les époques agitées, s'ils ne peuvent être contre vous, ils ne sont pas pour vous. Qui pouvait compter sur le Corps législatif et le Tribunat lorsqu'on les avait réduits à n'être plus que des conseils administratifs ou des commissions d'examen? Le Tribunat était alors une institution tellement inutile, que de très bons esprits appelaient déjà sa suppression; fort coûteux sur le budget, il ne rendait aucun service; tout à la fois en dehors du gouvernement et incapable de résistance, il allait porter sa peine. Napoléon se vengerait de l'opposition constitutionnelle que le Tribunat avait essayée au premier temps du Consulat.

Le véritable pouvoir actif à Paris pendant l'absence de l'Empereur, c'était la police, aux prises avec l'opinion publique, et donnant la direction aux masses. Depuis le Consulat, on avait imprimé une grande extension à la police habilement centralisée dans les mains de Fouché. Telle était la force de ce pouvoir, que pendant la campagne de 1805 le ministre formait à lui seul le véritable gouvernement : l'autorité était dans ses mains; il avait pris des engagements envers l'Empereur, et il les tenait, parce que Fouché ne se brouillait pas avec les pouvoirs heureux. Le ministre, ainsi qu'il le faisait pendant la campagne de Marengo, entretenait une correspondance active avec Napoléon; les bulletins de police étaient régulièrement envoyés au quartier-général, et Fouché écrivait de sa main de remarquables tableaux sur l'esprit public, la marche et le progrès des opinions à Paris et en France. Là était son talent; l'Empereur aimait ces statistiques parfaitement rédigées, et quel esprit avait plus que Fouché l'habitude de formuler l'état d'un pays avec un certain détail d'examen? Napoléon pouvait-il compter sur le ministre? Tant qu'il dominerait la victoire, Fouché le servirait bien; le succès était nécessaire à son dévouement; il y a des esprits qui ne servent que le bonheur; mais dans la chance d'une défaite ou de la mort de Napoléon, Fouché se trouvait de plein droit au service d'une autre cause, et des patriotes surtout; il traitait avec tous les partis, et manœuvrait avec une dextérité telle, qu'il donnait des espérances à chacun, et se réservait des chances pour toutes les éventualités : comme il n'avait de culte pour rien, il pouvait servir de ministre à tous les dieux [1].

Les autres ministres se formaient en conseil aux Tuileries, sous la présidence de Joseph et de l'archi-chancelier; M. de Talleyrand et Berthier étaient au quartier-général; comme il n'y avait pas de capacités politiques éminentes à la tête de chaque département ministériel, tout le poids retombait sur Fouché; lui seul tranchait vif et allait droit; on n'osait prendre aucune résolution sans la communiquer à l'Empereur, et, à cet effet, une correspondance active s'était organisée par l'envoi des portefeuilles au quartier-général. Napoléon aimait à montrer qu'à la tête de son armée il présidait à l'administration de son empire avec le même soin qu'aux Tuileries; il poussait cette habitude jusqu'à la manie; sur le champ de bataille il signait un décret sur les comédiens : au milieu des combinaisons stratégiques il s'occupait d'arts et de théâtres. Sa prodigieuse activité le servait admirablement dans cette petite coquetterie de pouvoir, et il s'en glorifiait; chaque semaine il partait donc un courrier pour le quartier-général. Le système des auditeurs n'était pas encore adopté sur de larges bases; le portefeuille, tout préparé, recevait la signature de l'Empereur, qui par ce

---

[1] Fouché s'occupait beaucoup de la formation de la garde nationale, instrument patriotique pour toutes les éventualités.

moyen était censé gouverner l'État de son quartier-général.

Fouché disait qu'il ne fallait pas contrarier une puérile satisfaction même dans un grand homme. Le ministre écrivait régulièrement à l'Empereur; sa correspondance disait : « que l'ardeur des partis affaiblis n'avait plus ces aspérités violentes, capables de s'opposer à la marche d'un pouvoir fort; royalistes, républicains, étaient réduits à ces plaintes silencieuses ou à ces espérances vagues qui ne compromettent pas la sûreté ou la pensée immédiate d'un gouvernement établi. Toutefois, Fouché ne dissimulait pas que l'opinion était inquiète [1]; sous le Consulat on croyait la paix indéfiniment assurée. Aujourd'hui une coalition formidable se formait contre la France; le commerce, qui avait d'aussi bonnes informations que le ministre, venait d'apprendre l'union intime de l'Autriche et de la Russie pour attaquer de nouveau la patrie. Quelques jours après le départ de l'Empereur, des nouvelles de Berlin avaient donné la certitude de l'adhésion secrète, et certaine, de la Prusse. Les capitaux, qui aiment la confiance, s'étaient resserrés; il y avait déjà gêne et pénurie, les grands travaux étaient suspendus à Paris, les enrôlements rapides et successifs montraient la misère des classes travailleuses. » Le ministre de la police ajoutait dans sa correspondance avec l'Empereur :

---

[1] M. de Talleyrand écrivait de Munich aux affaires étrangères pour empêcher les conjectures des journaux capables d'effrayer l'opinion :

« Vous pensez avec raison que les journaux doivent se dispenser de chercher dans les événements actuels la cause d'une nouvelle organisation ou désorganisation de l'Europe. Quelque inofficiels que soient leurs plans, on est trop souvent disposé à les attribuer à une autorité supérieure à la eur, pour que l'opinion publique n'en soit pas quelquefois ébranlée et même inquiète. L'avenir doit rester, autant qu'il est possible, dans les vues du gouvernement, et vous pouvez faire des démarches auprès du ministre de la police, pour que les journaux soient circonscrits *dans les bornes de leur mission, qui, en politique étrangère, n'est guère autre chose que d'annoncer les faits.* Les événements sont assez importants, et se passent avec assez de rapidité pour qu'ils ne soient pas réduits, par disette, à les *surcharger de leurs observations.*

« qu'il fallait d'éblouissantes victoires et des succès capables de donner une meilleure direction à l'esprit public.

La capitulation d'Ulm fut donc considérablement exploitée à Paris, et certes les belles manœuvres de l'Empereur étaient dignes d'éblouir les esprits les plus prévenus. Près de 50,000 Autrichiens entraient prisonniers de guerre en France, et, pour donner plus de solennité à ces faits d'armes, Napoléon ordonna que les drapeaux pris sur l'ennemi seraient envoyés au Sénat, comme autrefois, général d'Italie, il les envoyait au Directoire par un de ses aides-de-camp admis à l'accolade fraternelle. Maintenant tout cela se faisait avec les formes monarchiques [1]; le Sénat recevait les drapeaux, non point comme le Directoire, en souverain, mais comme les pères conscrits de Rome prosternés devant César au retour de ses expéditions contre la Bretagne et les Gaules. On célébra une fête publique pour la réception de ces drapeaux; puis le Sénat, le Corps législatif et le Tribunat résolurent, d'un concert unanime, de nommer une députation pour porter jusqu'aux pieds du grand capitaine qui étonnait le monde, les hommages de la patrie reconnaissante; mesure conseillée par Fouché, comme un gage donné à l'Empereur peu satisfait

---

[1] « Sénateurs, je vous envoie quarante drapeaux conquis par mon armée dans les différents combats qui ont eu lieu depuis celui de Wertingen. C'est un hommage que moi et mon armée faisons aux sages de l'Empire; c'est un présent que des enfants font à leurs pères. Sénateurs, voyez-y une preuve de ma satisfaction pour la manière dont vous m'avez constamment secondé dans les affaires les plus importantes de l'Empire. Et vous, Français, faites marcher vos frères; faites qu'ils accourent combattre à nos côtés, afin que, sans effusion de sang, sans efforts, nous puissions repousser loin de nous toutes les armées que forme l'or de l'Angleterre, et confondre les auxiliaires des oppresseurs des mers. Sénateurs, il n'y a pas encore un mois que je vous ai dit que votre Empereur et votre armée feraient leur devoir; il me tarde de pouvoir dire que mon peuple a fait le sien. Depuis mon entrée en campagne j'ai dispersé une armée de 100,000 hommes; j'en ai fait près de la moitié prisonnière; le reste est tué, blessé ou déserté, ou réduit à la plus grande consternation. Ces succès éclatants, je les

de l'opinion de Paris; les propos et les jactances de cette grande cité lui arrivaient de toutes parts. Quelquefois il manifestait la volonté de quitter cette résidence, de choisir une autre capitale; il fallait calmer cette mauvaise humeur, c'était le rôle de Fouché. La députation du Sénat devait joindre sur sa route l'Empereur victorieux, et le suivre même à Vienne[1].

À leur retour, ces hommes, éblouis par l'aspect des camps de gloire, pourraient dire tout ce que l'Empereur faisait pour la France. C'était un lien de plus entre le monarque et les sujets; Napoléon pourrait interroger les députés sur l'opinion de sa capitale; il connaîtrait le fort et le faible de sa position. Pour lui ce n'était pas seulement un hommage, mais une enquête, une certaine manière de connaître l'esprit et la tendance de chaque corps de l'État. La députation, composée avec un soin extrême sous l'influence de Cambacérès et de Fouché, devait partir avec une solennité inaccoutumée; elle portait les adresses votées à l'unanimité par les corps politiques. L'Allemagne était ainsi traversée par les sénateurs et les tribuns allant offrir (spectacle curieux et nouveau) les hommages de la France à son Empereur.

L'opinion de Paris n'était pas bonne; les faciles triomphes d'Ulm étaient expliqués par la trahison; au

---

dois à l'amour de mes soldats, à leur constance à supporter la fatigue: je n'ai pas perdu 1,500 hommes tués ou blessés. Sénateurs, le premier objet de la guerre est déjà rempli. L'Électeur de Bavière est rétabli sur son trône. Les injustes agresseurs ont été frappés comme de la foudre, et, avec l'aide de Dieu, j'espère, dans un court espace de temps, triompher de mes autres ennemis.

« De mon camp impérial d'Elchingen, le 18 octobre 1805. » *Signé*, Napoléon.

[1] M. de Talleyrand écrivait sur cette députation :

« La députation du Sénat s'est arrêtée à Munich que douze heures. Elle est partie cette nuit pour le quartier-général. Les tribuns sont ici depuis hier. Les municipaux de Paris sont à Strasbourg. Voilà la chaîne établie. L'Empereur en tient, en Autriche, l'autre extrémité : du centre de l'Europe, comme du centre de la France, il dirige tous les mouvements de l'Empire, et il en attire à lui les vœux et toutes les volontés. Le Sénat est parti; le Tribunat est arrivé. Il *traîne un peu.* »

(Munich, 5 novembre 1805.)

moindre accident; à la plus petite circonstance, les méfiances et les haines se réveillaient contre le pouvoir, et l'on en vit un exemple encore lors de la catastrophe du capitaine Wright au Temple. On s'exprima sur les causes de la mort de Wright, comme sur le général Pichegru; le suicide n'était-il pas probable? Eh bien! un mouvement naturel, spontané, indicible, d'opinion publique accusa la police d'avoir détruit le capitaine Wright, comme on l'accusait d'avoir étranglé Pichegru; n'était-il pas possible qu'après la prise d'Ulm le dépit national d'un Anglais pût le porter au suicide, maladie de ces têtes désabusées? Sous un gouvernement un peu populaire, on se fût expliqué par des causes naturelles la mort de Wright au Temple; mais la colère des partis ne raisonne pas; comme Napoléon trouvait une opposition très puissante, on l'accusa d'avoir fait assassiner le capitaine Wright afin d'éviter des révélations. Les récits de la police voulurent en vain atténuer ce sentiment unanime[1]; la mort du capitaine Wright fut considérée comme un assassinat. Ainsi jugée en Angleterre, elle excita une indignation profonde.

A ce moment surtout éclatait à Paris une crise commerciale de la plus sinistre nature. A son départ pour l'armée, j'ai dit que Napoléon, pressé par les événements, s'était adressé à la banque de France en lui imposant le sacrifice momentané de l'argent déposé dans ses caves. Le prêt de la banque s'éleva à 50,000,000. En temps régulier, c'était une opération financière dans

---

[1] Voici la seule publication qui fut faite : Paris, 29 octobre 1805.

« Le capitaine anglais Thomas Wright, le même qui comparut il y a dix-huit mois devant la cour de justice criminelle pour avoir débarqué sur les côtes de Bretagne, Georges et les autres agents soudoyés de l'Angleterre, s'est coupé avant-hier la gorge au Temple, où il était détenu depuis cette époque, après avoir lu dans le *Moniteur* la nouvelle de la destruction de l'armée autrichienne. »

de bonnes conditions ; les bases en étaient simples : il s'agissait de l'escompte de billets du trésor à échéances plus ou moins longues, ou bien de négocier des rescriptions sur les receveurs-généraux. Aujourd'hui que les principes de crédit public sont parfaitement établis, la banque accepterait comme une faveur profitable une négociation à 4 p. 0/0 sur des valeurs aussi bonnes que celles de la trésorerie ; mais alors la confiance dans le papier d'État n'existait point absolue ; le crédit ne se rattachait pas à une longue suite d'opérations toutes parfaitement réalisées : on sortait d'une banqueroute, la violence avait plus d'une fois alarmé les capitalistes. En s'emparant de l'argent monnayé de la banque, l'Empereur enlevait le signe représentatif des billets mis en circulation ; un cri d'alarme se fit entendre, la nouvelle s'en répandit partout ; le billet de banque n'a jamais eu cours forcé, et moins alors que jamais ; on avait souvenir du papier-monnaie, de sa décadence si rapide, de cet échange dangereux de l'or et de l'argent contre un chiffon à filigranes.

Dans les questions de finance, lorsque la confiance s'éteint, la crise devient rapide sans que rien puisse l'arrêter. On se précipita en foule à la banque de France pour échanger ses billets ; il y eut des attroupements [1] à toutes les portes ; la banque continua de payer à bureaux ouverts, mais la situation financière de ses caves lui indiqua que ce remboursement ne pouvait avoir une longue

---

[1] Paris, 10 novembre 1805. On écrivait au quartier-général :

« Il a été publié aujourd'hui une ordonnance de police *sur les attroupements*, qui défend à tout individu de se présenter à l'avenir devant la Banque, et jusqu'à ce qu'il en soit autrement ordonné, sous le prétexte d'y échanger des billets, s'il n'est porteur d'un numéro ou d'un bulletin délivré par le maire de son arrondissement. Tout individu qui contreviendra à cette disposition sera regardé comme *fauteur d'attroupement*, et amené devant le préfet de police pour être livré aux tribunaux. »

durée. La banque prit donc un moyen : c'est de n'avoir qu'un bureau d'échange et de payer en comptant au lieu de peser les écus ; elle ouvrait ses caisses à dix heures et les fermait à quatre, donnant, en monnaie de *billon*, ce que l'usage de la place permettait d'employer de cette manière, de sorte que, ne payant que 100 à 150,000 fr. par jour, elle pouvait faire face à l'échange de ses billets pendant un long terme et réaliser ses valeurs de portefeuille. Les attroupements se pressaient à ses portes, on se refoulait de tous côtés, les rues étaient pleines d'échangeurs de billets ; l'agiotage s'en était emparé : on perdait jusqu'à 13 p. 0/0. La tranquillité pouvait être troublée.

Dans cette crise, le ministre de la police dut prendre des moyens d'ordre matériel et moral [1], pour rétablir la tranquillité et la confiance. Fouché répartit d'abord des numéros d'ordre par chaque quartier ; tout porteur de billets devait se faire inscrire à sa mairie ; on lui donnait un numéro pour aller à l'échange ; cette distribution, connue d'avance à la banque, lui donnait le temps de réaliser ses ressources. Les questions

---

[1] Voici les documents qui furent publiés :
Extrait des rapports du ministre de la police générale et du trésor public.
10 novembre 1805.

« Le maintien de l'ordre public ne me permet pas de tolérer plus longtemps la foule qui depuis quelques jours s'accroît et se presse autour de la banque pour l'échange des billets. Cette foule se compose, en grande partie, de citoyens qui ont un besoin réel de numéraire ; mais il s'y mêle un certain nombre de gens avides, d'agioteurs, et quelquefois des filous. Il pourrait arriver même que la malveillance parvînt enfin, malgré la surveillance et les précautions de la police, à exciter un désordre qu'il est de la prudence de prévenir, pour n'avoir pas à le réprimer. Il convient de prendre des mesures pour isoler et écarter la cupidité et la malveillance, et faciliter aux citoyens paisibles l'échange de leurs billets en numéraire.

« J'ai, en conséquence, chargé MM. les maires, que leurs fonctions mettent à portée de connaître les besoins individuels de leurs arrondissements respectifs, de la distribution d'un certain nombre de numéros, avec lesquels les porteurs se présenteront à la banque, et recevront du numéraire en échange de leurs billets. De cette manière, le numéraire ne sera pas détourné de sa véritable destination, et les hommes honnêtes ne pourront être livrés à la discrétion des agioteurs. Je désire que Son

financières alarment toujours vivement l'opinion publique qu'elles saisissent par les intérêts. Le gouvernement demeurait fort inquiet sur les résultats de la crise, d'autant plus que nul n'ignorait la situation embarrassée du trésor; la plupart des effets souscrits par les receveurs-généraux étaient en circulation; l'arrangement de M. de Marbois avec la compagnie Ouvrard avait mêlé les avances de l'État aux chances d'une spéculation financière qui se rattachait à l'Espagne. Presque toutes les ressources ainsi employées, les agents de change étaient dans les plus grandes alarmes sur la liquidation; les banquiers n'escomptaient plus, et cette situation financière agissait sur toutes les branches de l'industrie. Les efforts de la police pouvaient bien cacher le mauvais effet produit par le retard de la banque, mais ils n'enlevaient pas l'opinion, devenue générale, que le trésor ne pourrait pas remplir ses engagements; le paiement du semestre de la dette pour septembre s'était fait avec les plus grands efforts. Comment rétablir la confiance? En matière de crédit la volonté impérative d'un pouvoir ne produit rien, les projets échouent devant la mé-

---

Excellence le ministre du trésor public qui a pris connaissance de la situation effective de la banque, rassure les esprits timides qu'on cherche à inquiéter sur la solidité des billets de cet établissement. »

Le ministre de la police générale,
Fouché.

« Ministère du trésor.

« J'ai désiré de connaître si l'agiot qui s'exerce sur les billets de la banque de France avait une juste cause, ou si la situation de cet établissement est telle qu'il ne doive exister aucune inquiétude sur sa solidité. J'ai pris à ce sujet des renseignements nécessaires, et je me suis assuré de l'exactitude des résultats suivants.

« Les billets de banque en émission montent à la somme de 72,636,500 fr. Les espèces en caisse, valeurs échéant dans l'espace de deux mois, montent à la somme de 150,397,791 fr. Il convient d'en déduire pour ce mois le montant des sommes dues aux comptes courants, 23,139,687 fr. Total 127,258,004 fr.

« L'actif excédant en faveur de la banque sur le montant de ces billets et des sommes dues aux comptes courants est de 54,621,504 fr. Cette différence provient: 1º du capital des actionnaires, 44,841,161 fr.; 2º de la réserve et bénéfices postérieurs au 1er vendémiaire an XIV, 9,780,343 fr.

« Cet actif est composé d'effets de la nature de ceux que la loi et les statuts de la banque l'ont autorisée à recevoir. Leur so-

fiance publique; le despotisme ne trouve pas un écu qui s'abandonne à lui; la sécurité seule fonde le crédit.

La correspondance de Fouché et de Napoléon est curieuse à cette époque; le ministre le conjure de faire la paix; il écrit à M. de Talleyrand, à Duroc, à tous ceux qui ont quelque influence, pour les presser d'en finir avec l'Autriche, même en faisant des concessions. Le ministre avoue que c'est avec la plus grande peine qu'il maintient la tranquillité dans la capitale troublée; on entend partout des plaintes, le commerce ne trouve pas de développement. Il n'y a donc que deux partis à prendre : ou une paix prompte, immédiate, ou une victoire si éclatante qu'elle puisse rassurer l'opinion et ramener quelque foi dans l'étoile de l'Empereur; c'est la même situation qu'à la campagne de Marengo. Napoléon répond : « que la police doit maintenir l'esprit public, c'est son affaire; il en fait peser la responsabilité sur le ministre; c'est à lui qu'il se confie pour le maintien de l'ordre, et il espère que bientôt l'ennemi sera forcé de signer une paix glorieuse pour la France, à Vienne, s'il le faut.

M. de Talleyrand confirme la parole de Napoléon,

lidité est celle des meilleurs effets. Pour chaque billet de 1,000 fr. qui est en circulation, il existe réellement dans la banque une valeur en espèces et en lettres de change montant incontestablement à 1,750 f. Il faudrait que la banque perdît 54,621,504 f. avant que la valeur des billets en circulation pût subir la moindre diminution. En supposant même qu'ainsi que dans tous les établissements de ce genre, il y aura une très petite portion d'effets moins solides que les autres, il n'en doit résulter aucune inquiétude, je ne dis pas la moindre inquiétude sur la situation de la banque, qui présente toujours un actif infiniment supérieur à son passif.

« La somme en espèces d'or et d'argent est supérieure à celle qui a été suffisante dans les temps ordinaires pour les opérations de la conversion à volonté des billets en espèces. La banque échangeait ordinairement, par jour, pour 3, 4 ou 500,000 fr. de billets; et depuis un mois elle y a employé tous les jours près de 600,000 fr., et quelquefois au-delà. Je n'ai fait aucune mention des immeubles appartenant à la banque, ils ajoutent encore à sa solidité. Je ne connais aucun établissement de ce genre, soit dans l'Europe, soit dans les États-Unis d'Amérique, qui présente aux actionnaires et au public des motifs plus réels de sécurité.

« C'est d'après l'examen des renseignements qui m'ont été fournis par les régents

il écrit qu'on négocie incessamment; le général Giulay est déjà arrivé, et le comte de Stadion n'est pas loin d'un traité; il attend M. de Haugwitz; il ne faudrait pas que le découragement vînt de Paris, car les Russes et les Autrichiens sont très bien informés de ce qui s'y passe. On recommande avec attention les affaires financières, l'Angleterre les fait surveiller; elle annonce une banqueroute; s'il y avait une crise au trésor, cette circonstance retarderait indéfiniment la paix. La recommandation de M. de Talleyrand se rattachait à des bruits étranges qui circulaient même parmi les troupes; on parlait d'une révolte à Paris, d'une sédition assez grave pour menacer le gouvernement tout entier; on annonçait une banqueroute, et que la banque n'escomptait plus. A entendre les ministres autrichiens, Napoléon était à la veille d'être brisé; l'esprit républicain se réveillait dans les faubourgs; il n'y a plus un denier au trésor. M. de Talleyrand recommande les journaux, il faut prendre garde aux assertions qui pourraient agiter le public et donner du courage aux ennemis. Qu'ils

de la banque à ma première demande que j'ai formé cette opinion; et j'ai eu de fréquentes occasions de reconnaître qu'elle est partagée hors de la banque, même par les négociants, les commerçants, les banquiers les plus éclairés, et par toutes les personnes qui ont quelque connaissance des opérations de ce genre. Les caisses du trésor ne reçoivent ce billet au pair de l'argent partout où s'étend sa circulation légale, que parce que le trésor ne distingue aucunement le billet des espèces. J'en ai même fait recevoir fort loin de Paris, toutes les fois que, sur le compte qui m'a été rendu, je n'ai point vu dans les paiements faits aux caisses du trésor une intention de spéculer pour obtenir un profit illicite.

« Je dis avec une entière confiance que le billet de la banque ne peut dans aucun cas éprouver un centime de perte.

« J'ai été informé que ceux qui se livrent à l'agiotage des billets, se sont en même temps appliqués à faire craindre que le papier de la banque ne devînt forcé. La solidité de cet établissement rend cette inquiétude absolument vaine; et, d'ailleurs il faut être dans une entière ignorance des principes qui nous gouvernent, pour supposer jamais la circulation forcée d'un billet de banque ou de tout autre papier. »

Le ministre du trésor,

Barbé-Marbois.

Des explications furent publiées par ordre de Fouché sur la banque et ensuite sur la crise financière.

« Une guerre continentale, arrivée im-

COMBAT DE TRAFALGAR (21 OCTOBRE 1805).

se bornent à de simples nouvelles, sans réflexions; la presse peut être fort nuisible, et il invite à la surveiller.

Il y avait malheureusement bien quelques motifs pour s'inquiéter; le conseil des ministres venait de recevoir la fatale nouvelle du combat de Trafalgar. Une dépêche sinistre était arrivée; le général Lauriston, témoin de la bataille navale, avait franchi à franc étrier l'espace compris entre Cadix et Paris; Fouché l'expédia en toute hâte au quartier-général de l'Empereur; le combat était tristement décisif, et depuis la défaite d'Aboukir aucun désastre maritime n'avait été aussi complet. Ainsi échouait le vaste plan qu'avait conçu Napoléon de réunir toutes les escadres pour en former une immense *armada* dans la Manche, assez puissante pour favoriser la descente en Angleterre; l'amiral Villeneuve s'était groupé dans la rade de Cadix de concert avec l'amiral Gravina, et il pouvait mettre en ligne trente-trois vaisseaux de haut bord. Villeneuve, homme de mer avec quelque capacité, était néanmoins au-dessous d'un tel

---

promptu, a dû faire sortir à la fois beaucoup d'argent de la banque. Quiconque est parti pour l'armée, a envoyé échanger contre du numéraire les billets qu'il possédait; rien n'est plus simple. Qu'à ce mouvement naturel, il se soit joint une combinaison dirigée par l'Angleterre, c'est ce que je crois, et ce qu'il est inutile ici d'admettre ou de rejeter.

« La banque, à qui on ne peut reprocher qu'un excès de prudence, excès louable dans un établissement de ce genre; la banque, en voyant s'écouler une partie du numéraire qu'elle possédait, a aussitôt diminué ses escomptes; c'est-à-dire que faisant toucher les effets de commerce qu'elle a en portefeuille à mesure de leur échéance, et en en admettant une moins grande quantité à l'escompte, elle a retiré de la circulation pour une somme considérable de ses billets; manière assurée de rétablir l'équilibre, opération sage en elle-même, et qui ne nuirait à la longue qu'au commerce de Paris. A Londres, l'opération eût été faite en sens inverse, et aurait réussi également : la banque de Londres, pour cacher l'écoulement de son numéraire, se serait rendue plus facile à escompter, par conséquent aurait émis plus de billets. De ces deux moyens, quel est le meilleur? Avant de résoudre cette question, il faudrait examiner le génie des deux peuples, et ne pas oublier que les souvenirs de la Révolution ont rendu les Parisiens si craintifs que ce qui devait les rassurer est positivement ce qui les a alarmés,

T. V.

commandement¹. Les flottes combinées se composaient de vaisseaux français et espagnols montés par des équipages de mœurs et de langues différentes; les vaisseaux étaient vastes comme les mondes; on en comptait, comme dans l'*armada* de Philippe II, de 140 canons, immenses cétacés difficiles à manœuvrer. Les équipages étaient la plupart mal composés de marins français, espagnols et italiens levés à la hâte et peu exercés. La conduite des grandes flottes suppose une parfaite obéissance au chef qui commande, une résignation à tout ce qu'il ordonne, parce qu'il répond sur sa tête de toutes les fautes d'une bataille; plus une escadre est considérable, plus il faut d'unité, et c'est malheureusement ce qui manquait toujours à la marine de France; chaque officier avait son opinion sur l'amiral; il n'y avait pas d'ensemble, et cela jetait de l'incertitude dans les manœuvres.

Ces trente-trois navires offrant le combat à l'escadre de blocus, cinglaient dans la Manche pour se réunir à la flotte de Brest qui comptait vingt-deux vaisseaux de ligne; soixante navires de haut bord paraîtraient pour seconder une descente. L'amirauté anglaise, instruite du ralliement

« Mais ces alarmes sont si ridicules qu'elles n'ont point passé la classe qu'on appelait autrefois des *grippe-sous*; les banquiers, les actionnaires, les capitalistes, les particuliers qui raisonnent sur ce qui ne peut pas être, sont restés calmes, et ont donné à la banque des preuves d'une confiance dont ils ne peuvent même se vanter, parce qu'il n'y a nul mérite à ne pas être imbécile. Quand la banque n'aurait pas de numéraire, quand il ne lui serait pas très facile de s'en procurer, ses billets n'en seraient pas moins bons, puisque le *nec plus ultra* serait une liquidation, et que les effets de commerce qu'elle a en portefeuille répondent bien au-delà des billets qu'elle a en circulation; billets dont le total est si petit que si nous le notions on ne nous croirait pas. Dans cet établissement la prudence a toujours été poussée jusqu'à l'excès. Les actionnaires n'ignorent aucun de ces faits, et la preuve la plus convaincante qu'on puisse en offrir, c'est que les actions augmentent, quoique, dans la supposition d'une liquidation, tout billet circulant dût être retiré avant le remboursement des actions. » (Extrait du *Journal de l'Empire*, 16 octobre 1805, *variétés*, intitulé, *sur la banque de France*.)

¹ M. de Talleyrand écrivait aux affaires étrangères :

« Quelle horrible nouvelle que celle de Cadix ! Puisse-t-elle ne mettre d'entraves à aucune des opérations politiques qu'il me

des deux flottes de France et d'Espagne dans la rade de Cadix, confia le commandement des escadres britanniques à lord Nelson, le génie de mer qui pouvait rivaliser de gloire avec Napoléon. La flotte de Nelson comptait vingt-sept vaisseaux [1], cinq de moins que l'armée navale de Villeneuve; mais ils étaient unis; le pavillon britannique était hissé aux mâts, les équipages mieux choisis, la discipline plus soumise et plus régulière. Les Anglais, habitués aux courses de mer, manœuvraient avec une précision remarquable; Nelson ne s'arrêtait pas devant les petits obstacles; marin aux hardies manœuvres, il secouait, comme je l'ai dit, les anciennes méthodes pour aller droit à des conceptions vastes, inouïes qui devaient étonner les vieux tacticiens. Si l'amiral Villeneuve restait dans les vulgaires conditions des batailles navales se déployant sur une seule ligne pour attaquer vaisseau par vaisseau, Nelson traçait de sa main son plan de bataille, qui est resté comme un monument de tactique; il avait avec lui l'amiral Collingwood, un des hommes de mer remarquables de la Grande-Bretagne.

Voici ce plan : deux colonnes devaient s'avancer pour

---

paraît convenable de faire maintenant! Nous avons fait assez de grandes choses! de miraculeuses choses! il faut finir par s'arranger. » (Munich, 12 novembre 1805.)

[1] Voici quelle était la composition des deux flottes :

Flotte franco-espagnole : Le *Neptuno*, de 80; le *Scipion*, de 74; l'*Intrépide*, de 74; le *Rayo*, de 100; le *Formidable*, de 80 (pavillon du contre-amiral Dumanoir); le *Duguay-Trouin*, de 74; le *Mont-Blanc*, de 74; le *San-Francisco de Assise*, de 74; le *San-Augustino*, de 74; le *Héros*, de 74; la *Santissima-Trinidad*, de 140 (pavillon du contre-amiral Cisneros); le *Bucentaure*, de 80 (pavillon de l'amiral Villeneuve); le *Neptune*, de 80; le *San-Leandro*, de 64; le *Redoutable*, de 74; le *San-Justo*, de 74; l'*Indomptable*, de 80; la *Santa-Anna*, de 110 (pavillon du vice-amiral Alava); le *Fougueux*, de 74; le *Monarca*, de 74; le *Pluton*, de 74; l'*Algésiras*, de 74 (pavillon du contre-amiral Magon); le *Bahama*, de 74; l'*Aigle*, de 74; le *Swiftsure*, de 74; l'*Argonauta*, de 74; le *Montagnès*, de 74; l'*Argonaute*, de 80; le *Berwick*, de 74; le *San-Juan Népomucène*, de 74; le *San-Ildefonso*, de 74; l'*Achille*, de 74; le *Principe de Asturias*, de 110 (pavillon de l'amiral Gravina); la *Cornélie*, de 40; le *Furet*, de 16; l'*Hortense*, de 40 (frégate amirale); le *Rhin*, de 40; l'*Hermione*, de 40; l'*Argus*, de 16; la *Thémis*, de 36.

Flotte britannique : *Victory*, de 120 (pa-

couper la ligne comme deux formidables batteries couvertes de feu. D'après les prévisions de Nelson la flotte française combattrait en un seul rang, et par conséquent cette ligne serait si étendue que la tête ne pourrait secourir la queue; la colonne d'attaque devait donc pénétrer par le douzième vaisseau, se placer là par un feu des deux bords vigoureux et pressé. Nelson, voguant au centre, attaquerait coque à coque le vaisseau-amiral et le ferait amener s'il était possible. Par ce moyen vingt vaisseaux français au moins étaient coupés, et avant qu'ils pussent secourir les autres, la victoire serait au pavillon d'Angleterre. Le plan de Nelson était d'obtenir un plein succès avant que l'avant-garde de l'ennemi pût secourir l'arrière-garde [1]; il est tracé à la manière des batailles de Napoléon, c'est de la prévoyance à la façon des grands tacticiens : il sait tout d'avance, il discute le moindre accident; il devine les causes qui peuvent lui assurer un infaillible triomphe.

Si Nelson avait une supériorité incontestable de tactique, les flottes française et espagnole comptaient de braves officiers, décidés à mourir en défendant leurs pavillons. Qui peut contester la bravoure des matelots de France? Vaisseau par vaisseau, à l'abordage, la hache et le harpon à la main, ils ne craignent pas les plus forts

villon de l'amiral Nelson); *Téméraire,* de 110; *Neptune,* de 110; *Conqueror,* de 74; *Leviathan,* de 74; *Ajax,* de 80; *Orion,* de 74; *Agamemnon,* de 64; *Minotaur,* de 74; *Spartiate,* de 74; *Britannia,* de 120 (pavillon du contre-amiral comte de Northesk); *Africa,* de 64; *Euryalus, Syrius, Phœbé, Nayad* (frégates); *Pickle* (goëlette); *Entreprenante* (cutter); *Royal Sovereing,* de 120 (pavillon du vice-amiral Collingwood);*Mars,* de 74; *Belle-Ile,* de 74; *Tonnant,* de 80; *Bellerophon,* de 74; *Collosus,* de 74; *Achille,* de 74; *Polyphemus,* de 64 ; *Revenge,* de 74; *Swiftsure* de 74 *Défence,* de 74 ; *Thunderer,* de 74 ; *Défiance,* de 74 ; *Prince,* de 110 ; *Dreadnought,* de 110.

[1] A bord du *Victory,* devant Cadix, le 10 octobre 1805.

« Pensant qu'il est presque impossible de conduire au combat une flotte de 40 vaisseaux de ligne avec des vents variables, par un temps brumeux et dans d'autres circonstances qui peuvent se présenter, sans une perte de temps telle qu'on laisserait probablement échapper l'occasion d'engager l'ennemi de manière à rendre l'af-

COMBAT DE TRAFALGAR (24 OCTOBRE 1805). 589

navires anglais. Il y avait eu des exemples pendant la Révolution française, des luttes les plus glorieuses et les plus redoutables ; seulement, en habile tacticien, Nelson avait manœuvré d'une manière admirable, tandis que la flotte combinée d'Espagne et de France manqua d'ensemble et de résolution. Dirai-je la lamentable histoire de ce combat de Trafalgar? L'armée navale de Villeneuve se forma péniblement, avec une sorte de confusion, sans confiance dans son chef, et ce chef n'avait confiance ni en lui-même, ni dans ses officiers ; combat de désespoir où l'amiral, l'âme accablée, voulut par un coup de hardiesse se venger des dures paroles que l'Empereur lui avait écrites ; un reproche pour un officier est souvent un ordre de mourir. La majorité des capitaines fit son devoir, plutôt avec résignation qu'avec enthousiasme ; quelques-uns y manquèrent ; les vaisseaux furent séparés ; on se battit bien, mais confusément ; il y eut de la valeur personnelle sans obéissance et sans direction. Cette confusion de couleur dans les pavillons, ces matelots espagnols, braves mais nonchalants ; ces marins français, hardis et déterminés, sans confiance en leurs officiers, manœuvraient sans ordre. Ces causes contribuèrent à la défaite de Trafalgar.

Maintenant, supposez à la face de cette armée navale

---

faire décisive, j'ai résolu de tenir la flotte (à l'exception des vaisseaux du commandant en chef et du commandant en second) dans une position à ce que l'ordre de marche soit aussi l'ordre de bataille ; j'y parvins en rangeant la flotte sur deux colonnes de 16 vaisseaux chacune, et composant une escadre avancée de huit des vaisseaux à deux ponts les plus fins voiliers, ce qui pourra toujours former au besoin une ligne de 24 vaisseaux avec celle des deux colonnes que le commandant en chef voudra. Le commandant en second, après que je lui aurai fait connaître mes intentions, aura la direction absolue de sa colonne, pour commencer l'attaque sur les vaisseaux ennemis, et la suivre jusqu'à ce qu'ils soient pris ou détruits.

« Si l'on découvre la flotte de l'ennemi au vent, en ligne de bataille, et que les deux colonnes et l'escadre avancée puissent atteindre cette ligne, elle sera probablement si étendue que la tête ne pourra secourir la queue. En conséquence, je fera

découragée, Nelson, l'admirable tacticien, secondé par Collingwood, et avec eux des capitaines du premier ordre, habitués aux manœuvres de leurs vaisseaux comme un colonel de régiment qui a passé vingt années à la tête de ses soldats. Tous possédaient la fierté d'eux-mêmes, ils avaient les pleins-pouvoirs de l'amirauté et n'avaient pas d'Empereur qui les accablait de reproches; tous avaient la confiance des matelots et une sorte de culte dans leurs précédentes victoires. Supposez ces admirables paroles jetées par le signal de la flotte, au nom de Nelson, leur amiral : « Officiers et matelots, que chacun fasse son devoir, l'Angleterre vous regarde ! » et l'on s'expliquera très bien comment ces deux colonnes formidables, couvertes de feu, précédées d'une terrible canonnade, se déployèrent comme deux immenses serpents de mer, pour enlacer la flotte confuse de l'amiral Villeneuve presque immédiatement coupée.

Le combat vaisseau par vaisseau fut terrible, il y eut des abordages magnifiques : l'amiral Villeneuve montra le plus grand sang-froid; il voulait en finir avec la vie, ses traits témoignaient de son désespoir. L'amiral Gravina se battit bien et fut blessé; des capitaines français firent des prodiges. Nelson, frappé de mort, fut enveloppé du drapeau britannique, et il put voir, avant le dernier battement de son cœur, la victoire de sa flotte. Un triste pressentiment avait accompagné cette belle action de sa vie; quelques heures avant son

vraisemblablement signal au commandant en second d'y pénétrer vers le douzième vaisseau à partir de la queue (ou partout où il pourra l'atteindre s'il ne peut parvenir jusque-là). Ma colonne pénétrera vers le centre et l'escadre avancée, à deux, trois ou quatre vaisseaux en avant du centre, de manière à être sûre d'atteindre le vaisseau du commandant en chef de la flotte ennemie, qu'on doit faire tous ses efforts pour capturer. Le but général de la flotte britannique doit être de réduire tous les vaisseaux ennemis, depuis le second ou troisième en avant du commandant en chef (supposé au centre) jusqu'à la queue de la ligne.» (Ordre de Nelson.)

glorieux trépas, il avait dicté son testament, où il parlait des services de lady Hamilton, sa noble amie; il y recommandait la fille de ses amours, Horatia Thompson, à la générosité de la nation anglaise [1], pour laquelle il mourait. Beau trépas pour Nelson que le pont d'un navire! il était né là, et il mourut là. La marine de France, qui fit des prodiges de valeur individuels, ne se releva plus de la bataille de Trafalgar. Les projets que Napoléon avait faits pour élever nos escadres et grandir nos forces tombèrent ainsi impuissants; la destinée avait prononcé. Nos vaisseaux furent pris, brûlés ou détruits, et, pour comble de malheur, l'escadre de l'amiral Dumanoir tomba presque entièrement, trois jours après, au pouvoir des Anglais.

Ces tristes nouvelles arrivées à Paris au conseil des ministres, on les cacha autant qu'on le put, et les dépêches secrètes furent expédiées à Napoléon. Lauriston vint les confirmer quelques jours après : on n'osait les donner à l'Empereur; Berthier les glissa sans rien dire, à table, sous ses yeux; elles lui causèrent une douleur profonde, et l'Angleterre en devint plus fière, plus insolente. Était-il possible de toujours dérober cette catastrophe à Paris? quelques maisons de banque rece-

---

[1] J'ai recueilli le codicille de lord Nelson; le voici :

« Le 21 octobre 1805, étant en vue des flottes combinées de France et d'Espagne, à la distance d'environ dix milles.

« Il est à ma connaissance que les éminents services d'Emma Hamilton, veuve du très honorable sir William Hamilton, furent de la plus grande utilité à mon roi et à mon pays, sans qu'elle en ait reçu aucune récompense : d'abord, elle obtint, en 1795, une lettre du roi d'Espagne, par laquelle S. M. informait son frère, le roi de Naples, de l'intention où elle était de faire la guerre à l'Angleterre; information que les ministres mirent à profit, en envoyant à sir J. Gerwis l'ordre d'attaquer si l'occasion favorable s'en présentait, soit les arsenaux, soit les flottes du roi d'Espagne; et si aucune de ces attaques n'eut lieu, ce ne fut en aucune manière la faute de lady Hamilton, puisque les informations obtenues par elle avaient pu en faciliter les moyens. Secondement, la flotte anglaise sous mon commandement n'aurait pu retourner en Égypte, si lady Hamilton, profitant de l'amitié dont l'honorait la reine de Naples, n'eût engagé cette princesse à écrire au gouvernement

vaient les journaux anglais, et l'on en ressentit une impression profondément triste; la paix semblait s'éloigner. De tels résultats devaient enfler le cœur des alliés, les éloigner de toute idée de transaction maritime ou continentale.

Fouché comprimait, autant qu'il était en lui, tous ces mécontentements; les partis commençaient à renaître parce qu'ils avaient des espérances; un bulletin pouvait annoncer la mort de Napoléon, sa vie dépendait d'un fanatique ou d'un boulet de l'ennemi, et alors qu'arriverait-il? Il n'y avait que les niais, selon le ministre de la police, qui pouvaient croire au droit héréditaire de Joseph et à la consolidation de la famille impériale sur le trône; tout se rattachait à une seule tête. Une fois Napoléon mort, sa dynastie disparaissait avec lui; il fallait donc un principe nouveau, et l'espérance de Fouché était dans une délibération du Sénat pour proclamer un gouvernement moitié civil et moitié militaire, dont la direction serait confiée à Bernadotte ou à tout autre chef du parti mécontent; il avait tâté Masséna, il aurait au besoin rappelé Moreau pour s'entendre avec tous ces éléments du parti patriote. Le Sénat disposant du Tribunat et du Corps législatif pour créer un nouveau Consulat, ou con-

---

de Syracuse, pour l'autoriser à fournir à ma flotte tout ce qui lui serait nécessaire. Nous entrâmes dans le port de Syracuse, nous y reçûmes toutes sortes de rafraîchissements et de provisions; ces secours nous mirent à même de passer en Égypte, et d'y détruire la flotte française. Si j'avais pu reconnaître par moi-même d'aussi importants services, je n'en appellerais pas aujourd'hui à la reconnaissance de mon pays; mais comme il n'est pas en mon pouvoir de remplir le vœu de ma gratitude, je lègue à mon roi et à mon pays le soin de faire à Emma lady Hamilton une pension qui la mette en état de tenir un rang distingué en Angleterre. Je confie aussi à la bienfaisante générosité de mon pays ma fille adoptive, Horatia Nelson-Thompson, et je désire qu'elle ne fasse usage désormais que du nom de Nelson. Telles sont les seules faveurs que je sollicite de mon roi et de mon pays, au moment où je vais livrer la bataille à l'ennemi. Dieu veuille bénir et protéger mon roi, mon pays et tous ceux qui me sont chers.

Nelson et Bronte.

En présence de Henry Blackwood et de Tom Hardy.

tinuer l'Empire, trouverait appui dans toute l'armée républicaine. Fouché caressait le parti patriote avec les mêmes soins que lors de la campagne de Marengo, se ménageant toutes les chances; il écrivait à l'Empereur, et donnait des espérances à ses ennemis les plus prononcés. Il disait en riant : « que souvent pour les conquérants un boulet de canon fait l'office du poignard de Brutus contre César. » Charles XII lui venait à pensée. La république avait pour elle un dez sur douze, il ne fallait pas le sacrifier.

Le faubourg Saint-Germain surtout gâtait l'opinion publique sur les premiers faits d'armes de cette campagne; là se disaient toutes les nouvelles défavorables à Napoléon; on l'accablait de sarcasmes; toutes les fausses et mauvaises insinuations étaient accueillies avec une joie mal déguisée; la police ne pouvait contenir ces tendances de l'opinion; il fallait sur-le-champ la paix ou un immense succès. Napoléon comprit qu'un éblouissant éclat devait justifier son élévation à l'Empire; il devait parler par un glorieux bulletin aux entrailles du peuple, et répondre à ses ennemis par un coup de tonnerre sous le bivouac d'Austerlitz.

CHAPITRE XIII.

MARCHE EN MORAVIE. — BATAILLE D'AUSTERLITZ.

Position difficile de Napoléon. — Nécessité de vaincre. — Retraite mesurée des Russes. — Le prince Bagration. — Le défilé d'Hollabrünn. — Jonction avec les Autrichiens. — Les deux Empereurs. — Négociations autrichiennes. — Napoléon à Brünn. — L'armée française. — L'armée alliée. — Mouvement rétrograde des Français. — Choix du champ de bataille. — Le général Savary et Alexandre. — Sa mission. — Esprit de l'armée russe. — Choix du terrain d'Austerlitz par Napoléon. — Seconde mission du général Savary. — Le prince Dolgorouski dans le camp des Français. — La veille d'Austerlitz. — Nuit de méditations et d'inquiétudes. — Plan d'attaque des Russes. — Plan de Napoléon. — Les colonnes s'ébranlent. — Grandes manœuvres. — Les maréchaux Soult, Bernadotte, Davoust, Lannes. — La cavalerie de la garde. — Bessières. — Rapp. — La victoire. — Joie des camps.

15 Novembre au 2 Décembre 1805.

Napoléon avait donc besoin de la victoire; la situation des armées françaises à Vienne, en Bohême ou dans les États héréditaires, était plus éclatante que solide; l'orgueil national pouvait être flatté de voir les aigles glorieuses de l'Empereur planer sur Schœnbrünn, au sommet du vieux clocher de Saint-Étienne; mais les généraux sérieux qui étudiaient les positions militaires ne se dissimulaient pas tout ce qu'avait d'aventuré une position sans appui, à 250 lieues des frontières. Des cris de paix se faisaient entendre dans quelques âmes timides; Napoléon seul savait qu'il ne pouvait obtenir un résultat pacifique qu'en déployant toutes les ressources de son génie dans une vigoureuse marche en avant. Son plan de campagne était tracé avec hardiesse ; les yeux fixés sur Paris, il devait accomplir de grandes choses avant de revoir sa capitale ; il fallait rattacher l'opinion publique à son char.

Dès que l'armée eut passé le Danube en s'emparant par surprise du pont de Vienne, elle se trouva pour ainsi dire face à face des Russes, et l'on voit ici Napoléon manœuvrer avec une certaine réserve dans ses conceptions ; il a conservé des soldats moscovites une plus haute idée que des Autrichiens ; l'Empereur n'a pas l'expérience encore du mode de guerre qu'il faut suivre contre eux ; ce qu'il sait de la tactique des Russes, il le doit aux profondes lectures des campagnes de Frédéric et des relations qu'il s'est fait communiquer sur leurs guerres contre les Ottomans. L'armée est au-delà du Danube ; Murat marche toujours en avant, comme un aventureux chevalier qui ne craint ni les périls ni les hasards de la guerre, parce qu'il lui faut une couronne ; Murat compromet plus d'un mouvement ; il signe des armistices, il court après les Russes, troupes fermes et décidées, et bientôt il se trouve en présence d'une arrière-garde, sous le prince Bagration, retranché à Hollabrünn.

Le prince Bagration, intrépide général, sortait de ces vieux princes de Géorgie, récemment soumis par les Russes [1] ; il avait passé à travers tous les grades, depuis celui de sergent des gardes jusqu'au titre de général-ma-

---

[1] Le prince Pierre Bagration était né en 1765. Descendant des princes de Géorgie, il entra au service de Russie comme simple sergent le 21 février 1782, lorsque sa patrie fut définitivement soumise par les armes de Catherine II. En 1788, il était colonel ; en 1794 il passa à l'armée de Pologne, où il se signala par sa bravoure, notamment le 24 octobre, à l'assaut de Prague. En 1799, le prince Bagration accompagna le général Suwarow dans son expédition d'Italie. Pendant tout le temps que dura cette campa-

jor; il conduisait alors 6,000 Russes, troupe d'élite formant l'arrière-garde de l'armée alliée et protégeant la retraite. Les voilà cernés dans le défilé d'Hollabrünn par les trois corps des maréchaux Murat, Lannes et Soult : 6,000 hommes en face de 22,000. La nuit étendait son voile le plus épais, et le maréchal Soult, toujours habile dans ses manœuvres, voulut attendre jusqu'au lendemain pour opérer un mouvement contre l'ennemi; il eût été facile de tourner les Russes sans exposer les divers corps de l'armée à une de ces trouées violentes qui sauvent les braves troupes de la honte de mettre bas les armes. Le maréchal Soult savait l'énergie des Russes dans leurs retranchements, il les avait éprouvés en Suisse; une attaque de nuit était dangereuse, on y sacrifierait beaucoup de monde. Murat, le fougueux capitaine, n'écouta pas ces sages conseils; il veut qu'on aille droit à l'ennemi : l'attaque se fit donc de face par les grenadiers d'Oudinot, tandis que la division Legrand cherchait à tourner le prince Bagration par les hauteurs. Jamais marche en avant ne fut plus impétueuse, jamais défense plus froide et plus intrépide. La longue résistance du prince Bagration permit à l'armée russe, à la lueur d'un village incendié, de se déployer régulièrement en retraite : le général Oudinot fut blessé, à la tête de ses grenadiers. Napoléon blâma Murat de cette affaire de nuit, très irréfléchie, qui avait coûté beaucoup de monde sans résultat décisif; un ordre de poursuivre l'ennemi fut donné sur toute la ligne; Napoléon voulait empêcher la jonction des armées russes,

gne, il déploya une activité, une bravoure et une intelligence remarquables, qui faisaient dire à Suwarow qu'il était son *bras droit*. Blessé pour la seconde fois au combat de Nafalse, il retourna en Russie, et partagea la disgrâce de Suwarow. A l'avénement d'Alexandre, le prince Bagration recouvra bientôt toute la faveur et tous les avantages dont il avait joui longtemps.

et les couper de leurs renforts. C'était le but de la campagne en Moravie. La pensée de l'Empereur était de livrer bataille avant l'arrivée des réserves.

Le temps d'hiver prêtait peu à la promptitude des mouvements; les Russes précipitaient leur retraite sur Brünn, à travers ces plaines coupées çà et là de ravins et de monticules, de lacs et de marais, qui marquent la route de Vienne à Olmutz. Le maréchal Kutusoff s'était porté au-devant des colonnes russes que commandait le général Buxhowden, afin de décider la Prusse à se mettre immédiatement en ligne. Les corps autrichiens en Bohême avaient fait déjà leur jonction sous le prince Jean de Lichtenstein et l'archiduc Ferdinand. La coopération des alliés pour se masser en ligne avait complétement réussi. Ainsi à ce moment, en Moravie, l'armée ennemie présentait une force imposante de cent quatre bataillons au complet de 500 hommes, et cent cinquante-neuf escadrons formant 18 à 20,000 hommes bien montés, sans comprendre les plucks de Cosaques éclairant la marche de l'armée. Les Cosaques paraissaient pour la première fois en présence de Napoléon; il ne les connaissait pas, lui qui, par une fatalité de la destinée, les vit plus tard accourir des bords glacés du Volga jusque dans les plaines de Champagne.

Les Russes arrivaient fatigués après avoir parcouru plus de quatre cents lieues à marche forcée; les Autrichiens n'avaient aucune troupe d'élite dans cette armée de Bohême, presque tous leurs bataillons se composaient de recrues, car leurs vieilles troupes étaient restées sous le prince Charles, qui opérait son mouvement par Gratz. L'armée russe sur le champ de bataille comptait des généraux de distinction; comme intrépidité d'avant-garde, on remarquait le prince Bagration, dont j'ai parlé déjà.

Buxhowden ne manquait pas de mérite : fils d'un fermier de la couronne, il s'était élevé au grade de général-major ; profondément nourri de la tactique de Frédéric-le-Grand [1], il avait jusqu'ici opéré dans l'idée d'une jonction de son corps avec l'armée prussienne. Le comte de Langeron, d'origine française, représentait la vieille cour de Louis XV [2] ; on comptait d'autres émigrés parmi les colonels naturalisés au service de Russie ; le grand-duc Constantin, jeune prince aux traits tartares fortement prononcés, avait reçu le commandement de la garde, et son intrépidité justifiait cette confiance. Autour de l'empereur Alexandre se groupaient des généraux remarquables déjà dans la guerre contre les Ottomans, Doctorow, Saken, Liewen, le jeune aide-de-camp Dolgorouski, favori intime du Czar. Kutusoff commandait en chef, avec sa longue expérience des idées et des tactiques militaires ; il avait opéré sa retraite avec beaucoup d'ordre sans perdre un seul de ses régiments ; il développait aussi son système de guerre qui consistait à se replier sans cesse sur les ren-

---

[1] Frédéric-Guillaume, comte de Buxhowden, était né en 1750, dans l'île de Moën, à Magnusthal, où son père avait affermé un domaine de la couronne. Il fut élevé au corps de cadets gentilshommes à Saint-Pétersbourg. En 1783, il était colonel, et six ans après général-major. En récompense de ses services l'impératrice lui fit présent de la propriété de Magnusthal, dont son père avait été longtemps le fermier. Employé ensuite dans la guerre de Pologne sous Suwarow, il s'y distingua par sa grande bravoure et peut-être encore davantage par l'humanité qu'il déploya en faveur des malheureux habitants ; il adoucit leurs maux autant que cela fut en son pouvoir lorsqu'il devint commandant de Varsovie et de toute la contrée. Ce fut peu de temps après que Paul Ier le nomma gouverneur de Saint-Pétersbourg. Bientôt disgracié, il fut obligé de se réfugier en Allemagne, et ne revint en Russie qu'après la mort de Paul. Le nouvel empereur lui donna l'inspection des troupes en Livonie, en Esthonie et en Courlande, avec le titre de gouverneur, et il résida en cette qualité plusieurs années dans la place de Riga. Lorsque l'armée russe se mit en marche contre la France en 1805, Buxhowden conduisit les troupes de son inspection.

[2] Deux Saint-Priest servaient aussi dans l'armée russe et assistèrent à la bataille d'Austerlitz. Le comte Emmanuel de Saint-Priest avait été nommé colonel du régiment Semonieski, puis colonel des chasseurs de la garde russe.

forts [1]. Le général Benningsen n'avait point fait sa jonction, il devait amener la réserve. Aussi intrépide que Bagration, c'était ce général au poignet de fer qui en avait fini dans une nuit avec la vie de Paul Ier.

L'armée autrichienne se divisait en deux grands corps d'infanterie et de cavalerie sous le commandement nominal de l'empereur François II; la cavalerie était aux ordres du prince Jean de Lichtenstein, compromis à Ulm, et tout dévoué au système français; il se battait malgré lui contre Napoléon. Le prince de Lichtenstein, plein de préventions contre les Russes, bon général de cavalerie, ignorait presque entièrement les manœuvres d'infanterie, et ce mélange des deux drapeaux lui répugnait. Les généraux Kollowrath et Kienmayer étaient des officiers de distinction; mais il y avait entre l'armée russe et autrichienne une telle différence d'opinions, un sentiment si profond de jalousie, qu'on ne pouvait pas compter sur une coopération enthousiaste et complète de part et d'autre dans une cause commune; l'armée autrichienne ferait son devoir, rien au-delà; le prince Jean de Lichtenstein conduirait bravement ses troupes, mais on remarquait une sorte de démoralisation dans l'armée autrichienne, composée de recrues et de levées en masse. Des bruits de paix circulaient, la tactique de Napoléon continuait à séparer l'intérêt des deux empires comme des deux armées, et

---

[1] Michel Kutusoff, de Smolensk, était né en 1745. Élevé à Strasbourg, il commença sa carrière militaire à seize ans en qualité de caporal dans l'artillerie, fut fait officier peu de temps après, et à dix-sept ans était lieutenant dans le régiment commandé par Suwarow. Le prince de Holstein-Beck le choisit, en 1762, pour son aide-de-camp, et le 21 août de la même année il obtint le grade de capitaine. En 1764, il porta les armes en Lithuanie, fit cinq campagnes contre les Polonais, et passa, en 1770, à l'armée de Romanzoff contre les Turcs : à la fin de cette année il fut nommé major. Au mois d'octobre 1771, il prit part à la bataille des Postes, où 40,000 Russes furent taillés en pièces, et il fut fait lieutenant-colonel. Pendant les années 1772 et 1773, il servit en Crimée et fut blessé en s'emparant d'un fort près d'Isoumne; l'impératrice Catherine II le nomma colonel le 27 juin 1782; le 28 juillet de l'année suivante, il fut

cela contribuait à rendre leurs mouvements timides et incertains. L'armée russe, pleine d'énergie, d'enthousiasme, se promettait la victoire parce qu'elle avait confiance en elle-même ; elle traînait pour ainsi dire les Autrichiens après elle ; les Allemands ne se battaient plus que pour tenir leurs promesses ; il fallait pour constater l'union des causes communes la présence des empereurs ; se pressant la main avec une tendresse affectée, ils passaient des revues brillantes et les étendards unis les saluaient au milieu des hourras. On cherchait à s'habituer ainsi à cette alliance antipathique aux deux nationalités allemande et slave ; l'inimitié était vieille et d'autant plus violente qu'elle était chez les Russes un sentiment rustre et primitif que la civilisation n'avait pas affaibli. L'archiduc Ferdinand et le grand-duc Constantin, imitant l'exemple des empereurs, vivaient intimement. Ainsi dans les princes était l'alliance, dans l'armée et les peuples la vieille haine bouillonnante.

Cependant Napoléon, manœuvrant avec sa supériorité habituelle, marcha droit à Brünn, ville fortifiée, qui se rendit sans résistance. Brünn devint dès lors le point central des opérations de la grande armée. L'Empereur avait appris la réunion des armées autrichienne et russe fortifiées de la garde sous le général Buxhowden. Cet évé-

---

fait brigadier, en 1784 général-major, et quitta la Crimée pour aller combattre les Turcs. Depuis le 28 août 1787 jusqu'au mois de juillet 1788, il commanda un corps séparé, chargé de couvrir la frontière, pour empêcher l'ennemi de passer le Bog, puis rejoignit l'armée commandée par Potemkin qui assiégeait Oczakoff. Le 28 août, l'ennemi ayant fait une sortie sur le corps de Kutusoff, il résista avec beaucoup de fermeté, mais il fut dangereusement blessé, une balle lui traversa la tête. A peine rétabli, il vint rejoindre le prince Potemkin, qui lui confia un corps chargé de couvrir les frontières de la Turquie et celles de la Pologne. En 1790, il reçut ordre de réunir ses troupes à l'armée de Suwarow, qui assiégeait Ismaïlow, et vint prendre le commandement de la sixième colonne. Fait lieutenant-général en 1791, Kutusoff fut chargé de commander les troupes qui étaient entre le Pruth, le Dnies-

nement le rendit circonspect. Une bataille décisive devenait inévitable, l'esprit de l'armée russe était exalté ; il fallait se préparer à tout événement, suivre l'ennemi, ne pas lui donner un moment de repos, car la position devenait de plus en plus difficile. L'archiduc Charles arrivait par Klagenfurt, Gratz et Presbourg avec 80,000 hommes de vieille et bonne troupe ; Benningsen conduisait 50,000 Russes de réserve ; les Prussiens et les Suédois, les Hanovriens et les Anglais menaçaient le nord de l'Allemagne par une terrible diversion, et Napoléon était engagé au fond de la Moravie. Une bataille décisive devait en finir vigoureusement avec les dangers d'une position devenue chaque jour plus menaçante ; si elle était gagnée, Napoléon avait l'assurance que les Autrichiens traiteraient de la paix.

Dans plusieurs rencontres, les Français s'étaient essayés contre les Russes ; eux, soldats si fermes, avaient trouvé de dignes adversaires. Après le combat d'Hollabrunn, ces chocs de corps à corps, de régiments à régiments, se renouvelèrent ; on vit un engagement entre la cavalerie de la garde, les cuirassiers et les cosaques. Pour la première fois on en venait aux mains, sous l'aigle de Napoléon avec ces troupes irrégulières qui voltigeaient autour de l'armée ; la cavalerie française n'était point habituée à ces charges tumultueuses et presque

---

ter et le Danube. Après la bataille de Matchine qui termina la guerre, il obtint le commandement de l'Ukraine, qu'il quitta bientôt pour se rendre à Constantinople, où il remplit les fonctions d'ambassadeur depuis le 4 juin 1793 jusqu'au 24 mai 1794. A son retour, l'impératrice lui donna le commandement de la Finlande, et il fut nommé directeur du premier corps des cadets. En 1796 il fut chargé d'accompagner le roi de Suède, qui était venu à Saint-Pétersbourg, et il le reconduisit jusqu'à Lovisa. Après la mort de Catherine II, il jouit de la même faveur auprès de Paul Ier, qui le chargea d'une mission à Berlin, pour décider le cabinet en faveur de son système : l'empereur à son retour lui donna le commandement des troupes de Finlande. Le général Hermann, qui commandait un corps russe en Hollande, ayant essuyé un échec, fut destitué et Kutusoff désigné pour le remplacer. En arrivant à Hambourg il apprit que

sauvages, à ces coups de lance meurtriers, souvenir des mamelucks dans le désert sous les pyramides. La mêlée fut chaude, les bulletins avouent des pertes égales, presque tous les colonels français furent blessés, et parmi eux Durosnel, un des intrépides de la grande armée; on s'essayait ainsi contre les Russes [1]. Ces troupes s'engageaient bien et résistaient encore mieux.

Napoléon, préoccupé de graves pensées, inquiet de sa position, désirait la paix, pourvu qu'il pût préserver sa force morale à Paris; le comte de Stadion venait d'arriver au quartier de Napoléon, accompagné du général Kollowrath, porteur, au nom de François II, de paroles pacifiques. L'Empereur saisit cette circonstance pour suivre sa politique de séparation et de division entre les Russes et les Autrichiens; en insistant pour une paix séparée, il espérait partager la coalition et la briser partiellement; là se trouvait son habileté [2]. Il venait d'apprendre l'arrivée du comte de Haugwitz à Vienne; le diplomate prussien ne s'était pas pressé dans sa route; porteur d'instructions secrètes, il devait se déterminer d'après la nature et la marche des événements militaires. Napoléon ignorait-il que la Prusse était d'accord avec la Russie? Nul ne pouvait plus en douter; on avait signé à Berlin un traité de subsides avec l'Angleterre; M. de Laforest en avait envoyé la copie, et quand M. de

---

la paix était conclue. A Saint-Pétersbourg, il fut chargé pour la seconde fois d'aller à la rencontre du roi de Suède et de l'accompagner jusqu'à l'avénement d'Alexandre; alors il obtint le gouvernement militaire de Saint-Pétersbourg; lorsque la coalition de 1805 éclata, il eut le commandement en chef de l'armée russe.

[1] Il faut surtout lire et comparer les rapports intimes des deux camps; les bulletins sont mensongers ou exagérés; quant à la stupide compilation des *Victoires et Conquêtes*, il ne faut pas en parler.

[2] L'empereur François II explique pourquoi ces pourparlers n'avaient rien fini.

« Il a été publié le 13 novembre à Brünn, en Moravie, une proclamation de l'empereur d'Autriche, relative aux ouvertures qu'il a faites pour la conclusion d'une suspension d'armes de quelques semaines. « L'Empereur Napoléon (est-il dit dans cette pièce) demandait que les troupes alliées

M. DE HAUGWITZ A VIENNE (NOVEMBRE 1805).

Haugwitz arriva, Napoléon, préoccupé d'une bataille et des combinaisons stratégiques qui devaient tout décider, le renvoya à M. de Talleyrand pour les communications d'affaires, et écrivit au ministre, pour qu'il retînt M. de Haugwitz à Vienne. Son raisonnement était simple; il disait : « Je sais la mission de M. de Haugwitz à double face; la paix ou la guerre, tout dépend de la bataille que je vais livrer. Si je suis vaincu, la Prusse se prononcera contre moi en exécutant le traité avec la Russie et l'Angleterre, cela va sans dire; si je suis vainqueur, eh bien ! alors, nous verrons; la Prusse sera humblement à mes pieds et M. de Haugwitz ne parlera que des intentions pacifiques de sa cour. » C'est dans ce sens que Napoléon écrit à M. de Talleyrand qui alors avait établi sa cour plénière de diplomatie à Vienne ; ses dépêches portent : « Retenez M. de Haugwitz jusqu'à la bataille [1]. »

M. de Talleyrand se montrait le partisan le plus prononcé de la paix, depuis l'ouverture de la campagne; il remuait dans sa tête les idées de transaction, traçant les plans et les bases d'un traité de paix incessamment remanié. Il était parvenu à dominer soit par ses bonnes manières, soit par d'autres moyens secrets, toute l'aristocratie de Vienne; le ministre se déclarait l'ami de la maison d'Autriche et de son influence en Europe; il s'adres-

---

retournassent dans leur patrie ; que l'insurrection hongroise fût congédiée : que le duché de Venise et le Tyrol fussent remis préalablement aux armées françaises. » — L'empereur d'Autriche n'a pas cru devoir accepter ces conditions. Il déclare : « Qu'il ne lui reste qu'à se confier aux ressources qu'il trouve dans le cœur, la force et la fidélité de ses sujets, dans les secours de ses alliés et amis, et de persévérer dans cette union intime, etc. »

[1] *Correspondance de M. de Talleyrand et de M. d'Hauterive.*

« L'Empereur a poursuivi les Russes sur la route de Brünn. Il s'est arrêté en chemin par égard pour l'empereur d'Autriche qui était encore dans cette ville. L'air de Vienne est très sain, et je crois que je ne lui préfère pas celui de Paris. Je suis à Vienne depuis hier, apprenant dans ce moment encore des nouvelles des armes de l'Empereur contre les Russes. Madame d'Hauterive

sait à tous les hommes qui avaient quelque crédit sur François II, pour le déterminer à une paix prompte et solide. M. de Talleyrand se déclarait en faveur d'un agrandissement méridional et maritime de l'Autriche ; son mot était toujours : « Délivrons-nous des barbares. » Et par les barbares il entendait les Russes dont la présence pesait au gouvernement autrichien ; la cour d'Autriche faisait la guerre avec le besoin de la paix, ce qui est, dans une campagne, la plus fausse position.

M. de Talleyrand démoralisait le sentiment national parmi la noblesse allemande. A Vienne, d'après les ordres de Napoléon, il reçut aussi M. de Haugwitz avec une grande bienveillance ; l'envoyé prussien se tint dans une profonde réserve, ne se prononçant ni pour l'alliance française, ni pour la coalition, offrant toujours la médiation de son cabinet. M. de Haugwitz fut parfaitement traité avec cette politesse exquise qui distinguait M. de Talleyrand ; le ministre de l'Empereur se borna à lui dire : « Qu'avec son esprit éclairé, quel que fût le résultat d'une bataille, la Prusse ne devait pas se jeter dans une querelle capable de servir l'agrandissement démesuré de la Russie, qui elle seule trop éloignée du théâtre ne mettait rien en jeu. La Prusse et l'Autriche, s'exposant à toutes les chances, devaient donc traiter séparément avec Napoléon, et laisser le cabinet de Saint-Pétersbourg se sauver lui-même. Ce cabinet était toujours hardi parce qu'il n'avait rien à perdre à la que-

---

sera bien aise d'avoir un souvenir d'un *mort* qui aime beaucoup son mari. (Le bruit avait couru que M. de Talleyrand avait été *tué* par les Russes.) » (De Vienne, 17 novembre 1805).

« Je trouve que l'Empereur va bien loin. Il est à près de quarante lieues de Vienne. Il me semble qu'il faudrait finir. M. de Haugwitz arrive ici sous peu de jours. C'est un très bon voyage. Avec du temps, tout ira bien dans nos relations avec la Prusse, qui ne se fâche contre nous que parce qu'elle a peur d'un autre. Ce genre de fâcherie se termine par de gros mots, ce que j'ai toujours vu. Adieu. » (De Vienne, 20 novembre 1805.)

relle engagée. » Dans sa correspondance avec les affaires étrangères, M. de Talleyrand développe l'espoir qu'il a conçu d'une paix séparée avec l'Autriche; son système est toujours de l'agrandir, afin de la rendre hostile à la Russie par l'occupation et même la souveraineté de la Moldavie et de la Valachie.

Pendant que M. de Talleyrand cherchait à isoler la Russie, Napoléon, pour faire impression sur l'empereur Alexandre et l'entraîner à son propre système, désigna le général Savary, esprit poli et courtisan, pour une mission délicate et intime auprès du Czar de toutes les Russies. La mission du général avait deux fins; la première était de porter une lettre autographe au Czar [1], conçue en termes fort dignes et fort courtois et signée Napoléon; puis le général Savary, en traversant le bivouac ennemi, devait voir l'ensemble de l'armée russe, pénétrer son esprit [2], surveiller ses projets d'une manière sûre: les habitudes du général Savary le rendaient parfaitement propre à cette investigation secrète. A Ulm, le rapide coup d'œil de M. de Ségur avait pénétré la faiblesse du général Mack; M. Savary dut également voir

---

[1] *Lettre de l'Empereur Napoléon à l'empereur Alexandre.*
Du quartier-général de Brunn, le 25 novembre 1805.

« Sire, j'envoie mon aide-de-camp le général Savary près Votre Majesté, pour la complimenter sur son arrivée à son armée. Je le charge de lui exprimer toute mon estime pour elle et mon désir de trouver des occasions qui lui prouvent combien j'ambitionne son amitié. Qu'elle le reçoive avec cette bonté qui la distingue et me tienne comme un des hommes les plus désireux de lui être agréable; sur ce, je prie Dieu qu'il tienne Votre Majesté en sa sainte et digne garde. »   Napoléon.

[2] Je donne ici le texte si curieux de la conversation du général Savary avec l'empereur Alexandre, tel que le rapport à l'Empereur l'a donnée.

« J'arrivai auprès d'Alexandre.....

« L'Empereur prenant la lettre me dit: « Je suis sensible à la démarche de votre maître; c'est à regret que je suis armé contre lui, et je saisirai avec beaucoup de plaisir l'occasion de le lui témoigner. Depuis longtemps il est l'objet de mon admiration. »

« Puis changeant de sujet, il me dit: « Je vais prendre connaissance du contenu de sa lettre, et vous en remettrai la réponse. »

« Il passa dans une autre pièce et me laissa seul dans celle où j'étais. Il revint après une demi-heure et tenant sa réponse l'adresse en dessous, il commença ainsi:

l'attitude de l'armée russe et en faire son rapport. Il partit escorté d'un trompette, avec le caractère d'envoyé de Napoléon ; le prince Bagration l'accueillit bien, et l'adressa au général en chef Kutusoff, poli jusqu'à l'affectation, et bientôt le général Savary fut introduit auprès de l'empereur Alexandre. Un document curieux existe : c'est le rapport du général adressé à Napoléon. Savary ne dissimule pas à son Empereur que la figure du Czar l'a frappé vivement ; Alexandre avait alors vingt-huit ans, un port majestueux, son front haut supposait une belle et haute intelligence, son œil vif et pénétrant relevait la finesse de sa figure grecque et de sa fierté slave ; un teint mélancolique et prédestiné voilait déjà son front. L'empereur Alexandre accueillit avec son affabilité coquette l'aide-de-camp de Napoléon, chargé de le saluer de la part de son glorieux maître et de lui remettre une dépêche écrite de sa main ; le Czar la prit de suite avec empressement. Le général Savary fut un peu étonné de la facilité gracieuse avec laquelle le Czar parlait notre langue ; Alexandre témoigna combien il était sensible à cette démarche ; Napoléon était pour lui, de-

« Monsieur, vous direz à votre maître que les sentiments exprimés dans sa lettre m'ont fait beaucoup de plaisir ; je ferai tout ce qui dépendra de moi pour lui en donner le retour. Je ne suis pas disposé à être son ennemi ni celui de la France. Il doit se rappeler que du temps de feu l'empereur Paul, n'étant encore que grand-duc, lorsque les affaires de France éprouvaient de la contrariété et ne rencontraient que des entraves dans la plupart des cabinets de l'Europe, je suis intervenu, et ai beaucoup contribué, en faisant prononcer la Russie, à entraîner par son exemple toutes les autres puissances de l'Europe à reconnaître l'ordre de choses qui était établi chez vous. Si aujourd'hui je suis dans d'autres sentiments, c'est que la France a adopté d'autres principes, dont les principales puissances de l'Europe ont conçu de l'inquiétude pour leur tranquillité. Je suis appelé par elles pour concourir à établir un ordre de choses convenable et rassurant pour toutes. C'est pour atteindre ce but que je suis sorti de chez moi. Vous avez été admirablement servi par la fortune, il faut l'avouer ; mais en allié fidèle, je ne me séparerai pas du roi des Romains (il désignait l'empereur d'Allemagne), dans un moment où son avenir repose sur moi. Il est dans une mauvaise situation, mais pas encore sans remède. Je commande à de braves gens, et si votre maître m'y force, je leur commanderai de faire leur devoir,

puis longtemps, l'objet d'une admiration instinctive. Il se retira dans une pièce voisine pour prendre successivement lecture de cette lettre, et réfléchir à la réponse qu'il devait y faire : il s'agissait de la paix ou de la guerre.

L'empereur revint auprès du général au bout d'une demi-heure, et dans quelques phrases d'un français toujours élégant et pur, il lui répéta : « qu'il n'avait aucun motif d'être l'ennemi de son maître, qu'il avait hérité de la politique et des sentiments de Paul pour Napoléon, qu'il ne s'en était séparé que parce que la France avait ébranlé l'équilibre de l'Europe par d'incessantes prétentions, qu'il n'abandonnerait pas l'empereur *des Romains* malheureux (c'est ainsi qu'il appelait François II). » Le général Savary, d'une tenue toujours parfaite, fit justement observer : « qu'il n'avait aucune mission pour discuter sur les rapports intimes des cabinets ; il croyait que l'Empereur Napoléon son maître voulait la paix, et la démarche qu'il faisait en était la preuve. » Le Czar répondit « qu'en effet cette démarche prouvait le désir pacifique du chef du gouvernement français, mais que les conditions offertes à l'empereur d'Allema-

Réponse. « Sire, j'ai bien retenu ce que Votre Majesté vient de me faire l'honneur de me dire. Je prends la liberté de lui faire observer que je n'ai près d'elle aucun caractère, ni n'ai d'autre mission que de lui apporter une lettre ; mais Votre Majesté me parle d'événements et de circonstances qui me sont connus ; j'ai traversé la révolution de mon pays, et si elle daigne me préciser ce qu'elle vient de me faire l'honneur de me dire, je pourrai la satisfaire sur beaucoup de points. Je crois être sûr que l'Empereur est plus que disposé à la paix, la démarche qu'il fait en ce moment pourrait en être une preuve, indépendamment de tout ce que je dirai à l'appui

Alexandre. « Vous avez raison ; mais il faudrait que les propositions qui l'ont précédée fussent conformes aux sentiments qui ont dicté cette démarche. Elle fait le plus grand honneur à sa modération ; mais est-ce vouloir la paix que de proposer des conditions aussi désastreuses pour un État que celles qui sont offertes au roi des Romains ? Je vois que vous ne les connaissez pas.

Réponse. « Non, sire, mais j'en ai ouï parler.

Alexandre. « Eh bien ! si vous les connaissez, vous devez convenir qu'elles ne sont pas acceptables.

Réponse. « Sire, le respect m'impose ici un devoir que j'observe ; mais puisque Votre Majesté veut bien m'écouter, j'aurai

gu'étaient inacceptables : n'étaient-elles pas trop dures? »
La discussion se prolongea ainsi entre l'empereur Alexandre et le général Savary; l'aide-de-camp de Napoléon
discuta une à une les difficultés posées; il le fit toujours
avec esprit et un tact infini, souvent avec feu, et Alexandre l'écouta avec une bienveillance soutenue. Le Czar lui
parla de la gloire de Napoléon, de ses immenses travaux;
on aurait pour lui une grande reconnaissance s'il voulait
montrer de la modération après une si belle fortune;
le Czar défendit la politique de l'Autriche : c'était son
rôle; et en achevant cette longue conversation il ajouta :
« Je suis personnellement fâché que votre maître ne
veuille point accepter ces conditions modérées, car il
m'obligera d'ordonner à mes troupes de faire leur devoir. » Le général Savary répondit respectueusement
que « pour mériter l'estime de l'empereur de Russie lui-
même, les troupes françaises feraient le leur. » Réplique
ferme et courtoise. Alors Alexandre remit au général
Savary une lettre en tenant l'adresse en dessous, comme
s'il voulait la cacher; le Czar, en souriant, ajouta : « que
l'adresse ne portait point le titre que Napoléon avait

l'honneur de lui faire remarquer que l'Empereur ne demande rien qui soit au-delà des prétentions qu'il peut appuyer, et qui sont le résultat d'une résolution qu'ont amenée des événements qu'il n'avait pas provoqués. Il se croyait dans une paix profonde, surtout avec l'Autriche; il était entièrement absorbé par le travail que lui donnait son expédition d'Angleterre : il est tout à coup détourné de cette occupation, obligé d'abandonner les dépenses énormes qu'il a faites, et d'en ordonner de nouvelles pour soutenir une guerre que l'on commence sans déclaration préalable, au point que, sans un accident survenu à une de nos flottes, il eût été possible que notre armée se fût trouvée en Angleterre, lorsque les Autrichiens auraient paru sur le Rhin. La fortune couronne les efforts de l'Empereur, et le met en possession de toutes les ressources de la monarchie autrichienne. Son armée n'a encore éprouvé que des pertes insignifiantes. Dans cette situation, qu'a-t-il à craindre des suites de la guerre? Si elle se prolonge, elle ne peut qu'augmenter sa puissance. En admettant qu'il perde une bataille, elle n'aurait pas de conséquence bien fâcheuse pour lui. C'est aujourd'hui Vienne qui est sa capitale : son armée n'a plus rien de commun avec la frontière de France. Mais si l'Autriche éprouve une défaite, sire, quelles peuvent en être les suites? Sur quoi établira-t-on les négociations? Si donc, dans

pris depuis peu ; il n'attachait pas personnellement d'importance à ces bagatelles, c'était une règle d'étiquette qu'il changerait avec bien du plaisir. » La lettre portait en effet : *Au chef du gouvernement français.* Le général Savary répondit : « que l'Empereur était sans doute malheureux de n'être reconnu que par l'enthousiasme des Français, mais que sa gloire et les acclamations de son peuple le consoleraient un peu du malheur de n'être pas admis encore par un esprit aussi droit et un prince aussi éclairé que le Czar de toutes les Russies. » Le général Savary accomplit ainsi avec une dignité polie la tâche qu'il avait reçue ; de retour sous la tente de Napoléon, il lui rendit compte, au feu du bivouac, des paroles qu'il avait recueillies de la bouche même d'Alexandre ; sorte d'appel au champ d'honneur.

« Oui, l'armée fera son devoir ! » Tel fut le mot d'enthousiasme de Napoléon ! Et, en effet, elle était grande, belle et dévouée, cette armée campée autour de Wischau, entre Brünn et Olmutz ; l'histoire ne présenta jamais une masse d'hommes plus instruits et plus exercés dans les grandes manœuvres d'un vaste champ de bataille, et

---

cette situation, l'Empereur fait le premier des ouvertures de paix, on ne peut en soupçonner la sincérité. Il a cru devoir faire le premier pas, pour ménager la dignité de la partie adverse ; mais il veut une paix durable avec de bonnes garanties.

Alexandre. « C'est précisément pour obtenir une paix durable qu'il faut proposer des conditions raisonnables, qui ne blessent point ; sans cela, elle ne peut être durable.

Réponse. « Oui, sire, mais il ne faut point faire la guerre à ses dépens. Que V. M. considère ce que l'Empereur perd par son départ de Boulogne ; quelle circonstance il manque pour la guerre d'Angleterre ; le temps inutilement employé, et enfin, sire, la flotte qu'il vient de perdre, par une suite de tout cela. Que dirait la nation si elle ne voyait pas des compensations de l'inutilité de tous les sacrifices qui lui ont été imposés pour une opération dont le succès était lié à son existence ? Ensuite, quelle garantie de plus lui donnera-t-on pour la durée de cette paix, qu'on ne lui avait donnée pour la durée de la précédente, qui cependant a été rompue d'une manière jusqu'à présent sans exemple ? Il me semble que, quelle que soit la paix que l'Empereur fasse avec l'Autriche, il n'y a que les alliés qui y gagneront, et que, quant à lui, il en sortira toujours avec des pertes réelles : le seul avantage qu'il puisse en retirer, c'est la diminution de la puissance de son ennemi.

Alexandre. « C'est précisément cette

commandés par un état-major plus éminent. Napoléon avait besoin de toutes ces forces et de développer cette masse de moyens ; il savait la jonction des armées russe et autrichienne à Olmutz, l'entrevue des deux empereurs Alexandre et François II, le désir qu'ils avaient d'offrir bataille ; les Russes et les Autrichiens occupaient des positions formidables ; il était dangereux de les attaquer. Le génie de l'Empereur se révélait surtout dans l'art de bien choisir son champ de bataille ; admirable tacticien, il prévoyait tout, il savait que les Russes comme les Turcs se défendaient avec opiniâtreté dans leurs retranchements ; il fallait donc les en faire sortir en simulant une retraite, pour se porter dans une position d'avance étudiée. Là était l'art de la guerre.

Lorsque Napoléon traversait la plaine d'Austerlitz en marchant sur Wischau, il avait dit à ses généraux avec sa parole prompte et brève : « Étudiez bien ce champ de bataille, il pourra nous servir plus tard. » Sorte de prophétie de la victoire, ou, pour parler plus exactement, prévision étudiée de cette admirable intelligence. Dès que l'Empereur eut appris la concentration de l'armée

disposition à diminuer la puissance de ses voisins et à augmenter la sienne qui inspire de la crainte à tout le monde, et lui suscite continuellement des guerres. Vous êtes déjà une nation si forte par vous-mêmes, par votre réunion sous les mêmes lois, par l'uniformité de vos habitudes et de votre langage, que vous inspirez naturellement de l'effroi. Qu'avez-vous besoin de vous agrandir continuellement ?

Réponse. « Je ne comprends pas ce que V. M. veut me dire par nos agrandissements continuels, et hormis Gênes, je ne sache pas que nous ayons acquis un arpent de terre au-delà de ce qui a été concédé et reconnu par nos traités de paix, que nous avons été obligés de sceller deux fois de notre sang. Si c'est là-dessus que l'on veut revenir, c'est un compte à ouvrir de nouveau ; quoique cette première querelle de la révolution, dans laquelle nous n'étions pas agresseurs, ait été jugée sur tant de champs de bataille, nous ne craindrons pas de nous y présenter de nouveau. Je ne vois que Gênes que nous ayons acquis depuis le traité de Lunéville.

Alexandre. « Gênes d'abord, et ensuite l'Italie à laquelle vous avez donné une forme de gouvernement qui la met sous vos lois.

Réponse. « Je puis répondre à cela, sire, que nous avons pris Gênes malgré nous.

Alexandre. « Qui vous y obligeait ?

Réponse. « Sa position, sa situation mo-

russe, il résolut son mouvement de retraite pour arracher Kutusoff à sa position formidable et se concentrer lui-même dans cette plaine d'Austerlitz déjà désignée à ses généraux. La victoire est à demi acquise pour qui sait choisir son terrain et tracer de son épée sa position militaire. Un mouvement en arrière fut donc ordonné; on dut évacuer Wischau; l'ordre en fut donné sur toute la ligne.

L'aspect d'une retraite décourage le soldat, ces masses qui rétrogradent portent la douleur dans les âmes; le Français surtout est sensible à cette nécessité, si bien qu'il marcherait à reculons la face tournée contre l'ennemi; mais l'armée, pleine de confiance dans son Empereur, semblait deviner que ce mouvement rétrograde était simulé pour exécuter quelques-unes de ces belles manœuvres qui en finissaient dans une journée avec l'ennemi. Le soldat français si intelligent lisait dans les traits de ses officiers, dans les lignes du beau visage de Napoléon, que ce n'était pas une fuite; la retraite se fit donc en très bon ordre, les positions furent évacuées, quelques engagements de dragons qui couvraient la retraite laissèrent des prisonniers aux mains

rale et physique. V. M. serait dans l'erreur si elle supposait qu'il y a eu un calcul d'intérêt ou d'ambition dans cette réunion. Gênes depuis longtemps n'avait plus que ses palais de marbre; depuis plus longtemps encore cette petite république ne vivait que des capitaux acquis dans un commerce autrefois considérable, mais presque anéanti depuis par la faiblesse d'un gouvernement qui ne pouvait plus protéger sa navigation, même contre les Barbaresques; elle en était, sous ce rapport, au même point que Venise. Avant notre entrée en Italie, Gênes n'avait plus que son nom et son antique réputation; son port devenait nul pour elle par le blocus des Anglais, que nous avions exclus de sa fréquentation. Son territoire était presque aussi nul, comparativement au besoin de sa population, et comme nos douanes bordaient sa frontière, les Génois étaient de tous côtés entourés de difficultés. Ajoutez à cela que la bonté de son port et l'étendue de ses fortifications, qui peut contenir une armée, lui attiraient une garnison étrangère, que lui envoyait la puissance principale, dès que la guerre commençait en Italie. Placée ainsi entre tous les inconvénients de sa position, et n'ayant aucun des avantages de la protection d'une grande puissance, elle devait ou compléter sa ruine, ou se jeter dans les bras d'un protecteur. Je demande à V. M. qui elle pouvait choisir pour éviter les inconvénients que je viens de citer.

des Russes ; tout cela devait donner confiance au conseil de guerre d'Alexandre qui ne s'était pas suffisamment éclairé sur l'esprit d'improvisation magnifique qui distinguait les plans de bataille de Napoléon. Les officiers autrichiens le connaissaient mieux, ils savaient que dans l'instant décisif l'Empereur déployait ses conceptions immenses, et qu'une armée tombait dans ses mains comme par miracle. Alexandre, entouré d'une noblesse tout impatiente de montrer son courage sous les yeux de son jeune Czar, ne s'arrêtait pas à ces sages conseils des officiers d'expérience et partagés par Kutusoff ; attaquer vigoureusement était le vœu de toute l'armée, et Alexandre savait qu'il pouvait compter sur ces jeunes officiers qui avaient à faire leurs premières armes et à se signaler par des prouesses. Kutusoff seul expérimenté s'en tenait à son premier plan, qui consistait à se replier constamment sur les renforts russes et à ne livrer bataille qu'après la jonction de Benningsen et de l'archiduc Charles et la levée en masse de la Bohême et de la Hongrie.

C'était au milieu de ce mouvement rétrograde des

Nous avons pris Gênes avec son actif et son passif, ce dernier était supérieur à l'autre. Il en est résulté conséquemment une charge pour le trésor public. Si la réunion de Gênes avait été un calcul d'ambition, on n'eût pas tant tardé à le faire, parce qu'on s'aperçoit toujours de ce qui est le plus avantageux. Alors, dans nos différentes transactions avec l'Autriche, nous étions en position d'y placer cette stipulation, à laquelle elle n'aurait pas pu nous faire renoncer. Quant à l'Italie, j'ai un argument plus fort encore. Elle est tout entière notre conquête ; nous l'avons arrosée de notre sang ; deux fois elle a retrouvé sa liberté et son existence politique par nos efforts. Si elle a commencé par une forme républicaine, c'était pour être en harmonie avec sa puissance conservatrice. Les deux changements qui ont eu lieu depuis sont une conséquence de l'intérêt qui l'associa à nos destinées. Elle a les mêmes lois, les mêmes usages et les mêmes règlements administratifs que la France. Nous nous sommes réciproquement communiqué ce que nous avons cru devoir adopter de nos habitudes, et si en dernier lieu elle a su se placer sous la protection d'un gouvernement monarchique, comme venait de faire la France, ne devait-elle pas choisir un monarque puissant, de l'appui duquel un État nouveau a toujours besoin ? Dans ce cas elle n'avait qu'à opter entre la France et l'Autriche ? Nous venions de nous battre

Français, que le général Savary arriva du quartier général de l'empereur Alexandre; Napoléon s'était informé des moindres circonstances : « Quel était l'aspect des camps russes? Ces troupes se battraient-elles bien? » Napoléon fronça le sourcil en lisant la réponse du Czar, qui ne lui donnait pas le titre d'Empereur; il s'informa avec une certaine curiosité de l'esprit de la tenue d'Alexandre, de ses manières, et de tout ce qui pouvait le faire exactement connaître. Le général Savary répondit avec précision à toutes ces demandes; il ne dissimula point que, parfaitement accueilli par le Czar et son frère Constantin, il avait trouvé une grande ardeur parmi l'armée russe, et surtout dans les officiers qui désiraient vivement en venir aux mains avec les Français. « Tant mieux, dit l'Empereur, ils m'offriront imprudemment la bataille; » il s'informa particulièrement de la force des régiments russes, de leurs manœuvres, des positions qu'ils occupaient et de l'esprit de l'armée; il consulta le général Savary sur tous les points. « Comment les attaquer? Fallait-il aller au-devant d'eux ou les attendre? Étaient-ce de vieilles troupes ou des recrues? » Un mo-

dix ans pour la conquérir, l'agrandir, l'arracher partie par partie aux Autrichiens, la constituer; eussions-nous souffert un choix qui aurait détruit notre ouvrage? Si l'Autriche n'a pas renoncé à l'Italie, nous nous battrons encore pour celle-ci, et si elle y a renoncé de bonne foi, peu lui importe comment l'Italie se gouverne. Quant à elle, pouvait-elle, ayant besoin d'un protecteur, ne pas remettre avec confiance ses destinées dans la main de son fondateur et de son régénérateur, intéressé plus que personne au sort des contrées qui sont le berceau de sa gloire? L'Empereur, en m'envoyant près de V. M., était bien loin de se douter que la guerre prenait sa source dans ces questions; et si elles en sont le motif, non seulement je n'entrevois pas la possibilité de faire la paix, j'entrevois au contraire une guerre universelle.

Alexandre. « Ceci n'est pas mon intention, et si celle de votre maître est telle que chacun puisse y trouver sa sécurité, il joindra à ses immenses travaux la plus grande de toutes ses gloires, celle d'avoir mis fin à tant de calamités en faisant le sacrifice des avantages auxquels il pouvait prétendre; et je suis persuadé qu'il ne sera pas insensible à la reconnaissance qu'on lui portera pour avoir fait, par sa modération, ce qu'il aurait pu arracher par la force.

Réponse. « Je lui rapporterai exactement ce que V. M. me fait l'honneur de me dire;

ment s'écoula et Napoléon reprit : « Savary, retournez auprès d'Alexandre, et dites-lui que je désire une entrevue personnelle de souverain à souverain; qu'il me l'accorde, et nous pourrons arranger entre nous les différends qui nous divisent. » Le général Savary exécuta les volontés de Napoléon, il revint au camp russe; mais il trouva dans l'esprit d'Alexandre une plus ferme résolution de ne jamais séparer sa cause de celle de l'empereur d'Allemagne; c'était en vertu d'un traité, sur parole donnée, que l'alliance existait; le Czar désirait que la rupture ne vînt pas de lui; il devait tenir jusqu'au bout la foi des engagements et ne point voir Napoléon séparément de François II; quelle était d'ailleurs la nécessité d'une entrevue avant qu'on s'entendît sur l'*ultimatum ?* Napoléon voulait-il l'accepter? Cependant le Czar, pour témoigner son désir de la paix, envoyait auprès de l'Empereur son aide-de-camp favori, le prince Dolgorouski, jeune et brillant officier, qui dut examiner lui-même les chances d'une bataille, et remplir le même office que le général Savary auprès de l'empereur de Russie.

mais je le prie de considérer que c'est pour la troisième fois que nous en traitons avec l'Autriche ; que dans la deuxième transaction, où nous pouvions beaucoup, nous n'avons imposé pour condition que la ratification de la première. Si cette fois nous nous en tenons encore là, qui nous dit que, dans une circonstance que l'on croira favorable, on ne reviendra pas encore sur cette question ?

Alexandre. « C'est donc pourquoi il faut adopter des idées raisonnables, et renoncer à une domination inquiétante pour tous vos voisins.

Réponse. « Alors c'est la révision de tout ce qui a été fait depuis dix ans? Or, si l'on nous demande cela dans la situation où nous sommes, nous pouvons augurer de ce qu'on nous aurait imposé, si nous avions été vaincus ; nous devons par conséquent profiter aussi des faveurs de la fortune et former des demandes proportionnées à celles qu'on nous aurait faites. Ce n'est pas nous qui avons suscité ni commencé la guerre, elle nous a été heureuse, nous ne devons pas en supporter les frais, et je suis bien persuadé que l'Empereur n'y souscrira pas.

Alexandre. « Tant pis, parce que, malgré le cas particulier que je fais de son talent, et le désir que j'ai de pouvoir bientôt me rapprocher de lui, il m'obligera d'ordonner à mes troupes de faire leur devoir.

Réponse. « Cela pourra être fâcheux ; mais nous ne serons pas venus de si loin pour éviter l'occasion de leur donner une nouvelle preuve de notre estime. Nous

Debout au bivouac de sa garde, Napoléon reçut l'aide-de-camp d'Alexandre ; il le combla de politesses affectueuses et d'éloges personnels. Le prince Dolgorouski, élégant de manières, chevaleresque de formes, était porteur de paroles pacifiques ; il n'est point exact qu'il ait imposé à l'Empereur Napoléon la cession de la Belgique, l'abandon de la Savoie ou du Lyonnais, ou toute autre clause en dehors de l'*ultimatum* arrêté à Londres entre les puissances ; le prince Dolgorouski fut porteur des mêmes paroles que M. de Novosilzoff à Berlin. Ces propositions se réunissaient toujours en ceci : l'indépendance de la Hollande, de la Suisse, de l'Allemagne et de l'Italie ; l'évacuation de Naples, une indemnité au prince d'Orange, l'exécution pleine et entière du traité de Lunéville. En répétant ces propositions, le prince Dolgorouski avait la même mission que le comte de Haugwitz, récemment arrivé de Berlin, au nom de la Prusse médiatrice. Napoléon voulait que les Russes, en séparant leur cause de celle des Autrichiens, vinssent à lui pour une paix isolée ; il insista avec beaucoup de chaleur, et le prince Dolgorouski se défendit par une

---

nous flattons qu'elle ne diminuera rien de la bonne opinion qu'elles ont emportée de nous. Si cela doit être, je prie V. M. de considérer que je ne suis pas venu près d'elle comme un observateur, et combien elle me ferait de tort, si, usant de sa puissance, elle me retenait et me privait ainsi de l'occasion de remplir mon devoir si les armées doivent se mesurer.

Alexandre. « Non, non ; je vous donne ma parole que vous ne serez pas retenu, et que vous serez reconduit chez vous ce soir même. »

« La conversation finissait : l'empereur me remettant sa réponse à la lettre que je lui avais apportée, tenant toujours l'adresse en dessous, il me dit : « Voici ma réponse, l'adresse ne porte pas le caractère qu'il a pris depuis. Je n'attache point d'importance à ces bagatelles ; mais cela est une règle d'étiquette, et je la changerai avec bien du plaisir aussitôt qu'il m'en fournira l'occasion. »

« Je lus l'adresse qui portait ces mots : *Au chef du gouvernement français.*

« Je lui répondis : « V. M. a raison, cela ne peut être qu'une règle d'étiquette, et l'Empereur aussi ne la jugera pas différemment. Comme général en chef de l'armée d'Italie, il commandait déjà à plus d'un roi ; content et heureux du suffrage des Français, ce n'est que pour eux qu'il trouve de la satisfaction à être reconnu ! Néanmoins, je lui rendrai compte des dernières paroles de V. M. »

exaltation de paroles non moins vive; il appartenait au parti de la guerre, qui était alors celui des femmes en Russie comme en Prusse ; tant il y a que l'on se sépara froidement. L'Empereur le fit insulter dans les bulletins, ainsi que les jeunes amis de l'empereur Alexandre, gentilshommes braves et nationaux, qui voulaient croiser le fer avec les dignes officiers qui entouraient Napoléon. C'était sa méthode; lorsqu'un ministre, un officier-général, un prince, une femme même, gênait le développement de ses idées, l'Empereur l'attaquait impitoyablement dans ses bulletins, qui sont autant des notes diplomatiques qu'un tracé stratégique de la bataille [1].

En parcourant les rangs pressés autour du bivouac de Napoléon, le prince Dolgorouski avait cru s'apercevoir d'un découragement dans l'armée française qui manœuvrait pour opérer un mouvement rétrograde. De toutes parts elle se retranchait autour des hautes murailles ; les troupes étaient mornes et silencieuses ; les démarches pressantes de l'empereur Napoléon pour décider la paix semblaient indiquer une situation difficile. On devait agir précipitamment, enve-

---

[1] Je donne ici toutes les pièces importantes qui précédèrent la bataille d'Austerlitz. Voici le curieux billet autographe d'Alexandre à Napoléon :

« J'ai reçu, Monsieur, avec bien de la reconnaissance la lettre dont le général Savary a été porteur, et je m'empresse de vous exprimer tous mes remercîments. Je n'ai pas d'autre désir que de voir la paix de l'Europe établie avec loyauté et sur des bases équitables. Je souhaite en même temps avoir l'occasion de pouvoir vous être agréable personnellement ; veuillez en recevoir l'assurance de même que celle de ma plus haute considération. »

Cette lettre portait pour suscription : *Au chef du gouvernement français*.

Pour arriver à voir une seconde fois Alexandre, le général Savary avait écrit la lettre suivante :

Au prince Czartorisky.

« Prince ; à peine étais-je sorti des avant-postes russes, que j'y suis rentré porteur d'une communication verbale pour S. M. l'empereur de Russie ; elle est de nature à être suivie d'explications que je ne crois pas devoir écrire, et je ne pense pas que V. Exc. puisse prendre sur elle d'y répondre, ni de m'empêcher de parvenir jusqu'à l'empereur. Du moins, je prends acte de la communication que j'ai l'honneur de lui faire, afin que, dans aucun cas, on ne puisse m'imputer les événements qui pourraient

lopper cette armée à 150 lieues de sa frontière ; sans doute Napoléon était compromis ; les officiers généraux de quelque expérience n'ignoraient pas la position difficile dans laquelle se trouvait l'armée française en Moravie, entourée d'insurrections sur les flancs, menacée derrière par les Prussiens, en face par l'armée russe, et 80,000 Autrichiens de l'archiduc Charles s'avançant par Presbourg. Pour opposer à tous ces ennemis Napoléon n'avait que 125,000 hommes qui formaient le complet disponible de l'armée française en Moravie; mais cette armée, la première manœuvrière de l'Europe, marchait sous des chefs expérimentés et était conduite par Napoléon. Lorsque le prince Dolgorouski parcourut les tentes, le mouvement rétrograde, si antipathique aux Français, avait jeté dans la troupe une attitude résignée que relevaient seules la présence de l'Empereur et la foi qu'ils avaient dans les miracles de son génie. Le prince Dolgorouski rendit compte de tout cela au Czar, et les alliés résolurent de tenter une bataille contre un ennemi qu'ils croyaient entièrement découragé.

être la suite d'un refus de m'entendre.
« Je suis, etc. » Général Savary.

Dans la seconde entrevue, voici ce qui se passa entre le général Savary et Alexandre. (Rapport à Napoléon.)

« L'empereur Alexandre entra, et me demanda de quelle mission j'étais chargé.

« Sire, lui répondis-je, j'ai rapporté fidèlement à l'Empereur tout ce que V. M. m'a fait l'honneur de me dire hier. Il m'a chargé de venir de nouveau près de V. M. et de lui faire connaître le désir qu'il a de la voir. En conséquence, il lui propose une entrevue aujourd'hui, entre les deux armées. L'Empereur se conformera aux désirs de V. M. pour l'heure, le lieu et le nombre de personnes dont chacun des souverains devra être accompagné. Seulement il y met une condition préalable : c'est qu'il sera tacitement convenu d'un armistice de vingt-quatre heures à cette occasion. V. M. jugera elle-même de la sincérité des intentions de l'Empereur, et elle pourra se persuader qu'il n'a aucune raison de craindre un événement que peut-être des hommes irréfléchis voudraient hâter, sans s'inquiéter des conséquences qui pourraient en résulter.

Alexandre. « J'accepterais avec plaisir cette occasion de le voir, si j'étais persuadé que ses intentions fussent telles que vous me les annoncez. D'ailleurs le temps est trop court pour se voir aujourd'hui. Je voudrais, avant de me rendre à cette en-

Cette bataille était une faute immense, et sous ce rapport le conseil des officiers autrichiens et de Kutusoff était sage; on avait tout à gagner à attendre. L'armée russe, dans de fortes positions, recevrait chaque jour des renforts; le Tyrol et la Hongrie se levaient en masse, l'archiduc Charles n'était plus séparé que par huit jours de marche. M. de Hardenberg annonçait que les Prussiens seraient en ligne le 15 décembre; Benningsen avec la réserve ferait sa jonction quelques jours après. Il fallait donc laisser paisiblement Napoléon opérer son mouvement de retraite, le presser, l'entourer par des nuées de Cosaques, pendant que l'armée prussienne, anglaise et suédoise, soulevant l'Allemagne, pénétrerait en Belgique et passerait le Rhin. Le 15 décembre les alliés auraient eu 250,000 hommes en Moravie, 100,000 Prussiens dans le Hanovre et sur les derrières en Bohême, 60,000 Anglais, Suédois, Russes en Hollande et sur le Rhin: c'était la campagne renouvelée en 1813. Ce plan de prudence soutenu par Kutusoff parut un acte de couardise; l'esprit le plus ardent, le plus chevaleresque animait l'armée russe: dans l'effervescence de la jeunesse, elle voulait croiser le fer, elle avait l'orgueil de croire qu'elle pourrait briser et vaincre Napoléon

---

trevue, voir le roi des Romains qui se trouve assez loin d'ici; et, en deuxième lieu, il est inutile que je me mette en rapport avec lui, si je ne dois pas en revenir satisfait.

Réponse. « Mais dans quelles mains plus sûres V. M. peut-elle mettre ses intérêts que dans les siennes propres? Il me semble qu'elle réglera mieux tout ce qui la concerne que ne le feraient des tiers; au moins il ne lui restera aucune arrière-pensée.

Alexandre. « J'ai particulièrement un grand désir de le voir et de terminer tous les différends qui nous séparent. »

« Puis changeant de conversation, il me dit: « Je vais vous faire accompagner par un homme qui possède ma confiance entière. Je lui donnerai une mission pour votre maître; faites en sorte qu'il le voie. La réponse qu'il rapportera me décidera, et vous vous ferez particulièrement beaucoup d'honneur à arranger tout ceci »

Réponse. « Puisque V. M. l'ordonne j'emmènerai qui elle voudra; mais le suc-

alors à la veillée sous les feux glorieux de ses bivouacs.

Quand la bataille fut décidée par les souverains, le plan de Kutusoff se développa dans des idées simples : profiter de ses grandes masses d'infanterie pour couper la droite de l'empereur Napoléon, le forcer ainsi à une retraite précipitée, le refouler sur Vienne, le couper de ses renforts, en même temps que l'archiduc Charles le recevrait à la pointe de ses baïonnettes avec ses 80,000 hommes de troupes fraîches s'avançant par le Danube. Ce plan présomptueux, qui aurait pu réussir avant que Napoléon eût concentré les corps de Bernadotte et de Davoust, supposait que les Russes connaissaient mal l'armée qu'ils avaient en face et le grand capitaine qui présidait à ses destinées. Cette armée, composée presque entièrement de soldats d'élite, pleins de sang-froid et de courage, avait passé dix-huit mois au camp de Boulogne, dans ces marches et ces contremarches qui, reproduites à Ulm, en avaient fini avec Mack, la baïonnette au bout du fusil, sans brûler une amorce. Ces troupes magnifiques étaient conduites par le génie militaire le plus hardi, le plus tenace, le plus improvisateur que le monde eût encore présenté. Le grand capitaine avait sous lui des lieutenants d'une expérience et d'une valeur inaccoutumées : Soult qui

cès de ce qu'elle désire dépendra beaucoup du caractère particulier de la personne qu'elle enverra.

Alexandre. « C'est le prince Dolgorouski, mon premier aide-de-camp. C'est celui dans lequel j'ai le plus de confiance, le seul auquel je puisse donner cette mission. »

« Il le fit appeler : je me retirai pendant qu'il lui donna ses ordres. »

Voici comment Napoléon lui-même parle de toutes ces entrevues :

« L'Empereur Napoléon avait envoyé son aide-de-camp, le général Savary, pour complimenter l'empereur de Russie dès qu'il avait su ce prince arrivé à l'armée. Le général Savary revint au moment où l'Empereur faisait la reconnaissance des feux de bivouac ennemis placés à Wischau. Il se loua beaucoup du bon accueil, des grâces et des bons sentiments personnels de l'empereur de Russie, et même du grand-duc Constantin, qui eut pour lui toute espèce de soins et d'attention ; mais il lui fut facile

connaissait déjà les Russes, car il s'était mesuré avec eux à Zurich; Davoust, tacticien éminent; Bernadotte, si vif et si prompt dans ses résolutions militaires; Lannes, si brillant et si intrépide; puis des généraux de division d'une intelligence égale au courage; aides-de-camp, officiers d'état-major, colonels, tous, jusqu'au simple grenadier, avaient le sentiment de leur force et de leur puissance militaire, et la résolution de triompher pour la gloire de leur Empereur. Comme sous les tentes russes, il y avait aussi de la chevalerie dans cette belle armée de France : Murat à l'aigrette flottante, et Junot qui venait d'arriver à franc étrier de Lisbonne à Austerlitz, comptant étape par étape : sorte de gentilshommes qui s'amusaient avec la guerre comme avec une maîtresse chérie, et quittaient un boudoir pour les opérations d'un siége et la fumée des camps.

Le 29 novembre, Napoléon ordonna que le mouvement rétrograde s'arrêterait; il prit position dans le champ d'Austerlitz, déjà désigné par sa vaste prescience : il avait vu que là une bataille décisive pourrait s'offrir; ses forces furent concentrées sur ce terrain parfaitement choisi. Au centre de la plaine était une position superbe désignée sous le nom de *Santon,* souvenir du passage des Turcs qui, à d'autres époques, assiégèrent Vienne;

---

de comprendre, par la suite des conversations qu'il eut pendant trois jours avec une trentaine de *freluquets* qui, sous différents titres, environnent l'empereur de Russie, que la présomption, l'imprudence et l'inconsidération régnaient dans les décisions du cabinet militaire, comme elles avaient régné dans celles du cabinet politique.

« Une armée ainsi conduite ne pouvait tarder à faire des fautes. Le plan de l'Empereur fut dès ce moment de les attendre et d'épier l'instant d'en profiter. Il donna sur-le-champ l'ordre de retraite à son armée, se retira de nuit comme s'il eût essuyé une défaite, prit une bonne position à trois lieues en arrière, fit travailler avec beaucoup d'ostentation à la fortifier et à y établir des batteries. Il fit proposer une entrevue à l'empereur de Russie, qui lui envoya son aide-de-camp le prince Dolgorouski. Cet aide-de-camp put remarquer que tout respirait dans la contenance de l'armée française la réserve et la timidité.

les temps succèdent aux temps. Napoléon la fit fortifier; dix-huit pièces de canon furent mises en batterie pour foudroyer les mouvements de l'armée russe. Le village de Pratzen, élevé sur des hauteurs, dut également servir de point de bataille dans la grande journée. L'Empereur se concerta avec ses maréchaux, les écouta tous, rectifia ses plans, conçut, avec sa merveilleuse facilité, les chances possibles du combat de géants qui se préparait au soleil du lendemain ; il savait les braves troupes qu'il avait sous ses ordres, et les officiers d'élite qui devaient exécuter les mouvements. Il fut entendu que l'on attendrait que l'ennemi se présentât et offrît bataille ; l'armée la recevrait alors avec enthousiasme.

Le 1er décembre au matin, les alliés commencèrent leur marche en avant avec ordre et précision. Le maréchal Kutusoff fit développer par des colonnes d'Austro-Russes le plan qu'il avait conçu, c'est-à-dire un mouvement de flanc pour tourner la droite de l'armée française : c'était de la hardiesse ! couper l'armée de Napoléon ! Les masses russes et autrichiennes se déployèrent magnifiques ; brillant spectacle que ces colonnes profondes d'infanterie et cinquante mille baïonnettes resplendissantes ; néanmoins l'œil exercé de Napoléon vit bien qu'il y avait dans ces troupes beaucoup de recrues,

---

Le placement des grand'gardes, les fortifications que l'on faisait en toute hâte, tout laissait voir à l'officier russe une armée à demi battue.

« Contre l'usage de l'Empereur, qui ne reçoit jamais avec tant de circonspection les parlementaires à son quartier-général, il se rendit lui-même à ses avant-postes. Après les premiers compliments, l'officier russe voulut entamer des questions politiques. Il tranchait sur tout avec une impertinence difficile à imaginer ; il était dans l'ignorance la plus absolue des intérêts de l'Europe, et de la situation du continent : c'était, en un mot, un jeune trompette de l'Angleterre. Il parlait à l'Empereur comme il parle aux officiers russes, que depuis longtemps il indigne par sa hauteur et ses mauvais procédés. L'Empereur contint toute son indignation, et ce jeune homme, qui a pris une véritable influence sur l'empereur Alexandre, retourna plein de l'idée que l'armée française était à la veille de sa perte. On se convaincra de tout ce qu'a dû

parmi les Autrichiens surtout. Le mouvement, à la fin, s'exécuta avec un peu de confusion, et l'Empereur put dire sans jactance : « Demain soir cette armée est à moi. » Le défilé de l'armée austro-russe dura dix-huit heures; l'armée française restait paisible dans sa position, et laissait s'opérer les manœuvres téméraires du maréchal Kutusoff : Napoléon avait trop bien choisi son terrain pour l'abandonner d'un pouce; il voulait donner pleine sécurité à l'ennemi, il fallait l'encourager dans son déploiement par colonnes qui prêtait à une belle attaque de flanc. Le maréchal Murat fit quelques charges au-dehors comme pour protéger une retraite; les Russes s'emparèrent de deux ou trois cents dragons, et, pour la première fois, Murat fut forcé de tourner le dos avec la cavalerie. On voulait entraîner l'armée russe.

A son bivouac, Napoléon paraissait absorbé dans de grandes méditations; le jour il parcourut toutes les positions à cheval, et le soir, lorsque la nuit du 1er au 2 décembre vint avec son voile obscur, lorsque les ombres s'épaissirent, chaque capitaine, entouré de sa compagnie, lut au flambeau, comme un ordre du camp, cette proclamation d'Austerlitz marquée à l'antique comme tout ce que dictait Napoléon! L'Empereur, la veille des armes,

---

souffrir l'Empereur, quand on saura que sur la fin de la conversation, il lui proposa de céder la Belgique et de mettre la couronne de fer sur la tête des plus implacables ennemis de la France. Toutes ces différentes démarches remplirent leur effet. Les jeunes têtes qui dirigent les affaires russes se livrèrent sans mesure à leur présomption naturelle. Il n'était plus question de battre l'armée française, mais de la tourner et de la prendre : elle n'avait tant fait que par la lâcheté des Autrichiens. On assure que plusieurs vieux généraux autrichiens,

qui avaient fait des campagnes contre l'Empereur, prévinrent le conseil que ce n'était pas avec cette confiance qu'il fallait marcher contre une armée qui comptait tant de vieux soldats et d'officiers du premier mérite. Ils disaient qu'ils avaient vu l'Empereur réduit à une poignée de monde, dans les circonstances les plus difficiles, ressaisir la victoire par des opérations rapides et imprévues, et détruire les armées les plus nombreuses; que cependant ici on n'avait obtenu aucun avantage; qu'au contraire, toutes les affaires d'arrière-

LA VEILLE D'AUSTERLITZ (1ᵉʳ DÉCEMBRE 1805).

entrait dans de nobles explications avec ses vieux soldats :
« A Ulm ils avaient battu les Autrichiens, on avait poursuivi jusque-là les Russes; on s'était arrêté pour bien choisir le champ de bataille; les positions étaient formidables. Les Russes voulaient tourner la droite de l'armée, et ils présentaient leur flanc; faute grave qui supposait l'ignorance de l'art de la guerre. L'Empereur déclarait qu'il dirigerait toute la bataille de sa personne; si la victoire était douteuse, lui se porterait aux premiers coups; il s'agissait de l'honneur de l'infanterie française, la véritable nation armée. Nul ne devait quitter sa ligne pour emporter les blessés, cela pourrait jeter la confusion dans les rangs; une victoire devait finir la campagne[1]. »

Cette belle proclamation se ressentait de l'état d'agitation et d'inquiétude où se trouvait Napoléon; il n'y avait ni fanfaronnades, ni promesses, il excitait le soldat sans atténuer les périls; il ne se séparait pas du sort de l'armée, il partageait tous les dangers; on vit l'Empereur se promener seul de bivouac à bivouac, avec une certaine agitation que manifestait la couleur un peu rougeâtre de son front et de ses pommettes; il allait de grenadier à grenadier, interrogeant les uns, jetant des mots aux autres; l'anxiété se peignait dans ses traits. De fières paroles retentissaient partout. Napoléon s'exclamait contre

---

garde de la première armée russe avaient été en faveur de l'armée française; mais à cela cette jeunesse présomptueuse opposait la bravoure de 80,000 Russes, l'enthousiasme que leur inspirait la présence de leur empereur, le corps d'élite de la garde impériale de Russie, et, ce qu'ils n'osaient probablement pas dire, leur talent, dont ils étaient étonnés que les Autrichiens voulussent méconnaître la puissance. »
(Récit de Napoléon.)

[1] *L'Empereur, à la grande armée.*
Au bivouac, le 1ᵉʳ décembre 1805.
« Soldats, l'armée russe se présente devant vous pour venger l'armée autrichienne d'Ulm. Ce sont ces mêmes bataillons que vous avez vaincus à Hollabrunn, et que depuis vous avez constamment poursuivis jusqu'ici.
« Les positions que nous occupons sont formidables; et pendant qu'ils marcheront pour tourner ma droite, ils me présenteront

la présomption de l'ennemi en rudes termes. La veille de la journée d'Austerlitz fut une belle chose; elle rappela les souvenirs de la République; le grenadier tutoya l'Empereur, comme aux campagnes de 1794 il tutoyait le représentant du peuple qui décrétait la victoire. Les uns lui disaient : « Empereur, nous te promettons cette armée pour demain, pas plus tard »; les autres : « Il nous faut donner un bouquet à ta fête. » Ainsi, les vieux prétoriens parlaient à leur César; le danger commun, la grandeur des services qu'on allait rendre, l'égalité du tombeau qui allait arriver pour tous, autorisaient cette brève familiarité du soldat.

La veille d'Austerlitz offrit l'aspect d'une république militaire, et, pendant ce temps, une fête de nuit fut improvisée; le lendemain c'était l'anniversaire du couronnement; les soldats élevèrent des feux, des fanaux pour le célébrer; des cris de joie, d'impatience, se firent entendre, on promit les drapeaux de l'ennemi. Ce spectacle fortifia le moral de Napoléon; en rentrant sous sa barraque de planches, il paraissait content et rassuré sur le succès de la journée du lendemain; les feux de bivouac jetaient un éclat inaccoutumé, et tandis que les généraux attendaient ses ordres, les yeux fixés sur des cartes, éclairé par la lueur des flammes de quelques fagots, lui, l'Empereur, se plaçant

le flanc. Soldats, je dirigerai moi-même tous vos bataillons; je me tiendrai loin du feu si, avec votre bravoure accoutumée, vous portez le désordre et la confusion dans les rangs ennemis; mais si la victoire était un moment incertaine, vous verriez votre Empereur s'exposer aux premiers coups; car la victoire ne saurait hésiter, dans cette journée surtout, où il y va de l'honneur de l'infanterie française, qui importe tant à l'honneur de toute la nation.

« Que sous prétexte d'emmener les blessés on ne dégarnisse pas les rangs, et que chacun soit bien pénétré de cette pensée, qu'il faut vaincre ces stipendiés de l'Angleterre, qui sont animés d'une si grande haine pour notre nation.

« Cette victoire finira notre campagne, et nous pourrons reprendre nos quartiers d'hiver, où nous serons joints par les nouvelles armées qui se forment en France; et alors la paix que je ferai sera digne de mon peuple, de vous et de moi. »

Signé, Napoléon.

LA VEILLE D'AUSTERLITZ (1ᵉʳ DÉCEMBRE 1805). 425

sur une chaise de paille, ses jambes écartées, sa tête sur ses mains, il s'endormit. Quels songes durent passer à travers cette imagination ardente et cette colossale intelligence? Que dut-il rêver dans cette nuit à la veille de ces mille éclats d'artillerie qui allaient retentir, de cette mer de sang qui battrait les éminences du champ de bataille, vagues agitées dans l'océan de l'immortalité? Quelles furent les dernières pensées de son cerveau et les idées de son réveil? Souvenir immense que la veillée d'Austerlitz! elle a laissé de profondes empreintes à tous ceux qui assistèrent à cette scène des légions attentives autour de leur Empereur; elles y restent profondes jusqu'à ce qu'eux aussi, décimés par la faux terrible, ils aillent rejoindre les grandes ombres qui font le cortége des tombeaux à Napoléon dans la revue des morts de la ballade allemande [1].

Le soleil du 2 décembre dissipa péniblement les brouillards; il parut sur l'horizon comme un globe ensanglanté. L'Empereur, debout à quatre heures, fit ses dispositions avec calme; le maréchal Davoust dut se porter rapidement sur l'aile gauche de l'ennemi et la contenir; quand le moment serait venu, le maréchal devait la briser, la refouler avec la ténacité de son caractère et la fermeté de ses troupes. La gauche de l'armée fut confiée au maréchal Lannes; la droite, qui avait de plus forts coups à porter, fut donnée au maréchal Soult; le centre, à Bernadotte. Toute la cavalerie, cuirassiers à la lourde armure, chasseurs, hussards si fringants et si légers, salua l'aigrette blanche de Murat. Lannes s'appuyait sur

---

[1] La bataille d'Austerlitz a été l'objet de plusieurs grands travaux en France et en Allemagne. Rien ne m'a paru plus saisissant et plus complet que la description qu'en a faite M. le général Auguste Petiet dans le *Spectateur militaire* (mai 1834). Il faut aussi consulter les notes si remarquables que M. le maréchal Soult a faites sur le bulletin russe dont je parlerai plus tard. M. le maréchal Soult possède de précieux documents sur la bataille.

la position du *Santon*, que j'ai déjà décrite; Cafarelli soutenait sa droite, Suchet sa gauche appuyée par la cavalerie de Murat; magnifique chose que cette cavalerie! Il y avait les chasseurs et les hussards de Kellermann, les cuirassiers de Nansouty et d'Hautpoult soutenus par vingt-quatre pièces d'artillerie légère. Au centre, Bernadotte s'appuyait sur les divisions Rivaud et Drouet et sur la cavalerie de Murat; à la droite, le maréchal Soult comptait les divisions Vandamme, Legrand et Saint-Hilaire; les dragons de la division Bourcier et la division d'infanterie Friant suivaient les mouvements du maréchal Davoust. Tous appelaient la bataille.

La réserve surtout offrait un magnifique coup d'œil. L'Empereur s'était placé à son centre; à ses côtés Berthier, l'exécuteur fidèle de ses ordres, les yeux fixés sur Napoléon pour étudier son regard, puis Junot, arrivé l'avant-veille de Lisbonne à franc étrier. Junot était à la tête de dix bataillons de la garde; dix bataillons de grenadiers obéissaient aux ordres d'Oudinot et de Duroc. Rien n'était comparable à cette réserve d'hommes au teint basané, aux épaisses moustaches; elle comptait les soldats d'Italie, d'Égypte, de Marengo, d'Allemagne; les uns avaient foulé les sables brûlants du désert sous leurs pieds, les autres avaient passé les glaces des Alpes au pas de course; là se trouvait massée, sous les ordres de Bessières et de Rapp, la cavalerie de la garde; les chasseurs dont Napoléon portait l'uniforme, les grenadiers à cheval hauts de plusieurs coudées, comme dirait l'Écriture, avec leurs lattes droites et aiguës; les mamelucks, fils de l'Orient, qui portaient sur leurs fronts la fatalité de la victoire. Cette magnifique réserve était rangée sur deux lignes par bataillons et escadrons; quarante pièces, servies par les canonniers de la garde, de-

JOURNÉE D'AUSTERLITZ (2 DÉCEMBRE 1805). 427

vaient se porter partout où le péril demanderait la présence d'un secours prompt et rapide. Tout était grave et silencieux quand l'Empereur parcourut ses bivouacs; le soleil n'avait point paru encore, le brouillard était froid comme dans le climat de l'Allemagne au mois de décembre. Pour donner ses ordres, Napoléon attendit que l'astre brillant se levât; il voulait le saluer par ses grands faits d'armes, comme les rois de Perse et d'Assyrie; alors il parcourut les fronts de bandière; son œil était vif, son cheval blanc courait au galop, et de temps à autre des paroles ardentes sortaient de sa bouche : « Soldats, disait-il, il faut finir cette campagne par un coup de tonnerre. » Et les soldats fixèrent leurs yeux sur leur Empereur, superbe à ce moment : ils agitèrent leurs schakos et leurs bonnets à poil; le magicien avait jeté son prestige, et c'est au cri de *vive l'Empereur!* que s'ouvrit la grande journée d'Austerlitz.

On entendit les premiers coups de canon sur la droite. « La bataille commence! » tel fut le mot qui circula de rang en rang. Qu'y avait-il ? L'armée de Kutusoff s'était-elle ébranlée [1] par une attaque vigoureuse ? Dès

---

[1] L'histoire ne consiste pas dans un seul récit, elle veut les connaître tous; il m'a donc paru utile de publier le rapport russe de la bataille d'Austerlitz. Le rapport autrichien est moins complet et s'explique presque sans détails.

Rapport officiel russe de la bataille d'Austerlitz, adressé à l'empereur Alexandre.

« Le général d'infanterie Kutusoff a envoyé à S. M. I. le rapport suivant :

« Comme V. M. I. était elle-même à l'armée, lors de la bataille donnée à Austerlitz le 20 novembre (2 décembre) de l'année dernière contre les Français, je n'ai pas jugé nécessaire d'envoyer à V. M. I. un rapport provisoire sur les principales circonstances de cette affaire, parce que je voulais en remettre à V. M. I. une relation détaillée, après avoir reçu tous les rapports particuliers nécessaires à cet effet. Mais le mouvement continuel des troupes depuis cette bataille ne m'a pas permis jusqu'à présent de les rassembler tous. Comme j'en ai cependant reçu la plus grande partie, je m'empresse d'envoyer à V. M. I. la relation de la bataille d'Austerlitz.

« D'après les mesures adoptées pour les opérations offensives de notre armée, l'avant-garde, sous le commandement du lieutenant-général prince Bagration, marcha, le 14 novembre (26), en trois divisions sur Wischau qui était occupé par quatre régiments de cavalerie ennemie. Une division

cinq heures du matin, les Russes s'étaient mis en mouvement à l'abri de l'obscurité profonde pour prendre les positions indiquées par le vieux maréchal; ils s'avançaient en colonnes massées; la première de vingt-quatre bataillons, sous les ordres d'un brave chef, le général Doctorow. La seconde, de dix-huit, était conduite par le lieutenant-général comte de Langeron, militaire distingué; elle descendait des hauteurs de Pratzen au pas de course. Une troisième colonne, également de dix-huit bataillons, commandée par le général Przybiszewsky, suivit le même mouvement, ainsi que la quatrième, forte de vingt-sept bataillons, dont quinze autrichiens, sous les ordres du lieutenant-général Kollowrath.

Tous réunis, ils devaient offrir un immense front de bataille à la droite de l'armée française; la belle cavalerie du prince de Lichtenstein soutenait ce mouvement et caracolait par division. En tête de ces masses de troupes, et pour en former l'avant-garde, le prince Bagration conduisait une forte division de grenadiers russes; on

marchait sur la grande route, et les deux autres suivaient de chaque côté. L'ennemi, voyant que le prince Bagration avait le dessein de l'envelopper à Wischau, abandonna sur-le-champ cette ville. Quatre escadrons de hussards et deux régiments de Cosaques eurent ordre d'attaquer l'ennemi, qui se retira en grande hâte, quoique presque toute la cavalerie vînt à son secours, et qu'il nous fût bien supérieur en forces. Il fut poursuivi, pressé et repoussé jusqu'à Rausnitz, où il fut rejoint par de nouvelles troupes. Lorsque le prince Bagration fut arrivé à Rausnitz avec l'avant-garde, il la plaça en ordre de bataille sur les hauteurs, et, par l'effet de son artillerie, fit taire les batteries ennemies dirigées contre lui. Cependant la garnison ennemie qui se trouvait à Wischau empêchait la marche de la première division qui suivait la grande route. Le prince Bagration donna à l'adjudant-général prince Dolgorouski l'ordre de s'emparer de la ville avec un bataillon du 6e régiment de chasseurs et du régiment des mousquetaires de Pskowisch. Cela fut exécuté après quelque résistance, et les cent soldats et les quatre officiers qui s'y trouvaient furent faits prisonniers.

« Le soir, les tirailleurs ennemis qui s'étaient retranchés dans la petite ville de Rausnitz, soutenus par les batteries, commencèrent un feu très vif contre notre flanc gauche; mais l'adjudant-général prince Dolgorouski les repoussa avec deux bataillons du régiment de mousquetaires d'Archangelgorod, et s'empara de la ville malgré une vigoureuse résistance. Le lendemain, 15 novembre (27), toute l'avant-garde campa près de la petite ville de Rausnitz. La perte de l'ennemi en tués et

JOURNÉE D'AUSTERLITZ (2 DÉCEMBRE 1805). 429

l'avait mis en avant-garde parce que, plein de courage, le prince Bagration avait donné des preuves constantes de son intrépidité; avec 6,000 hommes n'en avait-il pas arrêté 22,000? Ce développement de l'armée russe par colonnes jetant des milliers de boulets était formidable, et cependant Napoléon avait déjà deviné son côté faible. Les troupes autrichiennes étaient des recrues mal exercées, la marche un peu confuse des colonnes devait laisser des intervalles entre elles; et là se trouvait précisément le défaut de la manœuvre du maréchal Kutusoff; en se jetant dans ces intervalles, les soldats de Napoléon pouvaient, par un mouvement de flanc, briser et séparer les divisions russes.

L'ennemi attaqua vigoureusement la droite du général Legrand, la première engagée; le maréchal Davoust courut la soutenir et arrêta l'armée austro-russe dans son mouvement, et ici le combat s'établit avec une grande intrépidité de part et d'autre; l'infanterie se mêle et se confond; des feux bien nourris annoncent que nul

blessés fut très considérable : on lui fit vingt-trois officiers et cinq cents soldats prisonniers; de notre côté, la perte fut très faible et il ne nous manqua pas un officier.

« Les jours suivants, notre armée fit un mouvement sur la gauche de Wischau, et s'approcha de l'ennemi en dépassant Austerlitz. L'ennemi, qui vit l'impossibilité d'éviter une bataille, chercha à fortifier ses positions et occupa, dans la nuit du 19 au 20 novembre (du 1er au 2 décembre), quelques-uns des villages par lesquels nous devions passer. Dans la même nuit, son armée, forte de 80,000 hommes, reçut encore un renfort de trois divisions, ce qui la rendait le double en nombre de la nôtre.

« Il s'occupa en outre, toute cette nuit, à placer la plus grande et la meilleure partie de ses troupes près de Pratzen, où il soupçonnait qu'était le centre de notre armée.

« Le 20 novembre (2 décembre), à sept heures du matin, nous sortîmes de nos positions près d'Austerlitz. A l'aile gauche était le général d'infanterie comte de Buxhowden, et j'étais au centre avec la quatrième colonne.

« La première colonne, sous le commandement du lieutenant-général Doctorow, marcha par le flanc gauche d'Argest par Telnitz, pour, après l'occupation de ce village, défiler vers les étangs qui se trouvent sur la droite. La cavalerie du feld-maréchal Kienmayer devait, dès que la première colonne aurait passé les défilés près de Telnitz, se porter en avant sur Menitz, et se placer dans la plaine entre ces défilés et les étangs, pour couvrir par là les derrières de toutes les colonnes.

ne recule. A ce moment l'Empereur fait appeler le maréchal Soult et l'interroge : « Maréchal, combien de minutes faut-il pour s'emparer du village de Pratzen? » Le maréchal, avec son coup d'œil si rapide, répond : « Sire, vingt ou trente minutes; » il part alors au pas de course avec les divisions Vandamme et Saint-Hilaire; jamais intrépide attaque ne fut plus habilement conçue ni si parfaitement exécutée; le maréchal Soult est maître du village de Pratzen, position admirable et sûre, et une marche de flanc sépare déjà les colonnes ennemies. Le moment décisif arrive; la pensée de l'Empereur est accomplie par la bravoure : on peut jeter la confusion dans les rangs ennemis. La bataille s'engage toujours plus vivement, car l'infanterie russe est ferme; Murat s'ébranle avec sa belle cavalerie et charge à fond. Lannes, si intrépide sur le champ de bataille, développe par masse ses régiments qui s'avancent avec une précision et un sang-froid tels qu'on les dirait à l'exercice. On se bat sur toute la ligne; deux cents pièces de canon labou-

« La deuxième colonne, sous le commandement du lieutenant-général comte de Langeron, marcha par le flanc gauche pour forcer la vallée entre Sokolnitz et Telnitz.

« La troisième colonne, sous le commandement du lieutenant-général Przibyschewsky, marcha par le flanc gauche tout près du château de Sokolnitz, d'où les têtes des trois colonnes, entre Sokolnitz et l'étang situé à gauche, avancèrent vers l'étang de Hobolnitz.

« La quatrième colonne, sous le commandement du général autrichien feld-maréchal Kollowrath, qui marchait par le flanc gauche, devait passer également ce lieu, et placer sa tête dans la même direction que les trois premières colonnes.

« De cette manière, les têtes des quatre colonnes formaient un grand front. La première colonne avait ordre d'occuper la forêt de Turas sur la gauche, et de faire une attaque décisive sur l'aile droite de l'ennemi, pendant que l'avant-garde du général Bagration, soutenue par de la cavalerie, devait chercher à garnir d'artillerie les hauteurs au-delà de la vallée de Dwaraschna.

« Le feld-maréchal autrichien prince de Lichtenstein commandait toute la cavalerie.

« Le corps de S. A. I. le grand-duc et Czarewitch devait prendre position derrière Blascowitz et Krug, et servir à soutenir la cavalerie du prince de Lichtenstein, et la gauche de l'avant-garde du prince Bagration.

« D'après ce plan, la première colonne descendit la montagne, traversa vers huit heures du matin le village d'Argest, et, après un combat opiniâtre, força l'ennemi à se retirer sur le village de Telnitz; il laissa

rent le sol ; 200,000 hommes étaient aux prises et le soleil brillait à peine sur les baïonnettes. La rapidité du mouvement que dirigea le maréchal Soult a complétement réussi ; la clef des positions est aux Français, le village de Pratzen, Austerlitz même est en 'eur pouvoir ; les Russes voient déjà la victoire rayonnant sur la longue ligne de leurs adversaires.

Le maréchal Kutusoff devait avant tout rétablir les communications entre ses colonnes dans les intervalles brisés. Un coup décisif était indispensable, et alors, sous les ordres de l'empereur Alexandre, la garde russe s'ébranla ; pour la première fois elle paraissait sur le champ de bataille contre les Français. La garde russe présentait une masse d'hommes aux membres forts, à la haute stature, aux traits qui révélaient leur origine tartare et slave : la garde à cheval avait un aspect de géant et de colosse ; à ses côtés sont les chevaliers-gardes composés d'une intrépide noblesse sous les ordres du grand-duc Constantin. Aux mille cris de *hourra ! hourra !* cette troupe

dans ce village les tirailleurs et une partie de l'infanterie, et se plaça derrière avec le reste des troupes.

« Un bataillon du 7ᵉ régiment de chasseurs fut commandé pour le chasser de ce village ; une brigade fut envoyée pour soutenir ce bataillon ; elle entretint avec l'ennemi un feu très vif de mousqueterie ; mais, voyant que la ligne ennemie se renforçait toujours davantage, elle se jeta enfin sur lui avec la baïonnette, le battit et le mit en fuite. L'ennemi arrêta les fuyards en les faisant soutenir par quelques régiments, rétablit l'ordre parmi eux, attaqua de front les Autrichiens et les culbuta. Le nouveau régiment d'Ingermanland fut mis par là en désordre. Le général d'infanterie comte de Buxhowden accourut sans délai, fit faire halte à ce régiment, le reforma et le fit de nouveau avancer vers l'ennemi. Dans ce moment le combat devint général sur tous les points des colonnes. En vain, l'ennemi renforçait ses troupes avec des colonnes fraîches ; en vain redoublait-il sa résistance : le nombre de ses soldats fut obligé de céder à la bravoure et à l'impétueuse hardiesse des régiments russes. Les Français furent battus pour la deuxième fois et mis en fuite. Notre première colonne prit possession du village de Telnitz et des défilés, au-delà desquels on plaça sur une hauteur un bataillon avec deux canons pour couvrir le flanc gauche. Les autres bataillons marchèrent, d'après les dispositions arrêtées, sur Turas, ou sur la forêt de Turas.

« Les ennemis repoussés se mirent de nouveau en ordre, et, après avoir reçu des renforts, se jetèrent avec vivacité sur la première colonne : mais ils furent encore cette fois complétement culbutés ; et cette

d'élite se développe sur la droite des Français qui venaient de faire une si belle trouée au centre de l'armée russe ; dans ce choc impétueux à travers la poussière soulevée et le feu de l'artillerie, le 4ᵉ régiment de ligne, sabré presque tout entier, tombe broyé sous les pas des chevaux ; si ce mouvement continue, le fruit des conceptions de Napoléon est perdu ; les communications commencent à se rétablir entre les colonnes russes ; le maréchal Soult ne peut résister seul, et le moment décisif de la bataille est arrivé. L'Empereur alors, le visage noblement coloré, dit à Bessières : « Prenez la cavalerie de la garde et chargez-moi cette masse. » La terre tremble sous une charge à fond de six mille cavaliers d'élite ; les cuirassiers se heurtent, les balles se croisent sous les panaches flottants ; les deux gardes sont aux prises : chevaux, cavaliers d'élite, tous secouent leurs poitrails, entrelacent leurs épées ; bel épisode de la bataille ! Il y avait une vieille querelle à vider : l'orgueil, la vanité des deux gardes ! à qui la victoire entre deux troupes d'élite aux

colonne, qui observa exactement les dispositions arrêtées, poursuivit sans relâche l'ennemi déjà battu pour la troisième fois.

« Sans avoir égard au danger qui le menaçait sur son flanc droit, l'ennemi dirigea toute son attention sur le centre de notre armée, contre lequel, comme il a été déjà dit plus haut, il avait placé la plus grande partie de ses forces. Le lieutenant-colonel Monachtin fut détaché de la quatrième colonne avec deux bataillons des régiments Nowgorod et Apscheron, pour occuper le village situé devant cette colonne, pendant que celle-ci commençait à se mettre en bataille. Mais ces deux bataillons n'avaient point encore réussi à pénétrer dans le village, lorsqu'ils furent subitement culbutés par un corps considérable qui y avait pris position. Ils furent encore poursuivis sur le flanc gauche de la colonne par un autre corps beaucoup plus considérable, qui aussi, dans un moment, atteignit même notre flanc.

« Lorsque je vis que l'ennemi avait le dessein de s'emparer des hauteurs qui se trouvaient derrière nous, et de nous attaquer par derrière lorsqu'il nous aurait coupé la retraite, je donnai ordre au corps de réserve, composé de troupes autrichiennes qui se trouvaient derrière la quatrième colonne, de se mettre en front devant le flanc gauche, et d'arrêter l'impétuosité de l'ennemi.

« Ce corps de réserve prit en effet la position qui lui était assignée, mais se retira aux premières décharges de l'ennemi, et laissa le flanc de la colonne à découvert. L'ennemi s'empressa de marcher une seconde fois sur notre flanc, de renforcer ses troupes, et de faire sur nous l'attaque

mains? Les yeux ardents des grenadiers et des chasseurs de la garde si puissants, rencontraient les yeux fixes et sauvages des cuirassiers et des grenadiers de la garde russe. Les officiers, la fleur de la noblesse de Moscou et de Saint-Pétersbourg, combattaient contre des soldats de fortune beaux et magnifiques aussi qui commençaient alors leurs lignées. Le grand-duc Constantin prit un étendard de sa main, tandis que presque toutes les cornettes des chevaliers-gardes furent enlevées par les prodigieuses charges des grenadiers à cheval et des chasseurs de la garde.

La mêlée fut terrible; le général Rapp porta lui-même la nouvelle de ce beau combat à Napoléon; il était blessé, sans chapeau, le regard brillant, le front haut, le sabre pendant au poignet, sur un cheval fougueux, tel que l'admirable tableau de Gérard l'a reproduit. Il venait dire comment la cavalerie de la garde s'était comportée dans ses charges; il ramenait à ses pieds les prisonniers russes et le prince Repnin, colonel des chevaliers-gardes. L'Empereur, grave et méditatif, avec sa figure historique, reçoit ces détails sans s'émouvoir; ses traits ne manifestent aucun étonnement de ces grandes choses : il connaît ses soldats, la victoire leur est familière, il l'avait prévue; l'intrépidité de ses braves est habitude; il

---

la plus vive et la plus désespérée, pendant que cette colonne était obligée d'opérer sans cesse contre d'autres troupes françaises qui étaient directement en face d'elle.

« Pendant ce temps-là, le général feld-maréchal prince de Lichtenstein ordonna au lieutenant-général Essen d'attaquer avec sa cavalerie celle de l'ennemi, qui, soutenue par quelques colonnes d'infanterie, faisait mine de vouloir attaquer par son flanc le corps de S. A. S. le grand-duc et Czarewicht. L'ordre du général prince de Lichtenstein fut parfaitement exécuté. La cavalerie ennemie ne put tenir, malgré tous ses efforts, et prit la fuite dans le plus grand désordre, après une perte considérable.

« Le régiment de hulans de S. A. I. rompit, dès le commencement de l'attaque, avec le sabre, la ligne ennemie, et poursuivit les fuyards, qui partout trouvaient la mort. Mais son extrême ardeur contribua dans la suite à sa perte; car, non content de la pleine déroute de l'ennemi, il continua à le poursuivre dans sa fuite jusqu'aux colonnes même de son infanterie,

les a éprouvés; ce qu'on vient lui dire est un épisode attendu de la campagne. Quel spectacle et quelles scènes!...
Là se montre l'état-major au brillant uniforme, ici les officiers de mamelucks qui portent sur leurs fronts la puissance de la destinée; sur un côté, en profil, quelques grenadiers de la garde qui, l'arme au bras, regardent avec fierté leur Empereur et s'impatientent de ne pas mourir pour lui. Devant eux des prisonniers russes attristés par leur défaite, et qui témoignent leur admiration pour ce génie qui a commandé tous ces miracles. Napoléon a fait d'une bataille compliquée un jeu d'échiquier tellement prévu d'avance, qu'aucun pion ne manque son échec et mat. Le grand peintre a perpétué, pour la dernière postérité, le plus beau fait d'armes des temps modernes; résultat de la tactique et de la prévision. Austerlitz fut une manœuvre.

A une heure on pouvait dire que la bataille était gagnée; il n'y avait plus que des engagements corps à corps pleins de courage et d'énergie. Le maréchal Bernadotte soutint des charges de grosse cavalerie; le maréchal Lannes fut grand, hardi, comme sa réputation. Pour la première fois on fit enlever des batteries par les cuirassiers; et, chose digne de remarque, tout avait été fait par

où il fut reçu par une décharge à mitraille de plus de trente pièces de canon, qui le mit en désordre et le força à la retraite, avec perte de beaucoup de monde.

« Dans ces circonstances, convaincu que l'ennemi, qui était plus fort que nous sur tous les points, finirait par s'emparer de toutes les positions avantageuses, je regardai la retraite comme absolument nécessaire, et j'en donnai sans délai l'ordre à toutes les colonnes.

« Lorsqu'en conformité de cet ordre, nos deuxième, troisième et quatrième colonnes, ainsi que les régiments Fanogorcy et Raschky se retiraient, et que pendant ce temps l'ennemi s'emparait des hauteurs, S. A. I. le grand-duc et Czarewitch conduisit la garde de V. M. I., qui était sous son commandement, pour attaquer l'ennemi, afin d'arrêter son impétuosité. L'intrépidité avec laquelle la garde se précipita sur l'ennemi, et la bravoure exemplaire de tous ses officiers, jetèrent la confusion dans les rangs de l'ennemi, qui fut mis en désordre et culbuté avec la baïonnette. Non seulement notre cavalerie rompit la cavalerie ennemie, mais elle enfonça même ses colonnes d'infanterie, parmi lesquelles elle

BATAILLE D'AUSTERLITZ (2 DÉCEMBRE 1805).

l'armée de ligne ; la réserve d'infanterie n'avait pas donné ; la garde à pied était demeurée l'arme au bras, les cuirassiers, les grenadiers, les carabiniers seuls s'étaient jetés contre la garde russe. L'ennemi ne se défendait plus que sur sa droite ; successivement les Russes furent chassés de leurs hauteurs, et obligés de se réfugier dans une partie de la plaine que j'ai parcourue pour étudier ces lacs, ces marais, alors glacés par la gelée de décembre et que le soleil de midi avait ramollis. Les Russes se refoulent en masse sur une glace mobile qui soutenait à peine leurs pieds ; Napoléon s'écrie : « Il faut finir la journée, que la garde mette ses pièces en batterie. »

Alors commence cette vive canonnade qui brise les glaçons amoncelés, et ouvre ainsi une vaste tombe à quelques groupes de soldats et de cavaliers. Représentez-vous encore l'empereur Napoléon parcourant tout ce champ de bataille sur son noble coursier ; puis il met pied à terre sur un tertre ; de là sa vue peut s'étendre au loin sur les lacs ; il aperçoit que la bataille est à lui et alors il se met à fredonner un de ces vieux airs d'ariette qui lui rappelaient les temps où, jeune général en réforme, il parcourait les théâtres avec Dugazon ; Baptiste et Talma ; il chante : « *Ah! comme il y viendra!* »

---

fit un carnage horrible ; le régiment des gardes à cheval prit à l'ennemi un drapeau, qui fut défendu avec beaucoup d'opiniâtreté.

« Le lieutenant-général prince Bagration avait reçu l'ordre de maintenir sa position à Posorschtz, jusqu'à ce que le général d'infanterie comte de Buxhowden eût tourné l'aile droite de l'ennemi : mais il ne fut pas possible de remplir ce but ; car l'ennemi le prévint par une attaque, avec un corps considérable, sur son flanc gauche, et sur la cavalerie du lieutenant-général Uwarow qui était placé dans cet endroit pour protéger ce flanc ; ce qui engagea le lieutenant-général prince Bagration à venir au secours de son flanc gauche avec toute l'avant-garde. Il continua le combat dans cet endroit sans interruption, et ne se retira que lorsqu'il eut reçu l'ordre de se réunir à la gauche à Austerlitz. La cavalerie sous le commandement du lieutenant-général Uwarow, pressée par la cavalerie ennemie, bien supérieure et soutenue encore par ses colonnes d'infanterie, la repoussa aussi plusieurs fois ; mais elle fut également forcée de céder à la supériorité du nombre, et d'occuper une hauteur qu'elle garda

et se fait donner quelques viandes froides ; puis il aperçoit des prisonniers russes de distinction, et parmi eux on lui présente le comte de Langeron, lieutenant-général au service de Russie ; il était blessé au visage. Napoléon l'interroge : « Qui vous commande? — L'empereur Alexandre, répond avec dignité Langeron. — Mais votre général? — Le général Buxhowden. — Tenez, M. de Langeron, répliqua l'Empereur, en lui présentant une tasse, voilà du vin de Bourgogne, cela vous fera du bien. » M. de Langeron était de famille bourguignonne ; c'était tout à la fois une offre bienveillante et un reproche impitoyable.

Jamais une bataille n'était finie avec les Russes : c'étaient toujours des masses d'hommes qui se succédaient ; un moment d'hésitation se manifeste dans une division de cavalerie du 4ᵉ corps pour charger une belle colonne russe qui opère et protège la retraite ; Napoléon ordonne de briser cette colonne ; la division s'ébranle, elle est reçue à bout portant par des feux de peloton et se retire en désordre ; une seconde charge de dragons est encore ramenée par les Cosaques et la mitraille ; une troisième charge, soutenue par l'artillerie de la garde, est plus heureuse ; les Russes abandonnent quatre pièces

même jusqu'au soir. Ce mouvement couvrit la retraite du flanc droit de la division du général prince Bagration.

« Ainsi se termina la bataille générale du 20 novembre (2 décembre), dans laquelle les troupes russes, encouragées par la présence de V. M. I., ont donné de nouvelles preuves de leur bravoure et de leur intrépidité. Ces troupes restèrent jusqu'à minuit en présence de l'ennemi, qui n'osa pas renouveler son attaque. Elles reçurent alors l'ordre de se mettre en marche sur la route de la Hongrie. En général, d'après les comptes les plus exacts, toute notre perte en tués et en prisonniers ne s'élève pas à plus de 12,000 hommes.

« Celle de l'ennemi, au contraire, d'après toutes les nouvelles reçues, se monte, tant en tués qu'en blessés, à près de 18,000 hommes. Cette perte de l'ennemi n'est pas douteuse, d'abord à cause du nombre de ses troupes qui partout offrait de grandes masses à notre artillerie, à notre mousqueterie et à nos baïonnettes, et ensuite parce que ses premières colonnes, et, sur plusieurs points, ses deuxièmes, furent complétement culbutées et poursuivies avec la baïonnette. »   Kutusow.

de canon et se retirent; un autre marais de glace, qui se brisa sur plusieurs points du lac, fit éprouver quelques pertes du côté de Monitz. Néanmoins la retraite du maréchal Kutusow fut belle et en ordre ; les Russes n'abandonnèrent le champ de bataille que vers minuit et serrèrent leurs rangs avec cette résignation religieuse qui faisait l'étonnement de l'armée française. Des lignes entières étaient tombées sous la mitraille, et d'autres lignes s'étaient reformées derrière avec un admirable sang-froid ; les Russes firent des pertes considérables, mais ils ne furent point désorganisés; ils marchaient à leurs rangs presque sans artillerie, protégés par le corps du prince Bagration et la cavalerie du général Uwarow.

Le soir de cette grande journée, Napoléon put ombrager son bivouac de drapeaux ennemis, parmi lesquels on voyait quelques étendards de la garde impériale russe. Au milieu de cette bataille gigantesque, quand tout était si beau, il y eut encore des traits de courage individuels que l'histoire doit recueillir. Le général Saint-Hilaire, grièvement blessé, se maintint à cheval toute la journée; le général de brigade Walhubert, la cuisse emportée par un boulet, rappelait aux soldats chargés de l'enlever du champ de bataille la proclamation de l'Empereur qui défendait de quitter ses rangs. Les généraux Thiébault, Sébastiani, Compans, Rapp, furent également blessés, et Rapp prit de sa main, à la tête des grenadiers à cheval, le prince Repnin, colonel des chevaliers-gardes. Quant aux pertes des deux armées, elles furent presque égales, de 15 à 18,000 hommes. Les Russes avaient employé l'arme terrible de la baïonnette ; les blessures qu'ils avaient faites étaient presque toutes mortelles.

La bataille d'Austerlitz reste dans la mémoire du soldat comme le plus beau fait d'armes de Napoléon, parce que, je le répète, ce fut un prodigieux résultat de grandes manœuvres où tout fut calculé et prévu. Le quatrième corps, sous le maréchal Soult, fut le plus vivement engagé dans la journée, et le maréchal déploya une si haute capacité que la gloire d'Austerlitz lui revient en bonne partie. La pensée fut à Napoléon, et l'exécution au maréchal Soult; les mouvements du quatrième corps, la charge de la garde, furent les nobles faits stratégiques. Ce fut une injustice peut-être de ne pas avoir indiqué parfaitement dans le bulletin cette part glorieuse du maréchal Soult; son corps prit les deux tiers des canons, et coupa l'ennemi dès le commencement de la journée; il opéra la manœuvre de flanc la plus décisive au moment où les colonnes s'avançaient avec énergie et rapidité.

Austerlitz! Austerlitz! sera la fierté des générations lorsque les petites choses du temps présent s'effaceront pour tomber dans l'éternel oubli des âges. Cette victoire ressemblera à ces vastes arcs de triomphe qui restent encore debout alors que les monuments du goût vulgaire et les caprices de la mode sont devenus poussière!

CHAPITRE XIV.

NÉGOCIATIONS DU TRAITÉ DE PRESBOURG.

Situation des armées après Austerlitz.— Parti autrichien pour la paix.— Le prince Jean de Lichtenstein. — Demande d'une entrevue. — François II et Napoléon. — Armistice. — Retraite des Russes. — Le général Savary et l'empereur Alexandre. — Suspensions d'hostilités. — Napoléon à Schœnbrünn. — Négociations avec la Prusse. — Traité particulier. — Intimidation de M. de Haugwitz. — Position de M. de Hardenberg. — Traité de subsides avec l'Angleterre. — Traité de Presbourg. — Cessions et pertes de la monarchie autrichienne. — Les royautés de Bavière et de Wurtemberg. — Projet d'alliance de famille.—Première idée de la confédération du Rhin. — Projet de féodalité et de noblesse. — Napoléon à Munich.— Mariage d'Eugène Beauharnais et d'Amélie de Bavière.

3 Décembre 1805; 15 Janvier 1806.

La bataille d'Austerlitz, éclatant fait d'armes pour l'armée française, ne décidait pas la question de la guerre. Supposez une monarchie vigoureusement organisée, une coalition fortement tissue : que peut être une seule bataille si disputée et si bien reçue par l'ennemi? Austerlitz ne mettait pas un terme à la campagne; les Russes et les Autrichiens avaient éprouvé des pertes considérables, mais les Français en avaient subi de grandes aussi ; il restait aux alliés des ressources formidables, et ils pouvaient reprendre leur ligne en faisant leur retraite sur leurs renforts. Un corps prussien de 30,000 hommes qui marchait de Breslaw manœuvrait déjà de concert avec le général russe Buxhöwden; l'archiduc Charles arrivait sur le Danube avec une armée superbe et vieille de service qui n'avait point encore été engagée. Les levées en masse de Hongrie et de Bohême pouvaient partout fournir des ressources, et à mesure que l'armée française s'avançait dans l'intérieur elle se trouvait plus éloignée de ses renforts et de ses ressources.

Rien n'était donc désespéré pour les alliés; vaincus, ils pourraient reparaître dans la lice si glorieuse alors pour l'armée française et qu'ils avaient aussi bien défendue. A Austerlitz, les Russes s'étaient comportés en braves : mal engagés, parce qu'ils étaient trop impatients de combattre, ils n'avaient pu résister aux habiles manœuvres de Napoléon, à cette tactique du premier capitaine du monde. Le sort des armes était capricieux; la victoire, compagne infidèle, pouvait voler d'un drapeau à un autre; pourquoi ne tenterait-on pas un nouvel effort? Ainsi raisonnaient les Russes, noblesse brillante qui entourait l'empereur Alexandre; la fortune reviendrait sous leur tente, ils n'en désespéraient pas. Mais les Autrichiens étaient plus profondément découragés par ce revers; sous l'influence d'un parti puissant pour la paix, ils avaient fait la guerre avec cette idée et malgré eux; leurs mouvements avaient été mous, dans la folle persuasion que tôt ou tard on traiterait d'une manière définitive, et que dès lors il était inutile de verser le sang.

C'est ce qui explique la plupart des opérations mal conduites par le conseil aulique, et les accidents de la campagne. Le prince Jean de Lichtenstein, si caressé par Napoléon, expression de ce parti de la paix, apportait le découragement dans l'armée; l'archiduc Charles lui-même, si capable de bien conduire une campagne, était fort ennemi de ce système de coalition qui amenait les Russes sur le territoire allemand ; les jalousies nationales avaient fait échouer l'expédition de 1799, conduite par Suwarow, et cette nouvelle alliance avait le même sort par suite des mêmes causes. Les gouvernements ne peuvent pas faire violence à ces antipathies de peuples qui les séparent invinciblement ; Dieu n'avait pas jeté les Allemands pour former des auxiliaires aux populations slaves, mais pour leur servir de barrière invincible.

Aussi après la bataille d'Austerlitz le parti de la paix grandit, il se fortifia par l'espérance et les paroles jetées habilement dans les causeries de Napoléon. Les généraux russes et autrichiens s'accusèrent réciproquement des fautes commises, et dans l'abattement de son esprit, François II se laissa entièrement dominer par le parti de la paix, soutenu par le prince Jean de Lichtenstein. Le lendemain de la bataille, l'empereur d'Autriche fit demander une entrevue à Napoléon, pour arrêter l'effusion du sang. C'était au moment de l'ivresse que donne la victoire et le vainqueur pouvait s'enorgueillir à son bivouac[1] ;

---

[1] *Napoléon à ses soldats.* — Au quartier-général de Brünn, 2 décembre, à 10 heures du soir.

« Soldats de la grande armée !

« Aujourd'hui encore, avant que cette journée soit plongée dans la mer de l'éternité, votre Empereur doit vous parler et témoigner sa satisfaction à tous ceux qui ont eu le bonheur de combattre dans cette mémorable journée.

« Soldats ! vous êtes les premiers guerriers du monde. La mémoire de ce jour et de vos exploits sera éternelle. Oui, tant que l'histoire du monde existera, on répétera encore, après des millions de siècles, que dans les plaines d'Olmutz une armée achetée par l'or de l'Angleterre, une armée russe de 76,000 hommes, a été détruite par vous. Les malheureux débris de cette armée, dans laquelle l'esprit mercantile d'un peuple méprisable avait mis son dernier espoir, sont en fuite, et vont annoncer aux sauvages habitants du Nord ce que peuvent les Français ; leur annoncer que vous qui, après avoir détruit l'armée autrichienne près d'Ulm, avez dit à Vienne : *Cette armée n'est plus !* vous direz aussi à Pétersbourg : *L'empereur Alexandre n'a plus d'armée !*

« Soldats de la grande armée ! il n'y a pas encore quatre mois que votre Empereur vous disait à Boulogne : Nous marchons pour anéantir une coalition tramée par l'or et les brigues de l'Angleterre ; et le résultat est la destruction de 300,000 soldats et des forces de deux grands monarques.

« Soldats ! vous êtes dignes de l'immortalité. Que dira la France ? Que diront les

il avait éprouvé toutes les joies d'un grand succès, tout le bonheur de traiter avec la majesté de sa gloire des adversaires qui lui avaient refusé la majesté de sa couronne ; la bataille d'Austerlitz lui paraissait le plus beau fait d'armes de sa vie ; fier de son armée, le soir, avant que le soleil se couchât dans la mer immense de l'éternité, il fit mettre à l'ordre de nobles remerciments qu'il adressait aux soldats qui avaient si bien salué son avénement [1]. Il leur disait : « qu'il était content d'eux, ils avaient décoré leur aigle d'immortelle gloire. Quels trophées dans cette journée ! Une infanterie tant vantée n'avait pu leur résister ; en deux mois la coalition était dissoute ; lui, l'Empereur, avait dignement défendu le diadème que le peuple avait placé sur sa tête. On voulait lui arracher la couronne de fer, les soldats avaient appris qu'il était plus facile d'insulter les Français que de les vaincre. » Paroles grandes et romaines en face de la postérité ! L'Empereur parlait de la paix, de

vôtres ? Ils ne peuvent qu'être frappés d'admiration. Et quand, après avoir terminé votre ouvrage, vous retournerez dans vos foyers, ils s'écrieront, toute la France s'écriera : « Voilà nos frères ! les héros d'Olmutz ! qui, d'une armée de 76,000 hommes, en ont fait 40,000 prisonniers, ont pris 140 canons et fait mordre la poussière à 20,000. »

« Soldats ! vous êtes mes enfants. Cette journée a été digne de vous et de votre Empereur. *Signé* Napoléon.
Austerlitz, 3 décembre 1805.

[1] «Soldats, je suis content de vous : vous avez, à la journée d'Austerlitz, justifié tout ce que j'attendais de votre intrépidité ; vous avez décoré vos aigles d'une immortelle gloire. Une armée de 100,000 hommes, commandée par les empereurs de Russie et d'Autriche, a été, en moins de quatre heures, ou coupée ou dispersée ; ce qui a échappé à votre fer s'est noyé dans les lacs.

« Quarante drapeaux, les étendards de la garde impériale de Russie, cent vingt pièces de canon, vingt généraux, plus de 30,000 prisonniers, sont le résultat de cette journée à jamais célèbre. Cette infanterie tant vantée et en nombre supérieur n'a pu résister à votre choc, et désormais vous n'avez plus de rivaux à redouter. Ainsi, en deux mois, cette troisième coalition a été vaincue et dissoute. La paix ne peut plus être éloignée ; mais, comme je l'ai promis à mon peuple, avant de passer le Rhin, je ne ferai qu'une paix qui nous donne des garanties et assure des récompenses à nos alliés.

« Soldats, lorsque le peuple français plaça sur ma tête la couronne impériale, je me confiai à vous pour la maintenir toujours dans ce haut état de gloire qui seul pouvait lui donner du prix à mes yeux. Mais dans le même moment, nos ennemis pensaient à la détruire et à l'avilir, et cette couronne

JOIE ET ORGUEIL DES CAMPS (3 DÉCEMBRE 1805).

la reconnaissance que la nation aurait pour les braves qui s'étaient montrés si grands à Austerlitz; ils pourraient tous rappeler ces souvenirs avec orgueil. Puis pensant au Dieu des batailles, Napoléon sur le champ d'honneur écrivait aux évêques de France pour demander un *Te Deum* en actions de grâces de la protection si visible du ciel [1].

La joie était peinte dans les yeux de l'Empereur; il se fit partout remarquer par ses munificences distribuées aux officiers et aux soldats; il prit un soin affectueux de tous les blessés, parcourant à plusieurs reprises le champ de bataille couvert de ses vieux prétoriens, il descendait lui-même de cheval pour leur distribuer quelques gouttes d'eau-de-vie, ou pour faire panser en sa présence de si braves gens. De telles scènes laissaient de longues traces dans l'âme des soldats; tous gardaient mémoire de cette bienveillance de leur Empereur qui s'abaissait jusqu'aux derniers soins des ambulances; plus d'un regard éteint se tourna vers Napo-

---

de fer conquise par le sang de tant de Français, ils voulaient m'obliger de la placer sur la tête de nos plus cruels ennemis. Projets téméraires et insensés que, le jour même de l'anniversaire du couronnement de votre Empereur, vous avez anéantis et confondus. Vous leur avez appris qu'il est plus facile de nous braver et de nous menacer que de nous vaincre.

« Soldats, lorsque tout ce qui est nécessaire pour assurer le bonheur et la prospérité de notre patrie sera accompli, je vous ramènerai en France. Là vous serez l'objet de mes plus tendres sollicitudes. Mon peuple vous reverra avec joie, et il vous suffira de dire : « J'étais à la bataille d'Austerlitz » pour que l'on réponde : « Voilà un brave ! » *Signé*, Napoléon.

[1] *Circulaire à MM. les évêques et aux présidents de consistoire.*

« M. l'évêque du diocèse de...

« La victoire éclatante que viennent de remporter nos armes sur les armées combinées d'Autriche et de Russie, commandées par les empereurs de Russie et d'Autriche en personne, est une preuve visible de la protection de Dieu, et demande qu'il soit rendu dans toute l'étendue de notre Empire de solennelles actions de grâces.

« Nous espérons que des succès aussi marquants que ceux que nous avons obtenus à la journée d'Austerlitz porteront enfin nos ennemis à éloigner d'eux les conseils perfides de l'Angleterre, seul moyen qui puisse ramener la paix sur le continent.

« Au reçu de la présente, vous voudrez donc bien, selon l'usage, chanter un *Te Deum*, auquel notre intention est que toutes les autorités constituées et notre peuple assistent.

« Cette lettre n'étant pas à une autre fin, nous prions Dieu qu'il vous ait en sa sainte garde. » *Signé*, Napoléon.

léon victorieux, et, comme le gladiateur du cirque en tombant sur l'arène, il semblait dire : « Je te salue, César, je meurs pour toi [1]. »

Le 3 décembre, au soleil à peine levé, le prince Jean de Lichtenstein arriva jusqu'aux avant-postes en demandant une entrevue à l'Empereur. François II avait précisément choisi le prince Jean, parce qu'il le savait le chef du parti français, entièrement dans la bienveillance de Napoléon. Il fut immédiatement admis au bivouac et resta plusieurs heures en conférence ; le charme de Napoléon dans ces sortes d'entrevues était immense ; sa parole était douce, insinuante, brusque ou ferme tour à tour, afin d'amener le résultat de sa politique, à ce point qu'il était bien difficile de s'en défendre [2]. Que lui demandait-on? un armistice, une suspension d'armes ; mais quelles en seraient les conditions? L'Empereur exagéra avec son langage vif et brusque la mauvaise position de l'armée russe et autrichienne. « Vous voulez un armistice, eh bien, il faut préalablement que les Russes se retirent ; nous traiterons séparément, je ferai ma paix particulière avec l'empereur Alexandre, sinon je le

---

[1] *Décret daté d'Austerlitz, le 16 frimaire (6 décembre).*

« Napoléon, Empereur des Français, etc.

« Article 1er. Nous adoptons tous les enfants des généraux, officiers et soldats français morts à la bataille d'Austerlitz.

« Art. 2. Ils seront tous entretenus et élevés à nos frais, les garçons dans notre palais impérial de Rambouillet, et les filles dans notre palais impérial de Saint-Germain. Les garçons seront ensuite placés, et les filles mariées par nous.

« Art. 3. Indépendamment de leurs noms de baptême et de famille, ils auront le droit d'y joindre celui de Napoléon. Notre grand-juge fera remplir à cet égard toutes les formalités voulues par le Code civil.»

Autre décret.

« Article 1er. Les veuves des généraux morts à la bataille d'Austerlitz jouiront d'une pension de 6,000 francs leur vie durant ; les veuves des colonels et des majors, d'une pension de 2,400 francs ; les veuves des capitaines, d'une pension de 1,200 francs ; les veuves des lieutenants et sous-lieutenants, d'une pension de 800 fr. ; les veuves des soldats, d'une pension de 200 francs. »

[2] M. de Metternich me dit dans une visite au Johannisberg, que ce qu'il craignait le plus dans Napoléon, c'était le charme indicible de sa causerie : « On en sortait toujours, m'ajouta-t-il, en laissant un membre. »

battrai. Quant à la maison d'Autriche, vous devez sentir, prince, qu'il me faut des garanties pour qu'elle ne reprenne pas les armes; ce n'est pas moi qui ai commencé la guerre. Mais, avant tout, plus de Russes, plus de levée en masse de Hongrie et de Bohême. »

Le prince Jean défendit mal la cause de François II: il céda sur tout, parce qu'il voulait la paix. De cette première journée de négociations incroyables, il résulta la signature d'un armistice [1] qui mettait au pouvoir des Français sans coup férir Presbourg, la Carinthie, la Styrie, Venise et la Carniole; c'était plus que ne pouvait donner la conquête, après les plus vigoureuses campagnes; les Français devaient occuper ces postes jusqu'à la signature de la paix définitive. En échange de ces concessions, le prince Jean de Lichtenstein eut l'honneur de recevoir des éloges de l'Empereur dans ses bulletins; on l'appela le prince éclairé, ami véritable de François II. Telle était la méthode de Napoléon: toutes les fois qu'un ministre étranger lui était dévoué il l'accablait d'éloges; quand il résistait à sa politique, il le faisait attaquer sans ménagement par la voie de toutes les feuilles de l'Europe, dans sa vie publique et privée; il agit ainsi successivement avec le comte de Cobentzl, M. de Collorédo et le baron de Hardenberg, parce qu'ils défendaient la cause de leurs souverains et de leur pays. Quant au prince Jean de Lichtenstein, il était content de lui, car il lui cédait les meilleures

---

[1] *Armistice du 6 décembre 1805, signé à Austerlitz.*

« Art. 1. Les lignes des deux armées seront en Moravie, en y comprenant les cercles d'Iglau, de Znaïm et de Brünn, ainsi qu'une partie du cercle d'Olmutz, situé sur la rive droite de la petite rivière Trzboka, jusqu'à l'endroit où elle tombe dans la March, et la rive droite de la March jusqu'à son embouchure dans le Danube, y compris Presbourg. La ligne des deux armées s'étendra en outre pour les Français jusqu'aux États de Venise.

» Art. 2. L'armée russe évacuera les États autrichiens, ainsi que la partie de la Pologne qui appartient à cette puissance, savoir: la Moravie et la Hongrie dans l'espace de quinze jours, et la Gallicie dans un

positions de la monarchie autrichienne; il l'avait amené à ses fins; les éloges n'étaient qu'à cette condition.

Quand tout fut ainsi réglé d'avance, Napoléon consentit à une entrevue avec François II pour ratifier ces clauses dans un traité; il l'avait depuis longtemps désirée. Avec les rois comme avec les ministres, il avait une si incontestable supériorité! son génie se manifestait dans sa conversation vive et spirituelle, il était presque sûr de garder avantage sur eux. Est-ce que l'empereur François II était de taille à lutter avec lui? Tantôt sa main de fer pétrissait les crânes, ramollissait les volontés; ou bien elle caressait les fibres les plus chaudes, les plus attrayantes, et l'on sortait de ses conférences avec la volonté de faire tout ce que Napoléon avait ordonné. L'entrevue des deux empereurs fut simple et pittoresque; François II, comme tous les princes de la maison d'Autriche, était naïf, agreste pour ainsi dire; il allait trouver, sans faste, un autre empereur au bivouac sous une baraque de paille et de bois de sapin, près d'un feu de bivouac. Napoléon avait fait masser sa garde à cheval à deux cents pas de sa tente; il mettait de l'affectation à montrer au milieu de ses soldats son orgueil et sa force. François II arriva dans sa calèche, escorté par la fidèle garde hongroise qui avait toujours le privilége de suivre son souverain heureux ou malheureux, depuis la grande Marie-Thérèse; quelques généraux, avides de contempler

---

mois. L'ordre de la marche de cette armée sera annoncé de manière à ce qu'on puisse toujours savoir le lieu où elle se trouve, afin de prévenir toute difficulté et tout malentendu.

» Art. 3. Aucune insurrection ni levée en masse ne pourra avoir lieu ni en Hongrie ni en Bohême, et aucune armée étrangère ne pourra entrer sur le territoire de la maison d'Autriche. Les négociateurs respectifs s'assembleront à Nicolsbourg, où les négociations seront ouvertes, afin que la paix et la bonne intelligence soient rétablies entre les deux empereurs.

» Fait double, etc. »

Signé, Le maréchal Berthier.
Le prince de Lichtenstein.

Napoléon, l'avaient suivi. A son tour l'Empereur des Français s'était fait accompagner de ses aides-de-camp, jeunes et brillants officiers, et de ses maréchaux favoris. Ces groupes se chauffaient au feu du bivouac, tandis que l'empereur François II descendait de calèche, vêtu d'une longue capote grise boutonnée, une canne à la main; la longue queue, le chapeau à l'autrichienne, qui le faisait un peu ressembler à un officier d'invalides; ainsi le désignèrent les soldats de la vieille garde dans leurs dictons militaires.

L'empereur François II avait une année de plus que Napoléon; sa figure était grave, bonne, comme celle de tous les monarques de la maison d'Autriche; Napoléon se hâta d'aller au-devant de lui; les deux princes s'embrassèrent; la fierté du jeune Corse dut se glorifier lorsque le chef de la maison de Habsbourg, vieille comme l'Allemagne, lui donna pour la première fois le titre de *Monsieur mon frère*. Il s'échangea là quelques paroles qui ont retenti dans la postérité : « Je suis fâché, dit Napoléon, de vous recevoir ainsi; mais depuis deux mois je n'ai pas d'autre palais. » François II lui répondit avec son accent un peu allemand : « Vous en tirez si bon parti, que vous devez en être content. » On se pressa la main, et bientôt la conférence s'entama sur les questions sérieuses. Dans toutes ses paroles, Napoléon garda la supériorité incontestable d'un esprit éminent et d'une habileté italienne; il tourna toutes les difficultés, exagérant les dangers de l'Allemagne, la nécessité de la séparer de la Russie en lui donnant un large lot dans les lambeaux de la Turquie; il expliqua tout ce qu'il exigeait de l'Autriche pour conclure avec elle une paix durable; une nouvelle démarcation était indispensable en Allemagne; il ne demandait rien pour lui, mais pour ses alliés. L'armistice fut confirmé dans tous ses termes, et c'est ce que voulait Napoléon; il laissait les détails d'un traité à M. de Talleyrand [1], se contentant d'aborder la question par grandes masses, jetant des mots capables de faire impression sur l'esprit crédule de François II. L'armistice donnait les plus belles positions du monde à l'armée française, et Napoléon n'était pas prêt à s'en départir. Ensuite il entra avec l'empereur dans les détails de son cabinet intime; il fit l'éloge de la loyauté personnelle du monarque autrichien; les ministres seuls avaient compromis François II, il ne serait tranquille que par leur éloignement; il indiqua comme condition du traité, comme gage de bonne amitié, la retraite de M. de Cobentzl et l'éloignement de M. de Collorédo. L'Empereur Napoléon ne pardonnait à personne, pas même aux femmes; il jeta quelques paroles insultantes sur l'influence de madame de Collorédo; il insista donc pour que le cabinet nouveau fût formé dans les idées et les intérêts de la France. « Voulez-vous, sire, dit-il, qu'un traité soit conduit à une heureuse terminaison? ayez auprès de vous des ministres qui ne soient ni brouillons ni vendus à l'Angleterre. » Cela signifiait seulement : « Ayez un cabinet dévoué

---

[1] M. de Talleyrand était en effet arrivé sur le champ de bataille, il écrivait aux affaires étrangères:

« Du champ de bataille d'Austerlitz, 9 décembre 1805.

« Quelle date pour un ministre des affaires étrangères de France, mon cher Hauterive! Je viens de parcourir un champ de bataille sur lequel il y a 15 à 16,000 morts: je ne parle pas de ce qui a péri dans les lacs, on n'a retiré les cadavres d'aucun. Dans l'espace que j'ai parcouru il y avait bien 2,000 chevaux écorchés. Les bulletins vous apprendront les détails de l'armistice. La négociation a été transportée à Nicolsbourg; c'est un mauvais village entre Brünn et Vienne. L'empereur d'Allemagne a choisi ce lieu parce qu'il est à peu de distance d'une terre à lui personnellement, où il s'est retiré pendant le temps des négociations. Cette terre s'appelle Holitsch. Il y a un haras et un troupeau espagnol. Je ne crois pas que les négociateurs s'arrêtent plus que le temps nécessaire pour la négociation. Ce dont on manquait hier à Nicolsbourg, c'était de pain : nous venons de prendre quelques précautions pour y avoir quelques subsistances. J'y retourne après demain, et je crois que l'Empereur ira après-demain à Vienne, ou plutôt au

à la France et sans esprit de nationalité. » Napoléon préparait ainsi une heureuse conclusion pour la paix à sa convenance; il poussait en dehors du ministère autrichien, les esprits tenaces qui pouvaient lui être opposés; désormais il allait exercer à Vienne l'influence morale qu'il désirait dans l'intérêt de son système, et pour poursuivre vigoureusement ses projets contre la Grande-Bretagne. Après l'entrevue solennelle au bivouac d'Austerlitz, François II se mit tout entier à sa discrétion, à ce point que le noble empereur fut obligé de se priver de son ami, le comte de Collorédo, en l'éloignant des affaires de sa monarchie[1]. Une paix séparée devait être arrêtée avec l'Autriche; l'alliance intime avec Alexandre était brisée; François II, par une lettre autographe, avait dégagé la Russie du secours qu'elle apportait à ses armes.

Napoléon rassuré du côté de l'Autriche, qu'allait-il faire à l'égard d'Alexandre? Offrirait-il au Czar un traité à des conditions équitables? il n'était pas sans inquiétude sur la retraite des Russes qui pouvait compromettre des corps isolés, et Davoust particulièrement; il avait bonne opinion du soldat et de l'officier russe; il les

château qu'il occupait près de Vienne. Mille amitiés. M. de Haugwitz est resté à Vienne, où il attend l'Empereur. »

De Brünn, 11 décembre 1805.

« L'Empereur part cette nuit de Brünn, mon cher Hauterive, et j'y reste avec messieurs les plénipotentiaires autrichiens. Je suis dans une ville où il n'y a que des juifs et des blessés. Dans quatre ou cinq jours je saurai si je ferai quelque chose avec les plénipotentiaires autrichiens, ou si cela est impossible. L'Empereur attendra à Vienne de mes nouvelles; elles décideront sa marche... J'ai commencé hier mes conférences... Quoique je n'aie pas vu de cheminée depuis plus de quinze jours, et que les poêles entêtent tout le monde, je me porte bien. Brünn est un lieu horrible; il y a dans ce moment 4,000 blessés : chaque jour il y a des morts en quantité. Hier, l'odeur était détestable. Aujourd'hui, il gèle, ce qui est bon pour tout le monde. L'Empereur se porte à merveille : les dernières affaires en ont fait un personnage fabuleux. Il n'y a pas un général dans l'armée, pas un soldat qui ne croie et ne dise que c'est l'Empereur tout seul qui a remporté la grande victoire d'Austerlitz; il a tout ordonné jusque dans les moindres détails, et tout ce qu'il a ordonné a réussi. »

[1] « A son entrevue avec l'empereur d'Allemagne, l'Empereur lui a dit : « M. et madame Collorédo et M. Rasumowsky ne font qu'un avec votre ministre Cobentzl ; voilà

avait vus en bataille ; la charge de la garde à Austerlitz l'avait vivement frappé. L'armée d'Alexandre avait éprouvé de grandes pertes, mais elle pouvait se replier sur ses renforts, tomber sur le maréchal Davoust qui s'était aventuré en s'avançant trop jusqu'à Goding. Les Russes pouvaient ici prendre leur revanche d'Austerlitz, et le lendemain peut-être briser Murat, le chef aventureux d'avant-garde. Napoléon avait prévu cette mauvaise chance de fortune, et, par l'armistice, il détachait le corps autrichien du général Meerfeld du gros de l'armée russe en retraite, comme il avait séparé les Bavarois des Autrichiens avant Ulm. Austerlitz ne finissait pas tout ; depuis le commencement de la campagne le système diplomatique de l'Empereur avait été de fractionner les alliés, et son système militaire se résumait dans la réalisation de cette idée italienne : « diviser par l'adresse ceux qu'on ne peut atteindre par la force. » La campagne était terminée dès que les Russes s'obligeaient à abandonner le territoire autrichien, et les Autrichiens le territoire bavarois.

Ceci avait été convenu avec l'empereur François II ; mais rien n'était fini à l'égard de l'empereur Alexandre. Napoléon avait peu d'influence sur les Russes, et restait sans moyen de démoraliser l'état-major, comme on

les vraies causes de la guerre ; et si V. M. continue à se livrer à ces intrigants, elle ruinera toutes ses affaires et s'aliénera les cœurs de ses sujets, elle cependant qui a tant de qualités pour être heureuse et aimée. »

« Un major autrichien s'étant présenté aux avant-postes, porteur de dépêches de M. de Cobentzl pour M. de Stadion à Vienne, l'Empereur a dit : « Je ne veux rien de commun avec cet homme qui s'est vendu à l'Angleterre pour payer ses dettes, et qui a ruiné son maître et sa nation, en suivant les conseils de sa sœur et de madame de Colloredo. »

« L'Empereur fait le plus grand cas du prince Jean de Lichtenstein : il a dit plusieurs fois : « Comment, lorsqu'on a des hommes d'aussi grande distinction, laisse-t-on mener ses affaires par des sots et des intrigants ? » Effectivement le prince de Lichtenstein est un des hommes les plus distingués, non seulement par ses talents militaires, mais encore par ses qualités et ses connaissances. »

l'avait fait à l'égard des Autrichiens. Autour d'Alexandre étaient des jeunes gens pleins d'énergie et de courage que la bataille n'avait point affaiblis; ils se croyaient abandonnés des Autrichiens, mais ils ne s'avouaient pas vaincus. Napoléon continuait de faire insulter ces officiers d'état-major par des paroles outrageantes, à ce point de les traiter de *freluquets* dans les bulletins. Le langage de l'Empereur avait toujours un sens particulier : « faire son devoir dans les intérêts de la nation et de son souverain, c'était se vendre à l'Angleterre; » il n'épargnait jamais ces épithètes insultantes à ceux qui ne venaient pas à lui, et ses bulletins souvent colères lui firent bien des ennemis implacables en Europe.

Puis il accablait d'éloges l'empereur Alexandre, parlant de sa magnanimité, de la grandeur de ses destinées s'il pouvait se détacher de ces jeunes têtes qui perdaient son esprit. Ici le lion devenait encore renard, il savait les fibres qu'il fallait faire résonner dans le cœur et l'amour-propre d'Alexandre; à cet effet, il lui renvoya le général Savary, son aide-de-camp [1], pour lui communiquer l'armistice qu'il venait de conclure entre l'empereur d'Autriche et lui l'Empereur des Français. On se rappelle que le général Savary avait été chargé d'une première mission près de l'empereur Alexandre

---

[1] *Rapport du général Savary.*
« L'empereur Alexandre parla le premier, et me dit : « Je suis bien aise de vous revoir dans une occasion aussi glorieuse pour vous : cette journée ne gâtera rien à toutes celles de la carrière militaire de votre maître. C'est la première bataille où je me trouve, et j'avoue que la rapidité de ses manœuvres n'a jamais laissé le temps de secourir aucun des points qu'il a successivement attaqués; partout vous étiez deux fois autant de monde que nous. »
Réponse. « Sire, Votre Majesté a été mal informée; car, en totalité, votre armée avait une supériorité numérique d'au moins 25,000 hommes sur la nôtre. En outre, nous avons trois divisions d'infanterie qui n'ont pas pris part à la bataille, nous n'avons employé bien vivement que six divisions d'infanterie. A la vérité, nous avons beaucoup manœuvré; la même division a combattu successivement dans différentes directions : c'est ce qui nous a multipliés pendant toute la journée. C'est l'art de la guerre : l'Empereur, qui est à sa quarantième bataille, ne manque jamais à cela. Il

avant la bataille d'Austerlitz. Napoléon était vivement frappé des paroles bienveillantes et polies que Savary lui avait rapportées, comme expression des sentiments personnels d'admiration et d'enthousiasme du Czar pour le chef du gouvernement français. « Allez, dit encore Napoléon à Savary, allez demander à l'empereur Alexandre une adhésion complète à tout ce qui vient d'être conclu entre moi et François II au bivouac d'Austerlitz. » Le général Savary devait ensuite se rendre au corps du maréchal Davoust, pour arrêter tout mouvement hostile qui pourrait engager une nouvelle bataille. Napoléon était vivement inquiet des opérations de Davoust, menacé d'être cerné et coupé.

Le général Savary et un aide-de-camp de l'empereur d'Autriche, le général Stutterheim, se portèrent rapidement à une lieue de Goding, au bivouac d'Alexandre, alors délaissé par les Autrichiens, et qui opérait sa retraite. Ce fut là qu'on l'informa de ce qui était conclu entre François II et Napoléon ; le Czar accueillit avec la même bienveillance le général Savary ; il fit l'éloge pompeux des manœuvres de l'Empereur à Austerlitz, et de cette savante étude du champ de bataille, car il lui paraissait que partout les Français étaient le double des troupes

pourrait encore, avec les troupes qui n'ont point été engagées, faire une armée aussi forte que celle qui a donné avant-hier, et marcher contre l'archiduc Charles, si tout n'était pas terminé : du moins cela dépend de Votre Majesté.

Alexandre. « De quoi s'agit-il ? »

Réponse. « Sire, de savoir si Votre Majesté accepte les propositions qui la concernent, dans ce qui a été convenu hier entre l'empereur d'Autriche et l'Empereur Napoléon. »

Alexandre. « Oui, je l'accepte ; c'est pour le roi des Romains que je suis venu ici ; il me dégage, il est content de ce qui lui est promis, je dois l'être aussi, puisque je ne formais pas de vœux pour moi. »

Réponse. « L'Empereur m'a chargé d'ajouter qu'il désirait que l'armée de Votre Majesté sortît des États autrichiens dans le plus bref délai, et par la route militaire la plus courte, en faisant chaque jour le chemin ordinaire que fait une troupe en marche. »

Alexandre. « Mais votre maître exige donc que je m'en aille bien vite ; il est bien pressant. »

Réponse. « Non, sire ; il ne demande pas

alliées. Le général Savary fit observer que tout cela tenait à l'art des grandes manœuvres, que Napoléon possédait si bien; dans le fait l'armée française, un peu inférieure en nombre, se montrant supérieure sur le champ de bataille, avait justifié ce que peuvent l'art de la guerre et de longues expériences pour la stratégie. Napoléon n'avait engagé que six divisions d'infanterie, et lorsque Savary lui en donna l'assurance, l'empereur Alexandre, tout en continuant son admiration, lui demanda ce que voulait de lui Napoléon; le général répondit qu'on était convenu avec François II d'une évacuation du territoire autrichien par l'armée russe prompte et rapide. Le Czar, avec un ton visiblement dépité contre les Autrichiens, déclara : « Qu'il n'était venu que pour l'empereur des Romains, et puisqu'il le dégageait, il ne demandait pas mieux que de se retirer du territoire. » Tout fut ainsi consenti de part et d'autre; l'empereur Alexandre, dégagé par François II, donna sa parole que les troupes russes évacueraient le territoire autrichien dans le plus bref délai; le général Savary dut en même temps porter l'ordre au maréchal Davoust d'arrêter son mouvement trop hasardé, puisqu'un armistice était conclu.

Déjà le général Meerfeld avait communiqué au ma-

---

que vous retourniez plus vite que vous n'êtes venu; mais comment prendre une autre règle pour se fixer, que d'admettre la route militaire, et la distance d'étape, pour la marche de chaque jour? On ne le stipulerait même pas, que ce serait l'unité de mesure que l'on prendrait : il n'est donc pas déraisonnable d'en convenir d'avance.

Alexandre. « Eh bien! soit, j'y consens; mais quelle garantie exige votre maître? et quelle garantie ai-je moi-même que, pendant que vous êtes ici, vos troupes ne font pas quelques mouvements contre moi? suis-je en sûreté?

Réponse. « L'Empereur a prévu cette objection.

Alexandre. « Eh bien! quelle garantie exige-t-il de moi?

Réponse. « Il m'a chargé de demander à Votre Majesté sa parole et m'a ordonné, aussitôt que je l'aurais reçue, de passer dans le corps d'armée du maréchal Davoust pour suspendre son mouvement.

« Alexandre avec un air de haute satisfaction.

« Je vous la donne, et vais de suite me préparer à exécuter ce qui a été convenu. »

réchal Davoust un billet écrit de la main d'Alexandre, au crayon, et dans lequel se trouve la première fois le titre d'*Empereur* donné à Napoléon. Dans ce billet, le Czar faisait connaître au maréchal Davoust l'état de l'armistice, et qu'en conséquence il était inutile de sacrifier plus de braves gens [1]. Une telle attestation arrêta l'offensive prise par le maréchal Davoust; l'armistice fut partout exécuté sur-le-champ. Il n'est point vrai qu'il ait sauvé l'armée russe; Alexandre n'y consentit que difficilement et sur l'invitation de François II. Après cet armistice, les haines violentes, le mépris dominèrent; l'armée russe parlait de la trahison de l'Autriche; comme après la campagne de Suwarow, les officiers d'Alexandre disaient aux Autrichiens de grosses injures; les Allemands signalaient les Russes comme des barbares qui avaient marqué leur passage par le pillage et la dévastation. Napoléon devait être satisfait, il était parvenu à ses fins.

Dès ce moment, François II ne peut échapper aux dures lois d'un traité; Napoléon cherche à enlacer également l'empereur Alexandre en le séparant de ses amis; il exprime déjà sa politique avec hauteur; il flétrit l'*ultimatum* de M. de Novozilzoff, les propositions du prince Dolgorouski, il laisse échapper ces mots mémorables dont la fatalité le fera souvenir plus tard aux jours de malheur: « Les Russes seraient-ils à Montmartre, que ces conditions ne seraient point acceptées. » Ainsi, cette même année deux tristes idées viennent à sa tête : il envoie une expé-

---

[1] J'ai vu le texte de ce billet au crayon. « J'autorise le général Meerfeld à faire connaître au général français que les deux empereurs d'Allemagne et de France sont en ce moment en conférence, qu'il y a armistice dans cette partie, et qu'il est en conséquence inutile de sacrifier plus de braves gens. »
Le 4 décembre,
Signé, Alexandre.

dition à Sainte-Hélène, il en rêve la possession, et dans un bulletin, il parle de l'occupation possible de Montmartre par les Russes. Il y a dans la destinée des hommes de mystérieuses inspirations, et, comme dans les songes d'Orient, la décadence des empires est souvent annoncée par les sept vaches grasses et les sept vaches maigres du Pharaon. Alexandre n'accepte point en ce moment des conditions de paix, l'armée russe n'est point abattue, l'esprit du camp moscovite n'est pas encore arrivé à ce degré d'abaissement des Autrichiens ; si les Allemands abandonnent la cause commune, les Russes ne lâcheront pas pied ; ils veulent encore essayer le sort des armes. Alexandre se contente d'évacuer le territoire d'un allié qui a traité par faiblesse. « L'empereur des Romains n'a plus besoin de mon secours, je me retire. » Telles furent les paroles d'Alexandre ; l'armée russe marcha d'étape à étape, tandis que l'Empereur Napoléon quittait Brünn pour se rendre au palais de Schœnbrünn ; il voulait suivre en personne les négociations entamées par M. de Talleyrand.

On se rappelle la mission qu'avait reçue M. de Haugwitz en quittant Berlin pour se rendre au quartier-général de Napoléon en Moravie. Le roi de Prusse avait abandonné définitivement sa neutralité impartiale pour adhérer au traité d'alliance et de subsides entre la Russie, l'Autriche et l'Angleterre. M. de Haugwitz était porteur de l'*ultimatum* des cabinets alliés, et l'esprit de ses instructions était tellement précis qu'il avait ordre de déclarer la guerre à Napoléon le 15 décembre au matin ; ce même jour, l'armée prussienne devait se mettre en mouvement, se joindre aux Russes, aux Autrichiens, et se placer entre le Rhin et le Danube. M. de Laforest avait fait connaître, par ses dépêches, cette résolution à M. de Talleyrand et à l'Empereur, et dès lors on convint d'une habile tactique à l'égard de M. de Haugwitz; il ne put dépasser Vienne; M. de Talleyrand l'amusa : on parla vaguement des bonnes intentions mutuelles et d'un plan de pacification européen où l'Angleterre trouverait sa place. Cette situation complexe dura jusqu'au lendemain d'Austerlitz, victoire qui changeait la face des affaires, et M. de Haugwitz apprit que l'Autriche allait traiter séparément avec Napoléon, et que les Russes se retiraient d'Allemagne ; à cet instant il fut permis seulement à M. de Haugwitz de joindre le quartier-général de l'Empereur ; sa position était infiniment délicate ; qu'allait-il faire? le temps paraissait-il bien choisi pour annoncer que la Prusse se joignait à l'alliance contre l'Empereur, n'était-ce pas prendre sur lui une terrible responsabilité? Les Français pouvaient attaquer la Prusse au dépourvu, et briser l'œuvre de tant d'expérience [1].

Napoléon savait tout cela et devait en profiter; M. de Haugwitz était partisan du système français, ainsi que les frères Lombard, secrétaires de cabinet de Frédéric-Guillaume; l'Empereur connaissait la faiblesse de son caractère, et il se trouvait grandement à l'aise avec le

---

[1] Voici quelle était alors la position de l'armée française : le maréchal Bernadotte occupait la Bohême ; le maréchal Mortier, la Moravie ; le maréchal Davoust, Presbourg; le maréchal Soult, Vienne ; le maréchal Ney, la Carinthie ; le général Marmont, la Styrie ; le maréchal Masséna, la Carniole ; le maréchal Augereau restait en réserve en Souabe. Le maréchal Masséna, avec l'armée d'Italie, était devenu huitième corps de la grande armée.

Napoléon écrivait le 23 décembre 1805 :
« M. de Stadion, ministre de l'empereur d'Allemagne en Russie, et M. le comte et lieutenant-général de Giulay, ont été présentés à Brünn à S. M. l'Empereur des Français, comme plénipotentiaires de S. M. l'empereur d'Allemagne. Ils sont munis de pouvoirs pour négocier, conclure et signer la paix définitive entre la France et l'Autriche. De son côté, l'Empereur des Français a nommé M. de Talleyrand, son ministre des relations extérieures, qu'il a muni de pouvoirs à cet effet. Il faut espérer que la paix sera le résultat de leurs négociations ; mais cela ne doit en rien ralentir le zèle des administrateurs de la nation. C'est, au contraire, un nouveau motif pour que les conscrits accélèrent leur marche, afin de justifier cet adage si connu : *si vis pacem, para bellum*. S. M. a recommandé aux ministres de la guerre et de l'intérieur de ne ralentir en rien leurs préparatifs. »

plénipotentiaire prussien. M. de Haugwitz put voir Napoléon deux jours après la bataille d'Austerlitz; on était loin déjà des idées de l'*ultimatum,* et de ce caractère menaçant que les puissances pouvaient prendre entre elles contre la politique de l'Empereur. M. de Haugwitz dépêcha immédiatement un courrier à Berlin pour annoncer la bataille d'Austerlitz et demander de nouvelles instructions pour sa conduite dans la crise qui se préparait : menacer Napoléon victorieux eût été imprudent et puéril; en attendant M. de Haugwitz vint le trouver à Schœnbrünn, et cachant mystérieusement les premières instructions, il se borna à le féliciter sur le succès de la bataille d'Austerlitz [1]. Napoléon était alors à toute la hauteur que donne la victoire, il savait bien à quel esprit d'hésitation et de faiblesse il avait affaire, et ses premières paroles furent brusques : « Voilà, M. de Haugwitz, un compliment qui a changé d'adresse. » Après avoir ainsi vivement apostrophé le négociateur, il attendit à peine que M. de Haugwitz eût achevé quelques phrases de justification ou d'explication, et il lui jeta ces hautaines paroles : « Est-ce une conduite loyale que celle de votre maître ?... il serait plus honorable de

---

[1] A ce moment l'Autriche cherchait à se justifier, aux yeux de l'Europe, de sa faiblesse pour avoir signé un armistice fatal à la coalition.

Extrait d'un mémoire sur la situation des affaires, communiqué par le comte de Starhemberg.

« Jamais espérances fondées sur les vues les plus salutaires et les plans les mieux conçus n'ont été détruites par un coup plus fatal que le désastreux revers que notre armée en Allemagne vient d'éprouver, par un concours de malheureuses circonstances qui sont la suite d'une seule faute.

« La coopération simultanée des deux cours impériales, de l'Angleterre et de la Prusse, aurait offert au commencement de la guerre une chaîne de forces armées du Nord au Midi, et aurait contraint la France, par des diversions mutuelles, à séparer les siennes. Notre malheur a été qu'aucune des espérances que nous avions formées sur des diversions dans le Nord du continent, qui auraient pu obliger l'Empereur des Français de partager les troupes qu'il avait retirées des côtes, ne s'est réalisée ; et non seulement toutes ses troupes se sont trouvées à portée d'être employées contre notre armée en Allemagne, mais même l'armée Gallo-Batave et celle de Bernadotte ont pu quitter la Hollande et le Hanovre sans obstacle pour se joindre à celle qui

m'avoir ouvertement déclaré la guerre. Alors vous auriez servi vos nouveaux alliés, et j'y aurais regardé à deux fois avant de livrer bataille... Vous voulez être les alliés de tout le monde : cela n'est pas possible ; il faut opter entre eux ou moi. Si vous allez avec ces messieurs, je ne m'y oppose pas ; mais si vous restez avec moi, je veux de la sincérité, ou je me sépare de vous. Je préfère les ennemis francs à de faux amis. Qu'est-ce que cela signifie ? vous vous dites mes alliés, et vous souffrez en Hanovre un corps de 50,000 Russes qui communique par vos États avec leur grande armée. Rien ne peut justifier une pareille conduite ; c'est un acte patent d'hostilité. Si vos pouvoirs ne sont pas assez étendus pour traiter toutes ces questions, mettez-vous en règle : moi je vais marcher sur mes ennemis partout où ils se trouvent. »

Napoléon pouvait ainsi parler après la victoire d'Austerlitz qui lui assurait une supériorité incontestable : il tenait l'Autriche dans ses mains par l'armistice conclu avec François II ; les Russes se retiraient à marches précipitées. Maintenant que pouvait faire la Prusse isolée ? ses hésitations l'avaient perdue, elle portait la peine de

nous attaquait. C'est à ces causes que les troupes françaises qui ont été opposées aux nôtres, doivent la supériorité de leur nombre ; car, si l'on met de côté ces deux armées, les troupes arrivées de l'intérieur dans le cours du mois d'octobre n'ont surpassé que de bien peu le nombre des Autrichiens placés sur l'Iller, où, dans la forte position qu'ils occupaient, ils auraient été en état d'attendre la jonction de la première armée de S. M. l'empereur de Russie. Il y a même eu un moment où l'on avait l'espoir de prévenir la jonction des troupes françaises venant du Nord avec celles qui arrivaient de l'intérieur de la France, en tombant sur une partie de ces dernières,

quand un second malheur a voulu que la violation de la neutralité prussienne ait soudain changé la face des affaires, et réduit notre armée d'Allemagne à l'alternative ou de se déployer immédiatement sur l'Inn, ou de se voir enveloppée et détruite.

« La retraite sur l'Inn aurait prévenu toutes suites fâcheuses. Réunies au corps d'armée sous les ordres du général en chef Kutusoff, ces troupes auraient suffi pour résister aux forces limitées des Français ; l'arrivée subséquente de la seconde armée russe, et enfin le développement des autres mesures de la coalition, auraient procuré aux troupes alliées cette supériorité de forces sur aquelle on avait absolument

ses retards, de ses délais incessants. Napoléon était moins admirable dans ses prodiges de champ de bataille que dans cet art inouï de profiter des circonstances et des résultats obtenus; M. de Haugwitz n'était pas un adversaire à sa taille, même en discutant; dans son cabinet l'Empereur savait profiter de tout, il menaçait et caressait tour à tour; il enlaçait son adversaire sous les replis incessants de son argumentation; le caractère italien se révélait en lui avec toutes ses finesses et il était difficile d'échapper à sa chaleureuse éloquence; tacticien dans une causerie comme dans une campagne, s'emparant de tout avec habileté, il dominait les esprits avec une telle puissance qu'il les amenait presque toujours à faire ce que sa politique commandait.

M. de Haugwitz subit cette invincible influence; Napoléon, comme un grand magnétiseur, ploya son intelligence, la domina si prodigieusement qu'il obtint du ministre prussien non seulement le maintien de la neutralité, mais encore un traité d'alliance intime avec la Prusse sur des bases étranges. M. de Haugwitz était sans pouvoir pour signer une telle convention; il n'avait pas reçu d'instructions de sa cour; un diplomate habile,

---

compté dans les engagements mutuels.

« Par la faute inconcevable d'un général qu'une réputation acquise par de premiers succès avait fait choisir, l'armée d'Allemagne resta sur l'Iller; et dans le court espace de quelques jours, sans avoir été battue, après quelques légers combats dans lesquels elle avait eu plutôt de la supériorité que du désavantage, la majeure partie de cette armée se trouva prise et le reste dispersé. Tous les malheurs qui ont suivi sont les suites inévitables de ce désastre.

« Les forces françaises réunies dans l'Allemagne seule, excédant 110,000 hommes, sans compter les troupes alliées, s'avancèrent contre les Austro-Russes postés sur l'Inn, qui ne montaient à guère plus de moitié de ce nombre. Exposer ces troupes à une bataille rangée contre une force double de la leur, aurait été risquer leur ruine entière avant l'arrivée de la seconde armée de S. M. l'empereur de Russie. C'eût été commettre la même faute qui venait de perdre notre armée en Allemagne. Au contraire, conserver la première armée russe sans qu'elle fût entamée, jusqu'à l'arrivée de la seconde, devint le principal objet des dispositions qui furent concertées par S. M. en personne avec le général en chef Kutusoff.

« Pour compléter notre embarras, il fallut encore que l'arrivée de la seconde armée

tout en s'abstenant de signifier un *ultimatum* compromettant pour les intérêts prussiens, aurait prolongé la négociation jusqu'à ce qu'il connût les dernières intentions de son gouvernement et la tournure que prenait la situation militaire. M. de Haugwitz marcha plus vite en besogne; Napoléon le pressait, il lui disait toujours : « Prenez le Hanovre, plus tard je vous garantis la Poméranie suédoise; que la Prusse se décide, je ne veux plus de sa neutralité, il faut qu'elle soit pour ou contre mon système ! En s'emparant du Hanovre elle me prouve qu'elle se sépare de l'Angleterre, et c'est là définitivement où je veux l'amener; décidez-vous. »

Tel fut le charme exercé par Napoléon sur M. de Haugwitz, telle fut la puissance intellectuelle du vainqueur d'Austerlitz, qu'il entraîna le ministre prussien à signer un traité conçu en des termes tels qu'il compromettait toute la politique et tout l'avenir de la Prusse. Une alliance était conclue, Napoléon cédait le Hanovre à la maison de Brandebourg, les troupes françaises devaient l'évacuer; en échange la Prusse cédait à la France la principauté de Neufchâtel, le duché de Clèves, les pays d'Anspach et de Bareuth. Par ce moyen, le cabinet

russe se trouvât retardée de plus d'un mois par les premiers armements que la cour de Berlin menaça d'opposer à ceux de la cour de Saint-Pétersbourg. En conséquence, les troupes sous les ordres des généraux Meerfeld et Kutusoff, hors d'état de maintenir une position sur l'Inn ou dans toute autre partie de l'Autriche, se virent obligées de se replier sur la Moravie. L'inévitable suite de ce mouvement fut que l'ennemi continua de s'avancer dans la Haute et Basse-Autriche. L'armée russe ayant atteint le dernier pont sur le Danube au-dessus de Vienne et près de Krems, n'avait plus d'autre poste à prendre que de le passer, pour empêcher qu'on ne lui coupât sa communication avec la rive gauche de ce fleuve et la route dans la Moravie. A partir de ce moment, le sort de la capitale de l'Autriche se trouva décidé. Si l'on considère l'impossibilité où elle était de se défendre dans ses murs, à moins que l'on ne pût se ménager le temps nécessaire pour l'arrivée des troupes de renfort par le moyen d'un armistice très court, plusieurs raisons concouraient à inspirer à S. M. le désir de sauver la capitale par un armistice de cette nature. En conséquence, elle se détermina à envoyer le lieutenant-général comte de Giulay à l'empereur Napoléon pour le lui proposer. La négociation fut sans effet.

« Les Français entrèrent dans Vienne, et

TRAITÉ AVEC LA PRUSSE (15 DÉCEMBRE 1805).

de Berlin dessiné pour le système français, se séparait violemment de l'Angleterre en annulant le traité que M. de Hardenberg avait conclu. M. de Haugwitz fit à peine quelques observations; il signa comme de confiance; quand l'Empereur exigea la cession du pays d'Anspach, M. de Haugwitz fit remarquer que c'était là le berceau de la maison de Brandebourg et qu'elle s'en séparerait difficilement; alors M. de Talleyrand répondit avec un demi-sourire : « Quand l'enfant devient grand il jette son berceau. » Et par cette image spirituelle il éloigna toutes les observations de M. de Haugwitz. La chronique dit que les séductions d'argent ne furent point épargnées et que M. de Haugwitz dut à quelques milliers de napoléons sa facilité admirative pour le système français; je n'ose affirmer de tels bruits; la position de la Prusse était assez mauvaise après Austerlitz, pour que M. de Haugwitz se déterminât sans corruption à signer ce traité à la hâte.

Le singulier traité conclu à Schœnbrünn entre M. de Haugwitz et M. de Talleyrand excita le plus vif et le plus triste étonnement à Berlin, et en voici le motif.

S. M. se flatta d'avoir au moins assuré, par e sacrifice de sa capitale, à la première armée russe, la facilité d'opérer sa jonction avec la seconde. Pour y réussir, elle donna les ordres les plus positifs de détruire le grand pont sur le front de Vienne, ce qui aurait fait gagner quatre ou cinq jours de marche au général en chef Kutusoff. Mais la personne chargée de faire couper le pont, cédant aux instances des généraux français, ne le détruisit point. Ce cruel incident exposa la première armée russe au danger le plus imminent d'être enveloppée et détruite avant qu'elle pût joindre l'armée du général Buxhowden, ainsi qu'un corps de 10,000 Autrichiens qui s'était retiré de Vienne.

« Si ce malheureux événement fût arrivé, la continuation de la guerre eût été évidemment impossible, la destruction de la première armée de S. M. l'empereur de Russie eût infailliblement entraîné celle de la seconde, et tout renfort qui serait venu après, successivement et séparément attaqué par les forces majeures que Napoléon avait réunies dans l'Autriche, aurait également succombé, ainsi que l'armée commandée par S. A. R. l'archiduc Charles en Italie, qui aurait eu affaire à ces forces puissantes combinées avec celles du général Masséna. En un mot, e danger était si pressant et la position tellement critique, que quand bien même il ne serait resté à S. M. d'autre moyen de s'y soustraire, elle aurait

A ce moment la cour de Prusse se rapprochait plus intimement de l'Angleterre et recevait un subside; M. de Hardenberg en accédant à l'alliance s'était proposé comme médiateur pour notifier à l'Empereur des Français l'*ultimatum* des puissances; par le traité de subsides signé avec l'Angleterre, la Prusse prenait directement parti dans la coalition; le cabinet de Berlin s'était décidé à entrer en campagne; le mode de paiement était convenu, les troupes désignées; on n'attendait plus que le signal, et c'était le jour où le premier cinquième du subside arrivait à Hambourg, que M. de Hardenberg recevait une dépêche de M. de Haugwitz, annonçant : « Que sans pouvoirs, il avait cru nécessaire de signer un traité avec Napoléon pour éviter de plus grands malheurs au roi son maître; » et copie de ce traité était envoyée à M. Lombard, afin d'obtenir la ratification du cabinet. Qu'on juge de la perplexité de M. de Hardenberg, dans quelle position la Prusse se trouvait placée, ainsi engagée tout à la fois avec l'Angleterre et la France! d'une part la Prusse recevait des subsides de l'Angleterre pour entrer en campagne contre Napoléon, de l'autre elle recevait de Napoléon le

---

été obligée de signer une paix précipitée, défavorable sans doute pour elle-même, mais inévitable et dictée par des motifs qui l'eussent sans doute justifiée aux yeux de ses propres alliés. L'impossibilité de prolonger la guerre, la nécessité de sauver l'existence de la monarchie, les intérêts généraux de l'Europe, et même ceux de l'Angleterre, exigent d'elle qu'elle assure l'existence de la monarchie autrichienne, plutôt que de s'opiniâtrer dans une guerre dont on ne peut rien attendre qu'une issue encore plus malheureuse. Enfin les devoirs sacrés par lesquels S. M. était liée à son noble et fidèle ami l'empereur Alexandre, devoirs qu'il partageait avec tous les souverains animés d'un bon esprit, et qui lui imposaient l'obligation de préférer les plus grands sacrifices à la destruction (aussi sûre qu'elle était inutile) des braves et des magnifiques armées que la Russie avait envoyées à son secours.

« Dans cette extrémité, S. M. n'a pas hésité d'entrer dans de nouvelles explications avec l'Empereur Napoléon, et de lui proposer d'ouvrir avec lui des négociations pour la paix, aussitôt que les mesures pour y parvenir pourraient être concertées avec l'empereur Alexandre, que S. M. espérait voir immédiatement en personne. »

Hanovre, patrimoine de la maison d'Angleterre, pour prix de son alliance avec la France. Ainsi l'avait entraînée l'habileté de l'homme prodigieux qui avait fait des miracles sur le champ de bataille et dans les négociations; il annulait la Prusse, il la tuait moralement aux yeux de l'Europe, et la paix ou la guerre l'accablait également, car l'Empereur en faisait un cabinet sans force, sans tenue et sans foi.

Napoléon, content d'en avoir fini à si peu de frais avec le cabinet de Berlin, se tourna tout entier vers la Russie et l'Autriche avec lesquelles il voulait conclure une paix séparée. Les Russes opéraient leur retraite en ordre et par étapes, ils disaient partout qu'ils n'étaient pas vaincus[1]. Napoléon croyait qu'Alexandre suivait la tête de ses colonnes, et désirant obtenir encore en toute hâte une entrevue personnelle, il envoya auprès de lui le général Junot, l'aide-de-camp de prédilection. Junot ne trouva pas le Czar à son armée, qu'il avait quittée pour retourner à Saint-Pétersbourg. Déjà une invincible tendance portait Napoléon vers l'alliance russe; comme il rêvait les grandes divisions d'empire en Orient et en Occident, il croyait que le Czar seul pouvait réaliser avec lui cette vaste pensée qui aurait le monde pour théâtre. Tous les autres royaumes n'eussent été que des vassalités plus ou moins étendues; il aurait créé des archiducs en Bohême, en Hongrie, en Autriche, une royauté tributaire en

---

[1] Voici ce qu'écrivait sur ce sujet Napoléon sous la rubrique de Vienne. (28 février 1806).

« A entendre les Russes, ils n'ont eu aucune part à la capitulation qui a suivi la bataille d'Austerlitz; comme si les Français n'avaient pas dans leurs mains les propres écrits de l'empereur Alexandre, par lesquels il priait le maréchal Davoust, qui avait coupé sa retraite, de suspendre la marche de son corps d'armée, attendu qu'il y avait négociation pour une capitulation; comme si la situation des Russes n'avait pas été telle qu'il n'en aurait pas échappé un seul, si notre empereur n'avait pas obtenu cette capitulation; enfin les Russes vont jusqu'à nier que le général Savary ait parlé à l'empereur Alexandre. Ils diront bientôt

Prusse; puis les électorats devenus royaumes de Bavière, de Wurtemberg, tous réduits à la vassalité d'un grand empereur d'Occident. Ces rêves berçaient ses nuits du bivouac, lorsque l'image de Rome se présentait devant lui avec ses empereurs qui dominaient le monde. Il mettait un haut prix à une entrevue avec Alexandre pour toucher toutes ces questions dans des conversations intimes et imagées, telles que Napoléon savait les improviser; tandis que le Czar courait à Moscou et à Saint-Pétersbourg pour hâter ses levées; il ne croyait pas le drame fini et la scène accomplie par une bataille.

En opposition à la politique russe, Napoléon songea pour la première fois à l'émancipation de la Pologne. Cette noblesse brillante sous l'influence catholique du clergé, ces chevaleresques débris du système féodal, pouvaient se lever comme un seul homme contre les Moscovites de l'église grecque; l'Empereur, disait-on, dans sa pensée avait désigné pour roi de Pologne le soldat qui semblait le plus propre à répondre à ces imaginations et à les dominer. Murat n'était-il pas de la taille de ces héros de chevalerie et de mélodrame, que s'empresseraient de saluer les palatins à la diète? Autrefois un Valois, un Conti, n'avaient-ils point été élevés à la couronne de Pologne? C'étaient là des idées dont le premier jet seulement venait de temps à autre illuminer la pensée de Napoléon; il fallait de fières campagnes, des victoires où les armées pourraient se mesurer sur de plus vastes champs

---

que l'empereur Alexandre n'est retourné à Saint-Pétersbourg que quand l'armée française a eu repassé le Rhin. Ce sont des amis bien dangereux que ceux qui, voulant servir l'empereur de Russie, emploient des moyens qui ne sont propres qu'à déconsidérer cette cour et à mettre au grand jour la légèreté qui caractérise ce cabinet.

« La coalition a eu de fâcheux résultats, et ne pouvait pas en avoir d'autres. Nous n'avions pas de général à opposer à vos généraux, pas de cabinets à opposer à votre cabinet, et ce n'était ni avec 100, ni avec 200,000 hommes que la Russie pouvait prétendre à donner la loi à une puissance aussi formidable que la France. »

de bataille. L'Empereur ne fut jamais bien franc pour la Pologne : il se servait de ses glorieux enfants, il ne voulait pas relever leur patrie.

A Presbourg la diplomatie de Napoléon, plus heureuse, arrivait à ses fins presque sans obstacle. Presbourg, la pittoresque cité, était le lieu fixé entre les plénipotentiaires d'Autriche et de France pour amener un résultat de paix et de pacification. L'armistice signé au bivouac d'Austerlitz portait des conditions assez dures pour faire croire à l'invariable volonté de Napoléon d'abaisser la maison d'Autriche, contre l'opinion personnelle de M. de Talleyrand [1] qui ne voulait qu'en déplacer l'influence, et la constituer *anti-russe* par la cession de la Moldavie, de la Valachie et de la Bosnie. L'armée française occupait une grande partie des possessions autrichiennes, Napoléon était maître de la capitale, et il n'était pas dans ses habitudes d'abandonner généreusement une bonne position une fois prise ; il tirait d'elle tous les résultats possibles et réalisables. Tandis que l'Empereur séjournait à Schœnbrünn, M. de Talleyrand s'était rendu à Presbourg pour suivre les négociations de la paix [2].

---

[1] Ceci résulte de sa correspondance :
« Après le gain d'une bataille, écrivait M. de Talleyrand à l'Empereur, V. M. pourrait dire à la maison d'Autriche : J'ai vaincu à regret, mais j'ai vaincu ; je veux que ce soit pour l'utilité commune ; vous et les princes de votre maison, renoncez à vos possessions en Souabe ; renoncez à Lindau, d'où vous inquiétez la Suisse ; renoncez à l'État vénitien. Je séparerai les couronnes de France et d'Italie. Le royaume d'Italie ne sera point agrandi. La république de Venise sera rétablie sous la présidence d'un magistrat de son choix. Etendez-vous le long du Danube. Occupez la Moldavie et la Valachie. J'interviendrai pour vous faire céder ces provinces par la Porte ottomane ; et, si les Russes vous attaquent, je serai votre allié. »

[2] De Presbourg, 23 décembre 1805.
« J'avais été de Brünn à Vienne, mon cher Hauterive, pour voir l'Empereur avant de me rendre ici. J'y suis arrivé hier par un temps très froid qui n'avait glacé que la moitié du Danube, et qui m'a obligé, pour le traverser, de passer entre les glaçons que le fleuve charriait en quantité. Les bateliers disaient le passage difficile. Mais il fallait bien arriver. Une négociation est pour moi ce qu'est à l'armée un jour d'affaire. » Ch. Maur. Talleyrand.

L'empereur d'Autriche avait désigné pour ses plénipotentiaires le prince Jean de Lichtenstein et le général comte de Giulay, tous deux partisans du système français. Napoléon ne voulut point accepter d'autres plénipotentiaires, parce qu'il les avait déjà sous sa main ; comme par sa faute l'Autriche était réduite à l'isolement, elle dut accepter la loi du vainqueur sans observations : pourquoi s'était-elle séparée de la Russie et de la Prusse ? Napoléon indiqua lui-même sur la carte, en encre rouge, les pays dont il voulait la cession : « pour garantir, disait-il, la longue durée de la paix, en faisant une meilleure répartition territoriale en Allemagne. » Il fut implacable, M. de Talleyrand ne fit qu'exécuter sa volonté, et jamais traité ne fut plus désastreux pour la maison d'Autriche.

Maître de la position, l'Empereur des Français ne se départit de rien ; par le traité de Presbourg l'Autriche cédait [1], dans un seul article, au royaume d'Italie les États de Venise, y compris le district de Dalmatie et d'Albanie ; puis à la Bavière la principauté d'Eichstett, une grande partie de l'évêché de Passau, la ville d'Augsbourg, le Tyrol ; au Wurtemberg, à Bade et à la Bavière, simultanément, les possessions de la maison

---

[1] *Tableau des dépouilles de l'Autriche.*

L'Autriche cédait :

	Population.	Milles carrés.	Revenus flor.
Au royaume d'Italie :			
Les États vénitiens, l'Istrie et la Dalmatie.	1,856,000	711	10,000,000
A la Bavière :			
Tyrol, Trente et Brixen.	600,000	480	4,200,000
Vorarlberg.	98,000	38	410,000
Margraviat de Burgau.	44,000	30	290,000
Comtés de Rothenfels, Hohenembs, Tettnang, Argen et Montfort.	39,000	27 1/2	280,000
Évêché d'Eichstett.	40,000	16	430,000
Sa part à l'évêché de Passau.	24,000	12	270,000
Ville de Lindau et son territoire.	8,000	1	60,000
A reporter,	2,709,000	1,315 1/2	15,940,000

d'Autriche en Souabe, dans le Brisgau et l'Ortenau. L'empereur François II reconnaissait la qualité de roi aux électeurs de Bavière et de Wurtemberg; le margrave de Bade était élevé à la dignité de grand-duc. Tous ces articles étaient corrélatifs, afin de préparer un meilleur système à l'Allemagne; l'Autriche reconnaissait la constitution de la Suisse, placée sous la médiation de l'Empereur; pour les autres points, on s'en tenait à la paix de Lunéville. La vieille maison de Habsbourg perdait une population de plus de 2,700,000 âmes, treize cent quarante-cinq milles carrés, et plus de 14,000,000 de florins de revenu. Le royaume d'Italie seul, c'est-à-dire une des vassalités de Napoléon, acquérait 1,700,000 habitants et 10,000,000 de florins de revenu avec le beau golfe Adriatique, seul débouché de la maison d'Autriche dans la Méditerranée; les autres dépouilles de la vieille monarchie de Charles-Quint étaient distribuées à la Bavière, au Wurtemberg et à Bade.

Par des articles secrets, Napoléon avait exigé un changement dans le ministère et la démission du comte Louis de Cobentzl. François II confia la direction des affaires politiques au comte de Stadion, caractère mixte, un peu

	Population.	Milles carrés.	Revenus flor.
Report.	2,709,000	1,315 1/2	15,940,000
Au Wurtemberg :			
Landgraviat de Nellenbourg.	29,000	16	130,000
Haut et bas comté de Hohenberg.	42,000	13	200,000
Préfecture d'Altdorff, Willingen et Bretingen.	29,000	9	180,000
Les cinq villes du Danube : Ehingen, Mundeikingen, Mengen, Riedlingen et Sullgau.	10,000	5	60,000
Parcelle du Brisgau.	14,000	6	65,000
A Bade :			
Le Brisgau.	122,000	46	410,000
L'Ortenau.	16,000	5	76,000
La ville et le territoire de Constance.	4,620	2	14,000
Total des cessions de l'Autriche.	2,975,620	1,417 1/2	17,075,000

dévoué à la Russie ; s'il ne satisfaisait pas entièrement l'Empereur des Français, le comte de Stadion penchait actuellement pour la paix, et c'était un motif pour le pousser aux affaires ; le comte de Collorédo, l'ami personnel de François II, dut prendre sa retraite. Enfin, 140,000,000 de francs étaient imposés aux États soumis par la victoire ; ils devaient servir d'indemnité pour la guerre. Ne fallait-il pas donner une récompense à cette glorieuse armée qui avait tout fait pour son Empereur? l'ennemi payait les frais de la campagne ; Napoléon disait que cela était justice.

Le traité de Presbourg contenait en lui-même des germes de nouvelles hostilités pour l'avenir ; Napoléon avait trop profité de la situation abaissée de la maison d'Autriche, il voulut étouffer un corps plein de vie, et tôt ou tard, en politique, le sang devait faire éruption. L'Empereur n'avait point tenu assez compte de l'esprit des peuples et des intérêts de chaque nationalité ; en perdant la Dalmatie et Venise, l'Autriche ne trouvait plus ni débouchés ni commerce, c'était un corps privé de la faculté de respirer. Le Tyrol était resté fidèle de cœur à la

L'Autriche recevait :

	pop.	m.c.	rev. fl.	Population.	Milles carrés.	Rev. flor.
L'évêché de Wurtzbourg.	259,000	80	2,800,000	271,000	86	2,900,000
Le district de Mergentheim et les débris de l'ordre Teutonique.	12,000	6	100,000			
Reste : pertes de l'Autriche.				2,704,620	1,331 1/2	14,175,000
Part de la Bavière aux dépouilles de l'Autriche :						
Wurtzbourg décompté.				594,000	524 1/2	3,140,000
En sus Augsbourg et territoire.				37,000	2	350,000
Total, des acquisitions de la Bavière.				631,000	526 1/2	3,490,000
Part du Wurtemberg aux dépouilles de l'Autriche.				124,000	49	635,000
En sus le comté de Bondorff.				8,400	4 1/2	56,000
Total des acquisitions du Wurtemberg.				132,400	53 1/2	691,000

maison d'Autriche; en le cédant à la Bavière on ne faisait que préparer une révolte; bientôt la montagne se soulèverait à la première parole de Hofer. Les morcellements d'empires ne servent à rien quand il reste un principe d'unité; les États ont des limites naturelles, et quand on ne les leur donne pas ils les prennent; la guerre peut les abaisser un moment, ils se relèvent quand le temps est venu : ainsi le veut la force des choses. L'Autriche entrera donc encore dans la lice pour reconquérir ce qu'elle a perdu; nous l'y retrouverons prochainement; elle subit le traité de Presbourg comme une nécessité et jamais comme un principe.

Ce traité annonçait un autre résultat immense dans l'histoire moderne : la chute et la ruine de la vieille constitution germanique; l'édifice antique se liait aux premiers temps de l'indépendance allemande, à ces époques de grande féodalité qui se révèlent partout dans la Souabe, dans la Franconie. La confédération germanique était comme ces ruines des sept montagnes, géants du Rhin portant leurs têtes jusqu'aux cieux, magnifiques monuments des âges qui disent tant d'héroïques histoires. Cette révolution était prévue du

	Population.	Milles carrés.	Revenus flor.
Part de Bade aux dépouilles de l'Autriche.	142,620	53	500,000
En sus la commanderie de Meinau.	1,000	1	8,000
Total des acquisitions de Bade.	143,620	54	508,000
Part du royaume d'Italie aux dépouilles de Autriche.	1,856,000	711	10,000,000
Récapitulation des dépouilles partagées.			
De l'Autriche.	2,704,620	1331 1/2	14,175,000
D'Augsbourg.	37,000	2	350,000
De Bondorff.	8,400	4 1/2	56,000
De Meinau.	1,000	1	8,000
De Mergentheim, etc.	12,000	6	100,000
	2,763,020	1,345	14,689,00

jour où les électeurs de Bavière et de Wurtemberg souhaitèrent le titre de roi en s'adressant à la France. Dès que Bade se plaça sous l'influence du cabinet de Paris, quand la maison de Brandebourg proclama sa neutralité impartiale et sollicita même le titre d'*empereur de Prusse*, tout fut dit pour la diète germanique. François II, en prenant le titre d'empereur d'Autriche, ne préparait-il pas sa renonciation à ses prérogatives d'empereur d'Allemagne? Un autre ordre de choses commençait au-delà du Rhin : les États se morcelaient, les intérêts étaient opposés aux intérêts; et comme il fallait un centre commun, la pensée de Napoléon fut de fractionner l'Allemagne en plusieurs États secondaires pour faire entrer les principautés les plus rapprochées de la France dans un système fédératif, sous sa puissante épée, agrandissant ainsi la pensée du cardinal de Richelieu [1]. La Bavière, le Wurtemberg et Bade devaient tourner leurs espérances et leurs craintes vers la France; ils recevaient tout de l'Empereur.

Pour les unir indissolublement à son système, Napoléon projetait des alliances de famille. Le nouveau roi de Bavière avait une fille, Augusta-Amélie, jeune fiancée d'Allemagne de dix-sept ans, issue de l'antique race que les ballades célèbrent comme contemporaine de Charle-

---

[1] Napoléon instruisait le Sénat de la signature de la paix à Presbourg.
Lettre de S. M. l'Empereur au Sénat.
« Sénateurs,
« La paix a été conclue à Presbourg et ratifiée à Vienne entre moi et l'empereur d'Autriche. Je voulais dans une séance solennelle vous en faire connaître moi-même les conditions; mais ayant depuis longtemps arrêté avec le roi de Bavière le mariage de mon fils le prince Eugène avec la princesse Auguste sa fille, et me trouvant à Munich au moment où la célébration dudit mariage devait avoir lieu, je n'ai pu résister au plaisir d'unir moi-même les jeunes époux, qui sont tous deux le modèle de leur sexe. Je suis d'ailleurs bien aise de donner à la maison royale de Bavière, et à ce brave peuple bavarois, qui dans cette circonstance m'a rendu tant de services et montré tant d'amitié, et dont les ancêtres furent constamment unis de politique et de cœur à la France, cette preuve de mon estime et de ma considération particulière. Le mariage aura lieu le 15 janvier. Mon arrivée au milieu de mon peuple sera donc

magne; elle fut promise à Eugène de Beauharnais, vice-roi d'Italie. Quand l'Empereur était victorieux sur le champ de bataille d'Austerlitz, l'impératrice Joséphine s'était rendue à Munich; accueillie en souveraine, la cour de Bavière lui fit mille fêtes, et par ses soins maternels fut préparé le mariage d'Eugène avec la douce princesse qui faisait les délices de Nymphembourg. Les Beauharnais s'élevaient bien haut; simples gentilshommes, ils avaient une impératrice et un vice-roi qui s'unissait à la maison royale de Bavière. Napoléon promit d'assister aux grandes fiançailles, couvert des lauriers de la victoire et de la poussière des champs de guerre; après la paix de Presbourg, il vint à Munich où il fut reçu par son vassal Maximilien-Joseph : Napoléon resta dans la Bavière plus d'une semaine, visitant tout : la belle ville neuve et le vieux Munich si pittoresque, avec ses tombeaux des Graffs armoriés dans les cimetières en plein vent, avec ses épitaphes noires, le sablier du temps et la danse des morts sur les murs des grandes basiliques. Eugène arriva lui-même à Munich; l'Empereur était content du fils de Joséphine, et dans les épanchements de ses joies victorieuses, il lui conféra l'adoption comme les empereurs romains la donnaient à leurs fils, aux jeunes Césars, ainsi qu'on le lit aux Annales de Tacite [1]. Dans une lettre écrite

retardée de quelques jours. Ces jours paraîtront longs à mon cœur; mais, après avoir été sans cesse livré au devoir d'un soldat, j'éprouve un tendre délassement à m'occuper des détails et des devoirs d'un père de famille. Mais ne voulant pas retarder davantage la publication du traité de paix, j'ai ordonné, en conséquence de nos statuts constitutionnels, qu'il vous fût communiqué sans délai pour être ensuite publié comme loi de l'Empire.

« Donné à Munich, le 6 janvier 1806. »
Signé, Napoléon.

[1] *Lettre de Sa Majesté l'Empereur et Roi au Sénat.*

« Sénateurs,

« Le sénatus-consulte organique du 18 floréal an XII a pourvu à tout ce qui était relatif à l'hérédité de la couronne impériale en France.

« Le premier statut constitutionnel de notre royaume d'Italie, en date du 19 mars 1805, a fixé l'hérédité de cette couronne dans notre descendance directe et légitime, soit naturelle, soit adoptive.

« Les dangers que nous avons courus au

au Sénat, Napoléon annonce le choix qu'il a fait et les fiançailles qui se préparent à Munich : « Bientôt il va se rendre dans sa capitale, et en envoyant les drapeaux et les trophées il annonce au peuple que leur Empereur reverra la grande cité avec joie. » Là l'encens fume dans les cathédrales en l'honneur du Dieu des armées et du souverain donné par la Providence; à Munich, Napoléon prépare par des alliances de famille, la confédération du Rhin, son moyen d'influence en Allemagne.

Si Eugène était donné à une fille de Bavière, sa jeune cousine Stéphanie de Beauharnais était destinée à l'héritier du grand-duc de Bade qui sollicitait l'honneur de s'allier à la famille de Napoléon; un instinct disait à tous ces vassaux qu'une puissante dynastie s'élevait, et le meilleur moyen de se sauver du naufrage n'était-ce pas de s'allier à cette magnifique intelligence qui plaçait sa famille au-dessus des races royales ébranlées ? Stéphanie

milieu de la guerre, et que se sont encore exagérés nos peuples d'Italie, ceux que nous pouvons courir en combattant les ennemis qui restent encore à la France, leur font concevoir de vives inquiétudes; ils ne jouissent pas de la sécurité que leur offrent la modération et la libéralité de nos lois, parce que leur avenir est encore incertain. Nous avons considéré comme un de nos premiers devoirs de faire cesser ces inquiétudes.

« Nous nous sommes en conséquence déterminé à adopter comme notre fils le prince Eugène, archichancelier d'État de notre Empire et vice-roi de notre royaume d'Italie. Nous l'avons appelé, après nous et nos enfants naturels et légitimes, au trône d'Italie, et nous avons statué qu'à défaut, soit de notre descendance directe, légitime et naturelle, soit de la descendance du prince Eugène, notre fils, la couronne d'Italie sera dévolue au fils ou au parent le plus proche de celui des princes de notre sang qui, le cas arrivant, se trouvera alors régner en France.

« Nous avons jugé de notre dignité que le prince Eugène jouisse de tous les honneurs attachés à notre adoption, quoiqu'elle ne lui donne des droits que sur notre royaume d'Italie; entendant que dans aucun cas, ni dans aucune circonstance, notre adoption ne puisse autoriser ni lui ni ses descendants à élever des prétentions sur la couronne de France, dont la succession est irrévocablement réglée par les constitutions de l'Empire.

« L'histoire de tous les siècles nous apprend que l'uniformité des lois nuit essentiellement à la force et à la bonne organisation des empires, lorsqu'elle s'étend au-delà de ce que permettent, soit les mœurs des nations, soit les considérations géographiques.

« Nous nous réservons, d'ailleurs, de faire connaître par des dispositions ultérieures les liaisons que nous entendons

de Beauharnais avait seize ans, avec cette chair blanche et rose de l'époque impériale, fleur à peine épanouie au pensionnat chez madame Campan. La princesse Stéphanie devait plus tard orner les cours d'Allemagne, où ses portraits de jeune fille peints par Isabey circulaient déjà ; comme aux époques de chevalerie, la noblesse allemande s'éprenait de la fiancée du grand-duc [1] qui allait bientôt embellir la résidence de Bade, la ville aux délices, et Carlsruhe, la cité toute neuve. Napoléon songeait aussi à une alliance avec le Wurtemberg qu'on verra plus tard s'accomplir ; il se plaçait ainsi sur la même ligne que les Czars de Russie, qui tous choisissaient leurs fiancées en Allemagne, parmi ces princesses au cœur naïf et doux, fières et soumises tout à la fois, enthousiastes et bonnes. La race de Napoléon allait devenir l'alliée de cette hautaine impératrice de Russie, la mère d'Alexandre, qui rougissait de ces humiliations pour la famille slave.

qu'il existe après nous, entre tous les États fédératifs de l'Empire français. Les différentes parties indépendantes entre elles, ayant un intérêt commun, doivent avoir un lien commun.

« Nos peuples d'Italie accueilleront avec des transports de joie les nouveaux témoignages de notre sollicitude. Ils verront un garant de la félicité dont ils jouissent dans la permanence du gouvernement de ce jeune prince, qui, dans des circonstances si orageuses, et surtout dans ces premiers moments si difficiles pour les hommes même expérimentés, a su gouverner par l'amour, et faire chérir nos lois.

« Il nous a offert un spectacle dont tous les instants nous ont vivement intéressé. Nous l'avons vu mettre en pratique dans des circonstances nouvelles les principes que nous nous étions étudié à inculquer dans son esprit et dans son cœur pendant tout le temps où il a été sous nos yeux. Lorsqu'il s'agira de défendre nos peuples d'Italie, il se montrera également digne d'imiter et de renouveler ce que nous pouvons avoir fait de bien dans l'art si difficile des batailles.

« Au même moment où nous avons ordonné que notre quatrième statut constitutionnel fût communiqué aux trois colléges d'Italie, il nous a paru indispensable de ne pas différer un instant à vous instruire des dispositions qui asseoient la prospérité et la durée de l'Empire sur l'amour et l'intérêt de toutes les nations qui le composent. Nous avons aussi été persuadé que tout ce qui est pour nous un sujet de bonheur et de joie, ne saurait être indifférent ni à vous, ni à mon peuple.

« Donné à Munich, le 12 janvier 1806. »

Signé, Napoléon.

[1] J'ai vu en 1839, au Johannisberg, chez le prince de Metternich, la princesse Stéphanie de Bade, elle est restée Française par la grâce, l'esprit et e cœur.

Ce fut au milieu de ces cours plénières d'Allemagne, entouré des écussons de noblesse, des blasons au pal, des lions et des licornes en support, des couronnes féodales, des merlettes de la croisade, des coquilles de pèlerinage, des épées flamboyantes et de ces signes tout héraldiques, que l'empereur Napoléon conçut sa première idée d'une noblesse et des hauts feudataires de sa couronne, illustre cortége de son avénement. Tout ce travail de féodalité n'était encore qu'un projet d'avenir; à cette époque l'Empereur, tout puissant par ses victoires, n'osait point rompre de face avec les idées républicaines; il allait droit à son but, mais lentement; tant de ménagements devaient être gardés; il ne fallait point troubler l'enthousiasme, et César, couvert de la pourpre, devait traverser les arcs de triomphe sans qu'un murmure de la république mourante troublât les cris de joie de ce peuple si glorieux de son Empereur!

FIN DU CINQUIÈME VOLUME.

TABLE

DES CHAPITRES

DU CINQUIÈME VOLUME.

Pages.

CHAPITRE I. — OPINIONS DES CABINETS DE L'EUROPE SUR L'AVÉNEMENT DE NAPOLÉON A L'EMPIRE. — Impression produite par la mort du duc d'Enghien. — Violation des territoires. — Question sur le privilége des ambassadeurs. — MM. Drake, Spencer-Smith et sir Georges Rumbold. — Le roi de Suède. — Protestation de la Russie. — L'Autriche. — La Prusse. — Le corps germanique — La Bavière. — Le Wurtemberg. — La Saxe. — Le grand-duc de Bade. — Négociations pour la reconnaissance du titre impérial. — L'Angleterre. — Nouveau ministère de M. Pitt. — Composition du cabinet. — L'Espagne. — Déclaration de guerre de l'Angleterre. — Le Portugal. — (Avril à décembre 1804.) 1

CHAPITRE II. — LA COUR DE L'EMPEREUR, ADMINISTRATION PUBLIQUE. — Organisation des palais. — La Grande-Aumônerie. — Maison de l'Empereur, de l'Impératrice et de la famille Bonaparte. — Les Chambellans. — Les Préfets du palais. — Les Pages. — La double Société du faubourg Saint-Germain. — Les Parvenus. — Maison militaire. — Code d'étiquette. — Idée de fusion. — Préséance. — Hiérarchie. — Pompes et Cérémonies. — Le Corps diplomatique. — Les Ministres. — M. de Champagny à l'intérieur. — Rappel de Fouché à la police. — Napoléon au conseil d'État. — (Mai à décembre 1804.) 36

CHAPITRE III. — L'ESPRIT PUBLIC A L'AVÉNEMENT DE NAPOLÉON. — Murmures des républicains. — Mécontentements des masses. — Moqueries sur la nouvelle Cour. — Procès de Moreau et de Georges. — Attitude de la garnison de Paris. — Lecourbe. — Macdonald. — Jugement de la conspiration. — Moyens de police. — Les Grâces et les Exécutions. — Solennités publiques. — La Légion d'honneur au Champ-de-Mars. — Voyage de l'Empereur. — Visite au camp de Boulogne. — Distribution des croix. — Fête militaire. — Les bords du Rhin. — Hommage des princes allemands. — Négociations secrètes. — (Mai à octobre 1804.)   67

CHAPITRE IV. — NÉGOCIATIONS A ROME, COURONNEMENT DE L'EMPEREUR A NOTRE-DAME. — Origine des relations du Pape avec Bonaparte. — Développement du Concordat. — Correspondance de M. Portalis. — Le cardinal Caprara. — Les articles organiques. — Situation de M. Cacault à Rome. — Mission du cardinal Fesch. — Idée de la cour de Rome pour le couronnement. — Pie VII. — Conditions espérées. — Modifications des articles organiques. — Les Légations. — Promesse de l'Empereur. — Allocution du Pape au conclave. — Son voyage. — Première entrevue avec Napoléon. — Le Pape à Paris. — Sa vie intime. — La veille du couronnement. — Célébration du mariage ecclésiastique entre Napoléon et Joséphine. — Cérémonie à Notre-Dame. — L'étiquette. — Le programme. — Tableau de David. — Le Pape aux Tuileries. — Contraste de vie. — Le peuple et Pie VII. — (Novembre 1804 à avril 1805.)   100

CHAPITRE V. — LES BOURBONS, LE PARTI ROYALISTE ET SES AGENTS. — Les illusions des Royalistes et leur découragement. — Leurs idées sur l'avénement de l'Empereur. — Rupture des négociations avec Bonaparte. — Protestation de Louis XVIII. — Correspondance avec le roi d'Espagne. — Dissidence entre Louis XVIII et le comte d'Artois. — Entrevue de Calmar en Suède. — Déclaration commune. — Fusion de principes. — La Constitution de 91. — Retour des Bourbons en Russie. — Embarras des gouvernements sur la question de l'asile. — La branche d'Orléans. — Les Condé. — Les Royalistes en France. — Organisation des provinces. — Derniers débris de la Vendée et de la Chouannerie. — Les Royalistes rattachés — Les récalcitrants. — Faubourg Saint-Germain. — (Mars 1804, février 1805.)   139

CHAPITRE VI. — PLAN MARITIME DE NAPOLÉON CONTRE L'ANGLETERRE, RÉUNIONS TERRITORIALES. — Développement du camp de

Boulogne. — Composition de l'armée. — La Flottille. — Tentative des Anglais pour la brûler — Vaste plan tracé par Bonaparte. — Les amiraux Bruix, Villeneuve, Lacrosse, Missiessy. — Les amiraux anglais Nelson, Calder, Keith, Collingwood. — Fautes du plan de Napoléon. — Confusion. — Système littoral et fluvial. — La Hollande. — L'Espagne. — Gênes et l'Italie. — Départ de Napoléon pour Milan. — La Couronne de Fer. — Réunion de Gênes. — (Mai 1804 à avril 1805.) 168

CHAPITRE VII. — ORIGINE ET DÉVELOPPEMENT DE LA COALITION. — Mécontentement que cause l'influence française. — Lettre de Napoléon au roi d'Angleterre. — Réponse de lord Mulgrave. — Ouverture du Parlement. — Demande d'un subside éventuel. — La Suède. — Son traité avec l'Angleterre. — La Russie. — Changement de système. — Mission de M. Novosilzoff à Londres. — Bases de la coalition. — Quelle sera la part de la France? — Circonscription des États. — Situation de l'Autriche. — Esprit de sa diplomatie. — Armements. — Cordon sanitaire. — Base des propositions. — Accession de l'Autriche au traité avec la Russie. — La Prusse. — Attitude de neutralité. — Armements. — Confédération du Nord. — Démarches de la Russie auprès du cabinet de Berlin. — L'Espagne. — La guerre avec la Grande-Bretagne. — Le Portugal. — Rupture avec la Turquie. — (Décembre 1804, août 1805.) 199

CHAPITRE VIII. — SITUATION DE PARIS; DERNIÈRES NÉGOCIATIONS AVANT LA CAMPAGNE DE 1805. — Craintes et nécessité de la guerre. — L'Opinion publique. — Habileté du Gouvernement. — Communication avec le Sénat et le Corps législatif. — Négociations de M. de Talleyrand. — Mission du général Duroc à Berlin. — Mission de M. de Novosilzoff. — Suite de la médiation de la Prusse. — Demande d'hommes et de subsides. — Communication diplomatique entre M. de Talleyrand et M. de Cobentzl. — Organisation du Gouvernement à Paris. — Préparatifs pour le départ de Napoléon. — (Mai à septembre 1805.) 239

CHAPITRE IX. — ESPRIT DE L'ALLEMAGNE. — Le corps diplomatique français en Allemagne. — M. de Larochefoucauld à Vienne. — Laforest à Berlin. — Otto à Munich. — Bourrienne à Hambourg. — Diète de Ratisbonne. — Les opinions en Allemagne. — Réaction des esprits. — Littérature et politique. — Philosophes, écrivains et poëtes. — Hostilités contre la littérature et les idées françaises. — Moyens d'informations et de corruption. — Le cabinet autrichien. — Armée. — Généraux. — Plan de campagne. — La Bavière. — Correspondance du cabinet de Vienne avec l'électeur. — Perplexité à Munich. — Marche de l'armée autrichienne. — Passage de l'Inn. — (Août et septembre 1805.) 272

CHAPITRE X. — ENTRÉE EN CAMPAGNE DE L'ARMÉE FRANÇAISE, CAPITULATION D'ULM. — Départ du camp de Boulogne. — Les divers corps de l'armée. — Les maréchaux Soult, Davoust, Ney, Lannes. — Les corps de Bernadotte et de Marmont. — Violation de la neutralité. — Passage de l'armée française. — L'Empereur Napoléon à Strasbourg. — Marche sur la Bavière. — Position de l'armée française. — Bernadotte à Munich. — Situation du général Mack dans Ulm. — Premiers faits d'armes. — Négociations secrètes. — Mission de M. de Ségur. — Rapport de la conversation du général Mack. — Capitulation. — Le prince Jean de Lichtenstein. — Ouverture de la campagne en Italie. — L'archiduc Charles. — Masséna. — (Septembre et octobre 1805.) 302

CHAPITRE XI. — DÉVELOPPEMENTS DE LA CAMPAGNE. LES FRANÇAIS A VIENNE. — Cause des échecs de l'armée autrichienne. — Caractère de l'officier et du soldat allemand. — Mesures contre Mack. — Bel aspect de l'armée française. — Napoléon et ses soldats. — Marches, combats et fatigues. — L'Empereur à Munich. — Les Russes sur l'Inn. — Kutusoff. — Mouvement général de concentration. — Retraite. — L'avant-garde française à Vienne. — Idée de la paix. — Le pont du Danube. — Napoléon à Schœnbrünn. — Mouvement de la Prusse. — Arrivée de l'empereur Alexandre à Berlin. — Traité d'alliance. — Les Russes, les Suédois et les Prussiens. — Position avancée et difficile de l'armée française en Moravie. — (Octobre et novembre 1805.) 342

CHAPITRE XII. — SITUATION DE PARIS PENDANT LA CAMPAGNE DE 1805. — Le Gouvernement. — Le prince Joseph. — L'Archichancelier. — Le Sénat. — Le conseil d'État. — Le Corps législatif. — Le Tribunat. — Le ministre de la police, Fouché. — Rapports administratifs avec Napoléon. — Inquiétude. — Effet produit par les premières opérations militaires. — Envoi des drapeaux. — Députation des corps politiques. — Pénurie d'argent. — Inquiétude sur la Banque. — Situation réelle du Trésor. — Opinion publique pour la paix. — Correspondance de Fouché avec Napoléon. — Triste nouvelle. — Combat de Trafalgar. — Destruction de la marine. — (Septembre au 1er décembre 1805.) 370

TABLE DES CHAPITRES.

Pages.

CHAPITRE XIII. — MARCHE EN MORAVIE, BATAILLE D'AUSTERLITZ. — Position difficile de Napoléon. — Nécessité de vaincre. — Retraite mesurée des Russes. — Le prince Bagration. — Le défilé d'Hollabrünn. — Jonction avec les Autrichiens. — Les deux Empereurs. — Négociations autrichiennes. — Napoléon à Brünn. — L'armée française. — L'armée alliée. — Mouvement rétrograde des Français. — Choix du champ de bataille. — Le général Savary et Alexandre. — Sa mission. — Esprit de l'armée russe. — Choix du terrain d'Austerlitz par Napoléon. — Seconde mission du général Savary. — Le prince Dolgorouski dans le camp des Français. — La veille d'Austerlitz. — Nuit de méditations et d'inquiétudes. — Plan d'attaque des Russes. — Plan de Napoléon. — Les colonnes s'ébranlent. — Grandes manœuvres. — Les maréchaux Soult, Bernadotte, Davoust, Lannes. — La cavalerie de la garde. — Bessières. — Rapp. — La victoire. — Joie des camps. — (15 novembre au 2 décembre 1805.) 394

CHAPITRE XIV. — NÉGOCIATIONS DU TRAITÉ DE PRESBOURG. — Situation des armées après Austerlitz. — Parti autrichien pour la paix. — Le prince Jean de Lichtenstein. — Demande d'une entrevue. — François II et Napoléon. — Armistice. — Retraite des Russes. — Le général Savary et l'empereur Alexandre. — Suspensions d'hostilités. — Napoléon à Schœnbrünn. — Négociations avec la Prusse. — Traité particulier. — Intimidation de M. de Haugwitz. — Position de M. de Hardenberg. — Traité de subsides avec l'Angleterre. — Traité de Presbourg. — Cessions et pertes de la monarchie autrichienne. — Les royautés de Bavière et de Wurtemberg. — Projet d'alliance de famille. — Première idée de la confédération du Rhin. — Projet de féodalité et de noblesse. — Napoléon à Munich. — Mariage d'Eugène Beauharnais et d'Amélie de Bavière. (3 décembre 1805, 15 janvier 1806.) 439

FIN DE LA TABLE DES CHAPITRES.

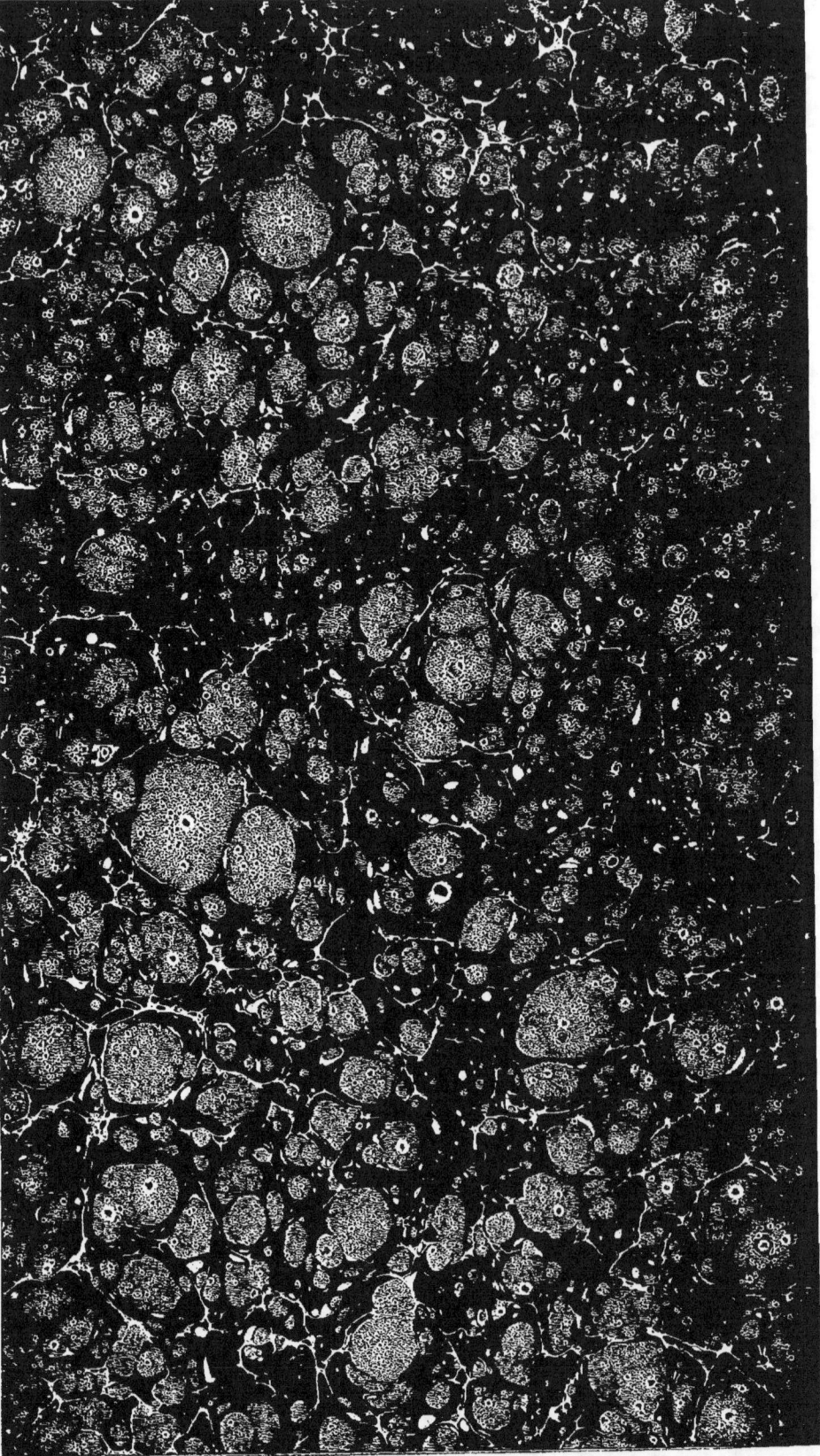

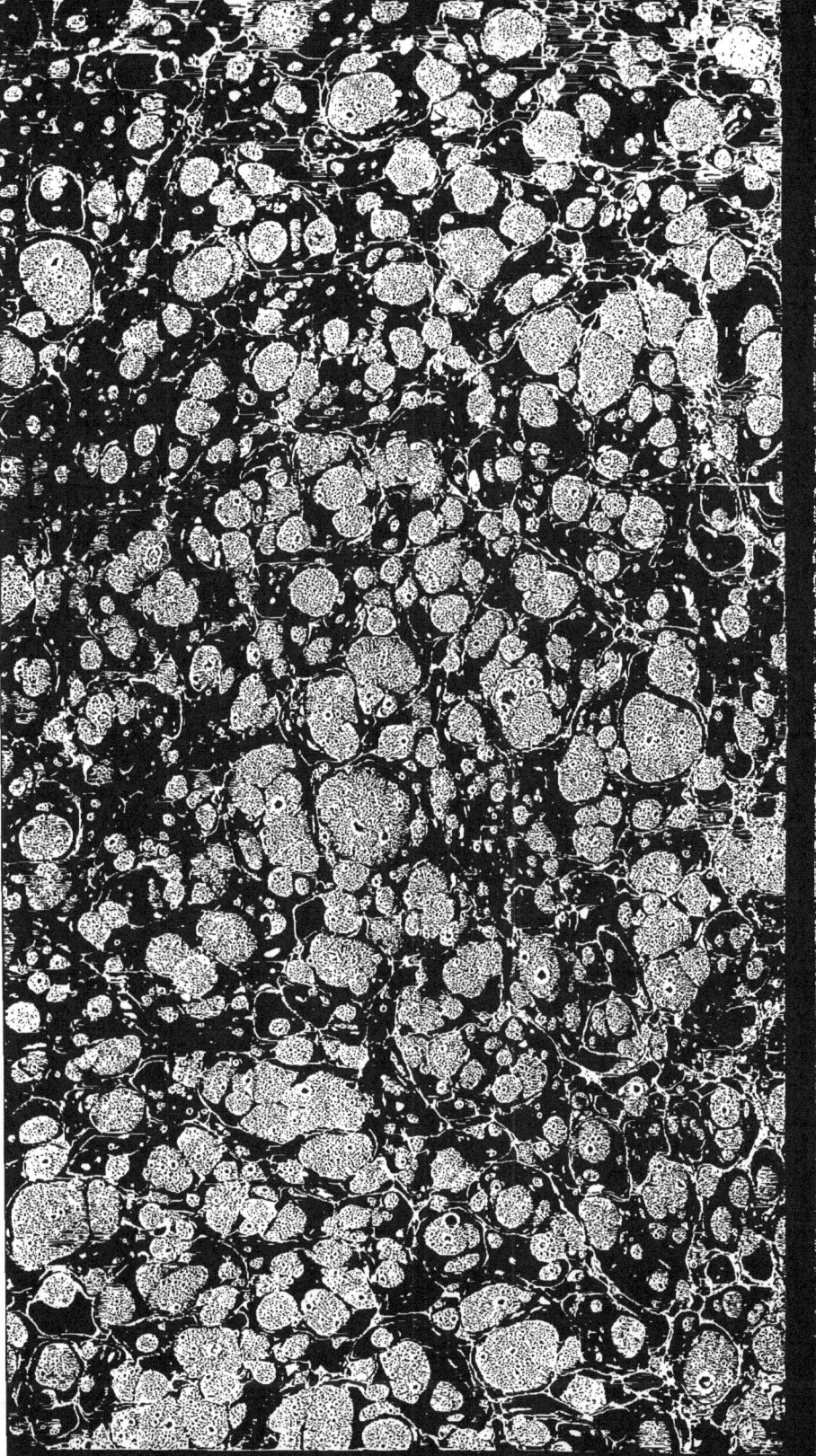

www.ingramcontent.com/pod-product-compliance
Lightning Source LLC
Chambersburg PA
CBHW071708230426
43670CB00008B/949